금융, 공공 프로젝트를 위한

# 실전
# DB 모델링과
# SQL
## for ORACLE

혜지원

# 저자서문

필자가 처음부터 책을 만들려고 집필을 시작한 것은 아니었다. 회사를 설립하고 신입사원들을 교육 하다 보니 자연적으로 교육자료들의 필요성을 느끼게 되었고, 교육자료들이 포함된 내용들을 신입사원들에게 강의하다 보니 그런 자료들이 모여서 책의 내용을 이루게 되었다.

물론 지난 20여년동안 SI 개발 프로젝트 실무에 종사를 하면서 작성하거나 경험하였던 자료들이 바탕이 되었다. 필자는 개발자로 시작해서 분석, 설계, PL, PM 그리고 DBA, 컨설팅 등 다양한 경험을 하여왔으며 이런 경험을 하면서 쌓여진 필자만의 노하우를 이 책에 담으려고 많은 노력을 하였다.

필자 또한 개발툴들이나 프로그래밍 언어에 속하는 언어들로 직접 코딩을 하여왔다. 필자가 사용하여 개발했었던 언어는 COBOL, Unix-C, PRO-C, PL-SQL, Delphi, ASP, JSP, JAVA, Trustform, Miplatform, Xplatform 등으로 개발을 해왔으며 위에 나열한 언어들은 예제를 통해 잠시 볼 수 있는 수준이다.

이 책은 프로그래밍 언어의 설명을 위한 책이 아니고 실무에 필요한 설계와 데이터베이스를 어떻게 잘 사용하느냐에 대하여 관련된 내용을 담고있다. 그리고 이 책에 사용된 예제 또한 신입사원들을 교육시키면서 만들어진 예제를 사용하였으니 개발에 입문하는 입문자나 초급 개발자들도 습득하는데 어려운 점은 없으리라 생각한다.

모든 것은 예제를 중심으로 구성하였다. 그러므로 직접 따라하면서 개발에 필요한 스킬들을 익혀 나가기 바란다. 실전 DB 모델링 부분도 모델링 자체가 예제이니 이 책 전체가 실전에 가장 많이 사용하는 요소와 그에 따른 해결 방법을 제시하고 예제 통하여 설명을 했다고 말할 수 있다.

아무쪼록 책에 관련된 내용을 잘 습득하여 사회에 첫발을 내딛는 분들이나 관련된 일을 하는 분들의 사회생활에 도움이 되었으면 한다.

## 책의 구성  _HOW TO USE THIS BOOK

이 책은 누구나 쉽게 접근하게 하기 위해 기본적으로 알아야할 사항, 기초과정, 심화과정으로 나누어 설명하고 있다.

Part 1에는 데이터베이스의 이해를 돕기 위하여 가장 기본적인 사항을 기술하였으며 현재 개발자들이 가장 많이 사용하고 있는 오라클 설치에 대하여 설명을 하였고 예제로 사용되고 있는 개발 환경과 전체적인 구성에 대하여 기술을 해두었다.

Part 2에서는 초급 수준에서 필요한 조인의 원리, SQL을 작성할 때 가장 많이 사용하는 ERD를 보는 방법과 관련 지식들 그리고 SQL을 어떻게 잘사용하는지, DBMS들의 구성요소 중 개발과 연관이 가장 많은 OBJECT 등의 설명을 실전에서 가장 많이 사용하는 부분을 중심으로 설명하였다.

Part 3에서는 꼭 알아야 할 인덱스, 대량의 페이징 처리 기법들과 개발 시마다 모델링을 해야 되는 업무 요소들을 기준으로 설계 방식에 대하여 기술하였다.

공통코드의 설계, 채번은 어떻게 하는지, 첨부파일 설계, 이력의 관리, 유사업무의 설계 등을 예제를 통하여 설계 방식을 상세하게 설명하였다.


## 감사의 글 _THANKS TO...

끝으로 이 책이 나오기 전 까지 옆에서 지원을 아끼지 않은 사랑하는 우리 가족 아내 우미애, 딸 주현, 아들 태현이와 직접 자료 수집과 여러 가지 테스트 등을 하며 교육시스템을 구축하고 직접 실습해준 피디시스템의 임직원 여러분의 희생과 노력에 깊은 감사를 드리며 책을 집필할 수 있도록 독려와 격려를 아껴주지 않은 정삼량상무님께 깊은 감사를 드립니다.

이 책을 지금도 4남매를 걱정하고 키워주신 어머니 강춘자 여사님과 얼마전 고인이 되신 이두삼 아버님께 바칩니다.

2014년 이호상

# CONTENTS

## Part 1
## 데이터베이스 기초와 오라클 설치

### Chapter 01 데이터베이스 10
1. 데이터베이스의 정의 10
2. 데이터베이스 시스템의 구성요소 13
3. 관계형 데이터베이스 22

### Chapter 02 Oracle 11g 설치 29
1. Oracle 11g 설치(윈도우 버전) 29
2. 예제를 사용하기 위한 설정 및 연결 40

## Part 2
## SQL의 고수가 되려면

### Chapter 03 Join의 원리 44
1. 집합이란? 44
2. Join 54

### Chapter 04 ERD 기초 74
1. 엔티티(Entity) 릴레이션 다이어그램 74
2. 정규화 85
3. 릴레이션(Relationship) 96
4. ERD의 가독성 102

## Chapter 05 Table & VO & Dataset — 108
1. Table 작성 — 108
2. VO 작성 — 122
3. Dataset 작성 — 131
4. Table과 VO 및 Dataset의 관계 — 138

## Chapter 06 SQL — 163
1. 알아야 할 사항 — 163
2. DML — 194
3. 기타 SQL — 231

## Chapter 07 DB Object — 264
1. 데이터 타입(Data Type) — 264
2. 프로시저(PROCEDURE) — 275
3. 트리거(Trigger) — 290
4. 함수(FUNCTION) — 301
5. 기타 Object — 319

## Chapter 08 인덱스(INDEX) — 343
1. 인덱스란 — 343
2. 인덱스의 종류 — 348
3. 물리적 구조에 따른 분류 — 358

# Part 3 데이터베이스 실전설계

## Chapter 09 페이징 처리 — 372
1. 소량의 건수 처리 — 372
2. 대량의 건수 처리 — 376

## Chapter 10 공통 코드의 설계 — 379
1. 코드의 분리 — 379
2. 엔티티의 설계 — 384
3. 리쿼시브 모델 — 388
4. 코드의 조회 — 395

## Chapter 11 채번 — 402
1. DB Sequence — 402
2. 채번 테이블 사용 — 408
3. INDEX 사용 — 415

## Chapter 12 첨부 파일 관리 — 421
1. 일반적인 관리 — 421
2. 체계적인 관리 — 425

## Chapter 13 메뉴 관리 — 439
1. 메뉴 설계 — 439
2. 메뉴의 조회 — 444

## Chapter 14 이력 관리 — 450
1. 이력 테이블의 분리 — 450
2. 자기 참조 이력 — 466
3. 변경된 이력만 관리 — 474

## Chapter 15 유사 업무의 설계 — 481
1. 유사 업무의 분석 — 481
2. 통합과 분리 — 489
3. 유지보수의 편의성 — 498

## Chapter 16 알아두어야 할 기타 설계 — 506
1. 년, 월, 일 집계 — 506
2. 원장과 내역관계 — 508

INDEX — 510

# Part 1

# 데이터베이스 기초와 오라클 설치

데이터베이스에 대한 정의 및 특성 그리고 구성 요소 등의 기초 지식을 알아 봄으로써 관계형 데이터베이스를 이해하는데 중점을 두어 서술 하였다.

또한 현재 가장 많이 사용하고 있는 오라클의 설치 방법과 이 책에서 사용하고 있는 예제를 세팅하는 방법을 상세히 기술하여 책을 읽어가며 예제를 실행할 수 있도록 하였다.

# CHAPTER 01
# 데이터베이스

데이터베이스 편에서는 데이터베이스의 일반적인 정의와 구성요소들 그리고 관계형 데이터베이스의 구조와 제약사항 등 DBMS의 일반적인 기초지식을 알아 보도록 하겠다.

## 1. 데이터베이스의 정의

이 책에서는 데이터베이스를 학문적으로 상세하게 설명하거나 또는 전문적인 데이터베이스를 논하지는 않는다. 그러나 데이터베이스의 개념 등의 기초지식에 대하여 꼭 알아야 될 부분은 기술하도록 하겠다.

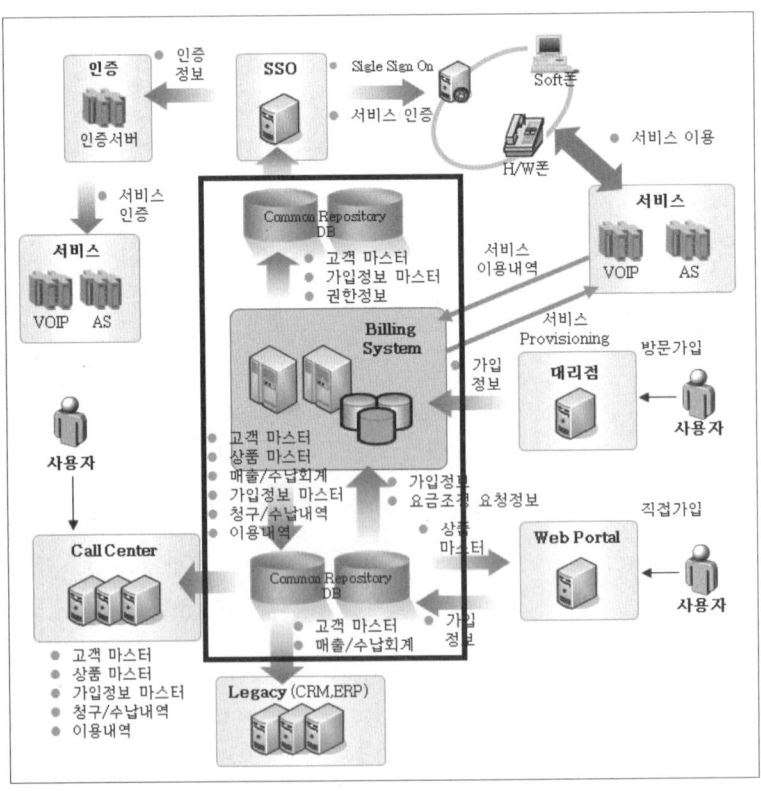

그림 1-1 데이터베이스의 이해

위의 그림은 데이터베이스를 설명하기에 적합한 그림이어서 참조로 보여주었다. 이런 구조도의 설명은 제안서 같은데서 많이 볼 수 있을 것이다. 그림에서 박스부분으로 표시해 둔 부분이 데이터베이스 부분이라고 말 할 수 있다. 위에서 보듯이 전체 조직과 전체 시스템에서 데이터베이스를 사용하고 있음을 알 수 있다.

그러면 데이터베이스를 더 상세히 알아 보도록 하자.

## 1.1. 데이터베이스의 정의

"어떤 조직체에서 모든 응용 시스템들이 공용할 수 있도록 통합되고 저장됨으로써 언제든지 운영 가능하게 공유 할 수 있는 데이터의 집합체"라고 정의 하고 있으며 조직의 사용자나 응용 프로그래머 등에게 사용되고 편의성을 제공한다.

데이터베이스는 원칙적으로 중복을 최소화 하여 일관성을 유지하는 것을 원칙으로 하고 있다. 이 의미는 데이터가 중복으로 생성되면 관리상에 어려움이 발생하므로 중복이 없는 데이터베이스를 구축하는 것이다. 그러나 효율성을 증진시키기 위하여 중복을 허용하는 경우도 있으며, 이 때 발생되는 중복을 통제된 중복(controlled redundancy)이라고 부른다.

데이터베이스의 중복을 최소화하기 위해서는 뒤에서 상세하게 기술하는 정규화 과정과 가장 밀접한 관계를 가지고 있으며 중복을 허용하는 경우인 통제된 중복은 역정규화 과정이라고 생각하면 될 것이다. 이 책의 다음 과정에서 상세하게 기술하여 설명하도록 하겠다.

데이터베이스는 공용 데이터(shared data)라고 말할 수 있다. 이 말은 어느 한 부서에서나 한 시스템에서만 사용하는 것이 아니고 그 조직의 모든 응용 프로그램과 사용자들에게 서비스를 제공하고 있다고 할 수 있다.

데이터베이스는 실시간으로 저장되고 운영되는 데이터들이다. 이 말은 각 시스템들에게서 데이터가 입력, 수정, 삭제가 되며 이렇게 실시간으로 운영되는 데이터들이 그 조직의 목적이나 기능을 수행하는데 유용한 정보를 제공해 준다라고 할 수 있다.

## 1.2. 데이터베이스의 특성

지금부터 데이터베이스의 일반적인 특징에 대하여 알아보자.

### 실시간 접근성(real-time accessibility)

사용자나 응용 프로그램에 의하여 처리되는 데이터들은 실시간으로 처리되며 처리결과를 질의하면 질의된 정보를 보고 사용자들이 의사결정을 내릴 수 있는 것을 말한다.

### 계속적인 변화(continuous evolution)

데이터베이스는 현 상태에서 새로운 데이터의 삽입, 삭제, 갱신을 통하여 항상 변화하고 변화된 상태를 유지하며, 이런 계속적인 변화가 이루어지는 특징을 가지고 있다. 다시 말해 데이터베이스의 내용은 계속 변화되는 상태를 가진다.

### 동시 공유(concurrent sharing)

데이터베이스는 어느 한 시스템에서만 사용하는 것이 아니며, 어느 한 유저만 사용하는 것이 아니기 때문에 여러 사용자가 여러 시스템을 통하여 동일한 데이터를 동시에 접근 가능해야 한다.

### 내용에 의한 참조(content reference)

데이터의 검색 시 데이터가 수록되어 있는 데이터 레코드들의 주소나 위치와는 상관없이 들어가 있는 내용에 의해 참조 검색된다. "연봉이 3000만원 이상인 사원을 검색하라"했을 시 입력된 데이터의 내용을 참조하여 검색된다는 말이다.

데이터베이스는 위의 특징을 가지고 있으며 이에 따른 보안도 철저하게 관리되어야 한다. 동시 공유와 계속적인 변화가 이루어지는 만큼 유저에 따른 접근 권한 및 보안 문제도 충실히 고려하여 관리되어야 한다.

> **참고**
>
> 위에서 데이터베이스의 정의 및 특성을 살펴보았듯이 데이터베이스를 구축할 때는 가장 중요한 것이 전사적인 관점에서 구축해야 된다는 사실이다. 데이터베이스는 그것을 사용하는 조직의 모든 사용자들이 공용으로 사용하는 특징이 있으므로 데이터베이스의 구축 및 설계는 각각의 시스템 별로 만드는 것이 아니라 전사적인 차원에서 바라보아야 한다.
>
> 요즘 기업의 전산을 보면 신규 시스템을 새로이 구축 때 그 시스템에만 사용하는 데이터를 새로 구축하는 경우가 많이 있다. 이때 다른 시스템의 조직정보라든지 고객정보 등을 자기 시스템 내에 따로 복사하여 구축하는 경우가 종종 있는데 이렇게 관리되면 동일한 데이터가 양쪽에 발생이 된다. 만약 그렇게 구축이 되면 양쪽 데이터의 동기화라든지 여러 복잡한 문제가 발생이 된다.
>
> 이런 경우가 발생하면 시스템 관리자 간에 서로 협의를 잘하여 한쪽에서 관리할 수 있는 방안이 가장 좋은 방법이다. 데이터베이스는 중복을 최소화 하여야 하기 때문이다.

## 2. 데이터베이스 시스템의 구성요소

데이터베이스 시스템의 사전적인 정의로는 "데이터베이스 시스템은 자료를 데이터베이스에 저장관리하며 필요한 정보를 제공하는 컴퓨터 기반 시스템이다. 시스템의 구성요소는 데이터베이스, DBMS, 사용자, 하드웨어이다"라고 정의하고 있다.

위의 정의를 그림으로 표현하면 그림 1-2와 같다.

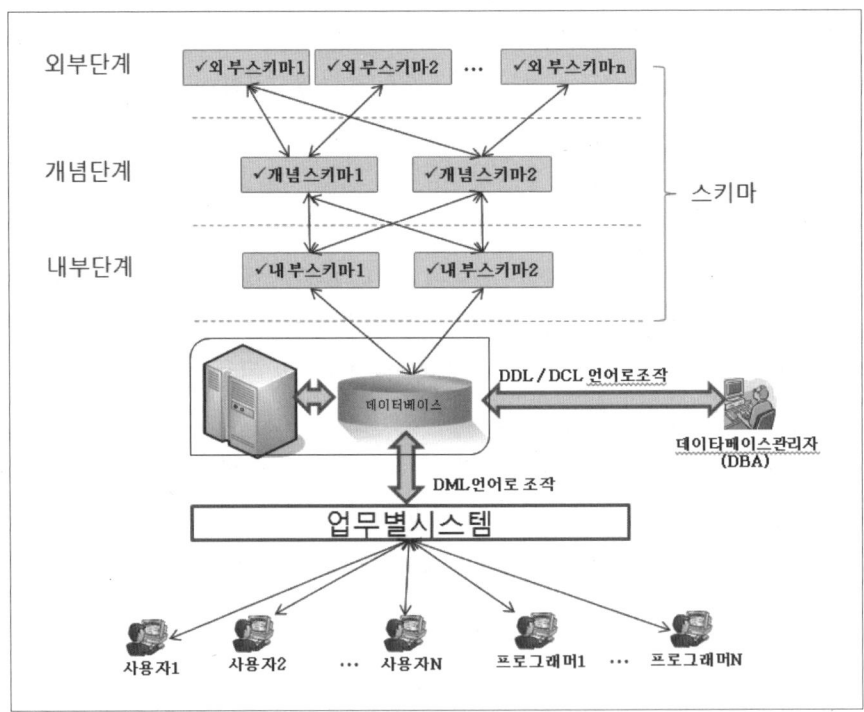

그림 1-2 데이터베이스 시스템

그림 1-2에서 보면 데이터베이스를 구성하고 있는 스키마들의 관계와 데이터베이스를 사용하는 사용자와 관리자들 그리고 이 사용자들이 사용하는 데이터 언어들 즉, DML, DDL, DCL 등의 언어가 보이며 시스템 및 하드웨어도 볼 수 있다.

이제 데이터베이스 시스템을 구성하고 있는 요소들을 살펴보기로 하자.

## 2.1. 스키마(Schema)

스키마는 데이터베이스의 가장 기본적인 요소이며 데이터들간의 논리적 구조 및 관계를 기술한 것이다. 데이터베이스 내의 개체(entity), 속성(attribute), 관계(relationship), 제약조건(constraints) 등이 포함된 개념의 오브젝트(Object)라고 생각하면 된다.

스키마는 다음과 같은 3단계 구조로 이루어져 있다.

### 2.1.1. 외부 스키마(External Schema)

- 사용자 관점에서 데이터베이스의 논리적 구조를 말하며 각각의 사용자 관점이므로 다르게 표현될 수 있다.
- 서브 스키마라고도 하며 여러 개의 외부 스키마가 존재 할 수 있다.

### 2.1.2. 개념 스키마(Conceptual Schema)

- 데이터베이스를 구성하는 조직의 입장에서 본 통합된 논리적 구조를 포함한다.
- 논리적 스키마라고도 하며 접근 권한, 보안 정책, 무결성 규칙도 포함한다.

### 2.1.3. 내부 스키마(Internal Schema)

- 저장 구조를 정의한 것이라고 말할 수 있다
- 물리적 스키마로도 불리며 데이터베이스의 구조를 포함하고 있다.

> **참고**
>
> 스키마를 만들어 가는 과정을 실전에서 보면 분석, 설계를 하는 과정이라고 말할 수 있다. 정의된 스키마들은 논리 모델링, 물리 모델링을 통하여 문서화되어 설계서로 만들어지고 마지막에는 DDL문이나 DCL문을 통하여 데이터베이스가 생성되고 운영된다.

## 2.2. 데이터베이스 언어(DataBase Language)

데이터베이스에 접근하여 권한을 주고 데이터베이스의 구조를 설정하고 그리고 데이터베이스와의 통신을 통하여 데이터를 관리하는 언어가 데이터베이스 언어이다.

데이터베이스 언어에는 데이터 정의어, 데이터 조작어, 데이터 제어어가 있다.

### 2.2.1. 데이터 정의어(DDL : Data Definition Language)

- 데이터베이스를 정의하고 생성 또는 수정에 사용하는 언어.

- 데이터베이스 관리자나 데이터베이스 설계자가 주로 사용 함.

  **예) 테이블생성 DDL**

  ```
  CREATE TABLE ORDER_PAY (
  ORDER_NO         VARCHAR2      (12)    NOT NULL,
  STLM_METH_GB     VARCHAR2      (2)     NOT NULL,
  STLM_AMT         NUMBER        (12)    NOT NULL,
  REG_DATE         DATE,
  EDIT_DATE        DATE);
  ```

  **예) 테이블수정 DDL**

  ```
  ALTER TABLE ORDER_PAY RENAME COLUMN STLM_METH_GB
  TO OLD_ STLM_METH_GB;
  ```

### 2.2.2. 데이터 조작어(DML : Data Manipulation Language)

- 데이터의 입력, 수정, 삭제, 조회의 실질적인 조작 언어이다.
- 응용 프로그램에서 데이터 조작 언어를 이용하여 데이터를 불러오고 저장할 수 있다.
- INSERT, UPDATE, DELETE, SELECT 문장들이 대표적인 문장들이다.

  **예) 테이블의 입력**

  ```
  INSERT INTO ORDER_PAY (ORDER_NO, STLM_METH_GB, STLM_AMT, REG_DATE,
  EDIT_DATE) VALUES ('123456789012', '01', 2500000, SYSDATE, SYSDATE);
  ```

  **예) 테이블의 수정**

  ```
  UPDATE ORDER_PAY SETSTLM_METH_GB = '02'
  WHERE ORDER_NO = '123456789012';
  ```

  **예) 테이블의 삭제**

  ```
  DELETE ORDER_PAY
  WHERE ORDER_NO = '123456789012';
  ```

**예** 테이블의 조회

SELECT ORDER_NO, STLM_METH_GB, STLM_AMT FROM ORDER_PAY ;

### 2.2.3. 데이터 제어어(DCL : Data Control Language)

- 데이터베이스의 객체 등을 여러 사용자들과 공유하거나 접근 제안 등을 위하여 정의하고 설정할 수 있는 언어이다.
- 데이터의 보안에 가장 밀접한 관계가 있는 언어이다.

**예** 시스템 권한과 룰 부여

GRANT CREATE SESSION, ACCTS_PAY TO JWARD;

**예** 개체 권한과 룰 부여

GRANT SELECT, INSERT, DELETE ON EMP TO JFEE, JSMITH;

**예** 열에 권한과 룰 부여

GRANT INSERT ( ACCT_NO ) ON ACCOUNTS TO SCOTT;

데이터베이스 언어에 대해서는 차차 알아 가기 바란다. DDL, DML, DCL 언어를 나열하고 설명만 해도 책이 여러 권이 나올 수 있다. 여러분이 참조하고 있는 DATABASE 관련 서적들이 이런 데이터베이스 언어로 설명하고 있다. 물론 이 책 또한 모든 부분에 걸쳐서 데이터베이스 언어를 사용하여 구성되어 있다. 여기서는 개념 정도만 잡아 내고 지나가기로 하자.

## 2.3. 데이터베이스 사용자(DataBase User)

데이터베이스의 사용자는 데이터베이스에 접근하여 데이터베이스를 사용하는데 관련된 모든 사용자를 지칭한다. 크게 일반 사용자, 응용 프로그래머, 데이터베이스 관리자 등으로 구분할 수 있으며, 이 사용자 그룹이 데이터베이스를 사용하여 조직에서 필요한 유용한 정보를 만들어 내고 있다고 볼 수 있다.

### 2.3.1. 일반 사용자(End User)

- 단말기나 응용 프로그램을 사용하여 프로그램을 조작함으로써 프로그램이나 툴을 통한 질의어 또는 DML을 사용하여 데이터베이스에 접근한다.
- 입력, 수정, 갱신, 삭제 작업을 주로 한다.

### 2.3.2. 응용 프로그래머(Application Programmer)

- JAVA, .net, C, Pro-c 등의 프로그래밍 언어를 사용하여 소스 속에서 데이터 조작어를 사용하여 데이터베이스에 접근할 수 있도록 하는 사용자.
- 주로 DML 문장을 사용하여 응용 프로그램을 작성한다.

### 2.3.3. 데이터베이스 관리자(DBA : DataBase Administrator)

- 데이터베이스를 정의하고, 제어하며 운영에 필요한 권한의 설정 등 데이터베이스 관리에 필요한 모든 전반적인 사항을 관장하고 운영하는 사람 또는 집단이다.
- 주로 DDL이나 DCL 문장을 사용하여 데이터베이스를 조작한다.

그림 1-2에서 설명한 스키마를 정의하고 설계하는 영역은 설계자 또는 모델러가 하고 있으며, DBA는 데이터베이스를 총괄하고 문제의 발생시 복구, 접근의 권한을 주어 데이터베이스를 보호하고 운영하는 총괄 책임자라고 볼 수 있다.

## 2.4. DBMS(DataBase management system)

데이터베이스의 사전적인 의미는 "다수의 사용자들이 데이터베이스 내의 데이터를 접근할 수 있도록 해주는 소프트웨어 도구의 집합이다. DBMS는 사용자 또는 다른 프로그램의 요구를 처리하고 적절히 응답하여 데이터를 사용할 수 있도록 해준다"라고 정의하고 있다.

DBMS의 기능은 여기서 모두 기술을 못할 정도로 많은 기능들을 내포하고 있다. 종류 또한 여러분들이 알고 있듯이 MY-SQL, DB2, ORACLE, INFORMIX, MS-SQL 등의 수많은 종류들이 있다.

위에서 설명한 일반 사용자, 응용 프로그래머, 데이터베이스 관리자는 이 DBMS 시스템의 여러 기능을 사용하여 데이터베이스를 구축하고 각자에 주어진 임무를 수행할 수 있다. 이 책의 독자 여러분들 또한 책에 나와있는 예제를 DBMS의 도움을 받아 실행하여 결과값을 통해 여러 기능들을 확인 할 수 있을 것이다.

이 책에는 요즘 가장 많이 사용하고 있는 오라클(ORACLE)을 기준으로 집필 되어 있으므로 오라클의 아키텍처를 잠시 소개하고 가도록 하자.

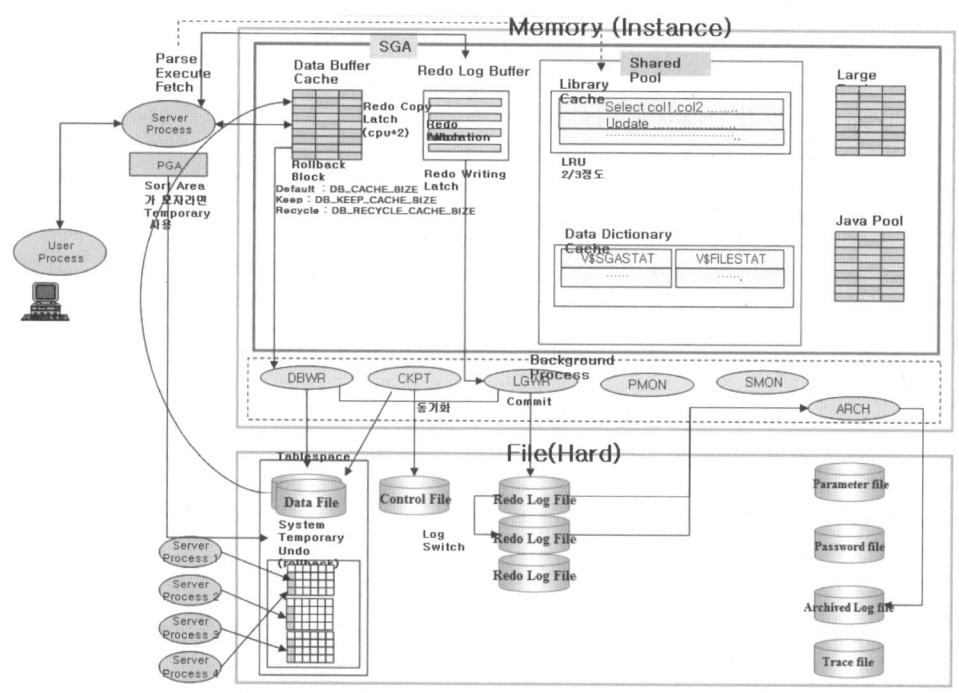

그림 1-3  오라클 아키텍처

그림 1-3은 필자가 오라클을 공부할 때 여러 서적을 참조하여 확인하고 작성한 내용이며 전반적으로 '오라클이 구동되는 방식'이라고 말할 수 있다. 여기서는 오라클의 중요 구성 요소들을 간단히 설명하겠다. 더욱 심도 있는 공부를 원하는 사람들은 오라클 전문 서적을 참조하기 바란다.

## 2.4.1. 로그 버퍼 영역(Log Buffer Area)

사용자가 실행한 DML문을 커밋(Commit)하면 화면에 〈커밋이 성공적이다〉라는 메시지를 보여준다 (또는 롤백을 실행하면 〈롤백되었습니다〉). 이때 커밋했던 모든 작업 내용을 메모리의 로그 버퍼(Log Buffer) 영역에 저장하게 된다.

## 2.4.2. 공유 풀 영역(Shared Pool Area)

SQL*PLUS, 애플리케이션 프로그램 등에서 데이터베이스에 접속하면 하나의 사용자 프로세스와 하나의 서버 프로세스가 할당되고 사용자는 SQL문을 실행하게 된다. 그리고 서버 프로세스는 SQL문의 문법(Syntax)을 확인하고 사용된 테이블이 데이터베이스 내에 존재하는지를 확인한 다음 SQL문의 실행 가능한 실행 코드와 실행에 필요한 실행 계획(Explain Plan)을 수립하고 그 내용을 저장하는 곳이 공유 풀(Shared Pool) 영역이다. 공유 풀 영역은 두 가지 영역으로 구성되어 있는데 라이브러리 캐쉬(Library Cache) 영역에는 실행 코드와 실행 계획이 저장되고 자료사전 캐쉬(Data Dictionary Cache) 영역에는 사용자가 읽게 되는 자료사전 테이블과 뷰 정보가 저장된다.

## 2.4.3. 라지 풀 영역(Large Pool Area)

오라클 8.x 버전부터 백업과 복구 작업을 실행할 때 복구 관리자(Recovery Manager)라는 툴을 사용할 수 있고 또한 사용자가 데이터베이스에 접속하는 방법 중에 공유서버(Shared Server) 프로세스라는 환경이 있는데 이러한 환경을 구성할 때 라지 풀 영역을 사용한다.

## 2.4.4. DBWR 프로세스

데이터베이스 기록기(DBWR)는 사용자가 실행한 SQL문에 의해 데이터의 변경 내역(입력, 수정, 삭제)을 테이블에 저장하는 작업을 수행한다. 예를 들어, 사용자가 UPDATE문을 실행하고 커밋(Commit)문을 실행할 때 테이블에 데이터를 저장하는 작업을 데이터베이스 기록기 프로세스가 처리한다. 데이터베이스 기록기(DBWR)와 로그 기록기(LGWR)는 데이터베이스를 시작하면 자동으로 생성되고 종료하면 없어지는 백그라운드 프로세스이다.

## 2.4.5. CKPT 프로세스

체크포인트(CKPT)는 LGWR 프로세스에 의해 활동하며 사용자가 COMMIT문을 실행할 때마다 오라클 서버가 관리하는 시스템 변경 번호(SYSTEM CHANGE NUMBER) 및 데이터베이스의 상태 정보를 컨트롤 파일과 데이터 파일에 저장하는 작업을 하게된다. 또한, CKPT 프로세스가 발생하면 연속적으로 DBWR 프로세스가 작업을 수행하게 된다.

### 2.4.6. LGWR 프로세스

사용자가 실행한 SQL문을 커밋(Commit)하면 화면에 〈커밋이 성공적이다〉라는 메시지를 보여준다. 이때 커밋했던 모든 작업 내용을 리두로그 파일에 백업 하게 되는데 이러한 작업을 로그 기록기(LGWR)가 처리해 준다. 모든 작업 내역을 리두로그 파일에 저장하는 이유는 갑작스런 시스템의 다운 또는 데이터베이스의 다운 시 처리하고 있던 모든 작업 내용을 다시 복구하기 위해서이다.

### 2.4.7. PMON 프로세스

사용자들이 데이터베이스에 접속하면 한 번의 접속 요구마다 사용자 프로세스가 하나씩 생성된다. 프로세스 모니터(PMON)는 이러한 사용자 프로세스들의 상태를 감시한다. 만약 어떤 사용자 프로세스에 오류가 발생하거나(예를 들어, SQL*PLUS에서 SQL문을 실행하는 중에 윈도우를 닫게 된다면) 또는 사용자 프로세스가 비정상적으로 종료된 경우 모든 작업을 자동적으로 롤백(Rollback) 시켜준다.

### 2.4.8. SMON 프로세스

시스템 모니터(SMON)는 백그라운드 프로세스와 데이터베이스 메모리 영역의 상태를 감시하며 데이터베이스가 다운된 후 다시 시작될 때 자동적인 복구 작업을 수행해 준다.

### 2.4.9. 데이터 파일(Data File)

사용자들이 실행한 SQL문에 의해 변경되는 모든 데이터는 논리적으로는 테이블과 인덱스에 저장되지만 실제로는 운영체제 상에 존재하는 데이터 파일에 저장된다. 예를 들어, SQL*PLUS 툴에서 사용자가 생성한 테이블을 SQL*PLUS 내에서 SELECT, UPDATE, INSERT, DELETE 하면 데이터가 저장되고 변경된다. 하지만, SQL*PLUS 툴을 종료한 후 운영체제 상에서 사용자가 생성한 테이블을 조회하려면 어떻게 해야 할까? 운영체제 상에서는 확인 할 방법이 전혀 없다. 즉, SQL*PLUS 툴 내에서만 테이블이라는 논리적인 구조를 눈으로 직접 확인할 수 있고 운영체제에서는 파일을 통해 사용자의 테이블이 존재한다는 것을 확인할 수밖에 없는 것이다. 이러한 파일을 데이터 파일이라고 한다.

### 2.4.10. 컨트롤 파일(Control File)

데이터베이스를 시작(STARTUP)할 때 항상 참조되는 파일이 컨트롤 파일이다. 왜냐하면, 컨트롤 파일은 데이터베이스에서 사용하게 될 모든 파일들의 절대경로와 파일크기 등의 정보를 저장하고 있기 때문에 파일들의 이상유무를 확인하기 위해서 참조하게 된다. 그리고 새로운 데이터 파일이 추가되면 해당 파일의 디렉토리 정보와 파일의 상태를 컨트롤 파일에 저장한다. 오라클 데이터베이스가 시작되기 위해서는 최소한 하나의 컨트롤 파일이 존재해야 하는데 유니버설 인스톨러에 의해 설치하면 3개의 컨트롤 파일이 기본적으로 생성된다. 이중에 하나는 원본이고 나머지는 복사 본 파일이다. 컨트롤 파일은 오라클 데이터베이스가 존재하기 위해 꼭 필요한 파일이기 때문에 원본 컨트롤 파일에 문제가 발생하면(컨트롤 파일이 사용자에 의해 삭제되거나 컨트롤 파일이 존재하는 디스크가 깨지는 사태) 복사본 컨트롤 파일로 대체해 사용한다.

> **참고**
>
> 지금까지 데이터베이스 시스템의 구성 요소들에 대하여 살펴 보았다. 데이터베이스의 기초이론인만큼 상세히 읽어 보고 개념 정도는 잡고 이 장을 넘어서기 바란다.
> 위에 기술한 내용은 데이터베이스를 공부하다 보면 관련 서적에서 자주 언급되는 내용들이다. 이론이라서 좀 어려운 부분이 있지만 개념 잡는 데는 도움이 될 것이다.

## 3. 관계형 데이터베이스

관계형 데이터베이스의 이론적 모델은 1970년 E.F. Codd에 의해 제안되어 발전되기 시작하였다. "관계형 데이터베이스(Relational Database)는 키(key)와 값(value)들의 간단한 관계를 테이블화시킨 매우 간단한 원칙의 전산 정보 데이터베이스이다"라고 정의하고 있으며 현재 데이터베이스 구축 시 가장 많이 사용하고 있다.

데이터베이스의 전문 서적에 나오는 용어들이나 관련 사항들을 설명하면 혹시 독자들에게 혼란만 불러 일으킬 수도 있으니 간략하게 설명하고 가도록 하겠다. 그럼, 관계형 데이터베이스의 구조 및 제약사항 등을 알아 보도록 하자.

## 3.1. 관계형 데이터베이스의 구조

여러분들의 이해를 돕기 위하여 예를 들어 설명을 하겠다.

표 1-1 구조화된 사원데이터

| | 사번 | 이름 | 주민번호 | 영문성명 | 전화번호 | 핸드폰번호 | 입사일자 | 퇴사일자 |
|---|---|---|---|---|---|---|---|---|
| 1 | 2012050309 | 조아라 | 12345678-1234568 | Jo Ah Ra | 010-2012-0309 | 010-2012-0309 | 20120503 | |
| 2 | 2012050310 | 김동우 | 12345678-1234568 | Kim Dong Woo | 010-2012-0310 | 010-2012-0310 | 20120503 | |
| 3 | 2012050311 | 박인용 | 12345678-1234568 | Pack In Yong | 010-2012-0311 | 010-2012-0311 | 20120503 | |
| 4 | 2012050312 | 박창일 | 12345678-1234568 | Pack Chang Il | 010-2012-0312 | 010-2012-0312 | 20120503 | |
| 5 | 2010040502 | 손대철 | 12345678-1234568 | Son Dea Chel | 010-2010-0502 | 010-2010-0502 | 20100405 | |
| 6 | 2010050402 | 이승배 | 12345678-1234568 | Lee Seng Bea | 010-2010-0402 | 010-2010-0402 | 20100504 | |
| 7 | 2010060302 | 차지성 | 12345678-1234568 | Cha Ji Seong | 010-2010-0302 | 010-2010-0302 | 20100603 | |
| 8 | 2010070202 | 황성준 | 12345678-1234568 | Hwang Seong . | 010-2010-0202 | 010-2010-0202 | 20100702 | |
| 9 | 2010080102 | 김덕진 | 12345678-1234568 | Kim Duck Jin | 010-2010-0102 | 010-2010-0102 | 20100801 | |
| 10 | 2010090102 | 김은정 | 12345678-1234568 | Kim En Jung | 010-2010-0102 | 010-2010-0102 | 20100901 | |
| 11 | 2010090103 | 김현만 | 12345678-1234568 | Kim Hyen Man | 010-2010-0103 | 010-2010-0103 | 20100901 | |
| 12 | 2010100802 | 신선희 | 12345678-1234568 | Sin Seun Hye | 010-2010-0802 | 010-2010-0802 | 20101008 | |
| 13 | 2010110102 | 신슬기 | 12345678-1234568 | Sin Seol Gi | 010-2010-0102 | 010-2010-0102 | 20101101 | |
| 14 | 2010120802 | 신정호 | 12345678-1234568 | Sin Jung Ho | 010-2010-0802 | 010-2010-0802 | 20101208 | |
| 15 | 2010120803 | 이형주 | 12345678-1234568 | Lee Hyeng Ju | 010-2010-0803 | 010-2010-0803 | 20101208 | |
| 16 | 2011030402 | 전지회 | 12345678-1234568 | Jun Ji Hye | 010-2011-0402 | 010-2011-0402 | 20110304 | |
| 17 | 2011050403 | 최영준 | 12345678-1234568 | Chei Young Jur | 010-2011-0403 | 010-2011-0403 | 20110504 | |

```
사원
┌─────────────┐
│ 사번        │
├─────────────┤
│ 이름        │
│ 주민번호    │
│ 영문성명    │
│ 전화번호    │
│ 핸드폰번호  │
│ 입사일자    │
│ 퇴사일자    │
└─────────────┘
```
그림 1-4 사원 테이블

우리가 자주 사용하는 형태의 자료를 보고 설명하면 이해가 빠를 수 있어 사원이라는 테이블과 테이터를 보고 이해를 돕도록 하겠다.

## 3.1.1. 테이블(Table)

- 특정 항목들이 모인 데이터들의 집합이라고 볼 수 있으며 위의 예시에서는 사원이라는 집합이라고 보면 된다.
- 데이터베이스의 기본적인 구성 요소이며 릴레이션(Relation)이라고도 한다.
- 테이블은 열과 행으로 구성되며, 열을 필드(Field), 행을 레코드(Record)라고 한다.

그림 1-5 테이블에서 열과 행

## 3.1.2. 속성(Attribute)

- 테이블을 구성하고 있는 열을 의미한다.
- 데이터베이스를 구성하는 가장 작은 논리적 단위이며 속성 '이름'의 값인 '조아라' 같은 개개의 레코드의 값을 속성값(Attribute value)이라 한다.
- 이런 속성값은 더 이상은 분리할 수 없는 원자값(atomic value)이 된다.
- 테이블에 포함되어 있는 속성의 개수를 차수(Degree)라고 한다.

그림 1-6 테이블에서 속성

## 3.1.3. 튜플(Tuple)

- 테이블을 구성하고 있는 행(레코드)을 의미한다.
- 한 테이블에 포함된 튜플의 개수를 카디널리티(Cardinality)라 한다.

| 사번 | 이름 | 주민번호 | 영문성명 | 전화번호 | 핸드폰번호 | 입사일자 | 퇴사일자 |
|---|---|---|---|---|---|---|---|
| 2012050309 | 조아라 | 12345678-1234568 | Jo Ah Ra | 010-2012-0309 | 010-2012-0309 | 20120503 | |
| 2012050310 | 김동우 | 12345678-1234568 | Kim Dong Woo | 010-2012-0310 | 010-2012-0310 | 20120503 | |
| 2012050311 | 박인용 | 12345678-1234568 | Pack In Yong | 010-2012-0311 | 010-2012-0311 | 20120503 | |
| 2012050312 | 박창일 | 12345678-1234568 | Pack Chang Il | 010-2012-0312 | 010-2012-0312 | 20120503 | |
| 2010040502 | 손대철 | 12345678-1234568 | Son Dea Chel | 010-2010-0502 | 010-2010-0502 | 20100405 | |

그림 1-7 테이블에서 튜플

여기서 자세히 보면 테이블(릴레이션의)의 중요한 특징을 찾아 볼 수 있다.

## 3.1.4. 테이블(릴레이션)의 특징

- 한 테이블(릴레이션)에 포함된 튜플(레코드)들은 모두 다르다.
- 한 테이블(릴레이션)에 포함된 튜플(레코드)들 사이에는 순서가 없다.
  - 릴레이션은 튜플들의 집합이기 때문이다.
- 한 테이블(릴레이션)을 구성하는 속성(어트리뷰트) 사이에는 순서가 무의미하다.
  - 테이블(릴레이션)이 속성들의 집합이므로 속성의 물리적 위치나 순서는 의미가 없다는 이야기다.
- 모든 속성값(어트리뷰트, 값)은 원자값(atomic value)이다.

이런 관계형 테이터의 구조를 가지고 테이블(릴레이션)을 만들어 가는 것을 "관계 데이터 모델을 한다"라고 할 수 있다. 이런 관계 데이터 모델을 할 때 반복되는 그룹(집합)과 속성을 중복하지 않도록 만들어 나가는 것을 정규화 릴레이션이라고 한다.

이런 정규화는 차후 ERD의 기초편에서 다룰 것이므로 여기서 여러분들은 관계형 데이터의 개념만 잡기 바란다.

## 3.2. 관계형 데이터베이스의 제약

관계형 데이터베이스는 제약(constraints)을 가지고 있다. 대표적인 것이 키(key)로부터 발생하는 개체 무결성(entity integrity)과 참조 무결성(referential integrity)이 있다. 이해를 돕기 위하여 예제를 사용하여 설명하겠다.

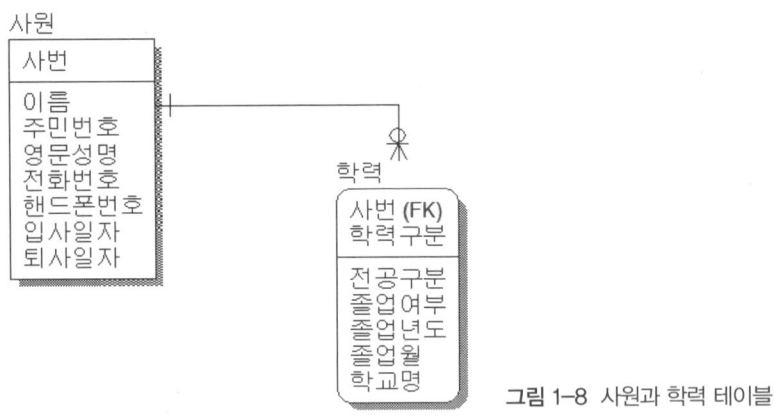

그림 1-8 사원과 학력 테이블

무결성 제약조건은 키(Key)로부터 유래된다고 하였다. 그럼 관계형데이터 모델은 어떤 키값 들이 있고 각각의 의미와 무결성과의 관계는 무엇인지 알아 보도록 하자.

### 3.2.1. 키(Key)의 종류

- **후보키(Candidate Key)**
- 레코드(튜플)를 유일하게 식별 할 수 있는 속성이나 속성들의 집합
- 유일성과 최소성을 모두 만족하여야 한다.
    - 유일성 : 테이블에 있는 모든 레코드에 대하여 모두 다르고 유니크(Unique)한 것
    - 최소성 : 모든 레코드에서 유일하게 식별하는데 꼭 필요한 속성들로만 구성

그림 1-8에서는 사원 테이블의 [사번] 그리고 [주민번호] 또는 [이름, 핸드폰번호] 등을 후보키라 할 수 있으며 학력 테이블은 [사번, 학력구분]을 후보키라고 할 수 있다.

- **기본키(Primary Key)**
  - 후보키 중 레코드(튜플)를 대표하기 위하여 선택한 키
  - 기본키는 NOT NULL 값이어야 한다.

그림 1-8에서는 사원테이블의 여러 후보키 중 [사번]을 사원테이블의 기본키(Primary Key)로 설정하였다. 학력테이블은 [사번, 학력구분]을 기본키로 설정하였다.

- **대체키(Alternative Key)**
  - 후보키 중 기본키(Primary key)를 제외한 나머지 후보키
  - 기본키는 NOT NULL 값이어야 한다.

그림 1-8에서는 사원 테이블의 [주민번호] 또는 [이름, 핸드폰번호]라고 볼 수 있다. 이런 대체키들은 항목이 중요하기 때문에 물리적으로 생성할 때는 보통 인덱스를 주어서 검색하는 속력을 높이는 데 많이 사용된다.

- **외래키(Foreign Key)**
  - 다른 테이블을 참조하기 위하여 사용되는 속성들
  - 테이블 간에 관계를 설정할 때 사용되는 키

그림 1-8에서는 사원테이블과 학력 테이블간의 관계를 설정하려고 학력 테이블의 [사번]이라는 속성을 외래키(Foreign Key)로 설정하였다. 외래키를 설정할 때는 기본키에 포함되느냐 또는 속성에 포함되느냐에 따라서 관계가 조금씩 달라진다. 위의 예에서는 [사번]이 기본키에 포함되어 있으므로 항상 사원이 발생한 후 사번을 가지고 학력을 발생시킴을 알 수 있다.

### 3.2.2. 무결성(Integrity)

- **개체 무결성(Entity integrity)**
  - 위에서 설명한 기본키에 속해 있는 속성은 NULL 값을 가지지 못한다는 것을 의미한다.
  - 기본키는 레코드간에 유일한 식별자이므로 물리적으로 NULL 값이 올 수 없다.

■ **참조 무결성(Referential integrity)**
- 테이블(릴게이션)은 참조할 수 있는 외래키 값을 가질 수 있다는 것을 의미한다.
- 외래키와의 관계를 정의하고 있으며 NULL을 허용할 수도 있다.

지금까지 데이터베이스에 대하여 간략하게 나마 공부를 해보았다.
여기서 학문적으로 상세하게 기술을 하지 않은 이유는 이 책의 집필 의도와는 조금 떨어지는 부분이 있기 때문이었다. 전문적이고 학문적인 지식을 공부하고 싶은 독자들은 데이터베이스를 심도있게 다루는 서적들을 참고하기 바란다.

# CHAPTER 02
# Oracle 11g 설치

이 책에서 사용하는 예제와 관련 내용들이 오라클을 기준으로 작성되어 있다. 오라클을 설치하고 예제 테이블과 테이블을 생성할 수 있도록 설명서를 추가로 작성하여 예제들을 실습해 보는데 도움을 주었다.

## 1. ORACLE 11g 설치(윈도우 버전)

오라클을 설치하기 위해서는 오라클 사 홈페이지에서 파일을 다운 받아 PC에 설치하여야 한다.
지금부터 오라클 사 홈페이지에 접속해서 PC에 설치하는 과정들을 처음 오라클을 접하는 독자들도 쉽게 따라 할 수 있도록 그림과 함께 설명하도록 하겠다.

먼저 주소창에 www.oracle.com을 입력하면 오라클 사 홈페이지가 나오는데 파일을 다운 받으려면 OTN(Oracle Technology Network) 회원이어야 다운로드가 가능하다. OTN 회원은 오라클 사에서 제공하는 정보를 메일로 받아 볼 수 있고 포럼이나 Cloud 등의 이용 권한이 주어진다.
요즘은 회원가입 화면이 한글로 보여지기 때문에 누구든 쉽게 계정을 생성할 수 있다.

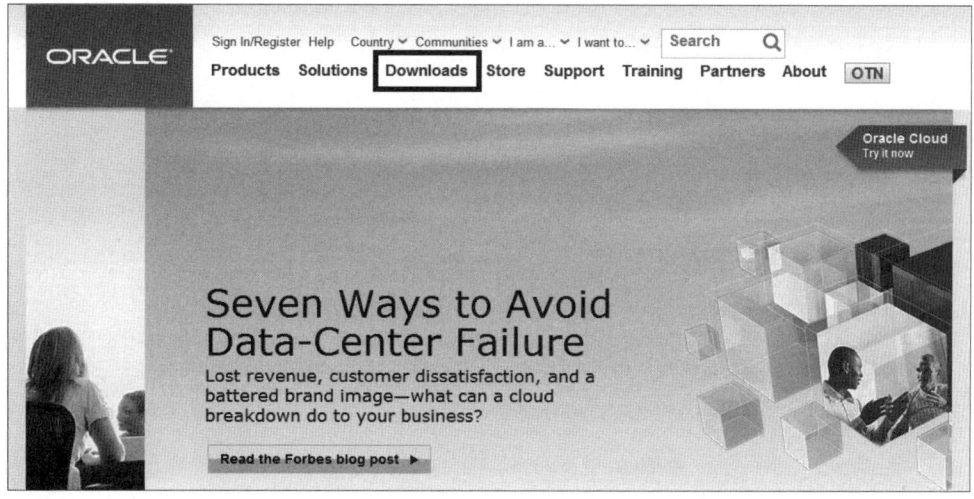

그림 2-1 오라클 홈페이지 접속

홈페이지에 접속하면 메뉴 중에 DOWNLOADS를 클릭한다.

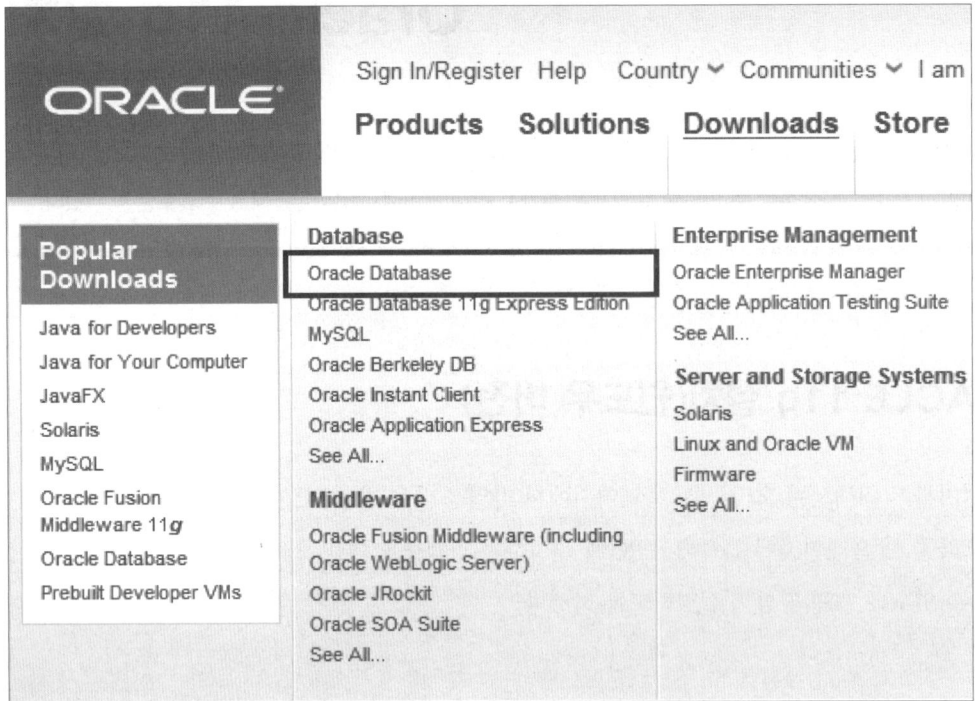

그림 2-2 Oracle Database 선택

DOWNLOADS 중 Oracle Database를 클릭하고 Database 11g Enterprise/Standard Editions를 다운받는다.

그림 2-3 OTN 회원 라이선스 동의

소프트웨어를 다운 받기 위해서는 OTN 라이선스가 있어야 한다는 항목에 동의를 눌러야 다음 진행이 가능하다.

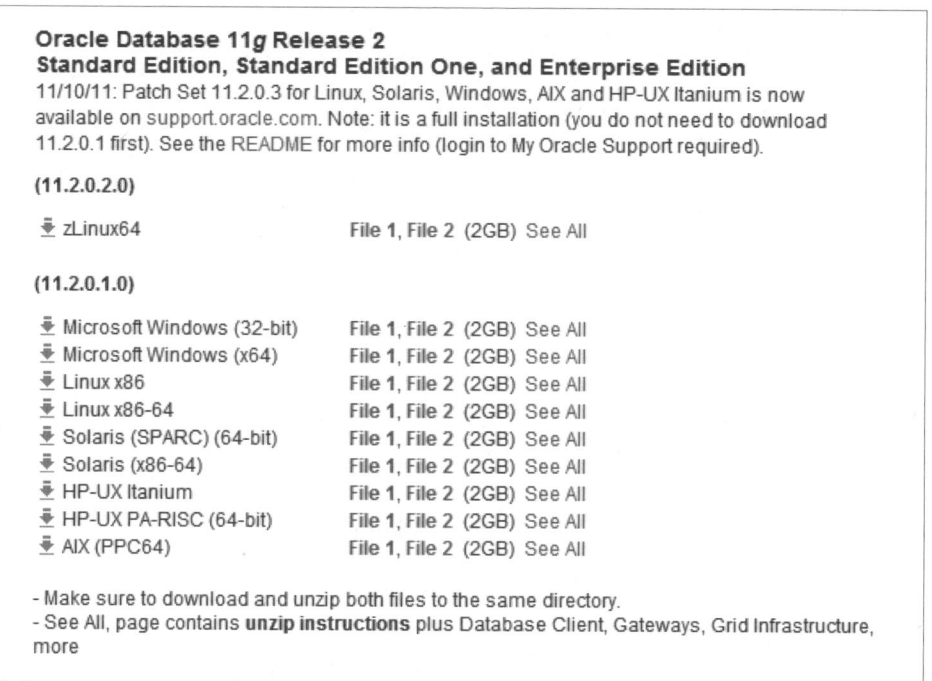

그림 2-4 Oracle 11g R2 다운로드

사용하기 위한 환경에 따라 맞는 항목을 선택할 수 있는데 우리는 학습용으로 개인 PC에 설치하기 위한 목적이기에 Microsoft Windows 버전을 선택하고 File1, File2 두 압축 파일을 차례대로 다운로드 받는다.

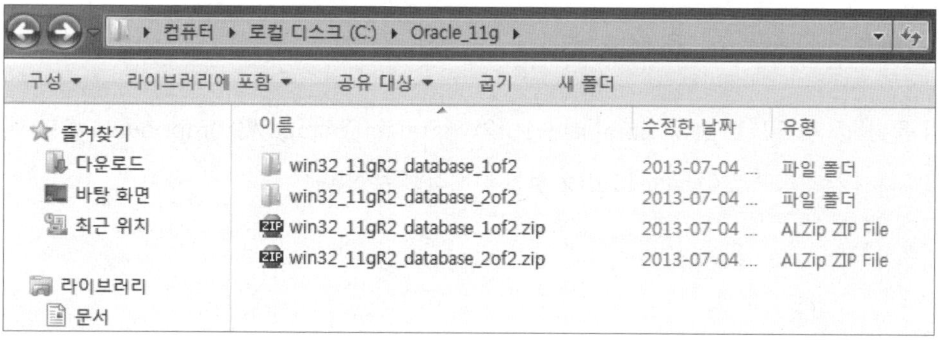

그림 2-5 다운로드 받은 압축 파일들

압축 파일 다운로드 완료 후 하나의 폴더를 지정하여 압축을 해제한다. 압축 파일을 해제하면 win32_11gR2_database_1of2 그리고 win32_11gR2_database_2of2 두 개의 폴더가 만들어 진다.

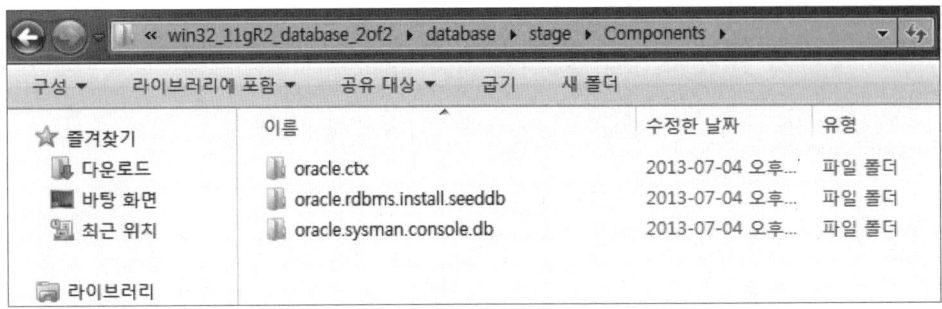

그림 2-6 win32_11gR2_database_2of2 파일 복사

이 후 그림 2-6처럼 win32_11gR2_database_2of2 폴더 경로를 따라 들어가 폴더 내 3개의 폴더를 복사한다.

▶ 경로 – win32_11gR2_database_2of2\database\stage\Components

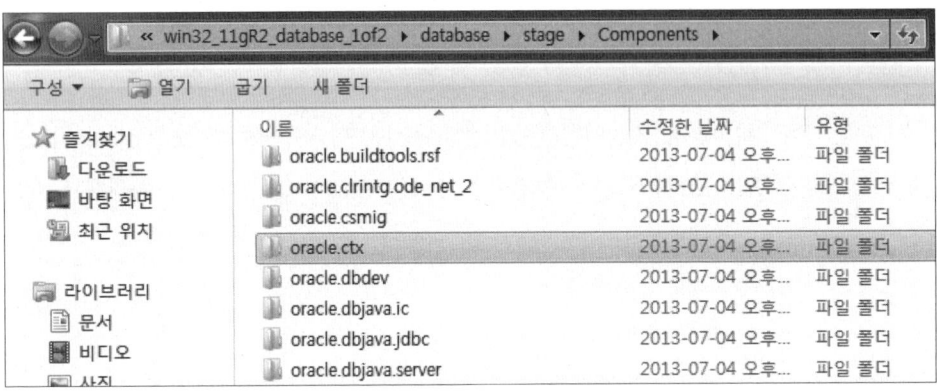

그림 2-7 win32_11gR2_database_1of2 폴더에 붙여넣기

복사한 세 개의 폴더를 win32_11gR2_database_1of2₩database₩stage₩Components 폴더 내에 붙여넣기하면 이제 본격적으로 Oracle11gR2 설치를 시작할 수 있다.

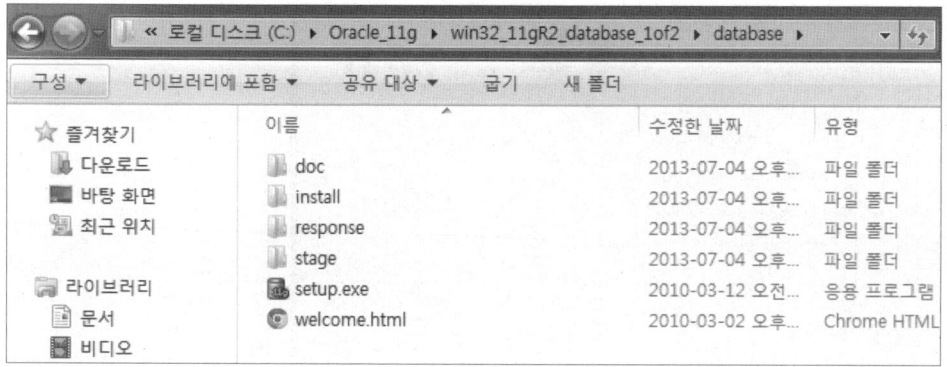

그림 2-8 setup.exe로 설치 시작

설치 파일이 있는 win32_11gR2_database_1of2 폴더에서 setup.exe 설치 파일을 실행시킨다.

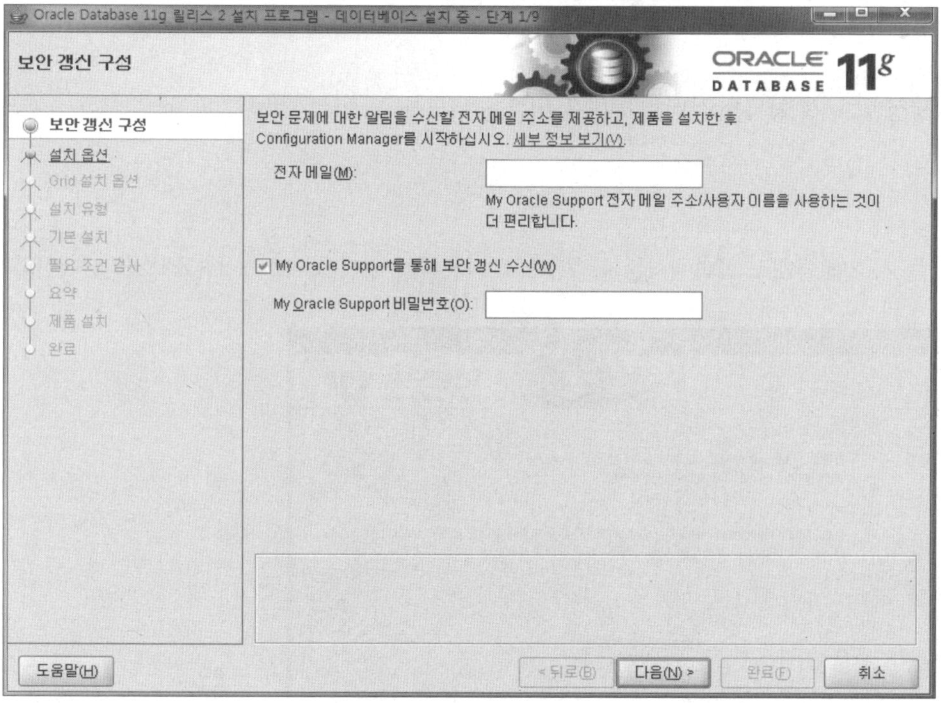

그림 2-9 설치 초기 화면

초기 설치 화면에서는 전자 메일과 비밀번호를 입력하는 화면인데 입력 없이 다음 버튼을 눌러도 설치하는데는 영향을 끼치지 않는다. 다음 버튼을 누르면 설치 옵션 선택 화면이 나온다.

CHAPTER 02 Oracle 11g 설치 **33**

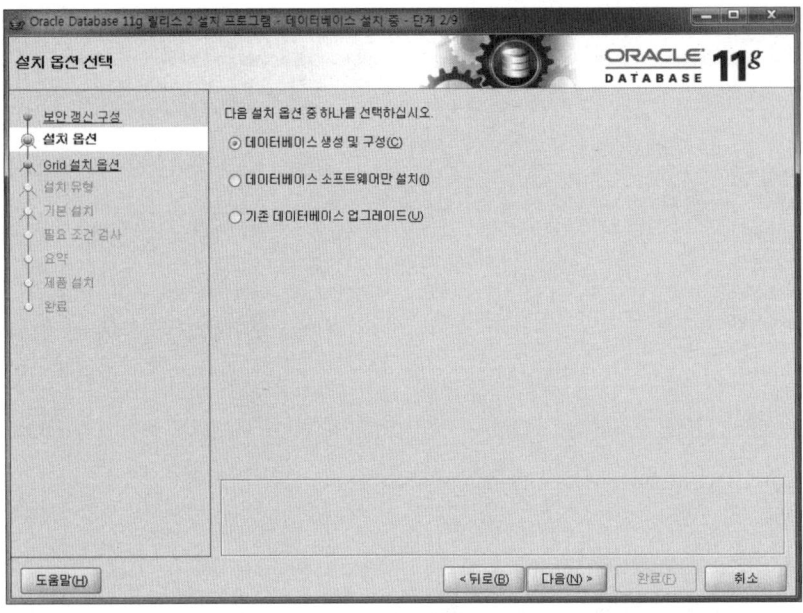

그림 2-10 설치 옵션 선택

데이터베이스 생성 및 구성 항목을 선택하고 다음 버튼을 누른다.

설치 수준을 묻는 시스템 클래스 화면에서는 학습용으로 이용하기 위해서 데스크톱 클래스를 선택한다.

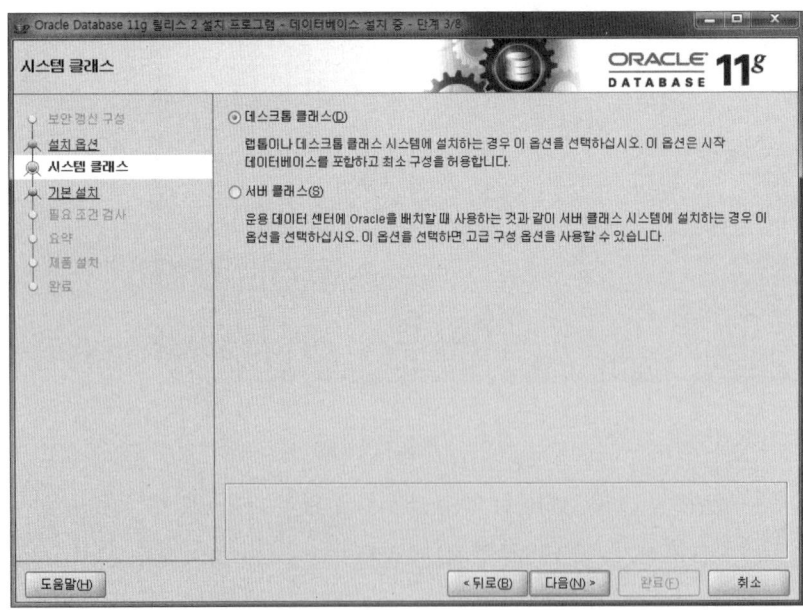

그림 2-11 데스크톱 클래스 선택

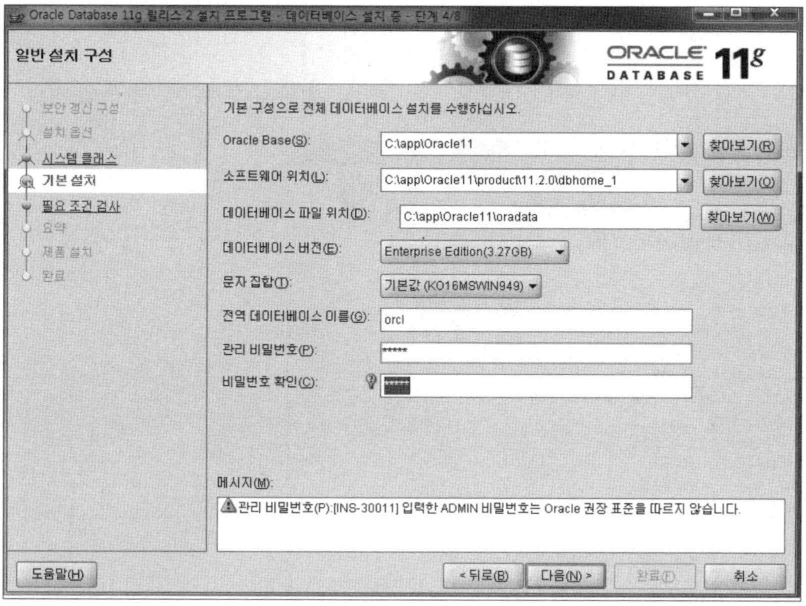

그림 2-12 일반 설치 구성 설정

일반 설치 구성에서는 오라클 설치 경로를 지정하고 전역 데이터베이스 이름과 비밀 번호를 입력 한다. 관리 비밀번호는 잊지 않도록 잘 기억해 두어야 한다. 비밀번호 입력 후 다음 버튼을 누르는데 비밀번호가 권장 표준을 따르지 않았다는 메시지가 뜨더라도 확인 버튼을 누르고 다음 단계를 진행한다.

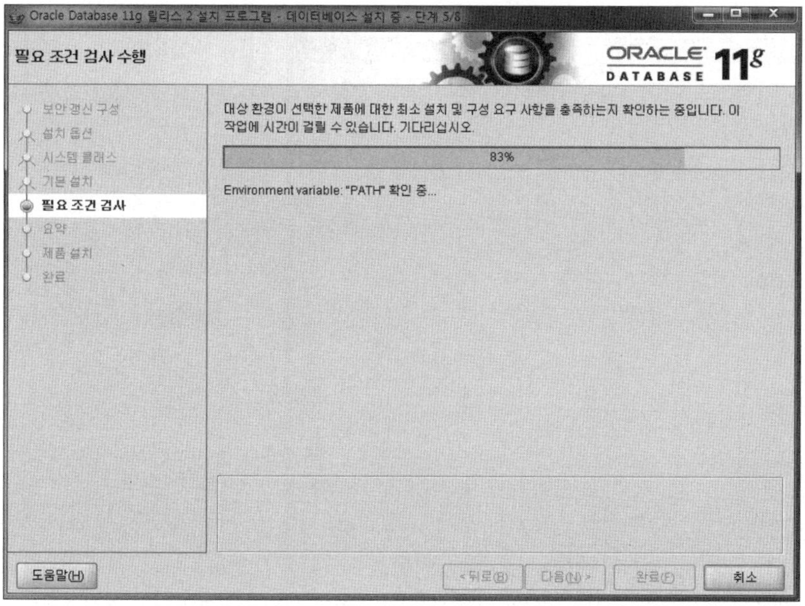

그림 2-13 필요 조건 검사

CHAPTER 02 Oracle 11g 설치 **35**

필요 조건 검사에서는 PC에 오라클이 설치 조건이 되는지 자동으로 검사가 진행되고 적합한 조건인 경우 다음 단계로 진행된다.

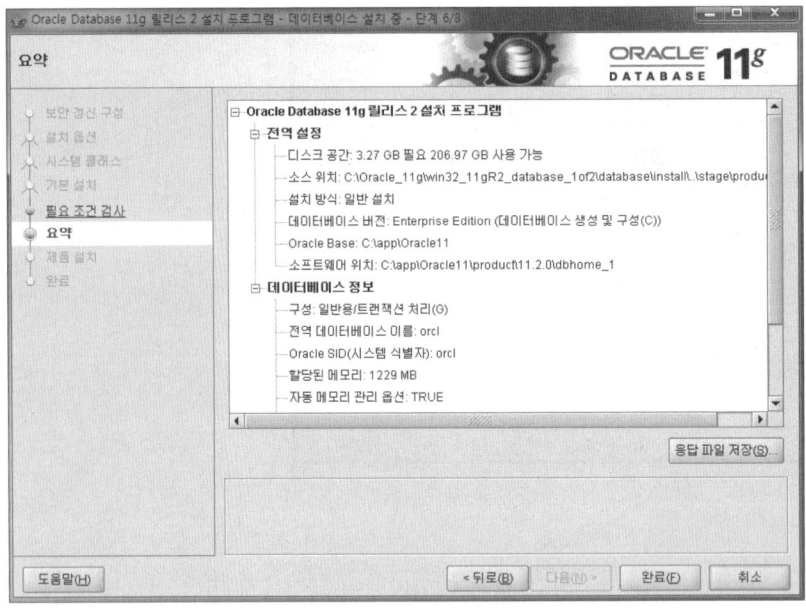

그림 2-14 요약 화면

요약 화면에서는 오라클 설치 정보와 지금까지 선택한 정보들이 표시된다. 정보들을 확인하고 완료 버튼을 클릭한다.

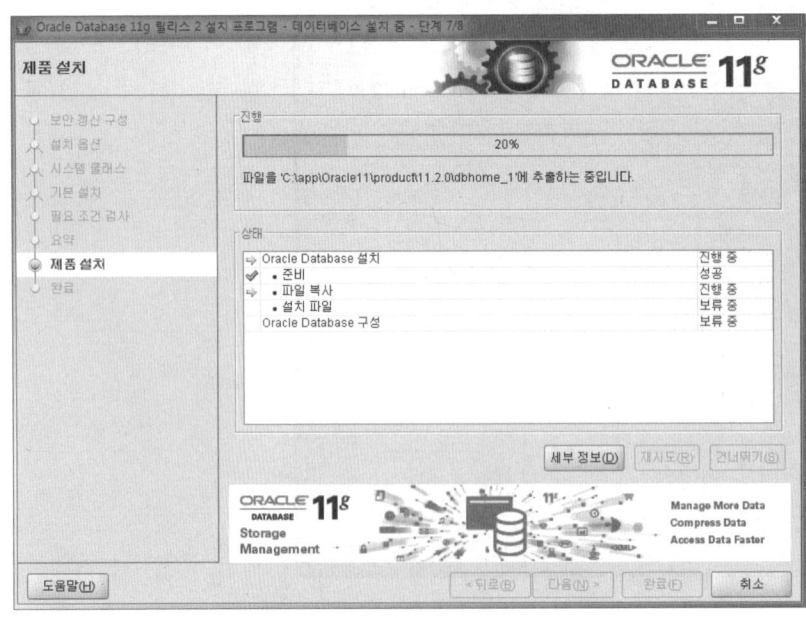

그림 2-15 제품 설치

PC에 오라클을 설치하기 위한 최소 조건을 만족하고 이상이 없을 경우 지금부터 Oracle11gR2가 설치된다. PC 사양에 따라 다소 차이가 발생되기는 하지만 10여분의 설치 시간이 경과된다. 설치가 완료되면 닫기 버튼을 클릭한다.

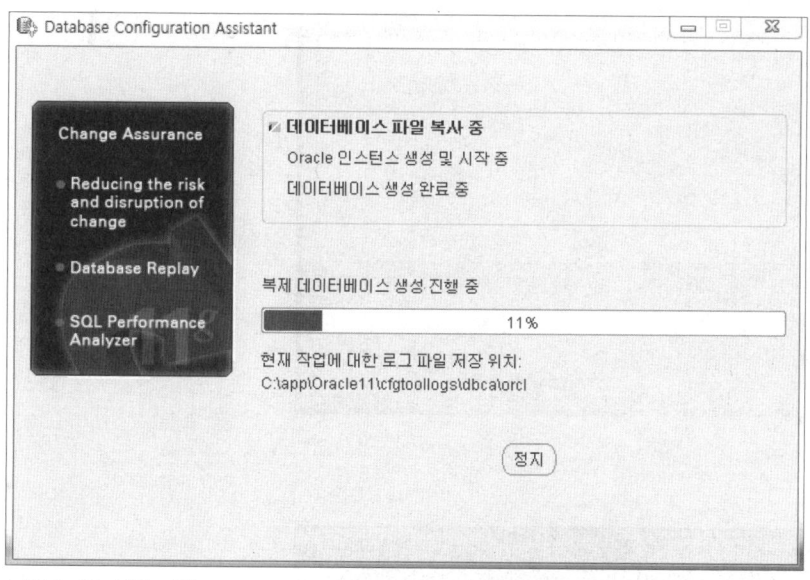

그림 2-16 설치 과정

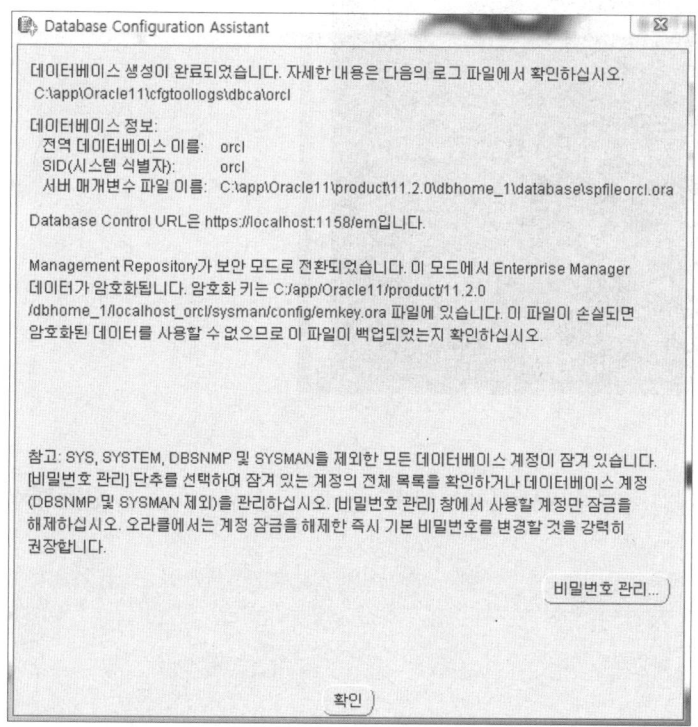

그림 2-17 비밀번호 관리

CHAPTER 02 Oracle 11g 설치 **37**

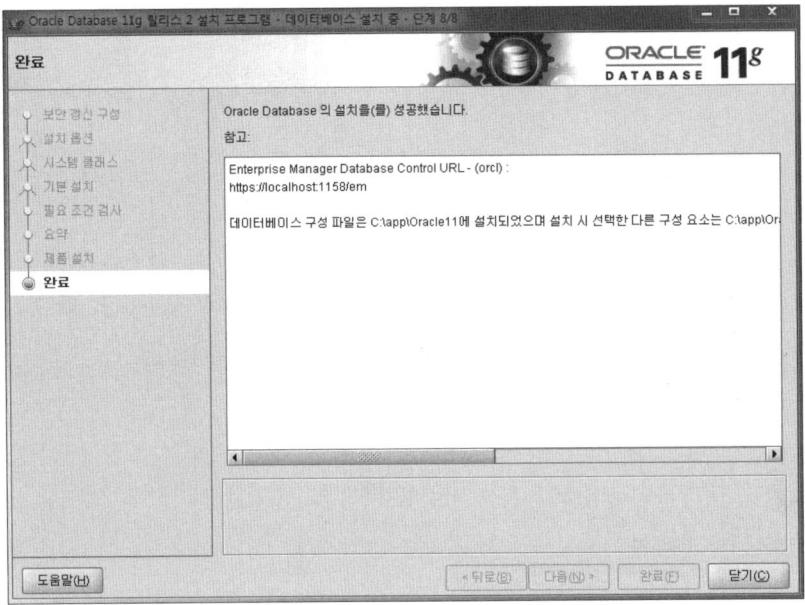

그림 2-18 설치 완료

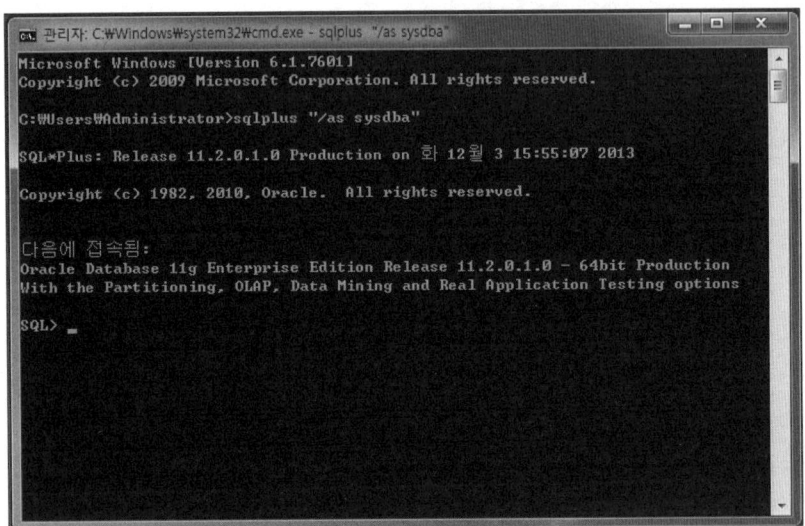

그림 2-19 Sqlplus 실행

sqlplus로 설치한 Oracle11g에 접속한다(윈도우에서 시작 > 실행 > cmd > sqlplus "/as sysdba").

```
ALTER USER SCOTT ACCOUNT UNLOCK
ALTR USER SCOTT IDENTIFIED BY tiger
```

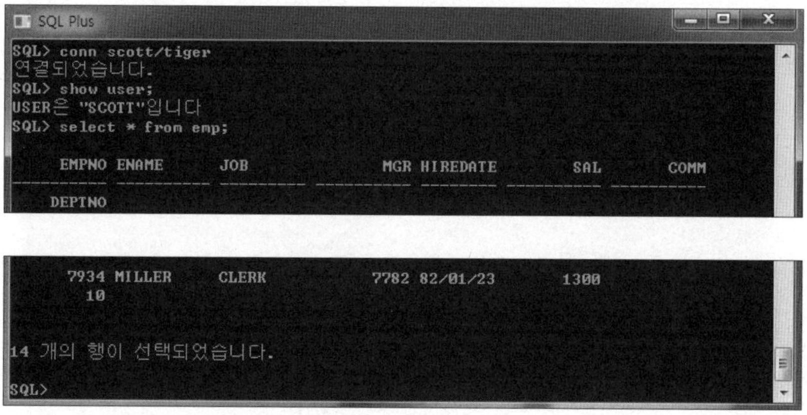

그림 2-20 SCOTT 계정 접속 및 테이블 조회

[사용자 계정생성 추가 및 권한부여]

CREATE USER 사용자이름
IDENTIFIED BY 패스워드
GRANT ROLE(CONNECT/RESOURCE,SYSDBA…등) TO 사용자이름

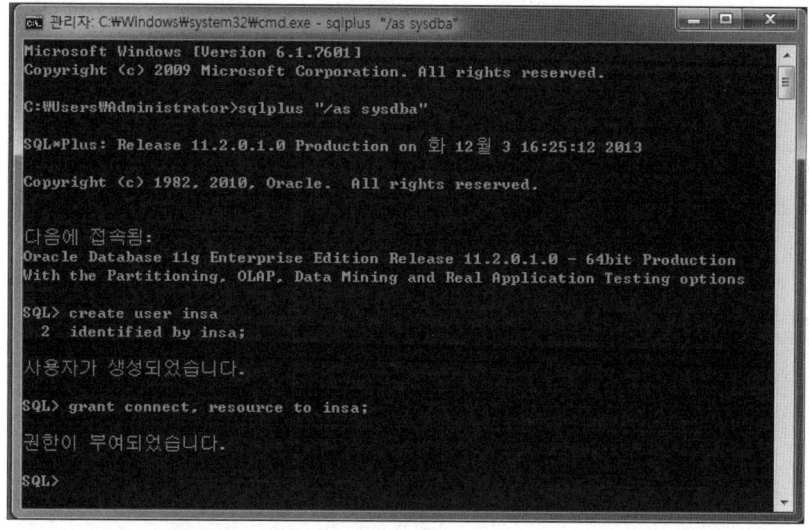

그림 2-21 insa 계정을 생성하고 권한을 부여하였다.

## 2. 예제를 사용하기 위한 설정 및 연결

그림 2-22 실습 홈페이지(www.syspd.co.kr)

예제를 실습하기 위해서 필요한 테이블과 데이터를 생성하려면 www.syspd.co.kr으로 접속해 '실전 DB 모델링과 SQL' 배너를 클릭한다. 또는 URL http://www.syspd.co.kr/dbQnaList.do?bbsCode=08로 바로 접속해도 된다.

그림 2-23 실전 DB 모델링과 SQL 예제 클릭

공지사항의 실전 DB 모델링과 SQL 예제를 클릭하고 첨부되어 있는 파일을 다운받아 압축을 푼다. DB Object별로 생성되어 있는 SQL 파일을 오라클에서 실행하고, db_data.sql 파일을 실행해 테이블에 데이터를 입력한다. Sql 파일이 존재하는 경로(압축을 푼 폴더)에서 사용자 계정으로 접속하여 실행해야 한다.

[sql 파일 실행하기]

Sql>@파일이름.sql

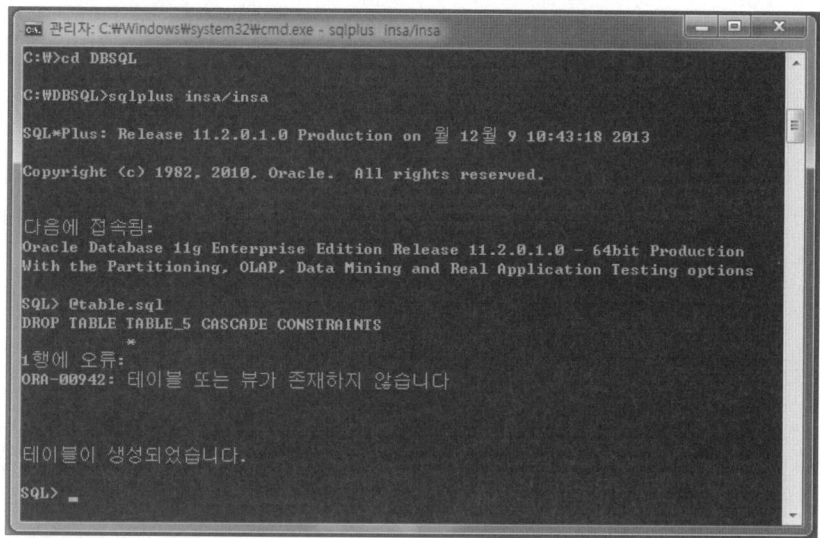

그림 2-24 예제 테이블 생성

들어 있는 파일을 확인하고 순서별로 실행하여야 한다.
① SQL>@table.sql
② SQL>@sequence.sql
③ SQL>@function.sql
④ SQL>@procedure.sql
⑤ SQL>@trigger.sql
⑥ SQL>@view.sql
⑦ SQL>@db_data.sql

여기까지 완료가 되면 이 책에서 사용하는 예제를 실습할 수 있는 환경이 구축된다.
그럼 이제는 실전으로 들어가자!

# Part 2

# SQL의
# 고수가 되려면

어느 프로젝트이든 프로젝트 특성은 각각 다를 수 있다. 필자가 경험한 많은 프로젝트에서 개발시 꼭필요한 부분을 종합적으로 판단하여 독자들이 꼭 알아야 될 요소들 즉, ERD, 오라클의 OBJECT들과 함수, 인덱스 등을 상세히 설명하였다.

이번 Part는 빼먹고 갈수 없는 부분인만큼 정신 바짝 차리고 공부하기 바란다.

이 Part의 내용만 충실히 숙지해도 기본적인 개발은 물론 데이터베이스 튜닝까지 할 수 있는 능력을 배양할 수 있을 것이다.

CHAPTER 03

# Join의 원리

데이터베이스의 가장 기본적인 join과 그 대상인 물리적 집합(테이블)을 설명하고 예제를 통하여 알아보도록 하자.

## 1. 집합이란?

관계형 데이터베이스(關係形 Database, Relational Database, 문화어: 관계 자료 기지, 관계형 자료 기지, RDB)는 키(Key)와 값(value)들의 간단한 관계를 테이블화 시킨 매우 간단한 원칙의 전산 정보 데이터베이스이다.

데이터베이스는 여러 응용 시스템들의 통합된 정보들을 저장하여 운영할 수 있는 공용 데이터들의 묶음이다. 또 데이터베이스는 그 내용을 쉽게 접근하여 처리하고 갱신할 수 있도록 구성된 데이터의 집합체이다. 이미 이전 Part에서 언급한바 있으니 이전 Part를 참조하기 바라며, 집합의 개념은 아주 중요하므로 요소들을 알아보자.

### 1.1. 집합의 개요

오늘날 가장 널리 사용되고 있는 데이터 모델은 관계 데이터 모델(Relational Data Model)이다. 관계 데이터 모델은 릴레이션에 바탕을 두고 있고 릴레이션은 집합 이론을 배경으로 한다. 집합이란 어떤 주어진 조건에 의하여 그 대상을 분명히 알 수 있는 것들의 모임이라고 할 수 있다.

집합의 예)
- 우리 반에서 안경을 쓴 학생들의 모임
- 우리 반에서 키가 150cm이상인 학생들의 모임

집합은 수학에서 여러 대상들의 모임을 말하며 집합을 다루는 이론을 집합론이라고 한다.

[집합 생성] 입사일이 2012년 12월인 사원의 집합을 추출

```
SELECT SABUN
FROM INSA
WHERE SABUN LIKE '201212%'
ORDER BY SABUN DESC
```

[출력 결과]

| | SABUN |
|---|---|
| 1 | 2012121205 |
| 2 | 2012121204 |
| 3 | 2012121203 |
| 4 | 2012121202 |
| 5 | 2012121201 |
| 6 | 2012120103 |
| 7 | 2012120102 |
| 8 | 2012120101 |

## 1.2. 집합의 종류

### 1.2.1. 유한집합

원소의 개수를 셀 수 있는 집합이다.

예) A={ 1, 2, 3, 6 }

[유한집합의 생성] 입사일이 2012년 12월 31일에서 2013년 1월 5일까지인 사원의 집합을 추출

```
SELECT SABUN
FROM INSA
WHERE SABUN BETWEEN '2012123101' AND '2013010501'
ORDER BY SABUN DESC
```

[출력 결과]

| | SABUN |
|---|---|
| 1 | 2013010132 |
| 2 | 2013010130 |
| 3 | 2013010129 |
| 4 | 2013010128 |
| 5 | 2013010127 |
| 6 | 2013010126 |
| 7 | 2013010125 |
| 8 | 2013010124 |
| 9 | 2013010123 |
| 10 | 2013010122 |

### 1.2.2. 무한집합

원소의 개수를 셀 수 없는 집합이다.

> 예) A={ 2, 4, 6, 8, ⋯ }

### 1.2.3. 공집합

원소를 하나도 갖지 않는 집합이다.

기호로 $\varPhi$와 같이 나타낸다. 공집합 $\varPhi$는 유한집합으로 생각한다.

> 예) A={ x | 1 < x < 2인 자연수 }라 하면, A = $\varPhi$이다.

## 1.3. 연산

### 1.3.1. 교집합

두 집합 A, B에 대하여 A에도 속하고 B에도 속하는 원소 전체의 집합을 A와 B의 교집합이라 하며 기호로 A∩B와 같이 나타낸다.

> 예) A={ 1, 3, 5 }, B={ 2, 3, 4, 5 } 일 때, A∩B = { 3, 5 }

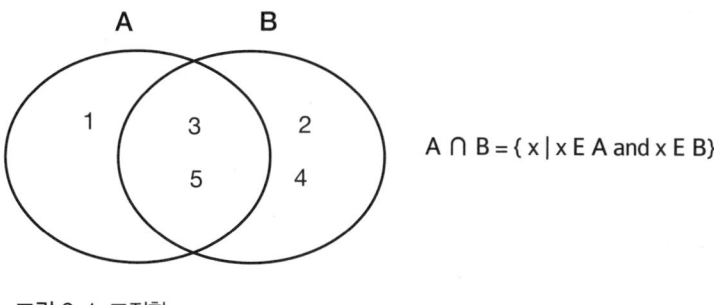

그림 3-1 교집합

## 1.3.2. 합집합

두 집합 A, B에 대하여 A에 속하거나 또는 B에 속하는 원소 전체의 집합을 A와 B의 합집합이라 하며 기호로 A∪B와 같이 나타낸다.

---

예) A={ 1, 2, 3, 4 }, B={ 3, 4, 5, 6 } 일 때, A∪B = { 1, 2, 3, 4, 5, 6 }

---

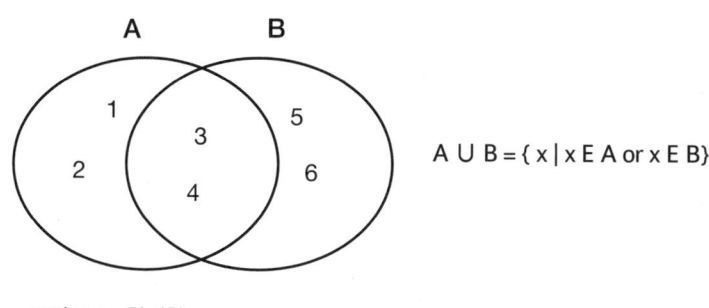

그림 3-2 합집합

## 1.3.3. 여집합, 전체집합

주어진 집합에 포함되는 부분집합만을 다룰 때 그 주어진 집합을 전체집합이라 하며 보통 U로 나타낸다. 전체집합 U의 부분집합을 A라고 할 때 U에 속하고 A에 속하지 않는 모든 원소의 집합을 U에 대한 A의 여집합이라고 하며 기호로 Ac와 같이 나타낸다.

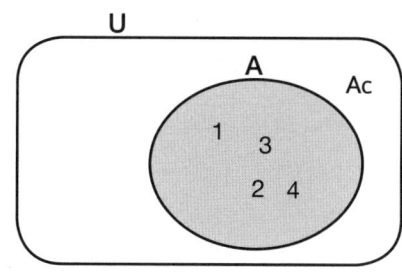

그림 3-3 여집합, 전체집합

CHAPTER 03 조인의 원리

### 1.3.4. 차집합

두 집합 A, B에 대하여 A에 속하고 B에는 속하지 않는 모든 원소의 집합을 A에 대한 B의 차집합이라 하며 기호로 A − B와 같이 나타낸다.

> 예) A={ 1, 2, 3, 4, 5, 6 }, B={ 4, 5, 6, 7, 8 } 일 때 A − B = { 1, 2, 3 }

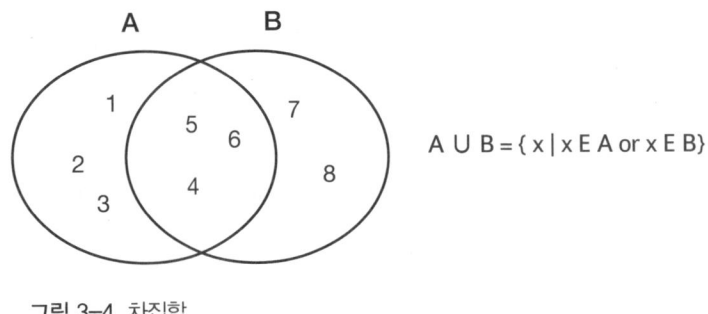

그림 3-4  차집합

## 1.4. 집합과 SQL

### 1.4.1. SQL

SQL(Structured Query Language)을 작성하는 과정은 집합(물리적으로 Table로 구성된)들을 치환, 연산하여 사용자가 필요한 집합과 요소들을 추출하는 과정이다. 이때 여러가지의 연산도 발생하며 치환을 하기 위해 여러 가지의 SQL 함수를 사용하는 과정을 거쳐 최종으로 사용자가 원하는 집합과 요소들을 추출한다.

**<예제>** ERD를 보고 프로젝트에 참여하고 있는 사원의 정보와 소속 업체를 출력해보기

ERD 3-1 인사관리 설계 일부

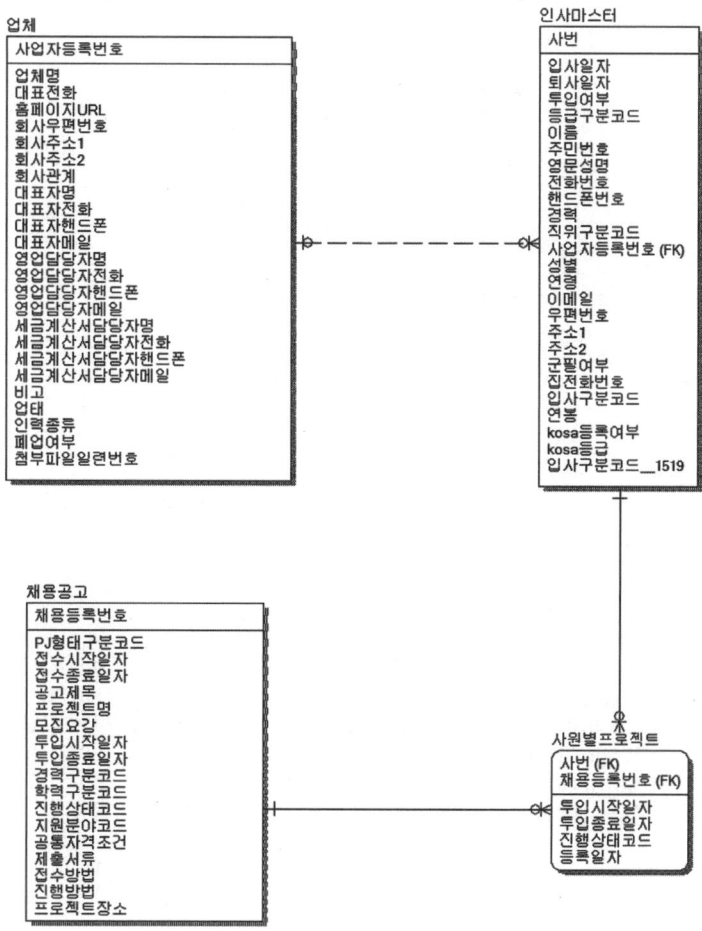

위의 ERD는 인사마스터, 업체, 사원별 프로젝트, 채용공고 등의 테이블로 구성된 모델링이 되어 있다. 사원별 프로젝트 테이블은 교차 엔티티로써 만약 두 개의 엔티티(채용공고, 인사마스터)가 N : M 관계로 연결되어 있다면 원하는 결과값을 얻기가 어렵기 때문에 양단의 테이블 사이에 교차 엔티티를 넣어 복잡한 N : M의 관계를 해소하기 위한 인위적인 엔티티이다. 교차 엔티티에 대해서는 뒤에 상세히 설명하겠다.

[프로젝트에 참여 정보 조회]

```
SELECT T4.PJT_NAME, TS1.SABUN, TS1.CMP_REG_NO, TS1.CMP_NAME
       ,TS1.NAME, T3.SABUN PJT_SABUN
FROM INSA_EMP_PJT T3    -- 사원별 프로젝트
     ,INSA_RECT_NOTICE T4    -- 채용공고
     ,(
SELECT T2.SABUN, T1.CMP_REG_NO
       ,T1.CMP_NAME, T1.CMP_KIND
       ,T2.NAME
FROM INSA_COMPANY T1   -- 업체
     ,INSA T2   -- 인사마스터
WHERE T1.CMP_REG_NO=T2.CMP_REG_NO) TS1
WHERE T3.RECT_REG_NO=T4.RECT_REG_NO
AND TS1.SABUN=T3.SABUN
ORDER BY T3.RECT_REG_NO
```

[출력 결과]

| | PJT_NAME | SABUN | CMP_REG_NO | CMP_NAME | NAME | PJT_SABUN |
|---|---|---|---|---|---|---|
| 1 | 채용공고관리 프로젝트 | 2012121205 | 1078714811 | (주)웹비주얼 | 안창호 | 2012121205 |
| 2 | 채용공고관리 프로젝트 | 2012121201 | 2222222206 | (주)피디시스템 | 김정효 | 2012121201 |
| 3 | 채용공고관리 프로젝트 | 2012120101 | 2222222206 | (주)피디시스템 | 권태서 | 2012120101 |
| 4 | 채용공고관리 프로젝트 | 2012120102 | 2222222206 | (주)피디시스템 | 김영수 | 2012120102 |
| 5 | 채용공고관리 프로젝트 | 2012121203 | 1078714811 | (주)웹비주얼 | 장진일 | 2012121203 |
| 6 | 채용공고관리 프로젝트 | 2012121202 | 2222222206 | (주)피디시스템 | 김주영 | 2012121202 |

위의 SQL에서 보듯이 사용자의 번호를 가지고 모델링되어 있는 테이블(집합)의 정보를 치환과 연산을 통해 입력되는 프로젝트 번호 또는 사번으로 종속되는 프로젝트와 소속 업체를 추출하는 예시를 볼 수 있다. 위의 예제는 차후 상세히 분석하도록 하겠다.

위 SQL문의 실행 과정을 집합의 의미로 다음 그림과 같이 이해할 수 있다.

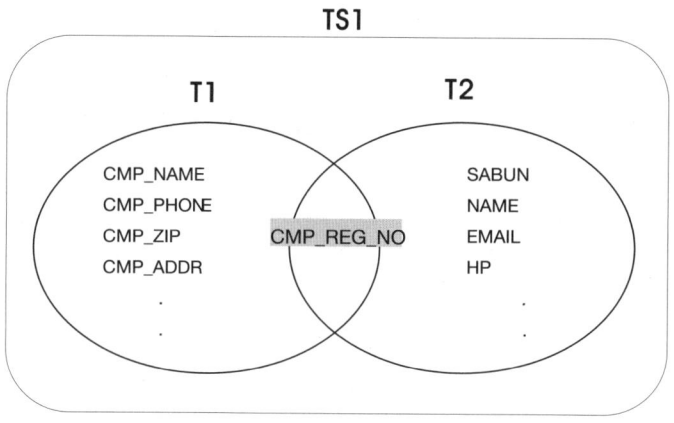

그림 3-5 예제의 서브쿼리 집합

서브쿼리 Alias TS1은 T1 테이블과 T2 테이블의 교집합인 CMP_REG_NO으로 Join하여 합집합의 컬럼들 중 필요한 데이터를 추출하여 전체집합 TS1에 담는다.

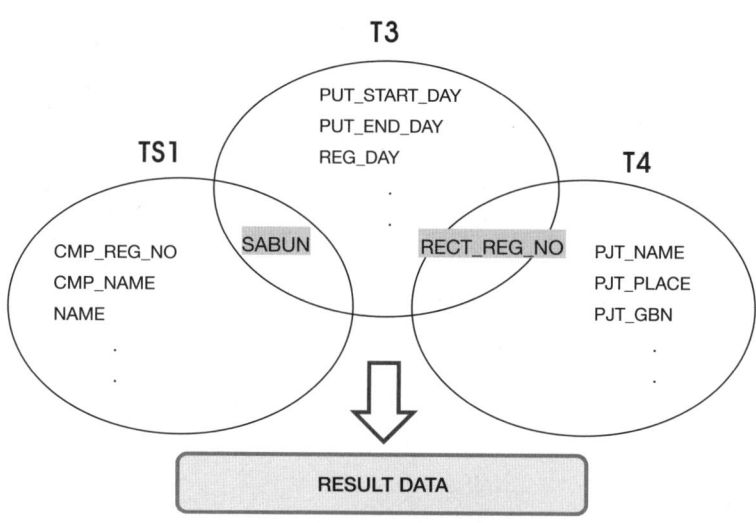

그림 3-6 예제의 집합

T3 테이블과 T4 테이블은 RECT_REG_NO로 Join되고 서브쿼리를 통해 데이터가 추출된 TS1과 SABUN으로 Join되어 프로젝트별 투입 인원, 투입 인원의 소속 업체명 및 원하는 데이터의 도출이 가능해진다.

다음으로 차집합의 예를 SQL문으로 표현해보자.

**<예제>** 정직원 중 서울에 사는 직원의 결과를 조회하시오.

**[차집합의 예]**

```
SELECT SABUN, ENG_NAME, ADDR1, JOIN_GBN_CODE
FROM INSA
WHERE ADDR1 LIKE '서울%'
MINUS
SELECT I.SABUN, I.ENG_NAME, I.ADDR1, I.JOIN_GBN_CODE
FROM INSA I
WHERE REGEXP_LIKE(JOIN_GBN_CODE,'(CMP|FRE|CNT)')
```

직원구분코드
RGL(정직원)
CMP(업체직원)
FRE(프리랜서)
CNT(계약직)

**[출력 결과]**

|   | SABUN | ENG_NAME | ADDR1 | JOIN_GBN_CODE |
|---|-------|----------|-------|---------------|
| 1 | 2012010101 | Lee Ho Sang | 서울시 양천구 | RGL |
| 2 | 2012010103 | Sun Yu A | 서울시 관악구 | RGL |
| 3 | 2012010105 | Lee Eung Jae | 서울시 도봉구 | RGL |
| 4 | 2012010109 | Lee Seock Won | 서울시 동대문- | RGL |
| 5 | 2012010110 | Lee Sang Oh | 서울 은평구 녹 | RGL |
| 6 | 2012010111 | Yoo Ji Yeon | 서울 강서구 방 | RGL |
| 7 | 2012010113 | Sim Jae Hoon | 서울 강서구 화 | RGL |
| 8 | 2012010114 | Yoo Jae Joo | 서울 서대문구 | RGL |
| 9 | 2012010117 | Kim Ye Won | 서울 구로구 구 | RGL |
| 10 | 2012010118 | Park he jin | 서울 신림본동( | RGL |
| 11 | 2012010119 | Kim Sung Soo | 서울 도봉구 창 | RGL |

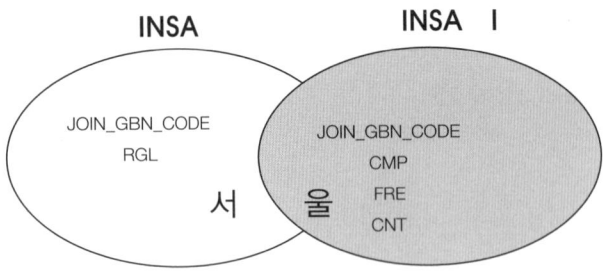

그림 3-7 예제의 차집합

위의 SQL문은 처음 SELECT 문장에서 주소지가 서울인 직원을 추출하고 두 번째 SELECT 문장에서는 직원 구분 코드 중 계약직, 업체 직원, 프리랜서인 직원들을 선별하였다. 그리고 서울에 사는 모든 직원들 중 계약직, 업체직원, 프리랜서를 제외하면 나머지 서울에 거주하는 정직원을 추출한 SQL문이다.

위 SQL문처럼 MINUS의 사용은 SQL문이 길어지고 잘 사용하지 않는 연산 방법이지만 차집합을 설명하기 위해 MINUS를 사용하였다. 쿼리가 짧고 실행이 빠른 SQL문은 첫 번째 SELECT문에서 WHERE절에 AND JOIN_GBN_CODE='RGL'를 추가하면 동일한 결과값을 얻을 수 있다.

다음의 예를 통해 SQL에서 집합의 의미를 좀 더 알아 보도록 하자.

<예제> ERD를 통해 전산에 등록된 각 업체별 인력의 수와 데이터를 추출해 보기

[업체별 인력의 수요 데이터 조회 예제]

```
SELECT T2.CMP_NAME,
       NVL(COUNT(T1.SABUN),'0') AS SAWON_COUNT,
       MAX(T2.CMP_REG_NO) AS CMP_REG_NO,
       MAX(T2.DIS_YN) AS DIS_YN
  FROM INSA T1, INSA_COMPANY T2
 WHERE T1.CMP_REG_NO(+) = T2.CMP_REG_NO
 GROUP BY T2.CMP_NAME
 ORDER BY CMP_REG_NO
```

[출력 결과]

| # | CMP_NAME | SAWON_COUNT | CMP_REG_NO | DIS_YN |
|---|---|---|---|---|
| 1 | ㈜유테커스 | 3 | 1018616435 | N |
| 2 | 주식회사 엑스코어소프트 | 0 | 1018635693 | N |
| 3 | 현대에이치디에스㈜ | 0 | 1028135124 | N |
| 4 | 주식회사 이노비텍 | 0 | 1058601744 | N |
| 5 | (주)진두아이에스 | 0 | 1058647212 | N |
| 6 | (주)유비스티 | 3 | 1068614752 | N |
| 7 | (주)니드소프트뱅크 | 2 | 1078177357 | N |
| 8 | 다해정보기술(주) | 0 | 1078195961 | N |
| 9 | 주)아프로정보기술 | 4 | 1078197241 | N |
| 10 | 주식회사인스웨이브시스템즈 | 5 | 1078616054 | N |

T1 테이블과 T2 테이블의 교집합인 CMP_REG_NO를 통해 두 테이블 사이에서 원하는 데이터를 뽑아 낼 수 있다.

ERD를 통해 알아본 앞의 예제들과 같이 데이터를 출력하기 위해서는 각 테이블을 이어주는 교집합의 의미인 PK(Primary Key)와 FK(Foreign Key)를 통한 Join이 필요하다. 간혹 이러한 PK, FK의 관계가 없이도 논리적인 값들의 관계만으로 Join이 가능하기도 하지만 사용하는 SQL 대부분은 이렇게 두 개 이상의 테이블을 연결해서 데이터를 출력하기 때문에 다음에서 Join에 대해 본격적으로 알아보도록 하겠다.

## 2. Join

하나 이상의 테이블로부터 데이터를 검색하기 위해서 Join을 사용한다. 일반적으로 Primary Key와 Foreign Key를 사용하여 Join하는 경우가 대부분이지만 때로는 논리적인 값들의 연관으로 Join하는 경우도 있다.

### 2.1. 카티젼 조인(Cartesian Join)

두 테이블의 모든 행들의 Join이다. M:M Join으로써 Join되는 두 개의 집합 간에 연결고리 조건이 전혀 없는 경우에 발생한다. Join에 사용된 테이블의 곱(M * M)으로 두 개의 테이블의 모든 데이터를 리턴한다.

[Cartesian Join의 SQL 적용 예]

```
SELECT I.SABUN, I.JOIN_DAY, E.RECT_REG_NO
FROM INSA I, INSA_EMP_PJT E
ORDER BY E.RECT_REG_NO DESC
```

[출력 결과]

| | SABUN | JOIN_DAY | RECT_REG_NO |
|---|---|---|---|
| 1 | 2013011109 | 20130111 | 206 |
| 2 | 2013011109 | 20130111 | 206 |
| 3 | 2013011109 | 20130111 | 206 |
| 4 | 2013011109 | 20130111 | 206 |
| 5 | 2013011109 | 20130111 | 206 |
| 6 | 2013011109 | 20130111 | 206 |
| 7 | 2013011109 | 20130111 | 206 |
| 8 | 2013011109 | 20130111 | 206 |
| 9 | 2013011109 | 20130111 | 206 |
| 10 | 2013011109 | 20130111 | 206 |
| 5502 | 2013011103 | 20130111 | 111 |
| 5503 | 2013011104 | 20130111 | 111 |
| 5504 | 2013011502 | 20130115 | 111 |

집합에서 얘기했듯이 PK, FK의 관계가 없어도 Join이 가능하다고 설명했는데 그 방법이 바로 카티젼 조인이다. 2개 이상의 테이블이 Join하여 Join의 연결고리 없이 추출된 레코드의 개수는 M*M*M 의 형태로 리턴해 주는 Join이다.

## 2.1.1. JOIN을 공부하기 전 기본적으로 알아두어야 할 테이블들

### 2.1.1.1. DUAL 테이블

DUAL 테이블은 우리가 SQL을 작성하면서 집합을 창출하거나 SELECT의 값을 확인해 볼 때 주로 많이 사용하는 테이블이다.

[Dual 테이블 사용]

```
SELECT * FROM DUAL
```

[출력 결과]

| | DUMMY |
|---|---|
| 1 | X |

DUAL 테이블을 SELECT 해보면 DUMMY 컬럼명으로 생성되어 있으며 값은 'X' 한 개 밖에 없는 테이블이다. 이 테이블을 생성하는 문장의 DDL문에 권한을 주는 부분을 보면 일단 SYNONYM을 주고 모든 사용자가 사용할 수 있도록 SELECT 권한을 준 것을 확인할 수 있다.

```
CREATE PUBLIC SYNONYM DUAL FOR SYS.DUAL
GRANT SELECT ON SYS.DUAL TO PUBLIC WITH GRANT OPTION
```

그러므로 이 테이블은 SYS 유저 말고 다른 유저는 조회로 사용하는 테이블인 것을 짐작할 수 있다. 앞으로 이 책에서 많이 사용할 테이블이므로 모르는 독자를 위하여 특성을 미리 알아 두는 것이다. SYNONYM에 대해서는 차후 상세하게 설명하겠다.

### 2.1.1.2. 집합을 창출 할 때 주로 사용한다.

[집합 창출의 예]

```
SELECT '20090101' AS SABUN, '이호상' AS NAME FROM DUAL
UNION
SELECT '20090102' AS SABUN, '홍길동' AS NAME FROM DUAL
```

[출력 결과]

| | SABUN | NAME |
|---|---|---|
| 1 | 20090101 | 이호상 |
| 2 | 20090102 | 홍길동 |

위와 같은 방법으로 집합을 창출하여 SQL 작성시 합계 대상 항목과 그 항목들의 총합계 산출 아니면 Join에 들어가야 할 공통 항목의 값 등을 창출하여 다른 테이블과 Join하여 많이 사용한다.

### 2.1.1.3. 조회값의 테스트용으로 사용하면 편리하다.

[Dual 테이블 활용]

```
SELECT GREATEST('1996','1222') FROM DUAL;
SELECT LEAST('1996','1222') FROM DUAL;
SELECT INSTR('CORPORATE FLOOR','OR',3,2) "INSTRING"  FROM DUAL;
SELECT '"CHARACTER STRING IN QUOTES"'||'AAA'||'"AAA"' RESULT FROM DUAL;
```

위에 나열한 예제같이 함수를 테스트하여 SQL에 적용해야 하거나 결과값을 예측하기 힘들 때 확인하고 처리하는 용도로 많이 사용한다.

## 2.1.2. COPY_T 테이블

COPY_T 테이블이란 기준 테이블을 원하는 배수만큼 복제하여 결과 집합을 구할 때 사용하거나 데이터 체크에 사용되는데 이번 경우의 사용은 결과 집합을 구하기 위해 사용된다. SQL 대상 테이블과 Join하여 여러가지 집합을 창출할 때 사용한다.

### 2.1.2.1. COPY_T의 생성

[COPY_T 테이블 생성]

```
CREATE TABLE COPY_T
AS
SELECT ROWNUM AS COL_1, TO_CHAR(ROWNUM,'009') AS COL_2
FROM CMM_CODE_DETAIL
WHERE ROWNUM < 101;
```

[출력 결과]

| | COL_1 | COL_2 |
|---|---|---|
| 1 | 1 | 001 |
| 2 | 2 | 002 |
| 3 | 3 | 003 |
| 4 | 4 | 004 |
| 5 | 5 | 005 |
| 6 | 6 | 006 |
| 7 | 7 | 007 |
| 8 | 8 | 008 |
| 9 | 9 | 009 |
| 10 | 10 | 010 |
| 98 | 98 | 098 |
| 99 | 99 | 099 |
| 100 | 100 | 100 |

SELECT * FROM COPY_T

위와 같은 테이블이 생성이 된다. 이 테이블을 이용하여 데이터를 창출하고 치환하는 SQL에 사용하여 원하는 답을 얻을 수 있다.

**<예제>** COPY_T 테이블을 이용하여 정직원의 이름을 보여주고 총인원수를 구하라

[COPY_T 테이블의 SQL 적용 예]

```
SELECT DECODE(COL_1,1,SABUN,'합계')AS SABUN,
    DECODE(COL_1,1,NAME,'합계') AS NAME,
    COUNT(DECODE(COL_1,1,NAME,'합계')) AS TOTAL
FROM INSA T1,
    COPY_T T2
WHERE T1.JOIN_GBN_CODE = 'RGL' –정직원
AND   T2.COL_1 < 3
GROUP BY DECODE(COL_1,1,SABUN,'합계'),
    DECODE(COL_1,1,NAME,'합계')
ORDER BY SABUN
```

[출력 결과]

| | SABUN | NAME | TOTAL |
|---|---|---|---|
| 1 | 2012010101 | 이호상 | 1 |
| 2 | 2012010102 | 정삼량 | 1 |
| 3 | 2012010103 | 선유아 | 1 |
| 4 | 2012010104 | 정경훈 | 1 |
| 5 | 2012010105 | 이응제 | 1 |
| 6 | 2012010109 | 이석원 | 1 |
| 7 | 2012010110 | 이상오 | 1 |
| 8 | 2012010111 | 유지연 | 1 |
| 9 | 2012010112 | 이재민 | 1 |
| 10 | 2012010113 | 심재훈 | 1 |

| 37 | 2013032104 | 이의민 | 1 |
|---|---|---|---|
| 38 | 2013032105 | 진성현 | 1 |
| 39 | 2013032901 | 김유나 | 1 |
| 40 | 2013042401 | 김민기 | 1 |
| 41 | 합계 | 합계 | 40 |

COPY_T 레코드는 'COL_1 < 3'의 문장에 의하여 2개의 레코드만 추출되고 여기서 T1과 카티젼 조인이 되어 40*2 = 80개로 뻥튀기 되고 COL_1 = '1'인 레코드만 합산을 하여 구한 SQL이다. 이렇게 하면 합계를 마지막에 구할 수 있다. 합계뿐 아니라 일수, 연수 등의 응용에 사용하여 집합을 창출 가공할 수 있다.

계속해서 카티젼 조인의 다른 예를 보자.

[카티젼 조인의 SQL 적용 예]

```
SELECT *
FROM (
SELECT '20090101' AS SABUN, '이호상' AS NAME FROM DUAL
    UNION
    SELECT '20090102' AS SABUN, '홍길동' AS NAME FROM DUAL
    ) T1,
    (SELECT '20090101' AS SABUN, 'A' AS GUBUN FROM DUAL
    UNION
    SELECT '20090102' AS SABUN, 'B' AS GUBUN FROM DUAL
)T2
```

[출력 결과]

| | SABUN | NAME | SABUN_1 | GUBUN |
|---|---|---|---|---|
| 1 | 20090101 | 이호상 | 20090101 | A |
| 2 | 20090101 | 이호상 | 20090102 | B |
| 3 | 20090102 | 홍길동 | 20090101 | A |
| 4 | 20090102 | 홍길동 | 20090102 | B |

위에서 보듯이 Join의 연결고리가 없으므로 2*2 그리고 관련되는 레코드 모두가 카티젼 조인이 되어 추출되는 것을 볼 수 있다.

그럼 사번으로 연결한 Join을 하면 어떻게 될까?

[카티젼 조인이 아닌 사번으로 Join된 실행 쿼리]

```
SELECT *
FROM (
    SELECT '20090101' AS SABUN, '이호상' AS NAME FROM DUAL
    UNION
    SELECT '20090102' AS SABUN, '홍길동' AS NAME FROM DUAL
  ) T1,
  (SELECT '20090101' AS SABUN, 'A' AS GUBUN FROM DUAL
    UNION
    SELECT '20090102' AS SABUN, 'B' AS GUBUN FROM DUAL
  )T2
    WHERE T1.SABUN = T2.SABUN;
```

[출력 결과]

| | SABUN | NAME | SABUN_1 | GUBUN |
|---|---|---|---|---|
| 1 | 20090101 | 이호상 | 20090101 | A |
| 2 | 20090102 | 홍길동 | 20090102 | B |

Join의 연결고리가 있기 때문에 2개의 레코드만 추출된다. 그러면 카티젼 조인을 더 잘 이해 할 수 있는 3개의 테이블로 Join하는 예제를 보자.

**[3개의 테이블로 Join된 실행 쿼리]**

```
SELECT DECODE(NO,'02',T1.SABUN,'합계'),
DECODE(NO,'02',T1.NAME,'-'), DECODE(NO,'02',T2.GUBUN,'-'),COUNT(T2.GUBUN)
FROM (
    SELECT '20090101' AS SABUN, '이호상' AS NAME FROM DUAL
    UNION
    SELECT '20090102' AS SABUN, '홍길동' AS NAME FROM DUAL
    ) T1,
    (SELECT '20090101' AS SABUN, 'A' AS GUBUN FROM DUAL
    UNION
    SELECT '20090102' AS SABUN, 'B' AS GUBUN FROM DUAL
)T2,
    (SELECT '01' AS NO FROM DUAL
    UNION
    SELECT '02' AS NO FROM DUAL) T3
WHERE T1.SABUN = T2.SABUN
GROUP BY DECODE(NO,'02',T1.SABUN,'합계'),
    DECODE(NO,'02',T1.NAME,'-'), DECODE(NO,'02',T2.GUBUN,'-')
```

**[출력 결과]**

| DECODE(NO,'02',T1.SABUN,'합계') | DECODE(NO,'02',T1.NAME,'-') | DECODE(NO,'02',T2.GUBUN,'-') | COUNT(T2.GUBUN) |
|---|---|---|---|
| 1 20090101 | 이호상 | A | 1 |
| 2 20090102 | 홍길동 | B | 1 |
| 3 합계 | - | - | 2 |

T3에 Join의 연결고리를 두지 않아 카티젼 조인을 발생시켜 합계를 구하는 SQL이다. 위에서 DUAL을 설명하였듯이 DUAL 테이블을 사용하여 카티젼 조인을 발생시키고 이걸 바탕으로 NO값이 '02'인 레코드만 합하여 보여주는 예제이다.

이제는 카티젼 조인을 모두 이해 하였을 것이다. 이해가 아직 되지 않았으면 직접 위의 예제를 하나하나 작성해가면서 실습을 하여 이해를 하고 가자!

## 2.2. Inner Join

두 개 집합의 교집합으로 이해할 수 있다. Inner Join을 진행하기 위해서는 Join의 연결고리가 서로 존재해야 하고 DB에서는 두 테이블 Join 조건을 만족하는 결과값을 리턴 한다. 데이터베이스는 그 내용을 쉽게 접근하여 처리하고 갱신할 수 있도록 구성된 데이터의 집합체이다.

**<예제>** 사번 '2012121201'인 직원의 고용 형태와 참여하고 있는 프로젝트 번호를 조회하시오.

[Inner Join의 SQL 적용]

```
SELECT T1.SABUN, T1.JOIN_GBN_CODE, T2.RECT_REG_NO
FROM INSA T1, INSA_EMP_PJT T2
WHERE T1.SABUN = '2012121201'
AND T1.SABUN = T2.SABUN
```

[출력 결과]

| | SABUN | JOIN_GBN_CODE | RECT_REG_NO |
|---|---|---|---|
| 1 | 2012121201 | RGL | 143 |

- ▶ SELECT절에 검색하기 위한 테이블의 컬럼명을 기술한다.
- ▶ FROM절에 검색할 컬럼이 속한 테이블을 alias로 별칭을 단다.
- ▶ WHERE절에서 각 테이블의 Primary Key로 Join을 걸어 조건에 맞는 데이터를 SELECT 한다.

Inner Join을 설명하기 위하여 아래와 같은 테이블이 있다고 가정하자.

TABLE_1 사원

| SABUN | NAME | AGE | PHONE |
|---|---|---|---|
| 1 20090101 | 이호상 | 45 | 01063302154 |
| 2 20090103 | 김영삼 | 25 | 01063302152 |
| 3 20090104 | 노태우 | 35 | 01063302153 |
| 4 20090105 | 김화영 | 22 | 01063302154 |
| 5 20090106 | 우영운 | 33 | 01063302155 |
| 6 20090107 | 김유신 | 21 | 01063302156 |

사번
이름
나이
핸드폰번호

TABLE_2 학력

| SABUN | ACAD_ABILITY | MAJOR_STUDY | GRAT_YM |
|---|---|---|---|
| 1 20090101 | 고졸 | 문과 | 200002 |
| 2 20090101 | 대졸 | 전자공학과 | 200102 |
| 3 20090102 | 대졸 | 방송통신과 | 200102 |
| 4 20090103 | 대졸 | 경영학과 | 200102 |
| 5 20090104 | 대졸 | 전자공학과 | 200102 |

사번
학력
전공
졸업년도

그림 3-8 사원, 학력 테이블

<예제> 위의 Table_1과 Table_2를 SABUN을 조인의 연결고리로 하여 Inner Join을 하자.

[T1 테이블과 T2 테이블을 Inner Join하여 데이터 조회]

SQL_1)
```
SELECT  T1.SABUN, NAME,
        AGE, PHONE,
        T2.SABUN,
        ACAD_ABILITY,
        MAJOR_STUDY,
        GRAT_YM
 FROM   TABLE_1 T1, TABLE_2 T2
 WHERE  T1.SABUN = T2.SABUN;
```

SQL_2)
```
SELECT  T1.SABUN, NAME,
        AGE, PHONE,
        T2.SABUN,
        ACAD_ABILITY,
        MAJOR_STUDY,
        GRAT_YM
 FROM   TABLE_1 T1 INNER JOIN TABLE_2 T2
 ON  T1.SABUN = T2.SABUN;
```

[출력 결과]

| SABUN | NAME | AGE | PHONE | SABUN_1 | ACAD_ABILITY | MAJOR_STUDY | GRAT_YM |
|---|---|---|---|---|---|---|---|
| 1 20090101 | 이호상 | 45 | 01063302154 | 20090101 | 대졸 | 전자공학과 | 200102 |
| 2 20090101 | 이호상 | 45 | 01063302154 | 20090101 | 고졸 | 문과 | 200002 |
| 3 20090103 | 김영삼 | 25 | 01063302152 | 20090103 | 대졸 | 경영학과 | 200102 |
| 4 20090104 | 노태우 | 35 | 01063302153 | 20090104 | 대졸 | 전자공학과 | 200102 |

▶ 여기서 주의해서 볼 부분은 SABUN '20090101'에 대응하는 TABLE_2의 레코드가 2개여서 카티전 조인이 일어났다는 것이다. 여기서는 대응하는 연결고리가 TABLE_1에 '20090101'=1, TABLE_2에 '20090101'=2 그래서 1*2=2해서 '20090101' 사번을 가진 레코드가 2개 생겨난 것이다.

나머지는 1:1로 서로 메칭되는 것만 추출되어 조회 되었다.

> **[참고]**
>
> 위에서 보듯이 때때로 카티젼 조인의 원리(Join의 연결고리가 없이 Join을 하고는)를 간과하거나 데이터를 확인하지 않고 Join을 하다가 값이 뻥튀기 된다고 난리를 치는 사람이 있는가 하면 값이 맞는지 확인도 안하고 쿼리를 작성하고 지나가는 사람도 있다.
>
> 여러분은 꼭 SQL를 작성 후 실행해 보고 데이터를 확인하여야 한다!

위에서 SQL_1과 SQL_2의 Join문의 결과값은 같다고 볼 수 있다. 다만 SQL_2는 데이터베이스에 관계없는 SQL [structured query language]문이므로 MY-SQL, ORACLE, DB2 등의 데이터베이스와는 상관없이 수행 된다. 이 책에서는 현재 국내 데이터베이스 시장이나 세계적인 추세를 봐서 ORACLE을 가장 많이 사용하고 있으므로 SQL_1의 작성 방식으로 기술해 나갈 것이다.

## 2.3. Out Join

두 개 이상의 테이블을 Inner Join 쿼리를 작성할 때 Join 조건을 만족하지 못하면 작성한 쿼리에 대한 결과값을 리턴 받지 못한다. 예를 들어 기준이 되는 table1의 행에 대해 table2에 일치하는 행이 없으면 원하는 결과 데이터를 얻지 못하게 된다. 이럴 경우 정상적인 Join 조건에 부합되지 못하는 행들을 보기 위해서 Out Join을 사용한다.

**<예제> 사원번호와 그 사원이 참여한 프로젝트 번호를 조회할 것**

[사원과 참여 프로젝트 조회]

```
SELECT I.SABUN INSA_SABUN
,I.JOIN_GBN_CODE
,E.SABUN EMP_SABUN
,E.RECT_REG_NO
FROM INSA I
,INSA_EMP_PJT E
WHERE I.SABUN = E.SABUN(+);
```

[출력 결과]

| | INSA_SABUN | JOIN_GBN_CODE | EMP_SABUN | RECT_REG_NO |
|---|---|---|---|---|
| 1 | 2012120101 | CMP | 2012120101 | 143 |
| 2 | 2012120102 | CMP | 2012120102 | 143 |
| 3 | 2012121201 | RGL | 2012121201 | 143 |
| 4 | 2012121202 | RGL | 2012121202 | 143 |
| 5 | 2012121203 | CNT | 2012121203 | 143 |
| 6 | 2012121205 | CNT | 2012121205 | 143 |
| 126 | 2013010120 | FRE | | |
| 127 | 2012010109 | RGL | | |
| 128 | 2013011110 | FRE | | |

- ▶ Join의 연결고리와는 상관없이 Out Join의 주 테이블은 추출되어야 한다.
- ▶ Out Join에 상수값을 매칭해도 (+)선언을 주어야 한다.
- ▶ Out join에 Out join은 에러가 발생한다.
- ▶ 위치에 따라서 left, right, full 세 가지의 Out Join으로 분류된다.
- ▶ 연산자는 "(+)"로 표현되고, 조인 시킬 값이 없을 수도 있는 측에 연산기호를 위치시킨다.

Out Join은 기준이 되는 테이블의 데이터는 모두 나와야 되고 Out Join 대상 테이블은 Join의 연결고리에 만족할 때 데이터가 나오게 된다.

Out Join을 설명하기 위하여 아래와 같은 테이블이 있다고 가정을 하자!

TABLE_1 사원

사번
이름
나이
핸드폰번호

| | SABUN | NAME | AGE | PHONE |
|---|---|---|---|---|
| 1 | 20090101 | 이호상 | 45 | 01063302154 |
| 2 | 20090103 | 김영삼 | 25 | 01063302152 |
| 3 | 20090104 | 노태우 | 35 | 01063302153 |
| 4 | 20090105 | 김화영 | 22 | 01063302154 |
| 5 | 20090106 | 우영운 | 33 | 01063302155 |
| 6 | 20090107 | 김유신 | 21 | 01063302156 |

TABLE_2 학력

사번
학력
전공
졸업년도

| | SABUN | ACAD_ABILITY | MAJOR_STUDY | GRAT_YM |
|---|---|---|---|---|
| 1 | 20090101 | 고졸 | 문과 | 200002 |
| 2 | 20090101 | 대졸 | 전자공학과 | 200102 |
| 3 | 20090102 | 대졸 | 방송통신과 | 200102 |
| 4 | 20090103 | 대졸 | 경영학과 | 200102 |
| 5 | 20090104 | 대졸 | 전자공학과 | 200102 |

TABLE_3 학력별가산점

학력
가산점

| | ACAD_ABILITY | GRADE_NUM |
|---|---|---|
| 1 | 고졸 | 70 |
| 2 | 중졸 | 60 |
| 3 | 초졸 | 50 |

그림 3-9  사원, 학력, 학력별 가산점 테이블

## 2.3.1. LEFT OUT JOIN

**<예제>** 사원정보와 그 사원의 학력을 조회할 것

[T1 테이블을 기준으로 LEFT OUT JOIN을 이용한 데이터 조회]

SQL_1)
```
SELECT  T1.SABUN,
       NAME,
       AGE,
       PHONE,
       T2.SABUN,
       ACAD_ABILITY,
       MAJOR_STUDY,
       GRAT_YM
  FROM  TABLE_1 T1
      ,TABLE_2 T2
 WHERE  T1.SABUN = T2.SABUN(+)
```

SQL_2)
```
SELECT  T1.SABUN,
       NAME,
       AGE,
       PHONE,
       T2.SABUN,
       ACAD_ABILITY,
       MAJOR_STUDY,
       GRAT_YM
 FROM TABLE_1 T1 LEFT OUTER JOIN TABLE_2
 T2 ON  T1.SABUN = T2.SABUN
```

[출력 결과]

| | SABUN | NAME | AGE | PHONE | SABUN_1 | ACAD_ABILITY | MAJOR_STUDY | GRAT_YM |
|---|---|---|---|---|---|---|---|---|
| 1 | 20090101 | 이호상 | 45 | 01063302154 | 20090101 | 고졸 | 문과 | 200002 |
| 2 | 20090101 | 이호상 | 45 | 01063302154 | 20090101 | 대졸 | 전자공학과 | 200102 |
| 3 | 20090103 | 김영삼 | 25 | 01063302152 | 20090103 | 대졸 | 경영학과 | 200102 |
| 4 | 20090104 | 노태우 | 35 | 01063302153 | 20090104 | 대졸 | 전자공학과 | 200102 |
| 5 | 20090107 | 김유신 | 21 | 01063302156 | | | | |
| 6 | 20090105 | 김화영 | 22 | 01063302154 | | | | |
| 7 | 20090106 | 우영운 | 33 | 01063302155 | | | | |

위에서 보듯이 자기 자신의 데이터는 모두 나오지만 Out Join 대상 테이블의 데이터가 없으면 NULL이 리턴 되어 나오는 것을 볼 수 있다. 여기서 자세히 보면 사원정보는 모두 나오고 학력정보는 Join의 연결고리만 있는 사원들만 나온다는 것을 알 수 있다. (+) 기호가 붙지 않는 쪽이 기준집합이 된다는 것을 꼭 명심하자.

## 2.3.2. RIGHT OUT JOIN

**<예제>** 학력정보를 기준으로 사원을 조회 하시오.

[T2 테이블을 기준으로 RIGHT OUT JOIN을 이용한 데이터 조회]

SQL_1)
```
SELECT  T1.SABUN,
        NAME,
        AGE,
        PHONE,
        T2.SABUN,
        ACAD_ABILITY,
        MAJOR_STUDY,
        GRAT_YM
 FROM   TABLE_1 T1
,TABLE_2 T2
WHERE  T1.SABUN(+) = T2.SABUN
```

SQL_2)
```
SELECT  T1.SABUN,
        NAME,
        AGE,
        PHONE,
        T2.SABUN,
        ACAD_ABILITY,
        MAJOR_STUDY,
        GRAT_YM
 FROM   TABLE_1 T1 RIGHT OUTER JOIN
TABLE_2 T2
ON  T1.SABUN = T2.SABUN
```

[출력 결과]

| | SABUN | NAME | AGE | PHONE | SABUN_1 | ACAD_ABILITY | MAJOR_STUDY | GRAT_YM |
|---|---|---|---|---|---|---|---|---|
| 1 | 20090101 | 이호상 | 45 | 01063302154 | 20090101 | 대졸 | 전자공학과 | 200102 |
| 2 | 20090101 | 이호상 | 45 | 01063302154 | 20090101 | 고졸 | 문과 | 200002 |
| 3 | 20090103 | 김영삼 | 25 | 01063302152 | 20090103 | 대졸 | 경영학과 | 200102 |
| 4 | 20090104 | 노태우 | 35 | 01063302153 | 20090104 | 대졸 | 전자공학과 | 200102 |
| 5 | | | | | 20090102 | 대졸 | 방송통신과 | 200102 |

학력정보를 기준으로 했기 때문에 학력정보는 모두 나오고 연결고리가 없는 사원정보는 나오지 않음을 알 수 있다.

## 2.3.3. FULL OUT JOIN

**<예제>** 사원정보와 학력정보를 각각 기준으로 하여 조회를 하되 중복을 제거하여 조회할 것

[T1과 T2 각각의 테이블을 기준으로 FULL OUT JOIN을 이용한 데이터 조회]

SQL_1)

```
SELECT   T1.SABUN, NAME,AGE, PHONE, T2.SABUN,
     ACAD_ABILITY,MAJOR_STUDY, GRAT_YM
FROM   TABLE_1 T1,TABLE_2 T2
WHERE   T1.SABUN(+) = T2.SABUN
UNION
SELECT   T1.SABUN, NAME, AGE,PHONE, T2.SABUN,
     ACAD_ABILITY, MAJOR_STUDY, GRAT_YM
 FROM   TABLE_1 T1,TABLE_2 T2
WHERE   T1.SABUN = T2.SABUN(+);
```

SQL_2)

```
SELECT   T1.SABUN,  NAME,AGE,
     PHONE,T2.SABUN,ACAD_ABILITY,
     MAJOR_STUDY,  GRAT_YM
FROM   TABLE_1 T1 FULL OUTER JOIN TABLE_2 T2
ON   T1.SABUN = T2.SABUN;
```

[출력 결과]

| | SABUN | NAME | AGE | PHONE | SABUN_1 | ACAD_ABILITY | MAJOR_STUDY | GRAT_YM |
|---|---|---|---|---|---|---|---|---|
| 1 | 20090101 | 이호상 | 45 | 01063302154 | 20090101 | 고졸 | 문과 | 200002 |
| 2 | 20090101 | 이호상 | 45 | 01063302154 | 20090101 | 대졸 | 전자공학과 | 200102 |
| 3 | 20090103 | 김영삼 | 25 | 01063302152 | 20090103 | 대졸 | 경영학과 | 200102 |
| 4 | 20090104 | 노태우 | 35 | 01063302153 | 20090104 | 대졸 | 전자공학과 | 200102 |
| 5 | 20090105 | 김화영 | 22 | 01063302154 | | | | |
| 6 | 20090106 | 우영운 | 33 | 01063302155 | | | | |
| 7 | 20090107 | 김유신 | 21 | 01063302156 | | | | |
| 8 | | | | | 20090102 | 대졸 | 방송통신과 | 200102 |

SQL_1과 SQL_2의 차이점은 앞에서 기술을 하였으니 따로 설명은 하지 않겠다. 위의 경우는 SQL문에서 알 수 있듯이 사원정보와 학력정보를 각각의 기준으로 Out Join을하여 중복되는 것은 제외하고 보여주는 것을 확인 할 수 있다.

> **참고**
>
> 필자가 전에 DBA겸 DB 컨설팅 업무를 수행하기 위하여 모 공기업에서 구축하고 있는 프로젝트에 투입이 된 일이 있었다. 업무 처리 중 수행 속도가 너무 느려서 튜닝을 해달라고 하여 SQL문을 봐준 적이 있었는데 너무 황당한 사실을 발견했다.
>
> 통계 쪽 SQL이라 어느정도 경력이 있는 개발자가 작성한 것이었는데 튜닝은 고사하고 OUT JOIN을 잘못 사용한 것을 발견하여 개발자들을 모아놓고 OUT JOIN 교육을 진행한 적이 있었다. OUT JOIN을 정확히 알지 못하고 잘못 사용하면 데이터의 값이 틀려지므로 신중히 사용해야 한다.

**Tip_ OUT JOIN 사용시 주의 사항**

Out join에 대상 테이블에 관련된 컬럼들은 상수값이 매칭되어도 모두 (+) 기호를 넣어주어야 한다.

## 2.3.4. 잘못된 예제

[OUT JOIN의 잘못된 예]

```
SELECT  T1.SABUN, T1.NAME, T1.AGE, T1.PHONE
,T2.SABUN, T2.ACAD_ABILITY, T2.MAJOR_STUDY, T2.GRAT_YM
FROM  TABLE_1 T1
,TABLE_2 T2
WHERE  T1.SABUN = T2.SABUN(+)
AND  T2.ACAD_ABILITY = '대졸'
```

[출력 결과]

| | SABUN | NAME | AGE | PHONE | SABUN_1 | ACAD_ABILITY | MAJOR_STUDY | GRAT_YM |
|---|---|---|---|---|---|---|---|---|
| 1 | 20090101 | 이호상 | 45 | 01063302154 | 20090101 | 대졸 | 전자공학과 | 200102 |
| 2 | 20090103 | 김영삼 | 25 | 01063302152 | 20090103 | 대졸 | 경영학과 | 200102 |
| 3 | 20090104 | 노태우 | 35 | 01063302153 | 20090104 | 대졸 | 전자공학과 | 200102 |

결과값을 보면 Out join이 되지 않음을 알 수 있다. 'AND T2.ACAD_ABILITY = '대졸'' 부분에 상수값 대입을 잘못한 예이다.

## 2.3.5. 올바른 예제

[OUT JOIN의 올바른 예]

```
SELECT  T1.SABUN, T1.NAME, T1.AGE, T1.PHONE
,T2.SABUN, T2.ACAD_ABILITY, T2.MAJOR_STUDY, T2.GRAT_YM
FROM  TABLE_1 T1
,TABLE_2 T2
WHERE  T1.SABUN = T2.SABUN(+)
AND  T2.ACAD_ABILITY(+) = '대졸'
```

[출력 결과]

| # | SABUN | NAME | AGE | PHONE | SABUN_1 | ACAD_ABILITY | MAJOR_STUDY | GRAT_YM |
|---|---|---|---|---|---|---|---|---|
| 1 | 20090101 | 이호상 | 45 | 01063302154 | 20090101 | 대졸 | 전자공학과 | 200102 |
| 2 | 20090103 | 김영삼 | 25 | 01063302152 | 20090103 | 대졸 | 경영학과 | 200102 |
| 3 | 20090104 | 노태우 | 35 | 01063302153 | 20090104 | 대졸 | 전자공학과 | 200102 |
| 4 | 20090107 | 김유신 | 21 | 01063302156 | | | | |
| 5 | 20090105 | 김화영 | 22 | 01063302154 | | | | |
| 6 | 20090106 | 우영운 | 33 | 01063302155 | | | | |

TABLE_2 테이블의 T2.ACAD_ABILITY(+)를 넣어 주면 결과값이 정상으로 추출됨을 알 수 있다.


## 2.3.6. Out join에 대상 테이블에 또 다른 Out join 대상 테이블이 존재할 때 에러 발생 처리

**<예제>** 사원 중 고졸은 등급을 TABLE_3에서 가져오고 대졸은 일괄 100점을 주며,
TABLE_2에 데이터가 없는 사원은 점수를 주지 않는다.

[에러 발생 예제_1]

```
SELECT  T1.SABUN, T1.NAME,
T1.AGE, T1.PHONE,
       T2.SABUN, T2.ACAD_ABILITY,
T2.MAJOR_STUDY, T2.GRAT_YM,
       T3.ACAD_ABILITY
  FROM  TABLE_1 T1
,TABLE_2 T2
,TABLE_3 T3
WHERE  T1.SABUN = T2.SABUN(+)
AND  T2.ACAD_ABILITY(+) = '대졸'
AND  T2.ACAD_ABILITY(+) = T3.ACAD_ABILITY(+)
```

ORA-01468:
outer-join된 테이블은
1개만 지정할 수 있습니다.

위에서 보듯이 Out join된 테이블을 기준으로 또 TABLE_3의 테이블을 Out join하려면 에러가 발생한다.

[에러 발생 예제_2]

```
SELECT  T1.SABUN,
       NAME,
       AGE,
       PHONE,
       T2.SABUN,
       T2.ACAD_ABILITY,
       MAJOR_STUDY,
       GRAT_YM,
       T3.ACAD_ABILITY
  FROM  TABLE_1 T1
,TABLE_2 T2
,TABLE_3 T3
WHERE  T1.SABUN = T2.SABUN(+)
AND  T2.ACAD_ABILITY(+) = '대졸'
AND  T2.ACAD_ABILITY(+) = T3.ACAD_ABILITY
```

ORA-01417:
하나의 테이블은 하나의 다른 테이블과 포괄 Join할 수 있습니다.

위에서 보듯이 Out Join된 테이블을 기준으로 또 TABLE_3의 테이블의 컬럼을 join하려면 에러가 발생한다.

Out Join 대상 테이블에 Out join을 해야 될 테이블이 있을 때 해결하는 방법은 인라인뷰로 한 번 집합을 만들어 주고 밖에서 Out join을 다시 한 번 해주면 된다.

**[OUT JOIN의 올바른 예_1]**

```
SELECT  TT2.SABUN,        TT2.ACAD_ABILITY,
        TT2.MAJOR_STUDY,  TT2.GRAT_YM,
        TT3.GRADE_NUM,
DECODE(TT3.GRADE_NUM,NULL,100,TT3.GRADE_NUM) AS T_GRADE_NUM
FROM TABLE_2 TT2, TABLE_3 TT3
WHERE TT2.ACAD_ABILITY = TT3.ACAD_ABILITY(+)
```

**[출력 결과]**

| SABUN | ACAD_ABILITY | MAJOR_STUDY | GRAT_YM | GRADE_NUM | T_GRADE_NUM |
|---|---|---|---|---|---|
| 1 | 20090101 | 고졸 | 문과 | 200002 | 70 | 70 |
| 2 | 20090104 | 대졸 | 전자공학과 | 200102 |  | 100 |
| 3 | 20090103 | 대졸 | 경영학과 | 200102 |  | 100 |
| 4 | 20090102 | 대졸 | 방송통신과 | 200102 |  | 100 |
| 5 | 20090101 | 대졸 | 전자공학과 | 200102 |  | 100 |

먼저 TABLE_2와 TABLE_3 테이블을 Out join하여 집합을 만들어 주면 TABLE_2를 기준으로 하므로 위와 같이 TABLE_3에 대상값이 없는 부분은 NULL로 추출된다.

이 후 아래와 같이 SQL을 TABLE_1을 기준으로 Out join하면 에러 발생이 없어진다.

**[OUT JOIN의 올바른 예_2]**

```
SELECT  T1.SABUN,     NAME,
        AGE,          PHONE,
        T2.SABUN,     T2.ACAD_ABILITY,
        MAJOR_STUDY,  GRAT_YM,
        T2.ACAD_ABILITY, T2.GRADE_NUM
FROM    TABLE_1 T1,
        (
```

```
SELECT  TT2.SABUN,           TT2.ACAD_ABILITY,
        TT2.MAJOR_STUDY,         TT2.GRAT_YM,
        TT3.GRADE_NUM,
        DECODE(TT3.GRADE_NUM,NULL,100,TT3.GRADE_NUM) AS T_GRADE_NUM
   FROM TABLE_2 TT2, TABLE_3 TT3
  WHERE TT2.ACAD_ABILITY = TT3.ACAD_ABILITY(+)
    ) T2
 WHERE  T1.SABUN = T2.SABUN(+)
```

[출력 결과]

| SABUN | NAME | AGE | PHONE | SABUN_1 | ACAD_ABILITY | MAJOR_STUDY | GRAT_YM | ACAD_ABILITY_1 | GRADE_NUM | T_GRADE_NUM |
|---|---|---|---|---|---|---|---|---|---|---|
| 1 20090101 | 이호상 | 45 | 01063302154 | 20090101 | 고졸 | 문과 | 200002 | 고졸 | 70 | 70 |
| 2 20090104 | 노태우 | 35 | 01063302153 | 20090104 | 대졸 | 전자공학과 | 200102 | 대졸 | | 100 |
| 3 20090103 | 김영삼 | 25 | 01063302152 | 20090103 | 대졸 | 경영학과 | 200102 | 대졸 | | 100 |
| 4 20090101 | 이호상 | 45 | 01063302154 | 20090101 | 대졸 | 전자공학과 | 200102 | 대졸 | | 100 |
| 5 20090107 | 김유신 | 21 | 01063302156 | | | | | | | |
| 6 20090105 | 김화영 | 22 | 01063302154 | | | | | | | |
| 7 20090106 | 우영운 | 33 | 01063302155 | | | | | | | |

### 참고

Out join은 SQL를 작성하고 여러 번 확인을 해야 하며 SQL뿐 아니라 추출되는 데이터들도 확인을 해야 된다. 경험이 없는 독자들은 확인 또 확인하는 것이 필수이며 경험이 많은 독자들도 확인을 하지 않으면 나중에 큰 낭패를 보는 경우가 종종 발생한다.

실제로 프로그램 에러는 나지 않는데 추출된 데이터가 틀리는 경우 Out join 문제가 많다는 것을 필자는 경험으로 많이 보아 왔다. 주의 또 주의하기 바란다.

CHAPTER 04
# ERD 기초

ERD(Entity Relationship Diagram) 기초에서는 전산에서 가장 중요한 산출물의 하나인 ERD의 요소들을 알아보는 과정을 학습할 것이다.

## 1. 엔티티(Entity) 릴레이션 다이어그램

### 1.1. 엔티티의 정의

시스템을 분석할 때 기능분석을 우선적으로 실시하는데 기능분석을 통해서 구축해야 할 전체 시스템의 규모와 기능을 일목요연하게 정리할 수 있기 때문이다. 그리고 시스템을 구축하기 위한 최소 단위의 프로세스를 판별해 낼 수가 있다. 일반적으로 엔티티(entity)란 존재하는 것, 즉 실체를 의미한다. 이 용어의 어원은 라틴어의 ens에서 나왔으며 사물의 존재와 그것의 품질 사이에 구별을 짓는다. 엔티티가 되기 위해 필요한 일은 그저 존재하는 것이 전부이다. 어떤 것이 존재한다는 사실은 그것이 다른 존재나 entity로부터 분리되어있음을 암시하는 듯하다. 프로그래밍이나 공학에서 그리고 많은 다른 상황들에서 이 용어는 명확한 사물이든, 이름이 붙여져 있지 않은 추상화된 아이디어든 관계없이 단일체를 인식하는데 사용된다.

엔티티는 객체지향 프로그래밍에서 사용되는 객체와 비슷한 의미를 갖는다. 다시 말해 엔티티란 업무에 필요하고 유용한 정보를 저장하고 관리하기 위한 것으로 독립적이고 영속적으로 존재하는 단위라고 정의할 수 있다.

엔티티를 나누는 기준은 많은 방법들이 있지만 다음의 유형별을 기준으로 하는 예를 보자.

- 유형 : 물리적 형태가 있고, 안정적이며 지속적으로 활용가능 한 형태(학생, 사원)
- 개념 : 물리적 형태가 있고, 개념적으로만 구성되는 형태(상품, 조직)

- 시간 : 업무의 흐름으로 인하여 발생하는 형태(계약, 사고, 지도 점검)

위에서 엔티티를 유형별로 구분하였지만 사실 엔티티를 정확하게 정의하기란 쉽지 않다. 어떤 업무를 처리할 때 흐름이나 유형, 개념, 시간 등에 따라서 분류 할 수 있지만 설계를 구성하고 있는 모든 독립적인 개체들을 엔티티로 정의할 수 있다.

> **Tip_ Process(프로세스)**
> 어느 결과를 얻기 위해서 필요한 일련의 계통적인 동작

예를 들어 축구라는 주제로 엔티티를 분류해보면 팀, 축구 선수, 코칭스태프, 축구장, 리그경기, 팬, 장비 등 물리적 또는 개념적인, 시간적인 유형들로 구분할 수 있는데 그 중에서 축구 선수를 세분화한 엔티티에는 어떤 것들이 있는지 확인해 보자.

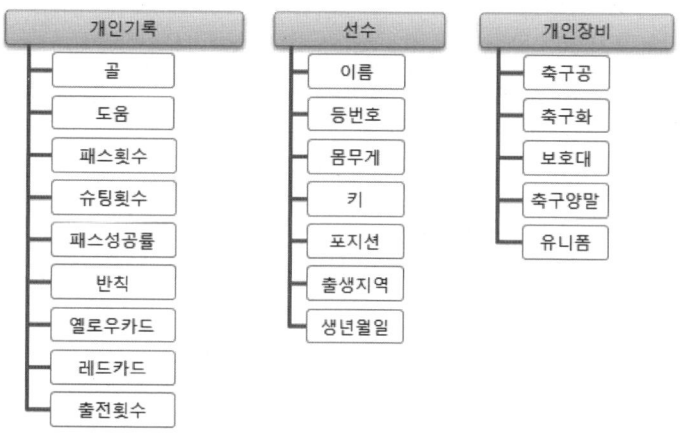

그림 4-1 축구라는 주제로 엔티티를 분류

축구 선수 하나의 주제를 통해 위와 같이 선수와 선수별 개인기록, 개인장비로 분류될 수 있고 분류된 항목 중에서도 요소들을 추출해 보면 그림과 같이 세분화할 수 있다.
위의 분류 방법뿐 아니라 여러가지 분류 방법을 제시하는 서적들은 많이 있으니 전문적 모델링을 배우고 싶다면 관련 서적을 참조하기 바란다.

## 1.2. 엔티티 식별(예시)

하나의 프로젝트를 큰 난관없이 진행하기 위해서는 개발자의 코딩도 중요하지만 분석, 설계 때부터 전체적인 큰 그림을 잘 그려놓아야 세부적인 과정들이 원활하다. 무엇보다 현업과의 협의를 통한 업무 범위의 설정과 분석을 통한 설계가 이루어져야 정확한 엔티티가 도출이 되고 온전한 모델링이 된 ERD가 만들어진다.
지금부터 엔티티 작성을 실전을 통하여 알아보기로 하자.

프로젝트가 시작되면 방법론마다 산출물들은 각각 다르지만 대체적으로 표 4-1의 산출물들을 분석, 설계 등의 공정단계에서 작성을 해야 한다.

[표 4-1] 단계별 산출물 목록

| 단계명 | 산출물명 |
| --- | --- |
| 계획 | 사업 수행 계획서 |
|  | 형상 관리 계획서 |
|  | 품질 보증 계획서 |
|  | 위험 관리 계획서 |
|  | 보안 정책서 |
|  | 방법론 조정 결과 |
|  | WBS |
|  | 진척율 |
| 분석 | 현행 시스템 분석서 |
|  | ROLE-ACTVITY-다이어그램 |
|  | 클래스 다이어그램(개념) |
|  | 비즈니스 기능 패키지 다이어그램 |
|  | 요구사항 정의서 |
|  | 고객 요구 사항 추적표 |
|  | 유즈케이스 다이어그램 |
|  | 유즈케이스 정의서 |
|  | 유즈케이스 목록 |
|  | Actor 목록 |
|  | Role 액티비티 목록 |
|  | 신현행 업무 흐름도 |
|  | 아키텍처 정의서 |
|  | 클래스 다이어그램(분석) |
|  | UI 목록 |

| 설계 | UI 레이아웃 |
| --- | --- |
| | 컴포넌트 목록 |
| | 인터페이스 클래스 목록 |
| | 컴포턴트 아키텍처 다이어그램 |
| | 시퀀스 다이어그램 |
| | ERD |
| | 테이블 목록 |
| | 테이블 정의서 |
| | 페키지 정의서 |
| | 클래스 다이어그램 |
| | Query 내역서 |
| | 패키지 정의서 |
| | UI대 테이블 상관도 |
| | 리포팅 설계서 |
| | 데이터 코드 설계서 |
| | 컨버전 계획서 |
| | 클래스대 테이블 상관도 |
| | 프로그램 사양서 |
| | 단위 시험 결과서 |
| 구현 | 사용자 지침서 |
| | 운영자 지침서 |
| | 프로그램 개발 진행 현황 |
| | 통합 시험 계획서 |
| 시험 | 통합 시험 결과서 |
| | 교육 계획서 |
| 인도 | 검수 리스트 |
| | 검수 결과서 |
| | 완료 보고서 |
| 종료 | |

프로젝트마다 사용하는 방법론은 다르지만 위의 산출물 목록은 CBD 방법론의 일반적인 산출물 목록을 나열하였다. 모델링은 분석이 시작하는 단계부터 시작된다. 표 4-1의 산출물 중 음영 표시를 해둔 산출물들과는 아주 밀접한 관계가 있다.

> **Tip_ 방법론**
>
> 분석, 설계, 코딩, 테스트 등의 방법을 연구와 경험을 통해 고유한 절차와 기법을 정리해 시스템 구축 때 적용하기 위한 이론적인 용어로써 분석, 설계 그리고 코딩, 테스트를 어떠한 방법으로 진행하겠다는 프로젝트의 전체적인 진행 방향에 따른 여러 가지 방법론들이 존재한다.
>
> CBD(Component Based Development) 방법론 - 컴포넌트 기반의 개발 방법론을 의미하는데 대형 프로젝트는 대부분 CBD 방법론을 기반으로 하고 있다. 객체지향 언어를 사용하고 있는 프로젝트에서 사용할 수 있고 컴포넌트 기반이라 배포 및 수정이 쉽고 재사용이 유리한 장점을 지닌 설계 방법이라 할 수 있다.

> **참고**
>
> 요즘 대형 프로젝트에 모델러가 따로 있지만 극소수의 모델러가 모든 업무의 모델링을 하기에는 필자의 의견으로는 불가능에 가까운 일이다. 물론 담당 모델러가 엄청난 능력자라면 모를까.
>
> 모델링을 할 때 1 정규화, 2 정규화, 3 정규화 등이 있지만 그보다 더 선행되어야 되고 더욱 중요한 것은 업무에 종속적이어야 한다. 차후 여기에 대해서는 상세히 기술을 하겠다. 그래서, 필자는 분석/설계자가 업무의 요건 등을 정확히 알고 모델러와 긴밀하게 협의 해가면서 모델링을 같이 해야 한다고 강조한다. 모델러가 분석/설계자가 맡은 업무를 모두 파악하기는 불가능하고, 정규화보다 더욱 중요한 것은 업무이기 때문이다.
>
> 모델링이 잘못되면 그 업무팀은 개발 때 엄청난 고생을 감수해야 되기 때문이다. 모델러와의 R&R을 따지기 전에 전체 프로젝트의 성공을 생각해보기 바란다.

먼저 요구사항 정의서를 보면서 엔티티를 생각해보자.

[표 4-2] 요구사항 정의서 예시

| 현업 요구 사항 정의서 |||||||
|---|---|---|---|---|---|---|
| 업무명 | 인사관리 시스템 |||작성일| 2013-01-01 ||
| 단위시스템명 | 임직원 및 거래 업체 관리 |||작성자| 이호상 ||
| 유형 | 상세 유형 | 요구 ID | 주요 내용 | 우선순위 | 수용여부 | 비고 |
| 기능 | 임직원 관리 | R-PD-Z-001 | ○직원은 정직원, 계약직, 프리랜서로 구분되어 관리해야 됨<br>○직원 중에는 업체에서 파견된 파견직원도 포함되어 있다.<br>○직원의 개인 사항(주소, 이메일, 전화 등)과, 입사일, 퇴사일, 학력 등의 인사 사항을 관리해야 됨 | 상 | | |
| 기능 | 거래 업체 관리 | R-PD-Z-002 | ○거래 업체는 법인과 개인사업자로 구분할 수 있다.<br>○업체 일반 사항과 영업 담당자, 세무 담당자 정보를 관리해야 한다. | 중 | | |

요구사항을 보면서 엔티티를 도출해 보자.

- 직원 : 정직원, 계약직, 프리랜서
- 업체 : 법인사업자, 개인사업자

위 사항을 논리 모델링을 하면 대략 그림 4-2와 같을 것이다.

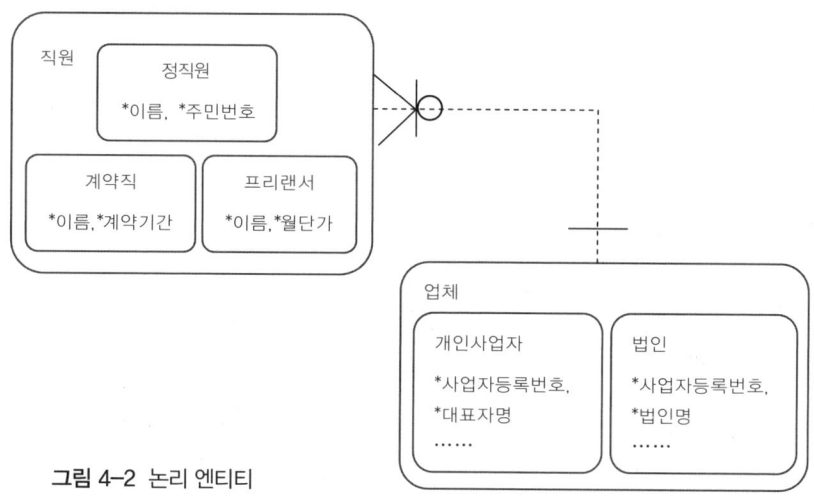

그림 4-2 논리 엔티티

현업 요구사항 정의서를 토대로 논리 엔티티를 모델링하면 직원과 업체로 구분할 수 있다. 상세기술된 주요 내용 항목을 통해 직원과 업체에 속하는 요소들로 나눌 수 있듯이 이렇게 요구사항정의 단계에서도 엔티티를 도출하면서 정리 해나가야 한다.

모델링 툴을 사용하여 엔티티를 도출하던지 아니면 파워포인트로 도출하던지 분석/설계자는 엔티티를 정리해 나갈 수 있다

유즈케이스 다이어그램을 보면서 엔티티를 생각해보자.

[표 4-3] 요구사항 정의서 예시

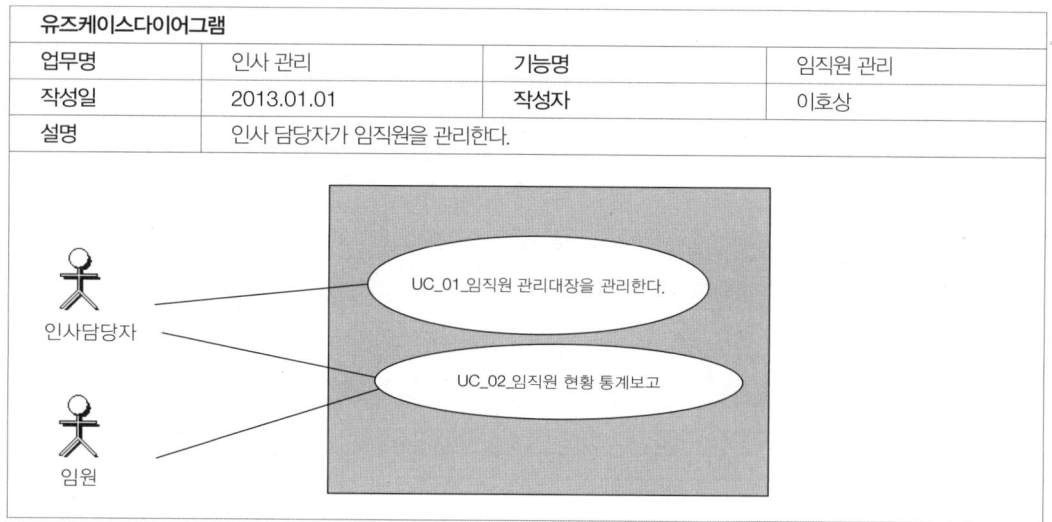

위의 유즈케이스를 봤을 때 임직원/담당자 등의 엔티티를 추측할 수 있다.

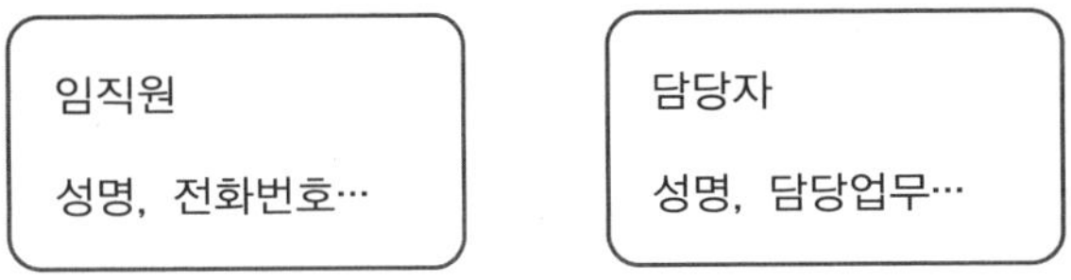

```
┌─────────────────┐      ┌─────────────────┐
│ 임직원          │      │ 담당자          │
│                 │      │                 │
│ 성명, 전화번호… │      │ 성명, 담당업무… │
└─────────────────┘      └─────────────────┘
```

그림 4-3 추측할 수 있는 엔티티

위의 예시로 들은 산출물은 분석/설계 단계를 진행할 때 전반에 걸쳐 모델링은 같이 진행되어야 된다는 것을 강조하기 위해서 말했다.

모델링은 처음부터 나오는 게 아니라 현업과 업무협의 시작에서 부터 분석 설계를 통해 도출된다.

지금부터는 논리/물리 ERD를 논하지 않고 현재 가장 많이 사용하는 ERD 툴을 가지고 설명해 나가겠다. 이제 가장 핵심적인 UI 레이아웃(화면 정의서)를 보면서 엔티티를 도출해보자.

| 화면정의서 | | | |
|---|---|---|---|
| 업무명 | 장비관리 | 기능명 | 장비대여 관리 |
| 작성일 | 2013.01.01 | 작성자 | 이호상 |
| 설명 | 보유장비의 대여 및 입고 관리 | | |

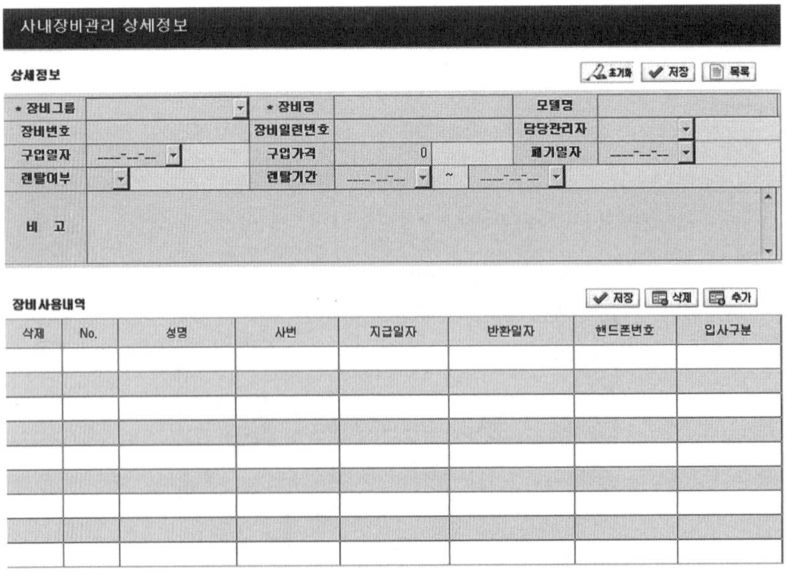

사내장비관리 상세정보

상세정보

| 장비그룹 | | 장비명 | | 모델명 | |
| 장비번호 | | 장비일련번호 | | 담당관리자 | |
| 구입일자 | | 구입가격 | 0 | 폐기일자 | |
| 렌탈여부 | | 렌탈기간 | ~ | | |
| 비 고 | | | | | |

장비사용내역

| 삭제 | No. | 성명 | 사번 | 지급일자 | 반환일자 | 핸드폰번호 | 입사구분 |
|---|---|---|---|---|---|---|---|
| | | | | | | | |
| | | | | | | | |
| | | | | | | | |
| | | | | | | | |

> ❶ 장비 그룹을 카테고리별로 선택 입력, 장비명, 모델명, 장비 일련번호, 구입가격 직접 입력
> ❷ 장비 번호는 직접 입력하지 못하도록 처리
> ❸ 렌탈 여부 선택 입력
> ❹ 렌탈 기간, 폐기일자는 직접 입력하지 않고 달력을 통해 날짜 입력
> ❺ 담당 관리자를 선택해서 데이터 입력
> ❻ 초기화, 저장, 목록 버튼을 화면 우측 상단에 고정(공통)
> ❼ 그리드 화면에는 장비를 대여한 사원의 필수정보만 표시하고 지급일자와 반환일자를 표시
> ❽ 데이터 출력 그리드 화면에 ROW별 화면용 번호 부여
> ❾ 각각의 데이터 선택적 삭제 가능하도록 체크박스 사용
> ❿ 그리드 화면에 데이터 출력 건수 10개씩 출력하고 나머지 데이터 스크롤바를 통해 컨트롤

그림 4-4 장비관리 상세정보 화면정의서

현업 담당자의 요구사항을 토대로 화면 정의서를 작성하고 각각의 요구사항과 업무 분석, 설계를 통해 화면의 레이아웃을 잡는다. 검색 기능들을 배치하고 출력 그리드 화면에 보여질 항목들을 나열하는데 검색 조건과 보여질 각각의 항목들로 장비 관리의 엔티티를 추출하고 모델링하면 다음과 같다.

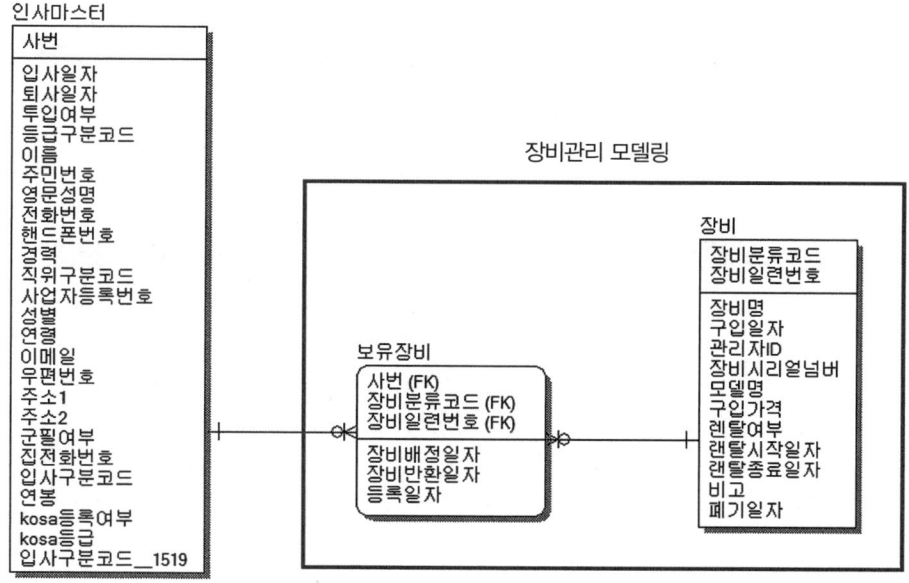

그림 4-5 장비관리 모델

요구 사항과 업무 분석을 통해 장비관리 모델링을 도출했지만 엔티티를 분류하고 모델링한 ERD를 보면 하나의 장비관리 테이블로 정의하지 않고 보유 장비 테이블과 장비 테이블로 분리하였다.

하나로 통합된 장비 관리 테이블을 인사마스터 테이블과 조인해 데이터를 조회하게 된다면 필요 이상의 여러 데이터가 조회된다.

위 장비 관리 엔티티에서 직원은 여러 장비를 대여 할 수 있고 하나의 장비를 여러 직원에 대여할 수도 있기 때문에 인사마스터와 장비 테이블 관계는 다대다 관계이다.

지금처럼 두 개 이상의 엔티티간의 관계에서 N : M (다대다)인 경우에 다대다 관계를 해소하려는 목적으로 인위적으로 교차 엔티티를 사용해서 1 : M의 관계를 만들어준다.

다대다 관계를 해소하기 위해서 교차 엔티티인 보유 장비 테이블을 만들어 인사마스터 테이블, 장비 테이블의 관계를 1 : M의 관계로 만들어 준다. 인사마스터 테이블과 보유장비 테이블을 사번으로 Join시키고 장비 테이블의 장비 분류 코드와 장비 일련번호로 Join시키면 직원 한 명이 장비를 사용하고 장비의 분류 코드와 일련번호를 통해 노트북인지, 데스크탑인지 그리고 모델명과 구입가격 등의 데이터를 콕 집어 조회가 가능하다.

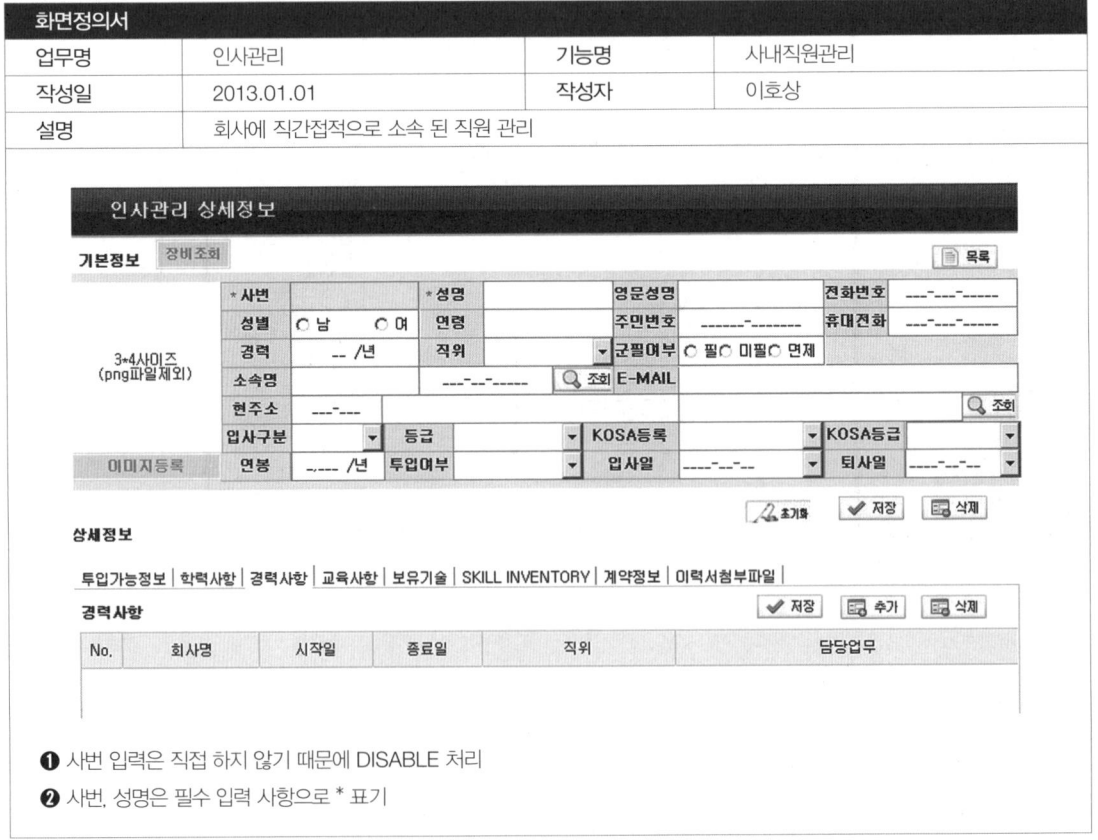

❸ 기본 정보 등록 사항

(사번, 성명, 영문 성명, 전화번호, 연령, 주민번호, 휴대전화, 주소, 이메일, 군필 여부)

(소속명, 직위, 입사구분, 등급, KOSA 등록 여부 및 등급, 연봉, 투입여부, 입사일, 퇴사일)

❹ 입력된 내용을 저장 및 삭제하기 위한 버튼과 초기화 버튼 생성

❺ 투입 가능 정보, 학력 사항, 경력 사항, 교육 사항, 보유 기술, SKILL INVENTORY, 계약 정보, 첨부 파일의 항목을 별도로 TAB으로 구분

❻ 경력사항 TAB : 행별 건수표기, 회사명, 시작일, 종료일, 직위, 담당업무 입력

❼ 학력사항 TAB : 행별 건수표기, 최종 졸업 학교, 전공, 졸업 여부, 졸업 년도, 졸업날짜 입력

❽ 각 TAB 화면에서 입력된 내용을 저장하기 위한 저장, 추가, 삭제 버튼 생성

그림 4-6 인사관리 상세 정보 화면

화면 정의서를 토대로 모델링 작업을 하면 아래의 ERD같이 부모 테이블(인사마스터)로부터 분리 된 자식 테이블로 나뉜다. 자식 테이블로 나눈 기준은 업무별 구분과 데이터 관리를 고려해 모델링 되었다(반대로 화면을 가지고 ERD를 그릴 수 있다).

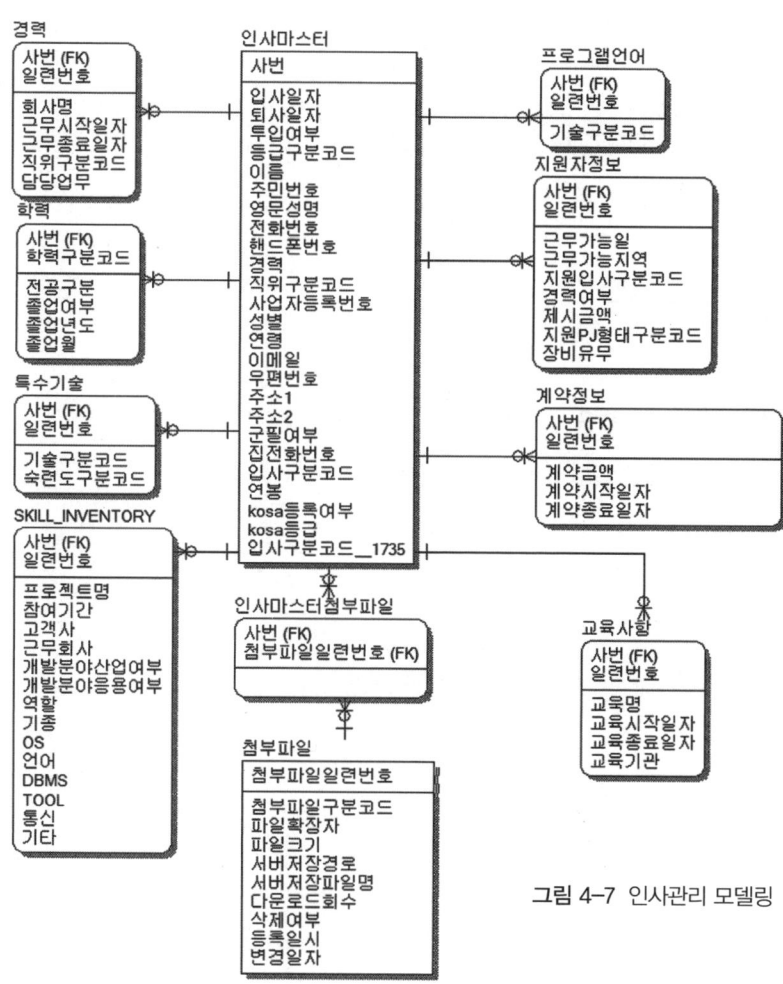

그림 4-7 인사관리 모델링

CHAPTER 04 ERD 기초 **83**

각각의 자식 테이블은 부모 테이블과 Join되어 필요한 데이터를 입력하고 조회할 수 있다. 단 첨부 파일 테이블은 사원 한 사람에게 이력서, 자기소개서, 졸업증명서 등 여러 종류의 파일들이 있기 때문에 인위적으로 교차 엔티티를 만들어 각각의 첨부 파일 관리를 해야 한다.

## 1.3. 엔티티의 식별(도출)

기능 분석은 우선 개발해야 할 시스템이 가져야 할 기능을 Tree 구조로 도식화하여 정리한다.
상위에서 하위의 개념으로 개발해야 할 시스템의 기능 구성을 보다 쉽게 정리할 수 있기 때문이다. 또한 기능 설계를 통해서 작성된 Tree는 개발 일정 산출의 근거가 되기도 한다.

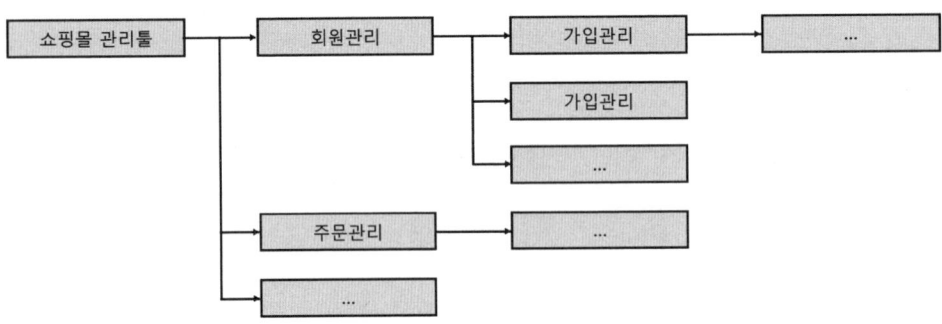

그림 4-8 Tree 구조로 도식화 된 프로세스별 구조

Tree 구조에서 가장 낮은 단계가 바로 시스템을 구축하기 위한 필요한 최소단위의 '프로세스'들이다. 우선 단위 프로세스를 분석하게 되면 엔티티 도출은 상당히 쉬워진다.

### 1.3.1. 식별자 정의

주식별자 정의는 전체 데이터 모델의 복잡성을 결정하는 중요한 요소이다.

- 해당 업무에서 자주 이용되는 속성을 주식별자로 지정한다.
- 속성값의 길이가 가변적인 속성은 주식별자로 적당하지가 않다.
  '부서이름'보다는 '부서코드'를 주식별자로 지정하자.

- 속성값이 자주 변하는 속성은 주식별자로 적당하지 않다.
- 주식별자를 선정하기 위한 속성(필드)의 수를 적게 한다.
- 주식별자에는 Null 데이터가 들어와서는 안된다.

## 2. 정규화

정규화는 관계형 데이터베이스를 모델링할 때 거쳐야 하는 필수 작업이다. 정규화란 데이터 모델을 보다 효율적으로 개선시켜 나가는 과정을 뜻한다. 즉, 고유한 식별자(Primary Key)를 가지는 개체(테이블)에 대하여 더 이상 분리할 수 없는 상태로 나누는 과정을 말한다. 정규화 수준을 높이면 데이터의 양이 줄고 데이터 갱신 속도가 빠르며 같은 자료가 여러 개체에 분산된 것보다 일관성을 유지하기 쉽다. 그러나 관계된 여러 속성을 동시에 조회하는 작업을 수행하기 위해서는 여러 개체를 Join해서 작업해야 하는 어려움이 있을 수 있다.

일반적으로 정규화는 중복된 데이터를 삭제하는 것이 주 목적이다. 정규화는 1차에서 5차까지의 단계로 나누어지며 3차 정규화외의 정규화는 실무에서 거의 사용하지 않고 있다. 보통 3차까지 하고 나면 거의 완료되었다 보면된다.

### 2.1. 제 1 정규화

반복되는 속성들을 다른 개체(테이블)로 나누어 분리하는 작업이다. 또 다른 개체로 판단할 수 있는 속성들을 분리하고 각 개체의 속성들의 유일한 식별자(Primary Key)를 갖게 된다. 부모 테이블의 식별자(Primary Key)는 자식 테이블의 외부키(Foreign Key)와 연결(Join)된다.

- 모든 Attribute는 반드시 하나의 값을 가져야 한다(반복형태가 있어서는 안됨).
- 정규화가 이루어지고 나면 자식 엔티티로 분리된다.

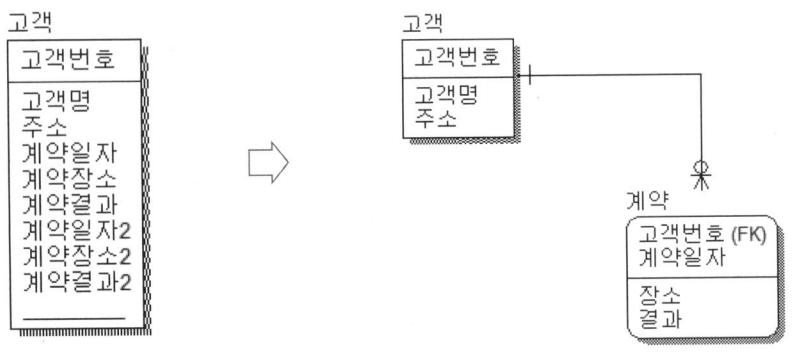

그림 4-9 제 1 정규화 후 자식 엔티티로 분리된 결과

만약 고객이 있다고 가정을 하면 한 명의 고객이 계약을 한 번만 하는 것은 아닐 것이다. 계약을 여러 번 할 수 있다는 이야기이다. 그래서 계약에 관련되는 속성(계약 일자, 계약 장소, 계약 결과)들은 따로 엔티티를 분리하여 관리를 해서 여러 건이 발생하여도 수용할 수 있도록 설계를 해야 한다.

그래서 위의 화면과 같이 1 정규화에 의해 자식 엔티티로 분리된다. 계약일자가 PK값으로 올라간 것은 하루에 계약은 한 번 이상은 발생하지 않는다는 전제조건이 있어야 하고, 하루에 계약이 여러 번 발생한다면 순번을 PK값으로 하고 계약 일자를 속성값으로 내려야 할 것이다.

위의 관계를 그림으로 표현을 하면 다음과 같다.

### 2.1.1. 정규화되기 전의 데이터구조

계약이 안된(데이터가 없는) 컬럼도 빈 공간으로 차지하고 있다.

계약테이블

| 고객번호 | 고객명 | 주소 | 계약일자 | 계약장소 | 계약결과 | 계약일자2 | 계약장소2 | 계약결과2 |
|---|---|---|---|---|---|---|---|---|
| 2012010101 | 홍길동1 | 서울 양천구 목4동 123-1 대성빌라 301호 | 2012010101 | 서울 양천구 목4동 123-1 대성빌라 301호 | 조건부 계약을 함 | 2012010111 | 서울 양천구 목4동 123-1 대성빌라 301호 | 조건부 계약을 함 |
| 2012010102 | 홍길동2 | 서울 양천구 목4동 123-1 대성빌라 301호 | 2012010102 | 서울 양천구 목4동 123-1 대성빌라 301호 | 조건부 계약을 함 | 2012010112 | 서울 양천구 목4동 123-1 대성빌라 301호 | 조건부 계약을 함 |
| 2012010103 | 홍길동3 | 서울 양천구 목4동 123-1 대성빌라 301호 | 2012010103 | 서울 양천구 목4동 123-1 대성빌라 301호 | 조건부 계약을 함 | 2012010113 | 서울 양천구 목4동 123-1 대성빌라 301호 | 조건부 계약을 함 |
| 2012010104 | 홍길동4 | 서울 양천구 목4동 123-1 대성빌라 301호 | 2012010104 | 서울 양천구 목4동 123-1 대성빌라 301호 | 조건부 계약을 함 | 2012010114 | 서울 양천구 목4동 123-1 대성빌라 301호 | 조건부 계약을 함 |
| 2012010105 | 홍길동5 | 서울 양천구 목4동 123-1 대성빌라 301호 | 2012010105 | 서울 양천구 목4동 123-1 대성빌라 301호 | 조건부 계약을 함 | | | |
| 2012010106 | 홍길동6 | 서울 양천구 목4동 123-1 대성빌라 301호 | 2012010106 | 서울 양천구 목4동 123-1 대성빌라 301호 | 조건부 계약을 함 | | | |
| 2012010107 | 홍길동7 | 서울 양천구 목4동 123-1 대성빌라 301호 | 2012010107 | 서울 양천구 목4동 123-1 대성빌라 301호 | 조건부 계약을 함 | | | |
| 2012010108 | 홍길동8 | 서울 양천구 목4동 123-1 대성빌라 301호 | | | | | | |
| 2012010109 | 홍길동9 | 서울 양천구 목4동 123-1 대성빌라 301호 | | | | | | |
| 2012010110 | 홍길동10 | 서울 양천구 목4동 123-1 대성빌라 301호 | | | | | | |
| 2012010111 | 홍길동11 | 서울 양천구 목4동 123-1 대성빌라 301호 | | | | | | |
| 2012010112 | 홍길동12 | 서울 양천구 목4동 123-1 대성빌라 301호 | | | | | | |
| 2012010113 | 홍길동13 | 서울 양천구 목4동 123-1 대성빌라 301호 | | | | | | |
| 2012010114 | 홍길동14 | 서울 양천구 목4동 123-1 대성빌라 301호 | | | | | | |
| 2012010115 | 홍길동15 | 서울 양천구 목4동 123-1 대성빌라 301호 | | | | | | |
| 2012010116 | 홍길동16 | 서울 양천구 목4동 123-1 대성빌라 301호 | | | | | | |
| 2012010117 | 홍길동17 | 서울 양천구 목4동 123-1 대성빌라 301호 | | | | | | |
| 2012010118 | 홍길동18 | 서울 양천구 목4동 123-1 대성빌라 301호 | | | | | | |
| 2012010119 | 홍길동19 | 서울 양천구 목4동 123-1 대성빌라 301호 | | | | | | |
| 2012010120 | 홍길동20 | 서울 양천구 목4동 123-1 대성빌라 301호 | | | | | | |

그림 4-10 정규화되기 전 데이터구조

## 2.1.2. 정규화된 후의 데이터구조

고객테이블

| 고객번호 | 고객명 | 주소 |
|---|---|---|
| 2012010101 | 홍길동1 | 서울 양천구 목4동 123-1 대성빌라 301호 |
| 2012010102 | 홍길동2 | 서울 양천구 목4동 123-1 대성빌라 301호 |
| 2012010103 | 홍길동3 | 서울 양천구 목4동 123-1 대성빌라 301호 |
| 2012010104 | 홍길동4 | 서울 양천구 목4동 123-1 대성빌라 301호 |
| 2012010105 | 홍길동5 | 서울 양천구 목4동 123-1 대성빌라 301호 |
| 2012010106 | 홍길동6 | 서울 양천구 목4동 123-1 대성빌라 301호 |
| 2012010107 | 홍길동7 | 서울 양천구 목4동 123-1 대성빌라 301호 |
| 2012010108 | 홍길동8 | 서울 양천구 목4동 123-1 대성빌라 301호 |
| 2012010109 | 홍길동9 | 서울 양천구 목4동 123-1 대성빌라 301호 |
| 2012010110 | 홍길동10 | 서울 양천구 목4동 123-1 대성빌라 301호 |
| 2012010111 | 홍길동11 | 서울 양천구 목4동 123-1 대성빌라 301호 |
| 2012010112 | 홍길동12 | 서울 양천구 목4동 123-1 대성빌라 301호 |
| 2012010113 | 홍길동13 | 서울 양천구 목4동 123-1 대성빌라 301호 |
| 2012010114 | 홍길동14 | 서울 양천구 목4동 123-1 대성빌라 301호 |
| 2012010115 | 홍길동15 | 서울 양천구 목4동 123-1 대성빌라 301호 |
| 2012010116 | 홍길동16 | 서울 양천구 목4동 123-1 대성빌라 301호 |
| 2012010117 | 홍길동17 | 서울 양천구 목4동 123-1 대성빌라 301호 |
| 2012010118 | 홍길동18 | 서울 양천구 목4동 123-1 대성빌라 301호 |
| 2012010119 | 홍길동19 | 서울 양천구 목4동 123-1 대성빌라 301호 |
| 2012010120 | 홍길동20 | 서울 양천구 목4동 123-1 대성빌라 301호 |

계약테이블

| 고객번호 | 계약일자 | 계약장소 | 계약결과 |
|---|---|---|---|
| 2012010101 | 2012010101 | 서울 양천구 목4동 123-1 대성빌라 301호 | 조건부 계약을 함 |
| 2012010101 | 2012010111 | 서울 양천구 목4동 123-1 대성빌라 301호 | 조건부 계약을 함 |
| 2012010102 | 2012010102 | 서울 양천구 목4동 123-1 대성빌라 301호 | 조건부 계약을 함 |
| 2012010102 | 2012010112 | 서울 양천구 목4동 123-1 대성빌라 301호 | 조건부 계약을 함 |
| 2012010103 | 2012010103 | 서울 양천구 목4동 123-1 대성빌라 301호 | 조건부 계약을 함 |
| 2012010103 | 2012010113 | 서울 양천구 목4동 123-1 대성빌라 301호 | 조건부 계약을 함 |
| 2012010104 | 2012010104 | 서울 양천구 목4동 123-1 대성빌라 301호 | 조건부 계약을 함 |
| 2012010104 | 2012010114 | 서울 양천구 목4동 123-1 대성빌라 301호 | 조건부 계약을 함 |
| 2012010105 | 2012010105 | 서울 양천구 목4동 123-1 대성빌라 301호 | 조건부 계약을 함 |
| 2012010106 | 2012010106 | 서울 양천구 목4동 123-1 대성빌라 301호 | 조건부 계약을 함 |
| 2012010107 | 2012010107 | 서울 양천구 목4동 123-1 대성빌라 301호 | 조건부 계약을 함 |

그림 4-11  정규화된 후 데이터구조

1차 정규화가 된 후 두 개의 엔티티로 분리하면 그림 4-11과 같이 흰색 공간만큼의 데이터 공간을 절약할 수 있으며 조회 시 고객 테이블과 계약 테이블을 Join하여 보여주면 그림 4-10과 같은 데이터를 추출할 수 있다.

> **참고**
>
> 필자가 프로젝트를 진행할 때 보면 위와 같이 반복되는 항목들을 분리하지 않고 그대로 한 개의 엔티티에 포함하여 계약일자 1, 계약일자 2, 계약일자 3, 계약일자 4, 계약일자 5와 같은 형태로 만들어 둔 설계를 종종 보아 왔다. 그래서 왜 그렇게 했냐고 물어보면 5번 이상은 계약이 이루어 질 수 없어서 그렇게 했다고 하는데…
>
> 이런 형태가 나오면 필자는 무조건 분리해야 된다고 생각한다. 실무자들에게 질문하여 "5번이상 정말 발생하지 않아요?, 확신 합니까?"라고 질문하면 "지금은 아니지만 더 발생할 수도 있어요"라고 하는 경우가 대부분이다.
>
> 이런 경우가 발생하면 일단 정규화하여 분리해 두어야 한다.

## 2.2. 제 2 정규화

모든 속성은 식별자에 직접적으로 의존적이어야 하며 이에 해당되지 않는 속성을 분리한다.

- 모든 ATTRIBUTE는 반드시 UID(Unique Identifier) 전부에 종속되어야 한다(UID 일부에만 종속되어서는 안됨).
- 정규화가 이루어지고 나면 부모 엔티티로 분리된다.

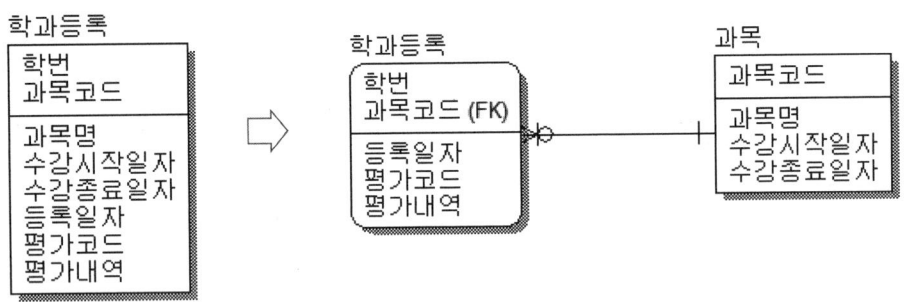

그림 4-12 제 2 정규화 후 부모 엔티티로 분리된 결과

위의 예제에서 과목명을 보면 과목코드에 종속은 되나 학번에는 종속이 되지 않는다는 것을 확인할 수 있다. 이런 속성(과목명, 수강기간)들은 과목코드를 UID로 하는 부모 엔티티로 분리하여 새로 만들어 준다.
제 2 정규화를 진행하고 나면 중복되어 등록되는 데이터 항목들이 따로 분리되어 만들어지면서 중복되지 않는 데이터를 구성해서 데이터 관리의 효율성을 높일 수 있다.

위의 관계를 그림으로 표현을 하면 다음과 같다.

## 2.2.1. 정규화되기 전의 데이터구조

학과등록 테이블

| 학번 | 과목코드 | 과목명 | 수강시작일자 | 수강종료일자 | 등록일자 |
|---|---|---|---|---|---|
| 2012010101 | 201201 | 국어 | 20120101 | 20120630 | 20120101 |
| 2012010102 | 201201 | 국어 | 20120101 | 20120630 | 20120101 |
| 2012010103 | 201201 | 국어 | 20120101 | 20120630 | 20120101 |
| 2012010104 | 201201 | 국어 | 20120101 | 20120630 | 20120101 |
| 2012010105 | 201201 | 국어 | 20120101 | 20120630 | 20120101 |
| 2012010106 | 201201 | 국어 | 20120101 | 20120630 | 20120101 |
| 2012010107 | 201201 | 국어 | 20120101 | 20120630 | 20120101 |
| 2012010108 | 201201 | 국어 | 20120101 | 20120630 | 20120101 |
| 2012010109 | 201201 | 국어 | 20120101 | 20120630 | 20120101 |
| 2012010110 | 201202 | 영어 | 20120101 | 20120710 | 20120101 |
| 2012010111 | 201202 | 영어 | 20120101 | 20120710 | 20120101 |
| 2012010112 | 201202 | 영어 | 20120101 | 20120710 | 20120101 |
| 2012010113 | 201202 | 영어 | 20120101 | 20120710 | 20120101 |
| 2012010114 | 201202 | 영어 | 20120101 | 20120710 | 20120101 |
| 2012010115 | 201202 | 영어 | 20120101 | 20120710 | 20120101 |
| 2012010116 | 201202 | 영어 | 20120101 | 20120710 | 20120101 |
| 2012010117 | 201203 | 수학 | 20120201 | 20120803 | 20120101 |
| 2012010118 | 201203 | 수학 | 20120201 | 20120803 | 20120101 |
| 2012010119 | 201203 | 수학 | 20120201 | 20120803 | 20120101 |
| 2012010120 | 201203 | 수학 | 20120201 | 20120803 | 20120101 |

그림 4-13  제 2 정규화되기 전 데이터구조

회색 부분의 과목이 등록되는 곳을 보면 과목코드, 과목명, 수강 시작 일자, 수강 종료 일자가 중복되어 등록되어 있음을 확인할 수 있다.

## 2.2.2. 정규화된 후의 데이터구조

학과등록 테이블

| 학번 | 과목코드 | 등록일자 |
|---|---|---|
| 2012010101 | 201201 | 20120101 |
| 2012010102 | 201201 | 20120101 |
| 2012010103 | 201201 | 20120101 |
| 2012010104 | 201201 | 20120101 |
| 2012010105 | 201201 | 20120101 |
| 2012010106 | 201201 | 20120101 |
| 2012010107 | 201201 | 20120101 |
| 2012010108 | 201201 | 20120101 |
| 2012010109 | 201201 | 20120101 |
| 2012010110 | 201202 | 20120101 |
| 2012010111 | 201202 | 20120101 |
| 2012010112 | 201202 | 20120101 |
| 2012010113 | 201202 | 20120101 |
| 2012010114 | 201202 | 20120101 |
| 2012010115 | 201202 | 20120101 |
| 2012010116 | 201202 | 20120101 |
| 2012010117 | 201203 | 20120101 |
| 2012010118 | 201203 | 20120101 |
| 2012010119 | 201203 | 20120101 |
| 2012010120 | 201203 | 20120101 |

과목 테이블

| 과목코드 | 과목명 | 수강시작일자 | 수강종료일자 |
|---|---|---|---|
| 201201 | 국어 | 20120101 | 20120630 |
| 201202 | 영어 | 20120101 | 20120710 |
| 201203 | 수학 | 20120201 | 20120803 |

그림 4-14  제 2 정규화된 후 데이터구조

## 2.3. 제 3 정규화

식별자 이외의 속성은 식별자가 아닌 다른 속성에 종속적이지 않아야 한다.

- UID가 아닌 모든 Attribute 간에는 서로 종속될 수 없다(Attribute 간 종속성 배제).
- 정규화가 이루어지고 나면 부모 엔티티로 분리된다.

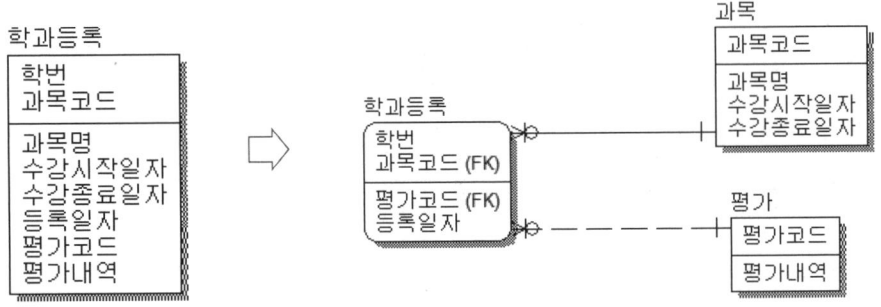

그림 4-15 제 3 정규화 후 부모 엔티티로 분리된 결과

위의 예제에서 평가코드와 평가내역을 보면 평가내역이 평가코드에 종속적이 다는 것을 알 수 있다. 같은 속성값(평가코드)에 종속된다는 이야기가 된다. 이런 경우에 평가코드를 UID로 하고 평가내역을 속성값으로 하는 엔티티로 분리하여 새로 만들어 준다.
제 3 정규화를 진행하고 나면 제 2 정규화와 유사하게 중복되어 등록되는 데이터 항목들이 따로 분리되어 만들어진다.

위의 관계를 그림으로 표현을 하면 다음과 같다.

## 2.3.1. 정규화되기 전의 데이터구조

학과등록 테이블

| 학번 | 과목코드 | 등록일자 | 평가코드 | 평가내역 |
|---|---|---|---|---|
| 2012010101 | 201201 | 20120101 | A | A 평가내역입니다. |
| 2012010102 | 201201 | 20120101 | A | A 평가내역입니다. |
| 2012010103 | 201201 | 20120101 | A | A 평가내역입니다. |
| 2012010104 | 201201 | 20120101 | A | A 평가내역입니다. |
| 2012010105 | 201201 | 20120101 | A | A 평가내역입니다. |
| 2012010106 | 201201 | 20120101 | A | A 평가내역입니다. |
| 2012010107 | 201201 | 20120101 | A | A 평가내역입니다. |
| 2012010108 | 201201 | 20120101 | B | B 평가내역을 기술하는부분 입니다. |
| 2012010109 | 201201 | 20120101 | B | B 평가내역을 기술하는부분 입니다. |
| 2012010110 | 201202 | 20120101 | B | B 평가내역을 기술하는부분 입니다. |
| 2012010111 | 201202 | 20120101 | B | B 평가내역을 기술하는부분 입니다. |
| 2012010112 | 201202 | 20120101 | B | B 평가내역을 기술하는부분 입니다. |
| 2012010113 | 201202 | 20120101 | B | B 평가내역을 기술하는부분 입니다. |
| 2012010114 | 201202 | 20120101 | B | B 평가내역을 기술하는부분 입니다. |
| 2012010115 | 201202 | 20120101 | C | C 평가내역을 기술하는부분 입니다. |
| 2012010116 | 201202 | 20120101 | C | C 평가내역을 기술하는부분 입니다. |
| 2012010117 | 201203 | 20120101 | C | C 평가내역을 기술하는부분 입니다. |
| 2012010118 | 201203 | 20120101 | C | C 평가내역을 기술하는부분 입니다. |
| 2012010119 | 201203 | 20120101 | C | C 평가내역을 기술하는부분 입니다. |
| 2012010120 | 201203 | 20120101 | C | C 평가내역을 기술하는부분 입니다. |

그림 4-16  제 3 정규화되기 전 데이터구조

회색 부분의 평가 등록되는 곳을 보면 평가코드와 평가내역이 중복되어 등록되어 있음을 확인할 수 있다.

## 2.3.2. 정규화된 후의 데이터구조

학과등록 테이블

| 학번 | 과목코드 | 등록일자 | 평가코드 |
|---|---|---|---|
| 2012010101 | 201201 | 20120101 | A |
| 2012010102 | 201201 | 20120101 | A |
| 2012010103 | 201201 | 20120101 | A |
| 2012010104 | 201201 | 20120101 | A |
| 2012010105 | 201201 | 20120101 | A |
| 2012010106 | 201201 | 20120101 | A |
| 2012010107 | 201201 | 20120101 | A |
| 2012010108 | 201201 | 20120101 | B |
| 2012010109 | 201201 | 20120101 | B |
| 2012010110 | 201202 | 20120101 | B |
| 2012010111 | 201202 | 20120101 | B |
| 2012010112 | 201202 | 20120101 | B |
| 2012010113 | 201202 | 20120101 | B |
| 2012010114 | 201202 | 20120101 | B |
| 2012010115 | 201202 | 20120101 | C |
| 2012010116 | 201202 | 20120101 | C |
| 2012010117 | 201203 | 20120101 | C |
| 2012010118 | 201203 | 20120101 | C |
| 2012010119 | 201203 | 20120101 | C |
| 2012010120 | 201203 | 20120101 | C |

평가 테이블

| 평가코드 | 평가내역 |
|---|---|
| A | A 평가내역입니다. |
| B | B 평가내역을 기술하는부분 입니다. |
| C | C 평가내역을 기술하는부분 입니다. |

그림 4-17  제 3 정규화된 후 데이터구조

위의 그림에서 보듯이 학과등록 테이블이 제 3 정규화에 의하여 학과등록, 평가 테이블로 2개의 테이블로 분리된다. 정규화 된 후의 절약되는 공간은 그림 4-17의 흰색 부분만큼 절약됨을 알 수 있다.

## 2.4. 역(반)정규화

정규화를 수행하고 나면 테이블이 아주 세분화되어 분리된다. 이럴 때 집계성 속성을 추출하려 하면 Join도 너무 많이 걸리고 관련되는 데이터 범위도 많아 수행 성능에 많은 부하를 줄 수 있다. 이런 업무 프로세서가 통계성이든 OLTP(online transaction processing)성이든 간에 많이 존재한다면 이 경우에 역정규화를 한다.

- 자식 엔티티의 합계성 속성이나 총 건수 등을 부모 엔티티에 속성으로 둔다.

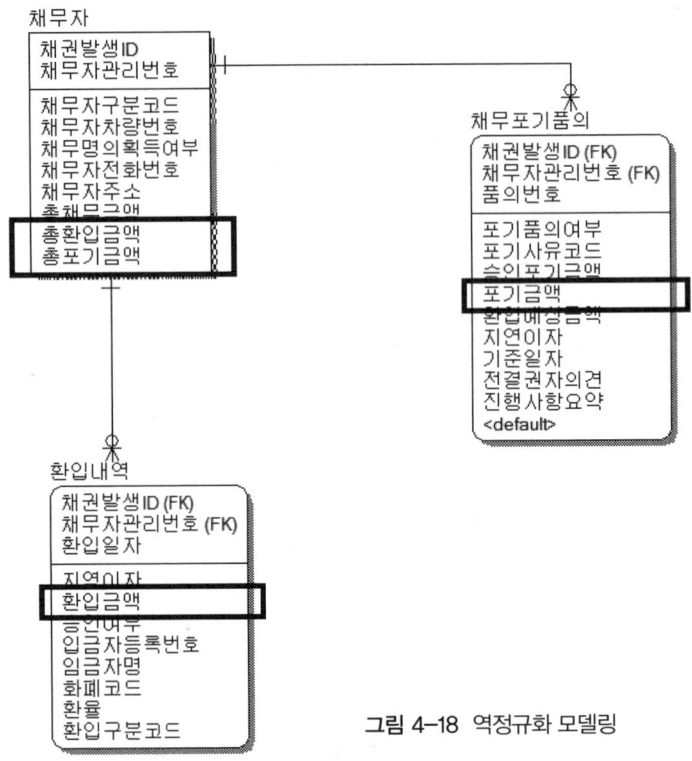

그림 4-18 역정규화 모델링

위의 예에서 보듯이 환입내역의 환입금액의 총환입금액을 채무자 엔티티의 속성으로 두어 빈번하게 발생되는 총환입금액을 조회시 환입내역을 모두 조회하지 않고 채무자의 총환입금액만을 조회하여 처리할 수 있다. 또한 총포기금액도 같은 맥락에서 설명할 수 있다.

역정규화는 개발할 때 많은 Join이 발생하여 값을 구하거나 할 때 그로 인하여 개발 생산성이 현저하게 떨어질 때 사용하는 경우가 많다. 위의 경우 등을 제외하고는 역정규화는 개발 당시에 하지 않아도 되는 경우가 많이 있다. 차후 데이터들이 많이 발생하여 성능상의 문제가 발생했을 시에 해도 늦지 않다는 것이다.

역정규화를 하면 이렇게 속성뿐 아니라 엔티티로도 도출될 수가 있다. 그 한 예로 재고관련 테이블들을 말할 수 있다. 실제로 재고는 '매입상품 - 매출상품 = 재고상품'의 공식이 성립하지만 보통 재고관련 테이블을 두어 저장하고 있는 것도 역정규화의 예라고 할 수 있다.

> **참고**
>
> 역정규화 시 주의해야 될 사항이 있다.
> 위에서 보듯이 환입금액과 포기금액이 발생을 하면 환입내역이나 채무포기품의 엔티티에 자료가 발생이 되면서 환입금액과 포기금액이 INSERT 발생을 할 것이다. 여기서 채무자 엔티티의 역정규화한 총환입금액과 총포기금액의 데이터도 업데이트를 해주어야 된다. 그래야 금액이 맞아 들어가기 때문에 역정규화 시 정확한 데이터 값의 유지에 주의를 기울여야 한다.
> 프로젝트 팀에 모델러가 따로 있다면 역정규화를 잘 안 해주려고 한다. 왜냐하면 데이터가 틀어지는 것을 방지하기 위함인데 꼭 필요할 시는 분석/설계자가 요구를 해야 하나 정확한 데이터의 유지에 신경을 써야 한다.

## 2.4.1. 업무에 종속적이어야 한다.

정규화 수행을 하고 난 뒤에 꼭 집어보아야 할 것이 정규화된 테이블들이 업무에 종속적으로 되어 있나를 봐야 된다. 이해가 잘되지 않겠으나 프로젝트를 진행하다 보면 종종 발생하는 일이다.
필자는 장기 프로젝트에 투입되어 모델링을 할 때 담당자들에게 모델링을 습득할 수 있도록 이해를 시키면서 진행을 한다. 앞에서 설명했듯이 분석/설계 단계에서부터 모델링이 진행되며 정규화나 엔티티를 도출해 내는 일은 업무를 알고 있는 사람에게는 자연스럽게 도출이 된다.
이렇게 현업 담당자와 6개월 정도 분석/설계가 끝나고 나면 현업 담당자가 이제는 모델링을 더 잘 이해하게 되고, 설계서를 확인하면서 데이터의 발생되는 규칙을 보면서 모델링을 수정해 달라고 할 때가 종종 있다. 그럴 때 자세한 업무를 들어보면 현업 담당자의 말이 거의 옳은 경우가 많이 있다. 현업 담당자는 수년간 그 일을 해왔기 때문에 가능한 일이라 생각을 한다.

이렇게 업무에 종속적이어야 한다는 말은 정규화보다 업무에서 발생이 되는 데이터의 발생 규칙이 더 중요하기 때문이다. 정규화를 잘해두었으나 데이터가 그렇게 발생이 되지 않는다고 하면 모두 헛고생을 한 것이기 때문에 모델링을 할 때는 정확한 업무를 파악하고 모델링을 실시 해야 한다.

예를 하나 들어서 설명해 보겠다. 필자가 12~3년 전에 수행한 프로젝트가 있었다. 프로젝트 규모가 워낙 커서 수행하는 인원 수도 다 모를 정도의 프로젝트였다. 큰 단위 업무가 23개 정도가 있다고 보면 되고 업무마다 개발 인원이 평균 10명정도 생각하면 규모가 짐작이 될 것이다.

1차는 완료되었고 2차 사업진행 중이었는데 2차 분석 설계가 끝나고 전체적으로 작성된 모델링을 컨설팅 받는 단계가 있었다. 정부 프로젝트라서 인허가와 민원 등의 업무가 많이 있었는데 인허가자인 개인, 법인, 사업자, 외국인 등의 엔티티를 업무마다 분리하여 설계가 되어 있었고 컨설팅 기간에 정규화를 하다 보니 이것을 한 개로 통합하자고 결론이 내려져서 통합한 일이 발생을 하였다(물론 필자는 반대를 하였으나 사업단 차원에서 결정한 일이니 따를 수 밖에는 없었다).

```
인허가자정보
─────────────
업무분류
등록번호
─────────────
주체명
주체구분
관내여부
지역코드
주소
우편번호
전화번호
휴대폰번호
국적
─────────────
이하생략
```

그림 4-19 인허가자 정보

위와 같은 엔티티가 컨설팅을 받아 정규화를 통해 생성되었다. 그래서 모든 업무에서 개발기간에 인허가자 정보를 한 개의 테이블에 코딩을 하였다. 그런데 코딩이 끝나고 업무 시연을 하는 기간에(전국적으로 사용하는 업무라서 시연도 기간을 잡아서 순차적으로 한다) 현업 참석자 중 한사람이 개인정보 유출에 대한 문제를 제기하였다(지금도 그렇지만 그 당시에는 개인정보 유출이 중요한 사회 이슈로 되었던 시절이다).

그래서 사업단 회의를 통하여 문제점 회의를 하게 되었다.

1. 정보 유출에 취약하다. 한 개의 테이블에 모든 업무의 인허가자 정보가 들어가 있으니 이 테이블에 문제가 발생하면 엄청난 정보가 유출되는 것이다.
2. 업무를 정확히 파악하지 못하고 통합 모델링을 추진했다.
   - 업무별로 개발을 진행하고 유지보수를 하다 보면 추가되는 항목이나 업무 고유의 항목들을 독립적으로 설계하기 힘이 들게 된다.
   - 인허가 업무는 법으로 정해진 업무가 대부분인데 그런걸 무시하고 통합을 해두었으니 A 업무에서 변경 민원에 의해 법대로 수정이 처리되면 다른 B 업무에서도 그대로 적용이 되어 인허가 정보가 변경되어 버리기 때문에 불법이 되는 것이다. 이건 큰 문제가 되어 버린다. 왜냐하면 법을 개정한다는 것이 국회나(지방의회)를 통해서 도장을 받아야 되는 절차가 있어야 하기 때문이다.
3. 이렇게 발생된 데이터가 상위 부서나 부처로 연계가 된다면 각 업무의 구분이 있더라도 올라간 데이터는 엄청난 자료를 보유하게 된다.

> **참고**
>
> 분석/설계자는 개발자들을 믿으면 안된다. 믿지 말라는 것이 아니고 최대한 설계로 막을 수 있는 부분을 프로그래머에게 전가해서는 안된다는 뜻이다. 설계 시 업무 구분이 있지도 않았지만 업무구분을 넣어서 처리하라고 설계를 고쳐도 수많은 경우의 수를 모두 체크해서 꼭 연계될 데이터만을 상위 부서나 부처로 연계한다는 말은 개발자에게 책임을 전가하는 행위라고 생각을 한다

여러 가지 수정해야 될 이유가 더 있지만 중요 사항만 나열하였다. 그래서 결국은 업무별로 분리하여 각자 업무에서 설계하기로 결정이 났다. 이때부터는 개발자들이 죽어났다. 열심히 하라고 해서 개발해 두니까 수정하라니 공공 업무 중에 민원인이 걸리지 않는 업무는 거의 없다.

필자가 많은 지면을 할애하면서 이렇게 말하는 것은 모델러(분석/설계자)의 역할이 얼마나 중요한가를 강조하기 위함이다. 잘못된 설계는 수정하는데 엄청난 공수가 들어가는 것은 물론이요 프로그램을 수정하는 개발자는 얼마나 힘이 들겠는가?

다시 한번 강조하지만 모델링은 업무를 벗어나면 잘못된 모델링이다. 1, 2, 3 정규화보다 더 중요한 것은 업무에 종속적이어야 한다.

# 3. 릴레이션(Relationship)

엔티티와 엔티티 간에는 하나 이상의 관계가 존재할 수 있다. 엔티티가 단 100개만 되더라도 최소한 10,000가지의 관계가 발생할 수 있다. 만약 엔티티 개수가 1,000개라면 얼마가 되겠는가? 이것들을 오류 없이 정확하게 정의해야 하지만 생각처럼 쉽게 접근할 수 있는 것이 아니다.

이 단계의 보다 용이한 접근을 위하여 우리는 관계 상관도(Relationship)을 이용하여 제 3자 입장에서 관계의 존재 유무만 파악한다.

관계가 존재한다는 용의점이 파악되면 이들을 대상으로 보다 구체적인 단계로 진행한다. 이 단계에서 그 용의점이 구체적으로 어떤 내용의 관계를 의미하는 지를 결정한다. 다시 말해서 이 단계에서는 릴레이션의 내용을 명확하게 정의하는 작업을 한다. 릴레이션쉽의 정의 또한 엔티티에서처럼 이들을 하나로 묶을 수도 있고, 구체적으로 각각을 세분화 시킬 수도 있다. 물론 어떤 결정을 하였느냐에 따라 나중에 미치는 영향은 실로 중차대하기 때문에 이 또한 쉽게 생각할 단계는 아니다. 이 단계의 결과는 관계 상관도의 최종 모습으로 나타난다.

## 3.1. 관계 정의

### 3.1.1. 설정

- 공백 : Parent와 Child 사이에 0, 1, 다수의 관계
- P    : Parent와 Child 사이에 1, 다수의 관계
- Z    : Parent와 Child 사이에 0, 1의 관계
- Exactly "n" : Parent와 Child 사이에 정확히 N개인 관계

[표 4-4] 릴레이션의 표기 방법

| Cardinality Description | IDEF1X Identifying | IDEF1X Non-identifying | IE Identifying | IE Non-identifying |
|---|---|---|---|---|
| One to Zero, one or more | ●(실선) | ●(점선) | 기호 | 기호 |
| One to one or more | ●P | ●P (점선) | 기호 | 기호 |

| Cardinality Description | IDEF1X Identifying | IDEF1X Non-identifying | IE Identifying | IE Non-identifying |
|---|---|---|---|---|
| One to zero or one | ●Z | ●Z (점선) | 기호 | 기호 |
| Zero or one to zero, one, or more(non-identifying only) | | ◇ ● | | 기호 |
| Zero or one to zero or one(non-identifying only) | | ◇ ●Z | | 기호 |

위의 내용은 현재 가장 많이 사용하고 있는 ERD 작성툴의 관계를 정의한 내용이다. ERD를 가지고 하나씩 정리하여 알아보자.

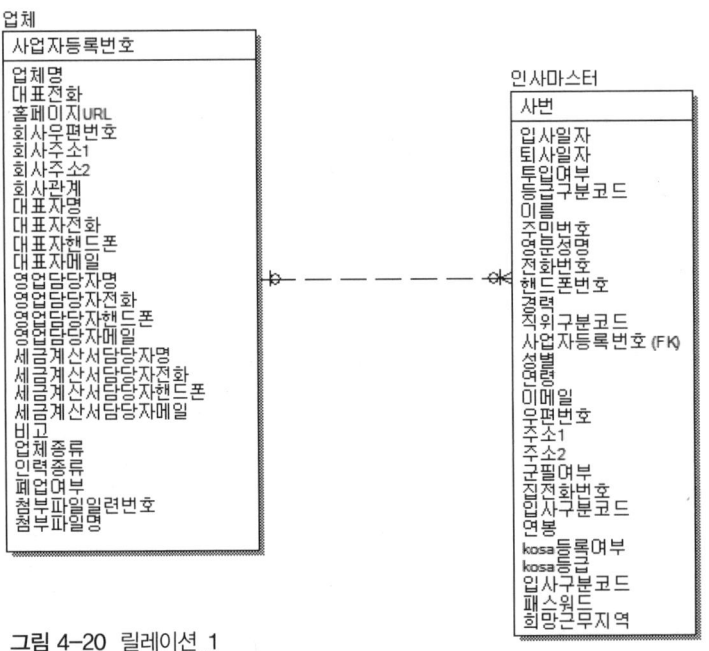

그림 4-20 릴레이션_1

위의 업체와 인사마스터의 관계를 보면 둘의 관계는 비식별(Non-Identifying)자의 관계로 연결되어 있다. 정의 해보면 "인사 마스터는 소속된 업체가 하나 있을 수도 있고 없을 수도 있다"라고 할 수 있다. 만약에 둘의 관계가 식별(Identifying)이였다면 "인사 마스터는 항상 소속된 업체를 가진다라고 정의 할 수 있다.

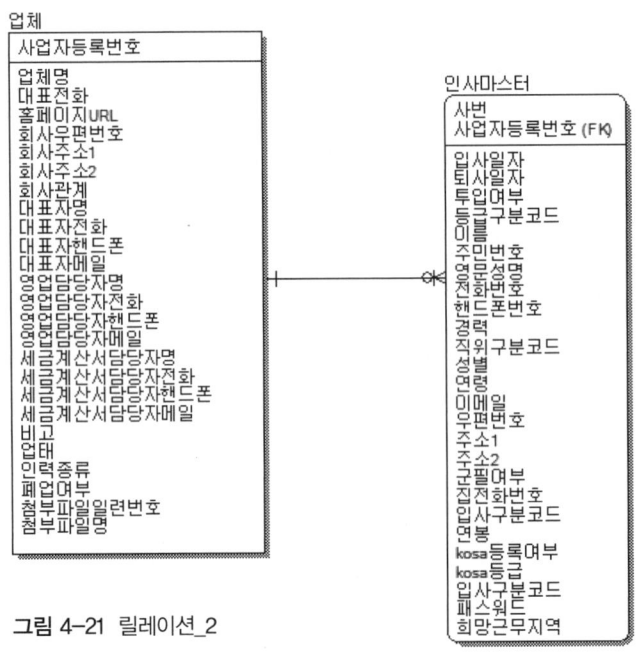

그림 4-21 릴레이션_2

98 실전 DB 모델링과 SQL

릴레이션은 위와 같이 변경될 수 있다.

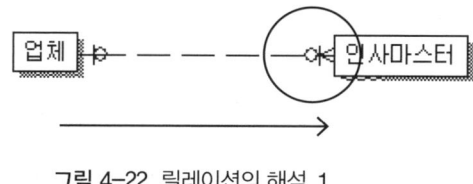

그림 4-22 릴레이션의 해석_1

관련 기호를 살펴보면 다음과 같다.

- "|" 꼭 존재해야 하는(mandatory)
- "O" 존재해도 되는(optional) – 존재할 수도, 존재 안할 수도 있는
- "〈" 여러 개 존재할 수 있는

그래서 업체에서 인사 마스터를 정의해 보면 업체는 인사마스터를 안가질 수도 있고 한 개 가질 수도 있고 여러 개 가질 수도 있다라고 정의할 수 있다.

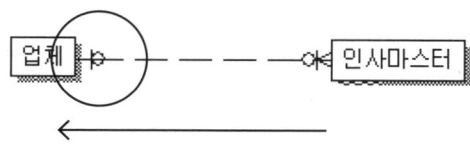

그림 4-23 릴레이션의 해석_2

인사마스터에서 업체를 정의 해보면 인사마스터는 업체를 가질 수도 있고 한 개 가질 수도 있다. 릴레이션은 이렇게 하나하나 짚어 가면서 해석하는 버릇을 들여야 하고 그런 연습이 되어야 나중에 ERD를 보고 해석하는 능력이 배양되며 더 좋은 설계를 할 수 있을 것이다.

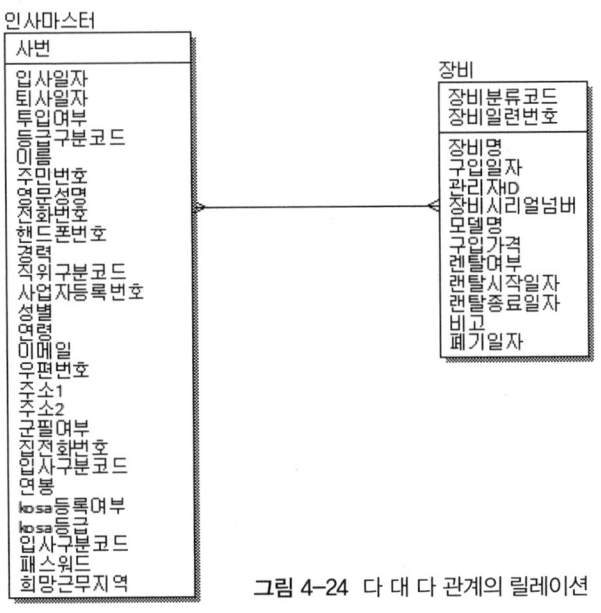

그림 4-24 다 대 다 관계의 릴레이션

위의 관계를 살펴 보면 N:M의 관계가 성립하여 있다. 정의를 해보면 "사원은 여러 개의 장비를 가지고 있다"라고 정의되고 "장비는 여러 명의 사원에 지급될 수 있다"라고 정의 할 수 있다.

이럴 때 전산적으로 풀 수 있는 방법이 없어진다. 한 사원에 지급된 장비를 찾을 수 있는 연결 고리가 존재하지 않는다. 역으로 장비가 여러 직원에게 지급이 되었다면 그 또한 찾을 수 있는 방법이 없다.

그래서 그 관계를 해소해 주는 교차 엔티티를 만들어 N:M의 관계를 해소해 준다.

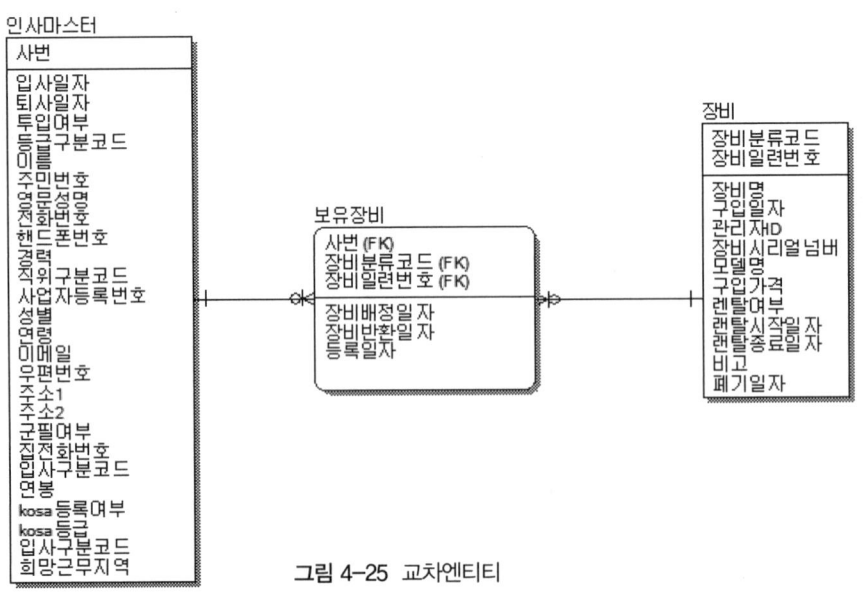

그림 4-25 교차엔티티

위와 같이 물리적 단계에서 교차 엔티티를 넣어서 전산적으로 연결 할 수 있는 연결 고리를 만들어 주어서 구축할 수 있다. 보유 장비 엔티티를 보면 사원에 대한 장비를 찾아 낼 수 있고 지급된 장비에 대한 여러 사원을 찾을 수 있는 연결고리가 성립되어 있다. '인사 마스터 : 보유장비'는 1 : M, '보유장비 : 장비'는 M:1 관계로 풀려있다.

## 3.2. ERD의 물리적 변경

엔티티는 물리적 테이블로 변경된다.

- 테이블명은 엔티티의 한글명을 영문으로 전환하여 사용하는 것이 좋다.
- 영문명이 길어질 때는 프로젝트 용어규칙에 맞는 약어를 사용하여 작성한다.

엔티티의 속성은 테이블의 컬럼으로 변경된다.

- 속성명 또한 한글명을 영문으로 전환하여 사용하는 것이 좋다.
- 영문명이 길어질 때는 프로젝트 용어규칙에 맞는 약어를 사용하여 작성한다.

UID는 PK(Primary-Key)로 변경된다.

- UID의 속성이 여러 개일 때 PK1, PK2 등으로 나누어 결합 인덱스로 생성되며 Unique 인덱스로 생성된다.
- 결합 인덱스일 때 컬럼의 순서 결정은 조회 조건에 많이 나오는 컬럼순으로 나열하면 유리하다.

릴레이션은 FK(Foreign-Key)로 변경된다.

- 실선으로 표시되는 Mandatory 관계일 때는 Not null을 주면서 FK로 생성하며 점선으로 표시되는 Optional일 때는 Null을 허용 할 수 있도록 생성한다.

> **참고**
>
> ERD 상에 릴레이션이 연결된 속성들을 모두 물리적으로 FK를 생성해 줘야 되냐는 문제는 의견이 프로젝트마다 분분하다.
>
> 모두 물리적 FK로 만들었다가는 개발 진행이 되지도 않고(데이터의 정합성을 완전히 맞춰 가면서 테스트데이터를 만들어야 함) 프로젝트를 완성하고 난 후에도 FK 때문에 에러가 종종 발생한다. 왜냐하면 물리적으로 있어야 될 데이터가 없을 때 FK관련된 레코드가 발생하면 에러가 발생하기 때문이다. 정합성을 완벽히 맞추려면 사실상 힘든 일이 많다. 그래서 보통 모든 테이블에 물리적으로 FK를 생성해 주지는 않으나 중요 핵심 릴레이션에는 꼭 생성을 해야 나중에 데이터 무결성을 보장할 수 있다.
>
> 혹자는 모든 FK는 생성해야 된다고 하지만 필자의 경우는 꼭 필요한 곳에만 FK를 생성하고 나머지는 프로그램에서 제어할 수 있도록 해 주는 편이다.

## 4. ERD의 가독성

ERD는 DB에서 가장 기본이 되는 테이블, 컬럼, 데이터 타입 등을 논리 ERD 그리고 물리 ERD로 구분한다. 정규화 과정을 통해 그려진 ERD는 업무 특성을 쉽게 이해 할 수 있고 관계선의 디자인으로 업무 파악 등을 한 눈에 알아 볼 수 있고 수정할 수 있는 장점이 있다. 이런 ERD를 작성할 때는 프로젝트 관계자가 누구나 볼 수 있도록 복잡하지 않게 연관된 엔티티들을 연결해 두는 것이 무엇보다 중요하다. 이런 가독성을 높일 수 있는 요소들을 이야기 해보겠다.

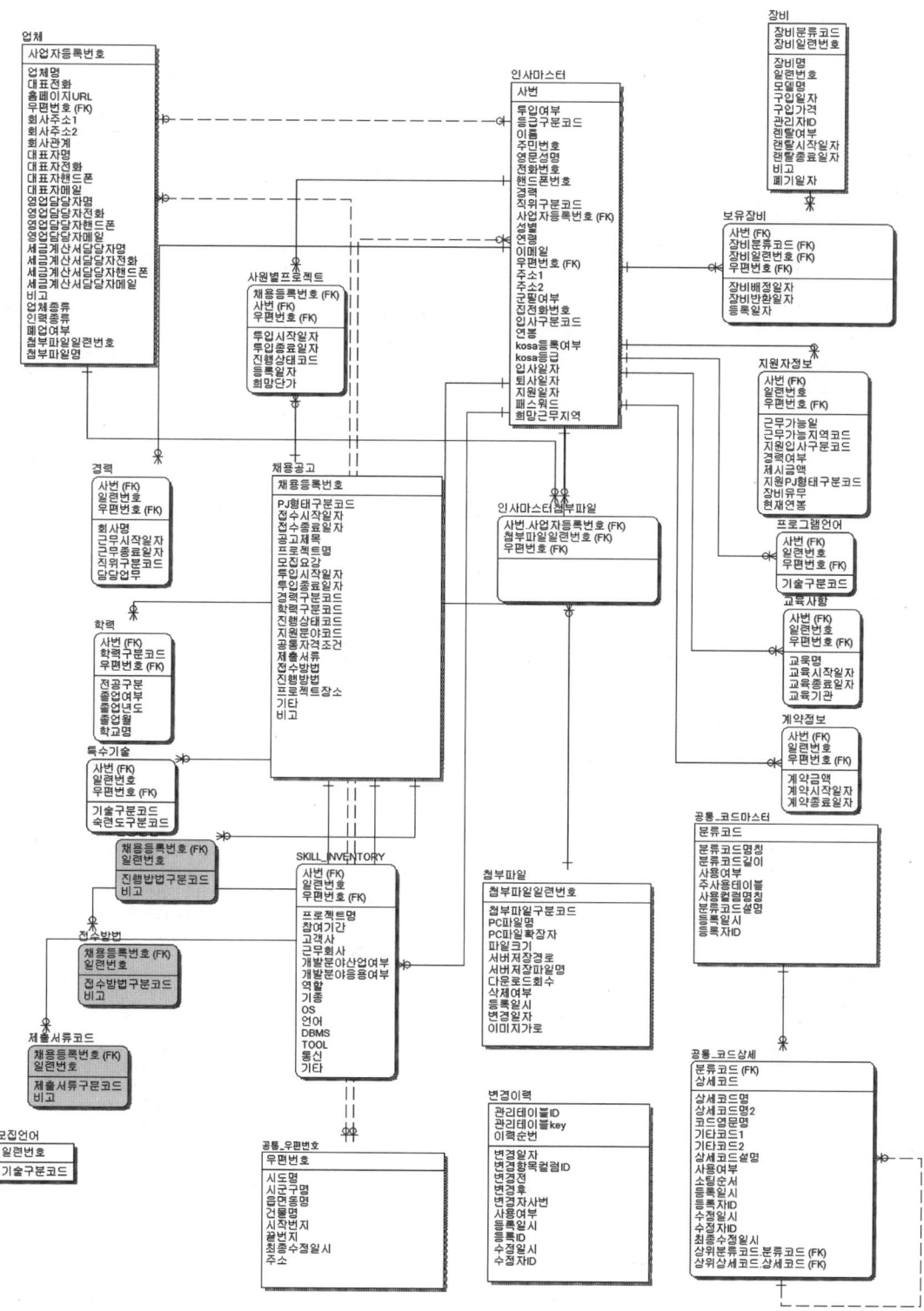

그림 4-26 ERD의 가독성 예_1

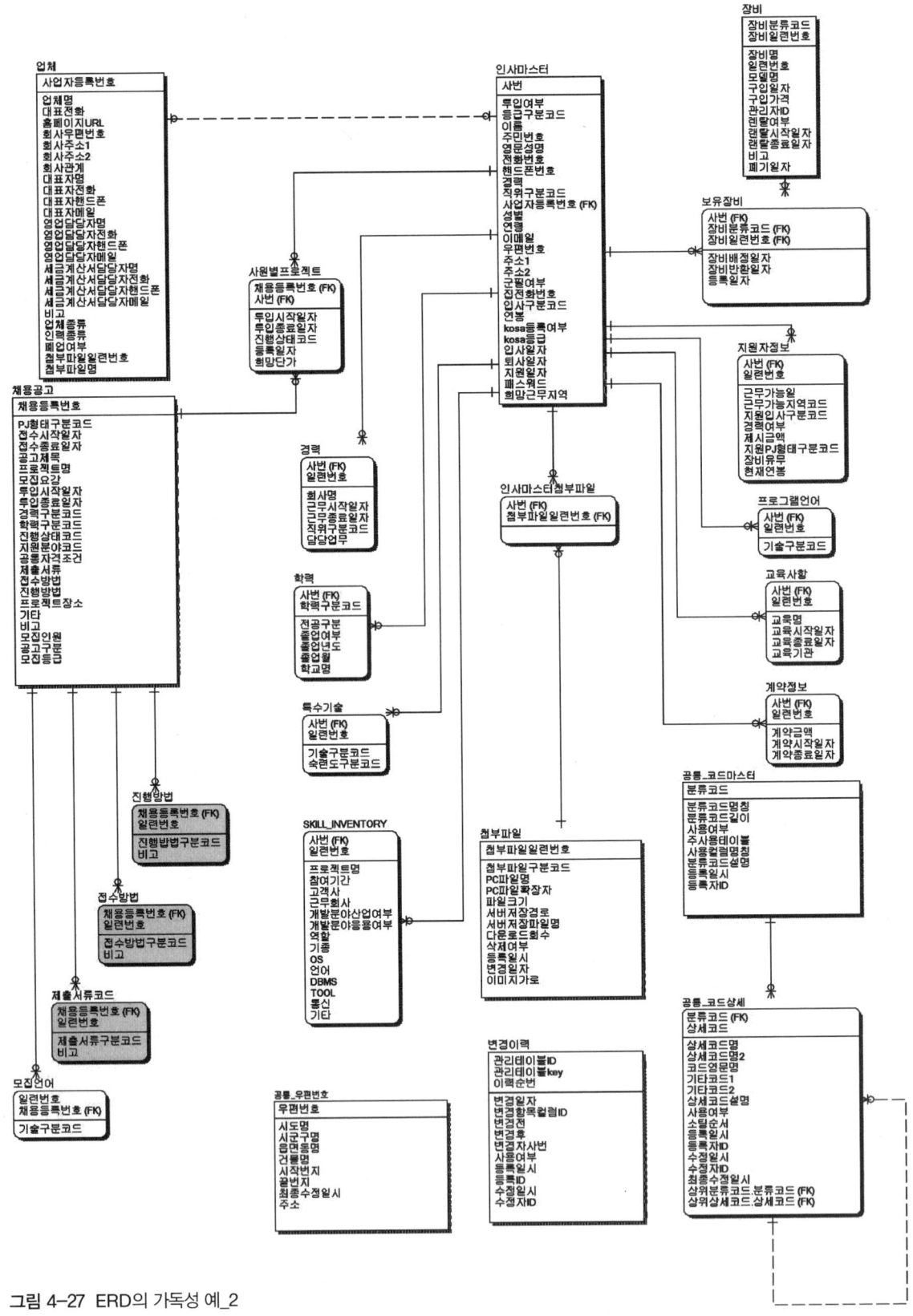

그림 4-27 ERD의 가독성 예_2

그림 4-26은 그림 4-27에 비하여 같은 수의 엔티티인데도 가독성이 훨씬 떨어지는 것을 볼 수 있다. 전산을 많이 하다 보면 ERD를 보면서 데이터들이 흘러가는 형상을 알 수 있으며 화면의 모양들이 그려지는 것이 사실이다.

ERD는 전산 산출물 중에서도 가장 중요한 산출물의 하나이다. 이런 중요한 산출물이므로 관련된 모든 사람들이 보더라도 직관적으로 받아드릴 수 있는 배치나 형상은 매우 중요한 요소 중의 하나이다.

위의 예제를 보면서 가독성이 좋은 ERD를 만들려면 프로젝트에서는 어떻게 하고 있는지 하나씩 짚어 보기로 하자.

### 4.1. 릴레이션이 겹치지 않게 엔티티들을 배치하여야 한다.

그림 4-26과 4-27을 비교해 보면 그림 4-27은 선의 겹침이 없다. 지금의 예는 숫자가 같은 엔티티인데 비교해 보면 엄청난 차이점을 볼 수 있다. 일단 서로 연결된 엔티티를 찾는데도 눈이 아프다.
필자의 경우 모델러나 DBA가 도중에 하차한 곳을 가거나 기존에 프로젝트를 구축한 후 추가 개발을 하는 고도화 프로젝트에 가면 이런 선이 겹쳐진 기존의 ERD를 수없이 봐 왔다. 그런 경우 일단 투입되면 ERD부터 다시 그린다. 필자가 경험이 아무리 많더라도 선이 겹쳐지거나 가독성이 떨어지는 ERD는 보기 어렵기 때문에 ERD를 정리부터 하는 것이다.

## 4.2. 공통 업무성의 엔티티는 릴레이션을 만들지 않는 것이 좋다.

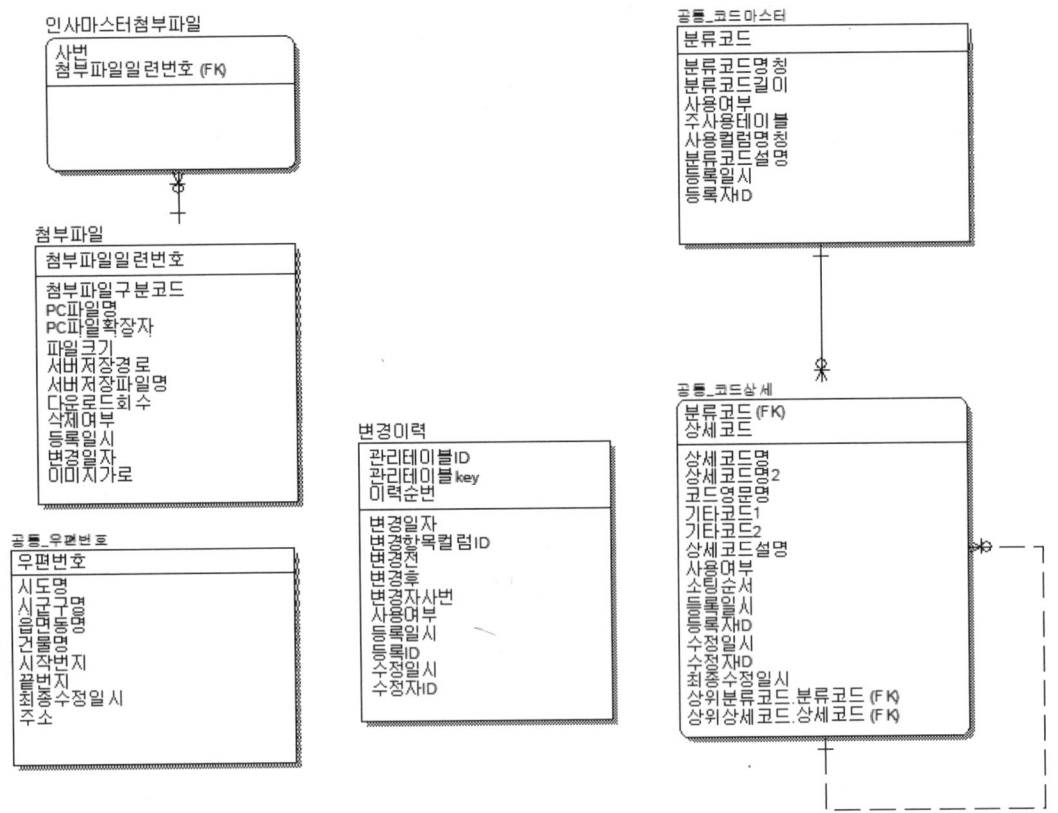

그림 4-28 공통업무성 ERD

위와 같이 첨부 파일, 우편번호, 공통코드, 변경 이력같은 엔티티는 거의 전체적인 엔티티와 릴레이션을 가진다. 이런 엔티티들에 릴레이션을 모두 연결해 둔다면 정말 보기 힘든 ERD가 되어 버린다. 이런 공통성 업무 테이블들은 이미 프로젝트 관련 사람이라면 알고 있으므로 릴레이션을 연결하지 않고 이렇게 공통성 업무 엔티티를 모아 두는 편이 훨씬 좋다.

## 4.3. ERD를 그릴 때 한쪽에서 시작하여 펼쳐지는 구조로 작성하는 것이 가독성에 좋다.

중요 테이블을 중심으로 펼쳐지는 형태로 ERD를 작성하면 업무가 더욱 눈에 잘 들어 올 것이다. 이순신 장군이 잘 쓰셨던 학익진같은 모양으로 말이다.

**그림 4-29** ERD의 가독성 예_3

그리고 프로젝트의 범위가 많아서 엔티티가 너무 많을 때는 A3나 A4용지에 맞게 업무별로 엔티티를 분리하여 작성해 주는 것이 좋다.

CHAPTER 05
# Table & VO & Dataset

이번 장에서는 설계된 ERD가 테이블로 변경되고 나면 어떤 방식으로 프로그램이 흘러가고 구현되는지 확인하여 보자. 이번 장의 시스템 환경은 java, Miplatform, Oracle, 전자 정부 프레임워크를 사용한 예시들이다.

## 1. Table 작성

ERD(설계)가 완성되고 나면 물리 모델링을 가지고 테이블을 생성하게 된다. 이 장에서 Table, VO, Dataset을 언급하는 건 이 책의 주제와는 조금 다르다는 느낌을 받겠지만 모델링이 이루어 지고 나면 프로그램으로는 어떻게 구현되는 지의 과정을 학습 함으로써 전체의 과정을 알아보고 설계의 중요성을 다시 한번 생각해보는 장이다.

이 책에는 DB Object를 설명하는 장이 따로 있으나 Table은 여기서 상세하게 설명하고 간다. 테이블은 행과 열로 구성된 기본적인 데이터베이스 저장 구조라고 할 수 있다. 업무, 상품, 프로세스 등으로 구분된 엔티티는 정규화 과정을 거치면서 테이블이 된다. 각각의 테이블은 다른 테이블과 중복되지 않는 고유한 테이블명을 가지고 열(Column)과 행(Row)을 포함한다.

### 1.1. 테이블 작성 방법

하나의 테이블은 밀접한 연관성이 있는 컬럼들을 담고 있다. 테이블을 생성하기 위해서는 아래와 같이 SQL의 DDL문을 이용한다.

[테이블 생성 기본 형식]

```
CREATE TABLE 테이블명(
Column명   Datatype   Column Constraint,
..........
Table Constraint
)
```

테이블명은 다른 테이블명과 중복되지 않아야 한다. Column명은 한 테이블 내에서 중복되지 않아야 하고 datatype은 Column의 자료형을 의미한다. Column Constraint에서는 컬럼에 대한 무결성 제약 조건을 기술하고 Table Constraint는 테이블의 무결성 제약 조건을 기술한다.

[테이블 생성 예]

```
CREATE TABLE CHAPTER_1 (
  SABUN   VARCHAR2(10)    NOT NULL,
  NAME    VARCHAR2(50)    NOT NULL,
  AGE     VARCHAR2(3),
PHONE   VARCHAR2(11),
CONSTRAINT CHAPTER_1_PK PRIMARY KEY(SABUN)
)
TABLESPACE SYSTEM
PCTFREE 10
PCTUSED 40
INITRANS 1
MAXTRANS 255
STORAGE (
    INITIAL 64 K
    NEXT 1024 K
    MINEXTENTS 1
    MAXEXTENTS UNLIMITED
    FREELISTS 1
    FREELIST GROUPS 1
)
```

테이블을 생성하게 되면 TABLESPACE SYSTEM을 확인 할 수 있는데 이것은 테이블 생성시 사용되는 Storage Parameter라고 한다. 각각의 의미에 대해서 알아보자.

- **INITIAL**

초기 테이블이 생성될 때 차지하는 크기를 의미한다. INITIAL은 미리 데이터가 저장될 사이즈만큼의 값을 계산하여 사용하는 게 좋다. INITIAL은 테이블이나 인덱스마다 값이 다르다.

- **NEXT**

INITIAL에서 정한 만큼의 공간이 다 사용되었을 때 다음 번으로 추가되는 공간의 크기를 의미한다. 즉 두 번째 EXTENT의 크기를 말한다. 테이블이 달라도 가능한 동일한 값을 통일하여 사용하면 테이블이 삭제되고 다시 생성하는 과정에서 발생하는 공간의 활용도를 최대한 높일 수 있다.

- **MINEXTENTS 1**

세그먼트가 생성될 때 최소한 할당되는 EXTENT의 크기

- **MAXEXTENTS 121**

세그먼트가 가질 수 있는 EXTENT의 최대수

- **PCTINCREASE = 0**

EXTENT의 증가율을 의미한다. 최솟값이 0, 기본값은 50, 계산된 값은 5*DB_BLOCK_SIZE NEXT값이 사용될 때 증분되는 비율값을 설정한다. DEFAULT값은 50으로 설정되어 있으나 0으로 세팅하여 사용하기를 권한다.

- **FREELIST**

INSERT 작업 시 미리 사용 가능한 블록을 리스트하고 있다가 할당하는 곳이다. INSERT 작업이 많이 발생하는 테이블이나 인덱스에서는 이 값을 증가시켜 빈 블록을 할당 받기 위해 대기하는 일이 없도록 한다.

- **PCTFREE**

블록에 데이터들이 증가함에 따라서 블록 헤더 등을 제외하고 데이터가 들어가는 공간에 일정량이 채워지면 더 이상 채우지 말아야 하는 공간을 의미한다. PCTFREE를 주는 이유는 VARCHAR2로 생성되는 컬럼들이 UPDATE를 할 때 데이터값이 늘어날 경우를 대비하여 여분의 공간을 두는 것이다. 만약에 CHAR로만 구성된 테이블이 있다면 PCTFREE에 영향을 받지 않을 것이다.

- **PCTUSED**

재사용되기 위해 필요한 블록의 충진도 값을 설정한다. 디폴트는 60이지만 입력, 삭제가 자주 발생하지 않는 경우는 90 정도로 큰 값을 설정하고 수정 작업이 자주 발생하면서 로우 사이즈가 증가할 때에는 40 정도로 낮은 값을 설정한다.

PCTFREE와 PCTUSED는 이력 관리 장에서 상세하게 설명을 해 줄 것이다.

테이블 생성 DDL문을 통해 알 수 있듯이 컬럼에는 컬럼의 DATATYPE을 명시해 줘야 하고 DATATYPE 중 VARCHAR2는 컬럼에 대한 크기를 지정해줘야 한다. 하지만 NUMBER와 CHAR같은 경우는 Default값을 쓸 수도 있다.

> **Tip_ DDL문 & DML문**
>
> DDL문(Data Definition Language) : 데이터베이스 객체를 생성 및 변경, 삭제하기 위한 명령어
> (CREATE, ALTER, DROP, RENAME 등)
> DML문(Data Manipulation Language) : 작업 실행을 제어하기 위한 명령어(INSERT, SELECT, UPDATE, DELETE )
> DCL문(Data Control Language) : 데이터베이스 객체에 대한 권한 부여 및 삭제를 위한 명령어
> (Grant - 권한 부여 / Revoke - 권한 삭제)

그리고 TABLE명과 COLUMN명을 생성할 때 지켜야 할 다음과 같은 규칙이 있다.

- 첫 글자는 반드시 영문 알파벳으로 시작해야 하고, A~Z, a~z 외에 0~9, _, $, #의 숫자 및 정해진 특수 문자를 사용할 수 있다.
- 테이블명이 중복되지 말아야 하고 한 테이블 내에서 같은 컬럼명은 존재할 수 없다.
- 문자의 길이는 30문자 이하여야 한다.

## 1.1.1. COLUMN명 변경 및 삭제

테이블 생성 이후에 컬럼명 추가 또는 변경이나 삭제를 해야 할 경우 다음과 같이 DML 문장을 이용해서 수정 및 삭제를 할 수 있다.

[컬럼명 변경 및 삭제 기본 형식]

```
ALTER TABLE TABLE명 ADD(COLUMN명 DATATYPE)
ALTER TABLE TABLE명 RENAME 변경전 COLUMN명 TO 변경후 COLUMN명
ALTER TABLE TABLE명 MODIFY(COLUMN명 변경후 DATATYPE)
ALTER TABLE TABLE명 DROP COLUMN COLUMN명
```

CHAPTER_1 TABLE을 예로 들어보면 다음과 같다.

[컬럼 상태 변경 SQL]

```
ALTER TABLE CHAPTER_1 ADD(JOIN_DAY VARCHAR2(8))      -- 컬럼 추가
ALTER TABLE CHAPTER_1 COLUMN RENAME PHONE TO HP      -- 컬럼명 수정
ALTER TABLE CHAPTER_1 MODIFY(AGE NUMBER(3))          -- 컬럼 DATATYPE 변경
```

[출력 결과]

| COLUMN | NULL? | WIDTH |
|---|---|---|
| 1 SABUN | NOT NULL | VARCHAR2(10) |
| 2 NAME | | VARCHAR2(50) |
| 3 AGE | | VARCHAR2(3) |
| 4 PHONE | | VARCHAR2(11) |

| COLUMN | NULL? | WIDTH |
|---|---|---|
| 1 SABUN | NOT NULL | VARCHAR2(10) |
| 2 NAME | | VARCHAR2(50) |
| 3 AGE | | NUMBER(3) |
| 4 HP | | VARCHAR2(11) |
| 5 JOIN_DAY | | VARCHAR2(8) |

DML문을 통해 처음 CHAPTER_1 TABLE 생성 후 변경된 컬럼의 상태를 확인할 수 있다.

### 1.1.2. TABLE명 변경

[테이블명 변경 기본 형식]

```
RENAME 변경 전 TABLE명 TO 변경 후 TABLE명
```

흔하지 않지만 간혹 TABLE명의 변경 요청을 받을 때가 있다. ORACLE 8 이상의 버전이라면 RENAME을 이용해 TABLE 이름을 변경하면 된다.

## 1.2. 테이블 제약 조건

제약 조건 없이도 테이블은 생성되고 사용할 수 있다. 하지만 데이터 양이 많아지면 DML에 의한 데이터 조작으로 원하는 결과값을 기대하기는 어렵다. 테이블의 제약 조건이란 테이블에 부적절한 자료가 입력되어 잘못된 데이터가 추출되는 것을 방지하기 위해서 사용자가 테이블의 컬럼에 지정할 수 있다. 예를 들어 컬럼 데이터에 NULL값이 입력되지 말아야 한다거나 테이블을 대표하는 PK 컬럼을 지정하는 등 테이블 생성 시 또는 생성 후에도 제약 조건을 지정할 수 있다.

다음은 테이블 제약 조건의 종류 그리고 각 컬럼에 제약 조건을 거는 방법을 알아 보도록 하겠다.

### 1.2.1. PRIMARY KEY 지정

[PRIMARY KEY 제약 조건 지정]

```
CREATE TABLE CHAPTER_1(
    SABUN  VARCHAR2(10) CONSTRAINT CHAPTER_1_PK_SABUN PRIMARY KEY
    )
```

이렇게 CHAPTER_1 테이블에 SABUN을 PK로 지정하면 SABUN은 다른 테이블에서 외래 키들이 참조할 수 있는 키가 된다. PK값은 UNIQUE 해야 하고 NULL값이 들어오지 못한다. PK로 지정하면 자동으로 인덱스를 생성한다.

### 1.2.2. NOT NULL 지정

[NOT NULL 제약 조건 지정]

```
CREATE TABLE CHAPTER_1(
    SABUN  VARCHAR2(10) CONSTRAINT CHAPTER_1_PK_SABUN PRIMARY KEY
    NAME   VARCHAR2(20) CONSTRAINT CHAPTER_1_nn_NAME NOT NULL
    )
```

NAME의 제약 조건 중 NOT NULL을 지정하면 NAME에는 NULL값이 아닌 데이터를 입력 받아야 한다.

## 1.2.3. FOREIGN KEY 지정

[FOREIGN KEY 제약 조건 지정]

```
CREATE TABLE CHAPTER_1(
        SABUN   VARCHAR2(10) CONSTRAINT CHAPTER_1_PK_SABUN PRIMARY KEY
        NAME    VARCHAR2(20) CONSTRAINT CHAPTER_1_nn_NAME NOT NULL
        PHONE   VARCHAR2(11) CONSTRAINT CHAPTER_1_FK_PHONE
                FOREIGN KEY (PHONE) REFERENCES CHAPTER_2(PHONE)
        )
```

FOREIGN KEY는 PK를 참조하는 컬럼이다. PK와 마찬가지로 외래키가 참조할 수 있는 키로서 외래키는 참조하는 기본키의 컬럼과 DATATYPE이 같아야 한다. 외래키와 조인되어 있을 때 삭제할 수 없지만 ON DELETE CASCADE 연산자와 함께 정의된 외래키의 데이터는 FK가 삭제될 때 같이 삭제된다. 앞 장의 릴레이션을 참조하기 바란다.

## 1.2.4. DEFAULT 지정

[DEFAULT 제약 조건 지정]

```
CREATE TABLE CHAPTER_1(
        SABUN   VARCHAR2(10) CONSTRAINT CHAPTER_1_PK_SABUN PRIMARY KEY
        NAME    VARCHAR2(20) CONSTRAINT CHAPTER_1_nn_NAME NOT NULL
        PHONE   VARCHAR2(11) CONSTRAINT CHAPTER_1_FK_PHONE
                FOREIGN KEY (PHONE) REFERENCES CHAPTER_2(PHONE)
        PUT_START_DAY DATE DEFAULT SYSDATE
        )
```

INSERT 또는 UPDATE 구문의 SQL이 수행될 때 PUT_START_DAY 컬럼에 직접 데이터를 입력하지 않아도 SYSDATE를 DEFAULT로 지정하면 현재 시간이 기본으로 입력된다.

## 1.2.5. 테이블 제약 조건 확인

테이블 생성 시 필요한 제약 조건을 적용시켜 사용하지만 기존 테이블의 제약 조건을 확인하지 못하고 SQL문을 작성한다면 DB 에러가 발생될 가능성이 크다. 그렇기 때문에 INSERT, SELECT, UPDATE, DELETE의 SQL문을 작성할 때 제약 조건을 알지 못한다면 다음과 같이 확인 후에 SQL문을 작성해야 한다.

[테이블 제약 조건 확인]

```
SELECT A.TABLE_NAME, B.COLUMN_NAME, A.CONSTRAINT_NAME, A.CONSTRAINT_TYPE,
       A.SEARCH_CONDITION
   FROM USER_CONSTRAINTS A, USER_CONS_COLUMNS B
  WHERE A.CONSTRAINT_NAME = B.CONSTRAINT_NAME
    AND A.TABLE_NAME = 'INSA'
    AND A.CONSTRAINT_TYPE = 'P'
```

〈USER_CONSTRAINTS : USER 소유 테이블에 대한 제약 조건 정보〉
- DBA_CONSTRAINT : 모든 테이블에 대한 제약 조건 정보
- ALL_CONSTRAINT : 접근 가능한 모든 테이블에 대한 제약 조건 정보

〈USER_CONS_COLUMNS : USER 소유 테이블 컬럼에 대한 제약 조건 정보〉
- DBA_CONS_COLUMNS : 모든 테이블 컬럼에 대한 제약 조건 정보
- ALL_CONS_COLUMNS : 접근 가능한 모든 테이블 컬럼에 대한 제약 조건 정보

〈CONSTRAINT_TYPE : 무결성 제약 조건 표시〉
- P - PRIMARY KEY , U - UNIQUE KEY , F - FOREIGN KEY ,
  C - CHECK 또는 NOT NULL , V - 뷰의 무결성 제약 조건을 명시

CONSTRAINT_TYPE에 확인하려는 제약 조건의 이니셜을 입력하고 확인하려는 테이블명을 A.TABLE_NAME에 입력해서 조회하면 테이블 제약 조건을 확인할 수 있다.
위 SQL문은 INSA 테이블에서 PK로 지정된 컬럼과 제약 조건명을 확인하기 위한 SELECT문이다.

[출력 결과]

| | TABLE_NAME | COLUMN_NAME | CONSTRAINT_NAME | CONSTRAINT_TYPE | SEARCH_CONDITION |
|---|---|---|---|---|---|
| 1 | INSA | SABUN | INSA_PK | P | |

결과 데이터를 보면 INSA 테이블에 INSA_PK의 이름으로 컬럼 SABUN에 PK가 적용되어있다.

### 1.2.6. 테이블 제약 조건 추가

[제약 조건 추가]

```
ALTER TABLE INSA
ADD CONSTRAINT INSA_MOBILE_UK UNIQUE(MOBILE)
```

테이블 생성 시 제약 조건을 고려하지 못했을 때 테이블 제약 조건을 추가할 수 있다.

[출력 결과]

| TABLE_NAME | COLUMN_NAME | CONSTRAINT_NAME | CONSTRAINT_TYPE | SEARCH_CONDITION |
|---|---|---|---|---|
| 1 INSA | MOBILE | INSA_MOBILE_UK | U | |

SQL문은 INSA 테이블 MOBILE 컬럼에 UNIQUE 제약 조건을 적용시키기 위한 예로 사용중인 테이블에 제약 조건 추가 시 MOBILE 컬럼에 중복되는 값이 들어 있지 않아야 한다.

### 1.2.7. 테이블 제약 조건 삭제

[제약 조건 삭제]

```
ALTER TABLE INSA
DROP CONSTRAINT INSA_MOBILE_UK
```

SQL은 ALTER DROP을 이용해 테이블에 적용된 제약 조건을 삭제한다. 제약 조건이 삭제되는 컬럼을 참조하는 참조 무결성 제약 조건 삭제를 위해서 CASCADE을 사용한다.

## 1.3. 실제 테이블 생성

지금까지 테이블 생성과 테이블 제약 조건을 예제를 통해 알아 보았는데 이번에는 사용할 테이블을 직접 만들어 보도록 하겠다.

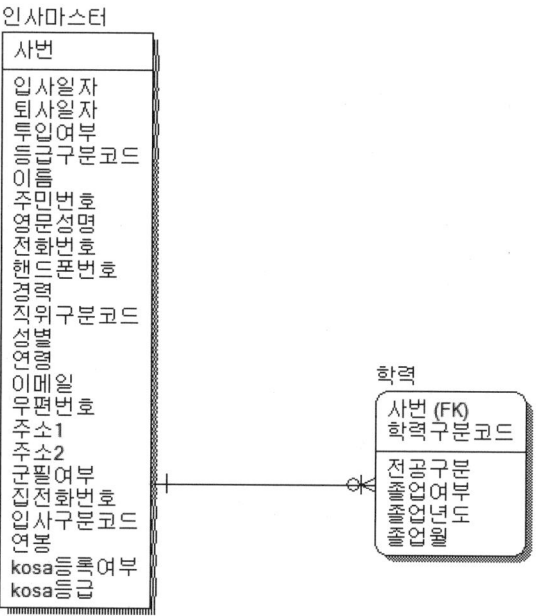

**그림 5-1** 인사 마스터와 학력 테이블

업무 분석을 통해 모델링된 인사 마스터는 단 건의 데이터가 저장되는 사원의 기본 정보를 담고 있다. 학력 테이블은 한 사원마다 여러 건이 발생될 수 있기 때문에 1:M의 관계로 풀려있다. 그림 5-1의 ERD를 기본으로 테이블을 생성해 보자.

**[INSA TABLE 생성 예]**

```
CREATE TABLE INSA (
        SABUN           VARCHAR2(10),
        JOIN_DAY        VARCHAR2(8),
        RETIRE_DAY      VARCHAR2(8),
        PUT_YN          VARCHAR2(1),
        CLASS_GBN_CODE  VARCHAR2(3),
        NAME            VARCHAR2(100),
        REG_NO          VARCHAR2(13),
        ENG_NAME        VARCHAR2(100),
        PHONE           VARCHAR2(25),
        HP              VARCHAR2(25),
        CARRIER         VARCHAR2(500),
        POS_GBN_CODE    VARCHAR2(5),
```

```
            CMP_REG_NO      VARCHAR2(10),
            SEX             VARCHAR2(10),
            YEARS           NUMBER,
            EMAIL           VARCHAR2(100),
            ZIP             VARCHAR2(6),
            ADDR1           VARCHAR2(250),
            ADDR2           VARCHAR2(250),
            MIL_YN          VARCHAR2(10),
            HOME_PHONE      VARCHAR2(25),
            JOIN_GBN_CODE   VARCHAR2(3),
SALARY          NUMBER      DEFAULT 0,
KOSA_REG_YN     VARCHAR2(1),
KOSA_CLASS      VARCHAR2(3),
PW      VARCHAR2(15),
CONSTRAINT "INSA_PK_SABUN" PRIMARY KEY(SABUN)
)
TABLESPACE USERS
PCTFREE 10
PCTUSED 0
INITRANS 1
MAXTRANS 255
STORAGE (
    INITIAL 64 K
    NEXT 1024 K
    MINEXTENTS 1
    MAXEXTENTS UNLIMITED)
LOGGING
NOCACHE
MONITORING
NOPARALLEL;
```

CREATE 문장을 이용해 인사 마스터에 속해 있는 엔티티를 인사 테이블의 컬럼으로 정의하고 데이터 타입과 사이즈를 지정하는데 사이즈를 지정할 때 필요한 크기를 먼저 알아야 한다. 컬럼 항목 중 사번이나 입사 날짜 등 정적인 데이터를 가지고 있는 컬럼들의 사이즈는 정확한 지정이 가능하지만 전화번호 또는 이름 주소와 같은 항목들은 고정된 사이즈를 지정할 수 없기에 여유있는 사이즈로 설정해야 한다.

TABLESPACE 이하 부분은 테이블이 어떤 TABLESPACE에 저장되는지 등 물리적인 지속성을 설정하는 부분이다. 별도로 값들을 지정하지 않으면 DEFUALT로 테이블이 생성되기 때문에 필요한 경우 직접 관리를 해줘야 한다. INSA_PK_SABUN 이름을 직접 명시하면서 인사 테이블의 PK 컬럼을 아웃라인 방식으로 지정하였는데 CONSTRAINT를 통해 직접 지정하지 않고 인라인 방식을 사용하더라도 오라클에서 PK 컬럼 이름은 자동 생성이 가능하다.

[제약 조건 지정 방식]

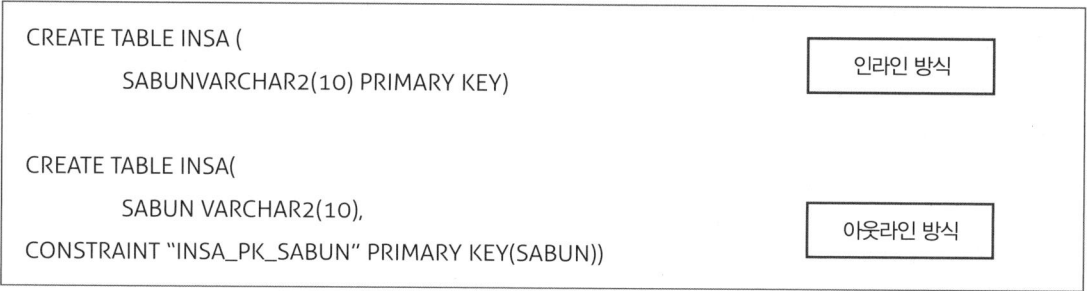

ERD에서 등급 구분 코드, 입사 구분 코드, 직위 구분 코드, 코사 등급 구분 코드는 한정된 범위의 데이터를 코드로 관리하기 위한 구분 코드로 이후에 자세히 다룰 내용이니 지금은 코드로 관리하면 수월한 내용들을 공통 코드로 만들어 사용한다는 정도의 의미로 이해하고 지나가자.

[출력결과]

| | CLASS_CODE | CODE_NO | CODE_NAME |
|---|---|---|---|
| 1 | A01 | RGL | 정규직 |
| 2 | A01 | FRE | 프리랜서 |
| 3 | A01 | CNT | 계약직 |
| 4 | A01 | CMP | 업체인력 |

위 코드에서 보듯이 입사 구분 코드를 CODE_NO로 분리하여 사용자의 입력이 한정되는 유사한 사항들을 코드로 관리하면 의사소통이 원활해지고 통계 활용에도 큰 도움이 된다. 자세한 공통 코드의 관리는 10장에서 다시 언급하도록 하겠다.

이번에는 인사 테이블 생성 후 ERD에 설계된 학력 테이블을 만들어 보자.

**[학력 테이블 생성]**

```
CREATE TABLE INSA_ACAD_ABILITY_1 (
SABUN           VARCHAR2(10)    NOT NULL,
 SEQ            NUMBER          NOT NULL,
MAJOR_STUDY_GBN VARCHAR2(100),
    GRAT_YN             VARCHAR2(1),
    GRAT_YEAR           VARCHAR2(4),
    GRAT_MONTH          VARCHAR2(2),
    SCHOOL_NAME         VARCHAR2(50),
CONSTRAINT "INSA_ACAD_ABILITY _PK_SEQ" PRIMARY KEY(SEQ)
)
TABLESPACE USERS
PCTFREE 10
PCTUSED 0
INITRANS 1
MAXTRANS 255
STORAGE (
    INITIAL 64 K
    NEXT 1024 K
    MINEXTENTS 1
    MAXEXTENTS UNLIMITED)
LOGGING
NOCACHE
MONITORING
NOPARALLEL;
```

학력 테이블의 제약 조건은 SEQ를 PK 컬럼으로 지정하고 SABUN과 함께 NOT NULL과 UNIQUE한 조건을 갖는다.

앞에서 INSA 테이블과 학력 정보를 저장하는 INSA_ACAD_ABILITY 테이블을 생성하면서 제약 조건을 걸었었는데 두 개 테이블의 제약 조건을 확인해 보면 다음과 같다.

**[테이블에 지정된 제약 조건 확인]**

```
SELECT COLUMN_NAME, DECODE(B.CONSTRAINT_TYPE, 'P','PRIMARY KEY'
                        , 'U','UNIQUE KEY'
```

```
                        , 'C','CHECK OR NOT NULL'
                        , 'R','FOREIGN KEY')
AS CONSTRAINT_TYPE, A.CONSTRAINT_NAME, B.CONSTRAINT_NAME
FROM USER_CONS_COLUMNS A, USER_CONSTRAINTS B
WHERE A.TABLE_NAME = UPPER(:NAME)
AND A.TABLE_NAME = B.TABLE_NAME
AND A.CONSTRAINT_NAME = B.CONSTRAINT_NAME
```

[출력 결과]

| COLUMN_NAME | CONSTRAINT_TYPE | CONSTRAINT_NAME | CONSTRAINT_NAME_1 | |
|---|---|---|---|---|
| 1 SABUN | CHECK OR NOT NULL | SYS_C0011100 | SYS_C0011100 | INSA 테이블 |
| 2 SABUN | PRIMARY KEY | INSA_PK | INSA_PK | |

| COLUMN_NAME | CONSTRAINT_TYPE | CONSTRAINT_NAME | CONSTRAINT_NAME_1 | |
|---|---|---|---|---|
| 1 SABUN | CHECK OR NOT NULL | SYS_C0011102 | SYS_C0011102 | 학력 테이블 |
| 2 SEQ | CHECK OR NOT NULL | SYS_C0011103 | SYS_C0011103 | |
| 3 SABUN | PRIMARY KEY | PK_INSA_ACAD_ABILITY | PK_INSA_ACAD_ABILITY | |
| 4 SEQ | PRIMARY KEY | PK_INSA_ACAD_ABILITY | PK_INSA_ACAD_ABILITY | |

인사 테이블에는 SABUN 컬럼이 PRIMARY KEY로 NOT NULL 조건이 걸려 있고 학력 테이블에서는 SABUN 컬럼과 SEQ 컬럼이 PRIMARY KEY로 제약 조건이 걸려있는 내용을 확인할 수 있다. 두 개 테이블에 데이터가 입력되면 중복되는 값이 없고 NULL값이 존재하지 않아야 하기 때문에 각 행에 대한 데이터를 조회할 수 있는 식별 컬럼이 된다.

학력 테이블은 개인 한명이 수료하는 학력이 고등학교, 대학교, 대학원 또는 전학, 휴학, 자퇴 등의 여러 가지 데이터가 입력될 수 있다. 구분 코드 SEQ(SEQUENCE)는 이러한 여러 데이터를 구분하기 위한 KEY값으로써 여러 건이 입력되더라도 SEQ 컬럼의 NOT NULL 조건과 UNIQUE한 속성을 통해 전체 데이터를 LIST로 조회하거나 하나의 행에 대한 데이터를 추출할 수 있게 된다.

지금까지 인사 테이블과 학력 테이블을 생성하였고 앞으로 이번 장에서 두 테이블을 예제 테이블로 활용하면서 사용될 것이다.

## 2. VO 작성

데이터베이스를 구성하는 테이블의 필드를 변수로 정의하여 접근할 수 있는 형태의 객체들 중에는 VO와 DTO 그리고 Beans가 있다. 이러한 객체들 중 전자 정부 프레임워크를 사용해 VO 객체를 이용하여 테이블이 만들어지고 구성된 엔티티들이 객체를 통하여 사용되는 방법을 기술해 보고자 한다.

VO(Value Object)는 화면의 입력값을 보관하고 있는 클래스로써 DB 레코드를 구성하는 컬럼들의 값을 VO 클래스 변수에 데이터를 담아두고 전달하게 되는데 해당 변수에 접근하기 위해 Getter, Setter 메소드 조합으로 구성된 클래스이다.

VO는 String이나 int 타입 이외에도 다른 타입들도 사용이 가능하다. VO의 사용은 메소드를 호출할 때 전달되는 파라미터값으로 String이나 int 타입 등의 파라미터 변수값이 하나이면 VO 객체를 만들어 사용할 필요가 없지만 파라미터 변수값이 많아지면 VO 객체를 만들어 변수값을 VO에 담아 전달하는 게(사용하는 게) 효율적이다.

DB의 DATA를 사용하기 위해 모든 테이블의 컬럼들을 하나의 VO에 담을 수도 있겠지만 이런 경우 거대한 VO 객체가 만들어 지는데 결과적으로 데이터 조회 속도와 효율성이 떨어지게 된다. 그렇기 때문에 업무 중심의 관점에서 VO 객체를 생성해서 사용하는 게 좋은 방법이다.

이처럼 테이블 단위의 엔티티들을 VO에 담아 사용하고 추가적으로 VO에는 여러 가지 검색 조건 변수명들도 포함된다. 예를 들어 날짜로 검색하기 위해서는 시작 날짜와 종료 날짜를 VO에 포함시키거나 별도의 VO 클래스를 만들어 사용할 수 있는데 잠시 후 내용을 확인해 보도록 하겠다.

사용자 화면에서 데이터를 입력하거나 조회 요청 등의 이벤트를 발생시켰을 때 조건값들이 VO 객체에 담겨 SQL 문장의 외부 입력값으로 전달되면 이벤트 요청에 따라 SQL 문장 실행 후 리턴 되는 결과값을 VO 객체에 담아 데이터를 화면에 출력하게 된다.

## 2.1. VO 생성 예

다음에 나오는 예는 사용할 변수명들을 PersonVo에 속성으로 추가했다. 모든 인스턴스 변수를 public으로 사용하게 되면 외부에서 변수값이 달라질 수도 있다. 그렇기 때문에 VO에 담기 위해서는 외부 접근을 차단하기 위해서 private로 접근 제한을 둔다. 그리고 테이블 생성시 컬럼의 데이터 타입을 정의한 것 같이 사용될 변수들의 변수 타입을 매칭시켜줘야 한다. 다음의 예를 통해 설계된 인사마스터 ERD를 통해 테이블을 생성하고 테이블 단위의 VO를 만들고 ERD를 기초로 화면구성까지 확인해 보자.

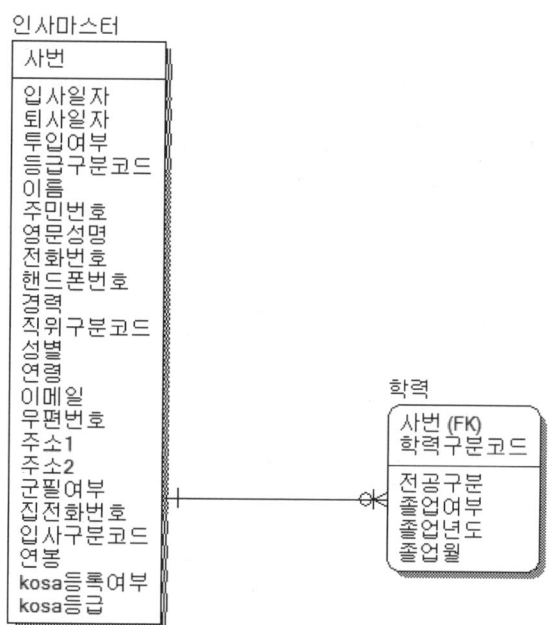

그림 5-2 인사 마스터와 학력 ERD

위 설계를 기본으로 다음의 인사관리 상세정보 화면을 그릴 수 있는데 모델링된 ERD를 보고 인사 마스터와 릴레이션 관계를 맺고 있는 학력 엔티티는 여러 건의 데이터가 있을 수 있기 때문에 그리드 화면에 여러 건을 저장하고 조회 가능한 사실을 알 수 있다.

## 2.2. 화면 구성

모델링된 ERD를 바탕으로 사용자 화면 구성이 다음과 같이 디자인되었다.

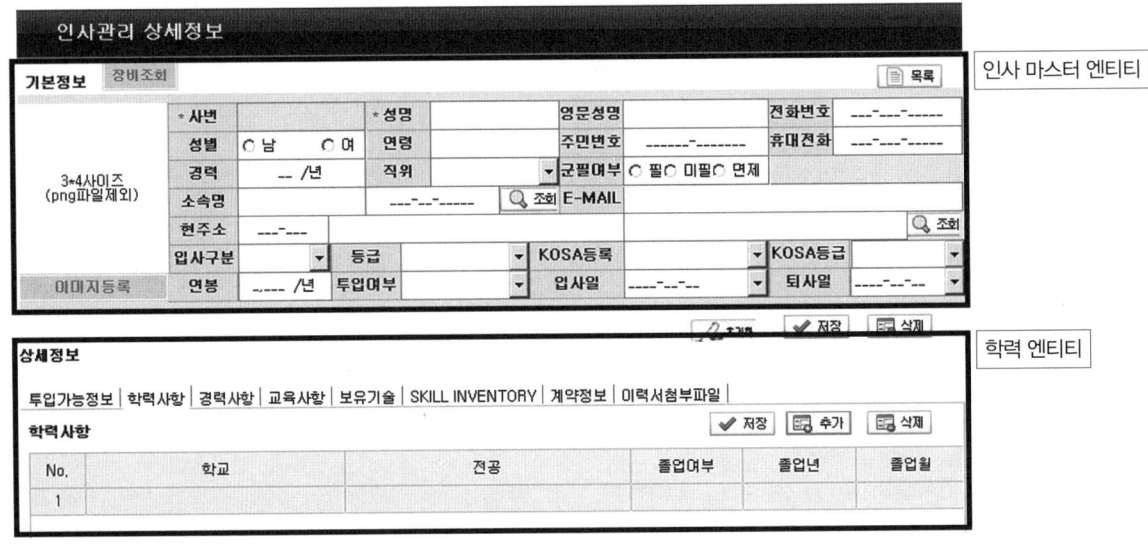

그림 5-3 인사관리 상세정보

## 2.3. 테이블 설계

역시 ERD를 통해 테이블을 생성하면 다음과 같이 인사 마스터와 학력 테이블이 만들어진다.

[출력결과]

인사 마스터 테이블

|  | PK | 열 | 데이터 유형 | 기본값 | NULL? | 주석 |
|---|---|---|---|---|---|---|
| 1 | PK1 | SABUN | VARCHAR2(10) |  | N | 사번 |
| 2 |  | JOIN_DAY | VARCHAR2(8) |  |  | 입사일자 |
| 3 |  | RETIRE_DAY | VARCHAR2(8) |  |  | 퇴사일자 |
| 4 |  | PUT_YN | VARCHAR2(1) |  |  | 투입여부 |
| 5 |  | CLASS_GBN_CODE | VARCHAR2(3) |  |  | 등급구분코드 |
| 6 |  | NAME | VARCHAR2(100) |  |  | 이름 |
| 7 |  | REG_NO | VARCHAR2(13) |  |  | 주민번호 |
| 8 |  | ENG_NAME | VARCHAR2(100) |  |  | 영문성명 |
| 9 |  | PHONE | VARCHAR2(25) |  |  | 전화번호 |
| 10 |  | HP | VARCHAR2(25) |  |  | 핸드폰번호 |
| 11 |  | CARRIER | VARCHAR2(500) |  |  | 경력 |
| 12 |  | POS_GBN_CODE | VARCHAR2(5) |  |  | 직위구분코드 |
| 13 |  | CMP_REG_NO | VARCHAR2(10) |  |  | 사업자등록번호 |
| 14 |  | SEX | VARCHAR2(1) |  |  | 성별 |
| 15 |  | YEARS | NUMBER |  |  | 연령 |
| 16 |  | EMAIL | VARCHAR2(50) |  |  | 이메일 |
| 17 |  | ZIP | VARCHAR2(6) |  |  | 우편번호 |
| 18 |  | ADDR1 | VARCHAR2(250) |  |  | 주소1 |
| 19 |  | ADDR2 | VARCHAR2(250) |  |  | 주소2 |
| 20 |  | MIL_YN | VARCHAR2(10) |  |  | 군필여부 |
| 21 |  | HOME_PHONE | VARCHAR2(25) |  |  | 집전화번호 |
| 22 |  | JOIN_GBN_CODE | VARCHAR2(3) |  |  | 입사구분코드 |
| 23 |  | SALARY | NUMBER | 0 |  | 연봉 |
| 24 |  | KOSA_REG_YN | VARCHAR2(1) |  |  | kosa등록여부 |
| 25 |  | KOSA_CLASS | VARCHAR2(3) |  |  | kosa등급 |
| 26 |  | PW | VARCHAR2(15) |  |  | 패스워드 |

[출력결과]

학력 테이블

| | PK | 열 | 데이터 유형 | 기본값 | NULL? | 주석 |
|---|---|---|---|---|---|---|
| 1 | PK1 | SABUN | VARCHAR2(10) | | N | 사번 |
| 2 | PK2 | SEQ | NUMBER | | N | 일련번호 |
| 3 | | MAJOR_STUDY_GBN | VARCHAR2(100) | | | 전공 |
| 4 | | GRAT_YN | VARCHAR2(1) | | | 졸업여부 |
| 5 | | GRAT_YEAR | VARCHAR2(4) | | | 졸업년도 |
| 6 | | GRAT_MONTH | VARCHAR2(2) | | | 졸업월 |
| 7 | | SCHOOL_NAME | VARCHAR2(50) | | | 학교명 |

PersonVo에 포함되는 변수명을 인사 마스터 테이블의 컬럼명과 일치시키는 것은 개발의 편의성을 위함이다. 컬럼과 다른 변수명을 사용하게 된다면 개발자도 혼란스럽고 프로젝트 이후 유지 보수에도 큰 어려움이 발생된다는 사실은 언급하지 않더라도 충분히 이해할 수 있을 것이다.

## 2.4. VO 생성

인사 테이블에 담긴 컬럼들의 데이터를 주고, 받기 위해 다음과 같이 데이터를 담을 그릇인 변수들을 선언한다.

[PersonVo 생성]

```
public class PersonVo extends PersonDefaultVo {

    private static final long serialVersionUID = 1L;

    private String sabun;          // 사번
    private String rectregno;      // 채용공고번호
    private String joinDay;        // 입사일자
    private String joinDay1;       // 입사일자(조회 시작일자)     데이터를 조회하기 위한 조건 변수
    private String joinDay2;       // 입사일자(조회 마감일자)
    private String retireDay;      // 퇴사일자
    private String putYn;          // 투입여부
    private String classGbnCode;   // 등급구분코드
    private String name;           // 이름
    private String regNo;          // 주민번호
```

```java
            private String engName;         // 영문성명
            private String phone;           // 전화번호
            private String hp;              // 핸드폰번호
            private String carrier;         // 경력
            private String posGbnCode;      // 직위구분코드
            private String cmpRegNo;        // 사업자등록번호
            private String sex;             // 성별
            private String years;           // 연령
            private String email;           // 이메일
            private String zip;             // 우편번호
            private String addr1;           // 주소1

            public void setSabun(String sabun) {
                    this.sabun = sabun;
            }
            public String getJoinDay() {
                    return joinDay;
            }
            public void setJoinDay(String joinDay) {
                    this.joinDay = joinDay;
            }
            public String getJoinDay1() {
                    return joinDay1;
            }
            public void setJoinDay1(String joinDay1) {
                    this.joinDay1 = joinDay1;
            }
            public String getJoinDay2() {
                    return joinDay2;
            }
            public void setJoinDay2(String joinDay2) {
                    this.joinDay2 = joinDay2;
            }
            public String getRetireDay() {
                    return retireDay;
            }
```

```
            public void setRetireDay(String retireDay) {
                    this.retireDay = retireDay;
            }
            public String getPutYn() {
                    return putYn;
            }
            public void setPutYn(String putYn) {
                    this.putYn = putYn;
            }
```

인사 테이블의 컬럼과 동일하게 Vo에 변수를 선언하였는데 PersonVo를 보면 변수명 joinDay1과 joinDay2는 테이블에 포함되어 있지 않다. joinDay1과 joinDay2는 날짜로 데이터를 조회하기 위한 조건 변수명으로 클라이언트와 DB사이에서 값을 담아 결과값을 추출하기 위해 사용된다.

아래 조회 화면을 통해 내용을 확인해 보자.

그림 5-4 조건 변수 사용

입사 일자에 데이터를 입력하고 검색 버튼을 누르면 데이터가 조회되는데 이때 VO에 담긴 데이터를 확인해 보겠다.

**[조건 변수에 담긴 데이터 확인]**

```
            System.out.println("JoinDay1 값 ::"+personVo.getJoinDay1());
            System.out.println("JoinDay2 값 ::"+personVo.getJoinDay2());
```

**[출력 결과]**

```
JoinDay1 값 ::20121217
JoinDay2 값 ::20130422
```

joinDay1과 joinDay2에 담긴 데이터가 입력된 내용과 동일함을 알 수 있다. 이처럼 ERD와 테이블의 컬럼 외에 필요한 변수를 만들어 사용할 수 있다.

사용할 객체들을 private으로 선언했으면 화면 단에서 보내는 데이터를 VO에 담아 전달하기 위해 getter, setter 메소드를 생성하여 데이터를 주고 받게 된다.

[PersonAcadAbilityVo 생성]

```java
public class PersonAcadAbilityVo extends PersonDefaultVo{        // 학력

        private String sabun;                   // 사번
        private String seq;                     // 일련번호
        private String majorStudyGbn;           // 전공구분
        private String gratYn;                  // 졸업여부
        private String gratYear;                // 졸업년도
        private String gratMonth;               // 졸업월
        private String schoolName;              // 학교명

        public String getSabun() {
                return sabun;
        }
        public void setSabun(String sabun) {
                this.sabun = sabun;
        }
        public String getSeq() {
                return seq;
        }
        public void setSeq(String seq) {
                this.seq = seq;
        }
        public String getMajorStudyGbn() {
                return majorStudyGbn;
        }
        public void setMajorStudyGbn(String majorStudyGbn) {
                this.majorStudyGbn = majorStudyGbn;
        }
        public String getGratYn() {
                return gratYn;
        }
        public void setGratYn(String gratYn) {
```

```
            this.gratYn = gratYn;
    }
```

위와 같이 DB 컬럼들의 데이터 타입과 VO에 선언된 변수의 데이터 타입을 일치시켜야 한다. 만약 개발 편의를 위해서 데이터 타입을 다르게 정의했다면 쿼리 실행 전에 형변환을 해줘야 에러가 발생하지 않는다.

DB의 VARCHAR 타입을 VO에서는 String으로 정의해서 사용하는데 입력 받은 데이터 타입이 int 형의 데이터가 들어오면 에러가 발생하기 때문에 필요하다면 형변환을 시켜 DB에 데이터를 전달하거나 반환 받아야 한다. 그렇지 않으면 예외 상황이 발생하여 프로그램이 정상적으로 동작하지 않게 된다.

예를 들어 DB 테이블에서 SALARY는 NUMBER 타입이지만 PersonVo에서는 String으로 등록되어 있기 때문에 데이터 타입이 다르다는 예외가 발생한다. AVG, MAX, MIN, SUM 등의 연산을 해야 할 경우엔 PersonVo의 salary 타입을 형변환 시켜서 DB로 전달하거나 SQL에서 TO_NUMBER()와 같은 함수를 사용하여 데이터 타입을 VO에 맞춰서 반환 받아야 한다.

자바에서 형변환을 하기 전에 아래와 같이 공통 함수에서 미리 체크하면 예외 발생을 막을 수 있다.

```
public boolean isNumber(String number) {

  if (number == "") {
     return false;
        }
        for (int i = 0 ; i < number.length() ; i++) {
        if (!Character.isDigit(number.charAt(i))) {
        return false;
           }
        }
        return true;
           }
```

위 코딩은 숫자인지 아닌지를 체크하기 위해 만들어진 java 코딩으로 입력된 number값의 길이를 for 문으로 도는 동안 숫자가 포함되어 있으면 false를 리턴하고 문자로 이루어진 데이터면 true를 리턴하는 표현식이다.

이처럼 유효성 체크는 필요하지만 우선 VO 객체를 생성할 때 가급적 DB 테이블의 데이터 타입과 일치시켜 생성하는 게 코딩 작업과 SQL문을 작성할 때 번거로움을 줄일 수 있다.

getter, setter 메소드에 담긴 인스턴스 변수들을 사용하기 위해서는 사용하려는 VO를 import 시켜 객체 생성이 필요한 시점에 새로운 인스턴스를 만들어 사용하면 된다.

[PersonVo의 사용 예]

```java
@RequestMapping(value = "/person/createPerson.do")
public ModelAndView createPerson(Object voObject, Model model,
                    HttpServletRequest request)
    throws Exception {
        ModelAndView mav = new ModelAndView("miplatformViewByMap");
        try
        {
                String pk = personViewService.createPerson(voObject);
                PersonVo personVo = new PersonVo();
                HashMap voMap = (HashMap<String, Object>) voObject;
                List insert = (List)voMap.get("insert");
                if(insert != null && insert.size() > 0 )
                {
                        personVo.setSabun(pk);
                        List personView = personViewService.getPerson(personVo);
                        mav.addObject("ds_output", personView);
                }
                mav.addObject("MiResultCode", "0");
                mav.addObject("MiResultMsg", "success");
        } catch ( Exception e )
        {
                e.printStackTrace();
                mav.addObject("MiResultCode", "-1");
                mav.addObject("MiResultMsg", e.toString());
```

```
        }
        return mav;
}
```

화면 입력 창에서 데이터를 입력하고 전자 정부 프레임워크에서 입력된 데이터를 사용하기 위해서 위 박스처럼 인스턴스 PersonVo 객체를 생성해서 데이터를 담거나 PersonVo로 전달 받아 입력 데이터와 결과 데이터를 모델, 컨트롤러 단과 비즈니스 단 사이에서 데이터를 주고 받게 된다.

이번에 만든 VO의 사용은 뒤에서 다시 다뤄 보도록 하겠다.

## 3. Dataset 작성

DATASET은 마이플랫폼에서 데이터 조작을 위해 그 데이터를 담고 있는 데이터 집합을 의미하는데 서버가 아닌 클라이언트에서 사용하는 VO라고 표현할 수 있다.
DATASET은 데이터를 테이블 형태로 저장하는 컴포넌트이고 Bind를 이용해 데이터의 변경 사항을 공유한다. 화면 단에서 사용되는 DATASET은 전자정부 프레임워크와 통신을 주고 받는 형태로 사용된다.

VO는 처음 클래스를 생성할 때 테이블 단위의 항목들을 변수명으로 담아 두기 때문에 추가되는 항목들이 발생하면 중간에 함수를 이용해 VO Class에 추가 시키지 못하지만 마이플랫폼의 DATASET은 필요할 때마다 변수명을 추가해 데이터 조작을 편리하게 다룰 수 있다는 장점이 있다.

실제로 DATASET을 생성하는 예를 통해 DATASET의 개념을 이해해 보도록 하자.

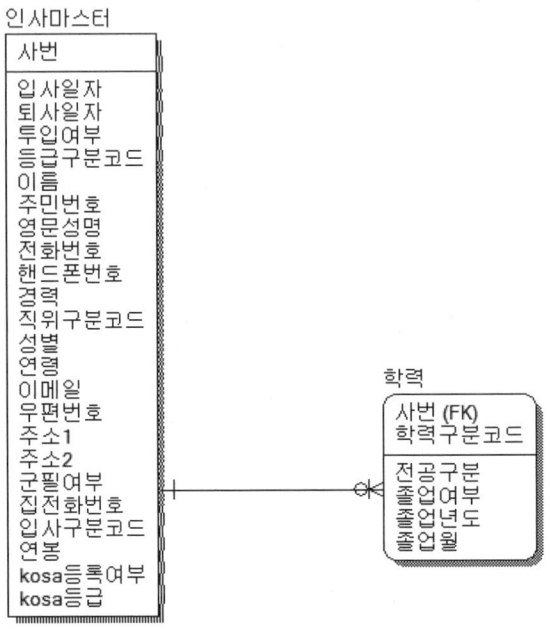

그림 5-5 인사 마스터와 학력 ERD

## 3.1. 구분 코드의 DATASET 사용

성별이나 군필 여부와 같이 변하지 않는 값들에 대해서는 DATASET에 값을 담아 사용할 수 있겠지만 직위나 입사구분 항목처럼 데이터의 변경이 일어 날 수 있는 항목들은 DB에서 컨트롤하는 것이 효율적이기 때문에 DATASET을 통해 화면에 보여준다.

그림 5-6은 직위 구분 코드를 DB에서 불러와 화면에 보여지는 예로 군필 여부, 입사 구분, 성별 등과 같이 텍스트로 직접 입력하지 않고 구분 코드에 포함된 값들을 선택해서 입력할 수 있다. 모든 데이터를 화면에 보여주기 위한 DATASET과 DB로부터 데이터를 가져와 부분적으로 화면에 보여주기 위해서도 DATASET을 활용한다.

다음의 과정들을 통해 부분처리를 위한 DATASET을 확인해 볼 수 있을 것이다.

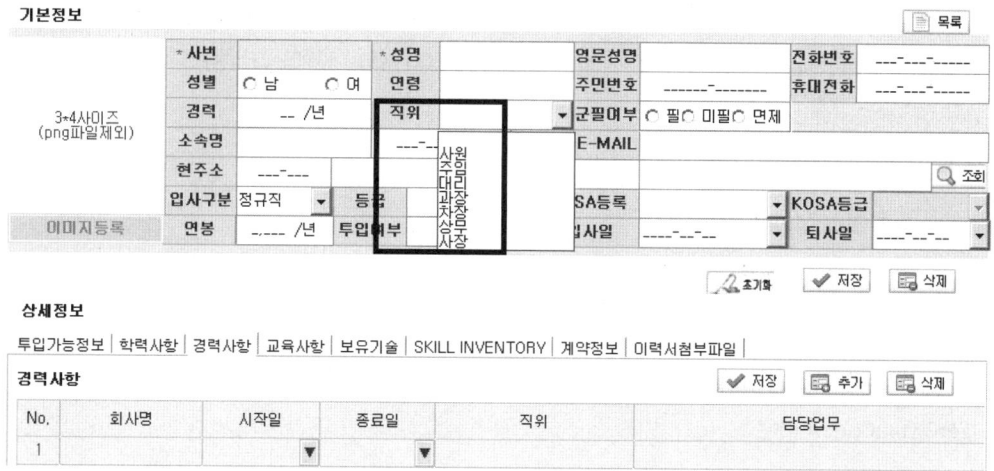

그림 5-6 DB로부터 데이터를 불러와 화면에 출력

화면과 같이 데이터가 보여지기 위해서 화면과 서비스 단 사이에서 데이터를 관리하기 위한 ds_posGbnCode DATASET을 만들어 보도록 하겠다.

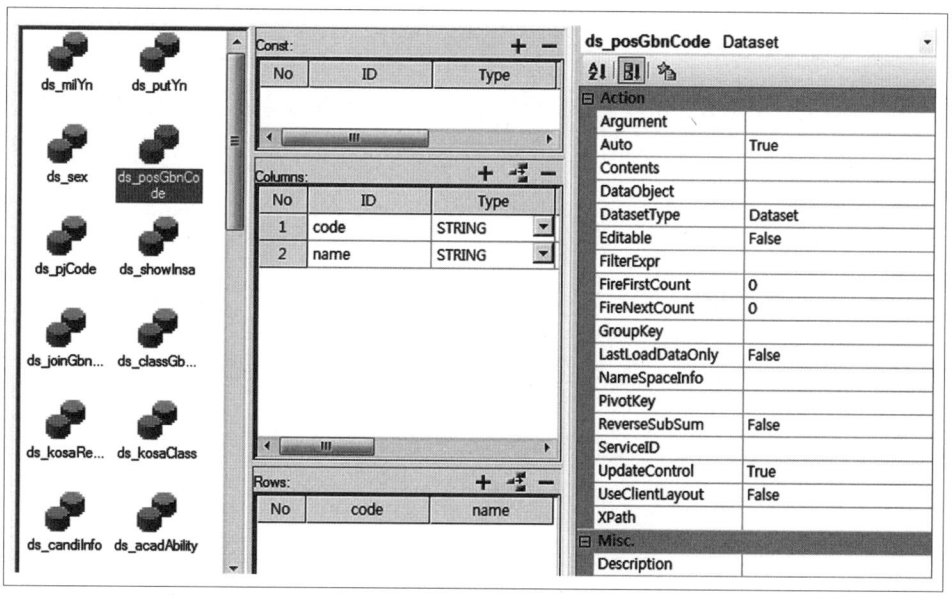

그림 5-7 ds_posGbnCode DATASET 생성

ds_posGbnCode DATASET에는 CODE와 NAME만 들어가 있고 직급을 나타내는 직급명은 포함되어 있지 않다. 각 구분 코드의 데이터는 DB에서 데이터를 받아오는데 화면이 로딩될 때 마스터

CHAPTER 05 Table & VO & Dataset **133**

코드를 받아서 해당 DATASET에 담아주어야 화면에 데이터를 보여줄 수 있다. 직위 구분 코드의 CLASS_CODE(MASTER)인 'C03'을 Key값으로 ds_posGbnCode DATASET에 세팅 시키고 DATASET에 담겨있는 데이터를 확인해 보도록 하겠다.

[화면이 로딩될 때 구분 코드 데이터 체크]

```
function frm_personDetail_OnLoadCompleted(obj)
{
        setCommonFormReset();
        getDetailCodeAll();

        setDs_Code(ds_posGbnCode, "C03");  // 직위 구분 코드_일반

    Trace(ds_posGbnCode.SaveXML());
}
```

getDetailCodeAll() 함수는 DB에 있는 모든 디테일 코드를 가져와 글로벌 DATASET에 담아두는 함수이고 setDs_Code() 함수는 상세 코드를 추출 생성하는 함수로써 마스터 코드를 Target DATASET에 DB로부터 받아온 KEY값과 value값을 담아 마이플랫폼에서 사용할 수 있게 해주는 함수이다.

[출력 결과]

```xml
<root>
    <dataset id="ds_posGbnCode">
        <colinfo id="code" size="256" summ="default" type="STRING"/>
        <colinfo id="name" size="256" summ="default" type="STRING"/>
        <record>
            <code>N01</code>
            <name>사원</name>
        </record>
        <record>
            <code>N02</code>
            <name>주임</name>
        </record>
        <record>
            <code>N03</code>
            <name>대리</name>
        </record>
        <record>
            <code>N04</code>
            <name>과장</name>
        </record>
        <record>
            <code>N05</code>
            <name>차장</name>
        </record>
        <record>
            <code>N06</code>
            <name>상무</name>
        </record>
        <record>
            <code>N07</code>
            <name>사장</name>
        </record>
    </dataset>
</root>
```

Trace 함수를 이용해 posGbnCode DATASET을 확인해 보면 코드로 구분된 각 직급들이 DATASET에 담겨 출력되는 결과를 확인할 수 있다.

이렇게 데이터를 담고 있는 DATASET은 그림 5-8처럼 화면의 컴포넌트에 NAME으로 바인딩 시키면 화면에서는 CODE가 아닌 CODE에 해당하는 NAME 값으로 출력된다.

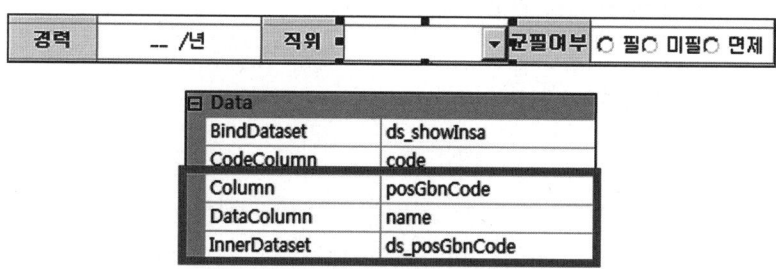

그림 5-8 ds_posGbnCode DATASET BINDING

지금까지의 예에서 보듯이 DB로부터 받아온 데이터를 DATASET에 담아 사용하는 게 일반적인 사용 방법이다. DATASET 자체에 데이터를 담아 화면에 보여주는 방법도 가능하지만 코드 관리 측면에서 권장하지 않는 방법이다.

## 3.2. 전체 범위 처리의 DATASET 사용

다음의 DATASET ds_showInsa는 ERD에서 정의한 인사 마스터의 항목들을 담고 있고 테이블과 VO와 같이 각 컬럼에 데이터를 담아 마이플랫폼 화면 단과 전자정부 프레임워크 사이에서 데이터를 전달하는 임무를 수행하게 된다.

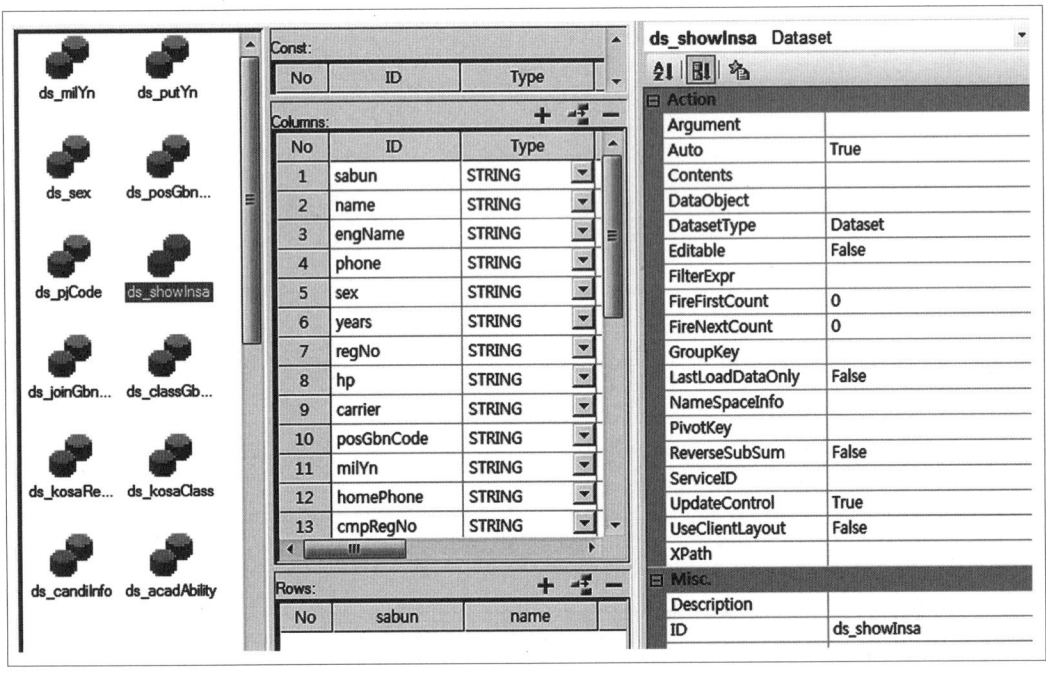

그림 5-9 〈DATASET 생성〉 ds_showInsa DATASET

ERD에서 사원의 기본 정보를 다루는 인사 마스터 항목들로 화면 구성이 되고 인사 마스터 엔티티의 항목들을 담고 있는 ds_showInsa DATASET과 통신을 하기 위해서는 앞에 언급했던 것과 같이 화면단에서 BindDATASET으로 ds_showInsa를 설정해야 입력값과 출력값을 DATASET이 주고 받을 수 있다.

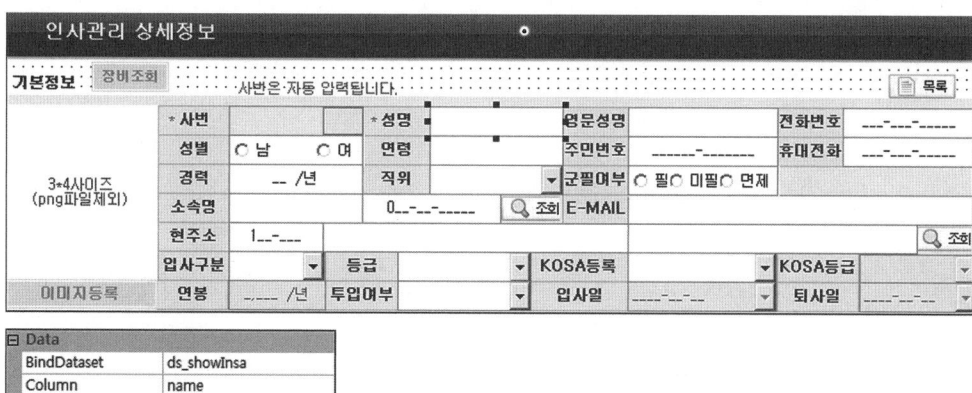

| Data | |
|---|---|
| BindDataset | ds_showInsa |
| Column | name |

그림 5-10 컴포넌트별 바인딩 예

예를 들어 화면에서 성명 컴포넌트에 ds_showInsa DATASET 항목 중 name 속성을 지정하면 화면에 입, 출력되는 데이터는 name 컬럼값으로 저장되어 화면과 DB사이에서 데이터를 담아 전달하게 된다. 이렇게 화면 단에서 각 컴포넌트별로 바인드되는 DATASET 컬럼명을 지정하면 클라이언트 화면과 전자 정부 프레임워크 사이에서 데이터를 주고 받을 수 있게 된다.

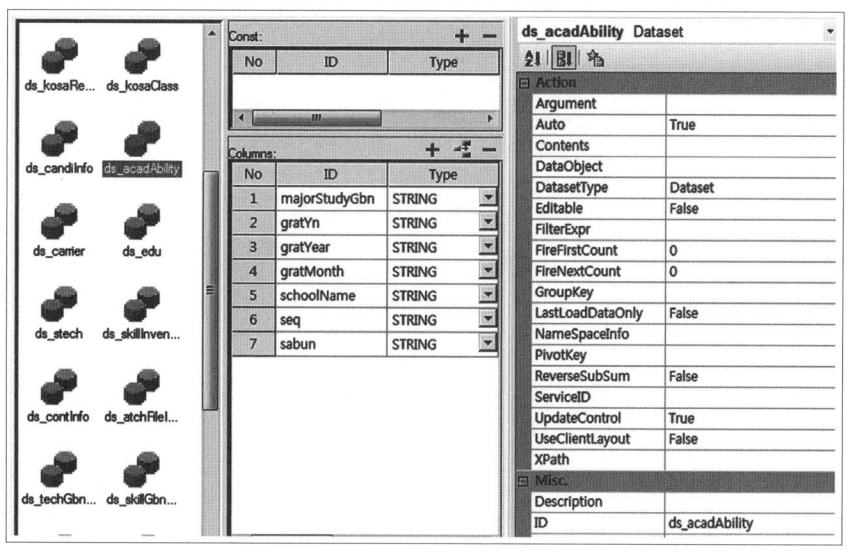

그림 5-11 〈DATASET 생성〉 ds_acadAbility

사원의 기본정보를 다루는 ds_showInsa DATASET이 생성되었고 여러 건의 데이터가 발생될 수 있는 학력 엔티티를 통해 DATASET을 만들어야 해당 사원의 학력 데이터를 관리할 수 있다. 인사 마스터 엔티티의 항목들로 구성된 ds_showInsa DATASET과 마찬가지로 학력 엔티티의 항목들로 ds_acadAbility DATASET을 생성시켰다.

학력 사항을 다루는 화면은 여러 건의 데이터가 화면에 나타나기 때문에 그리드를 통해 여러 건의 데이터를 입력 또는 조회 할 수 있다.

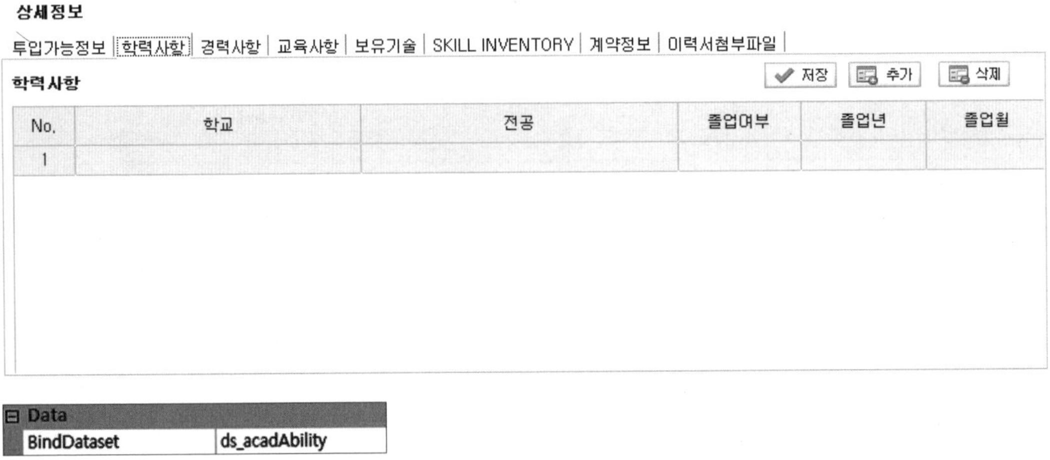

그림 5-12 학력 엔티티로 구성된 화면 구성

그리드 컴포넌트에 BindDATASET을 지정하고 그림 5-13과 같이 각 세부항목에 DATASET 컬럼 ID를 지정해 주면 ds_acadAbility DATASET을 이용해 데이터를 주고 받을 수 있다.

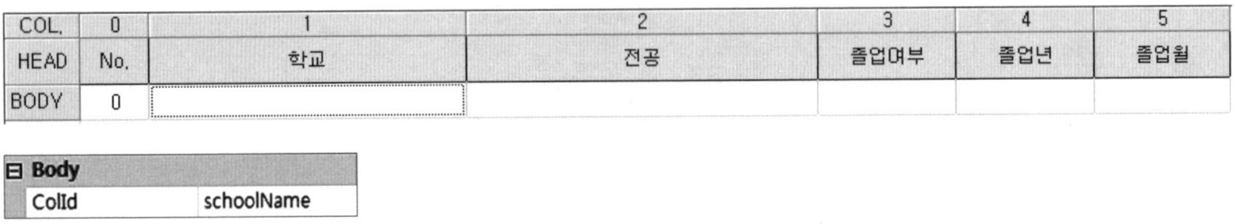

그림 5-13 Bind될 컬럼의 ID 지정

실제 화면에서 DATASET을 이용한 데이터 입력, 출력의 예는 다음 파트에서 다뤄 보기로 하겠다.

## 4. Table과 VO 및 Dataset의 관계

이전 파트에서 언급했던 내용들은 각 요소별로 본연의 역할에 대해 기술하였다. 화면 구성과 DATASET, VO 그리고 테이블의 모든 속성들은 모델링된 ERD를 근거로 구성되며 활동하는 위치에 따라 그림 5-14와 같이 분류되고 사용되는 관계를 이해할 수 있을 것이다.

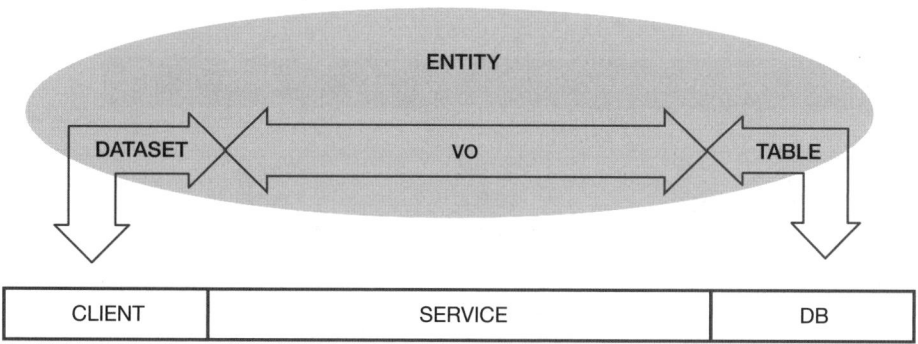

그림 5-14 DATASET, VO, TABLE의 관계

마이플랫폼을 이용한 클라이언트의 데이터를 DATASET으로 처리하고 SERVICE단에서 전달받은 데이터는 VO에 담아 DB와 주고 받는다. DB에서는 최초 클라이언트의 데이터가 테이블에 저장되기까지 모든 과정들은 모델링된 엔티티를 근간으로 이루어진다는 사실을 알 수 있다.
아래 학력 엔티티를 통해 단계별 속성들을 확인해 보자.

학력 엔티티

학력

| 사번 |
| 학력구분코드 |
| 전공구분 |
| 졸업여부 |
| 졸업년도 |
| 졸업월 |
| 학교명 |

학력 테이블

| = | PK | 열 | 데이터 유형 | 기본값 | NULL? | 주석 |
|---|-----|---|-----------|-------|-------|-----|
| 1 | PK1 | SABUN | VARCHAR2(10) | | N | 사번 |
| 2 | PK2 | SEQ | NUMBER | | N | 일련번호 |
| 3 | | MAJOR_STUDY_GBN | VARCHAR2(100) | | | 전공 |
| 4 | | GRAT_YN | VARCHAR2(1) | | | 졸업여부 |
| 5 | | GRAT_YEAR | VARCHAR2(4) | | | 졸업년도 |
| 6 | | GRAT_MONTH | VARCHAR2(2) | | | 졸업월 |
| 7 | | SCHOOL_NAME | VARCHAR2(50) | | | 학교명 |

ds_acadAbility DATASET

Columns:

| No | ID | Type |
|----|----|------|
| 1 | majorStudyGbn | STRING |
| 2 | gratYn | STRING |
| 3 | gratYear | STRING |
| 4 | gratMonth | STRING |
| 5 | schoolName | STRING |
| 6 | seq | STRING |
| 7 | sabun | STRING |

PersonAcadAbilityVO

```
private String sabun;              // 사번
private String seq;                // 일련번호
private String majorStudyGbn;      // 전공구분
private String gratYn;             // 졸업여부
private String gratYear;           // 졸업년도
private String gratMonth;          // 졸업월
private String schoolName;         // 학교명
```

그림 5-15 학력 엔티티를 기본으로 하는 구성

그림 5-15에서 보듯이 학력 엔티티의 항목들이 테이블, DATASET, VO 속성들로 구성되어 있는 모습을 확인 할 수 있는데 사용자 화면에서도 그대로 적용되는 결과를 아래 화면을 보고 알 수 있다.

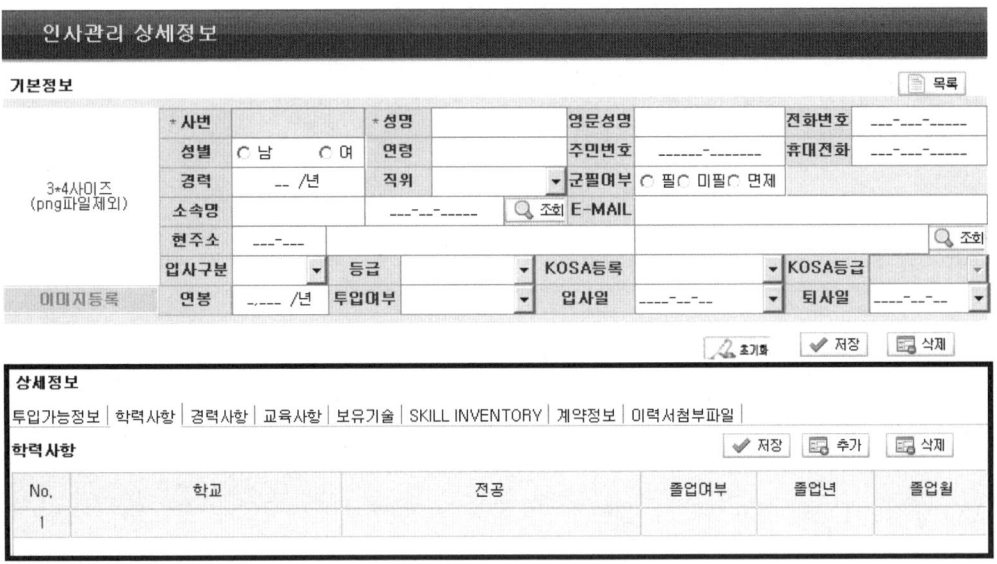

그림 5-16 ERD 설계에 의한 초기 화면

이렇듯 처음 설계를 시작으로 개발이 끝날 때까지 모든 데이터의 흐름은 모델링에서부터 시작되기 때문에 설계가 중요하다는 사실은 두말할 것 없다. 지금부터 ERD를 기본으로 생성한 테이블과 사용자 화면 그리고 VO, DATASET으로 실제 업무를 통한 전체적인 흐름을 파악해 보자.

## 4.1. 화면의 데이터 담기

사용자 화면에서 입력 된 데이터가 서비스 단의 VO로 전달되기 전까지 DATASET 활용에 대한 과정을 알아 보자.

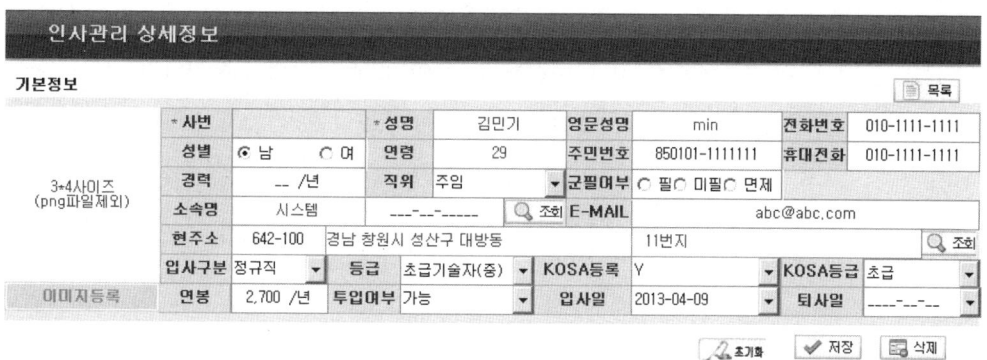

그림 5-17 기본 정보 입력

신규 사원의 기본정보를 입력하는 화면은 인사 마스터 엔티티 항목들로 구성되어 있다. 화면과 같이 새로운 데이터 입력 후에 저장 버튼을 누르면 입력된 데이터들이 각 컴포넌트와 ds_showInsa DATASET의 컬럼 중 같은 ID로 바인딩된 컬럼과 매칭되어 데이터가 DATASET에 담기게 된다. 여기서 Trace 함수를 통해 ds_showInsa DATASET이 담고 있는 데이터를 확인해 볼 수 있는데 다음 기록으로 화면에서 입력한 데이터가 DATASET에 담겨있는 상태를 확인할 수 있다.

[출력 결과] ds_showInsa DATASET 확인

```
<dataset id="ds_showInsa">
    <record>
        <addr1>경남&#32;창원시&#32;성산구&#32;대방동&#32;&#32;&#32;&#32;</addr1>
        <addr2>11번지</addr2>
        <carrier></carrier>
        <classGbnCode>A02</classGbnCode>
        <cmpName></cmpName>
        <cmpRegNo></cmpRegNo>
        <email>abc@abc.com</email>
        <engName>min</engName>
        <fileSeq></fileSeq>
        <homePhone></homePhone>
        <hp>01011111111</hp>
        <imagepath></imagepath>
        <joinDay>20130409</joinDay>
        <joinGbnCode>RGL</joinGbnCode>
        <kosaClass>100</kosaClass>
        <kosaRegYn>1</kosaRegYn>
        <milYn></milYn>
        <name>김민기</name>
        <phone>01011111111</phone>
        <posGbnCode>N02</posGbnCode>
        <putYn>Y</putYn>
        <regNo>8501011111111</regNo>
        <retireDay></retireDay>
        <sabun/>
        <salary>2700</salary>
        <sex>M</sex>
        <years>30</years>
        <zip>642100</zip>
    </record>
</dataset>
```

화면으로부터 입력된 모든 데이터가 ds_showInsa DATASET 컬럼값에 담겨 있는 상태를 알 수 있다. 그러나 DATASET 컬럼 중 SABUN은 데이터가 담겨 있지 않은 상태인데 인사 테이블의 컬럼 SABUN은 PK 제약 조건이 걸려있다. SABUN의 경우, 형식에 맞지 않는 사용자의 입력 오류나 중복되는 데이터가 들어가지 말아야 하기 때문에 SQL문을 통해 자동생성 되도록 설정하였다. 그래서 입력 받은 ds_showInsa DATASET에는 SABUN 컬럼에 관한 데이터를 가지고 있지 않는 상태를 볼 수 있다.

필수 입력 사항이나 중요 항목은 유효성 검사를 거치면서 데이터의 무결성과 신뢰성을 유지할 수 있는데 이번 예에서는 이름과 전화번호 또는 핸드폰 번호를 필수 항목으로 입력 받기로 하고 NULL값이 입력되면 RETURN되는 수준으로 유효성 체크 범위를 설정하도록 하겠다.

[유효성 체크]

```
function btn_savePerson_OnClick(obj){
// 이름은 필수로 입력 받는다.
        if(edt_name.Text.length() < 1 || edt_name.Text == ""){
            alert("이름은 꼭 입력해 주세요");
            edt_name.SetFocus();
            return;
        }
        // 전화번호와 휴대전화 중 하나는 필수로 입력 받는다.
        if(medt_phone.Value.length() < 1 && medt_phone.Value == "" &&
          medt_hp.Value.length() < 1 && medt_hp.Value == ""){
            alert("전화번호와 휴대전화 중 하나는 필수로 입력해 주세요");
        medt_phone.SetFocus();
        return;
        }
flag = Confirm("저장하시겠습니까?");
var strFnCallback = "fnCallback";
            strVoClass = "voClass='pdsystem.person.model.PersonVo'";     // PersonVo
            callService("insert"                            // crud
                ,"createPerson"                    // svcid
                ,"person/createPerson.do"          // strUrl
                ,"ds_showInsa:U"                   // inDataset
```

```
                    ,"ds_showInsa = ds_output"        // outDataset
                    ,strVoClass);                      // voClass

            showPerson();
}
```

유효성 체크를 통해 입력된 데이터에 이상이 없을 경우 ds_showInsa DATASET을 전자 정부 프레임워크 컨트롤러 메소드 중 person/createPerson.do인 주소를 찾아 'INSERT' ID로 DATASET에 담긴 사원 정보를 전달하게 된다.

> **Tip_ 파라미터 설명**
>
> crud : 서비스 아이디
> StrUrl : 전자정부 프레임워크 컨트롤러 ID
> StrVoClass : 입력 DATASET이 맵핑 될 VoClass
> inDataSet : 트랜잭션을 요청할 때 입력값으로 보낼 DATASET ID
> OutDataSet : 트랜잭션 처리 결과를 받을 DATASET ID
> Svcid : 트랜잭션의 고유 ID. Callback 함수에서 트랜잭션을 구분하기 위한 ID

## 4.2. VO로 데이터 이관

화면단에서 컨트롤러를 호출하게 되면 어노테이션을 이용해 VALUE가 person/createPerson.do인 createPerson 메소드를 실행하게 된다. createPerson 메소드는 마이플랫폼에서 넘어온 데이터를 저장하고 다시 결과값을 반환하는 역할을 수행한다.

[createPerson Method]

```
@RequestMapping(value = "/person/createPerson.do")
        public ModelAndView createPerson
        (Object voObject, Model model, HttpServletRequest request) throws Exception {
            ModelAndView mav = new ModelAndView("miplatformViewByMap");
            try
            {
```

```
                String pk = personViewService.createPerson(voObject);
                PersonVo personVo = new PersonVo();
                HashMap voMap = (HashMap<String, Object>) voObject;
                List insert = (List)voMap.get("insert");
                if(insert != null && insert.size() > 0 )
                {
                    personVo.setSabun(pk);
                    List personView = personViewService.getPerson(personVo);
                    mav.addObject("ds_output", personView);
                }
                mav.addObject("MiResultCode", "0");
                mav.addObject("MiResultMsg", "success");
            } catch ( Exception e )
            {
                e.printStackTrace();
                mav.addObject("MiResultCode", "-1");
                mav.addObject("MiResultMsg", e.toString());
            }
            return mav;
        }
```

마이플랫폼에서 데이터가 담긴 DATASET을 전자 정부 프레임워크에서는 voObject 객체로 받도록 내부적으로 설정하였기 때문에 초기 데이터는 voObject에 담겨 데이터를 전달 받는다.

voObject를 personViewService.createPerson 메소드에 인자값으로 voObject를 넘기고 데이터를 personVO로 전달하게 되는데 personViewService.createPerson 메소드는 사번 생성과 화면단에서 넘어온 데이터를 저장시키는 것까지 실행하게 된다. 저장된 데이터를 화면으로 출력하기 위해 personViewService.getPerson 메소드에서 PK 컬럼 SABUN을 받아와 저장된 결과값을 List로 받아 화면으로 보내주면 사용자 화면에서 입력된 결과값을 리턴 받을 수 있다.
personViewService.createPerson 메소드를 따라 PersonVo에 데이터가 어떻게 담기면서 사용되는지 확인해 보자.

voObject 객체에는 insert, update, delete, normal의 ID값이 있고 마이플랫폼에서 데이터를

ID 'insert'에 담아 보냈기 때문에 voObject를 HashMap으로 변환하여 voMap에 담는 작업을 personViewService.createPerson 메소드에서 실행되도록 작성하였다.

[personViewService.createPerson]

```java
public String createPerson(Object voObject) throws Exception {
        Object vo = new Object();
        HashMap voMap = (HashMap<String, Object>) voObject;
        System.out.println("### voObject=== >   "+voMap);

        List voInsertList = (List) voMap.get("insert");      // 신규 입력
        String insert ="";
        for (int i = 0; i < voInsertList.size(); i++){

                vo = voInsertList.get(i);
                PersonVo personVo = (PersonVo)vo;

                insert = personViewDAO.createPerson(personVo);

        }
}
```

voMap에 어떤 값이 담겨 있는지 전자 정부 프레임워크 콘솔 창을 통해 확인해 보면 다음과 같다.

[출력 결과] voMap에 담긴 데이터 확인

```
### voObject===>
insert=update=[], normal=[], delete=[], =[pdsystem.person.model.PersonVo@1a4acb0
sabun=<null>,rectregno=<null>,joinDay=20130409,joinDay1=<null>,joinDay2=<null>,
retireDay=<null>,putYn=Y,classGbnCode=A02,name=김민기,regNo=8501011111111,engName=min,
phone=01011111111,hp=01011111111,carrier=<null>,posGbnCode=N02,cmpRegNo=<null>,
sex=M,years=30,email=abc@abc.com,zip=642-100,addr1=경남 창원시 성산구 대방동      ,
```

콘솔창에 기록된 데이터를 보게되면 ID 'insert' 안에 마이플랫폼 DATASET에 담겨 있던 데이터들을 고스란히 확인 할 수 있다. SABUN은 아직 생성되지 않았으므로 null값이 담겨있다.

voObject 객체에 담겨있는 데이터를 PersonVo에 담기 위해 HashMap으로 key값에 value값을 담아 List 타입의 voInsertList에 변환하여 담는다.

voInsertList의 길이만큼 for문을 돌려 모든 데이터를 PersonVo로 담아 DAO 단으로 전달하게 되는데 DAO 단으로 건너가기 전 PersonVo에는 데이터가 잘 담겨 있을까? 디버깅 모드를 통해 모든 데이터가 vo에 담겼는지 확인해 보자.

[출력 결과] 디버깅 모드를 통해 PersonVo 체크

| vo | |
|---|---|
| | PersonVo (Id=72) |
| addr1 | "경남 창원시 성산구 대방동　"(Id=98) |
| addr2 | "11번지"(Id=99) |
| classGbnCode | "A02"(Id=100) |
| cmpKind | null |
| cmpName | "시스템"(Id=101) |
| cmpRegNo | null |
| email | "abc@abc.com"(Id=103) |
| engName | "min"(Id=104) |
| firstIndex | 1 |
| hp | "01011111111"(Id=107) |
| imagepath | null |
| jobType | null |
| joinDay | "20130409"(Id=109) |
| joinDay1 | null |
| joinDay2 | null |
| joinGbnCode | "RGL"(Id=110) |
| kosaClass | "100"(Id=111) |
| kosaRegYn | "1"(Id=112) |
| lastIndex | 1 |
| name | "김민기"(Id=113) |
| pageIndex | 1 |
| pageSize | 10 |
| pageUnit | 10 |
| perKind | null |
| phone | "01011111111"(Id=114) |
| posGbnCode | "N02"(Id=115) |
| putYn | "Y"(Id=116) |
| recordCountPerPage | 10 |
| rectregno | null |
| rectRegNo | null |
| regNo | "8501011111111"(Id=118) |
| retireDay | null |
| salary | "2700"(Id=118) |
| sex | "M"(Id=119) |
| years | "29"(Id=120) |
| zip | "642-100"(Id=121) |

voObject로부터 모든 데이터가 그대로 PersonVo에 담겨 있는 사실을 확인했으니 이제 SQL문을 실행하기 전 DAO 단에서 하는 일들을 알아 보도록 하겠다.

[createPersonDAO Method]

```
@Repository("personViewDAO")
    public class PersonViewDao extends EgovAbstractDAO{
        public String createPerson(PersonVo vo) {
            return (String) insert("personView.createPerson", vo);
        }
    }
```

personViewDAO 단에서 createPerson 메소드는 personViewService 단에서 보낸 personVo를 파라미터로 받아 ibatis 사용으로 personView.xml 파일에 있는 SQL 중에 id가 createPerson인 INSERT 문장을 실행하기 위해 전달받은 PersonVo를 그대로 넘겨준다.

## 4.3. TABLE에 데이터 삽입

Xml 파일에서 id를 정확히 찾아 왔으면 다음의 SQL문을 실행하게 되고 INSA 테이블의 PK컬럼인 SABUN을 이곳에서 생성하게 된다.

[SABUN 생성 및 데이터 입력]

```
<!-- 인사관리 기본정보 입력 -->
<insert id="createPerson">
    <selectKey keyProperty="sabun" resultClass="String">
    SELECT  /*+ INDEX_DESC(insa insa_pk) */
            DECODE(SUBSTR(MAX(SABUN), 1,8)
            ,TO_CHAR(SYSDATE, 'YYYYMMDD'), MAX(SABUN) + 1
            ,TO_CHAR(SYSDATE, 'YYYYMMDD')||'01') INSA_SEQ
    FROM INSA
            WHERE SABUN <![CDATA[ < ]]>SUBSTR(SABUN, 1,8) ||'99'
            AND ROWNUM =1
    </selectKey>
    INSERT INTO INSA
    (
            SABUN    ,JOIN_DAY        ,RETIRE_DAY       ,PUT_YN ,CLASS_GBN_CODE
```

```
                    ,NAME      ,REG_NO         ,ENG_NAME        ,PHONE   ,HP
            ,CARRIER ,POS_GBN_CODE ,CMP_REG_NO   ,SEX      ,YEARS
            ,EMAIL   ,ZIP        ,ADDR1   ,ADDR2   ,MIL_YN  ,HOME_PHONE
            ,JOIN_GBN_CODE ,SALARY  ,KOSA_REG_YN     ,KOSA_CLASS
        )
        VALUES
        (
                #sabun,jdbcType=VARCHAR#    ,#joinDay,jdbcType=VARCHAR#
                ,#retireDay,jdbcType=VARCHAR#    ,#putYn,jdbcType=VARCHAR#
                ,#classGbnCode,jdbcType=VARCHAR#    ,#name,jdbcType=VARCHAR#
                ,#regNo,jdbcType=VARCHAR#    ,#engName,jdbcType=VARCHAR#
                ,#phone,jdbcType=VARCHAR#    ,#hp,jdbcType=VARCHAR#
                ,#carrier,jdbcType=VARCHAR#    ,#posGbnCode,jdbcType=VARCHAR#
                ,#cmpRegNo,jdbcType=VARCHAR#    ,#sex,jdbcType=VARCHAR#
                ,#years,jdbcType=VARCHAR#    ,#email,jdbcType=VARCHAR#
                ,#zip,jdbcType=VARCHAR#    ,#addr1,jdbcType=VARCHAR#
                ,#addr2,jdbcType=VARCHAR#    ,#milYn,jdbcType=VARCHAR#
                ,#homePhone,jdbcType=VARCHAR#    ,#joinGbnCode,jdbcType=VARCHAR#
                ,#salary,jdbcType=VARCHAR#    ,#kosaRegYn,jdbcType=VARCHAR#
                ,#kosaClass,jdbcType=VARCHAR#
        )
</insert>
```

SQL문 안에 체크된 네모박스는 SABUN을 생성하는 채번으로 모든 새로운 사원의 정보를 입력할 때마다 SABUN이 만들어지게 된다. SABUN을 생성하는 방법인 채번에 대해서는 11장에서 자세히 다루도록 하고 SABUN 생성을 위해 SELECT 문장을 실행하면 등록 날짜별로 번호가 부여되면서 UNIQUE한 데이터를 만들어 낸다. 이렇게 생성된 SABUN은 PersonVo가 담고 있는 데이터와 함께 INSER 문장이 실행되는 VALUE값으로 사용되면서 INSA 테이블의 한 행에 대한 key값의 의미를 가진다.

## 4.4. 데이터 화면에 출력

지금까지 컨트롤러 단의 personViewService.createPerson 메소드를 실행하고 데이터가 VO에 담겨입력되는 과정을 확인해 보았고 지금부터 테이블의 데이터가 화면에 조회되는 과정을 확인해 보고자 한다.

[INSA 테이블 입력된 데이터 가져오기_Controller]

```java
@RequestMapping(value = "/person/createPerson.do")
    public ModelAndView createPerson
    (Object voObject, Model model, HttpServletRequest request) throws Exception {
        ModelAndView mav = new ModelAndView("miplatformViewByMap");
        try
        {
            String pk = personViewService.createPerson(voObject);

            PersonVo personVo = new PersonVo();

            HashMap voMap = (HashMap<String, Object>) voObject;
            List insert = (List)voMap.get("insert");

            if(insert != null && insert.size() > 0 )
            {
                    personVo.setSabun(pk);
            List personView = personViewService.getPerson(personVo);
                    mav.addObject("ds_output", personView);
            }
            mav.addObject("MiResultCode", "0");
            mav.addObject("MiResultMsg", "success");
        } catch ( Exception e )
        {
            e.printStackTrace();
            mav.addObject("MiResultCode", "-1");
            mav.addObject("MiResultMsg", e.toString());
        }
        return mav;
    }
```

클라이언트에서 들어온 데이터를 입력하고 SABUN을 담을 변수 String PK에 담아오는데 Key값으로 입력된 SABUN으로 데이터를 추출하려고 한다.

SABUN을 인자값으로 보내기 위해 PersonVo 인스턴스 객체를 생성하고 생성된 PersonVo에 SABUN을 담아 personViewServic.getPerson 메소드로 보내면 입력했던 데이터를 가져와 화면 단으로 보내줄 수 있다.

[INSA 테이블 입력된 데이터 가져오기_Service]

```
public List getPerson(PersonVo vo) throws Exception {
        List resultVo = (List) personViewDAO.getPerson(vo);
        if (resultVo == null)
        throw processException("info.nodata.msg");
        return resultVo;
}
```

서비스 단에 getPerson 메소드가 호출되고 파라미터로 넘어온 PersonVo를 personViewDAO단으로 vo에 담아 전달하는데 넘어온 PersonVo를 디버깅을 통해 담긴 값을 확인해 보자.

[출력 결과] PersonVo 데이터 확인

| vo | PersonVo (Id=72) |
|---|---|
| addr1 | null |
| addr2 | null |
| classGbnCode | null |
| cmpKind | null |
| cmpName | null |
| cmpRegNo | null |
| email | null |
| engName | null |
| firstIndex | 1 |
| hp | null |
| imagepath | null |
| jobType | null |
| joinDay | null |
| joinDay1 | null |
| joinDay2 | null |
| joinGbnCode | null |
| kosaClass | null |
| kosaRegYn | null |
| lastIndex | 1 |
| name | null |
| pageIndex | null |
| pageSize | 10 |
| pageUnit | null |
| perKind | null |
| phone | null |
| posGbnCode | null |
| putYn | null |
| recordCountPerPage | 10 |
| rectregno | null |
| sabun | "2013042401"(Id=88) |
| salary | null |
| sex | null |
| years | null |
| zip | null |

PersonVo에는 SABUN만 담겨 있을 뿐 화면에서 입력한 데이터는 아무것도 포함하고 있지 않다. 이렇게 INSA 테이블의 PK 컬럼인 SABUN만 담아 PersonViewDAO 단으로 vo를 넘기게 되는데 리턴되는 resultVo에 데이터가 담겨 있지 않으면 이곳에서 에러 메시지를 뿌리도록 설정되었다.

[INSA 테이블 입력된 데이터 가져오기_DAO]

```
@Repository("personViewDAO")
        public class PersonViewDao extends EgovAbstractDAO{
                public List getPerson(PersonVo vo) {
                        return list("personView.getPerson", vo);
                }
        }
```

personViewDAO 단으로 넘어온 vo는 personView.xml에서 id가 getPerson인 SELECT 문장의 조건 값으로 사용되고 리턴되는 타입은 입력된 모든 정보들을 담아야 하기 때문에 리스트로 반환한다.

**[INSA 테이블 입력된 데이터 가져오기_SQL]**

```
<select id="getPerson" resultClass="egovMap" parameterClass="personVo">
SELECT
        SABUN,NAME,ENG_NAME ,PHONE ,SEX,YEARS,REG_NO ,HP,CARRIER
        ,POS_GBN_CODE ,MIL_YN ,HOME_PHONE ,EMAIL,ZIP,ADDR1,ADDR2
        ,JOIN_GBN_CODE,CLASS_GBN_CODE,KOSA_REG_YN,KOSA_CLASS,SALARY
        ,PUT_YN,JOIN_DAY,RETIRE_DAY , CMP_REG_NO
        FROM INSA
WHERE   1=1
        AND     SABUN = #sabun,jdbcType=VARCHAR#
</select>
```

SQL문에 조건값으로 담아온 parameterClass의 personVo SABUN이 WHERE절의 조건값으로 입력되고 SELECT된 결과값은 테이블의 컬럼명과 같은 personVo 프로퍼티에 자동으로 저장된다. 이렇게 SELECT된 결과값이 저장된 personVo를 personViewServic 단에서 리스트 타입의 변수명 resultVo에 담아 컨트롤러 단으로 보내지는데 디버깅을 통해 resultVo에 어떤 값들이 들어 있는지 확인해 보자.

**[출력 결과] resultVo 데이터값**

| Name | Value |
|---|---|
| resultVo | ArrayList<E> (id=85) |
| ▲ [0] | EgovMap (id=96) |
| ▲ [0] | ListOrderedMap$ListOrderedMapEntry (id=109) |
| ▲ key | "sabun" (id=142) |
| ▲ value | "2013042401" (id=143) |
| ▲ [1] | ListOrderedMap$ListOrderedMapEntry (id=110) |
| ▲ key | "name" (id=151) |
| ▲ value | "김민기" (id=152) |
| ▲ [2] | ListOrderedMap$ListOrderedMapEntry (id=111) |
| ▲ key | "engName" (id=153) |
| ▲ value | "min" (id=154) |
| ▲ [3] | ListOrderedMap$ListOrderedMapEntry (id=112) |
| ▲ key | "phone" (id=155) |
| ▲ value | "01011111111" (id=156) |
| ▲ [4] | ListOrderedMap$ListOrderedMapEntry (id=113) |
| ▲ key | "sex" (id=157) |
| ▲ value | "M" (id=158) |
| ▲ [5] | ListOrderedMap$ListOrderedMapEntry (id=114) |
| ▲ key | "years" (id=160) |
| ▲ value | BigDecimal (id=161) |

```
[{sabun=2013042401, name=김민기, engName=min, phone=01011111111, sex=M, years=29,
regNo=8501011111111, hp=01011111111, carrier=null, posGbnCode=N02, milYn=null,
homePhone=null, email=null, zip=642100, addr1=경남 창원시 성산구 대방동 , addr2=11번지,
joinGbnCode=RGL, classGbnCode=A02, kosaRegYn=1, kosaClass=100, salary=2700,
putYn=Y, joinDay=20130409, retireDay=null, cmpRegNo=null}]
```

ResultVo에 담겨 있는 데이터는 화면에서 입력되었던 값들이 그대로 담겨 있다. personViewServic 단에서 resultVo가 null이면 에러 메시지를 뿌리도록 되었는데 데이터가 담겨 있으면서 에러 메시지를 뿌리지 않고 화면 단까지 그대로 전달해 주기만 하면 된다.

resultVo를 컨트롤러 단으로 리턴하면 personView에 담아 ds_output 변수명으로 마이플랫폼 화면 단으로 보내는 과정을 앞의 예제를 통해 확인하였을 것이다.

마이플랫폼 화면단에서는 전자 정부 프레임워크로부터 전달받은 데이터를 ds_output으로 받아 ds_showInsa DATASET에 저장하고 CallBack 함수에서 svcid가 createPerson 함수를 실행하여 정상적으로 처리되었다는 알림 창을 사용자에게 보여주게 된다.

[Callback Function 실행]

```
if(svcid == "createPerson"){                    // 인사 기본 정보 저장
        if(errcd > -1){
                Alert("입력되었습니다.");
                        Trace(ds_showInsa.SaveXML());
                        tab_person.Visible = "true";        // 기본 정보 입력 후 탭값들을 보여줌
                        stc_InfoTab.Visible ="true";
                        showPerson();
        }else{
                Alert("입력 실패하였습니다.");
        }
}
```

화면으로 보여지는 데이터를 담고 있는 ds_showInsa DATASET의 값을 확인해서 정상적으로 데이터를 전달받았는지 확인해 보자.

[출력 결과] ds_ShowInsa DATASET 리턴 항목

```xml
<dataset id="ds_showInsa">
    <record>
        <addr1>경남&#32;창원시&#32;성산구&#32;대방동&#32;&#32;&#32;&#32;</addr1>
        <addr2>11번지</addr2>
        <carrier></carrier>
        <classGbnCode>A02</classGbnCode>
        <cmpName></cmpName>
        <cmpRegNo></cmpRegNo>
        <email>abc@abc.com</email>
        <engName>min</engName>
        <fileSeq></fileSeq>
        <homePhone></homePhone>
        <hp>01011111111</hp>
        <imagepath></imagepath>
        <joinDay>20130409</joinDay>
        <joinGbnCode>RGL</joinGbnCode>
        <kosaClass>100</kosaClass>
        <kosaRegYn>1</kosaRegYn>
        <milYn></milYn>
        <name>김민기</name>
        <phone>01011111111</phone>
        <posGbnCode>N02</posGbnCode>
        <putYn>Y</putYn>
        <regNo>8501011111111</regNo>
        <retireDay></retireDay>
        <sabun>2014010201</sabun>
        <salary>2700</salary>
        <sex>M</sex>
        <years>30</years>
        <zip>642100</zip>
    </record>
</dataset>
```

Trace 함수를 통해 ds_showInsa DATASET이 담고 있는 데이터를 확인해 보니 입력된 데이터에서 SABUN이 추가되어 담겨져 리턴된 결과를 알 수 있고 아래 화면에도 DATASET의 모든 내용이 출력되었다.

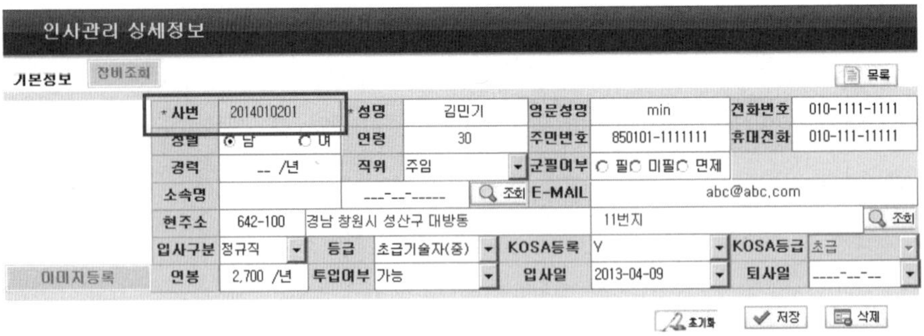

그림 5-18 데이터 출력

## 4.5. 학력 엔티티의 사용

다음은 ERD에서 여러 건의 데이터가 들어가는 학력 엔티티로 구성된 화면으로 인사 마스터 엔티티와의 관계를 이해해보자.

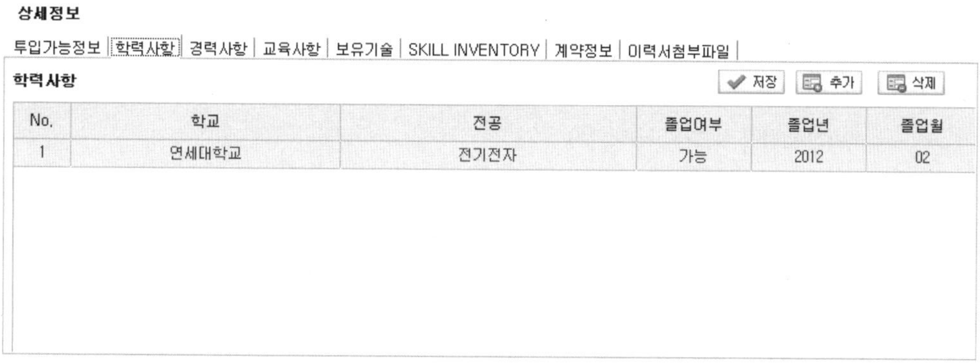

그림 5-19 학력 정보 화면

학력 사항의 항목들에 데이터를 입력하고 저장 버튼을 누르면 ds_acadAbility DATASET에 담기는데 DATASET이 정확히 입력된 값들을 가지고 있는지 확인해보자.

**[출력 결과] ds_acadAbility DATASET**

```
<dataset id="ds_acadAbility">
    <record>
        <gratMonth>02</gratMonth>
        <gratYear>2012</gratYear>
        <gratYn>Y</gratYn>
        <majorStudyGbn>전기전자</majorStudyGbn>
        <sabun>2014010201</sabun>
        <schoolName>연세대학교</schoolName>
        <seq>1</seq>
    </record>
</dataset>
```

seq 컬럼을 제외하고 화면에 입력된 내용들이 DATASET에 고스란히 담겨 있는데 seq 컬럼은 인사 테이블의 SABUN과 같이 SQL문을 통해 자동으로 생성되면서 입력된 사원의 학력 리스트를 관리하게 될 것이다.

[유효성 체크 후 데이터 전달]

```
function tab2_btn_saveAcad_OnClick(obj)      //학력 정보 저장, 수정
{
        var id = edt_sabun.Text;             // 기본 정보에서 사번을 받음
        ds_acadAbility.SetColumn(ds_acadAbility.row,"sabun",id);
        var ds_flag = false;                 // Dataset의 입력 여부를 판단하기 위한 변수
        ds_flag = dsInquiry(ds_acadAbility); // Dataset의 입력 여부를 판단
        if(!ds_flag){
                alert("입력된 정보가 없습니다.");
                return;
        }
        var flag = Confirm("저장하시겠습니까?");
        if(flag == true){
                strVoClass = "voClass='pdsystem.person.model.PersonAcadAbilityVo'";
                callService("insert"                              // crud
                        ,"createAcad"                             // svcid
                        ,"person/createAcadAblility.do"           // strUrl
                        ,"ds_acadAbility:U"                       // inDataset
                        ,""                                       // outDataset
                        ,strVoClass);                             // voClass
        }
}
```

마이플랫폼에서 ds_acadAbility DATASET을 데이터를 담아 보내면 어노테이션을 통해 전자 정부 프레임워크 컨트롤러 단의 createAcadAbility 메소드를 호출한다.

[학력 데이터 저장하기_Controller]

```
@RequestMapping(value = "/person/createAcadAblility.do")
        public ModelAndView createAcadAblility(Object voObject, Model model,
                                HttpServletRequest request)
                throws Exception {
                        ModelAndView mav = new ModelAndView("miplatformViewByVO");
                        try
                        {
                                personViewService.createAcadAblility(voObject);
```

```
                        mav.addObject("MiResultCode", "0");
                        mav.addObject("MiResultMsg", "success");

            } catch ( Exception e )
            {
                        e.printStackTrace();
                        mav.addObject("MiResultCode", "-1");
                        mav.addObject("MiResultMsg", e.toString());
            }
            return mav;
    }
```

createAcadAbility 메소드가 마이플랫폼으로부터 인자값으로 받은 voObject 객체에 담긴 값들을 확인해 보자.

**[출력 결과]** PersonAcadAbilityVo 설명

| | | | |
|---|---|---|---|
| ● this | | | PersonViewController (Id=69) |
| ▲ ● voObject | | | HashMap<K,V> (id=69) |
| ▲ ▲ [0] | | | HashMap$Entry<K,V> (Id=105) |
| | ▲ | key | "update" (Id=111) |
| | ▲ | value | ArrayList<E> (Id=112) |
| ▲ [1] | | | HashMap$Entry<K,V> (Id=106) |
| | ▲ | key | "nomal" (Id=125) |
| | ▲ | value | ArrayList<E> (Id=126) |
| ▲ [2] | | | HashMap$Entry<K,V> (Id=107) |
| | ▲ | key | "delete" (Id=127) |
| | ▲ | value | ArrayList<E> (Id=128) |
| ▲ [3] | | | HashMap$Entry<K,V> (Id=108) |
| | ▲ | key | "insert" (Id=129) |
| | ▲ | value | ArrayList<E> (Id=130) |

마이플랫폼에서 ds_acadAbility DATASET에 담겨 있던 데이터를 ID 'insert'로 표기하고 전자 정부 프레임워크에 전달했는데 voObject 객체 안에 각 key 값들은 배열로 데이터를 담고 있는 결과를 확인할 수 있다.

PersonViewService.createAcadAbility 메소드에서는 voObject를 HashMap 타입인 voMap에 담아 'insert'인 key 값을 선택해서 배열로 담고 있던 데이터를 리스트로 변환하고 for문을 실행해 vo 에 담는다. 이렇게 데이터가 담긴 vo를 인자값으로 personViewDAO 단으로 보낸다.

[학력 데이터 저장하기_Service]

```
public void createAcadAblility(Object voObject) throws Exception {
                Object vo = new Object();
                HashMap voMap = (HashMap<String, Object>) voObject;

                List voInsertList = (List) voMap.get("insert");          // 입력

                for (int i = 0; i < voInsertList.size(); i++){

                        vo = voInsertList.get(i);

                        personViewDAO.createAcadAblility((PersonAcadAbilityVo)vo);
                }
}
```

for문을 실행한 후 PersonacadAbilityVo는 PersonViewDAO 단으로 넘어가 createAcadAbility SQL문을 실행하기 위한 데이터로 활용되는데 PersonacadAbilityVo에 값이 잘 담겨있는지 확인해 보자.

[학력 데이터 저장하기_DAO]

```
/**
        * 인사 관리 학력 정보를 입력한다.
        * @exception Exception
        */
        public String createAcadAblility(PersonAcadAbilityVo vo) {
                return (String) insert("personView.createAcadAblility", vo);
        }
```

처음 화면 단에서 입력한 SABUN '2013042401'인 사원의 학력 정보를 PersonAcadAbilityVo가 그대로 전달 받아 매칭되는 변수명에 정확하게 변수값을 보관하고 있는 내용을 확인할 수 있다.

[출력 결과] PersonAcadAbilityVo 설명

| vo | PersonAbillityVo (Id=70) |
|---|---|
| firstIndex | 1 |
| fratMonth | "02" (Id=83) |
| gratYear | "2012" (Id=87) |
| GratYn | "Y" (Id=88) |
| lastIndex | 1 |
| majorStudyGbn | "전기전자" (Id=89) |
| sabun | "2013042401" (Id=90) |
| schoolName | "연세대학교" (Id=91) |
| seq | null |

이처럼 사용자가 입력한 데이터는 DATASET에 담겨 전자 정부 프레임워크에서는 VO가 데이터를 관리하고 DB까지 전달한다. DATASET과 VO는 데이터를 보관하고 관리하는 같은 역할을 한다. 그리고 DATASET의 컬럼명과 VO의 변수명은 처음 설계된 ERD의 엔티티 항목들과 일치하고 앞에서 다루었던 날짜 사이의 값들을 조회하기 위해 시작 날짜와 마감 날짜 항목을 추가했던 예처럼 필요한 항목들을 추가해서 사용할 수 있다.

[학력 정보 INSERT 및 SEQ 생성]

```
<!-- 인사관리 학력정보 입력 -->
<insert id="createAcadAblility" parameterClass="personAcadAbilityVo">
    INSERT INTO INSA_ACAD_ABILITY
        (
                SABUN    ,SEQ,MAJOR_STUDY_GBN,GRAT_YN
                ,GRAT_YEAR,GRAT_MONTH,SCHOOL_NAME
        )
        VALUES
        (
                #sabun,jdbcType=VARCHAR#
                ,(SELECT NVL(MAX(SEQ),0)+1 AS SEQ
                FROM INSA_ACAD_ABILITY
                WHERE SABUN = #sabun,jdbcType=VARCHAR#)
                ,#majorStudyGbn,jdbcType=VARCHAR#
                ,#gratYn,jdbcType=VARCHAR#
                ,#gratYear,jdbcType=VARCHAR#
                ,#gratMonth,jdbcType=VARCHAR#
                ,#schoolName,jdbcType=VARCHAR#
        )
```

인사 관리 학력 정보를 입력하는 SQL문은 personAcadAbilityVo를 파라미터로 받아 Vo가 담고 있는 프로퍼티의 값들을 INSERT 문장의 VALUE 값으로 사용한다. 학력 테이블의 SEQ 컬럼 데이터를 위 박스 부분에서 생성하는데 Vo에 담긴 SABUN을 받아 NVL 함수를 이용해 해당하는 SABUN의 마지막 SEQ 값에서 1을 더하거나 처음 입력되는 데이터일 경우 1이 SEQ 값으로 만들어지게 되면서 한 사원의 학력 정보를 여러 건으로 관리할 수 있게 된다.

INSERT 문장이 실행되고 DB에 데이터가 저장되면 전자 정부 프레임워크에서는 결과 코드와 메시지를 마이플랫폼으로 리턴하도록 설정하였는데 정상적으로 작업이 수행되면 마이플랫폼에서 다시 한 번 데이터 값을 가져오기 위한 함수를 실행한다.

[출력 결과] ds_acadAbility DATASET 레코드

```
<dataset id="ds_acadAbility">
    <record>
        <gratMonth>02</gratMonth>
        <gratYear>2012</gratYear>
        <gratYn>Y</gratYn>
        <majorStudyGbn>전기전자</majorStudyGbn>
        <sabun>2014010201</sabun>
        <schoolName>연세대학교</schoolName>
        <seq>1</seq>
    </record>
</dataset>
```

전자 정부 프레임워크로부터 받아 온 데이터는 ds_acadAbility DATASET에 담기고 각 컴퍼넌트에서 설정한 컬럼 ID 값으로 매칭되어 화면에 바인딩된다. SQL문에서 생성한 학력 구분 코드인 SEQ 컬럼의 데이터가 ds_acadAbility DATASET에 담겨 입력한 사원의 첫 번째 데이터로 관리되고 있다는 사실을 확인 할 수 있다.

여러 개의 학력 정보를 입력한 후에 리턴되는 ds_acadAbility DATASET 내용을 마이플랫폼에서 출력해 보면 SABUN '2013042401'으로 입력된 각각의 정보가 구분되어 출력된다. 이처럼 학력 구분 코드인 SEQ 컬럼으로 한 SABUN의 여러 건수 데이터를 관리하기가 수월해진다.

[출력 결과] 여러 건의 ds_acadAbility DATASET 레코드

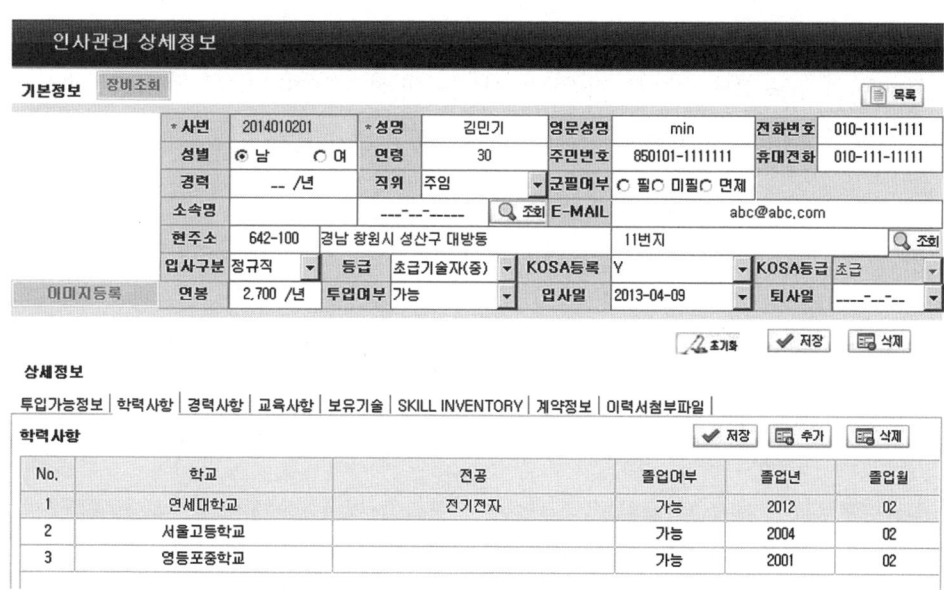

그림 5-20 ERD 설계와 같이 1:M 관계를 갖는 화면

DATASET에서 컴퍼넌트에 바인딩된 데이터들을 마이플랫폼 화면을 통해 보면 ERD 설계에서 인사 마스터와 학력 엔티티 관계 대로 한 사원의 정보와 여러 건의 학력 정보가 그리드 화면에 출력되었음을 알 수 있다.

CHAPTER 05 Table & VO & Dataset  **161**

인사 테이블에는 SABUN '2013042401'인 사원의 행 단위의 데이터를 클라이언트 화면의 DATASET에 담아 Vo로 넘기고 SQL문을 실행하면 인사 테이블에 데이터가 입력되는 과정을 확인할 수 있다.

**[출력결과]**

INSA 테이블

| SABUN | NAME | ENG_NAME | JOIN_DAY | CLASS_GBN_CODE | REG_NO | PHONE |
|---|---|---|---|---|---|---|
| 1 2013042401 | 김민기 | Min Ki | 20130409 | A02 | 8501011111111 | 01011111111 |

| HP | POS_GBN_CODE | SEX | YEARS | ZIP | ADDR1 | ADDR2 |
|---|---|---|---|---|---|---|
| 01011111111 | N02 | M | 29 | 642100 | 경남 창원시 성산구 대방동 | 11번지 |

| JOIN_GBN_CODE | SALARY | KOSA_REG_YN | KOSA_CLASS |
|---|---|---|---|
| RGL | 2700 | 1 | 100 |

INSA_ACAD_ABILITY 테이블

| SABUN | SEQ | MAJOR_STUDY_GBN | GRAT_YN | GRAT_YEAR | GRAT_MONTH | SCHOOL_NAME |
|---|---|---|---|---|---|---|
| 1 2013042401 | 1 | 전기전자 | Y | 2012 | 02 | 연세대학교 |
| 2 2013042401 | 2 | | Y | 2004 | 02 | 서울고등학교 |
| 3 2013042401 | 3 | | Y | 2001 | 02 | 영등포중학교 |

학력 정보 테이블은 학력 구분 코드인 SEQ 컬럼으로 한 사원의 학력 데이터를 행 단위로 구분할 수 있기 때문에 여러 건이 저장되더라도 입력되는 모든 학력 정보를 담을 수 있다.

# CHAPTER 06
# SQL

이번 장에서는 여러가지 알아야 될 기법들과 중요한 SQL들을 정리하고 실습해 보고 습득할 수 있게 한다. 그래서 어떠한 SQL을 작성하더라도 자신감 있는 코딩을 할 수 있도록 하자.

## 1. 알아야 할 사항

이번에는 SQL을 작성할 때 많이 쓰이는 요소들을 집중적으로 설명하겠다.

### 1.1. ROWID

ROWID를 설명하기 위해서는 일단 물리적인 테이블의 구조와 인덱스의 구조를 설명할 필요가 있다. 왜냐하면 인덱스와 테이블과의 관계 사이에 ROWID가 어떻게 서로 작용하고 있는지 또 어떻게 찾아가는지 등의 지식을 습득해야 ROWID가 정확히 무엇인지를 알 수 있기 때문이다.

[테이블 생성 구문]

```
CREATE TABLE INSA.INSA (
        SABUN           VARCHAR2(10)    NOT NULL,
        JOIN_DAY        VARCHAR2(8)     NULL,
        RETIRE_DAY      VARCHAR2(8)     NULL,
        PUT_YN          VARCHAR2(1)     NULL,
        CLASS_GBN_CODE  VARCHAR2(3)     NULL,
        NAME            VARCHAR2(100)   NULL,
        REG_NO          VARCHAR2(13)    NULL,
        ENG_NAME        VARCHAR2(100)   NULL,
        PHONE           VARCHAR2(100)   NULL,
```

```
            KOSA_CLASS    VARCHAR2(3)      NULL,
            PW            VARCHAR2(15)     NULL
)
TABLESPACE USERS
PCTFREE 10
PCTUSED 0
       ～～～～～～～
NOPARALLEL;
```

[인덱스 생성 구문]

```
ALTER TABLE INSA.INSA ADD
(
    CONSTRAINT INSA_PK
    PRIMARY KEY ( SABUN )
       USING INDEX
       TABLESPACE USERS
       PCTFREE 10
          ～～～～～～～
          MAXEXTENTS UNLIMITED
       )
);
```

이렇게 생성이 된 인덱스와 테이블을 그림으로 표현해 보면 다음과 같다.

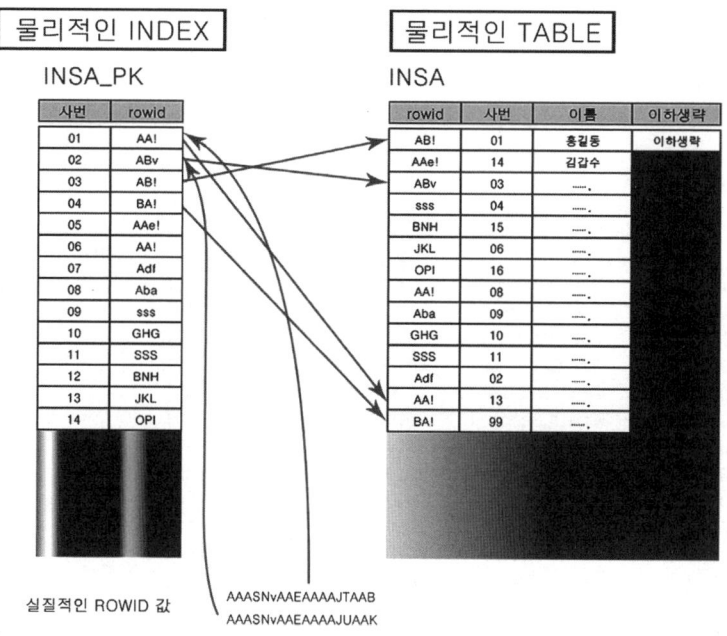

그림 6-1 물리적인 테이블구조

위의 그림을 자세하게 들여다 보면 인덱스인 INSA_PK 뒤쪽에 ROWID 정보가 같이 붙어 있는 것을 볼 수 있다. 이는 인덱스에서 테이블을 찾아 갈 때 ROWID라는 물리적인 주소값을 가지고 찾아가는 것을 의미한다.

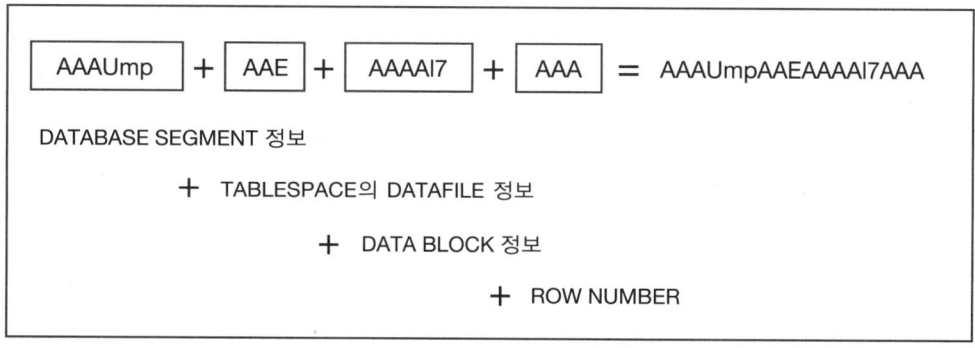

그림 6-2 ROWID의 구성

[데이터 별 ROWID 조회]

```
SELECT ROWID, T1.* FROM INSA T1
```

[출력 결과]

| # | ROWID | SABUN | NAME | ENG_NAME | JOIN_DAY | PUT_YN | CLASS_GBN_CODE |
|---|---|---|---|---|---|---|---|
| 91 | AAASN0AAEAAAAKnAAB | 2012050310 | 김동우 | Kim Dong Woo | 20120503 | Y | C01 |
| 92 | AAASN0AAEAAAAKnAAC | 2012050311 | 박인용 | Pack In Yong | 20120503 | Y | C01 |
| 93 | AAASN0AAEAAAAKnAAD | 2012050312 | 박창일 | Pack Chang Il | 20120503 | Y | C01 |
| 94 | AAASN0AAEAAAAKnAAE | 2010040502 | 손대철 | Son Dea Chel | 20100405 | Y | C01 |
| 95 | AAASN0AAEAAAAKnAAF | 2010050402 | 이승배 | Lee Seng Bea | 20100504 | Y | C01 |
| 96 | AAASN0AAEAAAAKnAAG | 2010060302 | 차지성 | Cha Ji Seong | 20100603 | Y | C01 |
| 97 | AAASN0AAEAAAAKnAAH | 2010070202 | 황성준 | Hwang Seong Jun | 20100702 | Y | A02 |
| 98 | AAASN0AAEAAAAKnAAI | 2010080102 | 김덕진 | Kim Duck Jin | 20100801 | Y | A02 |
| 99 | AAASN0AAEAAAAKnAAJ | 2010090102 | 김은정 | Kim En Jung | 20100901 | Y | C01 |
| 100 | AAASN0AAEAAAAKnAAK | 2010090103 | 김현만 | Kim Hyen Man | 20100901 | Y | A02 |
| 101 | AAASN0AAEAAAAKnAAL | 2010100802 | 신선희 | Sin Seun Hye | 20101008 | Y | A02 |
| 102 | AAASN0AAEAAAAKnAAM | 2010110102 | 신슬기 | Sin Seol Gi | 20101101 | Y | A02 |
| 103 | AAASN0AAEAAAAKnAAN | 2010120802 | 신정호 | Sin Jung Ho | 20101208 | Y | A02 |

위에서 보듯이 ROWID는 사람이 알아 볼 수 없는 형식의 값으로 저장되어 있다. 그러나 물리적으로 존재하는 이런 ROWID를 이용하여 SQL을 작성 할 수 있다. 물리적인 주소값이기 때문에 ROWID를 알고 있으면 인덱스보다 더 빠른 속도로 테이블을 조회 할 수 있을 것이다.

그럼 ROWID를 사용하여 처리하는 SQL을 보자.

[ROWID를 이용한 DML 실행 예제]

```
--상품마스터 상품 코드 보정 작업

UPDATE PRODUCT_MAST A
SET A.CP_CD = 'ZZZZZ'
WHERE ROWID IN
    (
    SELECT A.ROWID
    FROM PRODUCT_MAST A, CONT_PROVIDER B
    WHERE A.CP_CD = B.CP_CD(+)
    AND   A.CP_GB = B.CP_GB(+)
    AND   B.CP_CD IS NULL )
```

```
--상품 마스터 출판사 보정 작업

UPDATE PRODUCT_MAST A
SET A.CP_CD1 = 'ZZZZZ'
WHERE ROWID IN
    (
    SELECT A.ROWID
    FROM PRODUCT_MAST A, CONT_PROVIDER B
    WHERE A.CP_CD1 = B.CP_CD(+)
    AND   A.CP_GB1 = B.CP_GB(+)
    AND   B.CP_CD IS NULL )

--비교값 중의 중복값을 제거한다.

DELETE
FROM RGTMGD
WHERE ROWID IN (
        SELECT A.ROWID
        FROM RGTMGD A, RGTMGD B
        WHERE A.TEAM_CODE||A.WRK_CAT||A.REG_NO||SUBSTR(A.MBD_REG_NO,1,7)||'******'
            = B.TEAM_CODE||B.WRK_CAT||B.REG_NO||SUBSTR(B.MBD_REG_NO,1,7)||'******'
        AND   A.ROWID < B.ROWID
)
```

ROWID를 사용하는 SQL은 위에서 보듯이 SELECT를 하여 추출된 값의 ROWID를 가지고 있는 테이블의 UPDATE나 DELETE를 할 때 주로 많이 사용한다. UPDATE할 대상을 SELECT에서 추출된 ROWID를 가지고 직접 테이블을 찾아가서 처리하는 것이다.

ROWID는 그 값을 직접 사용하지는 않으나 개념상의 값을 추출하여 SQL을 만들 때 많이 사용한다. 위에서 보듯이 개념상의 ROWID의 값을 논리적으로 추출하여 UPDATE나 DELETE를 할 때 사용할 수 있다.

## 1.2. ROWNUM

ROWNUM은 WHERE 아래의 Join절에 의해 추출되는 레코드를 순서별로 추출되는 개수만큼 +1씩 증가하여 보여주는 (Pseudo)컬럼이라고 말할 수 있다.

[ROWNUM의 조회]

```
SELECT ROWNUM,SABUN, NAME, ENG_NAME, JOIN_GBN_CODE FROM INSA T1;
```

[출력 결과]

| ROWNUM | SABUN | NAME | ENG_NAME | JOIN_GBN_CODE |
|---|---|---|---|---|
| 1 | 2013010122 | 양두식 | Yang Doo Sik | FRE |
| 2 | 2013011001 | 윈도우 | window | CNT |
| 3 | 2013010123 | 김은정 | Kim Eun Jung | FRE |
| 4 | 2013010124 | 이중희 | Lee Jung Hee | FRE |
| 5 | 2013010125 | 고기성 | Ko Ki Sung | RGL |
| 6 | 2013010126 | 조영숙 | Jo Yeon Sook | FRE |
| 7 | 2013010127 | 박상현 | Park Sang Hyun | RGL |
| 8 | 2013010128 | 이승태 | Lee Seong Tae | FRE |
| 9 | 2013010129 | 김영호 | Lee Young Ho | CNT |
| 10 | 2013010130 | 서정대 | Seo Jung Dae | CNT |
| 11 | 2013022502 | 이순신 | LEGEND | RGL |
| 12 | 2013010132 | 김경태 | Kim Kyung Tae | CNT |

SQL에서 확인하듯이 ROWNUM값은 순차적으로 +1을 하여 조회되는 것을 알 수 있다.

[ROWNUM과 SORT]

```
SELECT ROWNUM,SABUN, NAME, ENG_NAME, JOIN_GBN_CODE
FROM INSA T1
ORDER BY NAME
```

[출력 결과]

| ROWNUM | SABUN | NAME | ENG_NAME | JOIN_GBN_CODE |
|---|---|---|---|---|
| 1 | 27 2013011104 | Jap | nippon | CNT |
| 2 | 26 2013011103 | Jap | nippon | CNT |
| 3 | 1 2013011109 | dfd | | CNT |
| 4 | 75 2011041001 | 강은주 | Kang En Ju | CMP |
| 5 | 6 2013010125 | 고기성 | Ko Ki Sung | RGL |
| 6 | 47 2012010108 | 구인철 | Koo In chul | CMP |
| 7 | 76 2012120101 | 권태서 | Gun Tea Seu | CMP |
| 8 | 13 2013010132 | 김경태 | Kim Kyung Tae | CNT |
| 9 | 98 2010080102 | 김덕진 | Kim Duck Jin | CMP |
| 10 | 91 2012050310 | 김동우 | Kim Dong Woo | CMP |
| 11 | 127 2013010120 | 김두열 | Kim Doo Yeol | FRE |
| 12 | 31 2013042401 | 김민기 | Min Ki | RGL |

이렇게 이름으로 소팅을 시켜보면 ROWNUM 값이 정렬되지 않음을 볼 수 있다. 이는 추출되고 난 후의 소팅 정보를 반영하지 않는다는 이야기가 된다.

[ROWNUM의 사용]

```
SELECT ROWNUM,SABUN, NAME, ENG_NAME, JOIN_GBN_CODE
FROM INSA T1
WHERE ROWNUM =1;
```

[출력 결과]

| ROWNUM | SABUN | NAME | ENG_NAME | JOIN_GBN_CODE |
|---|---|---|---|---|
| 1 | 1 2013010122 | 양두식 | Yang Doo Sik | FRE |

위와 같이 WHERE 절에 'ROWNUM =1'이라고 적어 첫 번째 레코드를 추출할 수도 있다.

[ROWNUM 사용의 잘못된 예]

```
SELECT ROWNUM,SABUN, NAME, ENG_NAME, JOIN_GBN_CODE
FROM INSA T1
WHERE ROWNUM > 2;
```

[출력 결과]

| ROWNUM | SABUN | NAME | ENG_NAME | JOIN_GBN_CODE |
|---|---|---|---|---|
| 표시할 데이터가 없습니다. | | | | |

위와 같은 SQL은 논리적으로 모순 되므로 표시할 데이터가 없다고 하는 것이다. ROWNUM은 추출되는 대상을 가지고 +1씩 증가하는 (Pseudo)컬럼이므로 아직 추출하지 못한 값이어서 논리적으로 추출하지 못하는 것이다.

ROWNUM은 WHERE 절에 'ROWNUM >= 1'이 들어가야 조회할 수 있다. 비교의 기준이 '1'인 것을 알 수 있다.

[ROWNUM 사용의 잘못된 예]

```
SELECT ROWNUM,SABUN, NAME, ENG_NAME, JOIN_GBN_CODE
FROM INSA T1
WHERE ROWNUM > 1 AND ROWNUM < 100
```

[출력 결과]

| ROWNUM | SABUN | NAME | ENG_NAME | JOIN_GBN_CODE |
|---|---|---|---|---|
| 표시할 데이터가 없습니다. | | | | |

[ROWNUM 사용의 올바른 예]

```
SELECT ROWNUM,SABUN, NAME, ENG_NAME, JOIN_GBN_CODE
FROM INSA T1
WHERE ROWNUM >= 1 AND ROWNUM < 100
```

[출력 결과]

| ROWNUM | SABUN | NAME | ENG_NAME | JOIN_GBN_CODE |
|---|---|---|---|---|
| 1 | 1 2013010122 | 양두식 | Yang Doo Sik | FRE |
| 2 | 2 2013011001 | 윈도우 | window | CNT |
| 3 | 3 2013010123 | 김은정 | Kim Eun Jung | FRE |
| 4 | 4 2013010124 | 이중희 | Lee Jung Hee | FRE |
| 5 | 5 2013010125 | 고기성 | Ko Ki Sung | RGL |
| 6 | 6 2013010126 | 조영숙 | Jo Yeon Sook | FRE |
| 7 | 7 2013010127 | 박상현 | Park Sang Hyun | RGL |
| 98 | 98 2010090102 | 김은정 | Kim En Jung | FRE |
| 99 | 99 2010090103 | 김현만 | Kim Hyen Man | CMP |

ROWNUM을 사용할 때는 조회 시 1부터 조회되므로 항상 1이 포함되어야 비교할 수 있다는 특성을 잘 알고 사용하도록 하자!

## 1.3. UNION과 UNION ALL

UNION과 UNION ALL은 추출된 레코드를 합쳐주는 집합 연산자이다. 둘의 차이점은 예제를 통하여 알아 보는 것이 가장 빠르다.

[UNION의 컬럼 유형]

```
SELECT 20090101 AS SABUN, '이호상' AS NAME FROM DUAL
UNION
SELECT '20090102' AS SABUN, '홍길동' AS NAME FROM DUAL;
```

[출력 결과]

ORA-01790: 대응하는 식과 같은 데이터 유형이어야 합니다

[UNION의 컬럼 개수]

```
SELECT '20090101' AS SABUN, '이호상' AS NAME, 'LEE HO SANG' AS ENG_NAME FROM DUAL
UNION
SELECT '20090102' AS SABUN, '홍길동' AS NAME FROM DUAL;
```

[출력 결과]

ORA-01789: 질의 블록은 부정확한 수의 결과 열을 가지고 있습니다.

위와 같은 에러가 발생한다. 왜냐하면 UNION이나 UNION ALL은 대응되는 집합의 컬럼 유형과 컬럼의 개수가 같아야 에러를 발생 시키지 않는다. 〈UNION의 컬럼 유형〉 예제에서는 SABUN을 각각 NUMBER 값과 CHAR 값으로 인식하여 서로 다른 컬럼 유형을 결합하였기 때문이고 〈UNION의 컬럼 개수〉 예제에서는 ENG_NAME 항목이 더 추가되어 위와 아래 집합의 컬럼 개수가 다르기 때문에 에러가 발생하였다.

[UNION의 사용]

```
SELECT '20090101' AS SABUN, '이호상' AS NAMEFROM DUAL
UNION
SELECT '20090102' AS SABUN, '홍길동' AS NAME FROM DUAL
```

[출력 결과]

| | SABUN | NAME |
|---|---|---|
| 1 | 20090101 | 이호상 |
| 2 | 20090102 | 홍길동 |

[UNION의 특성]

```
SELECT '20090101' AS SABUN, '이호상' AS NAME FROM DUAL
UNION
SELECT '20090102' AS SABUN, '홍길동' AS NAME FROM DUAL
UNION
SELECT '20090102' AS SABUN, '김길동' AS NAME FROM DUAL
UNION
SELECT '20090102' AS SABUN, '홍길동' AS NAME FROM DUAL
UNION
SELECT '20090102' AS SABUN, '홍길동' AS NAME FROM DUAL;
```

[출력 결과]

| | SABUN | NAME |
|---|---|---|
| 1 | 20090101 | 이호상 |
| 2 | 20090102 | 김길동 |
| 3 | 20090102 | 홍길동 |

위의 두 예제에서는 올바른 UNION을 사용하였다. 여기서 중요한 특성을 발견할 수 있다.

### 1.3.1. UNION의 특성

- 대응되는 집합의 컬럼의 형과 개수가 같아야 한다.
- 같은 컬럼의 값이 존재하면 여러 개의 레코드를 한 레코드로만 표시한다(GROUP BY의 역할을 하여준다).
- 컬럼 순서대로 소팅을 시켜서 출력한다(ORDER BY의 역할을 한다).

[UNION ALL의 특성]

```
SELECT '20090101' AS SABUN, '이호상' AS NAME FROM DUAL
UNION ALL
SELECT '20090102' AS SABUN, '홍길동' AS NAME FROM DUAL
UNION ALL
SELECT '20090102' AS SABUN, '김길동' AS NAME FROM DUAL
UNION ALL
SELECT '20090102' AS SABUN, '홍길동' AS NAME FROM DUAL
UNION ALL
SELECT '20090102' AS SABUN, '홍길동' AS NAME FROM DUAL
```

[출력 결과]

| | SABUN | NAME |
|---|---|---|
| 1 | 20090101 | 이호상 |
| 2 | 20090102 | 홍길동 |
| 3 | 20090102 | 김길동 |
| 4 | 20090102 | 홍길동 |
| 5 | 20090102 | 홍길동 |

UNION ALL 또한 에러에 관련되는 것은 UNION과 같다. 그러나 자세히 보면 서로 다른 점이 발견된다.

### 1.3.2. UNION ALL의 특성

- 대응되는 집합의 컬럼의 형과 개수가 같아야 한다.
- 같은 컬럼의 값이 존재하더라도 한 개의 레코드로 합치지 않고 여러 개의 레코드 그대로 표시한다.
- 소팅을 하지 않고 추출된 컬럼 순서대로 레코드를 보여준다.

위의 특징을 잘 알고 SQL을 작성하면 더욱 강력한 SQL을 작성 할 수 있을 것이다.

## 1.4. GROUP BY

개인적으로 가장 중요하다고 생각하는 연산자 중에 하나이다. 고급 SQL을 사용하려면 GROUP BY의 특성과 관련 기능을 확실하게 사용할 수 있어야 할 것이다.
GROUP BY는 GROUP BY절에 기술된 특정열의 값들을 그룹을 지어서 처리하는 연산자이다. 여기서 특정열의 값이라고 설명한 부분은 가공하지 않은 컬럼이 될 수도 있고, 함수가 들어가서 치환되고 가공된 값일 수도 있다.
GROUP BY가 나오면 항상 따라 나오는 것이 그룹 함수들과 HAVING절이라고 말할 수 있다.

### 1.4.1. 그룹함수

- COUNT( ) : 그룹에 해당하는 로우의 개수를 리턴한다.
  COUNT(*), COUNT(1)은 NULL값에 관계없이 개수를 리턴
  COUNT(컬럼값)은 NULL값을 제외하고 개수를 리턴
- SUM( ) : 그룹에 해당하는 컬럼의 합계값을 리턴한다.
- MAX( ) : 그룹에 해당하는 컬럼의 최대값을 리턴한다.
- MIN( ) : 그룹에 해당하는 컬럼의 최소값을 리턴한다.
- AVG( ) : 그룹에 해당하는 평균값을 리턴한다.

[GROUP BY의 사용]

```
SELECT JOIN_GBN_CODE, COUNT(SABUN), MAX(NAME), MIN(ENG_NAME),
       COUNT(ENG_NAME), ROUND(AVG(SALARY))
FROM INSA
GROUP BY JOIN_GBN_CODE
```

[출력 결과]

| | JOIN_GBN_CODE | COUNT(SABUN) | MAX(NAME) | MIN(ENG_NAME) | COUNT(ENG_NAME) | ROUND(AVG(SALARY)) |
|---|---|---|---|---|---|---|
| 1 | CNT | 14 | 제임스딘 | An Chang Ho | 13 | 2364 |
| 2 | FRE | 30 | 프리김진일 | Cha Jae Woon | 30 | 3133 |
| 3 | RGL | 43 | 홍길동 | Chung Kyung Hoon | 42 | 3035 |
| 4 | CMP | 44 | 황성준 | Beak Jung Mung | 44 | 2726 |

여기서 유심히 보아야 될 것은 COUNT(SABUN)과 COUNT(ENG_NAME)의 값이다. 서로 틀린 개수가 나온걸 알 수 있다. ENG_NAME에 CNT 그룹은 1개의 NULL값이 있기 때문에 COUNT(ENG_NAME)값이 적게 나온 것을 볼 수 있다. 여기서 우리는 NULL값은 연산에서 제외 된다는 중요한 사실을 알 수 있다.

GROUP BY에 빠지지 않는 절이 HAVING절이다. HAVING절은 추출된 값을 비교하여 선택 할 때 사용하며 SELECT절의 그룹 함수를 사용한다.

[GROUP BY와 HAVING절 사용]

```
SELECT JOIN_GBN_CODE, COUNT(SABUN), MAX(NAME), MIN(ENG_NAME),
    COUNT(ENG_NAME), ROUND(AVG(SALARY))
FROM INSA
GROUP BY JOIN_GBN_CODE
HAVING  ROUND(AVG(SALARY)) < 2700
```

[출력 결과]

| | JOIN_GBN_CODE | COUNT(SABUN) | MAX(NAME) | MIN(ENG_NAME) | COUNT(ENG_NAME) | ROUND(AVG(SALARY)) |
|---|---|---|---|---|---|---|
| 1 | CNT | 14 | 제임스딘 | An Chang Ho | 13 | 2364 |

위의 예제에서 보듯이 SALARY의 평균값을 반올림한 값이 2700보다 작은 그룹을 추출하여 보여주고 있는 것을 알 수 있다.

자, 그러면 좀더 복잡한 GROUP BY를 해보겠다.

**<예제>** GROUP BY를 사용하여 합계를 산출하라.

[예제 풀이 SQL 과정_1]

```
SELECT NO, JOIN_GBN_CODE, COUNT(SABUN), MAX(NAME), MIN(ENG_NAME),
       COUNT(ENG_NAME), ROUND(AVG(SALARY))
FROM INSA,
       (SELECT 1 AS NO FROM DUAL
        UNION
        SELECT 2 AS NO FROM DUAL)
GROUP BY NO, JOIN_GBN_CODE
```

[출력 결과]

| | NO | JOIN_GBN_CODE | COUNT(SABUN) | MAX(NAME) | MIN(ENG_NAME) | COUNT(ENG_NAME) | ROUND(AVG(SALARY)) |
|---|---|---|---|---|---|---|---|
| 1 | 1 | RGL | 43 | 홍길동 | Chung Kyung Hoon | 42 | 3035 |
| 2 | 2 | RGL | 43 | 홍길동 | Chung Kyung Hoon | 42 | 3035 |
| 3 | 1 | CNT | 14 | 제임스딘 | An Chang Ho | 13 | 2364 |
| 4 | 2 | CNT | 14 | 제임스딘 | An Chang Ho | 13 | 2364 |
| 5 | 1 | FRE | 30 | 프리김진일 | Cha Jae Woon | 30 | 3133 |
| 6 | 2 | CMP | 44 | 황성준 | Beak Jung Mung | 44 | 2726 |
| 7 | 1 | CMP | 44 | 황성준 | Beak Jung Mung | 44 | 2726 |
| 8 | 2 | FRE | 30 | 프리김진일 | Cha Jae Woon | 30 | 3133 |

눈 여겨 보아야 할 곳은 DUAL 테이블을 이용하여 로우가 2개인 집합을 만들고 카티젼 조인을 하여 둔 것을 볼 수 있다. 그 다음 GROUP BY로 그룹 지어서 처리를 하면 된다.

[예제 풀이 SQL 과정_2]

```
SELECT DECODE(NO,1,JOIN_GBN_CODE,'합계'), COUNT(SABUN), MAX(NAME), MIN(ENG_NAME),
       COUNT(ENG_NAME), ROUND(AVG(SALARY))
FROM INSA,
       (SELECT 1 AS NO FROM DUAL
        UNION
        SELECT 2 AS NO FROM DUAL)
GROUP BY DECODE(NO,1,JOIN_GBN_CODE,'합계')
ORDER BY DECODE(NO,1,JOIN_GBN_CODE,'합계')
```

[출력 결과]

| # | DECODE(NO,1,JOIN_GBN_CODE,'합계') | COUNT(SABUN) | MAX(NAME) | MIN(ENG_NAME) | COUNT(ENG_NAME) | ROUND(AVG(SALARY)) |
|---|---|---|---|---|---|---|
| 1 | CMP | 44 | 황성준 | Beak Jung Mung | 44 | 2726 |
| 2 | CNT | 14 | 제임스딘 | An Chang Ho | 13 | 2364 |
| 3 | FRE | 30 | 프리김진일 | Cha Jae Woon | 30 | 3133 |
| 4 | RGL | 43 | 홍길동 | Chung Kyung Hoon | 42 | 3035 |
| 5 | 합계 | 131 | 황성준 | An Chang Ho | 129 | 2882 |

앞에서 얘기했던 것처럼 GROUP BY 절에 기술할 수 있는 '함수가 들어가서 치환되고 가공된 값'을 넣어서 합계를 만들어 본 예제이다.

이렇듯 GROUP BY절은 우리가 전산 구축을 할 때 통계 혹은 현황 등의 조회 화면이나 장표에서 요긴하게 사용되는 경우가 많이 있으므로 이번 기회에 확실히 알고 넘어가자!

또 한 가지 주의 해야 될 점은 위의 SQL에서 보면 "ORDER BY DECODE(NO,1,JOIN_GBN_CODE,'합계')"를 한 것을 볼 수 있을 것이다. 기존에 ORACLE 9I 9.2.X 버전 이전에는 GROUP BY할 때는 자동으로 소팅을 수행했지만 그 이상의 버전에는 소팅을 수행하지 않는다.

필자도 ORACLE 10g R2 버전 이상에서 GROUP BY를 사용하다가 깜짝 놀란 일이 있어서 찾아보니 10g R2 버전 이상은 HASH GROUP BY를 한다고 하여 그 다음부터는 항상 ORDER BY절을 적어 주었다. HASH GROUP BY를 하면 속력에서 빠른 성능을 보이므로 그렇게 사용하는 것이 좋은 방법이다.

그러나, ORACLE 9.X 이하 버전에서 ORACLE 10g R2 이상 버전으로 ORACLE만 업그레이드 했다면 모든 프로그램에 "GROUP BY" SQL을 확인 점검하여 수정하여야 할 것이다.
INIT.ORA에 "_gby_hash_aggregation_enabled"=FALSE 문장을 넣어서 기존 방식대로 사용을 하던지 아니면 모든 SQL에 "ORDER BY"절을 넣어야 할것이다.

[GROUP BY와 SORTING]

```
SELECT DECODE(NO,1,JOIN_GBN_CODE,'합계'), COUNT(SABUN), MAX(NAME), MIN(ENG_NAME),
    COUNT(ENG_NAME), ROUND(AVG(SALARY))
FROM INSA,
    (SELECT 1 AS NO FROM DUAL
    UNION
    SELECT 2 AS NO FROM DUAL)
GROUP BY DECODE(NO,1,JOIN_GBN_CODE,'합계')
```

[HASH GROUP BY 실행 계획]

| Operation | Object Name | Rows | Bytes | Cost | Object Node | In/Out | PStart | PStop |
|---|---|---|---|---|---|---|---|---|
| SELECT STATEMENT Optimizer Mode=ALL_ROWS | | 256 | 30 K | 11 | | | | |
|   HASH GROUP BY | | 256 | 30 K | 11 | | | | |
|     MERGE JOIN CARTESIAN | | 256 | 30 K | 10 | | | | |
|       VIEW | | 2 | 6 | 6 | | | | |
|         SORT UNIQUE | | 2 | | 6 | | | | |
|           UNION-ALL | | | | | | | | |
|             FAST DUAL | | 1 | | 2 | | | | |
|             FAST DUAL | | 1 | | 2 | | | | |
|       BUFFER SORT | | 128 | 15 K | 11 | | | | |
|         TABLE ACCESS FULL | INSA.INSA | 128 | 15 K | 2 | | | | |

 ORDER BY 절로 정렬한다.

```
SELECT DECODE(NO,1,JOIN_GBN_CODE,'합계'), COUNT(SABUN), MAX(NAME), MIN(ENG_NAME),
       COUNT(ENG_NAME), ROUND(AVG(SALARY))
FROM INSA,
       (SELECT 1 AS NO FROM DUAL
        UNION
        SELECT 2 AS NO FROM DUAL)
GROUP BY DECODE(NO,1,JOIN_GBN_CODE,'합계')
ORDER BY DECODE(NO,1,JOIN_GBN_CODE,'합계')
```

[SORT GROUP BY 실행 계획]

| Operation | Object Name | Rows | Bytes | Cost | Object Node | In/Out | PStart | PStop |
|---|---|---|---|---|---|---|---|---|
| SELECT STATEMENT Optimizer Mode=ALL_ROWS | | 256 | 30 K | 11 | | | | |
|   SORT GROUP BY | | 256 | 30 K | 11 | | | | |
|     MERGE JOIN CARTESIAN | | 256 | 30 K | 10 | | | | |
|       VIEW | | 2 | 6 | 6 | | | | |
|         SORT UNIQUE | | 2 | | 6 | | | | |
|           UNION-ALL | | | | | | | | |
|             FAST DUAL | | 1 | | 2 | | | | |
|             FAST DUAL | | 1 | | 2 | | | | |
|       BUFFER SORT | | 128 | 15 K | 11 | | | | |
|         TABLE ACCESS FULL | INSA.INSA | 128 | 15 K | 2 | | | | |

## 1.4.2. GROUP BY와 ROLLUP 통계

[합계를 구함 – GROUP BY와 ROLLUP]

```
SELECT DECODE(JOIN_GBN_CODE,NULL,'합계',JOIN_GBN_CODE) AS GBN_CODE,
       COUNT(SABUN), MIN(ENG_NAME),
       COUNT(ENG_NAME), ROUND(AVG(SALARY))
FROM INSA
GROUP BY ROLLUP(JOIN_GBN_CODE)
```

[출력 결과]

| | GBN_CODE | COUNT(SABUN) | MIN(ENG_NAME) | COUNT(ENG_NAME) | ROUND(AVG(SALARY)) |
|---|---|---|---|---|---|
| 1 | CMP | 44 | Beak Jung Mung | 44 | 2726 |
| 2 | CNT | 14 | An Chang Ho | 13 | 2364 |
| 3 | FRE | 30 | Cha Jae Woon | 30 | 3133 |
| 4 | RGL | 43 | Chung Kyung Hoon | 42 | 3035 |
| 5 | 합계 | 131 | An Chang Ho | 129 | 2882 |

위에서 보듯이 GROUP BY에 ROLLUP(JOIN_GBN_CODE)을 사용하니 JOIN_GBN_CODE 별로 집계를 하여 보여주고 마지막에 합계를 출력하여 준다.

[소계를 구함 – GROUP BY와 ROLLUP]

```
SELECT DECODE(JOIN_GBN_CODE,NULL,'소계',JOIN_GBN_CODE) AS GBN_CODE,
       SEX, COUNT(SABUN), MIN(ENG_NAME),
       COUNT(ENG_NAME), ROUND(AVG(SALARY))
FROM INSA
GROUP BY ROLLUP(JOIN_GBN_CODE), SEX
```

[출력 결과]

| | GBN_CODE | SEX | COUNT(SABUN) | MIN(ENG_NAME) | COUNT(ENG_NAME) | ROUND(AVG(SALARY)) |
|---|---|---|---|---|---|---|
| 1 | CMP | F | 9 | Han Chang Suk | 9 | 2709 |
| 2 | CNT | F | 1 | | 0 | 0 |
| 3 | FRE | F | 8 | Hannah Lee | 8 | 3369 |
| 4 | RGL | F | 10 | Ji | 10 | 2780 |
| 5 | 소계 | F | 28 | Han Chang Suk | 27 | 2826 |
| 6 | CMP | M | 35 | Beak Jung Mung | 35 | 2731 |
| 7 | CNT | M | 13 | An Chang Ho | 13 | 2546 |
| 8 | FRE | M | 22 | Cha Jae Woon | 22 | 3048 |
| 9 | RGL | M | 30 | Chung Kyung Hoon | 30 | 3424 |
| 10 | 소계 | M | 100 | An Chang Ho | 100 | 2984 |

GROUP BY ROLLUP(JOIN_GBN_CODE), SEX문에 의해서 SEX별로 소계를 구한다.

[소계와 합계를 함께 구함 – GROUP BY와 ROLLUP]

```
SELECT DECODE(JOIN_GBN_CODE,NULL,'합계',JOIN_GBN_CODE) AS GBN_CODE,
       DECODE(SEX,NULL,DECODE(JOIN_GBN_CODE,NULL,' ','소계'),SEX) AS SEX,
       COUNT(SABUN), MIN(ENG_NAME),
       COUNT(ENG_NAME), ROUND(AVG(SALARY))
FROM INSA
GROUP BY ROLLUP(JOIN_GBN_CODE,SEX)
```

[출력 결과]

| | GBN_CODE | SEX | COUNT(SABUN) | MIN(ENG_NAME) | COUNT(ENG_NAME) | ROUND(AVG(SALARY)) |
|---|---|---|---|---|---|---|
| 1 | CMP | F | 9 | Han Chang Suk | 9 | 2709 |
| 2 | CMP | M | 35 | Beak Jung Mung | 35 | 2731 |
| 3 | CMP | 소계 | 44 | Beak Jung Mung | 44 | 2726 |
| 4 | CNT | F | 1 | | 0 | 0 |
| 5 | CNT | M | 13 | An Chang Ho | 13 | 2546 |
| 6 | CNT | 소계 | 14 | An Chang Ho | 13 | 2364 |
| 7 | FRE | F | 8 | Hannah Lee | 8 | 3369 |
| 8 | FRE | M | 22 | Cha Jae Woon | 22 | 3048 |
| 9 | FRE | 소계 | 30 | Cha Jae Woon | 30 | 3133 |
| 10 | RGL | F | 10 | Ji | 10 | 2780 |
| 11 | RGL | M | 30 | Chung Kyung Hoon | 30 | 3424 |
| 12 | RGL | 소계 | 40 | Chung Kyung Hoon | 40 | 3263 |
| 13 | 합계 | | 128 | An Chang Ho | 127 | 2950 |

GROUP BY ROLLUP(JOIN_GBN_CODE,SEX) 문장에 의하여 합계와 소계를 같이 구하는 예제를 볼 수 있다.

GROUP BY ROLLUP을 이용하여 소계, 합계를 구하는 예제는 마치도록 하고 여러분들이 참고 문서들을 보고 직접 여러 가지 예를 작성 해보기 바란다.

## 1.4.3. GROUP BY 와 CUBE 통계

[합계를 구함 – GROUP BY와 CUBE]

```
SELECT DECODE(JOIN_GBN_CODE,NULL,'합계',JOIN_GBN_CODE) AS GBN_CODE,
       COUNT(SABUN), MIN(ENG_NAME),
       COUNT(ENG_NAME), ROUND(AVG(SALARY))
FROM INSA
GROUP BY CUBE(JOIN_GBN_CODE)
```

[출력 결과]

| | GBN_CODE | COUNT(SABUN) | MIN(ENG_NAME) | COUNT(ENG_NAME) | ROUND(AVG(SALARY)) |
|---|---|---|---|---|---|
| 1 | 합계 | 128 | An Chang Ho | 127 | 2950 |
| 2 | CMP | 44 | Beak Jung Mung | 44 | 2726 |
| 3 | CNT | 14 | An Chang Ho | 13 | 2364 |
| 4 | FRE | 30 | Cha Jae Woon | 30 | 3133 |
| 5 | RGL | 40 | Chung Kyung Hoon | 40 | 3263 |

위에서 보듯이 GROUP BY에 CUBE(JOIN_GBN_CODE)를 사용하니 합계를 출력하여 주고 JOIN_GBN_CODE별로 집계를 하여 보여주고 있다.

[소계를 구함 – GROUP BY와 CUBE]

```
SELECT DECODE(JOIN_GBN_CODE,NULL,'소계',JOIN_GBN_CODE) AS GBN_CODE,
       SEX, COUNT(SABUN), MIN(ENG_NAME),
       COUNT(ENG_NAME), ROUND(AVG(SALARY))
FROM INSA
GROUP BY CUBE(JOIN_GBN_CODE), SEX
```

[출력 결과]

| | GBN_CODE | SEX | COUNT(SABUN) | MIN(ENG_NAME) | COUNT(ENG_NAME) | ROUND(AVG(SALARY)) |
|---|---|---|---|---|---|---|
| 1 | 소계 | F | 28 | Han Chang Suk | 27 | 2826 |
| 2 | CMP | F | 9 | Han Chang Suk | 9 | 2709 |
| 3 | CNT | F | 1 | | 0 | 0 |
| 4 | FRE | F | 8 | Hannah Lee | 8 | 3369 |
| 5 | RGL | F | 10 | Ji | 10 | 2780 |
| 6 | 소계 | M | 100 | An Chang Ho | 100 | 2984 |
| 7 | CMP | M | 35 | Beak Jung Mung | 35 | 2731 |
| 8 | CNT | M | 13 | An Chang Ho | 13 | 2546 |
| 9 | FRE | M | 22 | Cha Jae Woon | 22 | 3048 |
| 10 | RGL | M | 30 | Chung Kyung Hoon | 30 | 3424 |

GROUP BY ROLLUP(JOIN_GBN_CODE), SEX문에 의해서 SEX별로 소계를 구해 먼저 보여주고 JOIN_GBN_CODE의 그룹 함수를 수행하였다.

[소계와 합계를 함께 구함 – GROUP BY와 CUBE]

```
SELECT DECODE(JOIN_GBN_CODE,NULL,'합계',JOIN_GBN_CODE) AS GBN_CODE,
       DECODE(SEX,NULL,DECODE(JOIN_GBN_CODE,NULL,' ','소계'),SEX) AS SEX,
       COUNT(SABUN), MIN(ENG_NAME),
       COUNT(ENG_NAME), ROUND(AVG(SALARY))
FROM INSA
GROUP BY CUBE(JOIN_GBN_CODE,SEX)
```

[출력 결과]

| | GBN_CODE | SEX | COUNT(SABUN) | MIN(ENG_NAME) | COUNT(ENG_NAME) | ROUND(AVG(SALARY)) |
|---|---|---|---|---|---|---|
| 1 | 합계 | | 128 | An Chang Ho | 127 | 2950 |
| 2 | 합계 | F | 28 | Han Chang Suk | 27 | 2826 |
| 3 | 합계 | M | 100 | An Chang Ho | 100 | 2984 |
| 4 | CMP | 소계 | 44 | Beak Jung Mung | 44 | 2726 |
| 5 | CMP | F | 9 | Han Chang Suk | 9 | 2709 |
| 6 | CMP | M | 35 | Beak Jung Mung | 35 | 2731 |
| 7 | CNT | 소계 | 14 | An Chang Ho | 13 | 2364 |
| 8 | CNT | F | 1 | | 0 | 0 |
| 9 | CNT | M | 13 | An Chang Ho | 13 | 2546 |
| 10 | FRE | 소계 | 30 | Cha Jae Woon | 30 | 3133 |
| 11 | FRE | F | 8 | Hannah Lee | 8 | 3369 |
| 12 | FRE | M | 22 | Cha Jae Woon | 22 | 3048 |
| 13 | RGL | 소계 | 40 | Chung Kyung Hoon | 40 | 3263 |
| 14 | RGL | F | 10 | Ji | 10 | 2780 |
| 15 | RGL | M | 30 | Chung Kyung Hoon | 30 | 3424 |

GROUP BY CUBE(JOIN_GBN_CODE,SEX) 문장에 의하여 JOIN_GBN_CODE별, SEX별 소계를 구하고 총 합계를 구하는 것을 볼 수 있다.

### 1.4.4. GROUP BY와 GROUPING SETS 통계

[합계를 구함 – GROUP BY와 GROUPING SETS]

```
SELECT DECODE(JOIN_GBN_CODE,NULL,'합계',JOIN_GBN_CODE) AS GBN_CODE,
       COUNT(SABUN), MIN(ENG_NAME),
```

```
              COUNT(ENG_NAME), ROUND(AVG(SALARY))
FROM INSA
GROUP BY GROUPING SETS(JOIN_GBN_CODE,())
```

[출력 결과]

| | GBN_CODE | COUNT(SABUN) | MIN(ENG_NAME) | COUNT(ENG_NAME) | ROUND(AVG(SALARY)) |
|---|---|---|---|---|---|
| 1 | CMP | 44 | Beak Jung Mung | 44 | 2726 |
| 2 | CNT | 14 | An Chang Ho | 13 | 2364 |
| 3 | FRE | 30 | Cha Jae Woon | 30 | 3133 |
| 4 | RGL | 40 | Chung Kyung Hoon | 40 | 3263 |
| 5 | 합계 | 128 | An Chang Ho | 127 | 2950 |

위에서 보듯이 GROUP BY에 GROUPING SETS(JOIN_GBN_CODE,())를 사용하니 합계를 출력하여 주고 JOIN_GBN_CODE별로 집계를 하여 보여주고 있다. ROLLUP이나 CUBE와 별반 다를 것이 없다.

[소계를 구함 – GROUP BY와 GROUPING SETS]

```
SELECT DECODE(JOIN_GBN_CODE,NULL,'소계',JOIN_GBN_CODE) AS GBN_CODE,
       SEX, COUNT(SABUN), MIN(ENG_NAME),
       COUNT(ENG_NAME), ROUND(AVG(SALARY))
FROM INSA
GROUP BY GROUPING SETS((JOIN_GBN_CODE,SEX),(SEX))
```

[출력 결과]

| | GBN_CODE | SEX | COUNT(SABUN) | MIN(ENG_NAME) | COUNT(ENG_NAME) | ROUND(AVG(SALARY)) |
|---|---|---|---|---|---|---|
| 1 | CMP | F | 9 | Han Chang Suk | 9 | 2709 |
| 2 | CNT | F | 1 | | 0 | 0 |
| 3 | FRE | F | 8 | Hannah Lee | 8 | 3369 |
| 4 | RGL | F | 10 | Ji | 10 | 2780 |
| 5 | 소계 | F | 28 | Han Chang Suk | 27 | 2826 |
| 6 | CMP | M | 35 | Beak Jung Mung | 35 | 2731 |
| 7 | CNT | M | 13 | An Chang Ho | 13 | 2546 |
| 8 | FRE | M | 22 | Cha Jae Woon | 22 | 3048 |
| 9 | RGL | M | 30 | Chung Kyung Hoon | 30 | 3424 |
| 10 | 소계 | M | 100 | An Chang Ho | 100 | 2984 |

위에서 보듯이 GROUP BY GROUPING SETS((JOIN_GBN_CODE,SEX),(SEX))를 사용하니 SEX별 소계를 출력하여 주고 있다

[소계와 합계를 함께 구함 – GROUP BY와 GROUPING SETS]

```
SELECT DECODE(JOIN_GBN_CODE,NULL,DECODE(SEX,NULL,'합계','소계'),JOIN_GBN_CODE)
       AS GBN_CODE,
       SEX, COUNT(SABUN), MIN(ENG_NAME),
       COUNT(ENG_NAME), ROUND(AVG(SALARY))
FROM INSA
GROUP BY GROUPING SETS((JOIN_GBN_CODE,SEX),(SEX),())
```

[출력 결과]

| | GBN_CODE | SEX | COUNT(SABUN) | MIN(ENG_NAME) | COUNT(ENG_NAME) | ROUND(AVG(SALARY)) |
|---|---|---|---|---|---|---|
| 1 | CMP | F | 9 | Han Chang Suk | 9 | 2709 |
| 2 | CNT | F | 1 | | 0 | 0 |
| 3 | FRE | F | 8 | Hannah Lee | 8 | 3369 |
| 4 | RGL | F | 10 | Ji | 10 | 2780 |
| 5 | 소계 | F | 28 | Han Chang Suk | 27 | 2826 |
| 6 | CMP | M | 35 | Beak Jung Mung | 35 | 2731 |
| 7 | CNT | M | 13 | An Chang Ho | 13 | 2546 |
| 8 | FRE | M | 22 | Cha Jae Woon | 22 | 3048 |
| 9 | RGL | M | 30 | Chung Kyung Hoon | 30 | 3424 |
| 10 | 소계 | M | 100 | An Chang Ho | 100 | 2984 |
| 11 | 합계 | | 128 | An Chang Ho | 127 | 2950 |

GROUP BY GROUPING SETS((JOIN_GBN_CODE,SEX),(SEX),()) 문장에 의하여 JOIN_GBN_CODE별, SEX별 소계를 구하고 총 합계를 구하는 것을 볼 수 있다.

GROUPING SETS은 나열해 묶은 값별로 합계를 조절 할 수 있다는 장점이 있다. 예제를 가지고 많은 연습을 해서 특성을 파악하고 사용하기 바란다.

> **참고**

오라클의 버전이 올라가면서 편리한 기능들의 추가와 변경되는 기능들이 있다. 위에서 기술한 GROUP BY 관련 기능들도 HASH GROUP BY 기능의 변경과 ROLLUP, CUBE, GROUPING SETS같은 기능은 추가된 기능들이라 할 수 있다.

이런 기능들이 없었을 때는 온전히 SQL 작성자의 SQL 작성 실력에 의존하여 QUERY를 만들어 냈었는데 좋은 기능들이 추가되어 수고를 덜 수 있도록 하여 준다. 그러니 이런 기능들을 알고 습득하여 적재적소에 사용하기를 바란다.

분석 함수, ROLLUP, CUBE, GROUPING SETS같은 기능이 없었을 때는 개발자들은 현업의 요구 사항대로 현황을 보여주거나 보고서를 만들어 주려고 하면 정말 힘들었다.

세상 좋아졌다!

## 1.5. EXPLAIN PLAN

PLAN TABLE을 생성하려면 ORACLE_HOME/rdbms/admin/utlxplan.sql을 실행하면 된다.

> **참조**
>
> ```
> CREATE TABLE PLAN_TABLE (
>     STATEMENT_ID      VARCHAR2(30),
>     PLAN_ID           NUMBER,
>     TIMESTAMP         DATE,
>     REMARKS           VARCHAR2(4000),
>     OPERATION         VARCHAR2(30),
>     OPTIONS           VARCHAR2(255),
>     OBJECT_NODE       VARCHAR2(128),
>     OBJECT_OWNER      VARCHAR2(30),
>     OBJECT_NAME       VARCHAR2(30),
>     OBJECT_ALIAS      VARCHAR2(65),
>     OBJECT_INSTANCE   NUMERIC,
>     OBJECT_TYPE       VARCHAR2(30),
>     OPTIMIZER         VARCHAR2(255),
>     SEARCH_COLUMNS    NUMBER,
> ```

```
        ID                  NUMERIC,
        PARENT_ID           NUMERIC,
        ~~~~~~~~~~~~~~~~~~~~~~~~~~~~
        DISTRIBUTION        VARCHAR2(30),
        CPU_COST            NUMERIC,
        IO_COST             NUMERIC,
        TEMP_SPACE          NUMERIC,
        ACCESS_PREDICATES   VARCHAR2(4000),
        FILTER_PREDICATES   VARCHAR2(4000),
        PROJECTION          VARCHAR2(4000),
        TIME                NUMERIC,
        QBLOCK_NAME         VARCHAR2(30),
        OTHER_XML           CLOB )
```

EXPLAIN PLAN은 ORACLE 옵티마이저(OPTIMIZER: 실행 계획을 만들어주는 오라클의 두뇌같은 존재)가 어떤 방식으로 데이터를 조회 할 것인지를 SQL을 보고 계획을 만들어 두는 것이다. 옵티마이저는 실행할 SQL을 뒤에서부터 PARSING을 하여 SQL문의 에러를 찾아내고 에러가 없으면 수행할 실행 계획을 PLAN_TABLE에 저장을 한다.

```
GRANT DELETE, INSERT, SELECT, UPDATE ON SYS.PLAN_TABLE TO PUBLIC;
```

위와같이 권한을 PUBLIC으로 주어서 모든 사용자가 사용할 수 있도록 설정하여 둔다.

실행 계획을 조회해 보면 문장들에 나오는 용어가 DB 관련된 전산 용어이므로 그렇게 어려운 점은 없지만 몇 가지 짚어보고 가야 할 것들이 있다.

**[실행 계획]**

| Operation | Object Name | Rows | Bytes | Cost | Object Node | In/Out | PStart | PStop |
|---|---|---|---|---|---|---|---|---|
| SELECT STATEMENT Optimizer Mode=ALL_ROWS | | 4 | 120 | 11 | | | | |
|   SORT GROUP BY | | 4 | 120 | 11 | | | | |
|     MERGE JOIN CARTESIAN | | 260 | 7 K | 10 | | | | |
|       VIEW | | 2 | 6 | 6 | | | | |
|         SORT UNIQUE | | 2 | | 6 | | | | |
|           UNION-ALL | | | | | | | | |
|             FAST DUAL | | 1 | | 2 | | | | |
|             FAST DUAL | | 1 | | 2 | | | | |
|       BUFFER SORT | | 130 | 3 K | 11 | | | | |
|         TABLE ACCESS FULL | INSA.INSA | 130 | 3 K | 2 | | | | |

PLAN을 해석하는 순서는 오른쪽(안쪽)에서 왼쪽(바깥)으로 위에서 아래로의 순서로 진행한다고 생각하면 된다.

❶ :FAST DUAL
❷ :FAST DUAL
❸ :UNION-ALL
❹ :SORT UNIQUE
❺ :VIEW
❻ :TABLE ACCESS FULL INSA.INSA
❼ :BUFFER SORT
❽ :MERGE JOIN CARTESIAN
❾ :SORT GROUP BY

이 순서대로 옵티마이저는 수행을 할 것이다.

## 1.5.1. JOIN과 LOOP-QUERY(전체 범위 처리)

특성을 알고 정확히 사용하자.

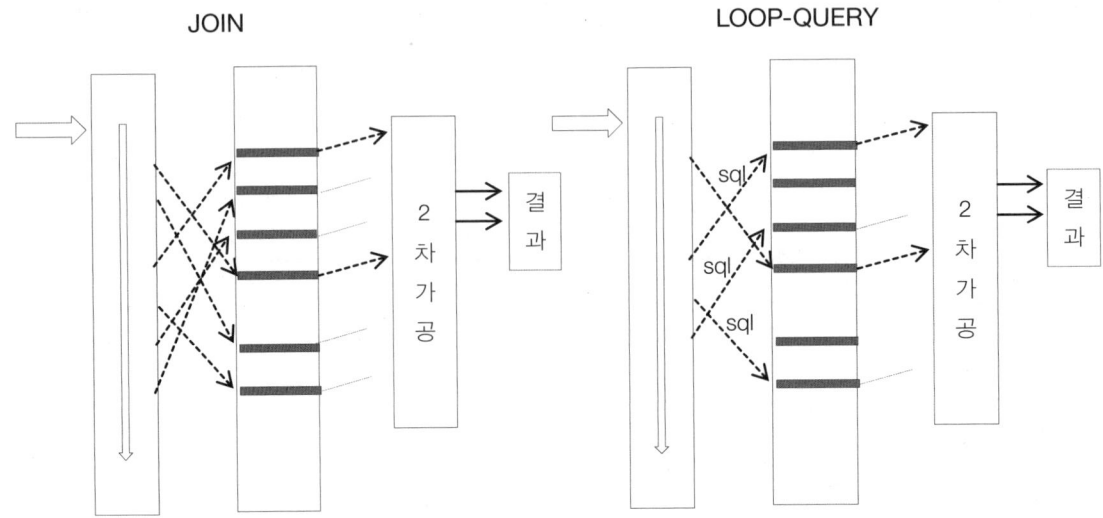

그림 6-3 Nested Loop JOIN 실행 계획 개념도

- JOIN : 2개 이상의 테이블을 연결할 때 WHERE절에 Join 조건을 기술하고 SQL을 한 번에 돌려 한꺼번에 결과 데이터를 뽑아내는 형식이고 전체 범위 처리에 유리하다.

- LOOP-QUERY : MAIN-QUERY가 먼저 실행이 되고 나온 결과값으로 SUB-QUERY를 실행하여 결과를 뽑아내는 형식으로 PL/SQL에서 많이 사용된다. 부분 범위 처리에 유리하고 한 테이블을 가지고 먼저 가공해야 할 때 유리하다.

### 1.5.2. Nested Loop JOIN

Nested Loop Join이란 하나 이상의 테이블이 JOIN에 참여할 경우 일정한 순서에 의해서 데이터를 추출하는 방법으로 먼저 DRIVING되는 테이블의 추출된 값으로 연결할 테이블을 Join하여 결과 데이터를 추출하는 방법이다. Nested Loop Join을 다음과 같이 요약해서 정리할 수 있다.

- 순차적(부분 범위 처리 가능)
- 종속적(먼저 처리되는 테이블의 처리 범위에 따라 처리량 결정)
- 랜덤(Random) 액세스 위주
- 연결 고리 상태에 따라 영향이 큼
- 주로 좁은 범위 처리에 유리

SQL문을 통해 Nested Loop Join의 과정을 이해해보자.

[Nested Loop Join SQL문]

```
SELECT /*+ ordered use_nl(t t1) */
        T.SABUN, T.ENG_NAME, T.JOIN_GBN_CODE, T.SALARY,
        T1.CMP_NAME, T1.CMP_PHONE, T1.CMP_ADDR1
   FROM INSA T, INSA_COMPANY T1
  WHERE T.CMP_REG_NO = T1.CMP_REG_NO
    AND T.SABUN BETWEEN '2012121201' AND '2012123199'
    AND T1.CMP_REG_NO = '2222222206'
```

INSA 테이블과 INSA_COMPANY 테이블을 Join하여 사원의 정보를 확인하기 위한 SQL문으로, 실행 계획을 확인하고 쿼리 진행 순서를 확인해 보자.

[Nested Loop Join 실행 계획]

| Operation | Object Name | Rows | Bytes | Cost |
|---|---|---|---|---|
| SELECT STATEMENT Optimizer Mode=CHOOSE | | 1 | 127 | 3 |
|   NESTED LOOPS | | | | |
|     NESTED LOOPS | | 1 | 127 | 3 |
|       TABLE ACCESS BY INDEX ROWID | INSA.INSA | 1 | 39 | 2 |
|         INDEX RANGE SCAN | INSA.INSA_PK | 2 | | 1 |
|       INDEX UNIQUE SCAN | INSA.INSA_COMPANY_PK | 1 | | 0 |
|     TABLE ACCESS BY INDEX ROWID | INSA.INSA_COMPANY | 1 | 88 | 1 |

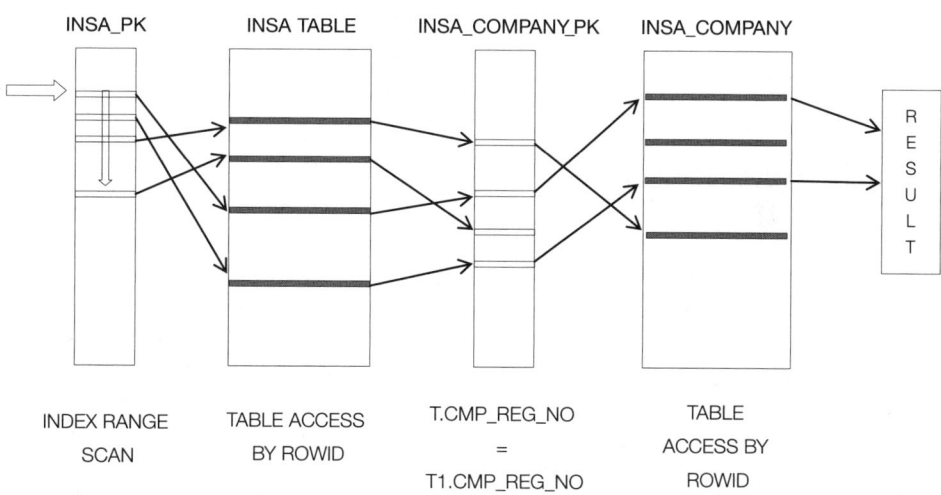

그림 6-4 Nested Loop JOIN 실행 계획 개념도

SQL 문장의 실행 계획을 순서대로 보면 처음 INSA_PK 인덱스 RANGE SCAN을 하면서 SABUN이 '2012121201'에서 '2012123199' 번의 ROWID를 뽑아 INSA 테이블에서 해당하는 값을 추출한다.

추출된 값에 해당하는 ROW의 T.CMP_REG_NO를 INSA_COMPANY_PK 인덱스 테이블과 매칭되는 T1.CMP_REG_NO로 INSA_COMPANY 테이블에 접근하여 CMP_REG_NO가 '2222222206'인 데이터만 뽑아 결과 데이터로 반환하는 방법이다.

### 1.5.3. Sort Merge JOIN

SORT MERGE JOIN은 Join되는 데이터의 양이 많아서 FULL TABLE SCAN을 하면서 Join될 때 유리한 Join이다. SORT MERGE JOIN은 오라클 메모리에서 Join하지 않고 내부적으로 정렬 작업이 발생된다. 다음과 같이 SORT MERGE JOIN을 요약해서 정리할 수 있다.

- 동시적(무조건 전체 범위 처리)
- 스캔(Scan) 액세스 위주
- 연결 고리 상태에 영향이 없음
- 주로 넓은 범위 처리에 유리

SORT MERGE JOIN은 연결 고리가 되는 키값을 정렬해서 정렬된 키값으로 빠르게 Join하는 방법으로 다음의 예를 통해 확인해 보자.

[Sort Merge Join SQL문]

```
SELECT /*+ LEADING(T1 T) USE_MERGE(T) */
       T.SABUN, T.ENG_NAME, T.JOIN_GBN_CODE, T.SALARY,
       T1.CMP_NAME, T1.CMP_PHONE, T1.CMP_ADDR1
  FROM INSA T, INSA_COMPANY T1
 WHERE T.CMP_REG_NO = T1.CMP_REG_NO
```

쿼리 자체는 HASH JOIN으로 마지막에 ORDER BY로 데이터를 정렬하고 추출하지만 MERGE JOIN의 예를 들기 위해 HINT 사용으로 옵티마이저의 실행 계획을 제어해 보았다.

USE_MERGE 힌트 사용으로 변경된 옵티마이저의 실행 계획을 확인해 보자.

[Sort Merge Join 실행 계획]

| Operation | Object Name | Rows | Bytes | Cost |
|---|---|---|---|---|
| SELECT STATEMENT Optimizer Mode=ALL_ROWS | | 85 | 24 K | 8 |
|   MERGE JOIN | | 85 | 24 K | 8 |
|     SORT JOIN | | 47 | 9 K | 4 |
|       TABLE ACCESS FULL | INSA.INSA_COMPANY | 47 | 9 K | 3 |
|     SORT JOIN | | 128 | 10 K | 4 |
|       TABLE ACCESS FULL | INSA.INSA | 128 | 10 K | 3 |

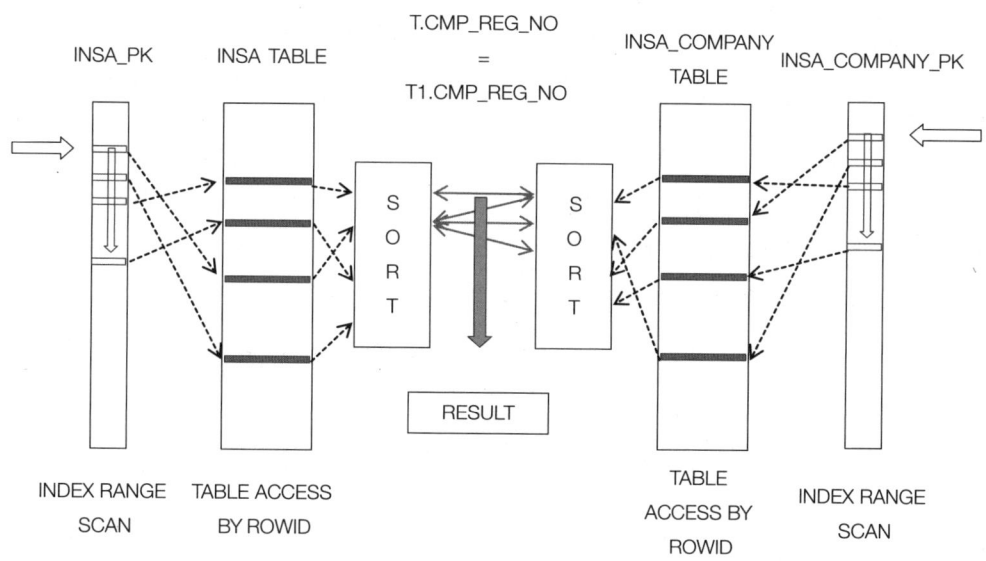

그림 6-5 SORT MERGE JOIN 실행 계획 개념도

옵티마이저의 실행 계획을 보면 LEADING 힌트 사용으로 INSA_COMPANY 테이블을 먼저 DRIVING하는 것을 알 수 있고 SORT MERGE JOIN의 개념도를 통해 알 수 있듯이 WHERE 절에 JOIN을 하기 전에 양쪽 집합(CMP_REG_NO)을 정렬하여 집합을 서로 MERGE하여 데이터를 추출한다.

NL JOIN은 흐름을 가지고 절차적인 방법으로 데이터를 추출하는 반면에 SORT MERGE JOIN은 집합적인 의미로 데이터를 추출한다고 생각하면 이해하기 편할 것이다.

## 1.5.4. Hash Join

대용량 데이터를 다루는 SQL문에서 Nested Loop Join과 Sort Merge 방식은 장단점이 대조적이기 때문에 서로의 단점을 보완해주는 대체 수단으로 활용되는데 NL Join 방식의 랜덤 I/O와 Sort Merge Join의 정렬에 대한 부담을 해결할 수 있는 방식으로 Hash Join을 이용해 두 방식의 단점들을 보완하게 되었다.

Hash Join은 Hash 함수를 이용해 테이블의 데이터를 상수로 입력 받아 파티션 내의 클러스터 공간에 저장하고 리턴하는 개념으로 Hash 함수를 이용한 연결과 파티션 단위 처리의 특징이 있다.
다음과 같이 Hash JOIN을 요약해서 정리할 수 있다.

- 양쪽 테이블을 스캔하여 조인 컬럼에 대한 파티션 '짝'을 생성
- 각 파티션 짝에 대해 작은 파티션을 메모리로 로드하여 해쉬 테이블로 생성
- 다른 파티션의 로우를 읽는다. 이 때 메모리 내의 파티션에 대응되는 로우가 있는지를 검증하기 위해 해쉬 테이블을 이용
- 작은 파티션을 찾아 메모리로 로딩하여 해쉬 테이블을 생성하고 대응되는 로우를 찾는 작업 등을 계속해서 수행

[Hash Join SQL문]

```
SELECT T.SABUN, T.ENG_NAME, T.JOIN_GBN_CODE, T.SALARY,
       T1.CMP_NAME, T1.CMP_PHONE, T1.CMP_ADDR1
  FROM INSA T, INSA_COMPANY T1
 WHERE T.CMP_REG_NO = T1.CMP_REG_NO
```

Hash Join으로 결과 데이터를 추출해 내는데 옵티마이저의 실행 계획과 Hash Join의 개념도를 통해 진행되는 과정을 알아 보도록 하겠다.

**[Hash Join 실행 계획]**

| Operation | Object Name | Rows | Bytes | Cost |
|---|---|---|---|---|
| SELECT STATEMENT Optimizer Mode=ALL_ROWS | | 11 K | 1 M | 106 |
|   HASH JOIN | | 11 K | 1 M | 106 |
|     TABLE ACCESS FULL | INSA.INSA_COMPANY | 47 | 4 K | 3 |
|     TABLE ACCESS FULL | INSA.INSA | 11 K | 408 K | 103 |

> **Tip_ Hash 함수**
>
> Hash 함수란 데이터를 작은 크기의 데이터로 재가공하는 것으로 역함수가 존재하지 않는 단방향 함수이다. F(x) = y 조건으로 Hash join에서 x는 데이터의 상수를 의미하고 y는 데이터가 함수를 통해 재가공된 데이터로 Partition 내의 Cluster 단위의 key값으로 사용된다.
> Hash 함수의 사용은 빠른 속도의 데이터 검색이 가능하고 데이터를 암호화하고 복호화하는 데에도 사용된다.

실행 계획을 확인해 보면 Insa_company 테이블을 먼저 Driving하고 Insa 테이블을 읽어가면서 Join이 발생되는 플랜을 확인할 수 있는데 개념도를 보면서 자세한 과정을 확인해 보자.

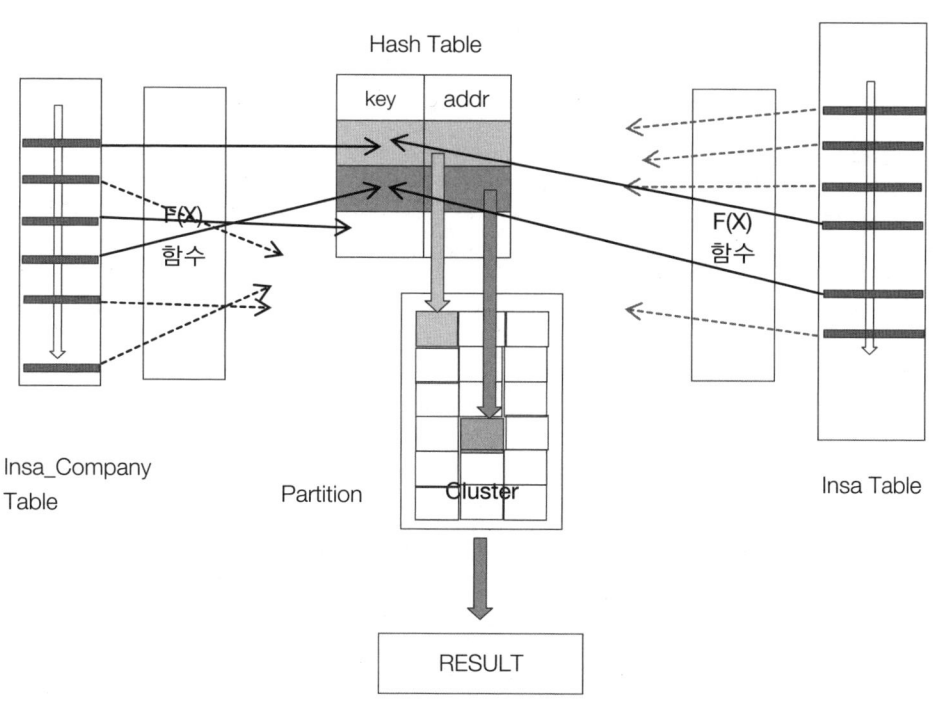

그림 6-6 Hash Join 실행 계획 개념도

옵티마이저는 먼저 작은 테이블인 Insa_Company 테이블을 Full Scan하고 cmp_reg_no 컬럼 상수 값을 Hash 함수를 통해 Hash값을 받게되면 Hash Key와 Hash Table이 만들어지고 ROW 단위의 데이터를 갖는 Cluster와 Cluster로 이루어진 Partition이 만들어진다.

그리고 Insa 테이블을 Full Scan하고 함수를 통해 Hash값을 받아 만들어진 Hash key로 Hash 테이블을 검색하여 Insa_Company의 key값과 매칭되는 key값의 주소를 가지고 해당 Cluster를 찾아 스캔하면서 Join을 하게 된다.

> **Tip_ Stored Outline**
>
> Stored Outline(실행 계획 고정) : Stored Outline은 최적의 실행 계획을 작성하여(엄밀히 말하면 실행 계획을 세울 수 있는 힌트) 저장해 두고 데이터의 변화가 발생하거나 INDEX가 추가되어도 실행 계획의 변함없이 최적으로 작성해 둔 실행 계획을 수행하게 함으로써 옵티마이저가 환경이 바뀌어도 잘못된 실행 계획 수립을 방지하기 위하여 사용한다.

> **참고**
>
> 지금까지 PLAN에 대하여 알아 보았다. 그리고 옵티마이저가 처리하는 조인 방식들도 알아 보았다. 이 책을 읽는 독자 여러분들은 초급도 있을 것이고 중급, 고급도 있을 것이다. 중급, 고급자들은 PLAN의 중요성을 알 것이나 초급자들은 아직 와 닿지는 않겠지만 개발 시에 PLAN을 확인해 보고 SQL을 작성한다는 것은 정말 중요한 일이다.
>
> 혹시 PLAN을 조회해 보지 못하는 환경에서 코딩을 하게되면 DBA에게 PLAN을 조회해 볼 수 있도록 환경을 구축해 달라고 요청해야 한다. 그리고 개발 시 항상 PLAN을 확인하고 최적의 SQL을 작성하는 것을 생활화 해야 나중에 자신의 실력이 한 단계 높아진다는 것을 느낄 수 있다.

## 2. DML

우리가 흔히 사용하는 INSERT, UPDATE, DELETE 등을 DML문이라 한다. 오라클에서는 이전 COMMIT과 다음의 데이터베이스에 저장되기 전까지의 데이터 조작 명령어들을 TRANSACTION이라 하는데 하나의 논리적 작업 단위로 데이터베이스에서 발생한 작업을 저장 및 삭제한다.

[표 6-1] DML문의 종류와 설명

| 명령어 | 설명 |
|---|---|
| INSERT | 테이블에 신규 ROW의 데이터를 추가 |
| UPDATE | 테이블에 존재하는 ROW의 내용을 변경 |
| DELETE | 테이블에 존재하는 Row를 삭제 |
| MERGE | 테이블에 기존 데이터가 있으면 UPDATE 실행/새로운 데이터일 경우 INSERT 명령어로 실행 |
| COMMIT | 변경된 데이터의 내용을 데이터베이스에 저장 |
| SAVEPOINT | 부분적인 롤백을 하기 위해 트랜잭션에 대한 중간점을 정의하고 트랜잭션의 작업을 여러 세그먼트로 분할해서 데이터베이스에 적용 |
| ROLLBACK | COMMIT되기 전 모든 데이터의 변경 내용들을 이전 COMMIT 시점으로 복구 |

## 2.1. SELECT

DML문 중 SELECT는 SQL에서 가장 많이 쓰이는 명령어이다. 테이블에 저장된 수많은 데이터 중에서 필요한 데이터만 선택해 조회할 수 있는데 테이블의 양이 많아지고 다양한 테이블에서 필요한 데이터를 조회하기 위해서는 기본적인 SELECT 문법 외에 다양한 함수의 사용이 필요하다.

SELECT 명령어는 데이터 조회만 가능하기 때문에 데이터 INSERT, UPDATE, DELETE 기능을 기대해서는 안된다. 그러나 INSERT, UPDATE, DELETE의 기능을 잘 사용하려면 SELECT의 기법을 완벽히 익혀야만 100% 그 기능을 살릴 수 있다.

### 2.1.1. SELECT 명령어 기본 문법

[기본 형식]

```
SELECT [컬럼명...] FROM [테이블명]
WHERE [컬럼명] = [조건]
GROUP BY [expr]
HAVING [expr]
ORDER BY [조건식] ASC || DESC
```

SELECT 이후에 나오는 컬럼명들의 출처는 FROM절 뒤에 테이블명에 속해 있는 컬럼이어야 한다. WHERE절 뒤에는 조회 할 조건을 명시하고 데이터 결과값을 제한할 수 있지만 WHERE절에 조건이 없다면 카티젼 조인(Cartesian Join)이 실행되면서 원하지 않는 데이터까지 조회되는 상황이 발생된다.

SELECT 명령어에서 GROUP BY는 그룹별로 하나의 결과가 주어지도록 행의 집합에 대해 연산할 경우 그룹화 할 수 있고 HAVING절을 이용해서 그룹에 대한 조건을 제한한다. ORDER BY의 DEFAULT는 ASC이고 출력 데이터 정렬을 ASC(오름차순), DESC(내림차순)으로 컨트롤한다.

**TABLE_1 사원**

사번
이름
나이
핸드폰번호

| # | SABUN | NAME | AGE | PHONE |
|---|-------|------|-----|-------|
| 1 | 20090101 | 이호상 | 45 | 01063302154 |
| 2 | 20090103 | 김영삼 | 25 | 01063302152 |
| 3 | 20090104 | 노태우 | 35 | 01063302153 |
| 4 | 20090105 | 김화영 | 22 | 01063302154 |
| 5 | 20090106 | 우영운 | 33 | 01063302155 |
| 6 | 20090107 | 김유신 | 21 | 01063302156 |

**TABLE_2 학력**

사번
학력
전공
졸업년도

| # | SABUN | ACAD_ABILITY | MAJOR_STUDY | GRAT_YM |
|---|-------|--------------|-------------|---------|
| 1 | 20090101 | 고졸 | 문과 | 200002 |
| 2 | 20090101 | 대졸 | 전자공학과 | 200102 |
| 3 | 20090102 | 대졸 | 방송통신과 | 200102 |
| 4 | 20090103 | 대졸 | 경영학과 | 200102 |
| 5 | 20090104 | 대졸 | 전자공학과 | 200102 |

그림 6-7 사원/학력 테이블

그림 6-7의 기본적인 사원/학력 데이터를 이용하여 다음과 같이 조회를 해보자.

**<예제>** 대학 졸업자들의 평균 나이를 구하시오.

[기본 SELECT 쿼리]

```
SELECT   T2.ACAD_ABILITY,AVG(T1.AGE)AS AVG_AGE
FROM CHAPTER_1T1, CHAPTER_2 T2
WHERE T1.SABUN = T2.SABUN
GROUP BY   T2.ACAD_ABILITY
HAVING T2.ACAD_ABILITY='대졸'
```

[출력 결과]

| ACAD_ABILITY | AVG_AGE |
|---|---|
| 1 대졸 | 35 |

이 예제는 GROUP BY절을 이용해 T2.ACAD_ABILITY 컬럼을 그룹화하여 평균 나이를 추출했고 HAVING절을 이용해 '대졸'이라는 제한 조건을 명시함으로써 조회 데이터에 대졸자의 평균 나이를 확인 할 수 있다. GROUP BY절은 WHERE절의 영향을 받지 않고 HAVING절로 데이터 조회 범위를 제한한다.

**<예제>** 두 테이블을 이용해 대학 졸업자의 리스트를 추출하여 나이 순서대로 조회하시오.

[기본 SELECT 쿼리]

```
SELECT T1.SABUN AS SABUN, T1.NAME AS NAME, T1.AGE,
       T2.ACAD_ABILITY, T2.MAJOR_STUDY, T2.GRAT_YM
   FROM CHAPTER_1 T1, CHAPTER_2 T2
WHERE T1.SABUN = T2.SABUN
   AND T2.ACAD_ABILITY = '대졸'
ORDER BY AGE DESC
```

[출력 결과]

| SABUN | NAME | AGE | ACAD_ABILITY | MAJOR_STUDY | GRAT_YM |
|---|---|---|---|---|---|
| 1 20090101 | 이호상 | 45 | 대졸 | 전자공학과 | 200102 |
| 2 20090104 | 노태우 | 35 | 대졸 | 전자공학과 | 200102 |
| 3 20090103 | 김영삼 | 25 | 대졸 | 경영학과 | 200102 |

예제 풀이를 하자면 WHERE절에 두 테이블의 SABUN은 같아야 하고 T2.ACAD_ABILITY는 '대졸'의 조건을 추가했다. 두 조건을 만족하는 데이터를 추출하여 ORDER BY절을 통해서 화면 정렬은 나이의 역순으로 데이터 정렬을 했다.

<예제> 대학 졸업자 중 전공별로 인원과 총 합을 구하시오.

[기본 SELECT 쿼리]

```
SELECT T2.ACAD_ABILITY,NVL(T2.MAJOR_STUDY,' - '),  COUNT(*)  TOTAL_COUNT
FROM CHAPTER_1 T1, CHAPTER_2 T2
WHERE T1.SABUN=T2.SABUN
GROUP BY ROLLUP(T2.ACAD_ABILITY, T2.MAJOR_STUDY)
HAVING T2.ACAD_ABILITY='대졸'
```

[출력 결과]

| | ACAD_ABILITY | NVL(T2.MAJOR_STUDY,'-') | TOTAL_COUNT |
|---|---|---|---|
| 1 | 대졸 | 경영학과 | 1 |
| 2 | 대졸 | 전자공학과 | 2 |
| 3 | 대졸 | - | 3 |

기본적인 구조는 앞의 예제와 비슷하다. 예제에서 확인 할 수 있듯이 ROLLUP 함수는 GROUP BY 절 조건에서 사용이 가능하다. ROLLUP 함수는 앞에서 상세히 설명하였으니 지나 가도록 하겠다.

## 2.1.2. 서브 쿼리(SUB QUERY)

SQL 문장의 절에 들어가는 SELECT 문장이 SUBQUERY이다. SUBQUERY는 MAIN QUERY 이전에 한 번만 수행되며 SUBQUERY의 결과는 원래의 SQL 문장을 MAIN QUERY라고 한다면 MAIN QUERY의 조건으로 쓰여지게 된다.
SUBQUERY를 사용하면 긴 쿼리를 간단하고 강력하게 정리할 수 있으며 테이블의 행을 검색할 필요가 있을 때 주로 쓰인다.

[기본 형식]

```
SELECT [컬럼명...] FROM [테이블명]
WHERE SUBQUERY
    (SELECT [컬럼명..] FROM [테이블명]
      WHERE  [컬럼명] = [조건])
```

SUBQUERY의 사용 방법은 위에서 예를 들었지만 WHERE절뿐만 아니라 FROM절, HAVING 절, SELECT 리스트(컬럼)에도 사용할 수 있다. 그리고 사용 방법에 의해서 명칭도 달라진다.

- FROM절 : 인라인 뷰(Inline view)
- WHERE절 : 중첩 쿼리(Nested Query)
- SELECT 리스트 : 서브 쿼리(Subquery)

하나의 테이블에 컬럼들의 정보가 많아지면 데이터 검색 속도가 느려진다. 서브 쿼리는 원하는 결과의 데이터 접근 속도를 높이기 위해서 다른 테이블과 관계를 맺어 만든다. 간단한 예제를 통해 SUBQUERY를 활용해 보자.

**<예제>** 전체 인원의 평균 나이를 구하고 평균 이하의 인원을 조회하시오.

[기본 SELECT 쿼리]

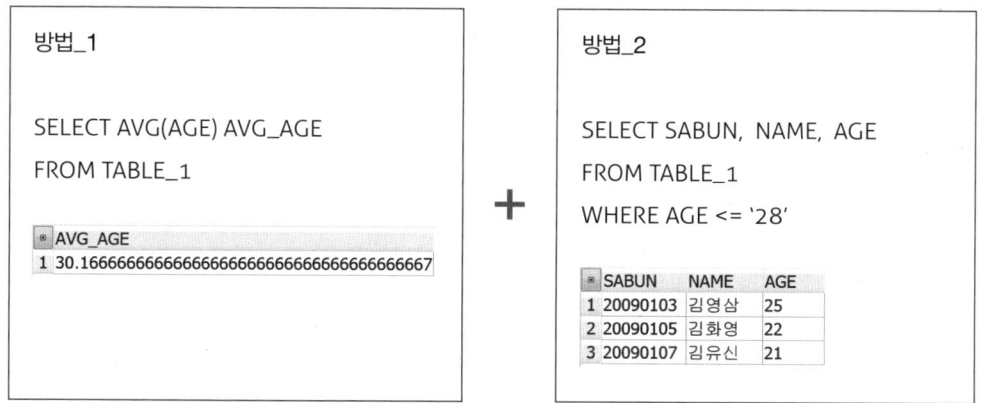

위의 평균 이하의 값을 조회하기 위해서 먼저 방법_1의 쿼리를 통해 평균값을 구하였고 방법_2에서는 조회하려는 데이터의 WHERE절에 조건을 추가했다. 두 번의 쿼리를 통해 원하는 데이터 조회가 가능하지만 방법_1, 방법_2의 두 쿼리를 하나의 SQL 문장으로 만들수 있는 것이 SUBQUERY이다.

[SUBQUERY를 활용한 데이터 조회]

```
SELECT SABUN, NAME, AGE
       FROM TABLE_1
       WHERE AGE <= (SELECT AVG(AGE) AS AVG_AGE FROM TABLE_1)
```

[출력 결과]

| | SABUN | NAME | AGE |
|---|---|---|---|
| 1 | 20090103 | 김영삼 | 25 |
| 2 | 20090105 | 김화영 | 22 |
| 3 | 20090107 | 김유신 | 21 |

SUBQUERY를 사용한 SELECT문이다. 먼저 SUBQUERY에서 TABLE_1 테이블의 평균 나이를 구하고 MAIN QUERY의 WHERE절에서 나이가 평균 이하인 사람들의 데이터 조회를 한 번에 검색할 수 있다.

SQL 한 문장 안에 SELECT문을 여러번 쓰면서 복잡한 데이터를 조회 할 때 처음에 실행되는 SELECT문 WHERE절에는 함수를 가급적 쓰지 않는 것이 효율적인 방법이다. 방대한 데이터 안에서 결과값을 조회하기 위해서 처음부터 일일이 컬럼에 대한 함수 처리를 실행하는 방법과 근접한 데이터를 추스리고 좁혀진 범위 안에서 함수 처리를 실행하는 방법의 데이터 처리 속도는 극명하게 달라지기 때문이다. 꼭 써야 하는 경우도 간혹 있지만 WHERE절의 함수 사용은 좌변의 대상 컬럼보다 우변의 조건에 쓰기를 권장한다.

### 2.1.3. SELECT 예문들

SELECT절을 잘 사용하려면 이 책에 기술해 둔 기초 과정의 내용들을 잘 숙지해야 한다. 기본적인 함수 그리고 SQL에 사용할 수 있는 기초적인 지식을 잘 습득한 후에 SQL을 작성하는 것과 그렇지 않는 것과는 나중에 큰 차이가 발생하니까 좀 부족하다고 생각되면 다시 앞으로 가서 숙지하는 것이 좋다.
이번에는 SELECT 예를 들어주고 풀어가는 과정을 설명할 것이다.

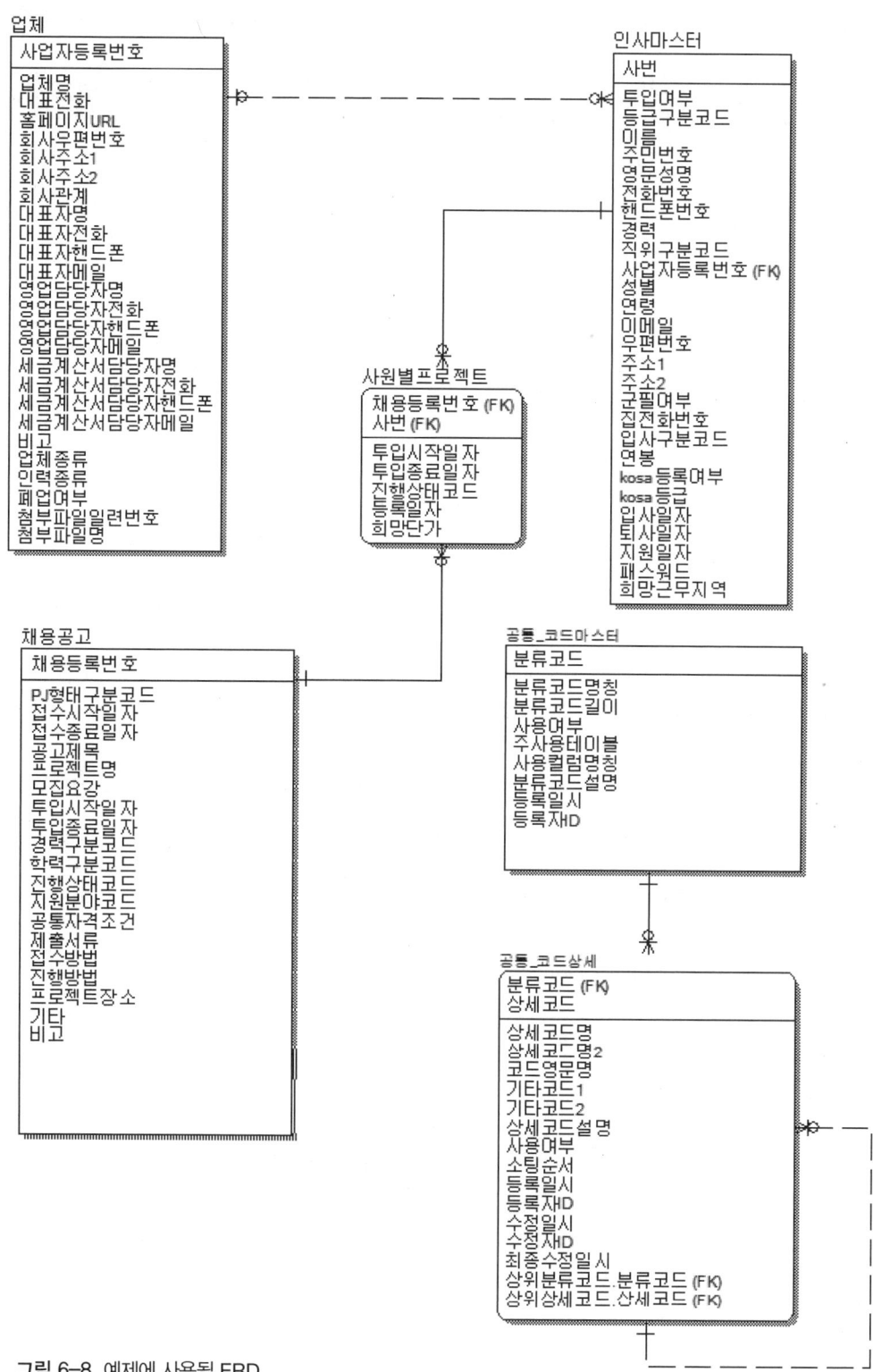

그림 6-8 예제에 사용될 ERD

**<예제>** 프로젝트별 투입 현황을 작성하시오.

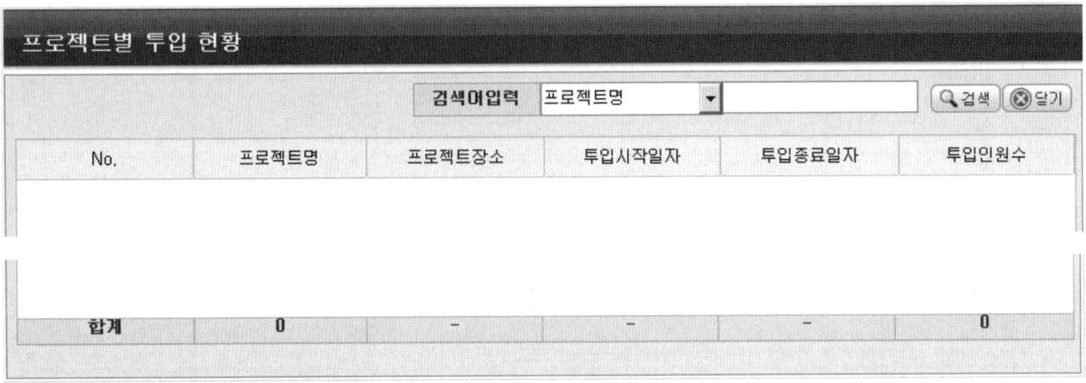

그림 6-9 프로젝트 웹 현황 화면

위의 예제로 한정 지어서 현황을 보는 업무가 있다고 가정하자.

[SELECT문]

```
SELECT
    DECODE(T2.RECT_REG_NO,NULL,'합계',T2.RECT_REG_NO) AS 채용등록번호,
    DECODE( T2.RECT_REG_NO,NULL,'',MAX(T2.PJT_NAME)) AS 프로젝트명,
    DECODE( T2.RECT_REG_NO,NULL,'',MAX(T2.PJT_PLACE)) AS 프로젝트장소,
    DECODE( T2.RECT_REG_NO,NULL,'',MAX(DECODE(T2.PUT_START_DAY,NULL,'0001/01/01',TO_
CHAR(T2.PUT_START_DAY,'YYYY/MM/DD')))) AS 투입시작일,
    DECODE( T2.RECT_REG_NO,NULL,'',MAX(DECODE(T2.PUT_END_DAY,NULL,'9999/12/31',TO_
CHAR(T2.PUT_END_DAY,'YYYY/MM/DD')))) AS  투입종료일자,
    DECODE( T2.RECT_REG_NO,NULL,'총'||COUNT(T1.SABUN)||'명',MAX(T1.
NAME)||(DECODE(COUNT(T1.SABUN),0,'0명',DECODE(COUNT(T1.SABUN),1,'','외'||(COUNT(T1.
SABUN)-1)||'명')))) AS 투입인원수
FROM   INSA T1,--인사마스터
       ( SELECT
           TT1.RECT_REG_NO,         TT1.PJT_NAME,
           TT1.PJT_PLACE,           TT1.PUT_START_DAY,
           TT1.PUT_END_DAY,         TT2.SABUN
         FROM INSA_RECT_NOTICE TT1, --채용공고
              INSA_EMP_PJT TT2 --사원별프로젝트
         WHERE TT1.RECT_REG_NO = TT2.RECT_REG_NO(+)
         AND   TT1.PJT_NAME LIKE :IN_PJT_NAME||'%'  --프로젝트명을 받는다.
       ) T2
```

```
WHERE T2.SABUN = T1.SABUN(+)
GROUP BY ROLLUP(T2.RECT_REG_NO)
ORDER BY T2.RECT_REG_NO
```

[출력 결과]

| | 채용등록번호 | 프로젝트명 | 프로젝트장소 | 투입시작일 | 투입종료일자 |
|---|---|---|---|---|---|
| 1 | 111 | 미투입인력 | 서울 | 2012/07/05 | 2113/10/23 |
| 2 | 143 | 채용공고관리 프로젝트 | 부산 | 2013/01/08 | 2113/10/23 |
| 3 | 159 | 인사관리 시스템 | 서울 강북 | 2013/01/08 | 2113/10/23 |
| 4 | 169 | 홈페이지 제작 | 서울 금천 | 2013/01/08 | 2113/07/31 |
| 5 | 170 | ERP개발 | 서울 강남 | 2013/01/08 | 2113/07/31 |
| 6 | 171 | 전용메신져 프로젝트 | 서울 강남 | 2013/01/08 | 2113/07/31 |
| 7 | 173 | 톨게이트 통행권 단편화 | 서울 강남 | 2013/01/08 | 2113/07/31 |
| 8 | 174 | 하이패스 속도개선 | 서울 강남 | 2013/01/08 | 2113/07/31 |
| 9 | 177 | 모니터 패널 개선 | 서울 | 2013/01/08 | 2113/07/31 |
| 10 | 178 | .NET 프레임웍 | 경남 | 2013/01/08 | 2113/05/31 |
| 31 | 202 | 광통신장비개발 | 경기 | 2013/01/08 | 9999/12/31 |
| 32 | 204 | 수족관환경 자동관리xcz | 부산 | 2013/01/08 | 9999/12/31 |
| 33 | 205 | 치약성분분석 | 부산 | 2013/01/08 | 9999/12/31 |
| 34 | 206 | 전도체 개발 | 서울 강동 | 2013/01/08 | 2113/05/31 |
| 35 | 209 | SS | SS | 2013/01/31 | 2113/10/23 |
| 36 | 210 | 연습입니다. | 서울 | 2013/03/19 | 9999/12/31 |
| 37 | 합계 | | | | |

첫 번째, ERD를 보면서 관련 테이블을 보고 어떻게 Join해야 할지를 구상한다.

▶ 프로젝트 단위로 보는 현황이기 때문에 채용공고[INSA_RECT_NOTICE] 테이블이 중심이 되어 전개되어야 한다.

▶ 투입인력이 없어도 해당 프로젝트는 조회되어야 되기 때문에 채용공고[INSA_RECT_NOTICE]와 사원별 프로젝트[INSA_EMP_PJT] 테이블은 OUTER JOIN이 되어야 한다. – T2 테이블 인라인 뷰를 확인
"AND TT1.PJT_NAME LIKE :IN_PJT_NAME||'%'" 프로젝트명을 받아서 처리한다. 여기서는 프로젝트명에 INDEX가 걸려있지 않으나 실제 프로젝트에서는 데이터가 많이 있으면 인덱스를 만들 확률이 많아지므로 LIKE로 인덱스를 할 수 있도록 처리하였다.

두 번째, SQL을 작성하면서 집합을 확인하고 수정할 부분을 수정한다.

▶ T2 테이블의 인라인 뷰를 작성하고 집합을 확인한다.

▶ "INSA T1,─인사 마스터" 테이블과 Join을 할 때 INNER JOIN을 하면 인사 마스터에 없는 프로젝트는 없어지므로 'WHERE T2.SABUN = T1.SABUN(+)' 이렇게 하여 OUTER JOIN하여 집합을 추출한다.

세 번째, 프로젝트별 투입 인원수를 집계하고 조회 양식에 맞추어 SQL을 완성한다.

▶ GROUP BY ROLLUP(T2.RECT_REG_NO)을 넣어 프로젝트별 투입 인원수를 추출하고 합계를 추출한다.
▶ 추출된 값에 따라 여러가지로 가공하여 우리가 원하는 답을 구해낸다. "DECODE(T2.RECT_REG_NO,NULL,'합계',T2.RECT_REG_NO) AS 채용등록번호" – ROLLUP 함수에 의하여 합계된 값을 'NULL'로 표시하지 말고 '합계' 넣어서 가공한다.
"DECODE( T2.RECT_REG_NO,NULL,'',MAX(T2.PJT_NAME)) AS 프로젝트명" – ROLLUP 함수에 의하여 합계된 값은 MAX(T2.PJT_NAME)을 넣지 말고 NULL값을 넣어둔다.
"DECODE(T2.RECT_REG_NO,NULL,'총'||COUNT(T1.SABUN)||'명',MAX(T1.NAME)||(DECODE(COUNT(T1.SABUN),0,'0명',DECODE(COUNT(T1.SABUN),1,'','외'||(COUNT(T1.SABUN)-1)||'명')))) AS 투입인원수"는 투입 인원수에 따라 보여주는 양식이 다르므로 가공하여 둔다. – 홍길동, 홍길동외 X명, ROLLUP에 해당하는 값은 총 합계 인원수

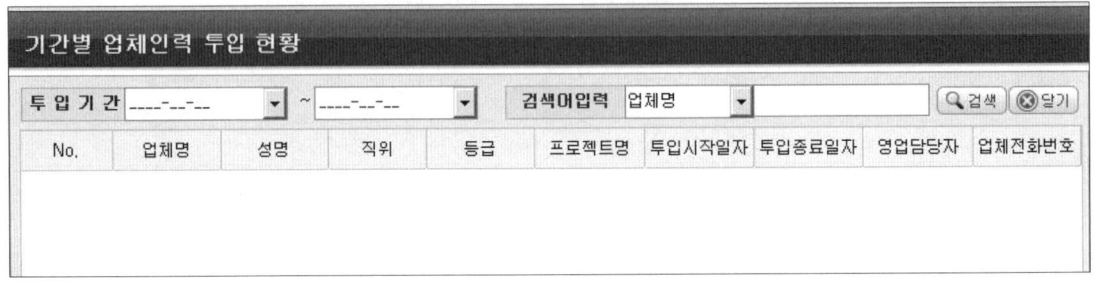

그림 6-10 인력 투입 현황 화면

[SELECT문]

```
SELECT
T1.CMP_NAME AS 업체명,
T2.NAME AS 성명,
        (SELECT CODE_NAME FROM CMM_CODE_DETAIL TT2  WHERE T2.POS_GBN_CODE =
        TT2.CODE_NO AND TT2.CLASS_CODE = 'C03' --직위구문코드
        ) AS 직위명,
        (SELECT CODE_NAME FROM CMM_CODE_DETAIL TT2   WHERE T2.CLASS_GBN_CODE =
        TT2.CODE_NO AND TT2.CLASS_CODE = 'B01' --등급구문코드
        ) AS 등급명,
```

```sql
       T4.PJT_NAME AS 프로젝트명,      T3.PUT_START_DAY AS 투입시작일자,
       T3.PUT_END_DAY AS 투입종료일자,     T1.SALE_COMPT_NAME AS 영업담당자,
       T1.CMP_PHONE AS 업체전화번호
  FROM INSA_COMPANY T1, --업체
            INSA T2,      --인사마스터
            INSA_EMP_PJT T3, --사원별프로젝트
            INSA_RECT_NOTICE T4 --채용공고

 WHERE  1=1
           AND T1.CMP_REG_NO = T2.CMP_REG_NO
           AND T2.SABUN = T3.SABUN
           AND T3.RECT_REG_NO = T4.RECT_REG_NO
           AND ((T3.PUT_START_DAY>=TO_DATE(:IN_F_PUT_START_DAY,'YYYYMMDD') AND T3.PUT_
                START_DAY <TO_DATE(:IN_T_PUT_START_DAY,'YYYYMMDD')+1)
                OR
                (T3.PUT_END_DAY>=TO_DATE(:IN_F_PUT_START_DAY,'YYYYMMDD') AND T3.PUT_END_
                DAY <TO_DATE(:IN_T_PUT_START_DAY,'YYYYMMDD')+1))
           AND T1.CMP_NAME LIKE :IN_CMP_NAME||'%'
```

[출력 결과]

| | 업체명 | 성명 | 직위명 | 등급명 | 프로젝트명 | 투입시작일자 | 투입종료일자 | 영업담당자 | 업체전화번호 |
|---|---|---|---|---|---|---|---|---|---|
| 16 | (주) 디지털베이시스템 | Jap | 과장 | | (주)안드로이드 유지보수 | 2013-01-08 오전 12:00:00 | 9999-12-31 오전 12:00:00 | 하동우 | 0213451698 |
| 17 | (주) 디지털베이시스템 | 윤태호 | 과장 | | 전도체 개발 | 2013-01-21 오전 12:00:00 | 2013-04-05 오전 12:00:00 | 하동우 | 0213451698 |
| 18 | 씨엔큐소프트(주) | 제임스딘 | 차장 | | 전도체 개발 | 2013-01-21 오전 12:00:00 | 2013-04-05 오전 12:00:00 | 박상균 | 0213451698 |
| 19 | 씨엔큐소프트(주) | dfd | 과장 | 중급기술자(중) | 전도체 개발 | 2013-01-21 오전 12:00:00 | 2013-04-05 오전 12:00:00 | 박상균 | 0213451698 |
| 20 | (주) 인스데이타시스템 | 김경태 | 과장 | | 전도체 개발 | 2013-01-21 오전 12:00:00 | 2013-04-05 오전 12:00:00 | 한관수 | 0213451698 |
| 21 | (주) 인스데이타시스템 | 서정대 | 과장 | | 전도체 개발 | 2013-01-21 오전 12:00:00 | 2013-04-05 오전 12:00:00 | 한관수 | 0213451698 |
| 22 | (주) 인스데이타시스템 | 박상현 | 과장 | | 전도체 개발 | 2013-01-21 오전 12:00:00 | 2013-04-05 오전 12:00:00 | 한관수 | 0213451698 |
| 23 | (주)피디시스템 | 김영수 | 과장 | 고급기술자(하) | 채용공고관리 프로젝트 | 2013-04-18 오전 12:00:00 | 2013-08-01 오전 12:00:00 | 정삼랑 | 0213451698 |
| 24 | (주)피디시스템 | 권태서 | 과장 | 고급기술자(하) | 채용공고관리 프로젝트 | 2013-04-18 오전 12:00:00 | 2013-08-01 오전 12:00:00 | 정삼랑 | 0213451698 |
| 25 | (주)피디시스템 | 김주영 | 과장 | 초급기술자(하) | 채용공고관리 프로젝트 | 2013-04-18 오전 12:00:00 | 2013-08-01 오전 12:00:00 | 정삼랑 | 0213451698 |
| 26 | (주)피디시스템 | 김정효 | 과장 | 초급기술자(상) | 채용공고관리 프로젝트 | 2013-04-18 오전 12:00:00 | 2013-08-01 오전 12:00:00 | 정삼랑 | 0213451698 |
| 27 | (주)피디시스템 | 유지연 | 주임 | 중급기술자(상) | .NET 프레임웍 | 2013-01-08 오전 12:00:00 | 9999-12-31 오전 12:00:00 | 정삼랑 | 0213451698 |

첫 번째, ERD를 보면서 관련 테이블을 보고 어떻게 조인해야 할지를 구상한다.

▶ 업체명을 받아서 관련 투입자 정보를 조회하는 업무이므로 업체[INSA_COMPANY]를 기준으로 전개하는 것이 바람직하다고 볼 수 있다. – 데이터가 쌓이면 달라질 수 있으나 지금은 이렇게 가정을 하자.

▶ 해당정보를 가져오려면 인사마스터[INSA], 채용공고[INSA_RECT_NOTICE]와 사원별 프로젝트[INSA_EMP_PJT] 테이블을 INNER JOIN하여 정보를 가져오면 된다.

두 번째, SQL을 작성하면서 집합을 확인하고 수정할 부분을 수정한다.

▶ 투입기간을 체크하여 그사이에 투입된 프로젝트가 있으면 모두 보여준다. – 사원별 프로젝트[INSA_EMP_PJT]의 투입 시작 일자와 투입 종료 일자를 기준으로 SQL을 작성한다.

▶ "AND T1.CMP_NAME LIKE :IN_CMP_NAME||'%'"업체명을 받아서 처리한다. 여기서는 업체명에 INDEX가 걸려있지 않으나 실제 프로젝트에서는 데이터가 많이 있으면 인덱스를 만들 확률이 많아지므로 LIKE로 인덱스를 할 수 있도록 처리하였다. – 인덱스 전략은 데이터가 많이 쌓이고 난 후에 적용을 할 수도 있으니 따로 튜닝에 대해서는 언급하지 않겠다.

세 번째, 공통 코드명을 가져오는 SQL을 SUBQUERY로 작성하여 완료한다.

▶ 공통 코드명를 가져오는 방법은 뒤에 나오는 공통 코드의 설계편에서 상세하게 설명을 하겠다.

```
"(SELECT CODE_NAME
    FROM CMM_CODE_DETAIL TT2
    WHERE T2.POS_GBN_CODE = TT2.CODE_NO
      AND TT2.CLASS_CODE = 'C03' --직위구문코드
) AS "직위명"
```

이런 식으로 관련 직위명과 등급명을 가져와서 보여준다. 위의 방식으로 SUBQUERY를 사용하면 공통 코드명이 없으면 NULL을 리턴하여 코드를 확인 할 수 있으며 코드가 없더라도 레코드가 없어지지 않는다.

<예제> 월별 투입 현황을 작성하시오.

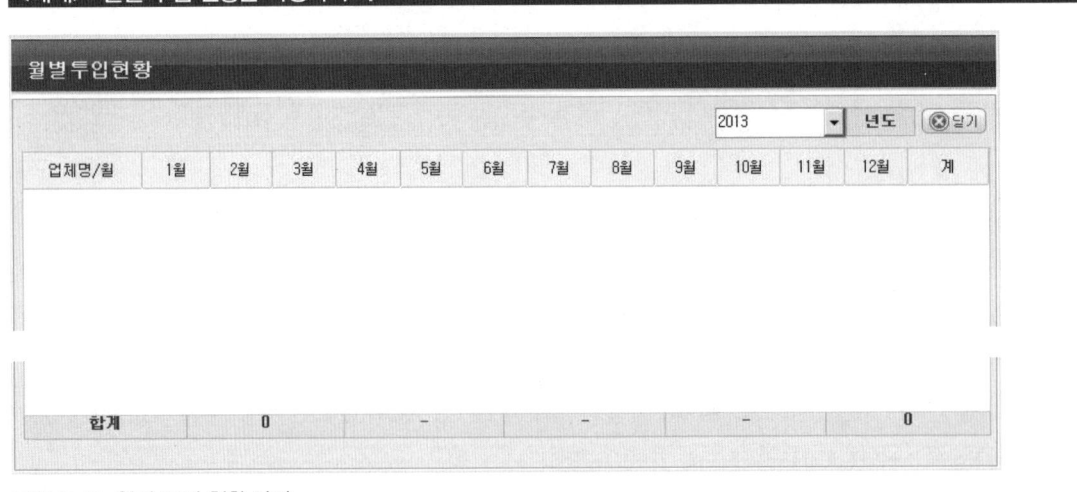

그림 6-11 월별 투입 현황 화면

[SELECT문]

```sql
SELECT  DECODE(CMP_NAME,NULL,'합계',CMP_NAME) AS 업체명,
SUM(CASE WHEN :IN_YYYY||'01' BETWEEN TO_CHAR(PUT_START_DAY,'YYYYMM')  AND TO_
    CHAR(PUT_END_DAY,'YYYYMM') THEN 1 ELSE 0  END) AS MM_01,
SUM(CASE WHEN :IN_YYYY||'02' BETWEEN TO_CHAR(PUT_START_DAY,'YYYYMM')  AND TO_
    CHAR(PUT_END_DAY,'YYYYMM') THEN 1 ELSE 0  END) AS MM_02,
SUM(CASE WHEN :IN_YYYY||'03' BETWEEN TO_CHAR(PUT_START_DAY,'YYYYMM')  AND TO_
    CHAR(PUT_END_DAY,'YYYYMM') THEN 1 ELSE 0  END) AS MM_03,
SUM(CASE WHEN :IN_YYYY||'04' BETWEEN TO_CHAR(PUT_START_DAY,'YYYYMM')  AND TO_
    CHAR(PUT_END_DAY,'YYYYMM') THEN 1 ELSE 0  END) AS MM_04,
SUM(CASE WHEN :IN_YYYY||'05' BETWEEN TO_CHAR(PUT_START_DAY,'YYYYMM')  AND TO_
    CHAR(PUT_END_DAY,'YYYYMM') THEN 1 ELSE 0  END) AS MM_05,
SUM(CASE WHEN :IN_YYYY||'06' BETWEEN TO_CHAR(PUT_START_DAY,'YYYYMM')  AND TO_
    CHAR(PUT_END_DAY,'YYYYMM') THEN 1 ELSE 0  END) AS MM_06,
SUM(CASE WHEN :IN_YYYY||'07' BETWEEN TO_CHAR(PUT_START_DAY,'YYYYMM')  AND TO_
    CHAR(PUT_END_DAY,'YYYYMM') THEN 1 ELSE 0  END) AS MM_07,
SUM(CASE WHEN :IN_YYYY||'08' BETWEEN TO_CHAR(PUT_START_DAY,'YYYYMM')  AND TO_
    CHAR(PUT_END_DAY,'YYYYMM') THEN 1 ELSE 0  END) AS MM_08,
SUM(CASE WHEN :IN_YYYY||'09' BETWEEN TO_CHAR(PUT_START_DAY,'YYYYMM')  AND TO_
    CHAR(PUT_END_DAY,'YYYYMM') THEN 1 ELSE 0  END) AS MM_09,
SUM(CASE WHEN :IN_YYYY||'10' BETWEEN TO_CHAR(PUT_START_DAY,'YYYYMM')  AND TO_
    CHAR(PUT_END_DAY,'YYYYMM') THEN 1 ELSE 0  END) AS MM_10,
SUM(CASE WHEN :IN_YYYY||'11' BETWEEN TO_CHAR(PUT_START_DAY,'YYYYMM')  AND TO_
    CHAR(PUT_END_DAY,'YYYYMM') THEN 1 ELSE 0  END) AS MM_11,
SUM(CASE WHEN :IN_YYYY||'12' BETWEEN TO_CHAR(PUT_START_DAY,'YYYYMM')  AND TO_
    CHAR(PUT_END_DAY,'YYYYMM') THEN 1 ELSE 0  END) AS MM_12,
  --가로 합계.
(SUM(CASE WHEN :IN_YYYY||'01' BETWEEN TO_CHAR(PUT_START_DAY,'YYYYMM')  AND TO_
    CHAR(PUT_END_DAY,'YYYYMM') THEN 1 ELSE 0  END)+
SUM(CASE WHEN :IN_YYYY||'02' BETWEEN TO_CHAR(PUT_START_DAY,'YYYYMM')  AND TO_
    CHAR(PUT_END_DAY,'YYYYMM') THEN 1 ELSE 0  END)+
SUM(CASE WHEN :IN_YYYY||'03' BETWEEN TO_CHAR(PUT_START_DAY,'YYYYMM')  AND TO_
    CHAR(PUT_END_DAY,'YYYYMM') THEN 1 ELSE 0  END)+
SUM(CASE WHEN :IN_YYYY||'04' BETWEEN TO_CHAR(PUT_START_DAY,'YYYYMM')  AND TO_
    CHAR(PUT_END_DAY,'YYYYMM') THEN 1 ELSE 0  END)+
SUM(CASE WHEN :IN_YYYY||'05' BETWEEN TO_CHAR(PUT_START_DAY,'YYYYMM')  AND TO_
    CHAR(PUT_END_DAY,'YYYYMM') THEN 1 ELSE 0  END)+
```

```sql
    SUM(CASE WHEN :IN_YYYY||'06' BETWEEN TO_CHAR(PUT_START_DAY,'YYYYMM')  AND TO_
        CHAR(PUT_END_DAY,'YYYYMM') THEN 1 ELSE 0  END)+
    SUM(CASE WHEN :IN_YYYY||'07' BETWEEN TO_CHAR(PUT_START_DAY,'YYYYMM')  AND TO_
        CHAR(PUT_END_DAY,'YYYYMM') THEN 1 ELSE 0  END)+
    SUM(CASE WHEN :IN_YYYY||'08' BETWEEN TO_CHAR(PUT_START_DAY,'YYYYMM')  AND TO_
        CHAR(PUT_END_DAY,'YYYYMM') THEN 1 ELSE 0  END)+
    SUM(CASE WHEN :IN_YYYY||'09' BETWEEN TO_CHAR(PUT_START_DAY,'YYYYMM')  AND TO_
        CHAR(PUT_END_DAY,'YYYYMM') THEN 1 ELSE 0  END)+
    SUM(CASE WHEN :IN_YYYY||'10' BETWEEN TO_CHAR(PUT_START_DAY,'YYYYMM')  AND TO_
        CHAR(PUT_END_DAY,'YYYYMM') THEN 1 ELSE 0  END)+
    SUM(CASE WHEN :IN_YYYY||'11' BETWEEN TO_CHAR(PUT_START_DAY,'YYYYMM')  AND TO_
        CHAR(PUT_END_DAY,'YYYYMM') THEN 1 ELSE 0  END)+
    SUM(CASE WHEN :IN_YYYY||'12' BETWEEN TO_CHAR(PUT_START_DAY,'YYYYMM')  AND TO_
        CHAR(PUT_END_DAY,'YYYYMM') THEN 1 ELSE 0  END)) AS TOT
FROM
    INSA_COMPANY T1,--업체
    INSA T2,       --인사마스터
    INSA_EMP_PJT T3 --사원별프로젝트
WHERE  1=1
AND ((T3.PUT_START_DAY>=TO_DATE(:IN_YYYY||'0101','YYYYMMDD') AND T3.PUT_START_DAY
<TO_DATE(:IN_YYYY||'1231','YYYYMMDD')+1)
    OR
    (T3.PUT_END_DAY>=TO_DATE(:IN_YYYY||'0101','YYYYMMDD') AND T3.PUT_END_DAY <TO_
DATE(:IN_YYYY||'1231','YYYYMMDD')+1))
AND T2.SABUN = T3.SABUN
AND T1.CMP_REG_NO = T2.CMP_REG_NO
GROUP BY ROLLUP(T1.CMP_NAME)
ORDER BY T1.CMP_NAME;
```

**[출력 결과]**

| | 업체명 | MM_01 | MM_02 | MM_03 | MM_04 | MM_05 | MM_06 | MM_07 | MM_08 | MM_09 | MM_10 | MM_11 | MM_12 | TOT |
|---|---|---|---|---|---|---|---|---|---|---|---|---|---|---|
| 1 | (주) 디지털베이시스템 | 3 | 3 | 3 | 3 | 1 | 1 | 1 | 1 | 1 | 1 | 1 | 1 | 20 |
| 2 | (주) 인스데이타시스템 | 3 | 3 | 3 | 3 | 0 | 0 | 0 | 0 | 0 | 0 | 0 | 0 | 12 |
| 3 | (주)니드소프트뱅크 | 1 | 1 | 1 | 1 | 0 | 0 | 0 | 0 | 0 | 0 | 0 | 0 | 4 |
| 4 | (주)웹비주얼 | 1 | 2 | 2 | 4 | 3 | 2 | 2 | 2 | 0 | 0 | 0 | 0 | 18 |
| 5 | (주)유비스티 | 1 | 1 | 1 | 1 | 0 | 0 | 0 | 0 | 0 | 0 | 0 | 0 | 4 |
| 6 | (주)피디시스템 | 1 | 2 | 2 | 6 | 6 | 5 | 5 | 5 | 1 | 1 | 1 | 1 | 36 |
| 7 | (주)피플앤소프트 | 0 | 1 | 1 | 1 | 1 | 0 | 0 | 0 | 0 | 0 | 0 | 0 | 4 |
| 8 | 씨엔큐소프트(주) | 2 | 2 | 2 | 2 | 0 | 0 | 0 | 0 | 0 | 0 | 0 | 0 | 8 |
| 9 | (주)아프로정보기술 | 4 | 4 | 4 | 4 | 2 | 2 | 2 | 2 | 2 | 2 | 2 | 2 | 32 |
| 10 | 주식회사 위투비 | 1 | 1 | 1 | 1 | 0 | 0 | 0 | 0 | 0 | 0 | 0 | 0 | 4 |
| 11 | 한국공조에스에이 (주) | 1 | 1 | 1 | 1 | 1 | 1 | 1 | 1 | 1 | 1 | 1 | 1 | 12 |
| 12 | 합계 | 18 | 21 | 21 | 27 | 14 | 11 | 11 | 11 | 5 | 5 | 5 | 5 | 154 |

첫 번째, ERD를 보면서 관련 테이블을 보고 어떻게 조인해야 할지를 구상한다.

▶ 조회 조건이 년도를 받아 와서 일단은 사원별 프로젝트[INSA_EMP_PJT]의 투입 시작 일자와 투입 종료 일자로 집합의 크기를 줄여준다. - 물론 나중에 인덱스 전략이 있으면 SQL을 작성하기가 더 좋을 것이다.
▶ 줄어든 사원별 프로젝트[INSA_EMP_PJT] 테이블을 가지고 인사 마스터[INSA]와 업체[INSA_COMPANY]를 INNER JOIN을 하여 업체명을 가져온다.

두 번째, SQL을 작성하면서 집합을 확인하고 치환할 부분을 치환한다.

▶ "CASE WHEN :IN_YYYY||'01' BETWEEN TO_CHAR(PUT_START_DAY,'YYYYMM') AND TO_CHAR(PUT_END_DAY,'YYYYMM') THEN 1 ELSE 0 END". - 프로젝트별 참여 기간이 해당 월에 포함되어 있으면 1을 주어서 투입한 것으로 치환을 한다.
▶ 치환할 시 1년은 12개월이므로 12개월로 나누어서 비교하는 것을 볼 수 있다. 앞에서 이미 해당 년도에 해당하는 모든 데이터를 가져왔기 때문에 CASE문에서 해당하는 년도 이외의 데이터들은 제외를 시키게 된다.
▶ 가로줄의 합계를 위하여 가로 합계 부분을 작성한다.

세 번째, 합계를 산출한다.

▶ "GROUP BY ROLLUP(T1.CMP_NAME)" : 업체명으로 GROUP BY를 하여 합계를 산출하여 최종 마무리한다.

> **참고**
>
> 초보자는 조금 어려울 수도 있는 3개의 SELECT 예제를 들어주었다. 물론 인덱스 전략이나 여러 가지 요인에 따라 SQL이 변경되거나 달리 구현될 수도 있을 것이다.
>
> 필자가 예를 들어준 것은 앞으로 여러분들이 실전을 하면서 수행해야 할 일부분에 지나지 않는다고 말할 수 있다. SELECT의 중요성은 아무리 강조해도 지나치지 않는다. 이 책에 있는 관련 부분뿐 아니라 여러가지 관련 서적 등을 보고 많은 정보를 숙지해야만 SQL 능력이 향상될 수 있다.
>
> 부디 많은 지식을 습득하고 올바른 SQL을 작성하는 능력을 배양하기를 기대한다!

**<예제>** 시작일과 종료일을 받아서 중간 단계의 년월일을 추출하시오.

**[두 날짜를 입력 받아 그 사이의 년월일 생성]**

```
SELECT TO_CHAR(((TO_DATE(20130125,'YYYYMMDD')-1) - (-1*NO)),'YYYYMMDD') SLE_YMD
FROM (SELECT ROWNUM AS NO FROM A_PGM_AUTH)
WHERE NO< (SELECT ((TO_DATE(20130130,'YYYYMMDD')+1) - (TO_
DATE(20130125,'YYYYMMDD')-1)) IL_SU FROM DUAL)
```

**[출력결과]**

| | SLE_YMD |
|---|---|
| 1 | 20130125 |
| 2 | 20130126 |
| 3 | 20130127 |
| 4 | 20130128 |
| 5 | 20130129 |
| 6 | 20130130 |

- "FROM (SELECT ROWNUM AS NO FROM A_PGM_AUTH)"에는 일 수의 차이만큼의 개수를 가지고 있는 집합을 만들어둔다.
- 집합의 개수가 시작일과 종료일의 차이보다 작은 집합으로 추출을 하여 만들어준다.
- 시작일에서 하루씩 종료일과의 차이의 일 수만큼 더해서 일자를 추출한다.

## 2.2. INSERT

INSERT는 생성된 테이블에 새로운 ROW를 입력하는 과정을 의미하고 한 번에 하나의 행에 입력하는 단건의 INSERT와 한 번에 여러 행을 입력하는 다중건의 INSERT로 나눌 수 있다.

### 2.2.1. 단건의 INSERT

단건의 INSERT문 경우는 단일 테이블에 입력할 컬럼명과 value값의 개수가 같아야 하고 컬럼의 순서대로 value값이 입력된다. 그렇기 때문에 입력할 value값은 컬럼의 데이터 타입과 일치해야 한다.

INSERT하는 컬럼의 데이터와 입력 value값의 데이터 타입이 일치하지 않으면 INSERT 오류가 발생한다.

[기본형식]

```
INSERT  INTO테이블명 ( 컬럼1, 컬럼2, ....컬럼N )
VALUES ( value1, value2, ....valueN )
```

INSERT절은 선택적인 입력이 가능하다. 선택한 컬럼과 value값을 순서대로 매칭시켜 주면 되지만 not null의 제약 조건이 있는 컬럼은 반드시 포함되어야 한다.
VALUE절은 입력될 데이터를 지정하는데 데이터 입력 시 컬럼의 데이터 타입이 NUMBER인 경우 value값만 표현하고 문자와 날짜 타입인 경우 단일 인용 부호로 묶어 표현한다.

[기본적인 INSERT DML]

```
INSERT  INTO CHAPTER_1 (SABUN, NAME, AGE, PHONE)
       VALUES ('20090102', '홍길동', 15, '01063302151')
```

위의 예제를 보면 컬럼 AGE의 데이터 타입이 NUMBER일 경우 value값 표기를 숫자 형태 그대로 입력하고 SABUN과 NAME, PHONE의 데이터 타입은 문자형이기 때문에 단일 인용 부호로 묶어 입력한다.

[테이블의 모든 컬럼에 데이터를 INSERT하는 SQL]

```
INSERT  INTO TABLE명
       VALUES ( value1, value2, ....valueN )
```

위의 SQL은 테이블의 모든 컬럼들에 데이터를 순서대로 INSERT하는 방법이다. 하나의 ROW 전체 컬럼에 데이터를 입력할 때는 컬럼 리스트를 사용하지 않지만 테이블의 컬럼 개수만큼 정의된 순서대로 value값을 넣어줘야 하기 때문에 누락되는 value값이 생기면 INSERT 오류가 발생한다.

## 2.2.2. 다중건의 INSERT

SUBQEURY의 SELECT문을 이용해서 하나 이상의 다른 테이블로부터 가져온 여러 데이터를 대상 테이블에 여러건의 데이터를 입력 할 수 있다.

[기본형식]

```
INSERT  INTO 테이블명(컬럼1, 컬럼2, ....컬럼N)
        SUBQUERY
```

다중건의 INSERT는 INSERT절의 컬럼의 개수와 SUBQUERY의 컬럼 개수가 순서대로 매칭되어야 하고 데이터 타입과 데이터 타입 정의 시 지정된 길이도 같아야 한다. 생략된 컬럼에 대해서는 해당 컬럼에 DEFAULT가 설정되어 있거나 NULL이 허용되는지를 확인해야 한다.
이번 예제는 실전에서 사용한 예제를 들어보겠다.

[다중 건의 INSERT]

참조

```
--이력생성
INSERT INTO CNTTNFHIST(
/* 변경이력 목록 조회 */
SELECT  A.REGISTER_SNO,
        A.REGISTER_GBN,
        A.ATCL_PRD_SNO,
        ROWNUM HIST_SEQ,
        A.HIST_DATE,
        A.HIST_ITEM_CODE,
        A.HIST_BEFO,
        A.HIST_AFFT,
        A.HIST_MAN_NAME  HIST_MAN_NAME,
        A.HIST_MAN_DUTY  HIST_MAN_DUTY,
        A.MW_TAKE_NO,
        'Y' USES_YN,
```

```
        SYSDATE REGIST_TIME,
        '88888888' REGIST_ID,
        SYSDATE UPDATE_TIME,
        '88888888' UPDATE_ID
    FROM (
        SELECT X.*
        FROM
        (
            --신규신고
            SELECT  A.UPSO_SNO  REGISTER_SNO,
            '134' REGISTER_GBN,
            A.ATCL_PRD_SNO ATCL_PRD_SNO,
            A.STDT  HIST_DATE,
            '' HIST_ITEM_CODE,
            '' HIST_BEFO,
            '신규신고' HIST_AFFT,
            B.NM  HIST_MAN_NAME,
            B.POSIT  HIST_MAN_DUTY,
            A.MW_TAKE_NO MW_TAKE_NO
            FROM CNTTNFATCL A, CNTTNCUSER B
            WHERE  A.WRKR_ID = B.USR_ID
        ) X ORDER BY 1,3,4,5 ) A
    WHERE  NVL(A.HIST_BEFO, ' ') <> NVL(A.HIST_AFFT, ' ')
    AND A.ATCL_PRD_SNO < 100000
);
```

위의 예제에서 보듯이 입력할 테이블에 SELECT를 할 때 PK값까지 고려하여 여러건을 조회하면서 한 번에 INSERT할 수 있는 SQL을 볼 수 있다. 실제로는 SQL이 더 길지만 줄여서 설명했다.

## 2.2.3. 테이블을 생성하면서 데이터 INSERT

다른 테이블에서 필요한 컬럼과 데이터를 신규 테이블 생성과 동시에 INSERT할 수 있다.

[기본형식]

```
CREATE TABLE  신규테이블명
AS
SELECT  선택컬럼1, …n  FROM   기존 테이블명
```

신규 테이블을 만들고 동시에 다른 테이블에서 SELECT된 컬럼과 결과 데이터를 INSERT 시킨다. SELECT문의 테이블과 컬럼의 제약 조건은 복제되지 않기 때문에 신규 테이블에 대해 테이블과 컬럼 제약 조건을 정의해야 한다.

테이블 CHAPTER_1과 CHAPTER_2에서 선택한 데이터를 새로운 테이블명 "IMSI_TABLE"로 생성하고 INSERT 시켜보자.

[새로운 테이블 생성과 동시에 데이터 INSERT]

방법_1

```
CREATE TABLE IMSI_TABLE
AS SELECT T1.SABUN SABUN , T1.NAME NAME,
            NVL(T2.ACAD_ABILITY, '-') ACAD_ABILITY,
            NVL(T2.MAJOR_STUDY, '-') MAJOR_STUDY
       FROM CHAPTER_1 T1, CHAPTER_2 T2
      WHERE T1.SABUN = T2.SABUN(+)
```

방법_2

```
CREATE TABLE IMSI_TABLE(
SABUN, NAME, ACAD_ABILITY, MAJOR_STUDY)
         AS SELECT T1.SABUN , T1.NAME, NVL(T2.ACAD_ABILITY,'-'),
             NVL(T2.MAJOR_STUDY,'-')
        FROM  CHAPTER_1 T1,  CHAPTER_2 T2
       WHERE  T1.SABUN = T2.SABUN(+)
```

**[실행 결과] 테이블 생성 후 데이터 확인**

| | PK | 열 | 데이터 유형 | 기본값 | NULL? | 주석 |
|---|---|---|---|---|---|---|
| 1 | | SABUN | CHAR(8) | | | |
| 2 | | NAME | CHAR(6) | | | |
| 3 | | ACAD_ABILITY | VARCHAR2(4) | | | |
| 4 | | MAJOR_STUDY | VARCHAR2(10) | | | |

| | SABUN | NAME | ACAD_ABILITY | MAJOR_STUDY |
|---|---|---|---|---|
| 1 | 20090101 | 이호상 | 고졸 | 문과 |
| 2 | 20090101 | 이호상 | 대졸 | 전자공학과 |
| 3 | 20090103 | 김영삼 | 대졸 | 경영학과 |
| 4 | 20090104 | 노태우 | 대졸 | 전자공학과 |
| 5 | 20090107 | 김유신 | - | - |
| 6 | 20090105 | 김화영 | - | - |
| 7 | 20090106 | 우영운 | - | - |

방법_1과 방법_2로 같은 테이블이 생성되었고 데이터 조회 시 결과값도 동일하다. 단지 차이가 있다면 방법_2는 신규 테이블에 컬럼 리스트가 정의되면서 SELECT문을 통해 필요한 데이터가 INSERT 되었다.

방법_1의 경우 INSERT문에 컬럼 리스트가 없는 상태에서 SELECT문 컬럼 리스트에 함수가 적용됐다면 Alias를 써서 INSERT되는 데이터의 컬럼명을 만들어줘야 한다. 만약 Alias를 사용하지 않고 테이블 생성을 시도 한다면 "ORA-00911: invalid character" 에러 메시지를 반환하기 때문에 주의가 필요하다.

방법_2의 INSERT문 컬럼 리스트에 컬럼1, 컬럼2, 컬럼3이 정의되어 있는데 SELECT문 조회된 값에 컬럼1, 컬럼3만 있다면 INSERT문 컬럼 리스트에는 컬럼1과 컬럼3의 데이터가 INSERT 되지만 컬럼2는 NULL값이 입력되므로 주의해야 한다.

위와 같이 테이블을 생성할 때는 PK값을 생성하지 않으므로 필요 시 따로 ALTER 시켜서 인덱스 등을 추가한다.

## 2.3. UPDATE

UPDATE는 기존 ROW에 대한 데이터를 갱신하기 위함이다. UPDATE 시 WHERE절을 생략하면 전체가 수정되므로 WHERE절에서 조건을 주어 데이터를 수정해야 한다.

### 2.3.1. 단건의 UPDATE

단 건의 UPDATE는 하나의 ROW 안에서 컬럼의 값을 수정하는 내용이다.

[기본형식]

```
UPDATE  [테이블명]
SET  [컬럼명] = [변경값]
WHERE  [조건식]
```

UPDATE하려는 테이블명을 표시하고 SET절에는 수정할 컬럼과 변경값을, WHERE절에서는 변경될 컬럼의 조건식을 작성하기만 하면 하나의 ROW에 대한 UPDATE가 실행된다.
다음의 테이블의 데이터를 단건으로 예제와 같이 UPDATE해 보자.

| SABUN | NAME | AGE | PHONE |
|---|---|---|---|
| 20090101 | 이호상 | 45 | 01063302154 |
| 20090102 | 홍길동 | 15 | 01063302151 |
| 20090103 | 김영삼 | 25 | 01063302152 |
| 20090104 | 노태우 | 35 | 01063302153 |
| 20090105 | 김화영 | 22 | 01063302154 |
| 20090106 | 우영운 | 33 | 01063302155 |
| 20090107 | 김유신 | 21 | 01063302156 |

TABLE_1

| SABUN | ACAD_ABILITY | MAJOR_STUDY | GRAT_YM |
|---|---|---|---|
| 20090101 | 고졸 | 문과 | 200002 |
| 20090101 | 대졸 | 전자공학과 | 200102 |
| 20090102 | 대졸 | 방송통신과 | 200102 |
| 20090103 | 대졸 | 경영학과 | 200102 |
| 20090104 | 대졸 | 전자공학과 | 200102 |

TABLE_2

그림 6-12 사번/학력 테이블

| <예제> 데이터 조회 화면 중 '홍길동'의 나이를 23으로, 핸드폰 번호의 뒷자리를 변경하시오.

[기본 UPDATE 쿼리와 데이터 조회]

```
UPDATE   TABLE_1
   SET    AGE = '23', PHONE='01063307700'
   WHERE  NAME = '홍길동'
```

[출력 결과]

| SABUN | NAME | AGE | PHONE |
|---|---|---|---|
| 20090102 | 홍길동 | 15 | 01063302151 |

➡

| SABUN | NAME | AGE | PHONE |
|---|---|---|---|
| 20090102 | 홍길동 | 23 | 01063307700 |

단건의 UPDATE의 경우 위 예제처럼 기본적인 SQL문으로 어려움 없이 수정 할 수 있다.

## 2.3.2. 다중건의 UPDATE

UPDATE의 다중 처리로 여러 건의 실행 계획을 DBMS를 호출할 때마다 한 건씩 처리하지 않고 한 번에 여러 건을 처리하게 함으로써 수행 속도를 향상시킬 수 있고 수고스런 코딩의 양도 다중건의 UPDATE SQL 한 번으로 줄일 수 있다.

다중건의 UPDATE 시 추출된 서브쿼리를 꼭 확인해야 한다. UPDATE 실행 쿼리 작성 후 제대로 되었는지 확인하고 COMMIT이나 프로그램에 반영해야 한다.

[기본형식]

```
UPDATE  [테이블명]
  SET  (컬럼명1,  컬럼명2,.....컬럼n) = ( SELECT컬럼명1,  컬럼명2,....컬럼n
                   FROM [테이블명]
  WHERE  [expr] )
[ WHERE [조건식] ]
```

다중건의 UPDATE를 하기 위해서는 기본적인 UPDATE문의 폼을 사용하고 SUBQUERY로 추출한 데이터를 SETTING하려는 컬럼의 데이터값으로 사용한다. SELECT문의 WHERE절은 선택하는 데이터의 범위를 제한하고 UPDATE문의 WHERE절은 수정될 ROW를 지목한다.

[다중 UPDATE SQL문]

```
UPDATE  PRODUCT_MAST A
SET  (A.LINK_CLASS ,A.CP_CD, A.CP_CD1) = (SELECT B.LINK_CLASS, B.CP_CD, B.CP_CD1
                    FROM PRODUCT_MAST_NEW B
                    WHERE B.BARCODE = A.BARCODE)
```

### 2.3.3. ROWID를 이용한 다중건의 UPDATE

ROWID는 메모리의 물리적인 주소를 의미한다. 데이터베이스에 존재하는 모든 데이터는 각각의 고유한 주소를 가지고 있는데 이 고유한 주소를 ROWID라 한다. ROWID는 UNIQUE한 해당 ROW의 물리적인 주소이기 때문에 SELECT절에서 데이터를 검색하기 위해 테이블 전체를 스캔하는 것과 ROWID를 이용해 데이터를 뽑아 오는 결과의 속도 차이는 자동차와 비행기의 속도와 비교할 수 있다.

```
ROWID의 구조 = OBJECT#[6] + FILE#[3] + BLOCK#[6] + ROW#[3]
```

[ROWID 체크]

```
SELECT T1.ROWID
FROM  INSA T1
WHERE SABUN = '2012010101'
```

[출력 결과]

| ROWID |
|---|
| 1 AAASN0AAEAAAAKIAAo |

INSA 테이블에서 사번이 '2012010101'인 직원 이름의 ROWID를 확인하는 SQL문으로 조회된 ROWID는 UNIQUE하기 때문에 유일한 값을 갖는다.

[ROW ID를 이용한 다중 UPDATE 쿼리]

```
UPDATE  PRODUCT_MAST
  SET   CP_CD ='ZZZZZ', CP_CD1 ='ZZZZZ', LINK_CLASS = ''
```

```
    WHERE  ROWID IN (
              SELECT   A.ROWID
               FROM   PRODUCT_MAST A, PRODUCT_MAST_NEW B
              WHERE   A.BARCODE = B.BARCODE(+)
                AND   B.BARCODE IS NULL
          )
```

위의 예제는 PRODUCT_MAST A & PRODUCT_MAST_NEW B 두 테이블을 B.BARCODE에 OUT JOIN하고 B.BARCODE가 NULL 조건인 데이터의 A.ROWID를 찾아낸다. SELECT된 A.ROWID를 PRODUCT_MAST 테이블에 업데이트하려는 컬럼에 A.ROWID와 매칭되는 BARCODE를 가진 행에서 SET절의 컬럼을 업데이트한다. ROWID에 대한 상세한 설명은 6장을 참조하기 바란다.

### 2.3.4. EXISTS를 이용한 다중건의 UPDATE

EXISTS는 SUBQUERY의 컬럼값이 존재하는지 여부를 체크한다. 그렇기 때문에 SUBQUERY의 SELECT 컬럼 리스트의 값은 중요하지 않다. EXISTS는 존재여부만 체크하기 때문에 존재하면 TRUE, 존재하지 않으면 FALSE를 리턴한다. TRUE가 리턴되면 SET 컬럼의 UPDATE를 실행시키고 FALSE가 리턴되면 UPDATE는 진행되지 않는다.

**[EXISTS를 이용한 다중 UPDATE 쿼리]**

```
UPDATE  KFA2003.IFD_GOODS_INGR AA
SET AA.INGR_CODE = (SELECT  INGR_CODE_NEW
                     FROM  INGR_CODE_2009CONV BB
                     WHERE  BB.USE_YN = '2' --삭제
                       AND  AA.INGR_CODE  =  BB.INGR_CODE_OLD
          )
WHERE  EXISTS (SELECT  1
                 FROM  INGR_CODE_2009CONV BB
                WHERE  BB.USE_YN = '2' --삭제
                  AND   AA.INGR_CODE  = BB.INGR_CODE_OLD
          )
```

KFA2003.IFD_GOODS_INGR AA 테이블을 UPDATE하는데 조건이 WHERE EXISTS절에 BB.USE_YN = '2'를 만족하고 AA.INGR_CODE = BB.INGR_CODE_OLD 조건에 만족하는 INGR_CODE_2009CONV BB 테이블에서 결과를 뽑아내는데 이 조건의 데이터가 존재하면 TRUE를 리턴해서 SET AA.INGR_CODE를 SUBQUERY의 결과값으로 UPDATE를 실행하게 한다.

## 2.4. DELETE

DELETE DML문은 선택한 테이블의 데이터에서 하나 이상의 ROW를 삭제한다. DELETE의 사용 방법도 SELECT와 UPDATE DML문과 마찬가지로 WHERE절을 통해 DELETE의 범위를 제한한다. 하지만 WHERE절을 생략하면 테이블의 모든 데이터가 삭제되기 때문에 사용 시 주의해야 한다.

### 2.4.1. 단건의 DELETE

[기본형식]

```
DELETE 테이블명
WHERE expr
```

단건의 DELETE인 경우 WHERE절에 삭제하려는 ROW의 컬럼 조건식을 명시해 주면 그 행에 대한 데이터는 삭제된다. 다음의 DELETE 명령어 사용의 기본 예를 보자.

<예제> 데이터 조회 화면 중 사번 '20090102'의 정보를 삭제하시오.

[기본 DELETE 쿼리와 데이터 조회]

```
DELETE TABLE_1
WHERE SABUN = '20090102'
```

[출력 결과]

| SABUN | NAME | AGE | PHONE |
|---|---|---|---|
| 1 20090101 | 이호상 | 45 | 01063302154 |
| 2 20090102 | 홍길동 | 23 | 01063307700 |
| 3 20090103 | 김영삼 | 25 | 01063302152 |
| 4 20090104 | 노태우 | 35 | 01063302153 |
| 5 20090105 | 김화영 | 22 | 01063302154 |
| 6 20090106 | 우영운 | 33 | 01063302155 |
| 7 20090107 | 김유신 | 21 | 01063302156 |

| SABUN | NAME | AGE | PHONE |
|---|---|---|---|
| 1 20090101 | 이호상 | 45 | 01063302154 |
| 2 20090103 | 김영삼 | 25 | 01063302152 |
| 3 20090104 | 노태우 | 35 | 01063302153 |
| 4 20090105 | 김화영 | 22 | 01063302154 |
| 5 20090106 | 우영운 | 33 | 01063302155 |
| 6 20090107 | 김유신 | 21 | 01063302156 |

TABLE_1 테이블에 SABUN 20090102가 포함 된 열의 데이터가 삭제 된 결과를 확인 할 수 있다.

### 2.4.2. 다중건의 DELETE

다중건의 DELETE는 하나 이상의 ROW를 삭제하기 위함이다. 다중건의 DELETE 시 추출 된 서브쿼리를 꼭 확인해야 한다. 그리고 DELETE 실행 쿼리 작성 후 제대로 되었는지 확인하고 COMMIT이나 프로그램에 반영해야 한다.

[ROWID를 다중건의 DELETE]

```
DELETE FROM   TNRGTMGD
    WHERE   ROWID IN
        (SELECT   A.ROWID
          FROM   TNRGTMGD A, TNRGTMGD B
          WHERE   A.SF_TEAM_CODE
              || A.WRK_CAT
              || A.MG_REG_NO
              || SUBSTR (A.RGT_MBD_REG_NO, 1, 7)
              || '******' =
                B.SF_TEAM_CODE
              || B.WRK_CAT
              || B.MG_REG_NO
              || SUBSTR (B.RGT_MBD_REG_NO, 1, 7)
              || '******'
          AND A.ROWID < B.ROWID)
```

**참고**

SELECT, INSERT, UPDATE, DELETE문 모두 SQL을 얼마나 잘 구사하냐에 따라 모든 기술이 결정 난다고 해도 과언이 아니다. 이 책의 기초 과정에서 기술하고자 하는 궁극적인 목표 또한 SQL의 구사 능력을 증진하고자 기술한 것들이다. 많이 알고 있어야 좋은 SQL을 구사할 수 있다. 그리고 SQL을 구사할 때는 절차적인 것이 아니라 데이터를 집합적인 사고로 보고 치환하고 변형시켜 원하는 결과값을 만들어 가야 한다.

### 2.4.3. 참조 프로시저

이번 예제는 위에서 설명한 한 번의 SQL로 데이터를 처리하는 것을 보여준다.

**참조**

```
CREATE OR REPLACE PROCEDURE SP_DAILY_ORDER_001
/*     일마감작업              */
(S_ORDER_YMD  IN  ORDER_MAST.ORDER_YMD%TYPE,     -- 주문일자
 S_P_SABUN    IN  BOOK_SALE_RESULT.P_SABUN%TYPE, -- 관리자의 사번을 가져온다
 SERROR      OUT  VARCHAR2) AS

sExecuDescription      VARCHAR2(500);

USER_EXCEPT EXCEPTION;

BEGIN
--해당일의 권당도서내역 삭제
DELETE
FROM  BOOK_SALE_RESULT
WHERE SALE_YMD = S_ORDER_YMD;
sExecuDescription := '';

--권당도서 판매내역
INSERT
  INTO BOOK_SALE_RESULT
     (
 PARTNER_CD, SALE_YMD, BARCODE, SUB_BARCODE,  DIS_GB, PRODUCT_TYPE, PRODUCT_CD, CP_
```

CD, LINK_CLASS, UPPER_LINK_CLASS, LIST_PRICE, CANCEL_QTY, ORDER_QTY, SALE_PRICE, SALE_QTY, SALE_AMT, ACC_POINT, ACC_AMT, P_DATE, P_SABUN
                    )
(
SELECT
       B.PARTNER_CD,
       B.ORDER_YMD,
--     B.ORDER_NO,
--     B.REG_SEQ,
       DECODE(B.REL_BARCODE,NULL,B.BARCODE,B.REL_BARCODE)  BARCODE,
--세트 상품일 때는 상품에서 가져오고 아닐 때는 주문 상세에서 가져옴
       DECODE(B.REL_BARCODE,NULL,B.SUB_BARCODE,B.BARCODE)  SUB_BARCODE,
       B.DIS_GB,
       DECODE(B.REL_BARCODE,NULL,B.PRODUCT_TYPE,C.PRODUCT_TYPE) PRODUCT_TYPE,
       DECODE(B.REL_BARCODE,NULL,B.PRODUCT_CD,C.PRODUCT_CD) PRODUCT_CD,
       DECODE(B.REL_BARCODE,NULL,B.CP_CD,C.CP_CD) CP_CD,
       C.LINK_CLASS,
       SUBSTR(NVL(C.LINK_CLASS,'00'),1,2) UPPER_LINK_CLASS,
       DECODE(B.REL_BARCODE,NULL,NVL(B.LIST_PRICE,0),NVL(C.LIST_PRICE,0)) LIST_PRICE,
           B.CANCEL_QTY,
           B.ORDER_QTY,

       DECODE(B.ACCOUNT_AMT,NULL,NVL(B.SALE_PRICE,0),NVL(B.ACCOUNT_AMT,0)) SALE_PRICE,
--상품(세트상품)의 판매금액을 가져온다
           (B.ORDER_QTY-NVL(B.CANCEL_QTY,0)) AS SALE_QTY,
             --세트상품일때는 판매수량과 세트금액을 곱하여 판매금액을 산출
       DECODE(B.REL_BARCODE,NULL,NVL(B.SALE_PRICE,0)*(B.ORDER_QTY-NVL(B.CANCEL_QTY,0)),
              NVL(B.ACCOUNT_AMT,0)*(B.ORDER_QTY-NVL(B.CANCEL_QTY,0))) SALE_AMT,
              F_ACC_AMT_POINT(B.PARTNER_CD,DECODE(B.REL_BARCODE,NULL,B.CP_CD,C.CP_CD),
              S_ORDER_YMD)*100  ACC_POINT,   (B.ORDER_QTY-NVL(B.CANCEL_QTY,0))*
              (TRUNC((DECODE(B.REL_BARCODE,NULL,NVL(B.LIST_PRICE,0),NVL(C.LIST_PRICE,0))*F_ACC_AMT_POINT(B.PARTNER_CD,DECODE(B.REL_BARCODE,NULL,B.CP_CD,C.CP_CD),
              S_ORDER_YMD)))) ACC_AMT,
                 --판매수량만큼 정산금액을 곱해서 산정함
           SYSDATE,
           S_P_SABUN

```sql
FROM
    (

SELECT
            C.ORDER_YMD,DECODE(B.REL_BARCODE,NULL,A.BARCODE,B.REL_BARCODE)AS BARCODE,
A.SUB_BARCODE,A.DIS_GB,--세트 상품들의 바코드를 가져옴
            MAX(B.REL_BARCODE)      AS REL_BARCODE,
            MAX(A.ORDER_NO)         AS ORDER_NO,
            MAX(A.REG_SEQ)          AS REG_SEQ,
            MAX(A.PRODUCT_CD)       AS PRODUCT_CD,
            MAX(A.PRODUCT_CD_NM)    AS PRODUCT_CD_NM,
            MAX(A.PRODUCT_NM)       AS PRODUCT_NM,
            MAX(A.PRODUCT_TYPE)     AS PRODUCT_TYPE,
            SUM(A.ORDER_QTY)        AS ORDER_QTY,
            SUM(A.CANCEL_QTY)       AS CANCEL_QTY,
            MAX(A.LIST_PRICE)       AS LIST_PRICE,
            SUM(A.DIS_POINT)        AS DIS_POINT,
            SUM(A.DIS_AMT)          AS DIS_AMT,
            MAX(A.SALE_PRICE)       AS SALE_PRICE,
            MAX(A.ORDER_GB)         AS ORDER_GB,
            MAX(A.CP_CD)            AS CP_CD,
            MAX(A.PARTNER_CD)       AS PARTNER_CD,
            MAX(A.BATCH_YN)         AS BATCH_YN,
            MAX(A.CANCEL_YMD)       AS CANCEL_YMD,
            MAX(A.CANCEL_SABUN)     AS CANCEL_SABUN,
            MAX(A.CANCEL_REMARKS)   AS CANCEL_REMARKS,
            MAX(A.CANCEL_PROC_YN)   AS CANCEL_PROC_YN,
            MAX(A.REG_DATE)         AS REG_DATE,
            MAX(A.EDIT_DATE)        AS EDIT_DATE,
            MAX(B.ACCOUNT_AMT)      AS ACCOUNT_AMT
FROM ORDER_DETAIL A, PRODUCT_RELATE B,
            (
        SELECT ORDER_NO, ORDER_YMD, STLM_STATUS, ORDER_STATUS_CD
        FROM ORDER_MAST A, MEMB_BASE  B
        WHERE ORDER_YMD = S_ORDER_YMD
```

```sql
                  AND   STLM_STATUS     = 'Y'         --결제가 완료된 것만
        --    WHERE  STLM_STATUS     = 'Y'         --결제가 완료된 것만
AND   (ORDER_STATUS_CD = '1' OR ORDER_STATUS_CD = '2')
                  AND  A.MEMB_NO =  B.MEMB_NO
                  AND  B.MEMB_GB <> '005'    --무료 회원은 걸러낸다
UNION

SELECT ORDER_NO, ORDER_YMD, STLM_STATUS, ORDER_STATUS_CD
        FROM ORDER_MAST A, MEMB_BASE  B
        WHERE CANCEL_YMD = S_ORDER_YMD
          AND   STLM_STATUS     = 'Y'         --결제가 완료된 것만
      --    WHERE  STLM_STATUS     = 'Y'         --결제가 완료된 것만
        AND   (ORDER_STATUS_CD = '1' OR ORDER_STATUS_CD = '2')
                  AND  A.MEMB_NO =  B.MEMB_NO
                  AND  B.MEMB_GB <> '005'    --무료회원은 걸러낸다
        ) C
WHERE B.REL_GB(+) = '3'       --세트
   AND A.BARCODE = B.BARCODE(+) --92
   AND A.DIS_GB = '3'              --세트 할인만
   AND C.ORDER_NO = A.ORDER_NO
--    AND A.BATCH_YN       = 'N'                   --마감 작업이 안된 것만
   AND NVL(A.ORDER_QTY,0)+NVL(A.SALE_PRICE,0)+NVL(A.LIST_PRICE,0) > 0
   AND A.CP_CD                    IS NOT NULL
   AND A.PARTNER_CD              IS NOT NULL
   AND A.PRODUCT_CD IN ('007')    --세트일 때는 007이 들어감
            GROUP BY C.ORDER_YMD,DECODE(B.REL_BARCODE,NULL,A.BARCODE,B.REL_BARCODE),
         A.SUB_BARCODE,A.DIS_GB
UNION ALL
         SELECT
           C.ORDER_YMD,A.BARCODE, A.SUB_BARCODE, A.DIS_GB,
           NULL REL_BARCODE,
         MAX(A.ORDER_NO)          AS ORDER_NO,
         MAX(A.REG_SEQ)           AS REG_SEQ,
         MAX(A.PRODUCT_CD)         AS PRODUCT_CD,
         MAX(A.PRODUCT_CD_NM)     AS PRODUCT_CD_NM,
         MAX(A.PRODUCT_NM)        AS PRODUCT_NM,
```

```sql
       MAX(A.PRODUCT_TYPE)    AS PRODUCT_TYPE,
       SUM(A.ORDER_QTY)       AS ORDER_QTY,
       SUM(A.CANCEL_QTY)      AS CANCEL_QTY,
       MAX(A.LIST_PRICE)      AS LIST_PRICE,
       SUM(A.DIS_POINT)       AS DIS_POINT,
       SUM(A.DIS_AMT)         AS DIS_AMT,
       MAX(A.SALE_PRICE)      AS SALE_PRICE,
       MAX(A.ORDER_GB)        AS ORDER_GB,
       MAX(A.CP_CD)           AS CP_CD,
       MAX(A.PARTNER_CD)      AS PARTNER_CD,
       MAX(A.BATCH_YN)        AS BATCH_YN,
       MAX(A.CANCEL_YMD)      AS CANCEL_YMD,
       MAX(A.CANCEL_SABUN)    AS CANCEL_SABUN,
       MAX(A.CANCEL_REMARKS)  AS CANCEL_REMARKS,
       MAX(A.CANCEL_PROC_YN)  AS CANCEL_PROC_YN,
       MAX(A.REG_DATE)        AS REG_DATE,
       MAX(A.EDIT_DATE)       AS EDIT_DATE,
       NULL ACCOUNT_AMT
  FROM ORDER_DETAIL A,
       (
  SELECT ORDER_NO, ORDER_YMD, STLM_STATUS, ORDER_STATUS_CD
  FROM ORDER_MAST A, MEMB_BASE B
  WHERE ORDER_YMD = S_ORDER_YMD
  AND   STLM_STATUS    = 'Y'          --결제가 완료된 것만
--  WHERE  STLM_STATUS   = 'Y'          --결제가 완료된 것만
  AND   (ORDER_STATUS_CD = '1' OR ORDER_STATUS_CD = '2')
            AND  A.MEMB_NO =  B.MEMB_NO
            AND  B.MEMB_GB <> '005'   --무료 회원은 걸러낸다
  UNION
  SELECT ORDER_NO, ORDER_YMD, STLM_STATUS, ORDER_STATUS_CD
  FROM ORDER_MAST A, MEMB_BASE  B
  WHERE CANCEL_YMD = S_ORDER_YMD
  AND   STLM_STATUS    = 'Y'          --결제가 완료된 것만
--  WHERE  STLM_STATUS   = 'Y'          --결제가 완료된 것만
  AND   (ORDER_STATUS_CD = '1' OR ORDER_STATUS_CD = '2')
            AND  A.MEMB_NO =  B.MEMB_NO
```

```sql
                AND  B.MEMB_GB <> '005'      --무료 회원은 걸러낸다
        ) C
WHERE   A.DIS_GB <> '3'
   AND A.ORDER_NO = C.ORDER_NO
--     AND A.BATCH_YN      = 'N'                  --마감 작업이 안된 것만
   AND NVL(A.ORDER_QTY,0)+NVL(A.SALE_PRICE,0)+NVL(A.LIST_PRICE,0) > 0
   AND A.CP_CD                    IS NOT NULL
   AND A.PARTNER_CD               IS NOT NULL
   AND A.PRODUCT_CD IN ('001','002','003','006')
         GROUP BY          C.ORDER_YMD,A.BARCODE, A.SUB_BARCODE, A.DIS_GB
         ) B,
         PRODUCT_MAST C
WHERE  B.BARCODE   = C.BARCODE
);
/* 디지토리 날짜변경 권당도서판매내역 */
sExecuDescription := '(Target Table : BOOK_SALE_RESULT)  '||'SALE_YMD : '||S_ORDER_YMD;


DELETE
FROM  FLAT_SALE_RESULT
WHERE SALE_YMD = S_ORDER_YMD;


--SP_DAILY_ORDER_001 정액권 판매 내역 완료본
INSERT
  INTO FLAT_SALE_RESULT
     (PARTNER_CD, SALE_YMD, BARCODE, DIS_GB, PRODUCT_CD, LINK_CLASS, UPPER_LINK_CLASS,
      LIST_PRICE, SALE_PRICE,  ORDER_QTY, CANCEL_QTY, SALE_QTY, SALE_AMT, P_DATE, P_SABUN
                  )
  (
         SELECT
         A.PARTNER_CD,
         B.ORDER_YMD,A.BARCODE, A.DIS_GB,
         MAX(A.PRODUCT_CD)     AS PRODUCT_CD,
         MAX(C.LINK_CLASS)     AS LINK_CLASS,
         SUBSTR(NVL(MAX(C.LINK_CLASS),'00'),1,2) UPPER_LINK_CLASS,
         MAX(A.LIST_PRICE)     AS LIST_PRICE,
         MAX(A.SALE_PRICE)     AS SALE_PRICE,
```

```sql
            SUM(A.ORDER_QTY)        AS ORDER_QTY,
            SUM(NVL(A.CANCEL_QTY,0))     AS CANCEL_QTY,
            SUM(A.ORDER_QTY-NVL(A.CANCEL_QTY,0)) AS SALE_QTY,
            SUM(A.SALE_PRICE*(A.ORDER_QTY-NVL(A.CANCEL_QTY,0))) AS SALE_AMT,
            SYSDATE,
              S_P_SABUN
            FROM ORDER_DETAIL A,
                (
        SELECT ORDER_NO, ORDER_YMD, STLM_STATUS, ORDER_STATUS_CD
        FROM ORDER_MAST A, MEMB_BASE B
        WHERE ORDER_YMD = S_ORDER_YMD
          AND   STLM_STATUS     = 'Y'          --결제가 완료된 것만
--      WHERE   STLM_STATUS     = 'Y'          --결제가 완료된 것만
          AND   (ORDER_STATUS_CD = '1' OR ORDER_STATUS_CD = '2')
                AND  A.MEMB_NO =  B.MEMB_NO
                  AND  B.MEMB_GB <> '005'     --무료회원은 걸러낸다
        UNION
        SELECT ORDER_NO, ORDER_YMD, STLM_STATUS, ORDER_STATUS_CD
        FROM ORDER_MAST A, MEMB_BASE B
        WHERE CANCEL_YMD = S_ORDER_YMD
          AND   STLM_STATUS     = 'Y'          --결제가 완료된 것만
--      WHERE   STLM_STATUS     = 'Y'          --결제가 완료된 것만
AND   (ORDER_STATUS_CD = '1' OR ORDER_STATUS_CD = '2')
            AND  A.MEMB_NO =  B.MEMB_NO
                  AND  B.MEMB_GB <> '005'     --무료 회원은 걸러낸다
        ) B,
                    PRODUCT_MAST C
WHERE  A.ORDER_NO = B.ORDER_NO
--    AND A.BATCH_YN      = 'N'                   --마감 작업이 안된 것만
   AND A.ORDER_QTY+A.SALE_PRICE+A.LIST_PRICE > 0
   AND A.CP_CD               IS NOT NULL
   AND A.PARTNER_CD          IS NOT NULL
   AND A.PRODUCT_CD IN ('004','005','008')   --키즈, 코믹, 이메거진만
   AND A.BARCODE = C.BARCODE
         GROUP BY   A.PARTNER_CD, B.ORDER_YMD,A.BARCODE, A.DIS_GB
  );
```

```sql
/* 디지토리 날짜변경 정액권판매내역 */
sExecuDescription := '(Target Table : FLAT_SALE_RESULT)  '||'SALE_YMD : '||S_ORDER_YMD;

--배치처리완료 마킹
UPDATE ORDER_DETAIL A
SET A.BATCH_YN = 'Y'
WHERE ROWID IN (
        SELECT A.ROWID
        FROM ORDER_MAST B, ORDER_DETAIL A
        WHERE ORDER_YMD = S_ORDER_YMD
        AND    STLM_STATUS    = 'Y'          --결제가 완료된 것만
        AND    (ORDER_STATUS_CD = '1' OR ORDER_STATUS_CD = '2')
                        AND A.ORDER_NO= B.ORDER_NO
        AND A.BATCH_YN       = 'N'           --마감작업이 안된 것만
        AND A.ORDER_QTY+A.SALE_PRICE+A.LIST_PRICE > 0
        AND A.CP_CD                   IS NOT NULL
        AND A.PARTNER_CD              IS NOT NULL
        UNION
        SELECT A.ROWID
        FROM ORDER_MAST B, ORDER_DETAIL A
        WHERE B.CANCEL_YMD = S_ORDER_YMD
        AND    STLM_STATUS    = 'Y'          --결제가 완료된 것만
        AND    (ORDER_STATUS_CD = '1' OR ORDER_STATUS_CD = '2')
                        AND A.ORDER_NO= B.ORDER_NO
        AND A.BATCH_YN       = 'N'           --마감작업이 안된 것만
        AND A.ORDER_QTY+A.SALE_PRICE+A.LIST_PRICE > 0
        AND A.CP_CD                   IS NOT NULL
        AND A.PARTNER_CD              IS NOT NULL
        );

COMMIT;
--raise USER_EXCEPT;

--Stored Procedure 클릭 수
        SP_DAILY_ORDER_002(S_ORDER_YMD, S_P_SABUN, SERROR);
```

```
--Stored Procedure Log 파일 생성
        SP_LOGWRITE('SP_DAILY_ORDER_001','주문일자:'||S_ORDER_YMD, S_P_SABUN,SERROR,
            SERROR);


EXCEPTION
 WHEN USER_EXCEPT THEN
  ROLLBACK;
        SERROR := 'user exception';
        RAISE_APPLICATION_ERROR ( -20001, sExecuDescription ||' USER_EXCEPT ');
 WHEN DUP_VAL_ON_INDEX THEN
  ROLLBACK;
  SP_ERRLOGWRITE('SP_DAILY_ORDER_001','주문일자:'||S_ORDER_YMD, S_P_SABUN,'ERR',
    SQLERRM,SERROR);
        SERROR := 'DATA DUPLICATE!! error code:'||SQLCODE;
        RAISE_APPLICATION_ERROR ( -20001, sExecuDescription ||'->DATA DUPLICATE ERROR!!
        error code:'||SQLCODE);
 WHEN NO_DATA_FOUND THEN
  ROLLBACK;
  SP_ERRLOGWRITE('SP_DAILY_ORDER_001','주문일자:'||S_ORDER_YMD, S_P_SABUN,'ERR',
SQLERRM,SERROR);
        SERROR := 'DATA NOT FOUND!!   error code:'||SQLCODE;
        RAISE_APPLICATION_ERROR ( -20001, sExecuDescription ||'->DATA NOT FOUND ERROR!!
        error code:'||SQLCODE);
 WHEN OTHERS THEN
  ROLLBACK;
  SP_ERRLOGWRITE('SP_DAILY_ORDER_001','주문일자:'||S_ORDER_YMD, S_P_SABUN,'ERR',
    SQLERRM,SERROR);
        SERROR := '단위업무 DATA OTHERS ERROR!! error code:'||SQLCODE;
  RAISE_APPLICATION_ERROR ( -20001, sExecuDescription ||'->DATA OTHERS ERROR!!
  error code:'||SQLCODE);
  END SP_DAILY_ORDER_001;
  /
```

위에서 보듯이 이런 로직을 절차적인 PL-SQL로 만들면 엄청난 양의 프로시저가 만들어 질 것이나 이렇게 한 번의 SQL로 DELETE, INSERT, UPDATE를 수행을 하면 엄청난 수행속도와 정확도를 보장할 수 있을 것이다. 절차적인 PL-SQL로 작성하면 검증이 어려우나 이렇듯 한 번의 SQL로 작성하면 검증 또한 쉽게 할 수 있다. 물론 데이터의 양이 너무 방대하여 한 번에 할 수 없는 데이터들도 있지만 위와 같은 일마감 작업같은 업무는 한 번에 처리하여 주는 것이 수행 속도나 정확도에 도움을 줄 수 있다. 프로시저의 상세 사용법은 다음 장에서 상세히 기술하겠다.

> **참고**
>
> 많은 페이지를 할애하여 프로시저를 예로 들어 준 것은 독자 여러분들이 여러 가지 SQL 기술들이 있다는 것을 보고 저런 SQL도 가능하구나 하는 것을 알려주기 위함에 있다.
> SQL의 기술을 습득하는 것이 전산개발에 있어서 필수 요건인 만큼 여러 가지 예시들과 테스트를 통해 능력을 연마해 가자.

## 3. 기타 SQL

이번 장에서는 오라클에서 자주 사용되는 중요한 SQL문과 함수들의 종류와 사용 방법에 대해서 설명해 보고자 한다. 각 함수들의 사용 예제와 풀이 설명으로 적절히 사용하는 방법을 익혀 보도록 하자.

### 3.1. Merge

Merge는 단어 그대로 "합치다"라는 의미로 Oracle 9i부터 사용 가능하다. 신규 테이블을 생성하거나 처리 대상 테이블에 하나 이상의 목표 테이블의 데이터를 UPDATE 또는 INSERT, DELETE할 수 있는 함수이다.

[기본형식]

```
MERGE INTO 처리 대상 테이블명
USING 목표 테이블명
ON 조건
WHEN MATCHED THEN
UPDATE절
WHEN NOT MATCHED THEN
INSERT절
```

- MERGE INTO 테이블명 : 처리대상 테이블로 UPDATE 또는 INSERT되는 테이블
- USING절 : 데이터의 정보를 제공하는 목표 테이블명을 표기
- .ON절 : MERGE INTO 테이블과 USING 목표 테이블의 조건을 비교한다.
- WHEN MATCHED THEN : 처리 대상 테이블과 목표 테이블의 데이터를 비교해서 매칭되는 데이터는 UPDATE를 실행
- WHEN NOT MATCHED THEN : 처리 대상 테이블과 목표 테이블의 데이터를 비교한 후 매칭되지 않는 데이터는 INSERT를 실행

[Merge 함수를 이용한 데이터 처리 예_1]

```
MERGE INTO BONUSES D – 처리 대상 테이블
USING (SELECT EMPLOYEE_ID, SALARY, DEPARTMENT_ID
        FROM EMPLOYEES
        WHERE DEPARTMENT_ID = 80) S – 정보 제공 집함
ON (D.EMPLOYEE_ID = S.EMPLOYEE_ID)  --연결고리
WHEN MATCHED THEN
UPDATE SET D.BONUS = D.BONUS+S.SALARY*.01   --존재 시 처리
        DELETE WHERE (S.SALARY > 8000)
WHEN NOT MATCHED THEN
        INSERT (D.EMPLOYEE_ID, D.BONUS)     --부재 시 처리
        VALUES (S.EMPLOYEE_ID, S.SALARY*0.1)
```

위의 예제는 alias D 테이블에 MERGE 함수를 적용시키는 예이다. ON절에 D.EMPLOYEE_ID = S.EMPLOYEE_ID로 Join되어 SELECT문을 실행하고 출력된 데이터를 담은 S 테이블의 데이터를 D 테이블과 비교해서 기존에 있는 데이터 중에 변경 사항이 있으면 UPDATE를 실행하고 8000이상 S.SALARY의 ROW를 DELETE한다. 그리고 S 테이블의 내용이 D 테이블에 존재하지 않는다면 INSERT를 실행한다.

[Merge 함수를 이용한 데이터 처리 예_2]

```
MERGE INTO POR_VOC_LOG_INFO D
USING ( SELECT :IN_LOG_YMD LOG_YMD, :IN_LOG_EMP_NO LOG_EMP_NO
 FROM DUAL ) S
ON (D.LOG_YMD =S.LOG_YMD
```

```
AND D.LOG_EMP_NO= S.LOG_EMP_NO)
WHEN MATCHED THEN
UPDATE SET D.LOG_CNT = D.LOG_CNT+1
WHEN NOT MATCHED THEN
INSERT (D.LOG_YMD, D.LOG_EMP_NO, D.LOG_CNT)
    VALUES (:IN_LOG_YMD, :IN_LOG_EMP_NO, 1)
```

## 3.2. 분석 함수

오라클 함수는 오라클에서 제공하는 내장 함수와 사용자가 만들어 사용 할 수 있는 사용자 정의함수가 있다. 함수의 사용으로 인해 SQL을 더욱 간결하게 사용할 수 있고 데이터 처리 퍼포먼스도 향상시킬 수 있으며 개발자의 코딩이 짧아지게 되었다. 이번 장에서는 오라클에서 제공하는 내장 함수 중 분석 함수에 대해서 알아 보고자 한다.

분석 함수는 랭킹, 백분율, 누적합 또는 표준편차 등 데이터를 분석하는 함수이다. 대량의 데이터를 여러 관점에서 분석하기 위해 사용하고 여러 SQL문을 통해 결과를 추출하는 과정보다 분석 함수를 사용하면서 간결한 표현이 가능하다는 장점이 있다.

분석 함수와 집계 함수의 차이점은 집합 그룹의 구분이다. 집계 함수는 여러 행 또는 테이블 전체 행과 같이 하나의 집합에서 SUM(), MAX(), MIN(), AVG(), count() 등의 결과값이 하나의 데이터로 리턴되지만 분석 함수는 하나의 집합에서 데이터의 결과 세트를 소그룹으로 정의해서 각각의 소그룹에 대한 분석 결과를 추출할 수 있는데 오라클에서는 소그룹을 윈도우(window)라고 표현한다.

분석 함수를 사용하기 위한 기본 SQL 문장은 다음과 같다.

[기본형식]

```
분석 함수(파라미터1, 파라미터2, ....)
OVER ( <partition 절>
<orderby 절>
<window 절>)
```

- 분석 함수는 사용할 분석 함수(RANK, DENS_RANK, ROW_NUMBER 등)를 선언한다.
- 파라미터는 분석 함수에 따라 다르지만 0~3개까지 담을 수 있다.
- OVER()에는 순위를 부여하기 위해 결과 집합을 Partition, Order by를 통해 분할 및 정렬한다.
- Partition절은 partition by로 시작하고 분석 함수의 결과 세트를 지정한다.
- Orderby절은 partition절 뒤에 위치하고 결과 세트에 대한 정렬 작업을 수행한다.
- Window절은 partition절에서 지정된 결과 세트를 더 디테일한 소그룹으로 만든다.

간단한 분석 함수 사용으로 사용 방법을 알아 보도록 보겠다.

[분석 함수의 사용 예]

```
SELECT SABUN, ENG_NAME, JOIN_GBN_CODE,
    COUNT(SABUN) OVER(PARTITION BY JOIN_GBN_CODE
            ORDER BY SABUN) AS COUNT_MEM
FROM INSA
```

인사 테이블에서 직원의 정보를 조회하고 분석 함수의 사용으로 각 직원 구분 형태별 직원 수를 COUNT하는 SQL문이다.

SQL을 보면 OVER절의 PARTITION에서 직원 형태별로 분할하고 SABUN으로 정렬시킨 데이터를 COUNT(SABUN) 분석 함수를 이용해 다음의 결과값을 보여주고 있다.

[출력 결과]

|     | SABUN      | ENG_NAME       | JOIN_GBN_CODE | COUNT_MEM |
|-----|------------|----------------|---------------|-----------|
| 1   | 1999050101 | Song Tea Seung | CMP           | 1         |
| 2   | 2007090101 | Oh Byeng Hye   | CMP           | 2         |
| 44  | 2012120103 | Mun Heuk       | CMP           | 44        |
| 45  | 2011020101 | Jang Seung Bae | CNT           | 1         |
| 46  | 2012010126 | Lim Geo Ho     | CNT           | 2         |
| 126 | 2013032105 | Seong H        | RGL           | 38        |
| 127 | 2013032901 | Yu             | RGL           | 39        |
| 128 | 2013042401 | Min Ki         | RGL           | 40        |

결과를 보면 JOIN_GBN_CODE 직원 형태별로 COUNT가 되는 결과를 확인할 수 있듯이 이렇게 SQL문의 기본 질의를 처리한 전체 집합에서 부분 처리를 위해 분석 함수를 사용하는데 분석 함수의 사용은 SQL문을 간결하게 표현하면서 대량의 데이터를 다차원적으로 분석할 수 있다.

분석 함수 사용 시 SQL문의 처리 순서에 유의해야 하는데 실행 계획으로 쿼리 실행 순서를 확인해 보겠다.

[분석 함수 사용 실행 계획]

| Operation | Object Name | Rows | Bytes | Cost |
|---|---|---|---|---|
| SELECT STATEMENT Optimizer Mode=ALL_ROWS | | 128 | 7K | 4 |
|   WINDOW SORT | | 128 | 7K | 4 |
|     TABLE ACCESS FULL | INSA.INSA | 128 | 7K | 3 |

처음 INSA 테이블을 FULL SCAN하면서 일반 질의가 처리된 이후에 WINDOW SORT가 발생되어 분석 함수가 실행 되는 계획을 확인 할 수 있다. 이처럼 쿼리의 실행 순서는 SQL 명령문을 처리하고 조회된 출력 결과를 이용해 분석 함수를 적용시켜 데이터를 추출하게 된다.
그럼 지금부터 분석 함수의 종류와 사용방법에 대해서 알아 보도록 하자.

### 3.2.1. 순위 함수(RANK, DENSE_RANK, ROW_NUMBER)

RANK 함수는 Partition절에 있는 각 행의 순위를 리턴해 주는 함수이다.

[기본형식]

```
RANK | DENSE_RANK | ROW_NUMBER (EXPR) OVER ( <PARTITION BY 컬럼>
<ORDER BY 컬럼> )
```

위의 기본식으로 예제를 통해 사용 방법을 알아 보도록 하자.

**<예제>** 정직원 중 연봉이 높은 순서대로 순위를 부여하여 출력하시오.

[SALARY의 데이터값으로 순위를 매기는 함수들의 사용 예]

```
SELECT ROWNUM, T1.*
 FROM ( SELECT SABUN, ENG_NAME, SALARY, JOIN_GBN_CODE,
RANK() OVER( PARTITION BY JOIN_GBN_CODE
             ORDER BY SALARY DESC ) AS RANK,
        DENSE_RANK() OVER( PARTITION BY JOIN_GBN_CODE
             ORDER BY SALARY DESC ) AS DENSE_RANK,
        ROW_NUMBER() OVER( PARTITION BY JOIN_GBN_CODE
             ORDER BY SALARY DESC ) AS ROW_NUMBER
        FROM INSA
 ) T1
WHERE JOIN_GBN_CODE = 'RGL'
   AND ROWNUM <= 10
```

[출력 결과]

| ROWNUM | SABUN | ENG_NAME | SALARY | JOIN_GBN_CODE | RANK | DENSE_RANK | ROW_NUMBER |
|---|---|---|---|---|---|---|---|
| 1 | 1 2012010101 | Lee Ho Sang | 6300 | RGL | 1 | 1 | 1 |
| 2 | 2 2012010102 | Chung Sam Ryang | 5000 | RGL | 2 | 2 | 2 |
| 3 | 3 2013010127 | Park Sang Hyun | 4800 | RGL | 3 | 3 | 3 |
| 4 | 4 2012010104 | Chung Kyung Hoon | 4700 | RGL | 4 | 4 | 4 |
| 5 | 5 2013010125 | Ko Ki Sung | 4300 | RGL | 5 | 5 | 5 |
| 6 | 6 2013022502 | LEGEND | 4300 | RGL | 5 | 5 | 6 |
| 7 | 7 2012010113 | Sim Jae Hoon | 3800 | RGL | 7 | 6 | 7 |
| 8 | 8 2012010116 | Sa hyun bin | 3800 | RGL | 7 | 6 | 8 |
| 9 | 9 2012010110 | Lee Sang Oh | 3800 | RGL | 7 | 6 | 9 |
| 10 | 10 2012010114 | Yoo Jae Joo | 3700 | RGL | 10 | 7 | 10 |

위의 SQL문은 inline view 사용으로 회사에 정직원으로 등록된 인원을 그룹으로 나누고 분석을 실시했다. PARTITION절에서 JOIN_GBN_CODE를 그룹으로 지정하고 SALARY 데이터의 높은 급여 순으로 순위를 산출하였다.

RANK, DENSE_RANK, ROW_NUMBER 함수를 이용해서 급여가 많은 순서대로 순위가 매겨져 있는데 결과 데이터를 통해 각 함수의 순위 산출 방식을 보면 쉽게 이해가 될 것이다.

RANK 함수는 동일한 결과값일 때는 순위가 같고 다음의 결과값은 동일한 결과값의 건수(n)만큼 건수(n)를 더하여 순위를 리턴하게 된다. 이런 식의 순위 선정 방식은 올림픽 순위나 프로축구, 야구 등

스포츠 경기 순위를 매길 때 주로 사용된다.

RANK 함수처럼 순위에 간격을 두지 않게 하려면 DENSE_RANK 함수를 사용할 수 있다. DENSE_RANK 함수는 중복되는 결과값의 건수가 여러 건이라도 다음의 낮은 데이터의 순위는 앞 ROW 순위에서 +1로 계산하고 리턴한다. 위의 예를 통해 보듯이 SALARY 순위 5위 두 명 이후 바로 6위가 세 명, 다음 7위로 시작되는 상황을 보면 이해하기 쉬울 것 이다.

마지막 ROW_NUMBER 함수는 PARTITION 내의 분할되어 정렬된 ROW별 순위를 1부터 순차적으로 적용해서 유일한 수를 리턴한다. 그래서 모든 순위는 개별적인 의미를 가지기 때문에 데이터 별로 유일한 순위를 뽑아야 할 때 사용된다.

### 3.2.2. TOP-N 분석

이전 예제의 SQL문을 보면 inline view에서 데이터가 처리된 건 수 중에 main query where절 사용으로 전체 데이터를 출력하지 않고 rownum을 이용해 출력 건수를 제한하였는데 이러한 쿼리를 Top-N 쿼리라 한다. Top-N 쿼리는 전체 데이터 중 큰 값이나 작은 값 순으로 상위 N개만 출력하고자 할 때 사용된다.

몇 가지 예를 가지고 데이터 건수 출력을 컨트롤하면서 RANK 방법을 알아 보도록 하겠다.

> **<예제>** 2013년에 입사한 정직원 중 최근에 입사한 5명을 순서대로 조회하시오.

[TOP-N 분석 함수의 사용 예]

**방법 1**

```sql
SELECT ROWNUM, T1.*
  FROM ( SELECT SABUN, ENG_NAME,
    NVL(JOIN_DAY,SUBSTR(SABUN,1,8)) AS JOIN_DAY,
    JOIN_GBN_CODE
      FROM INSA
  WHERE SUBSTR(NVL(JOIN_DAY,SUBSTR(SABUN,1,8)),1,4) = '2013'
  ORDER BY SABUN DESC ) T1
```

```
    WHERE JOIN_GBN_CODE = 'RGL'
      AND ROWNUM <=5
```

**방법 2**

```
SELECT T1.*
FROM ( SELECT  SABUN,  ENG_NAME,
NVL(JOIN_DAY,SUBSTR(SABUN,1,8)) AS JOIN_DAY,
        JOIN_GBN_CODE,
ROW_NUMBER() OVER( PARTITION BY JOIN_GBN_CODE
                ORDER BY JOIN_DAY DESC ) AS 순위
    FROM  INSA
    WHERE SUBSTR(NVL(JOIN_DAY,SUBSTR(SABUN,1,8)),1,4) = '2013'
    ORDER BY SABUN DESC
) T1
 WHERE  JOIN_GBN_CODE = 'RGL'
    AND  순위<= 5
ORDER BY 순위
```

[출력 결과]

| ROWNUM | SABUN | ENG_NAME | JOIN_DAY | JOIN_GBN_CODE |
|---|---|---|---|---|
| 1 | 1 2013042401 | Min Ki | 20130409 | RGL |
| 2 | 2 2013032901 | Yu | 20130329 | RGL |
| 3 | 3 2013032105 | Seong H | 20130321 | RGL |
| 4 | 4 2013032104 | Lee M | 20130321 | RGL |
| 5 | 5 2013032103 | Hyun | 20130321 | RGL |

두 가지 방법의 SQL 문장으로 동일한 결과를 조회할 수 있다. 두 방법 모두 inline view를 사용하여 결과를 조회하고 있는데 FROM절 다음의 SELECT문을 inline view라 하고 inline view에서는 순위를 부여할 대상 컬럼을 입사 일자(JOIN_DAY)로 정의하였다.

첫 번째 SQL 문장은 정렬 된 데이터를 rownum을 이용해 최근에 입사한 순서대로 5건만 추출하였다. rownum을 사용하려면 inline view에 정렬된 전체 자료를 모두 읽어야 하지만 정렬을 위한 공간은 5개만 필요하다. 다시 말해 전체 자료를 비교 후 5위 안에 들지 않는 것은 저장하지 않고 5위 안에 드는 것만 저장해서 보여지기 때문에 rank 함수를 쓰는데 있어서 상대적으로 유리하다.

두 번째 SQL 문장은 row_number 함수를 이용해 inline view에서 최근 입사한 순서대로 순위를 정하고 main query에서 순위를 5위까지 불러와서 보여주도록 하는 문장이다. rank 함수나 dense_rank 함수를 이용해 순위를 표현하게 되면 유일한 순위가 보장되지 않기 때문에 같은 순위를 가진 데이터가 여럿일 경우 출력되는 결과값은 달라질 수도 있다.

이 외에 순위를 나타내기 위한 방법으로 order by로 정렬하지 않고 index를 활용해 순위를 추출할 수 있다.

[INDEX 사용으로 RANK 조회]

```
SELECT ROWNUM, T1.*
  FROM
    ( SELECT /*+ INDEX_DESC(INSA INSA_PK) */
            SABUN, ENG_NAME,
            NVL(JOIN_DAY,SUBSTR(SABUN,1,8)) AS JOIN_DAY,
            JOIN_GBN_CODE
       FROM INSA
       WHERE SUBSTR(NVL(JOIN_DAY,SUBSTR(SABUN,1,8)),1,4) = '2013'
    ) T1
  WHERE JOIN_GBN_CODE = 'RGL'
    AND ROWNUM <=5
```

order by절을 사용하지 않고 SELECT 문장에 index hint 사용으로 최근에 입사한 5명의 순위를 추출하는 문장이다. Hint의 사용은 이번 장에서 자세하게 다루는 과정이니 지금은 이런 방법이 있다는 정도로 이해하고 넘어가도 괜찮다. Hint를 사용하면 전체 자료를 다 읽지 않고 5건의 자료만 index scan해서 읽어오기 때문에 정렬 자체가 필요하지 않아 더 좋은 성능을 발휘한다.

### 3.2.3. NTILE 함수

출력 결과를 사용자가 지정한 그룹으로 나누어 출력하는 함수이다. 예를 들어 전체 인원을 급여 순위로 등급을 나누어 표현하고자 할 때 NTILE 함수를 이용해 전체 인원 중 자신이 위치한 등급을 확인할 수 있다.

[기본형식]

```
NTILE( ) OVER ( PARTITON BY 컬럼
          ORDR BY 컬럼
              )
```

다음의 예를 통해 NTILE 함수 사용으로 쿼리를 작성해 보자.

<예제> 프리랜서로 등록된 모든 사원을 급여를 기준으로 6등급으로 분류하여 조회하시오.

[NTILE 함수를 이용한 그룹 지정]

```
SELECT SABUN, ENG_NAME, SALARY, JOIN_GBN_CODE,
NTILE(6) OVER(PARTITION BY JOIN_GBN_CODE
 ORDER BY SALARY  DESC) AS NTILE
FROM INSA
WHERE JOIN_GBN_CODE = 'FRE'
```

[출력 결과]

| | SABUN | ENG_NAME | SALARY | JOIN_GBN_CODE | NTILE |
|---|---|---|---|---|---|
| 1 | 2013010118 | Park Ji Yoo | 4300 | FRE | 1 |
| 2 | 2013010104 | Yang Chang Kyu | 4200 | FRE | 1 |
| 3 | 2013010113 | Park Soong Mo | 4150 | FRE | 1 |
| 4 | 2013010112 | Moon Sun Ah | 4000 | FRE | 1 |
| 5 | 2013010106 | Park Hee Kyung | 3900 | FRE | 1 |
| 6 | 2013010103 | Park Jong Sun | 3800 | FRE | 2 |
| 24 | 2013010102 | Joo Yong Sun | 2600 | FRE | 5 |
| 25 | 2013010101 | Choi Min Suk | 2500 | FRE | 5 |
| 26 | 2013012301 | JIN_IL | 2500 | FRE | 6 |
| 27 | 2013010121 | Sin Jae Soo | 2500 | FRE | 6 |
| 28 | 2013010116 | Sin Jin Woo | 2400 | FRE | 6 |
| 29 | 2013010117 | Kim Young Min | 2400 | FRE | 6 |
| 30 | 2013011012 | shim | 2400 | FRE | 6 |

위의 예제는 NTILE 함수를 이용해 JOIN_GBN_CODE 중 FRE를 6등급으로 나누어 출력하였다. 6등급으로 나뉘면서 각 등급별 해당하는 정보를 조회할 수 있는데 등록된 프리랜서 전체 인원 30명에서 6등급으로 나누게 되면 정확하게 5명씩 구분 가능해진다. 하지만 7등급으로 구분하게 되면 포함되지 않는 나머지가 생기게 된다. 이렇게 발생되는 나머지 값들은 처음 시작 1등급부터 1씩 나누어 가진다.

지금의 의미를 쉽게 이해하기 위해서 아래의 결과를 확인해 보자.

[NTILE 함수의 나머지 값 처리]

```
SELECT SABUN, ENG_NAME, SALARY, JOIN_GBN_CODE,
NTILE(7) OVER(PARTITION BY JOIN_GBN_CODE
 ORDER BY SALARY  DESC) AS NTILE
FROM INSA
WHERE JOIN_GBN_CODE = 'FRE'
```

[출력 결과]

| | SABUN | ENG_NAME | SALARY | JOIN_GBN_CODE | NTILE |
|---|---|---|---|---|---|
| 1 | 2013010118 | Park Ji Yoo | 4300 | FRE | 1 |
| 2 | 2013010104 | Yang Chang Kyu | 4200 | FRE | 1 |
| 3 | 2013010113 | Park Soong Mo | 4150 | FRE | 1 |
| 4 | 2013010112 | Moon Sun Ah | 4000 | FRE | 1 |
| 5 | 2013010106 | Park Hee Kyung | 3900 | FRE | 1 |
| 6 | 2013010103 | Park Jong Sun | 3800 | FRE | 2 |
| 7 | 2013010111 | Son Ki Woong | 3800 | FRE | 2 |
| 8 | 2013010105 | Park Sin Yoo | 3750 | FRE | 2 |
| 9 | 2013010109 | Lee Sung Jin | 3500 | FRE | 2 |
| 10 | 2013010126 | Jo Yeon Sook | 3400 | FRE | 2 |
| 11 | 2013010124 | Lee Jung Hee | 3400 | FRE | 3 |

| | SABUN | ENG_NAME | SALARY | JOIN_GBN_CODE | NTILE |
|---|---|---|---|---|---|
| 26 | 2013012301 | JIN_IL | 2500 | FRE | 6 |
| 27 | 2013010121 | Sin Jae Soo | 2500 | FRE | 7 |
| 28 | 2013010116 | Sin Jin Woo | 2400 | FRE | 7 |
| 29 | 2013010117 | Kim Young Min | 2400 | FRE | 7 |
| 30 | 2013011012 | shim | 2400 | FRE | 7 |

결과를 통해 이해할 수 있듯이 전체 30명의 급여를 7등급으로 나누면 4명씩 하나의 등급을 이루는데 나머지 2개의 데이터는 하나씩 시작하는 1등급과 2등급에 추가되어 5명씩 포함되어 출력된다.

NTILE 함수는 전체 건수를 조건값으로 받아 어느 한 집단의 데이터를 조회하거나 등급 구분을 하기 위해 사용하기 유용한 함수이다.

다음의 예제를 직접 작성해 보자.

> **<예제>** 2013년에 입사한 정직원 중 급여그룹을 7개의 그룹으로 구분하고
> 그 중 급여를 가장 많이 받는 첫 번째 그룹을 조회하시오.

[NTILE 분석 함수 사용 예제_2]

```
SELECT *
  FROM
    ( SELECT SABUN, ENG_NAME, SALARY, JOIN_GBN_CODE,
        NTILE(7) OVER( PARTITION BY JOIN_GBN_CODE
            ORDER BY SALARY DESC ) AS SAL_G
      FROM INSA
      WHERE SUBSTR(NVL(JOIN_DAY,SUBSTR(SABUN,1,8)),1,4) = '2013'
    )
 WHERE JOIN_GBN_CODE = 'RGL'
   AND SAL_G = '1'
```

먼저 INLINE_VIEW에서 입사 일자가 '2013'인 모든 직원의 정보를 하나의 결과 집합으로 담아두고 분석 함수를 통해 전체 집합을 직원 형태별로 구분하고 급여를 많이 받는 순서대로 정렬시켰다.
정렬된 데이터를 7개의 등급으로 나누게 되는데 지금까지의 과정을 거쳐 INLINE VIEW에는 직원 형태별로 급여 등급으로 구분된 데이터가 담기게 된다.

VIEW에 담겨있는 데이터를 MAIN QUERY에서 정직원을 의미하는 'RGL'과 SAL_G를 1그룹으로 조건값을 주면 아래 결과와 같이 1그룹이 조회되는 내용을 알 수 있다.

[출력 결과]

| | SABUN | ENG_NAME | SALARY | JOIN_GBN_CODE | SAL_G |
|---|---|---|---|---|---|
| 1 | 2013010127 | Park Sang Hyun | 4800 | RGL | 1 |
| 2 | 2013010125 | Ko Ki Sung | 4300 | RGL | 1 |
| 3 | 2013022502 | LEGEND | 4300 | RGL | 1 |

### 3.2.4. CUME_DIST 함수

CUME_DIST 함수는 그룹값 내에서 기준되는 값의 누적분포를 계산하는 함수이다. 0 < CUME_DIST < 1의 범위에서 특정한 값을 기준으로 자신의 위치를 계산할 수 있다.

[기본형식]

```
CUME_DIST( ) OVER ( <PARTITION BY 절>
                    ORDER BY 절)
```

다음의 예제를 통해 CUME_DIST 함수의 사용 예를 알아 보도록 하겠다.

<예제> 입사 구분 코드의 각 형태별 연봉 순위를 조회하고 3명씩 추출하여 누적분포를 구하시오.

[SALARY의 데이터값으로 누적 분포를 추출]

```
SELECT *
FROM(SELECT SABUN, ENG_NAME, SALARY, JOIN_GBN_CODE,
  ROW_NUMBER() OVER(PARTITION BY JOIN_GBN_CODE
    ORDER BY SALARY DESC) AS ROW_NUMBER,
      ROUND(CUME_DIST() OVER (PARTITION BY JOIN_GBN_CODE
        ORDER BY SALARY),3) AS CUME_DIST
FROM INSA
ORDER BY JOIN_GBN_CODE DESC )
WHERE ROW_NUMBER <=3
```

[출력 결과]

| | SABUN | ENG_NAME | SALARY | JOIN_GBN_CODE | ROW_NUMBER | CUME_DIST |
|---|---|---|---|---|---|---|
| 1 | 2012010101 | Lee Ho Sang | 6300 | RGL | 1 | 1 |
| 2 | 2012010102 | Chung Sam Ryang | 5000 | RGL | 2 | 0.977 |
| 3 | 2013010127 | Park Sang Hyun | 4800 | RGL | 3 | 0.953 |
| 4 | 2013010118 | Park Ji Yoo | 4300 | FRE | 1 | 1 |
| 5 | 2013010104 | Yang Chang Kyu | 4200 | FRE | 2 | 0.967 |
| 6 | 2013010113 | Park Soong Mo | 4150 | FRE | 3 | 0.933 |
| 7 | 2013011113 | ZAMEICA | 4000 | CNT | 1 | 1 |
| 8 | 2012010126 | Lim Geo Ho | 3800 | CNT | 2 | 0.929 |
| 9 | 2013010130 | Seo Jung Dae | 3200 | CNT | 3 | 0.857 |
| 10 | 1999050101 | Song Tea Seung | 5500 | CMP | 1 | 1 |
| 11 | 2007090101 | Oh Byeng Hye | 5000 | CMP | 2 | 0.977 |
| 12 | 2012120103 | Mun Heuk | 4800 | CMP | 3 | 0.955 |

각 직원 형태별로 SALARY가 높은 3명씩 추출해서 기준값에서 누적 분포를 구했다. ROW_NUMBER 함수 사용으로 개별 순위를 정하고 그룹 중에서 급여가 가장 높은 직원의 값을 기준 1로 설정했다. 아래 순위의 데이터를 각각의 기준값과 비교해서 0부터 1사이의 값으로 위치를 나타내는데 1로 지정된 기준값에 근접할수록 누적 분포값은 1에 가까워지고 기준값과 차이가 커질수록 0에 가깝게 표현된다.
이처럼 누적 분포를 나타낼 때 CUME_DIST 함수를 사용한다.

### 3.2.5. 윈도우 분석 함수

윈도우 분석 함수는 Partition by절에 의해 그룹핑된 집합 중에서 디테일한 집합을 만들어 데이터를 보여줄 수 있는 함수이다. 이런 부분 집합을 소그룹이라 하고 소그룹을 분석하기 위한 함수를 윈도우 함수라고 한다. 그룹핑된 전체 집합을 대상으로 부분 집합을 만들어 내기 때문에 사용 할 수 있는 경우는 한정되어 있다.

윈도우 분석 함수의 기본 표현 형식을 통해 사용 방법을 알아 보도록 하자.

[기본형식]

```
윈도우 함수( ) OVER ( PARTITION BY (expr)
              ORDER BY (expr)
              ROWS | RANGE
              BETWEEN UNBOUNDED PRECEDING | PRECEDING | CURRENT ROW
              AND UNBOUNDED FOLLOWING | CURRENT ROW)
```

- ROWS : 윈도우 크기를 지정하기 위한 물리적인 단위로 행 집합을 지정
- RANGE : 윈도우 크기를 지정하기 위한 논리적인 주소에 의해 행 집합을 지정
- BETWEEN AND : 윈도우의 시작과 끝 위치를 지정
- UNBOUNDED PRECEDING : 윈도우의 시작 위치가 첫 번째 ROW
- UNBOUNDED FOLLOWING : 윈도우의 마지막 위치가 마지막 ROW
- CURRENT ROW : 윈도우의 시작 위치가 현재 ROW

윈도우 함수는 ROWS 또는 RANGE를 통해 소그룹의 범위를 지정할 수 있는데 ROWS의 사용은 물리적인 단위를 의미하고 현재 행을 기준으로 윈도우 함수 적용 범위를 지정하게 된다. RANGE의 사용은 BETWEEN - AND를 사용하여 범위를 지정하는 방식으로 논리적인 주소로 집합의 범위를 지정한다.

다음의 예제를 통해 윈도우 함수를 사용해 보자.

**<예제>** 근속 년수가 3년 이상인 직원을 조회하는데 이전 사원의 급여와 합쳐진 금액을 같이 출력하시오.

[윈도우 분석 함수 적용 예]

```
SELECT SABUN, ENG_NAME, SALARY, JOIN_DAY, JOIN_GBN_CODE,
    SUM(SALARY) OVER(PARTITION BY JOIN_GBN_CODE
            ORDER BY SABUN
            ROWS 1 PRECEDING) AS TOTAL_SAL
FROM INSA
WHERE JOIN_DAY < TO_CHAR(ADD_MONTHS(SYSDATE,-36),'YYYYMMDD')
```

INSA 테이블에서 입사 일자가 3년 이상인 직원의 정보를 추출하고 분석 함수를 이용해 직원형태별로 구분하여 사번으로 정렬시킨 내용이다. 분석 함수 사용은 직원형태별로 구분된 직원의 급여 총합을 구하기 위한 것으로 "ROWS 1 PRECEDING"은 분석 함수의 물리적인 적용 범위(크기)를 지정하게 된다.

다음 결과를 통해 윈도우 분석 함수의 의미를 알아 보자.

[출력 결과]

| | SABUN | ENG_NAME | SALARY | JOIN_DAY | JOIN_GBN_CODE | TOTAL_SAL |
|---|---|---|---|---|---|---|
| 1 | 1999050101 | Song Tea Seung | 5500 | 19990501 | CMP | 5500 |
| 2 | 2007090101 | Oh Byeng Hye | 5000 | 20070901 | CMP | 10500 |
| 3 | 2010030101 | Song Sang young | 2300 | 20100301 | CMP | 7300 |
| 4 | 2010040101 | Chyen Jea Ho | 2700 | 20100401 | CMP | 5000 |
| 5 | 2010040502 | Son Dea Chel | 2700 | 20100405 | CMP | 5400 |
| 6 | 2010050402 | Lee Seng Bea | 2900 | 20100504 | CMP | 5600 |

INSA 테이블에서 3년 이상 근무한 직원을 조회해 보니 직원형태가 업체 직원을 의미하는 CMP로 등록 된 직원들만 조회 되었다. 여기서 TOTAL_SAL 항목을 보면 현재 ROW의 SALARY와 이전 ROW의 SALARY가 합쳐져서 표기되었음을 알 수 있는데 이렇게 전체 결과 집합 중에서 연속선상에 있는 부분 집합을 대상으로 적용하는 함수의 집합을 윈도우 분석 함수라고 한다.

### 3.2.6. FIRST_VALUE & LAST_VALUE 분석 함수

간단하게 말해서 PARTITION BY절에 의해 분류된 분석 함수 중에서 시작 값과 마지막 값을 조회하는 함수이다. 예를 들어 데이터가 있다는 가정하에 해당 년(월, 일)도별 TOEIC 시험 점수가 가장 높은 사람을 조회하거나 직책 또는 고용 형태별로 급여가 가장 높거나 가장 낮은 사원의 정보 등을 검색할 수 있다. 지금의 예처럼 분석 함수를 통해 생성된 집합 안에서 첫 번째 또는 마지막 값을 조회할 수 있는 함수로 사용되는데 다음과 같이 구분된다.

- FIRST_VALUE : 윈도우에서 정렬된 집합 중에서 첫 번째 값을 반환
- LAST_VALUE : 윈도우에서 정렬된 집합 중에서 마지막 값을 반환

[기본형식]
```
FIRST VALUE | LAST VALUE(EXPR)
OVER ( PARTITION BY 컬럼
    ORDER BY 컬럼
    NULLS FIRST | NULLS LAST )
```

PARTITION BY에 의해 분류된 전체그룹의 집합 단위에서 원하는 ROW값을 조회하기 위해서 FIRST_VALUE 또는 LAST_VALUE를 사용하는데 조회하기 위한 데이터 컬럼을 정의하게 되면 출력 화면에서 하나의 열로 데이터를 조회할 수 있다.

다음의 예제를 통해 사용 방법을 알아 보자.

**<예제>** 직원 형태 구분 중 정직원을 조회하는데 월별로 입사 일자가 가장 빠른 사원을 포함하여 조회하시오.

[FIRST_VALUE]

```
SELECT SABUN, ENG_NAME, NVL(JOIN_DAY,SUBSTR(SABUN,1,8)) AS JOIN_DAY, SALARY,
FIRST_VALUE(ENG_NAME) OVER(PARTITION BY SUBSTR(JOIN_DAY,1,6)
  ORDER BY SABUN) AS START_DAY
FROM INSA
WHERE JOIN_GBN_CODE='RGL'
```

정직원 사원의 정보를 구하는데 입사 일자를 구분 코드로 지정하여 입사한 월별로 가장 입사 일자가 빠른 사원을 조회하는 내용이다. JOIN_DAY 입사 일자는 VARCHAR2 타입의 년, 월, 일 8자리로 구성되어 있어 SUBSTR 함수를 이용해 해당 년도에서 월 단위로 구분한 첫 번째 사원을 조회하였다. 다음의 결과를 확인해 보면 더욱 쉽게 이해 할 수 있을 것이다.

[출력 결과]

| | SABUN | ENG_NAME | JOIN_DAY | SALARY | START_DAY |
|---|---|---|---|---|---|
| 1 | 2012010101 | Lee Ho Sang | 20120101 | 6300 | Lee Ho Sang |
| 2 | 2012010102 | Chung Sam Ryan | 20120101 | 5000 | Lee Ho Sang |
| 18 | 2012010122 | Park Gwan Beon | 20120101 | 3200 | Lee Ho Sang |
| 19 | 2012121201 | Kim Jung Hyo | 20121212 | 3500 | Kim Jung Hyo |
| 20 | 2012121202 | Kim Ju Young | 20121212 | 3500 | Kim Jung Hyo |
| 21 | 2012121204 | Kim Seong Youn | 20121212 | 3100 | Kim Jung Hyo |
| 22 | 2013010125 | Ko Ki Sung | 20130101 | 4300 | Ko Ki Sung |
| 23 | 2013010127 | Park Sang Hyun | 20130101 | 4800 | Ko Ki Sung |
| 24 | 2013010602 | Kim Hyo-Jung | 20130106 | 3000 | Ko Ki Sung |
| 25 | 2013010605 | Kim Jung Hyo | 20130106 | 2450 | Ko Ki Sung |
| 26 | 2013010710 | STEVE | 20130107 | 2300 | Ko Ki Sung |
| 27 | 2013012201 | Min | 20130122 | 2222 | Ko Ki Sung |
| 28 | 2013022501 | HONG | 20130225 | 3500 | HONG |
| 29 | 2013022502 | LEGEND | 20130225 | 4300 | HONG |

결과를 보면 입사 기록이 시작된 2012년 1월부터 2013년 03월까지 신규사원이 등록된 해당 월의 기록을 START_DAY 항목을 통해 알 수 있고 START_DAY 항목의 데이터는 월별로 처음으로 입사한 사원이 누구인지 명시되었다.

지금까지 FIRST_VALUE의 사용을 알아 보았고 이제는 LAST_VALUE 사용을 알아 보고자 한다. LAST_VALUE는 위치를 지정한 FIRST_VALUE와 같이 윈도우 집합에서 마지막 위치에 있는 값을 조회하기 위해 사용되는데 다음의 예를 통해 LAST_VALUE 사용을 알아 보자.

<예제> 직원 형태 구분 중 정직원의 정보를 조회하고 월별로 입사 일자가 가장 느린 사원을 포함하여 조회하시오.

[LAST_VALUE]

```
SELECT SABUN, ENG_NAME, NVL(JOIN_DAY,SUBSTR(SABUN,1,8)) AS JOIN_DAY, SALARY,
LAST_VALUE(ENG_NAME) OVER(PARTITION BY SUBSTR(JOIN_DAY,1,6)
 ORDER BY SABUN) AS FINAL_DAY
FROM INSA
WHERE JOIN_GBN_CODE='RGL'
```

예제를 FIRST_VALUE 함수 사용과 같이 그대로 월별로 구분하고 마지막 데이터를 가져 오도록 하는 의미에서 SQL문이 작성 되었는데 아래 결과를 확인해 보면 FINAL_DAY 항목의 결과 데이터는 해당 월의 마지막 데이터가 존재하지 않고 자기 자신의 데이터가 담겨 있다.

[LAST_VALUE 사용의 잘못된 결과]

| | SABUN | ENG_NAME | JOIN_DAY | SALARY | FINAL_DAY |
|---|---|---|---|---|---|
| 1 | 2012010101 | Lee Ho Sang | 20120101 | 6300 | Lee Ho Sang |
| 2 | 2012010102 | Chung Sam Ryang | 20120101 | 5000 | Chung Sam Ryang |
| 3 | 2012010103 | Sun Yu A | 20120101 | 3100 | Sun Yu A |
| 4 | 2012010104 | Chung Kyung Hoon | 20120101 | 4700 | Chung Kyung Hoon |
| 5 | 2012010105 | Lee Eung Jae | 20120101 | 3000 | Lee Eung Jae |

이렇게 결과가 정확하게 나오지 않는 이유는 OVER절의 기본 영역 범위가 "RANGE UNBOUNDED PRECEDING AND CURRENT ROW"이기 때문이다. 범위의 시작 위치가 첫 번째 ROW에서 마지막 위치는 현재 ROW로 범위를 지정하게 되면서 자기 자신이 질의되는 SQL문의 마지막 데이터가 되기 때문에 모든 FINAL_DAY 항목에는 자기 자신의 이름을 가지고 있는 것이다.

예제에서 요구하는 정확한 데이터를 얻기 위해서는 OVER절의 영역 범위를 지정해줘야 하는데 다음의 SQL 문장을 확인해 보자.

[FIRST_VALUE &LAST_VALUE]

```
SELECT SABUN, ENG_NAME, NVL(JOIN_DAY,SUBSTR(SABUN,1,8)) AS JOIN_DAY, SALARY,
    FIRST_VALUE(ENG_NAME) OVER(PARTITION BY SUBSTR(JOIN_DAY,1,6)
                ORDER BY SABUN) AS START_DAY,
    LAST_VALUE(ENG_NAME) OVER(PARTITION BY SUBSTR(JOIN_DAY,1,6)
                ORDER BY SABUN
                ROWS BETWEEN UNBOUNDED PRECEDING
                    AND UNBOUNDED FOLLOWING) AS FINAL_DAY
FROM INSA
WHERE JOIN_GBN_CODE='RGL'
```

위의 예제는 윈도우 절의 범위를 지정하여 예제에서 요구한 결과값이 적용되도록 한 문장이다. 부분 집합의 물리적인 크기를 월별로 구분하기 위해 ROWS를 사용하여 첫 번째 시작 위치에서부터 마지막 위치가 마지막 ROW의 의미인 "ROWS BETWEEN UNBOUNDED PRECEDING AND UNBOUNDED FOLLOWING"를 표기함으로써 크기를 지정하였다.

위 SQL문의 결과값을 확인해 보자.

[출력 결과]

| | SABUN | ENG_NAME | JOIN_DAY | SALARY | START_DAY | FINAL_DAY |
|---|---|---|---|---|---|---|
| 1 | 2012010101 | Lee Ho Sang | 20120101 | 6300 | Lee Ho Sang | Park Gwan Beon |
| 2 | 2012010102 | Chung Sam Ryang | 20120101 | 5000 | Lee Ho Sang | Park Gwan Beon |
| 18 | 2012010122 | Park Gwan Beon | 20120101 | 3200 | Lee Ho Sang | Park Gwan Beon |
| 19 | 2012121201 | Kim Jung Hyo | 20121212 | 3500 | Kim Jung Hyo | Kim Seong Youn |
| 20 | 2012121202 | Kim Ju Young | 20121212 | 3500 | Kim Jung Hyo | Kim Seong Youn |
| 21 | 2012121204 | Kim Seong Youn | 20121212 | 3100 | Kim Jung Hyo | Kim Seong Youn |
| 22 | 2013010125 | Ko Ki Sung | 20130101 | 4300 | Ko Ki Sung | Min |
| 23 | 2013010127 | Park Sang Hyun | 20130101 | 4800 | Ko Ki Sung | Min |
| 24 | 2013010602 | Kim Hyo-Jung | 20130106 | 3000 | Ko Ki Sung | Min |
| 25 | 2013010605 | Kim Jung Hyo | 20130106 | 2450 | Ko Ki Sung | Min |
| 26 | 2013010710 | STEVE | 20130107 | 2300 | Ko Ki Sung | Min |
| 27 | 2013012201 | Min | 20130122 | 2222 | Ko Ki Sung | Min |
| 28 | 2013022501 | HONG | 20130225 | 3500 | HONG | KIM |
| 29 | 2013022502 | LEGEND | 20130225 | 4300 | HONG | KIM |

결과를 확인해 보면 START_DAY는 해당 월의 첫 번째 ROW의 데이터가 조회되고 FINAL_DAY는 해당 월의 마지막 ROW의 데이터가 조회되는 결과를 통해 FIRST_VALUE와 LAST_VALUE 함수의 의미를 알 수 있을 것이다. 이처럼 PARTITION BY절에 명시된 전체그룹에서 소그룹인 윈도우의 크기를 지정하기 위해서는 - BETWEEN 시작위치 AND 마지막 위치 - 를 지정해 주어야 한다.

### 3.2.7. LAG & LEAD 분석 함수

LAG & LEAD 분석 함수는 현재 ROW를 기준으로 이전 값과 다음 값을 참조 할 수 있는 함수이다. 예를 들어 조회 년도를 기준으로 전년도의 학생 키와 이듬해 학생 키가 같이 조회되면서 변동되는 상태 값 확인이 가능한데 분석 함수의 사용은 다음과 같이 구분된다.

- LAG : 이전 값을 참조하기 위한 분석 함수
- LEAD : 다음 값을 참조하기 위한 분석 함수

[기본형식]

```
LAG | LEAD(EXPR) OVER( PARTITION BY
            ORDER BY
            NULLS FIRST | NULLS LAST)
```

LAG, LEAD 분석 함수는 표현되는 컬럼명을 명시하고 이전 또는 이후의 몇 번째 데이터를 조회할 것인지를 숫자로 표시할 수 있다. LAG(SABUN,1)로 표현하면 현재 ROW에서 첫 번째 이전 사번을 조회할 수 있다는 의미이다.

예제를 통해 LAG, LEAD 분석 함수의 사용에 대해서 알아보자.

**〈예제〉 입사 형태 중 정직원으로 입사한 사원의 정보와 이전, 이후에 입사한 사원을 같이 표기하시오.**

[LEAD& LAG 분석 함수 사용 SQL]

```
SELECT SABUN, ENG_NAME, JOIN_DAY, JOIN_GBN_CODE,
  LEAD(ENG_NAME,1) OVER(PARTITION BY JOIN_GBN_CODE
           ORDER BY SABUN) AS NEXT_MEM,
  LAG(ENG_NAME,1) OVER(PARTITION BY JOIN_GBN_CODE
           ORDER BY SABUN) AS PREV_MEM
FROM INSA
WHERE JOIN_GBN_CODE='RGL'
```

정직원 중 조회되는 직원의 정보에 현재 직원을 기준으로 이후에 입사한 직원을 LEAD 분석 함수를 통해 조회하고 이전에 입사한 직원을 LAG 분석 함수 사용으로 조회되었다.
함수 사용의 결과를 확인해 보면 다음과 같다.

[출력 결과]

|   | SABUN | ENG_NAME | JOIN_DAY | JOIN_GBN_CODE | NEXT_MEM | PREV_MEM |
|---|---|---|---|---|---|---|
| 1 | 2012010101 | Lee Ho Sang | 20120101 | RGL | Chung Sam Ryang | |
| 2 | 2012010102 | Chung Sam Ryang | 20120101 | RGL | Sun Yu A | Lee Ho Sang |
| 3 | 2012010103 | Sun Yu A | 20120101 | RGL | Chung Kyung Hoon | Chung Sam Ryang |
| 4 | 2012010104 | Chung Kyung Hoon | 20120101 | RGL | Lee Eung Jae | Sun Yu A |
| 5 | 2012010105 | Lee Eung Jae | 20120101 | RGL | Lee Seock Won | Chung Kyung Hoon |
| 6 | 2012010109 | Lee Seock Won | 20120101 | RGL | Lee Sang Oh | Lee Eung Jae |
| 7 | 2012010110 | Lee Sang Oh | 20120101 | RGL | Yoo Ji Yeon | Lee Seock Won |
| 8 | 2012010111 | Yoo Ji Yeon | 20120101 | RGL | Lee Jae Min | Lee Sang Oh |
| 9 | 2012010112 | Lee Jae Min | 20120101 | RGL | Sim Jae Hoon | Yoo Ji Yeon |
| 39 | 2013032901 | Yu | 20130329 | RGL | Min Ki | Seong H |
| 40 | 2013042401 | Min Ki | 20130409 | RGL | | Yu |

현재 ROW를 기준으로 이전에 입사한 직원(PREV_MEM)과 이후에 입사한 직원(NEXT_MEM)의 정보가 조회되는 내용을 알 수 있다. 참고로 사번이 '2012010101'인 직원보다 먼저 입사한 직원이 없고 사번이 '2013042401'인 직원보다 이후에 입사한 직원이 없기 때문에 NULL값으로 표현된다.

**<예제>** 입력되는 사번을 기준으로 이전과 이후에 입사한 직원을 조회하시오.

[LEAD& LAG 분석 함수 사용 SQL]

### SQL_1

```
SELECT SABUN, ENG_NAME, JOIN_DAY, JOIN_GBN_CODE,
    LEAD(ENG_NAME,1) OVER(PARTITION BY JOIN_GBN_CODE
            ORDER BY SABUN) AS NEXT_MEM,
    LAG(ENG_NAME,1) OVER(PARTITION BY JOIN_GBN_CODE
            ORDER BY SABUN) AS PREV_MEM
FROM INSA
WHERE SABUN = :SABUN
```

처음 예제와 마찬가지로 사번을 기준으로 이전과 이후 RECORD를 조회하는 예제로 사번을 변수로 입력 받아 해당하는 직원을 기준으로 단건만 조회되는 예제이다. 얼핏 보기에 SQL_1 방법처럼 쿼리를 작성하면 입력 받은 사번을 기준으로 이전 데이터와 이후 데이터가 조회될 것 같지만 결과를 확인해 보면 다음과 같다.

[출력 결과]

| SABUN | ENG_NAME | JOIN_DAY | JOIN_GBN_CODE | NEXT_MEM | PREV_MEM |
|---|---|---|---|---|---|
| 1 2013022603 | PARK | 20130226 | RGL | | |

위 결과 화면과 같이 나와야 할 데이터는 나오지 않고 NULL 값만 표시된다.
그럼 다음 SQL_2 방법을 통해 결과를 확인해 보자.

[LEAD& LAG 분석 함수 사용 SQL]

### SQL_2

```
SELECT *
FROM (
SELECT SABUN, ENG_NAME, JOIN_DAY, JOIN_GBN_CODE,
  LEAD(ENG_NAME,1) OVER(PARTITION BY JOIN_GBN_CODE
    ORDER BY SABUN) AS NEXT_MEM,
```

```
LAG(ENG_NAME,1) OVER(PARTITION BY JOIN_GBN_CODE
   ORDER BY SABUN) AS PREV_MEM
FROM INSA)
WHERE SABUN = :SABUN
```

SQL_2 방법은 INLINE_VIEW 사용으로 먼저 모든 데이터를 담아둔 이후에 사번을 입력 받는다. 사번을 입력 받아 위 방법의 결과를 확인해 보면 다음과 같다.

[출력 결과]

| SABUN | ENG_NAME | JOIN_DAY | JOIN_GBN_CODE | NEXT_MEM | PREV_MEM |
|---|---|---|---|---|---|
| 1 2013022603 | PARK | 20130226 | RGL | KIM | LEGEND |

입력 받은 사번을 기준으로 모든 데이터가 조회 되는 내용을 확인 할 수 있다. 두 방법은 쿼리 실행 순서로 인해 차이가 발생되는데 순서도를 보면서 과정을 확인해 보자.

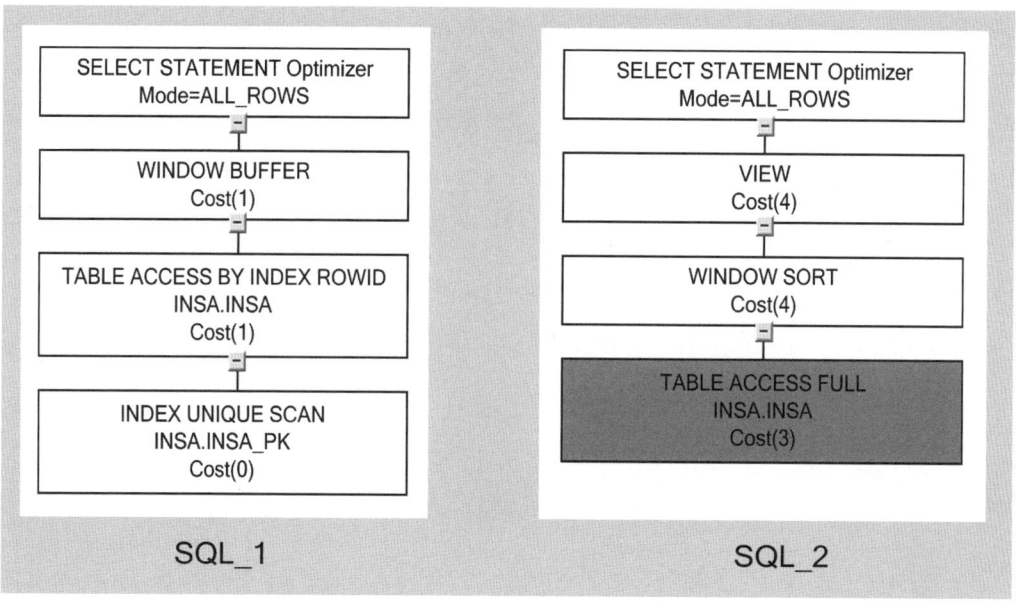

그림 6-13 SQL_1과 SQL_2 방법의 순서도

SQL_1 순서를 보면 UNIQUE SCAN이 먼저 실행되는데 입력 받은 사번을 UNIQUE SCAN하고 사번의 ROWID로 INSA 테이블에 접근하여 해당하는 데이터가 여기서 먼저 추출되고 이후에 WINDOW BUFFER가 실행된다. 이것은 입력 받은 사번과 WINDOW BUFFER의 작업 순서가 맞지 않다라는 의미로 작업 순서가 틀리기 때문에 결과값이 NULL로 표기된다.

SQL_2 쿼리의 순서는 처음 INSA 테이블에 접근하여 기본 질의를 조회한 이후에 WINDOW SORT가 발생되어 PARTITION별로 데이터가 정렬되어 VIEW로 만들어진다. 이렇게 데이터가 담겨있는 VIEW에 사번이 입력되면 해당하는 사번에서 정렬된 LAG, LEAD 분석 함수가 적용된 데이터를 조회 할 수 있다.

## 3.3. 힌트(HINT)

장기나 바둑을 둘 때 혹은 게임을 하다가도 어떤 선택을 해야 할지 고민되거나 결정을 내리기 어려운 상황들을 경험해 보았을 것이다. 그럴 경우 옆에서 제3자가 훈수를 두거나 귀띔해 주는 방법들이 문제를 풀어나가는데 있어서 도움이 되는 경우가 많은데 오라클에서는 사용자가 HINT를 통해 옵티마이저의 잘못된 실행 계획을 직접 바꿀 수 있도록 도와줄 수 있다. HINT는 옵티마이저의 실행 계획에 사용자가 관여하기 위한 일종의 지시구문인 것이다.

사용자는 특정 SQL 문장에서 어떤 인덱스가 선택도가 높은지에 대해 알고 있는데 이 경우 옵티마이저에 의존하여 나온 실행 계획보다 훨씬 효율적인 실행 계획을 사용자의 HINT를 통해 구사할 수 있다.

[기본형식]

```
/*+ 힌트 */
```

SQL 문장에서 HINT는 위 표현 방법과 같이 사용되고 + 기호가 빠지면 옵티마이저는 주석으로 인식하기 때문에 주의해야 한다.

## 3.3.1. 힌트의 종류

사용 목적에 따라 힌트를 분류할 수 있는데 힌트의 종류와 용도에 대해서 알아보자.

- 인덱스 접근 경로에 따른 힌트(INDEX ACCESS PATH)

[표 6-2] 인덱스 접근 경로에 따른 힌트

| 힌트 | 설명 |
| --- | --- |
| /*+ INDEX */ | INDEX를 순차적으로 SCAN |
| /*+ INDEX_DESC (INSA INSA_SAL) */ | INDEX를 역순으로 SCAN |
| /*+ INDEX_UNIQUE */ | 값이 UNIQUE한 컬럼에 생성된 UNIQUE INDEX를 통해서 DATA ACCESS |
| /*+ INDEX_SS */ | INDEX를 넓게 읽지만 FULL SCAN보다 빠르다. |
| /*+ INDEX_SS_ASC */ | INDEX_SS 방식으로 INDEX를 오름차순으로 ACCESS하도록 유도 |
| /*+ INDEX_SS_DESC */ | INDEX_SS 방식으로 INDEX를 내림차순으로 ACCESS하도록 유도 |
| /*+ INDEX_FS */ |  |
| /*+ INDEX_FFS */ | NOT NULL 제약이 있어야 사용가능 |
| /*+ INDEX_EQUAL */ | 인덱스가 여러 개 있을 때 하나의 INDEX만 사용하는 게 아니라, 여러 개의 INDEX를 동시에 같이 사용해서 더 큰 효과를 보는 작업 |
| /*+ INDEX_COMBINE */ | INDEX_MERGE와 방법은 같지만 INDEX를 BITMAP INDEX로 변환해서 사이즈를 줄이고 줄인 다음에 작업한다. |

INSA 테이블의 UNIQUE INDEX를 사용하여 정렬해 보자.

[/*+ INDEX_ASC */ HINT]

```
SELECT /*+ INDEX (INSA INSA_PK) */
        SABUN, ENG_NAME, JOIN_GBN_CODE, SALARY
FROM INSA
WHERE SABUN LIKE '2013%'
AND JOIN_GBN_CODE='RGL'
```

INDEX를 이용한 정렬 방법으로 순차적인 정렬은 /*+ INDEX_ASC */로 표기하지 않고 별도로 /*+ INDEX */로 표기한다.

[출력 결과]

| | SABUN | ENG_NAME | JOIN_GBN_CODE | SALARY |
|---|---|---|---|---|
| 1 | 2013010125 | Ko Ki Sung | RGL | 4300 |
| 2 | 2013010127 | Park Sang Hyun | RGL | 4800 |
| 3 | 2013010602 | Kim Hyo-Jung | RGL | 3000 |
| 4 | 2013010605 | Kim Jung Hyo | RGL | 2450 |
| 5 | 2013010710 | STEVE | RGL | 2300 |
| 6 | 2013012201 | Min | RGL | 2222 |
| 7 | 2013022501 | HONG | RGL | 3500 |
| 8 | 2013022502 | LEGEND | RGL | 4300 |
| 9 | 2013022601 | HONG | RGL | 3500 |
| 10 | 2013022602 | LEGEND | RGL | 3000 |

[/*+ INDEX_ASC*/ HINT 사용 실행 계획]

| Operation | Object Name | Rows | Bytes | Cost |
|---|---|---|---|---|
| SELECT STATEMENT Optimizer Mode=ALL_ROWS | | 19 | 1K | 359 |
|   TABLE ACCESS BY INDEX ROWID | INSA.INSA | 19 | 1K | 359 |
|     INDEX RANGE SCAN | INSA.INSA_PK | 57 | | 2 |

위 실행 결과는 정직원 중 SABUN이 2013으로 시작하는 2013년에 들어온 직원의 정보를 보기 위한 SQL문으로 INSA 테이블의 PK 컬럼인 SABUN을 내림차순으로 정렬하도록 HINT를 사용한 예이다. SELECT 문장의 결과 데이터는 2013년 1월부터 입사한 목록을 조회 할 수 있다.

/*+ ASC */ HINT의 역 정렬 방법은 /*+ INDEX_DESC */ HINT를 이용하여 정렬하는 방법이다.

[/*+ INDEX_DESC */ HINT 사용 예]

```
SELECT /*+ INDEX_DESC (INSA INSA_PK) */
SABUN, ENG_NAME, JOIN_GBN_CODE, SALARY
 FROM INSA
 WHERE SABUN LIKE '2013%'
 AND JOIN_GBN_CODE='RGL'
```

HINT 절의 INDEX 정렬 방법 표기만 다를 뿐 같은 결과 데이터를 조회 할 수 있다.

[출력 결과]

| | SABUN | ENG_NAME | JOIN_GBN_CODE | SALARY |
|---|---|---|---|---|
| 1 | 2013010125 | Ko Ki Sung | RGL | 4300 |
| 2 | 2013010127 | Park Sang Hyun | RGL | 4800 |
| 3 | 2013010602 | Kim Hyo-Jung | RGL | 3000 |
| 4 | 2013010605 | Kim Jung Hyo | RGL | 2450 |
| 5 | 2013010710 | STEVE | RGL | 2300 |
| 6 | 2013012201 | Min | RGL | 2222 |
| 7 | 2013022501 | HONG | RGL | 3500 |
| 8 | 2013022502 | LEGEND | RGL | 4300 |
| 9 | 2013022601 | HONG | RGL | 3500 |
| 10 | 2013022602 | LEGEND | RGL | 3000 |

[/*+ INDEX_DESC*/ HINT 사용 실행 계획]

| Operation | Object Name | Rows | Bytes | Cost |
|---|---|---|---|---|
| SELECT STATEMENT Optimizer Mode=ALL_ROWS | | 19 | 1K | 359 |
|   TABLE ACCESS BY INDEX ROWID | INSA.INSA | 19 | 1K | 359 |
|     INDEX RANGE SCAN DESCENDING | INSA.INSA_PK | 57 | | 2 |

/*+ INDEX_DESC */ HINT를 이용하여 2013년에 입사한 정직원 중 최근에 입사한 사원의 정보부터 확인 할 수 있도록 HINT절을 이용해 SQL문의 결과를 제어하였다.

이처럼 HINT의 의한 정렬 방법은 SELECT 문장을 실행하고 ORDER BY에 의해 정렬되는 방법보다 SQL문의 실행 속도를 향상시킨다.

- INDEX FULL SCAN : /*+ INDEX_FS */

[/*+ INDEX_FS */ HINT 사용 예]

```
SELECT /*+ INDEX_FS(INSA INSA_PK) */
     COUNT(SABUN)
FROM INSA
  WHERE JOIN_GBN_CODE='RGL'
```

[/*+ INDEX_FS */ HINT 사용 실행 계획]

| Operation | Object Name | Rows | Bytes | Cost |
|---|---|---|---|---|
| SELECT STATEMENT Optimizer Mode=ALL_ROWS | | 1 | 3 | 1 |
|   SORT AGGREGATE | | 1 | 3 | |
|     INDEX RANGE SCAN | INSA.INSA_GBN_SABUN | 40 | 120 | 1 |

- INDEX FAST SCAN : /*+ INDEX_FFS */

NOT NULL 제약이 있어야 사용 가능하다.

[/*+ INDEX_FFS */ HINT 사용 예]

```
CREATE INDEX INSA_GBN_SABUN
  ON INSA(JOIN_GBN_CODE,SABUN);

SELECT  /*+ INDEX_FFS(INSA INSA_GBN_SABUN) */
JOIN_GBN_CODE, COUNT(JOIN_GBN_CODE)
  FROM INSA
 GROUP BY JOIN_GBN_CODE
```

[/*+ INDEX_FFS */ HINT 실행 계획]

| Operation | Object Name | Rows | Bytes | Cost |
|---|---|---|---|---|
| SELECT STATEMENT Optimizer Mode=ALL_ROWS | | 128 | 384 | 3 |
|   HASH GROUP BY | | 128 | 384 | 3 |
|     INDEX FAST FULL SCAN | INSA.INSA_GBN_SABUN | 128 | 384 | 2 |

INDEX FULL SCAN과 INDEX FAST FULL SCAN의 차이는 다음과 같다.

- MULTIBLOCK I/O의 가능 여부
- INDEX FULL SCAN 불가능
- INDEX FAST FULL SCAN 가능
- 데이터 정렬 여부
- INDEX FULL SCAN 정렬이 되어서 출력
- INDEX FAST FULL SCAN은 정렬 안됨

### 3.3.2. Join 방법에 의한 힌트

[표 6-3] 조인 방법에 의한 힌트

| 힌트 | 설명 |
| --- | --- |
| /*+ USE_NL */ | Join되는 데이터 양이 적어서 INDEX를 통해 데이터가 ACCESS될 때 유리하다 |
| /*+ USE_HASH */ | Join되는 데이터 양이 많아서 FULL TABLE SCAN을 하면서 Join될 때 유리하다. 오라클 메모리에서 Join |
| /*+ USE_MERGE */ | Join되는 데이터 양이 많아서 FULL TABLE SCAN을 하면서 Join될 때 유리하다. 오라클 메모리에서 Join 안하고 내부적으로 정렬 작업이 발생한다. |
| /*+ ORDERED */ | FROM절에 기술한 테이블 순서대로 Join |
| /*+ LEADING */ | HINT 안에 쓴 테이블 명 순서대로 Join |

옵티마이저의 조인 방법을 HINT 사용으로 제어할 수 있는데 다음의 예를 통해 알아보도록 하자.

[LEADING HINT 사용 전]

```
SELECT I.SABUN, I.ENG_NAME, I.JOIN_GBN_CODE, C.CMP_NAME
 FROM INSA I, INSA_COMPANY C
WHERE I.CMP_REG_NO = C.CMP_REG_NO
AND I.SABUN='2012010101'
AND C.CMP_REG_NO = '2222222206'
```

[LEADING HINT 실행 계획]

| Operation | Object Name | Rows | Bytes | Cost |
| --- | --- | --- | --- | --- |
| SELECT STATEMENT Optimizer Mode=ALL_ROWS | | 1 | 128 | 3 |
|   NESTED LOOPS | | 1 | 128 | 3 |
|     TABLE ACCESS BY INDEX ROWID | INSA.INSA_COMPANY | 1 | 59 | 2 |
|       INDEX UNIQUE SCAN | INSA.INSA_COMPANY_PK | 1 | | 1 |
|     TABLE ACCESS BY INDEX ROWID | INSA.INSA | 1 | 69 | 1 |
|       INDEX UNIQUE SCAN | INSA.INSA_PK | 1 | | 0 |

실행 계획에서 옵티마이저는 INSA_COMPANY_PK의 INDEX 테이블을 SCAN하여 CMP_REG_NO가 '2222222206'인 ROWID를 추출하고 INSA_COMPANY 테이블에 ROWID로 해당 데이터를 찾아 INSA 테이블을 Driving해서 결과값을 뽑아내는 NESTED LOOP JOIN 방식의 실행 계획을 가지고 있다.

[LEADING HINT 사용 후]

```
SELECT  /*+ LEADING(I C) */
I.SABUN, I.ENG_NAME, I.JOIN_GBN_CODE, C.CMP_NAME
 FROM INSA I, INSA_COMPANY C
WHERE I.CMP_REG_NO = C.CMP_REG_NO
AND I.SABUN='2012010101'
AND C.CMP_REG_NO = '2222222206'
```

[LEADING HINT 실행 계획]

| Operation | Object Name | Rows | Bytes | Cost |
|---|---|---|---|---|
| SELECT STATEMENT Optimizer Mode=ALL_ROWS | | 1 | 128 | 3 |
|   NESTED LOOPS | | 1 | 128 | 3 |
|     TABLE ACCESS BY INDEX ROWID | INSA.INSA | 1 | 69 | 2 |
|       INDEX UNIQUE SCAN | INSA.INSA_PK | 1 | | 1 |
|     TABLE ACCESS BY INDEX ROWID | INSA.INSA_COMPANY | 1 | 59 | 1 |
|       INDEX UNIQUE SCAN | INSA.INSA_COMPANY_PK | 1 | | 0 |

/*+ LEADING */ HINT의 사용으로 옵티마이저의 실행 계획은 INSA 테이블을 먼저 ACCESS하고 INSA_COMPANY 테이블을 이후에 ACCESS하는 결과를 확인할 수 있다.

지금처럼 LEADING HINT를 이용해서 먼저 읽을 테이블을 직접 선택할 수 있지만 옵티마이저의 판단을 배제하고 SQL문 FROM절에 나열된 테이블 순서대로 읽어가도록 지정하는 /*+ ORDERED*/ HINT 사용에 대해서 알아 보도록 하겠다.

[ORDERED HINT 사용]

```
SELECT /*+ ORDERED */
I.SABUN, I.ENG_NAME, I.JOIN_GBN_CODE, C.CMP_NAME
 FROM INSA I, INSA_COMPANY C
WHERE I.CMP_REG_NO = C.CMP_REG_NO
 AND C.CMP_REG_NO='2222222206'
 AND I.SABUN='2012010101'
```

[ORDERED HINT 실행 계획]

| Operation | Object Name | Rows | Bytes | Cost |
|---|---|---|---|---|
| SELECT STATEMENT Optimizer Mode=ALL_ROWS | | 1 | 128 | 3 |
|   NESTED LOOPS | | 1 | 128 | 3 |
|     TABLE ACCESS BY INDEX ROWID | INSA.INSA | 1 | 69 | 2 |
|       INDEX UNIQUE SCAN | INSA.INSA_PK | 1 | | 1 |
|     TABLE ACCESS BY INDEX ROWID | INSA.INSA_COMPANY | 1 | 59 | 1 |
|       INDEX UNIQUE SCAN | INSA.INSA_COMPANY_PK | 1 | | 0 |

ORDERED HINT 사용의 실행 계획을 보면 SQL문 FROM절에 나열된 테이블명 순서대로 INSA 테이블을 먼저 읽고 INSA_COMPANY 테이블을 읽는 순서를 확인할 수 있다.

### 3.3.3. Optimization Goals and Approaches

Cost-base Optimizer 혹은 Rule-base Optimizer를 선택하고 Cost-base Optimizer인 경우는 응답 속도를 빠르게 할 것인지, 처리량을 빠르게 할 것인지를 선택 할 수 있게 하는 것이다.

[표 6-4] Optimization Goals and Approaches

| 힌트 | 설명 |
|---|---|
| /*+ ALL_ROWS */ | 전체 Resource 소비를 최소화 시키기 위한 힌트, 전체 응답 시간이 가장 적은 Plan 선택 |
| /*+ FIRST_ROWS */ | WHERE 조건을 만족하는 첫 번째 행을 가장 빠르게 검색하는 실행 계획을 결정 |
| /*+ CHOOSE */ | Access되는 테이블에 통계정보의 존재 여부에 따라 옵티마이저로 하여금 Rule-Based Approach와 Cost-Based Approach 중 하나를 선택할 수 있게 한다. Data Dictionary가 해당 테이블에 대해 통계 정보를 가지고 있다면 Optimizer는 Cost-Based Approach를 선택하고, 그렇지 않다면 Rule-Based Approach를 선택한다. |
| /*+ RULE */ | Rule-Based Optimization으로 Plan 작성. 옵티마이저에게 RuleBase 방법으로 쿼리를 수행 하라는 지시 |

다음의 예는 처리 방법을 직접 선택하여 옵티마이저가 HINT를 실행하도록 Cost-base Optimizer mode를 선택하고 전체 처리량 위주로 옵티마이저가 작업을 처리하도록 하였다.

[/*+ ALL_ROWS */ HINT 사용]

```
SELECT /*+ ALL_ROWS */
    SABUN, ENG_NAME, JOIN_GBN_CODE, SALARY
```

```
FROM INSA
WHERE SABUN LIKE '2013%'
AND JOIN_GBN_CODE='RGL'
```

[/*+ ALL_ROWS */ HINT 실행 계획]

| Operation | Object Name | Rows | Bytes | Cost |
|---|---|---|---|---|
| SELECT STATEMENT Optimizer Mode=HINT: ALL_ROWS | | 1 | 31 | 2 |
|   TABLE ACCESS BY INDEX ROWID | INSA.INSA | 1 | 31 | 2 |
|     INDEX RANGE SCAN | INSA.INSA_GBN_SABUN | 1 | | 1 |

[표 6-5] 기타 실행 계획을 조절할 수 있는 힌트

| 힌트 | 설명 |
|---|---|
| /*+ USE_CONCAT */ | 조건절에 있는 OR 연산자 조건(또는 IN 연산자 조건)을 별도의 실행 단위로 분리하여 각각의 최적의 액세스 경로를 수립하여 이를 연결 |
| /*+ REWRITE(EMP_MV) */ | 어떤 쿼리를 수행하였을 때 옵티마이저는 원래의 테이블을 액세스하는 방법과 실체뷰를 액세스 하는 방법 중에서 유리한 것을 선택하도록 쿼리를 변형 할 수 있다. 이것을 쿼리 재작성이라고 하는데 이러한 과정을 실행하도록 하는 힌트이다. |
| /*+ NOREWRITE */ | QUERY_REWRITE_ENABLED 파라미터가 TRUE이더라도 쿼리 재생성을 하지 않도록 유도 |
| /*+ STAR_TRANSFORMATION */ | 스타 변형 Join을 수행하도록 요구 |
| /*+ FACT */ | 스타 변형 구문에서 해당 테이블이 FACT 테이블로 사용되도록 유도 |
| /*+ NO_FACT */ | 스타 변형 Join에서 팩트 테이블을 지정 |
| /*+ UNNEST */ | 서브 쿼리 블록에 대한 인증성 검사 |
| /*+ NO_UNNEST */ | 서브쿼리와 메인 쿼리를 합쳐 Join 형태로 변형 |
| /*+ APPEND */ | INSERT문에 사용 'DIRECT-PATH' 방식으로 수행. SGA를 거치지 않고 직접 저장 공간에 입력 |
| /*+ CACHE */ | full 테이블 스캔 사용 시 테이블에서 읽어온 블록을 버퍼의 lru 리스트의 mru쪽에 위치시킨다. |
| /*+ NOCACHE */ | 메모리에 상주 |
| /*+ CADINALITY(T 9999) */ | 카디날리티의 예상 값을 제시 |
| /*+ CURSOR_SHARING_EXACT */ | CURSOR_SHARING 파라미터를 EXACT로 지정한 것과 동일 |
| /*+ DRIVING_SITE */ | 로컬 테이블과 원격 테이블 Join시 힌트로 주어진 테이블을 먼저 처리함 |
| /*+ DYNAMIC_SAMPLING */ | 통계 정보가 없을 시 |
| /*+ PUSH_PRED */ | Join 조건 컬럼(결합 인덱스의 컬럼)을 뷰 안으로 병합. 결과값에 대한 조인 방식 서술의 강제적 수행을 실행 |
| /*+ PUSH_SUBQ */ | Merge되지 않은 서브쿼리를 최대한 먼저 수행할 수 있도록 실행 계획을 수립 |
| /*+ QB_NAME */ | 쿼리 블록에 이름을 부여하여 해당 쿼리 블록 외부의 다른 힌트에서 지정한 쿼리 블록을 참조할 수 있도록 하는 힌트 |
| /*+ REWRITE_ON_ERROR */ | 적합한 실체뷰가 존재하지 않아서 옵티마이저가 쿼리 재생성을 실행할 수 없는 경우 만약 이 힌트가 지정되어 있으면 ORA-30393 에러를 유발하여 쿼리 수행을 중단시키도록 하는 힌트 |

| /*+ INLINE */ | WITH절을 WITH절이 아닌 TEMP 영역에 담지 않고 서브쿼리로 바꾸겠다는 의미 |
|---|---|
| /*+ IGNORE_ROW_ON_DUPKEY_INDEX(A, PK_EMP) */ | SINGLE INSERT문에서 사용되고 중복키가 발생하면 중복되지 않은 ROW만 입력할 수 있다. |
| /*+ NO_QUERY_TRANSFORMATION */ | 옵티마이저 스스로 SQL을 변경해서 튜닝 하는 작업을 하지 못하게 선언 |

### 3.3.4. HINT의 사용

- 간단한 SELECT, UPDATE, DELETE SQL 문장에 적용할 수 있다.
- MAIN SQL문이나 서브쿼리에 별도로 힌트 적용 가능하다.
  그렇기 때문에 MAINSQL문에 있는 힌트는 첫 번째 옵티마이저에만 적용된다.
- 옵티마이저가 사용자가 지정한 HINT를 100% 받아들이진 않고, 자체적인 판단으로 사용
- 대소문자 구분 없이 사용
- 지정 테이블이 ALIAS를 사용한다면 ALIAS로 힌트 사용해야 한다.
- 여러 개의 힌트를 한번에 사용가능
- 오라클은 서로 충돌되는 힌트는 실행하지 않는다.

> **참고**
>
> HINT는 문장이 잘못되거나 옵티마이저가 무시해도 된다고 판단이 되면 실행을 하지 않는다. 따라서 HINT 문장이 절대적으로 실행 계획 작성시 Plan을 변화 시키지는 않는다는 이야기이다. 사용할 때 올바른 문장과 옵티마이저가 수행할 수 있는 문장을 작성하는 것이 중요하다.
> 모든 힌트를 외우지는 못하지만 어떤것이 있다는 것쯤은 이 장에서 알고 가자.

# CHAPTER 07
# DB Object

이번 장에서는 오라클을 기준으로 작성할 수 있는 중요 Object를 상세하게 설명하고 예제를 통하여 실제 어떻게 사용하는지를 알아 보자.

## 1. 데이터 타입(Data Type)

오라클에는 어떤 데이터 타입들이 있으며, 이 타입들을 어떻게 사용해야 올바르게 사용하는 것인지 알아보고, 예제를 통하여 사용방법을 익히도록 하겠다. 또한 사용시 장단점들을 기술하여 올바른 데이터 타입을 사용하는 기술을 연마하자.

먼저 설명을 위하여 아래와 같은 테이블을 생성시키겠다.

```
CREATE TABLE LEEOK.DATA_TYPE (
        DT_SEQ          VARCHAR2(2)     NOT NULL,
        DT_CHAR         CHAR(100)       NULL,
        DT_VARCHAR2     VARCHAR2(100)   NULL,
        DT_NUMBER_1     NUMBER          NULL,
        DT_NUMBER_2     NUMBER(9, 2)    NULL,
        DT_DATE         DATE            NULL,
        DT_TIMESTAMP    TIMESTAMP(6)    NULL,
        DT_LONG         LONG            NULL,
        DT_BLOB         BLOB            NULL,
        DT_CLOB         CLOB            NULL
);

ALTER TABLE DATA_TYPE ADD (
        CONSTRAINT DATA_TYPE_PK
 PRIMARY KEY
 (DT_SEQ)
 );
```

PK값은 DT_SEQ로 설정하고 테이블 컬럼명을 [DT_타입명]으로 주었다.

초기 값으로 아래의 데이터를 입력하였다.

| DT_SEQ | DT_CHAR | DT_VARCHAR2 | DT_LONG | DT_NUMBER_1 | DT_NUMBER_2 | DT_DATE | DT_TIMESTAMP | DT_BLOB | DT_CLOB |
|---|---|---|---|---|---|---|---|---|---|
| 1 01 | 홍길동 | 홍길동 | | 999.88 | 99999.77 | 2013-05-01 오전 12:00:00 | | | |
| 2 02 | 이순신 | 이순신 | | 999.88 | 99999.77 | 2013-04-28 오전 12:00:00 | | | |

## 1.1. CHAR

### 1.1.1. 특성

- 타입 : 문자열
- 최대 길이 : 2000 Byte
- 예시 : DT_CHAR      CHAR(100)
- 설명 : 고정 길이기 때문에 '홍길동'을 입력하면 홍길동 뒤에 94Byte가 SPACE로 채워진다.

아래의 SQL문을 통해 CHAR의 길이를 체크해보자.

[CHAR의 길이를 체크]

```
SELECT DT_CHAR, RTRIM(DT_CHAR) FROM DATA_TYPE
UNION ALL
SELECT TO_CHAR(LENGTHB(DT_CHAR)), TO_CHAR(LENGTHB(RTRIM(DT_CHAR)))
FROM DATA_TYPE
```

[출력 결과]

| DT_CHAR | RTRIM(DT_CHAR) |
|---|---|
| 1 홍길동 | 홍길동 |
| 2 이순신 | 이순신 |
| 3 100 | 6 |
| 4 100 | 6 |

> **Tip_ 오라클 내장함수**
> 
> LENGTHB('홍길동') → 6 : 바이트 수를 표시
> RTRIM('홍길동A', 'A') → 홍길동 : 'A' 문자를 문자열 오른쪽에서 모두 제거한다.
> RTRIM('홍길동') 시에는 DEFAULT로 SPACE를 제거한다.
> TO_CHAR() : 문자열로 변환한다.

SELECT를 해보면 예제에서 보듯이 DT_CHAR에 들어있는 값은 '홍길동'+'SPACE+94'가 들어가 있는 것을 볼 수 있다. 이렇듯 CHAR 타입은 고정 길이라서 입력된 문자열의 크기가 작으면 뒤쪽에 SPACE를 지정 길이만큼 채워서 저장을 한다.

## 1.2. VARCHAR

### 1.2.1. 특성

- 타입 : 문자열
- 최대 길이 : 4000 Byte
- 예시 : DT_VARCHAR2    VARCHAR2(100)
- 설명 : 가변길이기 때문에 '홍길동'을 입력하면 홍길동만 입력되어 6Byte만 차지하게 된다. 위의 예시를 보면 100 Byte이상은 입력이 되지않는다.

아래의 SQL문을 통해 VARCHAR2의 길이를 체크해보자

[VARCHAR2의 길이를 체크]

```
SELECT DT_VARCHAR2, TRIM(DT_VARCHAR2) FROM DATA_TYPE
UNION ALL
SELECT TO_CHAR(LENGTHB(DT_VARCHAR2)), TO_CHAR(LENGTHB(TRIM(DT_VARCHAR2))) FROM DATA_TYPE
```

[출력 결과]

| DT_VARCHAR2 | TRIM(DT_VARCHAR2) |
|---|---|
| 1 홍길동 | 홍길동 |
| 2 이순신 | 이순신 |
| 3 6 | 6 |
| 4 6 | 6 |

**Tip_ TRIM 함수**

TRIM('A홍길동A', 'A') → 홍길동 : 'A' 문자를 문자열 왼쪽, 오른쪽에서 모두 제거한다.
TRIM('홍길동') 시에는 DEFAULT로 SPACE를 제거한다.

예제에서 보듯이 DT_VARCHAR2에 들어있는 값은 VARCHAR2(100)을 선언하였더라도 '홍길동'만 들어가 있어 바이트의 길이가 6이 리턴된 것을 볼 수 있다. VARCHAR2 타입은 가변 길이라서 입력된 문자열의 크기가 작으면 작은 만큼의 길이만 채워서 저장을 한다.

여기서 초보자들이 가장 질문을 많이 하는 CHAR와 VARCHAR2 간의 JOIN에 대하여 알아 보도록 하자. 위에서 설명한 CHAR와 VARCHAR2의 특성을 다시 숙지를 하고 다음의 예제를 확인해 보기 바란다.

[같은 타입(CHAR)의 조인]

```
SELECT T1.DT_SEQ, T1.DT_CHAR, T1.DT_VARCHAR2, T1.DT_NUMBER_1,
T1.DT_NUMBER_2, T1.DT_DATE
        FROM DATA_TYPE T1,
        DATA_TYPE T2
WHERE T1.DT_SEQ = T2.DT_SEQ
AND   T1.DT_CHAR = T2.DT_CHAR
```

[출력 결과]

| DT_SEQ | DT_CHAR | DT_VARCHAR2 | DT_NUMBER_1 | DT_NUMBER_2 | DT_DATE |
|---|---|---|---|---|---|
| 1 01 | 홍길동 | 홍길동 | 999.88 | 99999.77 | 2013-05-01 오전 12:00:00 |
| 2 02 | 이순신 | 이순신 | 999.88 | 99999.77 | 2013-04-28 오전 12:00:00 |

[다른 타입(CHAR, VARCHAR)의 조인]

```
SELECT T1.DT_SEQ, T1.DT_CHAR, T1.DT_VARCHAR2, T1.DT_NUMBER_1,
T1.DT_NUMBER_2, T1.DT_DATE
        FROM DATA_TYPE T1,
             DATA_TYPE T2
WHERE T1.DT_SEQ = T2.DT_SEQ
AND   T1.DT_CHAR = T2.DT_VARCHAR2
```

[실행결과]

| DT_SEQ | DT_CHAR | DT_VARCHAR2 | DT_NUMBER_1 | DT_NUMBER_2 | DT_DATE |
|--------|---------|-------------|-------------|-------------|---------|
| 표시할 데이터가 없습니다. | | | | | |

위의 예제와 같이 CHAR과 VARCHAR2의 값이 '홍길동'과 '이순신'으로 같아 보여도 실제 데이터 값은 다르게 처리한다는 것을 Join을 통해 알 수 있다.

CHAR(100)과 VARCHAR2(100) 값에 같은 '홍길동'이 들어있어도 CHAR(100) :'홍길동'+' SPACE 94개'가 들어있고 VARCHAR2(100) :'홍길동'만 들어 있다.

이렇게 당연한 것 같은 말을 왜 이렇게 강조하느냐 하면 초보자들이 Join을 할 때 너무도 많이 틀리기 때문이다.

**참고**

프로젝트를 하다 보면 같은 성격의 컬럼을 어떤 테이블에는 VARCHAR2로 잡아두고 또 다른 테이블에는 CHAR로 잡아두는 경우를 종종 본다. 분석/설계자가 이렇게 잡아 두면 그건 개발자의 지탄을 받아도 당연한 것이다.
성명이란 컬럼을 T1에는 VARCHAR2(100)으로 잡고 T2에는 CHAR(100)으로 잡으면 조인을 어떻게 하라는 것인가? 이런 식으로 설계되어 있는 프로젝트는 에러 발생율도 높아 질 수 밖에 없다.
꼭 같은 성격의 컬럼은 모든 테이블에 같은 타입과 길이로 만들어 주어야 됨을 분석/설계자들은 명심하기 바란다. 필자는 그래서 꼭 필요한 때를 제외하고는 CHAR 타입은 거의 사용을 하지 않는다.

만약 같은 성격의 컬럼을 서로 다른 테이블에 다르게 선언했다면 다음과 같은 웃지 못할 일이 발생한다.

[다른 타입(CHAR, VARCHAR)의 Join]

```
SELECT T1.DT_SEQ, T1.DT_CHAR, T1.DT_VARCHAR2, T1.DT_NUMBER_1,
T1.DT_NUMBER_2, T1.DT_DATE
FROM DATA_TYPE T1,
     DATA_TYPE T2
WHERE T1.DT_SEQ = T2.DT_SEQ
AND   TRIM(T1.DT_CHAR) = T2.DT_VARCHAR2
```

[출력 결과]

| | DT_SEQ | DT_CHAR | DT_VARCHAR2 | DT_NUMBER_ | DT_NUMBER_2 | DT_DATE |
|---|---|---|---|---|---|---|
| 1 | 01 | 홍길동 | 홍길동 | 999.88 | 99999.77 | 2013-05-01 오전 12:00:00 |
| 2 | 02 | 이순신 | 이순신 | 999.88 | 99999.77 | 2013-04-28 오전 12:00:00 |

TRIM(T1.DT_CHAR) 이렇게 함수를 적용해야 하니 이게 무슨일인가?

## 1.3. NUMBER

### 1.3.1. 특성

- 타입 : 숫자
- 최대 길이 : $10^{-38}$ ~ $10^{38}$ / 21 Byte
- 예시 : DT_NUMBER  NUMBER(9,2)
- 설명 : NUMBER(정밀도, 배율)
    - 정밀도 : 소수점 좌, 우의 숫자의 길이를 포함한 전체 자릿수
    - 배율 : 소수점 이하의 자릿수

아래의 SQL문을 통해 NUMBER의 길이를 체크해 보자. DT_NUMBER_1는 NUMBER로, DT_NUMBER_2 는 NUMBER(9, 2)로 선언하였다.

[NUMBER의 길이 체크]

```
UPDATE DATA_TYPE SET DT_NUMBER_1=12345678901234567890123456789 0.123456789012
34567890123456789, DT_NUMBER_2=1234567.99
WHERE DT_SEQ = '01';

UPDATE DATA_TYPE SET DT_NUMBER_1=
-12345678901234567890123456789 0.12345678901234567890123456789,
DT_NUMBER_2=-1234567.99
WHERE DT_SEQ = '02';

SELECT DT_SEQ, DT_CHAR, DT_VARCHAR2, DT_NUMBER_1,
VSIZE(DT_NUMBER_1)||' BYTE' AS 크기, DT_NUMBER_2
FROM DATA_TYPE
```

[출력 결과]

| | DT_SEQ | DT_CHAR | DT_VARCHAR2 | DT_NUMBER_1 | 크기 | DT_NUMBER_2 |
|---|---|---|---|---|---|---|
| 1 | 01 | 홍길동 | 홍길동 | 1.23456789012346E29 | 21 BYTE | 1234567.99 |
| 2 | 02 | 이순신 | 이순신 | -1.23456789012346E29 | 21 BYTE | -1234567.99 |

위에서 보듯이 NUMBER로 선언한 DT_NUMBER_1 컬럼은 최대 $10^{-38}$ ~ $10^{+38}$ 값이 들어가고 최대 21 Byte를 소요한다는 것을 알 수 있으며 NUMBER(9,2)로 선언한 DT_NUMBER_2는 정수가 최대 7자리 소수점 이하가 최대 2자리까지 들어간다는 것을 알 수 있다.

**Tip_ VSIZE 함수**

VSIZE(A) : A 표현을 위해 사용되는 바이트 수를 리턴한다.

필자는 NUMBER값을 선언할 때 자릿수(소수점 포함)가 꼭 고정되어서 들어가야 할 때는 NUMBER(정밀도,배율)로 적어주지만 그 외의 NUMBER값은 그렇게 많은 Byte를 사용하지 않기 때문에 그냥 NUMBER로 주어서 자릿수에 구속하지는 않는다.

## 1.4. DATE

### 1.4.1. 특성

- 타입 : 날짜
- 최대 길이 : BC 4712년 1월 1일 ~ 9999년 12월 32일 / 7 Byte
- 예시 : DT_DATE  DATE
- 설명 : DATE형은 숫자로 구성되어 있기 때문에 SYSDATE - 7같은 연산이 가능하다. 그러나 DATE - DATE는 사용할 수 없다.

아래의 SQL문으로 여러 가지의 DATE형들을 조회해 보자

[DATE 타입 조회]

```
SELECT VSIZE(DT_DATE)||' BYTE' AS 크기,
    TO_CHAR(DT_DATE,'YYYY/MM/DD') AS 년월일,
    TO_CHAR(DT_DATE,'YYYY/MM/DD HH24:MI:SS') AS 년월일시분초,
    DT_DATE,
    SYSDATE-7
FROM DATA_TYPE
```

[출력 결과]

| | 크기 | 년월일 | 년월일시분초 | DT_DATE | SYSDATE-7 |
|---|---|---|---|---|---|
| 1 | 7 BYTE | 2013/05/01 | 2013/05/01 00:00:00 | 2013-05-01 오전 12:00:00 | 2014-01-09 오전 10:58:31 |
| 2 | 7 BYTE | 2013/04/28 | 2013/04/28 00:00:00 | 2013-04-28 오전 12:00:00 | 2014-01-09 오전 10:58:31 |

컬럼 항목에 '년월일'만을 나타낼 때 VARCHAR2(8) 자리를 사용하는 경우도 있고 DATE형을 사용하는 경우도 있다. 만약 DATE형을 사용할 경우 화면상이나 보고서에 '년월일'만을 보여줄 때 SELECT절에 TO_CHAR을 사용해서 CHAR형으로 바꾸어 줘야 되는 불편함이 있을 수 있다.
어떤 DATA TYPE을 사용하라고 정답은 없지만 분석/설계자 및 DBA는 업무의 특성에 맞추어 잘 선택하여 할 필요성이 있다.

다음은 DATE 함수를 정리한 자료이다. 이 외에도 관련 함수는 많이 있으니 따로 찾아서 보기 바란다.

## 1.4.2. LAST_DAY(DATE) 함수

해당 월의 마지막 일자를 리턴한다.

[LAST_DAY 함수 사용]

```
SELECT LAST_DAY(SYSDATE) FROM DUAL
```

[출력 결과]

| LAST_DAY(SYSDATE) |
|---|
| 1  2014-01-31  오전 11:00:46 |

## 1.4.3. TO_CHAR(DATE, ['FORMAT']) 함수

FORMAT에 맞게 문자열 형식으로 리턴한다.

[TO_CHAR 함수 사용]

```
SELECT TO_CHAR(SYSDATE,'YYYY/MM/DD HH24:MI:SS') FROM DUAL
```

[출력 결과]

| TO_CHAR(SYSDATE,'YYYY/MM/DDHH24:MI:SS') |
|---|
| 1  2014/01/16 11:06:00 |

## 1.4.4. TO_DATE(CHAR, ['FORMAT']) 함수

FORMAT에 맞는 DATE 타입으로 리턴한다.

[TO_DATE 함수 사용]

```
SELECT TO_DATE('20100503 09:59:25','yyyymmdd hh24:mi:ss') FROM DUAL
```

[출력 결과]

```
TO_DATE('2010050309:59:25','YYYYMMDDHH24:MI:SS')
1  2010-05-03 오전 9:59:25
```

## 1.4.5. ADD_MONTHS(DATE, NUMBER) 함수

숫자 값만큼의 월을 더하여 리턴한다.

[ADD_MONTHS 함수 사용]

```
SELECT ADD_MONTHS(SYSDATE,1) FROM DUAL
```

[출력 결과]

```
ADD_MONTHS(SYSDATE,1)
1  2014-02-16 오전 11:09:15
```

## 1.4.6. MONTHS_BETWEEN(DATE, DATE) 함수

두 일자의 개월 차이를 리턴한다.

[MONTHS_BETWEEN 함수 사용]

```
SELECT MONTHS_BETWEEN(SYSDATE,SYSDATE-30) FROM DUAL
```

[출력 결과]

```
MONTHS_BETWEEN(SYSDATE,SYSDATE-30)
1  0.967741935483870967741935483870967741935
```

## 1.4.7. NEXT_DAY(DATE, NUMBER) 함수

DATE 날짜 후 해당하는 요일(1=일요일~7=토요일)을 DATE형으로 반환한다.

[NEXT_DAY 함수 사용]

```
SELECT NEXT_DAY(SYSDATE, 7) FROM DUAL
```

[출력 결과]

```
  NEXT_DAY(SYSDATE,7)
1 2014-01-18 오전 11:15:23
```

기타 DATE 형에 관련된 다른 함수도 많이 있으니 인터넷이나 책자를 통해 숙지하기 바란다.

## 1.5. TIMESTAMP

### 1.5.1. 특성

- 타입 : 날짜
- 최대 길이 : 년, 월, 일, 시, 분, 초, millisecond(9)까지 / 7 Byte~11 Byte
- 예시 : DT_TIMESTAMP  TIMESTAMP
- 설명 : Millisecond 시간을 구하기 위해서는 Timestamp 형식을 사용하며 밀리초의 정밀도는 0~9까지 올 수 있으며 디폴트는 6이다.

다음의 SQL문을 통해 TIMESTAMP형들을 조회해 보자.

[TIMESTAMP 타입 조회]

```
SELECT T1.DT_SEQ, TO_CHAR(T1.DT_TIMESTAMP,'YYYYMMDD HH24:MI:SS:FF') AS EX1,
    TO_CHAR(T1.DT_TIMESTAMP, 'YYYYMMDDHH24MISSFF3') AS EX2,
    VSIZE(T1.DT_TIMESTAMP)||' BYTE' AS BYTE, T1.DT_DATE
FROM DATA_TYPE T1
```

[출력 결과]

| DT_SEQ | EX1 | EX2 | BYTE | DT_DATE |
|---|---|---|---|---|
| 1 01 | 19930223 00:00:00:000000 | 19930223000000000 | 7 BYTE | 2013-05-01 오전 12:00:00 |
| 2 02 | 20130429 00:00:00:000000 | 20130429000000000 | 7 BYTE | 2013-04-28 오전 12:00:00 |

## 1.6. 기타 데이터 타입

지금까지 중요한 데이터 타입은 예제를 들어서 상세하게 설명을 하였다. 그리고 그 외의 데이터타입도 많이 있으나 주로 사용하는 형태를 간략하게 설명을 하겠다.

[표 7-1] 기타 데이터 타입들

| 형태 | 타입 | 최대길이 | 설명 |
|---|---|---|---|
| LONG | 문자열 | 2 Gb | 가변 길이 |
| RAW | 바이트 문자열 | 2 Gb | 가변 길이 |
| LONG RAW | 이진 문자열 | 2 Gb | 오라클에 의해서 변환될 수 없는 데이터 저장 |
| BLOB | 이진 데이터 | 4 Gb | 구조화되지 않은 데이터 |
| CLOB | 문자 데이터 | 4 Gb | 구조화되지 않은 데이터 |
| NCLOB | 문자 데이터 | 4 Gb | 다국적 언어 지원 |
| BFILE | 이진 데이터 | 4 Gb | 데이터베이스 외부에 데이터를 저장함 |

# 2. 프로시저(PROCEDURE)

## 2.1. 프로시저 일반

프로시저는 PL/SQL을 통해 만들어지고 특정 작업을 수행하는 서브 프로그램이다. 자주 사용되는 SQL문을 DB 객체로 생성해서 저장한 후 사용시에 프로시저명을 호출해서 사용한다. PL/SQL에서 FUNCTION은 리턴값을 반환하는데 반해 프로시저는 지정된 작업을 수행 후에 결과값을 반환할 수도 있고 반환하지 않을 수도 있다. FUNCTION과 프로시저의 차이점은 FUNCTION은 SQL문 내부에서 사용할 수 있지만 프로시저는 EXEC 또는 EXECUTE의 실행문을 통해 사용된다.

프로시저는 반복해서 사용할 수 있고 처음 생성 시 컴파일 과정을 거치면서 DB에 오브젝트로 저장되기 때문에 이후에 사용 시 별도의 컴파일 과정을 거치지 않고 사용할 수 있다.

**[기본형식]**

```
CREATE OR REPLACE PROEDURE 프로시저명 ( Parameter1 Datatype
        [IN | OUT | INOUT], ....n)
IS
-변수 선언 부- ;
BEGIN
-처리내용(PL/SQL Block)- ;
EXCEPTION
 예외 처리 부분 ;
END;
```

- CREATE OR REPLACE PROCEDURE : PROCEDURE를 생성 또는 이미 있으면 기존 프로시저를 대체.
- 프로시저명 : 생성할 프로시저의 이름을 청한다.
- Parameter : 프로시저에게 전달할 파라미터 이름과 데이터 타입을 명시한다.
    - 변수명 IN 데이터 타입 : 파라미터로 변수값을 입력 받을 때
    - 변수명 OUT 데이터 타입 : 프로시저 처리 후 리턴할 변수명
    - 자료명 INOUT 데이터 타입 : 파라미터로 변수값을 받고 프로시저 처리 후 리턴할 변수
- 변수 선언 부 : 사용할 변수를 명시한다.
- BEGIN
- 처리 내용 : 프로시저가 수행할 내용을 명시한 부분
- EXCEPTION : 예외사항이 발생 했을 때 수행할 작업을 명시한 부분
- END

## 2.1.1. 프로시저 생성

간단한 프로시저의 생성을 통해 사용 방법을 익혀 보자.

[프로시저 생성 예제]

```
CREATE OR REPLACE PROCEDURE salary_inc(v_sabun IN VARCHAR2)
IS
BEGIN
        UPDATE INSA
        SET SALARY=SALARY*1.03
        WHERE SABUN=v_sabun;
COMMIT;
EXCEPTION WHEN OTHERS THEN
        DBMS_OUTPUT.PUT_LINE('register is failed!');
        ROLLBACK;
END;
```

위에서 생성한 salary_inc 프로시저는 입력된 사번의 기존 급여를 3% 인상하기 위한 프로시저이다. v_sabun을 통해 외부에서 SABUN을 입력 받아 프로시저를 실행하게 되는데 UPDATE SQL문 WHERE절 조건값으로 사용하게 된다. 정상적으로 프로시저가 실행된다면 입력 받은 사번의 급여가 3% 인상될 것이지만 만약 존재하지 않는 사번이 입력된다면 'register is failed!'라는 등록 실패 메시지를 DBMS를 통해 확인하게 될 것이다.

salary_inc 프로시저를 실행시키기 위해서는 다음과 같이 SQL문을 통해 실행시키지 않고 프로시저 실행문으로 실행하게 된다.

```
EXEC 프로시저명(파라미터);
```

파라미터에 들어갈 값들은 프로시저를 만들 때 선언했던 값들을 입력한다.

```
EXEC salary_inc('2013032104')
```

salary_inc 프로시저에 사번을 입력하고 SELECT문으로 확인하면 다음과 같이 변경된 데이터의 내용을 확인할 수 있다.

[출력 결과]

```
SELECT SANUN, ENG_NAME, SALARY FROM INSA

  SABUN       ENG_NAME    SALARY
1 2013032104  Lee M         2300      프로시저 실행 전


  SABUN       ENG_NAME    SALARY
1 2013032104  Lee M         2369      프로시저 실행 후
```

사번이 '2013032104'인 직원의 SALARY가 기존 2300에서 프로시저 실행 후 2369로 3% 인상된 정상적인 프로시저 실행 결과를 확인할 수 있다.

프로시저 사용이 익숙해지도록 다음의 예제를 직접 만들어 보자.

> <예제> 새로 입사한 사원의 정보를 입력하는 프로시저를 만드는데 사원 번호는 등록 날짜를 기준으로 UNIQUE한 번호를 자동 부여하고 이름과 입사일, 직원 구분 코드는 입력 받는다.
> (직원 구분 코드 : 정직원 – RGL /계약직 – CNT/프리랜서 – FRE)

위 예제의 프로시저 INSERT SQL문은 작성하는 사람마다 다를 수 있기 때문에 개인이 작성한 SQL문과 다음의 SQL문을 비교해보고 참고하기를 바란다.

[프로시저 생성 예제]

```sql
CREATE OR REPLACE PROCEDURE in_sa(v_NAME IN VARCHAR2, v_RGL IN VARCHAR2)
IS
v_SABUN INSA.SABUN %TYPE;

BEGIN
INSERT INTO INSA(SABUN, NAME, JOIN_GBN_CODE, JOIN_DAY)
VALUES((SELECT /*+ INDEX_DESC(INSA INSA_PK) */
            DECODE(SUBSTR(SABUN,1,8)
              ,TO_CHAR(SYSDATE,'YYYYMMDD'),SABUN+1
              ,TO_CHAR(SYSDATE,'YYYYMMDD')||'01')
   FROM INSA
   WHERE SABUN < TO_CHAR(SYSDATE,'YYYYMMDD')||'99'
```

```
        AND ROWNUM=1), v_NAME, v_RGL, TO_CHAR(SYSDATE,'YYYYMMDD'));
  COMMIT;
  EXCEPTION WHEN OTHERS THEN
   DBMS_OUTPUT.PUT_LINE('FAIL!');
    ROLLBACK;
  END;
```

위의 예제에서는 in_sa 프로시저를 생성하였고 새로 등록된 사원의 이름과 직원 구분 코드만 입력 받아 신규 직원이 등록되도록 하였다. 프로시저에 이름과 직원 구분 코드가 입력되면 사번은 자동으로 생성되도록 인덱스에 의한 채번 방법을 이용하였고 SELECT된 사번을 내부 변수 v_SABUN에 담아 INSERT 문장에 사용되었다. 채번 종류와 방법에 대해서는 나중에 언급할 채번 파트에서 언급하기로 하고 지금은 간단하게 사번이 생성되는 과정을 이해하도록 하자.

이렇게 사번이 생성되면 입력 받은 신규 직원의 이름과 직원 구분 코드가 저장되고 입사 일자는 등록 날짜 년, 월, 일이 저장되는 프로시저가 만들어졌다.

[프로시저 실행]

```
EXEC in_sa('김민기', 'RGL')

SELECT SABUN, NAME, JOIN_GBN_CODE, JOIN_DAY FROM INSA
ORDER BY SABUN DESC;
```

[출력 결과]

| SABUN | NAME | JOIN_GBN_CODE | JOIN_DAY |
|---|---|---|---|
| 1 2013042401 | 김민기 | RGL | 20130409 |

프로시저 실행문 파라미터값에 신규 사원의 데이터를 입력하고 결과값을 조회해 보면 등록 날짜에서 '01'이 붙은 사번이 만들어졌고 파라미터로 받은 이름과 정직원(RGL), 등록 날짜가 저장되었음을 확인할 수 있다.

이번에는 결과값을 리턴하는 프로시저를 만들어 결과값을 확인해 보도록 하겠다.

결과값을 리턴하기 위해서는 리턴되는 값을 OUT 변수로 선언하고 프로시저 실행에 따른 처리 결과를 INTO 절을 이용해 담는다. 이렇게 데이터가 담겨 있는 변수는 프로시저를 호출한 곳으로 보내지고 호출한 곳에서 결과값을 확인할 수 있게 된다.

다음의 예를 통해 위에서 언급한 내용에 대해서 알아 보겠다.

**<예제>** 사번을 입력 받아 직원의 이름과 직급 그리고 입사일로부터 근무한 월 수를 확인하시오.

[OUT 변수를 이용하는 프로시저 생성]

```
CREATE OR REPLACE PROCEDURE workPm
(v_SABUN  IN  INSA.SABUN %TYPE,
v_name OUT INSA.ENG_NAME%TYPE,
v_cdname OUT CMM_CODE_DETAIL.CODE_NAME%TYPE,
v_m OUT INSA.JOIN_DAY%TYPE)
IS
BEGIN
SELECT T1.ENG_NAME, T2.CODE_NAME,
     ROUND(MONTHS_BETWEEN(SYSDATE, TO_DATE(JOIN_DAY,'YYYYMMDD')))
AS MON_WORK
  INTO v_name, v_cdname, v_m
  FROM INSA T1, CMM_CODE_DETAIL T2
  WHERE T1.POS_GBN_CODE = T2.CODE_NO
   AND T1.SABUN=v_SABUN;

DBMS_OUTPUT.PUT_LINE(v_name||'--'||v_cdname||'--'||v_m);

EXCEPTION WHEN OTHERS THEN
  DBMS_OUTPUT.PUT_LINE('조회하려는 사번이 존재하지 않음!');

END workPm;
```

위에서 생성한 workPm 프로시저는 사번을 외부로부터 입력 받아 OUT으로 선언된 SQL문의 결과값을 반환할 변수 v_name, v_cdname, v_m에 담게 된다. 입력 받은 사번이 유효하다면 외부에서 호출될 때 담긴 값들이 DBMS 로그가 찍히겠지만 존재하지 않는 사번이 입력되면 에러 메시지를 보여주게 될 것이다.

생성된 프로시저를 익명 블록 PL/SQL을 만들어 호출해 보겠다.

**[익명 블록 PL/SQL 생성]**

```
DECLARE
v_name INSA.ENG_NAME%TYPE;
v_cdname CMM_CODE_DETAIL.CODE_NAME%TYPE;
v_m INSA.JOIN_DAY%TYPE;
BEGIN

workPm('2012010119',v_name,v_cdname,v_m);
DBMS_OUTPUT.PUT_LINE('이름 :'||v_name||' 직급 :'||v_cdname||' 근무월수 :'||v_m||'개월');

END;
```

workPm 프로시저를 호출하여 데이터를 조회하기 위해 만든 익명 블록 PL/SQL이다. 익명 PL/SQL은 사용할 변수를 선언하고 BEGIN~ END절을 통해 프로시저를 호출하게 되는데 workPm 프로시저에 사번을 입력하면 프로시저가 동작하고 반환되는 값이 익명 PL/SQL에 선언된 변수에 담긴다.

'2012010119' 사번을 입력하고 프로시저 실행 후 리턴 되는 데이터를 DBMS 로그를 통해 확인해 보자.

**[출력 결과]**

```
Kim Sung Soo--과장--17
 이름 :Kim Sung Soo 직급 :과장 근무월수 :17개월
```

정상적인 사번이 입력되면 위와 같이 해당 사번의 이름과 직책 그리고 근무한 월 수가 출력된다. 그러나 정상적이지 않은 존재하지 않는 사번을 입력하면 다음과 같이 나타난다.

**[출력 결과] 유효하지 않은 사번 입력 시**

```
조회하려는 사번이 존재하지 않음!
이름 : 직급 : 근무월수 :개월
```

프로시저 생성 시 EXCEPTION 처리를 정의한 대로 오류 메시지를 출력한다. 그리고 반환되는 결과값이 없기 때문에 아무런 데이터가 리턴되지 않는 결과를 알 수 있다. DECLARE를 통해 사용한 PL/SQL 블록은 별도로 저장되지 않기 때문에 사용하기 위해서는 매번 새로 만들어 사용해야 하는 불편함이 있다. 하지만 프로시저, 트리거, 패키지, 함수와 같이 서브 프로그램은 DB에 저장되어 필요할 때마다 호출해서 사용할 수 있다.
이렇게 만들어진 서브 프로그램은 USER 딕셔너리를 통해 확인이 가능하다.

**[프로시저 확인]**

```sql
SELECT * FROM USER_PROCEDURES
```

**[출력 결과]**

| OBJECT_NAME | PROCEDURE_NAME | OBJECT_ID | SUBPROGRAM_ID | OVERLOAD | OBJECT_TYPE |
|---|---|---|---|---|---|
| GET_CMM_CODE_NAME | | 74673 | 1 | | FUNCTION |
| SAWON_COUNT | | 74674 | 1 | | FUNCTION |
| WORKPM | | 74675 | 1 | | PROCEDURE |
| CHK_ROW_UDP | | 74669 | 1 | | TRIGGER |

USER_PROCEDURES를 이용하면 생성된 모든 서브 프로그램의 목록 조회가 가능하고 SOURCE를 포함한 데이터를 보려면 다음과 같이 USER_SOURCE를 통해 확인 가능하다.

**[생성된 PL/SQL 객체 내용 조회]**

```sql
SELECT * FROM USER_SOURCE
```

[출력 결과]

| NAME | TYPE | LINE | TEXT |
|---|---|---|---|
| WORKPM | PROCEDURE | 1 | PROCEDURE workPm |
| WORKPM | PROCEDURE | 2 | (v_SABUN  IN  INSA.SABUN %TYPE, |
| WORKPM | PROCEDURE | 3 | v_name OUT INSA.ENG_NAME%TYPE, |
| WORKPM | PROCEDURE | 4 | v_cdname OUT CMM_CODE_DETAIL.CODE_NAME%TYPE, |
| WORKPM | PROCEDURE | 5 | v_m OUT INSA.JOIN_DAY%TYPE) |
| WORKPM | PROCEDURE | 6 | IS |
| WORKPM | PROCEDURE | 7 | BEGIN |
| WORKPM | PROCEDURE | 8 | SELECT T1.ENG_NAME, T2.CODE_NAME, |
| WORKPM | PROCEDURE | 9 |     ROUND(MONTHS_BETWEEN(SYSDATE, TO_DATE(JOIN_DAY,'YYYYMMDD'))) |
| WORKPM | PROCEDURE | 10 | AS MON_WORK |

USER_SOURCE로 조회하면 모든 서브 프로그램의 내용을 확인 할 수 있고 이전 예제를 통해 생성된 workPm 프로시저의 내용과 같이 SOURCE를 확인 할 수 있다.

### 2.1.2. 프로시저 삭제

생성된 프로시저를 삭제하기 위해서는 DROP을 이용해 간단하게 삭제 할 수 있다.

[기본형식]

```
DROP  PROCEDURE  프로시저명
```

## 2.2. 프로시저 사용 시 주의사항

지금까지 프로시저의 일반적인 작성방법을 알아 보았다. 지금부터는 프로시저 실전 예제를 보면서 주의사항을 알아 보자.

[절차적으로 프로그래밍된 프로시저]

```
CREATE OR REPLACE PROCEDURE SP_DAILY_RESULT
/*                일마감 작업                    */
/* 생성일 :                                   */
```

```
/* 생성자 :                                   */
/* 내용  : 회원제 서비스 이용 내역 임시 테이블에 저장된 자료를 가져와    */
/*        회원제 서비스 이용 내역 테이블 Table에 반영              */

(S_CLICK_YMD   IN   MEMB_SERVICE_RESULT_WORK.CLICK_YMD%TYPE,    -- 판매제한일자.
 S_P_SABUN     IN   MEMB_SERVICE_RESULT.P_SABUN%TYPE,           -- 관리자의 사번을 가져온다
 SERROR        OUT  VARCHAR2) AS

    v_barcode           MEMB_SERVICE_RESULT_WORK.BARCODE%TYPE;
    v_click_ymd         MEMB_SERVICE_RESULT_WORK.CLICK_YMD%TYPE;

    v_product_cd        PRODUCT_MAST.PRODUCT_CD%TYPE;
    v_link_class        PRODUCT_MAST.LINK_CLASS%TYPE;
    v_cp_cd             PRODUCT_MAST.CP_CD%TYPE;

    n_read_cnt          MEMB_SERVICE_RESULT.READ_CNT%TYPE;

    n_loop_cnt          NUMBER(8) :=1;
    sExecuDescription   VARCHAR2(500);     --procedure가 실행되는 위치를

    USER_EXCEPT EXCEPTION;


    CURSOR SERVICE_RESULT_CURSOR IS

    --회원제서비스 이용내역 임시테이블

    SELECT A.CLICK_YMD, A.BARCODE, TO_NUMBER(COUNT(A.BARCODE))
    FROM   MEMB_SERVICE_RESULT_WORK A
    WHERE  A.CLICK_YMD = S_CLICK_YMD
    AND    A.PRODUCT_CD IN ('004','005','007','008' )
    GROUP BY A.CLICK_YMD, A.BARCODE;

    BEGIN

    OPEN SERVICE_RESULT_CURSOR;
```

## LOOP

```
        FETCH SERVICE_RESULT_CURSOR
        INTO  v_click_ymd, v_barcode, n_read_cnt;

        EXIT WHEN  SERVICE_RESULT_CURSOR%NOTFOUND;

        IF n_loop_cnt = 1 THEN

        /* 회원제서비스이용내역 자료삭제 */
        sExecuDescription := '(Target Table : MEMB_SERVICE_RESULT '||' SALE_YMD : '||v_click_
            ymd;

        DELETE
        FROM MEMB_SERVICE_RESULT
        WHERE SALE_YMD = S_CLICK_YMD;

        END IF;

        /* 상품마스터에서 자료조회 */
        sExecuDescription := '(Target Table : PRODUCT_MAST '||' BARCODE : '||v_barcode;

        SELECT PRODUCT_CD,   LINK_CLASS,   CP_CD
        INTO  v_product_cd, v_link_class, v_cp_cd
        FROM   PRODUCT_MAST
        WHERE  BARCODE = v_barcode;

        /* 회원제서비스 이용내역 등록 */
        sExecuDescription := '(Target Table : MEMB_SERVICE_RESULT '||' SALE_YMD : '||v_click_
            ymd||' BARCODE  : '||v_barcode;
        INSERT
        INTO   MEMB_SERVICE_RESULT
            (SALE_YMD,    BARCODE,   READ_CNT,   PRODUCT_CD,
        LINK_CLASS,   CP_CD,    P_DATE,    P_SABUN,
        UPPER_LINK_CLASS)
VALUES (v_click_ymd,  v_barcode,  n_read_cnt,  v_product_cd,
        v_link_class, v_cp_cd,   SYSDATE,   S_P_SABUN,
```

```
                    SUBSTR(NVL(v_link_class,'00'),1,2));

        n_loop_cnt := n_loop_cnt + 1;

END LOOP;

CLOSE SERVICE_RESULT_CURSOR;
COMMIT;
--Stored Procedure Log 파일 생성
SP_LOGWRITE('SP_DAILY_SERVICE_RESULT_001','생성일자:'||S_CLICK_YMD, NULL,SERROR, SERROR);
--raise USER_EXCEPT;
EXCEPTION
 WHEN USER_EXCEPT THEN
    ROLLBACK;
          SERROR := 'user exception';
          RAISE_APPLICATION_ERROR ( -20001, sExecuDescription ||' USER_EXCEPT ');
 WHEN DUP_VAL_ON_INDEX THEN
    ROLLBACK;
          SERROR := 'DATA DUPLICATE!!  error code:'||SQLCODE;
          RAISE_APPLICATION_ERROR ( -20001, sExecuDescription ||'->DATA DUPLICATE ERROR!!
          error code:'||SQLCODE);
 WHEN NO_DATA_FOUND THEN
    ROLLBACK;
          SERROR := 'DATA NOT FOUND!!   error code:'||SQLCODE;
          RAISE_APPLICATION_ERROR ( -20001, sExecuDescription ||'->DATA NOT FOUND ERROR!!
          error code:'||SQLCODE);
 WHEN OTHERS THEN
    ROLLBACK;
          SERROR := '단위업무 DATA OTHERS ERROR!!  error code:'||SQLCODE;
    RAISE_APPLICATION_ERROR ( -20001, sExecuDescription ||'->DATA OTHERS ERROR!!
    error code:'||SQLCODE);

END SP_DAILY_RESULT;
```

위 예제의 프로시저를 보면 다음과 같다.

① 회원제 서비스 임시 테이블을 읽어 CURSOR에 담아둔다.
② CURSOR를 오픈하여 한 레코드씩 읽으면서 첫 번째일 때는 MEMB_SERVICE_RESULT 테이블을 삭제한다.
③ 관련 상품 마스터의 필요 정보를 조회한다.
④ 관련 정보를 조합하여 회원제 서비스 이용 내역을 등록한다.
⑤ LOOP_CNT에 1을 더하고 다시 2번부터 올라가서 작업을 수행한다.

위에서 보여준 예는 프로시저를 만드는 사람들은 모두 한 번씩 경험을 해보았던 정상적으로 처리하는 절차적인 프로그램이다.

**[절차적으로 프로그래밍을 한 개의 SQL로 작성한 프로시저]**

```
CREATE OR REPLACE PROCEDURE SP_DAILY_RESULT
/*              일마감작업                    */
/* 생성일 :                                   */
/* 생성자 :                                   */
/* 내용  : 회원제 서비스 이용 내역 임시 테이블에 저장된 자료를 가져와    */
/*         회원제 서비스 이용 내역 테이블 Table에 반영              */

(S_CLICK_YMD  IN  MEMB_SERVICE_RESULT_WORK.CLICK_YMD%TYPE,    -- 판매 제한 일자.
 S_P_SABUN    IN  MEMB_SERVICE_RESULT.P_SABUN%TYPE,           -- 관리자의 사번을 가져온다
 SERROR       OUT VARCHAR2) AS


sExecuDescription      VARCHAR2(500);    -- procedure가 실행되는 위치를
USER_EXCEPT EXCEPTION;
BEGIN
  DELETE
  FROM MEMB_SERVICE_RESULT
  WHERE SALE_YMD = S_CLICK_YMD;

  INSERT
  INTO MEMB_SERVICE_RESULT
     (PARTNER_CD,SALE_YMD,BARCODE,SUB_BARCODE,PRODUCT_CD,MENU_GB,LINK_CLASS,
      UPPER_LINK_CLASS,READ_CNT,CP_CD,P_DATE,P_SABUN)
```

```sql
SELECT '00001',
       A.CLICK_YMD, A.BARCODE, A.SUB_BARCODE,
       DECODE(A.MENU_GB,'100','100',B.PRODUCT_CD) PRODUCT_CD,
       A.MENU_GB, B.LINK_CLASS,
       SUBSTR(NVL(B.LINK_CLASS,'00'),1,2) UPPER_LINK_CLASS,
       A.READ_CNT, B.CP_CD, SYSDATE, S_P_SABUN
  FROM
(
     SELECT A.CLICK_YMD, A.BARCODE, A.SUB_BARCODE,
         A.MENU_GB,
         TO_NUMBER(COUNT(A.BARCODE)) READ_CNT
      FROM  MEMB_SERVICE_RESULT_WORK A, MEMB_BASE B
     WHERE  A.CLICK_YMD = S_CLICK_YMD
     AND   ( A.MENU_GB ='004' OR A.MENU_GB ='005' OR A.MENU_GB = '011' OR A.MENU_GB =
         '100')
     AND  A.MEMB_NO =  B.MEMB_NO
     AND  B.MEMB_GB <> '005'   -- 무료 회원은 걸러낸다
     GROUP BY A.CLICK_YMD, A.BARCODE, A.SUB_BARCODE,A.MENU_GB
     ) A,
     PRODUCT_MAST B
  WHERE A.BARCODE = B.BARCODE
  );
COMMIT;
  --Stored Procedure Log 파일 생성..
  SP_LOGWRITE('SP_DAILY_SERVICE_RESULT_001','생성일자:'||S_CLICK_YMD, NULL,SERROR,
SERROR);
--raise USER_EXCEPT;
EXCEPTION
 WHEN USER_EXCEPT THEN
  ROLLBACK;
        SERROR := 'user exception';
        RAISE_APPLICATION_ERROR ( -20001, sExecuDescription ||' USER_EXCEPT ');
 WHEN DUP_VAL_ON_INDEX THEN
  ROLLBACK;
  SP_ERRLOGWRITE('SP_DAILY_SERVICE_RESULT_001','판매일자:'||S_CLICK_YMD, S_P_SABUN,'ERR',
 SQLERRM,SERROR);
```

```
            SERROR := 'DATA DUPLICATE!!  error code:'||SQLCODE;
            RAISE_APPLICATION_ERROR ( -20001, sExecuDescription ||'->DATA DUPLICATE ERROR!!
            error code:'||SQLCODE);
    WHEN NO_DATA_FOUND THEN
      ROLLBACK;
      SP_ERRLOGWRITE('SP_DAILY_SERVICE_RESULT_001','판매일자:'||S_CLICK_YMD, S_P_SABUN,'ERR',
         SQLERRM,SERROR);
      SERROR := 'DATA NOT FOUND!!   error code:'||SQLCODE;
            RAISE_APPLICATION_ERROR ( -20001, sExecuDescription ||'->DATA NOT FOUND ERROR!!
            error code:'||SQLCODE);
    WHEN OTHERS THEN
      ROLLBACK;
      SP_ERRLOGWRITE('SP_DAILY_SERVICE_RESULT_001','판매일자:'||S_CLICK_YMD, S_P_SABUN,'ERR',
         SQLERRM,SERROR);
            SERROR := '단위업무 DATA OTHERS ERROR!!  error code:'||SQLCODE;
      RAISE_APPLICATION_ERROR ( -20001, sExecuDescription ||'->DATA OTHERS ERROR!!
      error code:'||SQLCODE);
    END SP_DAILY_RESULT;
```

한 개의 SQL로 작성한 프로시저를 보면 LOOP를 돌리지 않고 INSERT문 안에 모든 체크 조건과 조회 조건을 넣어서 한 번에 처리하는 것을 볼 수 있다.

LOOP를 돌리면서 처리하면 그만큼 시간도 많이 걸릴 뿐 아니라 시스템에 부하도 더 많이 주게 된다. 만약에 CURSOR에 들어간 데이터 건수가 1억 건이면 1억 번을 돌면서 SELECT, INSERT 작업을 수행해야 하니 시스템이 얼마나 힘이 들겠는가? 그래서 SQL 능력을 향상시켜서 한 번에 처리는 것이 가장 좋은 방법이다.

주의할 점은 너무 많은 데이터를 한 번에 처리할 때는 시스템의 상황을 잘 살펴가면서 실행해야 한다는 것이다.

> **참고**
>
> 이번 파트에서는 프로시저만 이야기 했지만 BATCH 프로그램을 처리할 때는 보통 PRO-C, 프로시저 그리고 JAVA 배치프로그램 등으로 이용하여 구현을 하는데 이때 한 번의 SQL로 작성하지 않고 LOOP, FOR, WHILE 등의 구문을 사용하여 뺑뺑이 돌면서 처리를 하는 경우가 대부분이다.
>
> 대용량의 데이터는 다른 방안을 강구해야 하지만 위와 같이 일마감 작업 정도의 업무는 한 번의 SQL을 작성하여 처리는 것이 옳은 방법이니 이 책을 읽는 독자들은 부디 SQL 작성 능력을 향상시켜 올바른 프로그램을 구현하기 바란다.

# 3. 트리거(Trigger)

## 3.1. 트리거 일반

트리거(Trigger)는 사전적인 의미로 총의 방아쇠를 뜻한다. 방아쇠가 당겨지면 장전된 총알이 자동으로 발사되는데 오라클에서 Trigger 역시 이와 같은 개념의 것을 의미한다. 고정된 방아쇠에 당기는 이벤트가 발생되었을 때 총알이 발사되는 것처럼 DB 테이블에 특정한 이벤트가 발생되면 Trigger가 동작하게 된다. INSERT, UPDATE, DELETE의 DML문이나 DDL문의 실행을 데이터베이스에서는 특정 이벤트가 발생되었다라고 하는데 이런 이벤트가 발생하면 자동으로 정해진 동작을 실행하는 데이터베이스 객체를 트리거라 한다.

### 3.1.1. 트리거의 사용목적

- 데이터베이스 테이블 생성하는 과정에서 참조 무결성과 데이터 무결성 등의 복잡한 제약 조건을 생성하는 경우
- 데이터베이스 테이블의 데이터에 생기는 작업의 감시, 보완
- 데이터베이스 테이블에 생기는 변화에 따라 필요한 다른 프로그램을 실행하는 경우
- 불필요한 트랜잭션을 금지하기 위해
- 컬럼의 값을 자동으로 생성되도록 하는 경우
- 복잡한 뷰를 생성하는 경우

[기본형식]

```
CREATE TRIGGER 트리거명
BEFORE | AFTER  INSERT | DELETE | UPDATE (OF 컬럼...N)
ON 테이블명
FOR EACH ROW
WHEN  :OLD  OR  :NEW.COLUMN..
BEGIN
      트리거의 내용
END;
```

- **BEFORE or AFTER**

트리거의 동작 시점을 설정하는 것으로 BEFORE일 경우 테이블에서 트랜잭션 발생 전에 트리거가 동작되고 AFTER의 경우 테이블에서 트랜잭션이 발생된 후에 트리거가 동작되는 것을 의미한다. 예를 들어 BEFORE로 설정하게 되면 트랜잭션이 처리되기 전에 동작되기 때문에 사용자가 입력한 데이터의 유효성 검사를 실행할 수 있다. 데이터가 테이블에 입력되기 전 조건에 맞는지 유효성 검사 후 이상이 없다면 테이블에 데이터 INSERT를 실행하게 한다.

트리거를 AFTER로 설정하게 되면 트랜잭션이 처리된 후 동작하고 발생한 이벤트의 내용을 로그 테이블에 담는 등 추적 및 기록을 실행한다.

- **INSERT | UPDATE | DELETE**

트리거 동작을 위한 이벤트 종류를 정의하는 단계로 INSERT OR UPDATE와 같이 복수의 이벤트를 정의 할 수 있다.

- **(OF 컬럼..N) ON 테이블명**

트리거가 주목하는 대상 테이블을 정의하고 특정 컬럼의 이벤트에 트리거가 동작하려면 컬럼명을 명시해준다.

- **FOR EACH ROW**

행 트리거를 정의한 내용으로 추가되는 행의 수만큼 트리거가 동작하여 행 내에서 이벤트가 발생되는 걸 기준으로 트리거의 감시, 보완 범위를 정해두는 내용이다.

- **:OLD & :NEW**

행 트리거에서 컬럼의 실제 데이터 값을 제어하는데 사용되는 연산자로 INSERT문의 경우에 :new, UPDATE문의 경우 변경 전 컬럼 데이터값은 :old, 수정할 새로운 데이터값은 :new로 나타내고 DELETE문의 경우 삭제되는 컬럼값은 :old 컬럼명에 저장된다.

- **BEGIN ~ END**

트리거가 동작할 때 실행되는 내용을 정의한다.

지금까지 트리거 생성을 위한 요소들을 설명하였는데 간단한 트리거를 만들어 보면서 각각의 의미를 알아 보도록 하자.

### 3.1.2. 트리거 사용 예제

[트리거 생성 예]

```
CREATE OR REPLACE TRIGGER chk_trig
BEFORE UPDATE
ON INSA
BEGIN
DBMS_OUTPUT.PUT_LINE('요청하신 작업이 처리 되었습니다');
END;
```

chk_trig 이름으로 트리거를 생성하고 인사 테이블에서 UPDATE가 발생되면 트리거가 이를 감지하여 로그를 출력하도록 설정되었다. chk_trig 트리거의 동작 시점은 이벤트가 발생되고 트랜잭션 실행 전에 동작되어 "요청하신 작업이 처리 되었습니다"라는 로그를 출력하게 된다.

그럼 생성한 트리거가 정상적인 동작을 하는지 INSA 테이블에 UPDATE를 실행해 보겠다.

[트리거 실행 예]

```
UPDATE INSA SET SALARY=2800 WHERE SABUN='2013011103'
```

사번이 '2013011103'인 직원의 급여를 변경하기 위해 인사 테이블의 급여 항목에 UPDATE 이벤트를 발생시키면 아래 결과와 같이 트리거가 동작하여 지정한 동작이 실행되는 모습을 확인할 수 있다.

[출력 결과]

> DBMS 로그 - 요청하신 작업이 처리 되었습니다

트리거가 동작되고 트랜잭션이 처리된 이후 인사 테이블에 데이터가 변경되었는지 확인해 보겠다.

[UPDATE 이벤트 결과 확인]

```
SELECT SABUN, SALARY
FROM INSA
WHERE SABUN = '2013011103'
```

| SABUN | SALARY |
|---|---|
| 1 2013011103 | 2800 |

이번에는 하나의 행이 아니라 여러 건의 행을 추가하여 실행되는 트리거를 만들어 보겠다.
여러 건의 행이 처리되는 과정을 확인해 보기 위해 인사 테이블 급여 항목에 업데이트가 발생하면 처리되는 건수만큼 데이터를 보관하는 백업 테이블을 만들어 발생되는 여러 건이 처리되는지 확인해 보자.

[chk_row 백업 테이블 생성]

```
CREATE TABLE chk_row(
SEQ_NO NUMBER,              -- 백업 순번
TIME_IN DATE,               -- 백업 시간
SABUN VARCHAR2(10),         -- 백업 대상 사번
ENG_NAME VARCHAR2(20),      -- 백업 대상 이름
COL_NAME VARCHAR2(10),      -- 변경된 항목
O_DATA VARCHAR2(10),        -- 변경 전 데이터
N_DATA VARCHAR2(10))        -- 변경 후 데이터
```

chk_row 테이블은 인사 테이블 급여 항목에 이벤트가 발생되면 트리거가 동작하여 처리되는 행만큼 데이터를 담아 두도록 생성하였고 SEQ_NO 컬럼은 처리되는 건수가 카운트되어 담기게 된다.

그럼 여러 건이 처리되는 트리거를 만들어 설명한 내용을 확인해 보자.

**[chk_row_udp 트리거 생성]**

```
CREATE OR REPLACE TRIGGER chk_row_udp
BEFORE UPDATE OF SALARY
ON INSA
FOR EACH ROW
BEGIN
INSERT INTO chk_row (SEQ_NO, TIME_IN, SABUN, ENG_NAME,
 COL_NAME, O_DATA, N_DATA)
VALUES
(
        (SELECT  /*+ INDEX_DESC(CHK_ROW  CHK_ROW_PK) */
         DECODE(MAX(SEQ_NO),NULL,1,MAX(SEQ_NO)+1)
         FROM CHK_ROW),
         SYSDATE,
         :OLD.SABUN,
         :OLD.ENG_N
         'SALARY',
         :OLD.SALARY,
         :NEW.SALARY);
DBMS_OUTPUT.PUT_LINE(:OLD.ENG_NAME || '님의 급여 정보가 변경되었습니다.');
DBMS_OUTPUT.PUT_LINE('수정 전 금액 :' || :OLD.SALARY);
DBMS_OUTPUT.PUT_LINE('수정 후 금액 :' || :NEW.SALARY);
END;
/
```

chk_row_udp 이름으로 만든 트리거는 인사 테이블에서 SALARY 컬럼에 데이터가 변경되면 동작되도록 만들었고 여러 행을 처리 할 수 있도록 FOR EACH ROW를 삽입하였다.

:OLD, :NEW는 데이터값이 담겨 있고 사용하기 위해서는 FOR EACH ROW가 있어야 사용가능하다.

BEGIN ~ END절에서 트리거의 동작은 인사 테이블에 이벤트가 발생되면 INSERT 순번과 시간 그리고 이벤트 대상 사번, 성명, 변경되는 데이터를 chk_row 백업 테이블에 INSERT가 되도록 지정하였고 변경되는 ROW만큼 로그를 통해 처리되는 내용을 확인 할 수 있도록 했다.

트리거 생성 후에 다음과 같이 인사 테이블에 UPDATE 이벤트를 발생시키는데 UPDATE 조건이 2002년에 입사한 정직원의 급여가 인상되도록 작성한 SQL 문장이다.

**[chk_row_upd 트리거 동작을 위한 UPDATE 실행문]**

```
UPDATE INSA
        SET SALARY=3550
WHERE ROWID IN (SELECT ROWID
                FROM INSA
                WHERE JOIN_DAY LIKE '2002%'
                AND JOIN_GBN_CODE ='RGL');
```

UPDATE 문장을 실행시키면 생성한 chk_row_udp 트리거의 정상적인 동작으로 DBMS 창에 변경되는 사원의 이름과 변경 전 금액, 변경 후 금액이 행 단위로 출력되는 모습을 볼 수 있다.

**[출력 결과] - chk_row_udp 트리거 동작 로그 출력**

```
Sun Yu A님의 급여 정보가 변경되었습니다.
수정 전 금액 : 2500
수정 후 금액 : 2800
Lee Eung Jae님의 급여 정보가 변경되었습니다.
수정 전 금액 : 2400
수정 후 금액 : 2700
Lee Seock Won님의 급여 정보가 변경되었습니다.
수정 전 금액 : 2600
수정 후 금액 : 2900
Lee Sang Oh님의 급여 정보가 변경되었습니다.
수정 전 금액 : 3000
수정 후 금액 : 3400
Yoo Ji Yeon님의 급여 정보가 변경되었습니다.
수정 전 금액 : 2000
수정 후 금액 : 2200
Lee Jae Min님의 급여 정보가 변경되었습니다.
수정 전 금액 : 2400
수정 후 금액 : 2700
```

트리거 동작으로 백업 테이블에 INSERT 된 데이터를 확인해서 몇 건의 데이터가 변경되었는지 확인해 보자.

[출력 결과]

```
SELECT * FROM CHK_ROW
```

| SEQ_NO | TIME_IN | SABUN | ENG_NAME | COL_NAME | O_DATA | N_DATA |
|---|---|---|---|---|---|---|
| 1 | 1 2014-01-03 오후 3:23:28 | 2012010103 | Sun Yu A | SALARY | 2500 | 2800 |
| 2 | 2 2014-01-03 오후 3:23:28 | 2012010105 | Lee Eung Jae | SALARY | 2400 | 2700 |
| 3 | 3 2014-01-03 오후 3:23:28 | 2012010109 | Lee Seock Won | SALARY | 2600 | 2900 |
| 4 | 4 2014-01-03 오후 3:23:28 | 2012010110 | Lee Sang Oh | SALARY | 3000 | 3400 |
| 5 | 5 2014-01-03 오후 3:23:28 | 2012010111 | Yoo Ji Yeon | SALARY | 2000 | 2200 |
| 6 | 6 2014-01-03 오후 3:23:28 | 2012010112 | Lee Jae Min | SALARY | 2400 | 2700 |
| 7 | 7 2014-01-03 오후 3:23:28 | 2012010113 | Sim Jae Hoon | SALARY | 3000 | 3400 |
| 8 | 8 2014-01-03 오후 3:23:28 | 2012010114 | Yoo Jae Joo | SALARY | 3300 | 3700 |
| ~ | ~~~~~~~~~~~~~~~~~~~~ | | | | | |
| 20 | 20 2014-01-03 오후 3:24:40 | 2012010105 | Lee Eung Jae | SALARY | 2700 | 3000 |
| 21 | 21 2014-01-03 오후 3:24:40 | 2012010109 | Lee Seock Won | SALARY | 2900 | 3200 |

위의 결과와 같이 총 21건의 데이터가 백업 테이블에 INSERT되었고 변경 전 급여와 변경 후 급여 모두 테이블에 백업되어 담고 있는 데이터를 확인할 수 있다.

트리거의 사용은 트리거를 활성화 또는 비활성화 지정 여부에 따라 사용하거나 사용하지 않을 수 있고 사용하지 않는 트리거의 삭제 역시 가능하다. 그리고 트리거가 감시중인 대상 테이블이 삭제 되면 해당 테이블에 관련된 모든 트리거도 삭제된다.

[트리거 삭제 기본형식]

```
DROP TRIGGER 트리거 명

ALTER TRIGGER 트리거 명 [ENABLE / DISABLE]
```

ALTER문을 실행할 때 ENABLE로 설정하면 트리거 사용이 가능하고 DISABLE로 설정하게 되면 트리거 동작은 하지 않게 된다. DROP문을 실행하면 트리거는 삭제되고 필요한 경우 새로 만들어 사용할 수 있다.

트리거는 항상 데이터베이스를 감시하기 때문에 시스템 자원을 많이 소모한다. 그래서 트리거의 사용을 남용하지 말고 필요한 상황에 맞춰 사용 하기를 권장한다.

## 3.2. 트리거 사용 시 주의사항

트리거는 사용상에 주의가 필요하다. 왜냐하면 분명히 트리거로 작성하여 수행하도록 했는데 트리거가 작동이 되지 않아서 데이터가 틀어지는 경우를 보아왔기 때문이다. 가장 큰 이유중의 하나는 트리거에 걸려있는 테이블이 DDL 문장에 의하여 변경되었을 경우이다.
위의 chk_row_udp 트리거를 가지고 설명하겠다.

[트리거의 상태를 점검하는 SQL]

```sql
SELECT A.OWNER,A.TRIGGER_NAME,A.STATUS,B.STATUS
FROM ALL_TRIGGERS A, ALL_OBJECTS B
    WHERE A.TRIGGER_NAME = B.OBJECT_NAME
        --AND ( A.STATUS = 'DISABLED' OR B.STATUS = 'INVALID' )
    AND A.OWNER = 'INSA'
AND TRIGGER_NAME = 'CHK_ROW_UDP';
```

[출력 결과]

| | OWNER | TRIGGER_NAME | STATUS | STATUS_1 |
|---|---|---|---|---|
| 1 | INSA | CHK_ROW_UDP | ENABLED | VALID |

위의 결과값을 보면 CHK_ROW_UDP 트리거가 'ENABLED'과 'VALID'로 정상 작동을 하고 있다는 것을 알 수 있을 것이다.

> **Tip_ TRIGGER 관련 USER 뷰**
>
> ALL_TRIGGERS, ALL_OBJECTS 테이블은 오라클의 트리거 상태 정보와 OBJECT의 상태 정보를 가지고 있는 오라클의 딕셔너리 테이블이다. 오라클 딕셔너리 테이블들은 DBA나 DB 관련 업무를 하는 사람들이 알아야 할 사항이므로 이 책에서는 상세히 언급하지 않겠다.
> ALL_TRIGGERS, ALL_OBJECTS 테이블을 조회해보면 독자 여러분들도 대충 어떤 정보들이 들어 있나를 알 수 있을 것이다. 확인해 보기 바란다.

CHK_ROW_UDP 트리거는 INSA 테이블이 변경될 때 발생하는 트리거이므로 INSA 테이블에 데이터를 변경하고 조회를 해보자.

[CHK_ROW 테이블의 조회]

```
SELECT * FROM CHK_ROW
```

[출력 결과]

| SEQ_NO | TIME_IN | SABUN | ENG_NAME | COL_NAME | O_DATA | N_DATA |
|---|---|---|---|---|---|---|
| 1 | 2014-01-03 오후 3:23:28 | 2012010103 | Sun Yu A | SALARY | 2500 | 2800 |
| 2 | 2014-01-03 오후 3:23:28 | 2012010105 | Lee Eung Jae | SALARY | 2400 | 2700 |
| 3 | 2014-01-03 오후 3:23:28 | 2012010109 | Lee Seock Won | SALARY | 2600 | 2900 |
| 4 | 2014-01-03 오후 3:23:28 | 2012010110 | Lee Sang Oh | SALARY | 3000 | 3400 |
| 5 | 2014-01-03 오후 3:23:28 | 2012010111 | Yoo Ji Yeon | SALARY | 2000 | 2200 |
| 6 | 2014-01-03 오후 3:23:28 | 2012010112 | Lee Jae Min | SALARY | 2400 | 2700 |
| 7 | 2014-01-03 오후 3:23:28 | 2012010113 | Sim Jae Hoon | SALARY | 3000 | 3400 |
| 8 | 2014-01-03 오후 3:23:28 | 2012010114 | Yoo Jae Joo | SALARY | 3300 | 3700 |

이렇게 변경된 값들이 트리거를 작성한 의도대로 데이터가 잘 생성되어 있음을 알 수 있다.

이제 INSA 테이블에 컬럼을 변경시켜 보자.

```
변경 전 컬럼 'SALARY      NUMBER      DEFAULT 0      NULL,'
```

[INSA 테이블 컬럼변경]

```
ALTER TABLE INSA RENAME COLUMN SALARY TO SALARY_IMSI
```

```
변경 후 컬럼 'SALARY_IMSI      NUMBER      DEFAULT 0      NULL,'
```

[트리거의 상태를 점검하는 SQL]

```
SELECT A.OWNER,A.TRIGGER_NAME,A.STATUS,B.STATUS
FROM ALL_TRIGGERS A, ALL_OBJECTS B
    WHERE A.TRIGGER_NAME = B.OBJECT_NAME
        --AND ( A.STATUS = 'DISABLED' OR B.STATUS = 'INVALID' )
    AND A.OWNER = 'INSA'
    AND TRIGGER_NAME = 'CHK_ROW_UDP'
```

[출력 결과]

| OWNER | TRIGGER_NAME | STATUS | STATUS_1 |
|---|---|---|---|
| 1 INSA | CHK_ROW_UDP | ENABLED | VALID |

변경 전

| OWNER | TRIGGER_NAME | STATUS | STATUS_1 |
|---|---|---|---|
| 1 INSA | CHK_ROW_UDP | ENABLED | INVALID |

변경 후

위에서 보듯이 STATUS의 값이 'VALID'에서 'INVALID'로 변경되어 있다. 이 상태에서 SALARY_IMSI의 값을 변경하여서 트리거가 잘 작동하는지 확인해 보자.

[INSA 테이블 SALARY_IMSI값 변경]

```
UPDATE INSA
SET SALARY_IMSI=99999999
WHERE SABUN = '2010040101'
```

[출력 결과]

```
ORA-04098: trigger 'INSA.CHK_ROW_UDP' is invalid and failed re-validation
--------------------------------------------------
UPDATE INSA
SET SALARY_IMSI=99999999
WHERE SABUN = '2010040101'
```

위에서 보듯이 에러가 발생하게 된다. 트리거 때문에 시스템에 에러가 발생하는 요인을 제공해 줄 수 있다는 예를 보여드렸다. 그러면, 테이블과 트리거를 원위치시켜 두고 트리거를 'DISABLE'시켜보자.

[CHK_ROW_UDP 트리거 'DISABLE']

```
ALTER TRIGGER CHK_ROW_UDP DISABLE
```

[INSA 테이블 UPDATE 실행]

```
UPDATE INSA
SET SALARY_IMSI=99999999
WHERE SABUN = '2010040101'
```

에러 없이 1개의 값이 UPDATE 된다. 그러나 트리거가 'DISABLE'되어 있어 CHK_ROW 테이블에는 아무런 값이 들어가지 못하게 된다.

**[CHK_ROW 테이블의 조회]**

```
SELECT * FROM CHK_ROW
```

**[출력 결과]**

| SEQ_NO | TIME_IN | SABUN | ENG_NAME | COL_NAME | O_DATA | N_DATA |
|---|---|---|---|---|---|---|
| 1 | 2014-01-03 오후 3:23:28 | 2012010103 | Sun Yu A | SALARY | 2500 | 2800 |
| 2 | 2014-01-03 오후 3:23:28 | 2012010105 | Lee Eung Jae | SALARY | 2400 | 2700 |
| 3 | 2014-01-03 오후 3:23:28 | 2012010109 | Lee Seock Won | SALARY | 2600 | 2900 |
| 4 | 2014-01-03 오후 3:23:28 | 2012010110 | Lee Sang Oh | SALARY | 3000 | 3400 |
| 5 | 2014-01-03 오후 3:23:28 | 2012010111 | Yoo Ji Yeon | SALARY | 2000 | 2200 |
| 6 | 2014-01-03 오후 3:23:28 | 2012010112 | Lee Jae Min | SALARY | 2400 | 2700 |
| 7 | 2014-01-03 오후 3:23:28 | 2012010113 | Sim Jae Hoon | SALARY | 3000 | 3400 |
| 8 | 2014-01-03 오후 3:23:28 | 2012010114 | Yoo Jae Joo | SALARY | 3300 | 3700 |

결과값을 보면 트리거가 작동하지 않아서 변경된 값이 들어가지 않음을 볼 수 있다.

트리거는 테이블을 변경시키는 DDL문에 의하여 영향을 많이 받는 OBJECT임을 명심을 하자. 항상 테이블을 ALTER시킬 때 트리거가 있는지 없는지 확인을 하고 트리거까지 수정을 완료해야 데이터의 무결성을 보장해 줄 수 있다.

> **[참고]**
>
> 트리거는 여러 요인에 의하여 'DISABLED' 또는 'INVALID'될 수 있다는 것을 명심해야 된다. 실제로 프로젝트를 할 때 트리거로 변경 이력이나 연계 데이터 등을 구현하다 보면 잘되다가도 데이터가 발생되지 않을 때 확인해 보면 테이블의 변경이나 시스템의 재가동 등의 여러 가지 이유로 트리거가 'DISABLED' 또는 'INVALID'되어 있는 경우를 많이 볼 수 있다.
>
> 그래서 먼저 죽은 트리거를 살리는 프로그램을 만들어서 수행시키는 로직을 넣고 그래도 살지 않는 트리거는 로그로 만들어서 체크를 하여 새로 트리거를 수정하여 생성시키는 일들이 빈번이 일어날 수 있으니 트리거를 사용할 때는 항상 주의가 요망된다.

# 4. 함수(FUNCTION)

## 4.1. 사용자 함수

보통 복잡한 쿼리를 간단한 사용으로 값을 계산하고 결과값을 반환하기 위해서 함수를 사용한다. 그러기 때문에 함수 사용은 개발자의 코딩 시간 단축과 업무의 퍼포먼스 향상 등의 장점을 가지고 있다. 함수는 오라클에서 기본으로 제공하는 오라클 내장 함수(기본 함수)가 있고 사용자 지정 함수로 구분된다. 오라클 내장 함수와 사용자 지정 함수의 차이점은 오라클에서 제공하는 것과 사용자가 직접 만들어 사용하는 함수에 따라 구분된다.

사용자 정의 함수의 전체적인 구성은 프로시저와 흡사하다. 반환될 값의 데이터 타입을 선언해줘야 하고 PL/SQL 실행 블록 내에서 RETURN문을 통해 값이 반환된다. 그러나 프로시저와 다른 점은 모든 함수 실행은 데이터 RETURN이 되고 IN 파라미터만 사용할 수 있다.
함수 생성시 이 점이 프로시저와 다르다는 점을 기억해 두고 기본 함수 생성 방식을 통해 사용 방법을 알아 보자.

**[함수 생성 기본형식]**

```
CREATE OR REPLACE FUNCTION 함수명 ( Parameter1 Datatype, ....n)
RETURN Datatype
IS
-변수 선언 부- ;
BEGIN
-처리내용(PL/SQL Block)- ;
RETURN ;
END;
```

- CREATE OR REPLACE FUNCTION : 새롭게 함수를 생성하거나 기존에 작성된 함수를 수정
- 함수명 : 생성할 함수의 이름을 정한다.
- Parameter : 함수의 파라미터로 입력되는 변수명과 데이터 타입을 명시한다.
- RETURN : 반환되는 값의 데이터 타입을 명시한다.
- 변수 선언 부 : 내부에서 사용할 변수를 명시한다.
- BEGIN

- 처리내용 : 함수가 수행할 내용을 명시한 부분.
- RETURN : 함수가 반환할 값을 명시한다.
- END

함수는 오라클의 기본 함수와 마찬가지로 SQL 문장에서도 사용할 수 있다. 하지만 SQL 문장에서 함수 사용시 함수 안의 단위 SQL이 있을 때는 주의해서 사용해야 한다. 함수 사용의 장점은 사용자가 직접 함수를 만들어 사용하게 되면 어려운 연산이나 개발자들이 몰라도 될 로직 등을 담아둘 수 있고 긴 SQL 문장을 하나의 함수로 만들어 사용하기 때문에 쿼리의 보안성과 퍼포먼스 향상에 큰 도움이 된다.

그럼 간단한 함수의 생성 예를 작성해 보도록 하자.

> **<예제>** 공통 코드 관리에서 마스터 코드와 상세 코드를 입력 받아 해당하는 코드명을 출력하는 함수를 작성하시오.

[FUNCTION 생성 예제]

```
CREATE OR REPLACE FUNCTION LEEOK.GET_CMM_CODE_NAME (
V_CLASS_CODE IN CMM_CODE_DETAIL.CLASS_CODE%TYPE,
V_CODE_NO IN CMM_CODE_DETAIL.CODE_NO%TYPE)
RETURN VARCHAR2
IS
V_CMM_CODE_NAME CMM_CODE_DETAIL.CODE_NAME%TYPE;

BEGIN

SELECT CODE_NAME
    INTO  V_CMM_CODE_NAME
    FROM CMM_CODE_DETAIL
   WHERE CODE_NO = V_CODE_NO
     AND CLASS_CODE = V_CLASS_CODE;

RETURN  V_CMM_CODE_NAME;
EXCEPTION
    WHEN NO_DATA_FOUND THEN
        DBMS_OUTPUT.PUT_LINE('입력한 코드는 없습니다.');
        RETURN  V_CMM_CODE_NAME;WHEN TOO_MANY_ROWS THEN
```

```
    WHEN TOO_MANY_ROWS THEN
            DBMS_OUTPUT.PUT_LINE('자료가 2건 이상입니다.');
        WHEN OTHERS THEN
            DBMS_OUTPUT.PUT_LINE('기타 에러입니다.');
    END;
```

위의 예는 공통 코드 관리에서 마스터 코드와 마스터 코드에 속하는 디테일 코드를 입력 받아 해당하는 코드명을 조회하기 위한 함수이다. 마스터 코드를 의미하는 V_CLASS_CODE와 디테일 코드를 의미하는 V_CODE_NO에 조건값이 입력되면 BEGIN절의 SQL문이 실행되고 V_CMM_CODE_NAME에 결과값을 담아 리턴 되도록 작성하였다.

다음은 진행 상태 구분 코드로 면접 진행 상태를 코드로 분류하여 관리한다.

| | CLASS_CODE | CODE_NO | CODE_NAME |
|---|---|---|---|
| 1 | H01 | A01 | 서류지원 |
| 2 | H01 | A02 | 서류심사중 |
| 3 | H01 | A03 | 서류통과 |
| 4 | H01 | A04 | 면접통보 |
| 5 | H01 | A05 | 면접통과 |
| 6 | H01 | A06 | 최종합격 |
| 7 | H01 | A07 | 불합격 |

그림 7-1 면접 진행 상태 구분 코드

생성된 GET_CMM_CODE_NAME 함수를 사용해서 어떤 결과값이 나오는지 CLASS_CODE와 CODE_NO를 입력해 출력 결과를 확인해 보도록 하겠다.

[FUNCTION 사용 예]

```
SELECT GET_CMM_CODE_NAME('H01','A06') AS 응시결과 FROM DUAL
```

[출력 결과]

| | 응시결과 |
|---|---|
| 1 | 최종합격 |

진행 상태 코드 – 'H01' 그리고 디테일 코드 – 'A06'을 조건값으로 파라미터에 담아 함수를 실행 시켰더니 결과와 같이 '최종합격'이 출력되었다.

파라미터로 입력값을 전달 받은 함수는 자체적인 처리를 하기 위한 SQL문을 포함하고 있기 때문에 가상 테이블인 DUAL 테이블을 이용해 데이터를 처리하여 리턴하게 된다. 만약 관리되지 않는 코드가 입력되면 오류 메시지가 출력 되도록 EXCEPTION 처리 부분에서 정의하였는데 다음과 같이 테이블에 없는 디테일 코드 – '09'를 입력하면 오류 메시지를 확인할 수 있다.

[EXCEPTION 처리]
```
SELECT GET_CMM_CODE_NAME('H01','A09') AS 응시결과 FROM DUAL
```

[출력 결과]
```
해당하는 데이터가 존재하지 않습니다.
```

다음의 예제를 직접 만들어 보면서 함수 사용 방법을 익혀 보도록 하자.

**<예제> 직원 구분 코드를 입력 받아 해당하는 그룹별 남, 녀 인원수와 총합을 조회하는 함수를 만드시오.**

[FUNCTION의 사용 예]
```
CREATE OR REPLACE FUNCTION SAWON_COUNT
(v_GBN_CODE INSA.JOIN_GBN_CODE%TYPE)
RETURN VARCHAR2
IS
v_m NUMBER;
v_f NUMBER;
v_t NUMBER;
v_ALL VARCHAR2(30);

BEGIN

v_m :=0;
```

```
v_f :=0;
v_t :=0;

SELECT COUNT(DECODE(SEX,'M',1)) AS MEN,
       COUNT(DECODE(SEX,'F',1)) AS WOMEN,
       COUNT(SEX) AS TOT
 INTO v_m, v_f, v_t
 FROM INSA
WHERE JOIN_GBN_CODE=v_GBN_CODE;

DBMS_OUTPUT.PUT_LINE('남 : '||v_m ||', 여 : '|| v_f ||', 토탈 : '|| v_t);
v_ALL := '남 : '||v_m ||' 여 : '|| v_f ||' 총원 : '|| v_t;
DBMS_OUTPUT.PUT_LINE('v_ALL 에 담겨있는 값은 :'||v_ALL);
RETURN v_ALL;

END;
```

위의 예제는 직원 구분 코드('RGL :정직원', 'CMP : 업체직원', 'CNT : 계약직', 'FRE : 프리랜서') 중 코드 하나를 입력 받아 해당하는 그룹에 속해있는 남, 녀의 숫자와 총합을 리턴하기 위해 생성한 함수이다. 함수 입력값 v_GBN_CODE는 인사 테이블의 JOIN_GBN_CODE와 같은 데이터 타입을 정의한 것으로 '%TYPE'으로 표기하여 선택된 컬럼과 같은 데이터 타입임을 의미한다. 따라서 v_GBN_CODE IN VARCHAR2 또는 v_GBN_CODE INSA.JOIN_GBN_CODE%TYPE으로 선택해서 사용할 수 있다.

> **Tip_ DBMS_OUTPUT**
>
> JAVA에서 SYSTEM.OUT.PRINT나 스크립트단의 CONSOLE.LOG, C 언어의 PRINTF처럼 PL/SQL에서 처리된 결과를 화면에 출력할 때 사용한다. 출력되는 결과가 화면에 표시되기 위해서는 SQL*PLUS에서 환경을 설정해 주어야 한다.
>
> SQL 〉 SET SERVEROUPUT ON
>
> - PUT_LINE : 정의된 문자값을 출력
> - GET_LINE : 현재 라인의 문자값을 읽을 때
> - NEW_LINE : GET_LINE에 의해 읽힌 행의 다음 라인을 읽을 때 사용
> - ENABLE : 화면에 문자값을 출력하는 모드로 설정
> - DISABLE : 화면에 문자값을 출력하는 모드로 해제

v_m, v_f, v_t는 내부적으로 사용 될 변수로써 SELECT절의 값을 담아두는 역할을 하게 된다. 각 변수에 담겨있는 값들을 v_ALL에 담아 리턴하게 되면 입력한 직원구분코드의 결과가 화면에 출력 된다.

**[SAWON_COUNT 함수 실행]**

```
SELECT SAWON_COUNT('RGL') AS 인원구성 FROM DUAL
```

**[출력 결과]**

| 인원구성 |
|---|
| 남 : 30 여 : 10 총원 : 40 |

함수가 생성되고 직원 구분 코드값을 입력하면 생성 시 설정한 대로 각 변수에 담긴 값들이 로그에 정상적으로 찍히고 v_ALL에 담긴 결과값과 동일한 데이터가 화면에 출력되었다. 지금까지 오라클의 사용자 정의 함수를 사용하는 방법을 위주로 설명하고 예제를 작성해 보았다.
사용자 정의 함수를 아무 곳에나 사용하면 시스템에 부하를 더 많이 주는 결과를 나을 수 있으니 주의할 필요가 있다.

### 4.1.1. 사용자 정의 함수 사용시 주의사항

- 복잡한 계산식이나 어려운 로직을 포함하는 경우 함수로 정의하여 사용
    - 예 일자와 일자를 받아서 이자를 계산하여 리턴,
      일자와 일자를 받아서 근무 일수(공휴일을 제외한)를 리턴
- 사용자 정의 함수에서 대량의 데이터를 조회하여 결과값을 리턴하는 방법은 사용하지 말자.
- 오라클 내장 함수와 사용자 정의 함수는 속도의 차이가 많이 나므로 내장 함수의 기능을 모두 숙지하고 내장 함수를 많이 사용하는 것이 좋다.
- 테이블의 join으로 가능한 것을 함수로 만들어 사용하지 말자.
    - 예 고객명, 상품명 등의 명칭을 가져오는 함수를 만들지 말자.
      공통 코드명 등의 명칭을 가져오는 함수도 되도록이면 만들지 말자.
- 주로 SELECT절에 사용을 하고 WHERE절에는 사용하는 것을 자제하자.

> **참고**
>
> 사용자 함수를 사용하여 SQL을 만드는 것은 시스템 퍼포먼스에 민감한 부분이 있으므로 사용시 주의를 해서 사용해야 된다.
>
> 그렇다고 사용하지 말라는 것은 아니다. 필요 시에는 사용을 해야 되겠지만 위에서 설명한 주의사항 등을 숙지하고 사용을 해야 된다. 같은 사용자 함수라도 사용 할 때가 있고 사용 하지 말아야 할 때가 있으니 그때그때 상황에 알맞게 사용해야 한다.

## 4.2. 오라클 내장 함수

앞에서는 사용자가 직접 함수를 생성하여 사용하는 사용자 지정 함수에 대해서 알아 보았고 이번에는 오라클에서 기본적으로 제공하는 내장 함수(기본 함수)에 대해서 다루어 보도록 하겠다. 오라클에서 제공하는 기본 함수에는 숫자형 함수, 문자형 함수, 날짜형 함수 등 여러 함수들이 제공 되는데 기본 함수를 정리해 보고 사용 방법에 대해 알아 보도록 하자.

### 4.2.1. 숫자형 함수

■ ABS 함수

ABS(NUMBER) | ABS 함수는 절대값을 뽑아 내는 함수이다.

[ABS 함수 사용 예]

```
SELECT ABS(-27) FROM DUAL
```

| ABS(-27) |
|---|
| 27 |

■ SIGN 함수

SIGN(NUMBER) | SIGN 함수는 양수는 1, 음수는 -1, 0은 0으로 리턴한다.

[SIGN 함수 사용 예]

```
SELECT SIGN(-10), SIGN(44), SIGN(0) FROM DUAL
```

| SIGN(-10) | SIGN(44) | SIGN(0) |
|---|---|---|
| -1 | 1 | 0 |

■ ROUND 함수

ROUND(NUMBER, NUMBER) | 숫자를 지정한 자리에서 반올림 처리하는 함수이다.

[ROUND 함수 사용 예]

| SELECT ROUND(125.198 , 2) FROM DUAL | ROUND(125.198,2) |
|---|---|
| | 1   125.2 |

■ TRUNC 함수

TRUNC(NUMBER, NUMBER) | 숫자를 지정한 자리에서 절삭 처리하는 함수이다.

[TRUNC 함수 사용 예]

| SELECT TRUNC(125.198 , 2) FROM DUAL | TRUNC(125.198,2) |
|---|---|
| | 1   125.19 |

■ MOD 함수

MOD(NUMBER, NUMBER) | 좌측에 있는 값을 우측에 있는 값으로 나눈 나머지를 반환하는 함수이다.

[MOD 함수 사용 예]

| SELECT MOD(15,4) FROM DUAL | MOD(15,4) |
|---|---|
| | 1   3 |

■ POWER 함수

POWER(NUMBER, NUMBER) | 거듭 제곱을 구하는 함수이다.

[POWER 함수 사용 예]

| SELECT POWER(4,2) FROM DUAL | POWER(4,2) |
|---|---|
| | 1   16 |

■ SQRT 함수

SQRT(NUMBER) | 제곱근을 구하는 함수이다.

[SQRT 함수 사용 예]

| SELECT SQRT(9) FROM DUAL | SQRT(9) |
|---|---|
| | 1　　　3 |

■ CHR 함수

CHR(NUMBER) | 아스키 코드 값에 해당하는 문자를 확인하는 함수이다.

[CHR 함수 사용 예]

| SELECT CHR(88) FROM DUAL | CHR(88) |
|---|---|
| | 1　X |

■ TO_NUMBER

TO_NUMBER(char) | 문자열로 입력된 숫자를 숫자 타입으로 변환한다.

[TO_NUMBER 함수 사용 예]

| SELECT TO_NUMBER('508') FROM DUAL | TO_NUMBER('508') |
|---|---|
| | 1　　　508 |

## 4.2.2. 문자형 함수

■ LOWER 함수

LOWER(char) | 대소문자가 혼합되어 있거나 대문자인 문자열을 소문자로 변환한다.

[LOWER 함수 사용 예]

| SELECT LOWER('KING') FROM DUAL | LOWER('KING') |
|---|---|
| | 1　king |

■ CONCAT 함수

CONCAT(char1, char2) | 두 문자열을 연결하여 결과를 반환하는 함수로 CONCAT 대신에 '||' 표시로도 대체 가능하다.

[CONCAT 함수 사용 예]

| CONCAT ('KO' , 'REA') FROM DUAL | CONCAT('KO','REA') |
|---|---|
| | 1 KOREA |

■ LTRIM 함수

LTRIM(char, set) | 넘어온 파라미터값 char에서 set의 값을 왼쪽에서 제거한 값을 반환하는 함수이다.

[LTRIM 함수 사용 예]

| SELECT LTRIM('##2013년', '#') AS YEAR FROM DUAL | YEAR |
|---|---|
| | 1 2013년 |

■ RTRIM 함수

RTRIM(char, set) | 넘어온 파라미터값 char에서 set의 값을 오른쪽에서 제거한 값을 변환하는 함수이다.

[RTRIM 함수 사용 예]

| SELECT RTRIM ('##2013년' , '년') YEAR FROM DUAL | YEAR |
|---|---|
| | 1 ##2013 |

■ INITCAP 함수

INITCAP(char) | char의 첫 문자를 대문자로 바꾸고 나머지는 소문자로 변환하는 함수이다.

[INITCAP 함수 사용 예]

| SELECT INITCAP('KOREA') AS NATION FROM DUAL | NATION |
|---|---|
| | 1 Korea |

■ SUBSTR 함수

SUBSTR(char, position, length) | char에서 position 위치부터 length 길이까지 문자열을 잘라내서 반환하는 함수이다.

[SUBSTR 함수 사용 예]

```
SELECT SUBSTR('KOREA', 1, 3) AS NATION FROM DUAL
```

| | NATION |
|---|---|
| 1 | KOR |

■ LPAD 함수

LPAD (expr1, n, expr2) | expr1을 n의 길이만큼 왼쪽으로 늘려서 반환하는 함수이다.

[LPAD 함수 사용 예]

```
SELECT LPAD('KOREA', 7, '$' ) AS NATION FROM DUAL
```

| | NATION |
|---|---|
| 1 | $$KOREA |

■ RPAD 함수

RPAD (expr1, n, expr2) | expr1을 n의 길이만큼 오른쪽으로 늘려서 반환하는 함수이다.

[RPAD 함수 사용 예]

```
SELECT RPAD('KOREA', '7', '$') AS NATION FROM DUAL
```

| | NATIONAL |
|---|---|
| 1 | KOREA$$ |

■ REPLACE 함수

REPLACE (char, search_string, replace_string) | char값 중 search_string을 검색하여 replace_string으로 치환하여 반환하는 함수이다.

[REPLACE 함수 사용 예]

```
SELECT REPLACE('KOREA', 'A', 'AN') AS NATION FROM DUAL
```

| | NATION |
|---|---|
| 1 | KOREAN |

■ ASCII 함수

ASCII(char) | 파라미터로 들어온 char를 아스키 코드값으로 반환하는 함수이다.

[ASCII 함수 사용 예]

```
SELECT ASCII('K') FROM DUAL
```

| | ASCII('K') |
|---|---|
| 1 | 75 |

■ LENGTH 함수

LENGTH(char) | char 문자열의 길이를 반환하는 함수이다.

[LENGTH 함수 사용 예]

| SELECT LENGTH('DRAGON') FROM DUAL | LENGTH('DRAGON') |
|---|---|
| | 1　　　　　6 |

■ TO_CHAR 함수

TO_CHAR(DATE, 'expr') | 숫자나 문자값을 지정한 형식의 VARCHAR2 문자열로 변환하는 함수이다.

[TO_CHAR 함수 사용 예]

| SELECT TO_CHAR(SYSDATE, 'YY-MM-DD-DY') AS DAY FROM DUAL | DAY |
|---|---|
| | 1　14-01-16-THU |

DATE 타입을 지정한 expr 형식에 맞게 문자열로 변환한다.

[표 7-2] DATE 타입의 문자열 표현

| expr | 설명 | expr | 설명 |
|---|---|---|---|
| YYYY or YEAR | 년 표시 (2013)년<br>문자로 표시(Twenty thirteen) | MM or MONTH | 월 표시 (2)월<br>문자로 월 표시 (February) |
| D | 요일을 숫자로 표시<br>(일요일-0, 월요일-1, …) | DD or DDD | 월의 일 표시 (16일)<br>일년 365일 기준의 일 표시 (045일) |
| DAY or DY | 영문 이름 요일 표시(MONDAY)<br>세자리 약어로 요일 표시(MON) | WW or W | 년의 주를 표시 (1년 중 06번째 주)월의 주를 표시 (달의 2번째 주) |
| RM | 로마 숫자 월을 표시 (II) | Q | 분기를 표시 (1분기) |
| CC | 세기 표시 (21 세기) | BC or AD | BC/AD 지시자 |

expr들을 소문자로 쓰면 소문자로 나오고 대문자로 쓰면 대문자로 출력된다.

[숫자 타입의 데이터 형 변환]

| SELECT TO_CHAR(SALARY, '$99,999') AS SALARY FROM INSA |
|---|

[출력 결과]

| | SALARY |
|---|---|
| 1 | $2,200 |
| 2 | $2,700 |
| 3 | $4,200 |

숫자 타입의 데이터를 문자 타입으로 변환할 때 사용된다.

[표 7-3] 숫자 타입의 문자열 표현

| Expr | 설명 | 예 | 결과 |
|---|---|---|---|
| 9 | 9의 수만큼 출력하고 넘으면 출력하지 않는다 | 9,999 | 5,000 |
| $ | 달러를 표시한다 | $9,999 | $5,000 |
| 0 | 맨 앞에 0을 붙여 출력한다 | 09999 | 05000 |
| EEEE | 지수 형태로 표시한다 | 9.999EEEE | 5.000E+03 |
| B | 0값을 공백으로 표시한다 | B9,999 | |
| L | 지역 화폐 기호를 표시한다 | L9,999 | |

지정한 형식에 해당하지 않는 숫자에 대해서는 '#'으로 출력되기 때문에 표현해야 하는 숫자의 자릿수를 확인해야 한다.

■ INSTR 함수

INSTR(Full_char, char [, m] [, n] ) | Full_char에서 찾고자 하는 char의 위치를 찾아내는 함수이다.

[INSTR 함수 사용 예]

| SELECT INSTR('ABCDABBBCD', 'B', '3', '2' ) AS SEARCH_B FROM DUAL |
|---|

| | SEARCH_B |
|---|---|
| 1 | 7 |

위 SQL문은 Full_char('ABCDABBBCD')에서 char('B')를 찾기 위한 SQL문이다. 검색을 시작할 시작 위치는 m(3)에서 시작해 n(2)번째 나오는 B의 위치를 찾아야 하는데 위 SQL문이 찾는 B는 7번째 위치하고 있다는 결과를 확인 할 수 있다.

### 4.2.3. 날짜형 함수

■ SYSDATE

SYSDATE는 파라미터값이 없고 현재 날짜와 시간을 반환하는 함수이다.

[SYSDATE 사용 예]

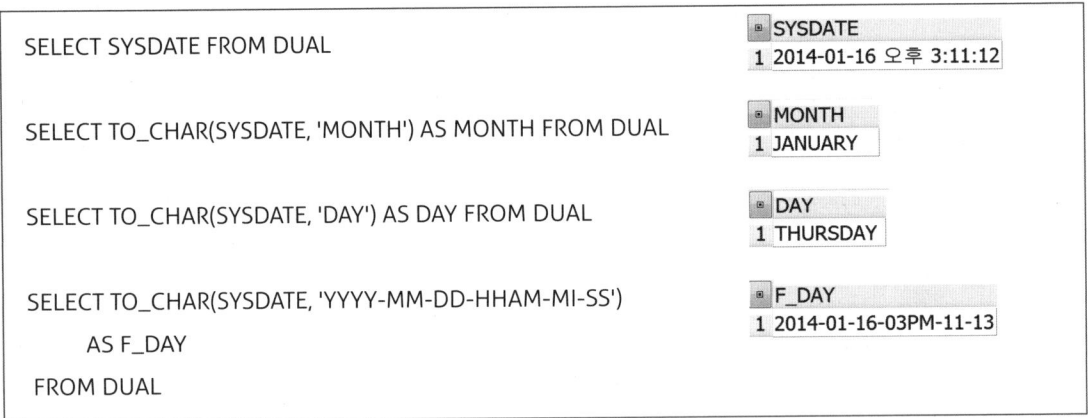

SYSDATE를 이용해 현재 날짜와 시간이 확인 가능하고 SYSDATE를 통해 년, 월, 일, 시, 분, 초를 추출하여 반환 할 수 있다.

■ LAST_DAY 함수

LAST_DAY(DATE) | DATE에 해당하는 월의 마지막 날짜를 반환하는 함수이다.

[LAST_DAY 함수 사용 예]

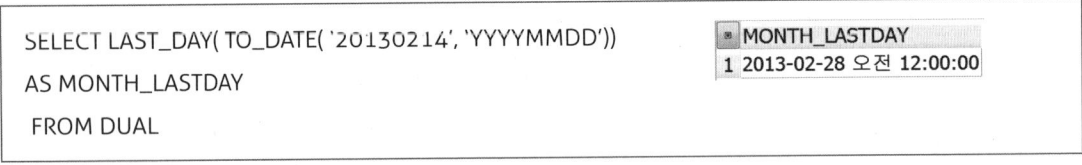

파라미터에 입력된 DATE에 해당하는 2013년 2월의 마지막 날짜값이 데이터로 반환된다.

■ MONTHS_BETWEEN 함수

MONTHS_BETWEEN(DATE1, DATE2) | DATE1과 DATE2 사이의 달수를 반환하는 함수이다.

[MONTHS_BETWEEN 함수 사용 예]

```
SELECT  ROUND( MONTHS_BETWEEN (
    TO_DATE( '20130201', 'YYYYMMDD'),
    TO_DATE( '20130101', 'YYYYMMDD')), 3) MONTH
FROM DUAL
```

| MONTH |
|---|
| 1 |

DATE2 - DATE1으로 계산하기 때문에 DATE2에 이전 날짜를, DATE1에 이후 날짜를 넣어야 한다.

주의해야 할 점은 DATE1 과 DATE2의 조건이 반대일 경우에는 음수의 값이 반환된다.

- **TO_DATE 함수**

TO_DATE(char, expr) | 문자 타입의 날짜 형식을 expr의 표현식에 따라 결과값을 반환하는 함수이다.

[TO_DATE 함수 사용 예]

```
SELECT TO_DATE('20130214', 'YYYYMMDD') AS MONTH
FROM DUAL
```

| MONTH |
|---|
| 2013-02-14 오전 12:00:00 |

- **ADD_MONTHS**

ADD_MONTHS (DATE, NUMBER) | 임의의 날짜(DATE)에 지정한 개월 수(NUMBER)를 더해서 결과값을 반환하는 함수이다.

[ADD_MONTHS 함수 사용 예]

```
SELECT ADD_MONTHS(TO_DATE('20130214', 'YYYYMMDD'), 3)
    AS MONTH
FROM DUAL
```

| MONTH |
|---|
| 2013-05-14 오전 12:00:00 |

문자 타입의 날짜를 TO_DATE로 변환하여 3개월을 더한 결과값을 반환한 데이터이다. NUMBER는 정수이고 음수를 사용하게 되면 DATE에서 NUMBER값을 마이너스하게 된다.

■ NEXT_DAY

NEXT_DAY (DATE, 'char') | 기준 DATE 날짜로부터 지정된 다음 요일에 대한 날짜를 반환하는 함수이다.

[NEXT_DAY 함수 사용 예]

```
SELECT NEXT_DAY(TO_DATE('20130127', 'YYYYMMDD'),
'SUNDAY') AS MONTH
  FROM DUAL
```

| MONTH |
|---|
| 1  2013-02-03 오전 12:00:00 |

char는 요일을 나타내거나 문자 스트링을 나타내는 숫자로도 지정 가능하다.

## 4.2.4. 그 외 함수

■ NVL 함수

NVL 함수는 null 값을 지정된 값으로 변환 할 수 있다.

[NVL 함수 기본형식]

```
NVL ( 컬럼, expr )
```

컬럼에 값이 담겨 있으면 담겨있는 값을 사용하고 값이 없거나 null값이면 expr값을 사용한다.

[NVL 함수 사용 예]

```
SELECT ROWNUM, I1.*
 FROM (
    SELECT SABUN, ENG_NAME, ZIP,
       NVL(ZIP,'unknown') AS ZIPCODE
     FROM INSA
    WHERE JOIN_GBN_CODE='RGL'
    )T1
 WHERE ROWNUM <= 10
```

[출력 결과]

| ROWNUM | SABUN | ENG_NAME | ZIP | ZIPCODE |
|---|---|---|---|---|
| 1 | 2012010101 | Lee Ho Sang | | unknown |
| 2 | 2012010102 | Chung Sam Ryang | 642100 | 642100 |
| 3 | 2012010103 | Sun Yu A | 151805 | 151805 |
| 4 | 2012010104 | Chung Kyung Hoon | 405300 | 405300 |
| 5 | 2012010105 | Lee Eung Jae | 132032 | 132032 |
| 6 | 2012010109 | Lee Seock Won | 130827 | 130827 |
| 7 | 2012010110 | Lee Sang Oh | 122832 | 122832 |

위 NVL 함수의 사용은 우편번호가 있으면 그 값을 그대로 사용하고 null이면 unknown으로 표기되도록 적용하는 예이다. NVL 함수를 사용할 때 주의 할 점은 반환되는 결과값은 컬럼의 데이터 타입과 같아야 한다.

■ DECODE 함수

DECODE 함수는 컬럼값에 따라 원하는 값을 선택적으로 사용할 수 있다.

[DECODE 함수 기본 형식]

```
DECODE(expr, value, result [, value, result], default)
```

CASE문 효과와 같은 의미를 갖는 DECODE 함수의 사용을 아래 SQL문을 통해 알아보자.

[DECODE 함수 사용 예]

```
SELECT ROWNUM, T1.*
FROM (
    SELECT SABUN, ENG_NAME, JOIN_GBN_CODE,
        DECODE(JOIN_GBN_CODE, 'RGL', '정직원','CMP', '업체직원',
            'CNT','계약직원', '프리랜서') AS 직원형태
    FROM INSA
    ) T1
WHERE  ROWNUM <= 10
```

[출력 결과]

| ROWNUM | SABUN | ENG_NAME | JOIN_GBN_CODE | 직원형태 |
|---|---|---|---|---|
| 1 | 2013011109 | | CNT | 계약직원 |
| 2 | 2013010122 | Yang Doo Sik | FRE | 프리렌서 |
| 3 | 2013011001 | window | CNT | 계약직원 |
| 4 | 2013010123 | Kim Eun Jung | FRE | 프리렌서 |
| 5 | 2013010124 | Lee Jung Hee | FRE | 프리렌서 |
| 6 | 2013010125 | Ko Ki Sung | RGL | 정직원 |
| 7 | 2013010126 | Jo Yeon Sook | FRE | 프리렌서 |
| 8 | 2013010127 | Park Sang Hyun | RGL | 정직원 |
| 9 | 2013010128 | Lee Seong Tae | FRE | 프리렌서 |
| 10 | 2013010129 | Lee Young Ho | CNT | 계약직원 |

JOIN_GBN_CODE로 구분되는 코드가 'RGL'이면 정직원, 'CMP'는 업체 직원으로, 'CNT'는 계약 직원으로 표기하는데 여기에 해당하지 않는 코드는 프리랜서로 화면에 보여지게 된다.

■ CASE문

CASE문은 자바의 SWITCH문이나 IF~ELSE문과 비슷한 표현 방법이다.

[CASE 함수 기본형식]

```
CASE WHEN expr1 THEN value1
    WHEN expr2 THEN value2
    ELSE value3
END
```

CASE문의 쉬운 예제를 통해 사용 방법을 알아보면 다음과 같다.

[CASE 함수 사용 예]

```
SELECT ROWNUM, T1.*
 FROM (
    SELECT SABUN, ENG_NAME, SEX, (CASE SEX WHEN 'M' THEN '남'
    WHEN 'F' THEN '여'
    ELSE '모름'
    END) 성별
    FROM INSA
    ) T1
WHERE ROUNUM <= 7
```

[출력 결과]

| ROWNUM | SABUN | ENG_NAME | SEX | 성별 |
|---|---|---|---|---|
| 1 | 2013010122 | Yang Doo Sik | M | 남 |
| 2 | 2013011001 | window | M | 남 |
| 3 | 2013010123 | Kim Eun Jung | F | 여 |
| 4 | 2013010124 | Lee Jung Hee | M | 남 |
| 5 | 2013010125 | Ko Ki Sung | M | 남 |
| 6 | 2013010126 | Jo Yeon Sook | F | 여 |
| 7 | 2013010127 | Park Sang Hyun | M | 남 |

INSA 테이블에서 사원 정보를 조회하는데 성별 컬럼의 값이 M일 경우 '남'으로 표기하고, F일 경우 '여'로 표기한다. 남, 여 조건 어디에도 해당하지 않으면 ELSE의 '모름'으로 조회되기 위한 SQL문이다.

내장 함수는 위에 나열한 것 외에도 더욱 많은 함수들이 있으니 찾아보고 숙지하여서 필요할 때 적재적소에 사용할 수 있는 능력을 배양하는 것이 중요하다.

> **Tip_ 내장 함수 참조**
>
> SQL을 편리하게 사용할 수 있도록 하는 TOOL 등에서 찾아보면 상세하게 나오거나 오라클 매뉴얼을 찾아 보면 많이 있으니 꼭 보고 참조하기 바란다. 실제로 필자는 SQL TOOL인 TOAD라는 툴에서 함수를 많이 참조한다(많은 함수를 모두 외우는 것은 힘든 일이다).

## 5. 기타 Object

### 5.1. VIEW

VIEW는 TABLE처럼 물리적인 의미가 아니고 SQL의 조합으로 만들어지는 가상의 테이블로 생각하면 된다. 하지만 VIEW는 TABLE을 기준으로 생성되기 때문에 TABLE이 없으면 VIEW도 존재하지 않는다. 그리고 물리적인 테이블처럼 데이터를 저장하고 있지 않지만 VIEW를 통해 데이터 관리를 할 수 있다. VIEW는 SQL 결과에 의해 생성되고 복잡한 SQL을 통해 얻을 수 있는 결과를 간단한 SQL 사용으로 결과를 확인할 수 있기 때문에 개발자의 SQL 문장이 짧아지고 관리가 편리해진다.

VIEW는 SQL 결과를 통해 생성되기 때문에 한 개의 VIEW로 여러 테이블을 조인해서 데이터 검색이 가능하다.

[VIEW 생성 기본형식]

```
CREATE [ OR REPLACE ] [ FORCE | NOFORCE ] VIEW VEW이름 [ALIAS]
AS SUBQUERY
[WITH CHECK OPTION[CONSTRAINT 제약조건]]
[WITH READ ONLY]
```

- CREATE OR REPLACE : VIEW를 생성하거나 이미 존재한다면 다시 생성
- FORCE : 기본 테이블이 없더라도 VIEW를 생성
- NOFORCE : 기본 테이블이 존재할 경우에만 VIEW를 생성
- ALIAS : SUBQUERY를 통해 선택된 값에 대한 컬럼명
- WITH CHECK OPTION : VIEW에 의해 ACCESS될 수 있는 행만 입력 또는 변경될 수 있음을 지정
- WITH READ ONLY : SELECT만 가능한 VIEW 생성

INSA 테이블을 이용해서 간단한 VIEW를 생성해 보자.

[VIEW 생성 예]

```
CREATE VIEW v_INSA
        AS SELECT SABUN, NAME, ENG_NAME, CMP_REG_NO, JOIN_GBN_CODE
 FROM INSA
WHERE JOIN_GBN_CODE = 'RGL'


SELECT SABUN, ENG_NAME, JOIN_GBN_CODE
  FROM v_INSA
```

[출력 결과]

| | SABUN | ENG_NAME | JOIN_GBN_CODE |
|---|---|---|---|
| 1 | 2013010125 | Ko Ki Sung | RGL |
| 2 | 2013010127 | Park Sang Hyun | RGL |
| 3 | 2013022502 | LEGEND | RGL |
| 4 | 2013022601 | HONG | RGL |
| 5 | 2013022602 | LEGEND | RGL |
| 6 | 2013022603 | PARK | RGL |
| 7 | 2013022501 | HONG | RGL |
| 8 | 2013022604 | KIM | RGL |

원본 INSA 테이블에서 정의된 쿼리의 결과로 v_INSA VIEW를 만들었다. 이렇게 생성된 v_INSA VIEW에는 정의 된 쿼리의 결과만 담고 있기 때문에 WHERE절에 다른 JOIN_GBN_CODE값이 들어가면 결과값이 출력되지 않는다. 이처럼 VIEW를 통해 사용자에게 정보 제공이 가능한 데이터만 VIEW에 담아 제한적으로 제공 할 수 있기 때문에 정보의 보안 관리적인 측면에서 유용하게 사용할 수 있다.

두 개 이상 TABLE의 데이터를 VIEW에 담기 위해서는 챕터 03_JOIN의 원리에서 언급했듯이 PK 또는 FK 컬럼 조인이 있어야 하고 PK, FK 컬럼 Join 없이 데이터를 담게 되면 모든 행들의 조인인 카티젼 조인이 발생되기 때문에 연결 고리 조건인 PK 또는 FK 컬럼의 조인을 이용해야 한다.

다음은 INSA TABLE과 INSA_COMPANY TABLE에서 사원의 사번과 이름, 소속회사 데이터를 담기 위한 VIEW 생성 예제이다.

[두 개 이상 테이블로 VIEW 생성 예제]

```
CREATE VIEW CP_INSA
AS
 SELECT I.SABUN, I.ENG_NAME, C.CMP_NAME,C.CMP_ZIP ZIPCODE, C.CMP_ADDR1 ADDR
FROM INSA I, INSA_COMPANY C
WHERE I.CMP_REG_NO = C.CMP_REG_NO(+)


SELECT * FROM CP_INSA
```

[출력 결과]

| | SABUN | ENG_NAME | CMP_NAME | ZIPCODE | ADDR |
|---|---|---|---|---|---|
| 58 | 2012120101 | Gun Tea Seu | (주)피디시스템 | | 서울 금천구 가산동 60-25 |
| 59 | 2011041001 | Kang En Ju | (주)피디시스템 | | 서울 금천구 가산동 60-25 |
| 60 | 2011080101 | Jo Jin Mu | (주)피디시스템 | | 서울 금천구 가산동 60-25 |
| 61 | 2010070101 | Lim Sang Gyu | (주)피디시스템 | | 서울 금천구 가산동 60-25 |
| 62 | 2007090101 | Oh Byeng Hye | (주)피디시스템 | | 서울 금천구 가산동 60-25 |
| 63 | 1999050101 | Song Tea Seung | (주)피디시스템 | | 서울 금천구 가산동 60-25 |
| 64 | 2010060101 | Byen Gui Hwan | (주)피디시스템 | | 서울 금천구 가산동 60-25 |
| 65 | 2012080101 | Kim Ju Ho | (주)피디시스템 | | 서울 금천구 가산동 60-25 |
| 66 | 2010040101 | Chyen Jea Ho | (주)피디시스템 | | 서울 금천구 가산동 60-25 |
| 67 | 2012121202 | Kim Ju Young | (주)피디시스템 | | 서울 금천구 가산동 60-25 |
| 68 | 2012121201 | Kim Jung Hyo | (주)피디시스템 | | 서울 금천구 가산동 60-25 |
| 69 | 2012010122 | Park Gwan Beon | (주)피디시스템 | | 서울 금천구 가산동 60-25 |

단순히 두 개 테이블에서 SELECT된 컬럼으로 만들어진 VIEW이기 때문에 일반적인 JOIN으로 데이터를 추출하는 과정과 같다는 사실을 쉽게 확인할 수 있다. 현장에서 개발자 스스로 VIEW를 생성하고 사용하기란 권한적인 측면에서 자유롭지 않지만 적어도 필요한 VIEW가 기존에 만들어져 있는지부터 확인하는 작업이 필요하다.

VIEW의 이름과 VIEW에 담겨있는 SQL문을 보기 위해 다음과 같이 USER_VIEWS를 이용하여 확인해 보자. USER_VIEW는 사용자가 생성한 VIEW에 관한 정보를 담고 있다.

[기존 생성 VIEW 확인]

```
SELECT * FROM USER_VIEWS
```

[출력 결과]

| | VIEW_NAME | TEXT_LENGTH | TEXT |
|---|---|---|---|
| 1 | CP_INSA | 140 | SELECT I.SABUN, I.ENG_NAME, C.CMP_NAME, C.CMP_ZIP ZIPCODE, C.CMP_ADDR1 ADDR |
| 2 | V_INSA | 95 | SELECT SABUN, NAME, ENG_NAME, CMP_REG_NO, JOIN_GBN_CODE |

VIEW 생성 시 WITH CHECK OPTION을 표기하지 않으면 생성된 V_INSA VIEW를 통해 DML 문장 사용이 가능하다. v_INSA VIEW를 통해 INSERT를 실행해보자.

[v_INSA VIEW를 이용한 INSERT]

```
INSERT INTO v_INSA(SABUN, NAME, ENG_NAME, JOIN_GBN_CODE)
        VALUES('2013022803', '박준형', 'JUNE', 'RGL')
```

[출력 결과]

| SABUN | NAME | ENG_NAME | CMP_REG_NO | JOIN_GBN_CODE |
|---|---|---|---|---|
| 2013022803 | 박준형 | JUNE | | RGL |

하나의 테이블로 구성된 v_INSA VIEW는 원본 테이블의 PK 컬럼 SABUN이 포함되어 있기 때문에 위와 같이 VIEW를 통한 INSERT가 가능하고 다른 컬럼에는 NOT NULL 제약이 걸려있지 않아 이상없이 INSERT 실행이 가능하다.

이번에는 v_INSA VIEW를 통해 NULL값이 들어있는 CMP_REG_NO를 UPDATE 해보겠다.

[v_INSA VIEW를 이용한 UPDATE]

```
UPDATE v_INSA SET CMP_REG_NO='2222222206'
       WHERE SABUN='2013022803'
```

[출력 결과]

| SABUN | NAME | ENG_NAME | CMP_REG_NO | JOIN_GBN_CODE |
|---|---|---|---|---|
| 2013022803 | 박준형 | JUNE | 2222222206 | RGL |

물리적인 테이블을 상대로 DML 문장을 실행하듯 INSERT, UPDATE 실행 방법은 다르지 않다. VIEW는 하나의 테이블로만 생성되는 것이 아니라 여러 개의 테이블을 Join해서 생성 할 수 있는데 JOIN VIEW의 INSERT, UPDATE 실행은 NOT NULL 제약 조건이 걸린 컬럼과 JOIN되는 모든 테이블의 PK 컬럼을 포함하고 있어야 하지만 DELETE을 실행하기 위해서는 하나의 테이블 PK 컬럼만으로도 DELETE 문장 실행이 가능하다.

[CP_INSA VIEW를 이용한 DELETE]

```
DELETE CP_INSA
WHERE SABUN = '2012010124'
```

[출력 결과]

| SABUN | ENG_NAME | ZIPCODE | ADDR |
|---|---|---|---|
| 2012121201 | Kim Jung Hyo | | 서울 금천구 |
| 2012010124 | Kim chul | | 서울 금천구 |
| 2012010122 | Park Gwan Beon | | 서울 금천구 |
| 2012010121 | Lim Ji Na | | 서울 금천구 |
| 2012010120 | Kim Yun Beon | | 서울 금천구 |

| SABUN | ENG_NAME | ZIPCODE | ADDR |
|---|---|---|---|
| 2012121201 | Kim Jung Hyo | | 서울 금천구 |
| 2012010122 | Park Gwan Beon | | 서울 금천구 |
| 2012010121 | Lim Ji Na | | 서울 금천구 |
| 2012010120 | Kim Yun Beon | | 서울 금천구 |
| 2012010113 | Sim Jae Hoon | | 서울 금천구 |

두 개 테이블로 Join된 CP_INSA VIEW는 PK 컬럼인 SABUN을 이용해서 해당하는 데이터가 삭제된 결과를 확인 할 수 있다. 만약 PK 컬럼 없이 CP_INSA VIEW가 생성되었다면 먼저 언급했듯이 삭제 명령은 실행되지 않고 '0행이 삭제되었습니다'라는 메시지만 확인하게 될 것이다.

대용량 데이터베이스에서 메모리 재활용을 위해 사용하지 않는 기존의 VIEW를 삭제함으로써 메모리 공간 확보를 할 수 있는데 VIEW 삭제 방법 또한 쉽게 할 수 있다.

[VIEW 삭제]

```
DROP VIEW v_INSA
```

## 5.1.1. VIEW 사용시 주의사항

- 조회 시 복잡하게 추출해야 될 항목들을 VIEW로 만들어 사용자(개발자)에게 편의성을 제공할 필요성이 있을 시 사용한다.
- 사용자(개발자)는 조회하지 말아야 할 테이블이나 컬럼 등이 있을 때 VIEW로 따로 만들어서 만들어진 VIEW에 권한을 주어 조회 할 수 있도록 할 때 사용한다.
- 사용자(개발자)들이 튜닝(TUNING)하기 어려운 SQL일 때 미리 만들어서 제공한다. VIEW는 튜닝을 하였어도 원본 SQL과 합쳐지면서 PLAN을 새로 만들기 때문에 VIEW 생성 시 VIEW 문장이 다른 SQL과 결합되더라도 수행 계획이 바뀌지 않게 힌트나 GROUP BY 등을 넣어 주어서 최대한 PLAN의 변동을 막을 수 있도록 생성하여 제공해야 된다.

## 5.2. DATA DICTIONARY VIEW

DBMS에서 OBJECT를 정의하면 그 OBJECT의 모든 정보가 오라클의 DICTIONARY에 저장된다. DICTIONARY 테이블은 READ-ONLY이며 시스템이 관리를 한다.
DATA DICTIONARY VIEW는 DATA DICTIONARY 정보를 사용자가 필요한 정보 형태로 보여줄 수 있도록 DICTIONARY 정보 테이블을 VIEW 형태로 만들어 둔 것이라고 말할 수 있다. DATA DICTIONARY VIEW의 조회는 SQL문에 의하여 조회된다. DICTIONARY VIEW는 유저에 따라 조회 권한이 주어지며 권한을 시스템 관리자가 부여할 수 있다.

[표 7-4] DICTIONARY VIEW의 분류

| 종류 | 기능 |
|---|---|
| USER_ | 사용자가 소유하고 있는 OBJECT와 관련된 모든 정보 |
| ALL_ | 사용자가 접근 가능하게 허락된 OBJECT와 관련된 모든 정보 |
| DBA_ | DBA 권한을 가지고 있는 사용자가 접근할 수 있는 정보 |
| V$_ | 서버의 성능, 시스템관련 정보, 메모리, 락 등의 정보 |

여기서 모든 딕셔너리뷰를 설명하지는 않겠으나 중요한 뷰만 보고 가자!

[표 7-5] 주요 DICTIONARY VIEW의 종류

| 뷰명칭 | 설명 |
|---|---|
| USER_CLU_COLUMNS | user table의 컬럼과 cluster컬럼과의 매핑 테이블 |
| USER_COL_COMMENTS | user의 table, view의 컬럼에 대한 주석 |
| USER_TAB_COLUMNS | user소유의 table, view, cluster의 컬럼 정보(Analyze명령사용) |
| USER_TAB_COMMENTS | user소유의 table, view에 대한 주석 |
| USER_INDEXES | user 소유의 indexes. Analyze 명령을 사용해야 함. 병렬 서버를 지원 |
| USER_TRIGGERS | user가 소유한 triggers 정보 |
| USER_TRIGGER_COLS | user가 소유한 또는 user 테이블에 있는 trigger 안의 column 정보 |
| USER_VIEWS | user 소유의 view에 대한 text |
| USER_COL_PRIVS | user가 소유한, 부여한, 부여 받은 컬럼에 대한 권한 |
| USER_COL_PRIVS_MADE | user 소유 object의 컬럼에 대한 권한 |
| USER_COL_PRIVS_RECD | user가 부여 받은 컬럼에 대한 권한 |
| USER_COLL_TYPES | user가 명명한 collection type 정보 |
| USER_CONSTRAINTS | user 소유 테이블의 제약 조건 정의 |
| USER_OBJECT_TABLES | user가 사용 가능한 object table |
| USER_OBJECTS | user 소유의 object(index partition, table partition, package, packagebody, trigger) |
| USER_TABLES | user 소유의 relational table에 대한 정보(Analyze명령 사용) |
| USER_TABLESPACES | user가 access 가능한 tablespaces에 대한 설명 |

| 뷰명칭 | 설명 |
|---|---|
| USER_SOURCE | user 소유 저장 objects의 모든 text source |
| USER_SYNONYMS | user 소유의 synonym |
| USER_SEQUENCES | user 소유의 sequences |

### [DICTIONARY VIEW를 이용한 테이블 정의서]

```
SELECT DECODE(COLUMN_ID, 1, A.TABLE_NAME, NULL) TNAME,
       DECODE(COLUMN_ID, 1, B.COMMENTS, NULL)  TNAME_COMT,
       A.COLUMN_NAME,
       C.COMMENTS AS COLUMN_COMT,
       DATA_TYPE||
       DECODE(DATA_TYPE,
           'NUMBER', DECODE(DATA_PRECISION,
                 NULL, DECODE(DATA_SCALE,
                         0, '(38)',
                         NULL, '',
                         '('||DATA_PRECISION||','||DATA_SCALE||')'
                         ),
                 DECODE(DATA_SCALE,
                     0, '('||DATA_PRECISION||')',
                     NULL, '('||DATA_PRECISION||')',
                     '('||DATA_PRECISION||','||DATA_SCALE||')'
                     )
                 ),
           'DATE'  , '', 'LONG'  , '',
           'LONGRAW', '', 'BLOB'  , '',
           'CLOB'  , '','NBLOB' , '',
           'NCLOB' , '',
           '('||CHAR_COL_DECL_LENGTH||')') DATA_LEN,
       DECODE(A.NULLABLE,'Y','','NOT NULL') NULLABLE
  FROM USER_TAB_COLUMNS A,
       USER_TAB_COMMENTS B,
       USER_COL_COMMENTS C
 WHERE A.TABLE_NAME = B.TABLE_NAME
   AND A.TABLE_NAME = C.TABLE_NAME
   AND A.COLUMN_NAME = C.COLUMN_NAME
 ORDER BY A.TABLE_NAME, A.COLUMN_ID
```

[출력 결과]

| TNAME | TNAME_COMT | COLUMN_NAME | COLUMN_COMT | DATA_LEN | NULLABLE |
|---|---|---|---|---|---|
| CMM_CODE_DETAIL | | CLASS_CODE | | VARCHAR2(3) | NOT NULL |
| | | CODE_NO | | VARCHAR2(6) | NOT NULL |
| | | CODE_NAME | | VARCHAR2(200) | |
| | | CODE_NAME2 | | VARCHAR2(500) | |
| | | CODE_ENG_NAME | | VARCHAR2(100) | |
| | | ETC_CODE1 | | VARCHAR2(100) | |
| | | ETC_CODE2 | | VARCHAR2(100) | |
| | | CODE_DESC | | VARCHAR2(2000) | |
| | | USE_YN | | VARCHAR2(1) | NOT NULL |
| | | SORT_SEQ | | NUMBER | |
| | | REGIST_TIME | | DATE | NOT NULL |
| | | REGIST_ID | | VARCHAR2(10) | NOT NULL |
| | | UPDATE_TIME | | DATE | NOT NULL |
| | | UPDATE_ID | | VARCHAR2(8) | NOT NULL |
| | | LAST_MODY_TIME | | DATE | NOT NULL |
| | | HIGHER_CLASS_CO | | VARCHAR2(3) | |
| | | HIGHER_CODE_NO | | VARCHAR2(6) | |
| CMM_CODE_MASTER | | CLASS_CODE | | VARCHAR2(3) | NOT NULL |
| | | CLASS_NAME | | VARCHAR2(50) | NOT NULL |
| | | CLASS_LEN | | NUMBER(2) | NOT NULL |
| | | USE_YN | | VARCHAR2(1) | NOT NULL |
| | | MAIN_TABLE | | VARCHAR2(30) | |
| | | MAIN_COLUMN | | VARCHAR2(30) | |
| | | CLASS_DESC | | VARCHAR2(500) | |

[DICTIONARY VIEW를 이용한 락(LOCK)의 조회]

```
SELECT A.SID, A.SERIAL#
FROM V$SESSION A, V$LOCK B, DBA_OBJECTS C
WHERE A.SID=B.SID
AND B.ID1=C.OBJECT_ID
AND B.TYPE='TM'
AND C.OBJECT_NAME='CMM_CODE_DETAIL'
```

위의 SQL로 테이블의 락을 조회하고 락이 발생된 SESSION을 다음 명령으로 삭제한다.

. ALTER SYSTEM KILL SESSION ['SID번호, SERIAL#']

예를 들어 다음과 같이 하면 된다.

```
SQL> alter system kill session '5, 1'
```

DICTIONARY VIEW는 유용하게 사용할 일들이 많이 있으니, 참고 문헌을 보고 숙지해 두기 바란다.

## 5.3. SYNONYM

SYNONYM은 오라클 객체(TABLE, VIEW, SEQUENCE, PROCEDURE)에 대한 가명이나 별칭 즉 ALIAS를 의미한다. 그렇기 때문에 SYNONYM 사용자는 객체들의 소유자, 이름, SCHEMA를 알 수 없고 SYNONYM 이름으로 DML 문장을 실행 할 수 있다. SYNONYM은 VIEW와 마찬가지로 물리적인 테이블을 의미하지 않는 가상의 테이블로 이해 할 수 있다.

SYNONYM의 종류에는 PUBLIC과 PRIVATE 방법 두 가지가 있는데 PUBLIC SYNONYM은 접근 가능한 모든 사용자가 사용 할 수 있고 PRIVATE로 설정하게 되면 생성한 사용자만 사용 가능하다.

하나의 사용자는 이름이 중복되지 않는 UNIQUE한 SYNONYM을 만들 수 있지만 각각의 사용자가 PUBLIC으로 생성한 SYNONYM은 이름이 동일하더라도 오류 없이 생성할 수 있다. 이렇게 각각의 사용자가 PUBLIC으로 동일한 이름의 SYNONYM을 생성하게 되면 가장 마지막에 생성된 SYNONYM으로 대체되기 때문에 처음 생성하기 전에 기존의 SYNONYM 이름을 체크해 봐야 하고 해당 테이블에 대한 SELECT 권한 그리고 SYNONYM 생성 권한이 있는지 확인 먼저 필요하다.

[SYNONYM 생성 기본형식]

```
CREATE [OR REPLACE] [PUBLIC] SYNONYM SYNONYM_NAME
FOR OBJECT_NAME
```

❶ CREATE SYNONYM으로 SYNONYM을 생성한다.
❷ SYNONYME_NAME에 생성할 이름을 명시한다.
❸ FOR OBJECT_NAME에는 대상 OBJECT_NAME을 명시한다.

[SYNONYM 생성 예]

```
CREATE PUBLIC SYNONYM SY_INSA
FOR INSA.v_INSA

DESC SY_INSA
```

[출력 결과]

| COLUMN | NULL? | WIDTH |
|---|---|---|
| 1 SABUN | NOT NULL | VARCHAR2(10) |
| 2 NAME | | VARCHAR2(100) |
| 3 ENG_NAME | | VARCHAR2(100) |
| 4 CMP_REG_NO | | VARCHAR2(10) |
| 5 JOIN_GBN_CODE | | VARCHAR2(3) |

SYNONYM 생성 예는 v_INSA VIEW를 통해 SY_INSA SYNONYM을 PUBLIC으로 생성하였다. 이처럼 PUBLIC으로 생성된 SYNONYM은 여러 계정에서 사용 할 수 있다.

## 5.4. CURSOR

CURSOR는 SQL문을 실행 결과를 담고 있는 PL/SQL의 RESULT SET이다. 자바나 C 언어와 같은 프로그램을 다루었던 독자라면 HASHMAP과 같은 의미로 생각하면 이해하기 편할 것이다.

[CURSOR 생성 기본형식]

```
DECLARE
CURSOR 커서명 IS
SQL문장;
OPEN 커서명;
FETCH 커서명 INTO 변수;
CLOSE 커서명;
```

- DECLARE CURSOR 커서명 IS : 커서 이름을 만들고, 만들어진 커서명은 MAP에서 Key값을 의미한다.
- SQL 문장 : 커서가 실행할 SQL문을 정의한다.
- OPEN 커서명
- FETCH 커서명 INTO 변수 : SQL문의 결과를 ROW 단위로 CURSOR에 담는다.
- CLOSE 커서명

CURSOR 사용 방법을 아래 CURSOR 생성문을 통해 알아 보자.

**[m_sal CURSOR 생성]**

```
DECLARE
 CURSOR m_sal IS
   SELECT SABUN, ENG_NAME, SALARY, JOIN_GBN_CODE
   FROM INSA
   WHERE (SALARY, JOIN_GBN_CODE) IN (SELECT MAX(SALARY) M_SAL, JOIN_GBN_CODE
                    FROM INSA
                    GROUP BY JOIN_GBN_CODE);
  v_SAB INSA.SABUN%TYPE;
  v_ENG INSA.ENG_NAME%TYPE;
  v_SAL INSA.SALARY%TYPE;
  v_GBN INSA.JOIN_GBN_CODE%TYPE;
  BEGIN
  OPEN m_sal;
  LOOP
   FETCH m_sal INTO v_SAB, v_ENG, v_SAL, v_GBN;
   EXIT WHEN m_sal %NOTFOUND;
   DBMS_OUTPUT.PUT_LINE('-------------------------------------------------------');
   DBMS_OUTPUT.PUT_LINE('SABUN: '||v_SAB||' '||'-NAME: '||v_ENG||' ||
'-SALARY: '||v_SAL||' '||'-GBN: '|| v_GBN );
   END LOOP;
   DBMS_OUTPUT.PUT_LINE('-------------------------------------------------------');
   CLOSE m_sal;
   END;
```

위의 m_sal CURSOR는 인사 테이블로부터 직원 형태 구분 코드인 JOIN_GBN_CODE별로 연봉이 가장 많은 사원의 정보를 담고 있는 CURSOR이다. SQL문에서 SELECT된 각 필드의 정보를 담는 변수를 v_변수명으로 정의하였고 OPEN 커서명을 선언하면서 SQL 문장을 실행한다. 직원 형태별로 데이터를 조회하기 때문에 여러 건의 데이터를 추출하게 되는데 반복문(LOOP)을 사용해 SQL 문장의 결과 데이터 전체 ROW의 마지막 정보까지 추출하고 더 이상 FETCH할 행이 없을 경우 (EXIT WHEN m_sal %NOTFOUND) 반복문에서 빠져 나오게 된다.

m_sql CURSOR에 담긴 RESULT SET을 DBMS_OUTPUT.PUT_LINE을 통해 프린트 해보면 다음과 같은 결과를 담고 있음을 확인할 수 있다.

[출력 결과]

```
SABUN: 2013011113 -NAME: ZAMEICA -SALARY: 4000 -GBN: CNT
SABUN: 2013010122 -NAME: Yang Doo Sik -SALARY: 6000 -GBN: FRE
SABUN: 2012010101 -NAME: Lee Ho Sang -SALARY: 6300 -GBN: RGL
SABUN: 1999050101 -NAME: Song Tea Seung -SALARY: 5500 -GBN: CMP
```

Cursor의 사용은 일반 DML 문장처럼 일반 개발자들이 사용하는 경우는 거의 없지만 PL/SQL을 사용하거나 배치 프로그램을 만들 때 주로 사용된다. 그리고 JAVA의 FOR문 또는 WHILE문과 같이 데이터를 한 건씩 뽑아 결과값에 따라 SQL문을 처리하기 위해 사용된다.

## 5.5. DBLINK

DB2에서 사용하는 페더레이트처럼 ORACLE에서 다른 DB에 접근하기 위해 사용하는 기술로써 같은 서버의 다른 DB 또는 다른 서버의 DB에 접근할 수 있다.

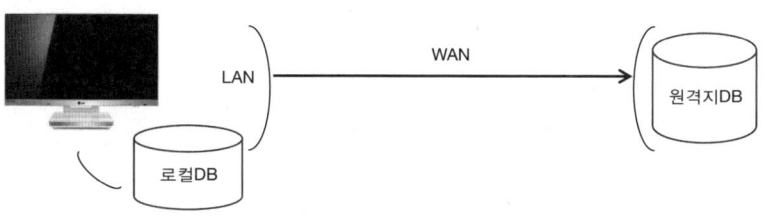

그림 7-2  DB Link의 개념도

DB Link를 이용하기 위해서는 컴퓨터 통신망에 연결되어 있어야 원격지 DB에 접근할 수 있다. 그리고 DB Link를 생성하기 위해서는 DBA 권한을 가지고 있어야 한다. DB Link를 생성 또는 삭제를 하려면 DBA로부터 생성과 삭제에 대한 권한을 받아야 한다.

[DB Link 생성 권한부여]

```
GRANT CREATE PUBLIC DATABASE LINK, DROP PUBLIC DATABASE LINK TO <USER>
```

사용자에게 권한을 부여하기 위해서는 GRANT문을 통해 생성과 삭제 권한을 부여할 수 있다. DB Link를 생성하려면 먼저 tnsnames.ora 파일에 원격지 DB에 접근할 수 있도록 원격지의 접속 정보를 추가해준다.

[tnsnames.ora 파일에 원격 DB 접속 정보 추가]

```
XE =
 (DESCRIPTION =
  (ADDRESS = (PROTOCOL = TCP)(HOST = 000.000.0.00)(PORT = 1521))
  (CONNECT_DATA =
   (SERVER = DEDICATED)
   (SERVICE_NAME = XE)
  )
 )
```

tnsnames.ora 파일에 원격지 접속 정보를 추가하고 CREATE 문장으로 DB Link를 생성 할 수 있다.

[DB Link 생성 기본형식]

```
CREATE [PUBLIC] DATABASE LINK<LINK NAME>
CONNECT TO <연결하고자 하는 USER>
IDENTIFIED BY <연결하고자 하는 USER PASSWORD>
USING <원격 DB SID>
```

- PUBLIC : PUBLIC을 사용하면 PUBLIC DB LINK로 사용 가능하다. 그러나 PUBLIC을 사용하지 않으면 링크를 생성한 본인만 사용 가능해진다.
- LINK NAME : DB Link명
- USER : 연결하려는 DB의 USER 계정

- USER_PASSWORD : 연결하려는 DB의 PASSWORD
- 원격 DB SID : 원격지 서버 tnsnames.ora에 정의되어 있는 서비스 명

[DB Link 생성]

```
CONNECT scott/tiger

CREATE PUBLIC DATABASE LINK SEONGPD
CONNECT TO **** IDENTIFIED BY **********
USING 'XE'

             데이타베이스 링크가 생성되었습니다.
```

먼저 DB Link를 생성하기 위해 scott 계정으로 접속하였다. SEONGPD 이름으로 연결하려는 원격지의 계정과 패스워드를 입력 후에 원격지의 'XE'(SID)를 입력하면 정상적으로 DB Link가 생성된다. 만약 원격지와 LOCAL의 언어 설정이 다르다면 데이터가 손상되는 현상이 발생되므로 NLS_CHARACTER_SET 설정이 동일해야 한다.

[NLS_CHARACTER 체크]

```
SELECT * FROM NLS_DATABASE_PARAMETERS WHERE PARAMETER = 'NLS_CHARACTERSET'
```

[출력 결과]

| PARAMETER | VALUE |
|---|---|
| 1 NLS_CHARACTERSET | KO16MSWIN949 |

위 SQL로 확인된 언어 세팅과 접속하기 위한 원격 DB의 것과 동일하게 매칭시켜야 한글 깨짐 또는 데이터 변형이 발생되지 않는다.

[DB Link 사용 형식]

```
SELECT * FROM <원격 DB테이블명>@<DB LINK 이름>
```

원격지의 데이터를 사용하려면 SQL문에서 FROM절 테이블명 뒤에 @<DB Link 명>을 같이 써줘야 데이터를 조회 할 수 있다.

DB Link의 활용은 SELECT 질의뿐만 아니라 DML의 모든 문장을 사용할 수 있다.

[DB Link 사용 예]
```
INSERT INTO INSA@SEONGPD (SABUN, ENG_NAME) VALUES ('2013052901','KIM')

SELECT SABUN, ENG_NAME FROM INSA@SEONGPD WHERE SABUN='2013052901'

UPDATE INSA@SEONGPD SET ENG_NAME='PARK' WHERE SABUN='2013052901'

DELETE INSA@SEONGPD WHERE SABUN='2013052901'
```

원격지 DB INSA 테이블에 데이터 입력과 수정, 데이터 삭제 및 VIEW 생성도 가능하다. 혹시 이렇게 매번 @DB LINK명을 붙여 사용하기가 불편하다면 SYNONYM으로 만들어 사용 할 수도 있다.

[SYNONYM을 이용한 DB Link 사용]
```
CREATE SYNONYM SEONG FOR INSA@SEONGPD
```

SYNONYM으로 만들어 사용하게 되면 DB의 암호와 그리고 함축적으로 사용할 수 있어 효율적인 장점이 있다. 하지만 DB LINK의 사용은 원격지 DB의 모든 내용들을 다룰 수 있지만 DDL문은 허용되지 않아 데이터를 다루는 범위 내에서 사용해야 한다.

[DB Link 삭제]
```
DROP DATABASE LINK <DB LINK 이름>
```

## 5.6. JOB

DB에서 생성한 SQL/PLUS 프로시저 함수들에 대해 사용자가 지정한 시간에 자동으로 수행되는 배치 작업을 하기 위해 JOB을 사용한다. 다시 말해 JOB QUEUE를 이용해 프로시저의 동작 시간을 컨트롤 할 수 있다.

[JOB 생성 기본형식]

```
DECLARE
X NUMBER;
BEIGIN
SYS.DBMS_JOB.SUBMIT
(JOB = 실행할 JOB NUMBER
    WHAT = 실행할 PL/SQL PROCEDURE명
    NEXT_DATE = JOB 시작일자 지정, DATA TYPE으로 EVALUATE되는 문자열 입력(SYSDATE)
    INTERVAL = JOB을 수행한 후, 다음 실행까지의 TERM 지정
    NO_PARSE = TRUE일 경우 SUBMIT때 JOB을 PARSING하지 않는다.
);
END;
/
```

- JOB : 실행할 JOB NUMBER
- WHAT : 실행할 PL/SQL PROCEDURE명
- NEXT_DATE : JOB을 언제 처음 시작할 것인지 지정. DATA TYPE으로 EVALUATE되는 문자열 입력 (SYSDATE)
- INTERVAL : JOB을 수행한 후, 다음 실행 시간까지의 시간을 지정
- NO_PARSE : TRUE - SUBMIT시에 JOB을 PARSING하지 않는다.
- SYS.DBMS_OUTPUT.PUT_LINE : 로그를 찍어 정상적인 동작 확인

JOB을 이용해 간단한 배치 프로그램을 만들어 보자.

[JOB 생성 과정]

```
CREATE TABLE JOB_TAB(                        -- Table 생성
    TEST_JOB  VARCHAR2(25)
```

```
                    );

CREATE OR REPLACE PROCEDURE p_JOB              -- PROCEDURE 생성
IS
BEGIN
 INSERT INTO JOB_TAB(TEST_JOB) VALUES (TO_CHAR(SYSDATE,'YYYY/MM/DD HH24:MI:SS'));
COMMIT;
END p_JOB;

DECLARE                                         -- JOB 생성
JOBNO NUMBER;
BEGIN
DBMS_JOB.SUBMIT(JOBNO, 'p_JOB;', SYSDATE, 'SYSDATE+1/24/6');
END;
```

먼저 로그가 기록될 TEST_JOB 컬럼과 데이터 타입을 명시한 JOB_TAB TABLE을 생성한다. JOB_TAB TABLE에 이벤트 발생 시 현재 시간이 입력되는 p_JOB 프로시저를 생성하였다. P_JOB 프로시저를 이용해 JOB을 처음 실행했을 때를 시작으로 10분마다 JOB_TAB TABLE에 로그 기록이 찍히는 배치 프로그램이 완성되었다.

[JOB_TAB 테이블 조회]

```
SELECT * FROM JOB_TAB
```

[출력 결과]

| TEST_JOB |
| --- |
| 2014/01/04 21:03:20 |
| 2014/01/04 21:13:20 |
| 2014/01/04 21:23:21 |
| 2014/01/04 21:33:22 |
| 2014/01/04 21:43:23 |

이처럼 JOB 실행 처음 시작 시각을 기준으로 10분마다 프로시저가 실행된 결과를 보듯이 배치 프로그램을 이용해 매일 오후 8시에 가로등을 켠다거나 회사 DB 관리 등의 예로 사용할 수 있다.

## 5.7. MATERIALIZED VIEW

VIEW는 논리적인 테이블을 만들어 SQL 문장을 통해 데이터를 관리 하지만 VIEW에는 직접적인 데이터가 저장되지 않는다는 설명을 했었다. MATERIALIZED VIEW는 일종의 VIEW이지만 사용하기 위한 목적은 VIEW와 차이가 있다. MATERIALIZED VIEW는 물리적인 테이블이다. 물리적인 테이블이기 때문에 데이터를 저장할 수 있어서 대용량 DB 안에 데이터를 조회하고자 할 때 필요한 데이터만 MATERIALIZED VIEW에 담아 저장해서 사용할 수 있다. 대용량 DB에서 일반적인 SQL 문장으로 테이블간의 Join을 이용해 필요한 데이터를 추출할 경우 수행 속도가 늦어지는데 반해 MATERIALIZED VIEW의 사용으로 데이터 처리 수행 속도를 향상시킬 수 있다.
테이블간의 Join을 이용해 실행하는 것과 MATERIALIZED VIEW 사용의 차이는 옵티마이저 실행 계획과 속도 측정을 통해서도 확인할 수 있다.

MATERIALIZED VIEW를 생성하기 위해서는 QUERY REWRITE 권한과 CREATE MATERIALIZED VIEW 권한이 있어야 하는데 SYSDBA 유저인 SYS에게 권한 부여를 받아야 생성할 수 있다.

```
GRANT QUERY REWRITE TO 유저명;
GRANT CREATE MATERIALIZED VIEW TO 유저명;
```

### 5.7.1. MATERIALIZED VIEW 생성

[MATERIALIZED VIEW 생성 기본 형식]

```
CREATE MATERIALIZED VIEW VIEW_명
BUILD IMMEDIATE [DEFERRED]   -- MATERIALIZED VIEW 생성 후 데이터 생성 시점 지정
REFRESH COMPLETE [FORCE, FAST, NEVER]  -- REFRESH 방법 지정
ON COMMIT [DEMAND]           -- REFRESH 발생 시점 지정
[START WITH -시작시간- NEXT -다음 REFRESH시간 간격-] --
ENABLE[DISABLE] QUERY REWRITE      --옵티마이저의 쿼리 재작성 허용 여부 지정
AS
QUERY
```

- BUILD IMMEDIATE : MATERIALIZED VIEW 생성과 동시에 관련 데이터를 생성하도록 지정
- DEFERRED : MATERIALIZED VIEW를 생성하고 데이터는 나중에 생성하도록 지정
- REFRESH ON : MATERIALIZED VIEW의 데이터를 언제 REFRESH할 것인지 결정하는 방법
- COMMIT : 마스터 테이블에 DML이 발생 후 COMMIT이 실행되면 그 결과를 바로 MATERIALIZED VIEW에 반영
- DEMAND : 사용자가 DBMS_MATERIALIZED VIEW 패키지를 실행한 경우 반영
- FAST : MATERIALIZED VIEW의 마스터 테이블에 DML이 발생되면 변경된 DML만 METERIALIZED VIEW에 반영
- COMPLETE : MVIEW와 마스터 테이블을 비교하면서 데이터 전체가 REFRESH
- FORCE : FAST REFRESH 적용이 가능한지 점검 후에 가능하다면 적용하고 아니면 COMPLETE REFRESH를 적용
- NEVER : MATERIALIZED VIEW의 REFRESH를 적용하지 않기 위해 사용
- QUERY REWRITE : 사용자가 작성한 SQL문을 옵티마이저는 내부적으로 더 나은 방법을 모색하여 사용자의 쿼리보다 좋은 방법을 찾게 되면 옵티마이저는 스스로 SQL문을 다시 작성하게 되는데 이렇게 옵티마이저가 쿼리를 다시 작성하는 방법의 허용 여부 설정

먼저 간단한 MATERIALIZED VIEW를 만들어 봄으로써 사용되는 예를 알아 보도록 하겠다.

**[MAX_SAL_LEAD MATERIALIZED VIEW 생성]**

```
CREATE MATERIALIZED VIEW MAX_SAL_LEAD
BUILD IMMEDIATE
REFRESH FORCE
START WITH SYSDATE
NEXT SYSDATE+(1/24/1)
ENABLE QUERY REWRITE
AS
SELECT SABUN, ENG_NAME, NVL(JOIN_DAY,SUBSTR(SABUN,1,8)) AS JOIN_DAY, SALARY,
   JOIN_GBN_CODE
  FROM INSA
  WHERE (JOIN_GBN_CODE, SALARY) IN (SELECT JOIN_GBN_CODE, MAX(SALARY)
              FROM INSA
              GROUP BY JOIN_GBN_CODE)
```

위 예제의 MAX_SAL_LEAD MATERIALIZED VIEW는 생성과 동시에 SQL 문장의 데이터를 저장하고 MAX_SAL_LEAD VIEW의 REFRESH는 여러 방법 중에 MVIEW 생성 시점을 기준으로 한 시간마다 마스터 테이블을 SCAN하여 변경된 값을 체크하고 MVIEW에 저장되도록 설정하였다. 위 VIEW가 실행될 역할은 INSA 테이블의 직원 형태 그룹별로 SALARY가 가장 높은 사원의 정보를 담고 있게 된다.

위 MVIEW의 결과를 일반 SQL문으로 데이터를 조회해 보겠다.

[일반 SQL을 통한 데이터 조회]

```
SELECT SABUN, ENG_NAME, NVL(JOIN_DAY,SUBSTR(SABUN,1,8)) AS JOIN_DAY, SALARY,
JOIN_GBN_CODE
  FROM INSA
  WHERE (JOIN_GBN_CODE, SALARY) IN (SELECT JOIN_GBN_CODE, MAX(SALARY)
                                      FROM INSA
                                      GROUP BY JOIN_GBN_CODE)
  ORDER BY SALARY DESC
```

[출력 결과]

| | SABUN | ENG_NAME | JOIN_DAY | SALARY | JOIN_GBN_CODE |
|---|---|---|---|---|---|
| 1 | 2012010101 | Lee Ho Sang | 20120101 | 6300 | RGL |
| 2 | 1999050101 | Song Tea Seung | 19990501 | 5500 | CMP |
| 3 | 2013010118 | Park Ji Yoo | 20130101 | 4300 | FRE |
| 4 | 2013011113 | ZAMEICA | 20130111 | 4000 | CNT |

위의 예제를 조회하면 직원 형태 그룹별로 SALARY가 제일 높은 사원의 정보를 조회할 수 있다. 이번에는 생성한 MAX_SAL_LEAD VIEW를 이용하여 데이터를 조회해 보자.

[MAX_SAL_LEAD VIEW 통한 데이터 조회]

```
SELECT * FROM MAX_SAL_LEAD
```

[출력 결과]

| | SABUN | ENG_NAME | JOIN_DAY | SALARY | JOIN_GBN_CODE |
|---|---|---|---|---|---|
| 1 | 2013011113 | ZAMEICA | 20130111 | 4000 | CNT |
| 2 | 2013010118 | Park Ji Yoo | 20130101 | 4300 | FRE |
| 3 | 2012010101 | Lee Ho Sang | 20120101 | 6300 | RGL |
| 4 | 1999050101 | Song Tea Seung | 19990501 | 5500 | CMP |

결과는 〈일반 SQL을 통한 데이터 조회〉 예제의 실행 결과와 같은 결과의 데이터가 조회됨을 알 수 있다. 하지만 두 실행 방법의 결과는 같지만 오라클 옵티마이저가 하는 일은 큰 차이가 있다.

위 일반 SQL 문장과 MATERIALIZED VIEW 두 방법을 사용 할 때 옵티마이저가 얼마나 다른 일을 하는지 실행 계획을 통해 확인해 보자.

[MATERIALIZED VIEW가 아닐 때 실행 계획]

| Operation | Object Name | Rows | Bytes | Cost |
|---|---|---|---|---|
| SELECT STATEMENT Optimizer Mode=ALL_ROWS | | 390 | 21 K | 209 |
|   SORT ORDER BY | | 390 | 21 K | 209 |
|     HASH JOIN RIGHT SEMI | | 390 | 21 K | 208 |
|       VIEW | SYS.VW_NSO_1 | 4 | 68 | 105 |
|         HASH GROUP BY | | 4 | 28 | 105 |
|           TABLE ACCESS FULL | INSA.INSA | 16 K | 114 K | 103 |
|       TABLE ACCESS FULL | INSA.INSA | 16 K | 638 K | 103 |

[MATERIALIZED VIEW의 실행 계획]

| Operation | Object Name | Rows | Bytes | Cost |
|---|---|---|---|---|
| SELECT STATEMENT Optimizer Mode=ALL_ROWS | | 4 | 340 | 3 |
|   MAT_VIEW ACCESS FULL | INSA.MAX_SAL_LEAD | 4 | 340 | 3 |

위의 두 실행 계획을 보면 옵티마이저의 실행 계획에 큰 차이가 발생됨을 알 수 있다.

앞에서 동일한 결과를 보여주었지만 옵티마이저는 같은 방법으로 일 처리를 진행하지 않는다.

일반 SQL은 GROUP BY로 직원 형태별 MAX(SALARY)를 추출하고 메인 쿼리와 HASH JOIN 으로 나온 데이터를 마지막으로 SORT하여 화면에 보여주는 과정과 MVIEW에 담긴 데이터를 바로 가져오는 실행 계획은 데이터의 용량이 많아 질수록 당연히 엄청난 차이가 발생된다는 사실을 더 이상 언급하지 않더라도 충분히 이해될 것이다.

이처럼 MATERIALIZED VIEW는 대용량 DB에서 자주 사용하는 통계 query처럼 복잡한 SQL 문의 처리 속도를 향상시키기 위해 물리적인 테이블의 의미로 사용할 수 있다. MATERIALIZED VIEW 생성 시 REFRESH 설정을 시간 단위로 마스터 테이블에 접근하여 변경된 값이 있으면 VIEW안에 담도록 설정하였는데 이런 기능은 트리거 사용을 대체 할 수 있다.
마스터 테이블인 INSA 테이블의 데이터를 변경시켜 보면서 의미를 알아 보도록 하겠다.

**[INSA 테이블 수정 후 MATERIALIZED VIEW 데이터 확인]**

```
UPDATE INSA SET SALARY=6000 WHERE SABUN='2013010122'
```

SABUN이 '2013010122' 사원의 SALARY를 UPDATE 하면서 변경되는 데이터를 확인해 보면 다음과 같다.

**[출력 결과]**

| SABUN | ENG_NAME | JOIN_DAY | SALARY | JOIN_GBN_CODE |
|---|---|---|---|---|
| 1 2012010101 | Lee Ho Sang | 20120101 | 6300 | RGL |
| 2 1999050101 | Song Tea Seung | 19990501 | 5500 | CMP |
| 3 2013010118 | Park Ji Yoo | 20130101 | 4300 | FRE |
| 4 2013011113 | ZAMEICA | 20130111 | 4000 | CNT |

| SABUN | ENG_NAME | JOIN_DAY | SALARY | JOIN_GBN_CODE |
|---|---|---|---|---|
| 1 2012010101 | Lee Ho Sang | 20120101 | 6300 | RGL |
| 2 2013010122 | Yang Doo Sik | 20130101 | 6000 | FRE |
| 3 1999050101 | Song Tea Seung | 19990501 | 5500 | CMP |
| 4 2013011113 | ZAMEICA | 20130111 | 4000 | CNT |

위 결과와 같이 SABUN='2013010122'의 급여가 직원 형태 'FRE' 중 가장 큰 MAX(SALARY) 선택으로 변경되어 조회되는 결과를 알 수 있다. 이런 MVIEW의 사용 예는 트리거 사용과 비슷한 의미를 갖는다. 트리거는 바라보는 대상 테이블의 지정된 이벤트 발생을 전후로 정해 놓은 동작을 실행하는데 반해 MVIEW는 SQL문의 FROM절이나 WHERE절 조건에 해당하는 데이터를 갱신하는 차이가 있다.

그리고 트리거는 마스터 테이블에 지정된 이벤트가 발생되면 트리거가 자동으로 catch하여 발생 이벤트의 로그를 기록하는데 트리거의 사용이 불안정할 경우가 자주 발생된다. 조인되는 테이블의 상태가 변경되는 등 여러 경우에 트리거가 disable되면 별도로 프로그램을 돌려 트리거 상태를 체크하던지 혹은 직접 트리거 상태를 수시로 확인해서 enable 해줘야 하는데 이런 작업들은 비효율적인 측면이 많다.

MATERIALIZED VIEW는 이런 단점에서 자유롭고 MVIEW 생성 시 지정한 SQL문의 결과값을 설정한 REFRESH 방법과 시점대로 동작하여 데이터를 보관할 수 있다.

CHAPTER **08**

# 인덱스(INDEX)

인덱스의 중요성은 아무리 강조를 해도 지나치지 않다. 이 장에서는 장문에 걸쳐서 인덱스를 완벽하게 해부해서 알아 보는 시간을 가지겠다. 튜닝과 고급 SQL의 기본이 되는 지식이므로 꼭 이해하고 넘어가자.

## 1. 인덱스란

오라클에는 DB Object가 여러 가지(TABLE, VIEW, INDEX, SEQUENCE, SYNONYM 등)가 있는데 그 중 하나인 INDEX에 관해서 알아 보겠다.

우리가 책에서 찾고자 하는 내용이 있을 때 차례가 없다면 시작 페이지부터 마지막 페이지까지 원하는 내용을 찾기 위해 책 한 권을 훑어 봐야 한다. 운 좋게 시작 페이지에 원하는 내용이 있다면 짧은 시간에 작업은 마무리 되겠지만 그렇지 않다면 두꺼운 책 한 권을 다 읽어야 할지도 모른다. 뭐 어쨌든 읽기 위해 책을 사긴 했으니…
인덱스는 책에서 '목차 + 페이지 번호'와 같이 '컬럼값 + ROWID' 형태로 테이블에서 찾기 위한 데이터를 빠르게 ACCESS 하기 위해 사용한다. 사용자가 INDEX를 생성하면 오라클 OPTIMIZER의 수고는 줄어들고 데이터 처리 속도는 빠르게 향상된다.

### 1.1. 인덱스의 기초

인덱스를 자주 생각하지 않고 프로그램을 해온 독자를 위하여 인덱스 사용 예를 통하여 친숙하게 접해 보기로 하자.

[테이블의 조회]

```
SELECT * FROM INSA
 WHERE SALARY >= 3000
```

[출력 결과]

[SALARY가 3000 이상인 직원 정보 실행 계획]

| Operation | Object Name | Rows | Bytes | Cost |
|---|---|---|---|---|
| SELECT STATEMENT Optimizer Mode=ALL_ROWS |  | 27 | 2K | 3 |
|    TABLE ACCESS FULL | INSA.INSA | 27 | 2K | 3 |

위의 예제는 INSA TABLE에서 SALARY가 3000이상인 직원 정보를 보기 위한 SQL 문장이다. SALARY는 PK 컬럼이 아니어서 SALARY의 조건으로 데이터를 검색하면 INSA TABLE을 FULL SCAN하면서 3000이상인 데이터를 추출하게 된다. 데이터 건수가 일정한 양을 넘어서면 결과 데이터를 조회하는데 오랜 시간이 걸리게 된다.

그럼 인덱스를 생성시켜서 조회하여 보자.

[인덱스 생성]

```
CREATE INDEX INSA.INSA_SAL
ON INSA.INSA (SALARY)
```

[인덱스 생성 후 조회]

```
SELECT /*+ INDEX (INSA INSA_SAL) */
   * FROM INSA
 WHERE SALARY >= 3000
```

[인덱스를 생성해서 SALARY가 3000 이상인 직원 정보 실행 계획]

| Operation | Object Name | Rows | Bytes | Cost |
|---|---|---|---|---|
| SELECT STATEMENT Optimizer Mode=ALL_ROWS | | 27 | 2 K | 36 |
|   TABLE ACCESS BY INDEX ROWID | INSA.INSA | 27 | 2 K | 36 |
|     INDEX RANGE SCAN | INSA.INSA_SAL | 65 | | 1 |

위의 상황을 그림으로 그려 보면 아래와 같다.

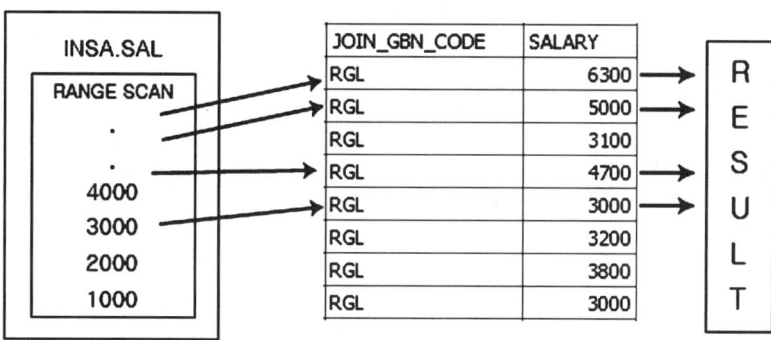

그림 8-1 SALARY가 3000 이상인 직원 정보를 검색하는 인덱스

SALARY 컬럼으로 INSA_SAL INDEX를 만들면 물리적인 저장 영역(인덱스 세그먼트)이 생기고 SALARY의 데이터를 정렬하여 저장 공간에 담게 된다. 위 SQL 문장의 WHERE절인 3000이상의 급여를 받는 직원의 정보를 INDEX에 정렬된 데이터 중 3000이상인 부분만 검색하고 그 값의 ROWID로 데이터를 바로 찾기 때문에 데이터의 건수가 많더라도 TABLE FULL SCAN을 사용했을 때 보다 빠르게 찾아 낼 수 있다.

인덱스의 사용은 WHERE절이나 JOIN 조건에서 자주 사용된다. 그리고 테이블이 대용량일 때 찾고자 하는 데이터의 범위가 10%이내일 때 효과적이다. 테이블 데이터의 양이 적거나 10% 이상 범위에 있는 데이터를 INDEX를 통해 찾는 것은 INDEX 정보를 먼저 검색하고 검색 된 INDEX가 가리키는 데이터를 조회하기 때문에 오히려 FULL SCAN이 빠르다.

## 1.2. INDEX 생성

인덱스 생성 방법에는 두 가지가 있는데 그 중 하나는 테이블 생성 시 UNIQUE 제약 조건을 정의하면 자동적으로 UNIQUE INDEX가 만들어진다. 그렇기 때문에 제약 조건이 DROP/DISABLE될 때 생성된 INDEX도 자동으로 삭제된다. 두 번째는 사용자가 직접 아래의 CREATE INDEX 문장을 통해 인덱스를 생성하는 방법이다. INSA TABLE을 생성할 때 SABUN에 PK 제약 조건을 정의했는데 SABUN을 이용해 데이터를 조회하면서 인덱스의 적용 여부를 확인해 보겠다.

[PK 제약 조건 UNIQUE INDEX 생성의 예]

```
ALTER TABLE INSA.INSA ADD
(
    CONSTRAINT INSA_PK
    PRIMARY KEY ( SABUN )
)
```

[UNIQUE INDEX 사용 예]

```
SELECT SABUN, ENG_NAME, HP, JOIN_GBN_CODE, SALARY
 FROM INSA
WHERE SABUN = '2013022601'
```

[출력 결과]

| | SABUN | ENG_NAME | HP | JOIN_GBN_CODE | SALARY |
|---|---|---|---|---|---|
| 1 | 2013022601 | HONG | 010-1234-4313 | RGL | 3500 |

예제를 실행하면 SABUN '2013022601'의 데이터를 조회할 수 있는데 실행 계획을 확인해 보면 다음과 같다.

[UNIQUE INDEX 생성 실행 계획]

| Operation | Object Name | Rows | Bytes | Cost |
|---|---|---|---|---|
| SELECT STATEMENT Optimizer Mode=ALL_ROWS | | 1 | 89 | 2 |
|   TABLE ACCESS BY INDEX ROWID | INSA.INSA | 1 | 89 | 2 |
|     INDEX UNIQUE SCAN | INSA.INSA_PK | 1 | | 1 |

옵티마이저가 처음 INSA_PK로 INDEX UNIQUE SCAN을 실행하고 INSA 테이블을 조회된 INDEX가 가리키는 ROWID로 테이블에 접근해서 SELECT 문장을 실행하고 결과 데이터를 반환하는 흐름을 옵티마이저의 실행 계획을 통해 알 수 있다.

지금까지 테이블을 생성할 때 UNIQUE 제약 조건을 통해 INDEX가 자동으로 정의되는 것을 확인했다. 그럼 사용자가 직접 인덱스를 생성하는 과정을 알아 보도록 하자.

[INDEX 생성과 사용 예]

```
CREATE INDEX 인덱스명
  ON 테이블명(컬럼,..n)

CREATE INDEX INSA_HP
  ON INSA(HP)
```

CREATE INDEX를 통해 INSA_HP 이름으로 INDEX를 만들고 결과를 확인해 보면 다음과 같다.

[인덱스 확인]

```
SELECT INDEX_NAME, TABLE_NAME, UNIQUENESS
FROM USER_INDEXES -- 유저의 생성된 인덱스를 볼 수 있는 딕셔너리 테이블
WHERE TABLE_NAME = 'INSA'
```

처음 테이블 생성시 INSA_PK 이름으로 UNIQUE INDEX가 자동으로 만들어지고 INDEX 생성 예제를 통해 INSA_HP INDEX가 생성되었다.

[출력 결과]

| INDEX_NAME | TABLE_NAME | UNIQUENESS |
|---|---|---|
| INSA_PK | INSA | UNIQUE |

⇩

| INDEX_NAME | TABLE_NAME | UNIQUENESS |
|---|---|---|
| INSA_PK | INSA | UNIQUE |
| INSA_HP | INSA | NONUNIQUE |

[인사테이블의 INSA_PK 인덱스]

| | SABUN | ROWID |
|---|---|---|
| 1 | 1999050101 | AAAUmpAAEAAAAl+AAm |
| 2 | 2007090101 | AAAUmpAAEAAAAl+AAn |
| 3 | 2010030101 | AAAUmpAAEAAAAl7AAa |
| 4 | 2010040101 | AAAUmpAAEAAAAl+AAj |
| 5 | 2010040502 | AAAUmpAAEAAAAl/AAN |
| 6 | 2010050402 | AAAUmpAAEAAAAl/AAO |
| 7 | 2010060101 | AAAUmpAAEAAAAl+AAl |
| 8 | 2010060302 | AAAUmpAAEAAAAl/AAP |
| 9 | 2010070101 | AAAUmpAAEAAAAl+AAo |
| 10 | 2010070202 | AAAUmpAAEAAAAl/AAQ |

> 생성한 인덱스의 구조를 보면 [생성대상 컬럼] + [ROWID]로 구성되어 인덱스가 구성되어 있다. ROWID는 이미 말했듯이 물리적인 테이블의 레코드를 가장 빨리 찾아 갈수 있는 주소이다.

[인사테이블의 INSA_HP 인덱스]

| | HP | ROWID |
|---|---|---|
| 1 | 010-1234-4301 | AAAUmpAAEAAAAl7AAA |
| 2 | 010-1234-4302 | AAAUmpAAEAAAAl7AAB |
| 3 | 010-1234-4303 | AAAUmpAAEAAAAl7AAC |
| 4 | 010-1234-4304 | AAAUmpAAEAAAAl7AAD |
| 5 | 010-1234-4305 | AAAUmpAAEAAAAl7AAE |
| 6 | 010-1234-4306 | AAAUmpAAEAAAAl7AAF |
| 7 | 010-1234-4307 | AAAUmpAAEAAAAl7AAG |
| 8 | 010-1234-4308 | AAAUmpAAEAAAAl7AAH |
| 9 | 010-1234-4309 | AAAUmpAAEAAAAl7AAI |
| 10 | 010-1234-4310 | AAAUmpAAEAAAAl7AAJ |

그림 8-2 인덱스의 물리적 구조

## 2. 인덱스의 종류

### 2.1. UNIQUE INDEX

고유 인덱스라고도 하며 PK 또는 UK 제약 조건이 걸린 컬럼에 대해 오라클에 의해 자동으로 생성할 수도 있고 사용자가 직접 생성할 수도 있다. 먼저 INDEX를 만들면서 언급했던 SABUN이

UNIQUE INDEX이다. 테이블을 생성할 때 PK 컬럼 지정으로 고유 인덱스가 자동으로 만들어진다. 그리고 사용자가 직접 UNIQUE INDEX를 만들 수 있는데 새로운 테이블을 만들면서 알아 보도록 하자.

물론 데이터의 양이 너무 방대하여 한 번에 할 수 없는 데이터들도 있으나 위와 같은 일마감 작업같은 업무는 한 번에 처리하여 주는 것이 수행 속도나 정확도에 도움을 줄 수 있다.

[테이블 생성]

```
CREATE TABLE INSA_TE_IN(
SABUNVARCHAR2(10) CONSTRAINT INSA_TE_IN_PK PRIMARY KEY,
HP VARCHAR2(13)
 )
```

[인덱스 확인]

```
SELECT  INDEX_NAME, INDEX_TYPE, TABLE_OWNER, TABLE_NAME, UNIQUENESS
FROM  USER_INDEXES -- 유저의 생성된 인덱스를 볼 수 있는 딕셔너리 테이블
WHERE  TABLE_NAME = 'INSA_TE_IN'
```

[출력 결과]

| | INDEX_NAME | INDEX_TYPE | TABLE_OWNER | TABLE_NAME | UNIQUENESS |
|---|---|---|---|---|---|
| 1 | INSA_TE_IN_PK | NORMAL | INSA | INSA_TE_IN | UNIQUE |

처음 INSA_TE_IN 테이블을 만들면서 SABUN은 PK 컬럼 지정으로 UNIQUE INDEX가 자동으로 생성된 내용을 확인할 수 있다.
그러면 사용자가 직접 UNIQUE INDEX를 생성하여 보자. 핸드폰 번호는 UNIQUE 제약 조건을 지정하지 않았지만 개인이 사용하는 각각의 번호는 고유하기 때문에 UNIQUE INDEX 지정이 가능하다.

[UNIQUE INDEX 생성]

```
CREATE UNIQUE INDEX IN_HP
ON INSA_TE_IN(HP)
```

[출력 결과] USER_INDEXES 테이블 조회

| | INDEX_NAME | INDEX_TYPE | TABLE_OWNER | TABLE_NAME | UNIQUENESS |
|---|---|---|---|---|---|
| 1 | IN_HP | NORMAL | INSA | INSA_TE_IN | UNIQUE |
| 2 | INSA_TE_IN_PK | NORMAL | INSA | INSA_TE_IN | UNIQUE |

CREATE UNIQUE INDEX 생성문으로 위와 같이 UNIQUE INDEX가 만들어졌다. 이처럼 UNIQUE의 조건을 갖춘 컬럼일 경우 UNIQUE INDEX를 만들 수 있다.

## 2.2. NONUNIQUE INDEX

비고유 인덱스이며 중복되는 데이터를 갖는 컬럼에 대해서 사용자가 직접 생성하는 인덱스이다.
사용자가 ACCESS 시간을 향상시키기 위해 필요한 INDEX를 직접 생성해서 사용할 수 있는데 UNIQUE한 데이터를 갖는 컬럼이 아닌 중복되는 데이터를 갖는 컬럼으로도 INDEX를 만들 수 있다.

[NONUNIQUE INDEX 생성]

```
CREATE INDEX INSA_SAL
    ON INSA(SALARY)
```

[인덱스 확인]

```
SELECT INDEX_NAME, INDEX_TYPE, TABLE_OWNER, TABLE_NAME, UNIQUENESS
FROM USER_INDEXES -- 유저의 생성된 인덱스를 볼 수 있는 딕셔너리 테이블
WHERE TABLE_NAME = 'INSA'
```

[출력 결과]

| INDEX_NAME | INDEX_TYPE | TABLE_OWNER | TABLE_NAME | UNIQUENESS |
|---|---|---|---|---|
| 1 INSA_PK | NORMAL | INSA | INSA | UNIQUE |
| 2 INSA_SAL_F | FUNCTION-BASED NORMAL | INSA | INSA | NONUNIQUE |
| 3 INSA_HP | NORMAL | INSA | INSA | NONUNIQUE |
| 4 INSA_SAL | NORMAL | INSA | INSA | NONUNIQUE |
| 5 INSA_GBN_SABUN | NORMAL | INSA | INSA | NONUNIQUE |

위의 예처럼 SALARY 컬럼은 중복되는 데이터값을 갖는 컬럼으로 만들어진 INSA_SAL INDEX를 NONUNIQUE INDEX라고 한다. CREATE INDEX 문장을 이용해서 만들어진 DEFAULT INDEX는 NONUNIQUE INDEX로 만들어진다.

## 2.3. SINGLE COLUMN INDEX

물리적 테이블에 존재하는 한 개의 컬럼으로 인덱스를 생성하는 형태를 말하며 단일 인덱스라고 하며 각각의 UNIQUE INDEX, NONUNIQUE INDEX로 생성할 수 있다. INSA 테이블의 PK 인덱스도 SINGLE COLUMN 인덱스의 한 종류라고 볼 수 있는데 이를 분석하여 그림으로 보면 다음과 같다.

인사테이블

| | ROWID | SABUN | NAME | PHONE | HP |
|---|---|---|---|---|---|
| 1 | AAAUmpAAEAAAAl+AAm | 1999050101 | 송태성 | 02-1234-4321 | 010-1234-4321 |
| 2 | AAAUmpAAEAAAAl+AAn | 2007090101 | 오병희 | 02-1234-4321 | 010-1234-4321 |
| 3 | AAAUmpAAEAAAAl7AAa | 2010030101 | 송상영 | 02-1234-4321 | 010-1234-4321 |
| 4 | AAAUmpAAEAAAAl+AAj | 2010040101 | 천재호 | 02-1234-4321 | 010-1234-4321 |
| 5 | AAAUmpAAEAAAAl/AAN | 2010040502 | 손대철 | 02-1234-4321 | 010-1234-4321 |
| 6 | AAAUmpAAEAAAAl/AAO | 2010050402 | 이승배 | 02-1234-4321 | 010-1234-4321 |
| 7 | AAAUmpAAEAAAAl+AAl | 2010060101 | 변귀환 | 02-1234-4321 | 010-1234-4321 |
| 8 | AAAUmpAAEAAAAl/AAP | 2010060302 | 차지성 | 02-1234-4321 | 010-1234-4321 |
| 9 | AAAUmpAAEAAAAl+AAo | 2010070101 | 임상규 | 02-1234-4321 | 010-1234-4321 |
| 10 | AAAUmpAAEAAAAl/AAQ | 2010070202 | 황성준 | 02-1234-4321 | 010-1234-4321 |
| 11 | AAAUmpAAEAAAAl/AAR | 2010080102 | 김덕진 | 02-1234-4321 | 010-1234-4321 |
| 12 | AAAUmpAAEAAAAl/AAS | 2010090002 | 김은정 | 02-1234-4321 | 010-1234-4321 |
| 13 | AAAUmpAAEAAAAl/AAT | 2010099902 | 김현만 | 02-1234-4321 | 010-1234-4321 |
| 14 | AAAUmpAAEAAAAl/AAU | 2010109802 | 신선희 | 02-1234-4321 | 010-1234-4321 |

인사테이블의 INSA_PK 인덱스

| | SABUN | ROWID |
|---|---|---|
| 1 | 1999050101 | AAAUmpAAEAAAAl+AAm |
| 2 | 2007090101 | AAAUmpAAEAAAAl+AAn |
| 3 | 2010030101 | AAAUmpAAEAAAAl7AAa |
| 4 | 2010040101 | AAAUmpAAEAAAAl+AAj |
| 5 | 2010040502 | AAAUmpAAEAAAAl/AAN |
| 6 | 2010050402 | AAAUmpAAEAAAAl/AAO |
| 7 | 2010060101 | AAAUmpAAEAAAAl+AAl |
| 8 | 2010060302 | AAAUmpAAEAAAAl/AAP |
| 9 | 2010070101 | AAAUmpAAEAAAAl+AAo |
| 10 | 2010070202 | AAAUmpAAEAAAAl/AAQ |
| 11 | 2010080102 | AAAUmpAAEAAAAl/AAR |
| 12 | 2010099902 | AAAUmpAAEAAAAl/AAT |
| 13 | 2010109802 | AAAUmpAAEAAAAl/AAU |
| 14 | 2010119702 | AAAUmpAAEAAAAl/AAV |
| 15 | 2010129602 | AAAUmpAAEAAAAl/AAW |

INSA 테이블의 SABUN 한 개의 컬럼으로 인덱스가 생성되어있는 것을 볼 수 있다.

생성된 인덱스는 실제 테이블의 ROWID값을 가지고 있다는 것을 확인 할 수 있다.

그림 8-3 SINGLE COULMN INDEX가 적용된 테이블

### 2.3.1. COMPOSITE INDEX

결합 인덱스라고 하며 2개 이상의 SINGLE 컬럼이 하나의 인덱스로 결합된 INDEX를 의미한다. COMPOSITE INDEX를 생성할 수 있는 컬럼의 최대 개수는 32개이며 컬럼의 개수가 많아질수록 효율은 떨어질 수 있다.

[COMPOSITE INDEX 생성]

```
CREATE INDEX INSA_GBN_SABUN
ON INSA(JOIN_GBN_CODE, SABUN)
```

[인덱스 확인]

```
SELECT INDEX_NAME, INDEX_TYPE, TABLE_OWNER, TABLE_NAME, UNIQUENESS
FROM USER_INDEXES -- 유저의 생성된 인덱스를 볼 수 있는 딕셔너리 테이블
WHERE TABLE_NAME = 'INSA'
```

[출력 결과]

| | INDEX_NAME | INDEX_TYPE | TABLE_OWNER | TABLE_NAME | UNIQUENESS |
|---|---|---|---|---|---|
| 1 | INSA_PK | NORMAL | INSA | INSA | UNIQUE |
| 2 | INSA_SAL_F | FUNCTION-BASED NORMAL | INSA | INSA | NONUNIQUE |
| 3 | INSA_HP | NORMAL | INSA | INSA | NONUNIQUE |
| 4 | INSA_SAL | NORMAL | INSA | INSA | NONUNIQUE |
| 5 | INSA_GBN_SABUN | NORMAL | INSA | INSA | NONUNIQUE |

위의 예제를 보면 입사 구분과 사번을 결합하여 INSA_GBN_SABUN 인덱스를 생성한 것을 볼 수 있다.

COMPOSITE INDEX를 생성할 때는 조회 조건이 항상 결합하여 조회되는 컬럼들을 위주로 결합하여 생성하는 것이 일반적이다. 그리고 여러 가지 조회 조건 중 가장 많이 나오는 컬럼을 먼저 선두에 두어 생성하는 것이 유리하다고 할 수 있다.

인사테이블

| | ROWID | SABUN | NAME | PHONE | HP | JOIN_GBN_CODE |
|---|---|---|---|---|---|---|
| 1 | AAAUmpAAEAAAAl7AAA | 2013010122 | 양두식 | 02-1234-4321 | 010-1234-4321 | FRE |
| 2 | AAAUmpAAEAAAAl7AAB | 2013011001 | 윈도우 | 02-1234-4321 | 010-1234-4321 | CNT |
| 3 | AAAUmpAAEAAAAl7AAC | 2013010123 | 김은정 | 02-1234-4321 | 010-1234-4321 | FRE |
| 4 | AAAUmpAAEAAAAl7AAD | 2013010124 | 이중희 | 02-1234-4321 | 010-1234-4321 | FRE |
| 5 | AAAUmpAAEAAAAl7AAE | 2013010125 | 고기성 | 02-1234-4321 | 010-1234-4321 | RGL |
| 6 | AAAUmpAAEAAAAl7AAF | 2013010126 | 조영숙 | 02-1234-4321 | 010-1234-4321 | FRE |
| 7 | AAAUmpAAEAAAAl7AAG | 2013010127 | 박상현 | 02-1234-4321 | 010-1234-4321 | RGL |
| 8 | AAAUmpAAEAAAAl7AAH | 2013010128 | 이승태 | 02-1234-4321 | 010-1234-4321 | FRE |
| 9 | AAAUmpAAEAAAAl7AAI | 2013010129 | 김영호 | 02-1234-4321 | 010-1234-4321 | CNT |
| 10 | AAAUmpAAEAAAAl7AAJ | 2013010130 | 서정대 | 02-1234-4321 | 010-1234-4321 | CNT |
| 11 | AAAUmpAAEAAAAl7AAK | 2013022502 | 이순신 | 02-1234-4321 | 010-1234-4321 | RGL |
| 12 | AAAUmpAAEAAAAl7AAL | 2013010132 | 김경태 | 02-1234-4321 | 010-1234-4321 | CNT |
| 13 | AAAUmpAAEAAAAl7AAM | 2013022601 | 홍길동 | 02-1234-4321 | 010-1234-4321 | RGL |
| 14 | AAAUmpAAEAAAAl7AAP | 2013022602 | 이순신 | 02-1234-4321 | 010-1234-4321 | RGL |

인사테이블의 INSA_GBN_SABUN 인덱스

| | JOIN_GBN_CODE | SABUN | ROWID |
|---|---|---|---|
| 1 | CMP | 1999050101 | AAAUmpAAEAAAl+AAm |
| 2 | CMP | 2007090101 | AAAUmpAAEAAAl+AAn |
| 3 | CMP | 2010030101 | AAAUmpAAEAAAl7ANa |
| 4 | CMP | 2010040101 | AAAUmpAAEAAAl+AAj |
| 5 | CMP | 2010040502 | AAAUmpAAEAAAl/AAN |
| 6 | CMP | 2010050402 | AAAUmpAAEAAAl/AAO |
| 7 | CMP | 2010060101 | AAAUmpAAEAAAl+AAl |
| 8 | CMP | 2010060302 | AAAUmpAAEAAAl/AAP |
| 9 | CMP | 2010070101 | AAAUmpAAEAAAl+AAo |
| 10 | CMP | 2010070202 | AAAUmpAAEAAAl/AAQ |
| 11 | CMP | 2010080102 | AAAUmpAAEAAAl/AAR |
| 12 | CMP | 2010099902 | AAAUmpAAEAAAl/AAT |
| 13 | CMP | 2010109802 | AAAUmpAAEAAAl/AAU |
| 14 | CMP | 2010119702 | AAAUmpAAEAAAl/AAV |

INSA 테이블의 JOIN_GBN_CODE와 SABUN 컬럼이 결합하여 INSA_GBN_SABUN 인덱스가 생성되어 있는 것을 볼 수 있다.

여기서도 물론 생성된 인덱스 뒤에는 실제 테이블을 찾아 갈 수 있는 ROWID 값을 가지고 있다는 것을 확인할 수 있다.

그림 8-4 COMPOSITE INDEX가 적용된 테이블

[COMPOSITE INDEX의 조회]

```
SELECT SABUN, NAME, SALARY, JOIN_GBN_CODE
  FROM INSA
```

```
WHERE SABUN LIKE '2013%'
  AND JOIN_GBN_CODE = 'RGL'
```

[출력 결과]

| | SABUN | NAME | SALARY | JOIN_GBN_CODE |
|---|---|---|---|---|
| 1 | 2013010125 | 고기성 | 4300 | RGL |
| 2 | 2013010127 | 박상현 | 4800 | RGL |
| 3 | 2013010602 | 김효정 | 3000 | RGL |
| 4 | 2013010605 | 김정효 | 2450 | RGL |
| 5 | 2013010710 | 오복경 | 2300 | RGL |
| 6 | 2013012201 | 테스트용 | 2222 | RGL |
| 7 | 2013022501 | 홍길동 | 3500 | RGL |
| 8 | 2013022502 | 이순신 | 4300 | RGL |
| 9 | 2013022601 | 홍길동 | 3500 | RGL |
| 10 | 2013022602 | 이순신 | 3000 | RGL |
| 11 | 2013022603 | 박준형 | 3100 | RGL |
| 12 | 2013022604 | 김주나 | 3500 | RGL |
| 13 | 2013032101 | 변진의 | 2600 | RGL |
| 14 | 2013032102 | 남지영 | 2600 | RGL |
| 15 | 2013032103 | 심승현 | 1500 | RGL |

[COMPOSITE INDEX 적용 실행 계획]

| Operation | Object Name | Rows | Bytes | Cost |
|---|---|---|---|---|
| SELECT STATEMENT Optimizer Mode=ALL_ROWS | | 1 | 26 | 2 |
|   TABLE ACCESS BY INDEX ROWID | INSA.INSA | 1 | 26 | 2 |
|     INDEX RANGE SCAN | INSA.INSA_GBN_SABUN | 1 | | 1 |

WHERE절에 2개 이상의 조건을 SINGLE INDEX로 각각 검색하면 그만큼 실행 속도는 늦춰지게 된다. UNIQUE INDEX인 SABUN과 NONUNIQUE INDEX 조건인 JOIN_GBN_CODE 컬럼의 결합으로 INSA_GBN_SABUN INDEX를 만들었다. 이처럼 결합 인덱스를 만들어 사용하면 불필요한 행에 대한 검색을 줄이는 시간만큼 성능을 향상시킬 수 있다.

## 2.4. 함수 사용 INDEX

인덱스가 적용된 컬럼을 가공하게 되면 OPTIMIZER는 인덱스를 사용하지 못하게 된다. 인덱스 컬럼의 가공이 필요할 때 인덱스를 만들 때부터 함수를 적용시킬 수 있는데 이렇게 만들어진 INDEX를 함수 사용 INDEX라 한다.

함수 사용 INDEX의 예를 다음의 SQL 문장과 실행 계획을 통해 확인해 보자. NONUNIQUE INDEX에서 만든 INSA_SAL INDEX를 LIKE 연산자 사용으로 SQL 문장에 적용시켜 보면 다음과 같다.

[함수 사용 INDEX 생성 전 확인 SQL]

```
SELECT /*+ INDEX_DESC(INSA INSA_SAL) */
SABUN, ENG_NAME, JOIN_GBN_CODE, SALARY
FROM INSA
WHERE  TO_CHAR(SALARY)  LIKE '30%'
     AND JOIN_GBN_CODE='RGL'
```

[출력 결과]

| # | SABUN | ENG_NAME | JOIN_GBN_CODE | SALARY |
|---|---|---|---|---|
| 1 | 2013022602 | LEGEND | RGL | 3000 |
| 2 | 2013010602 | Kim Hyo-Jung | RGL | 3000 |
| 3 | 2012010105 | Lee Eung Jae | RGL | 3000 |
| 4 | 2012010112 | Lee Jae Min | RGL | 3000 |
| 5 | 2012010121 | Lim Ji Na | RGL | 3000 |

[함수 사용 INDEX 사용 전 실행 계획]

| Operation | Object Name | Rows | Bytes | Cost |
|---|---|---|---|---|
| SELECT STATEMENT Optimizer Mode=ALL_ROWS |  | 3 | 108 | 3 |
| TABLE ACCESS FULL | INSA.INSA | 3 | 108 | 3 |

실행 계획을 확인해 보면 TABLE FULL SCAN으로 데이터가 조회됨을 알 수 있다. 그 이유는 INSA_SAL INDEX 생성 시 SALARY 컬럼의 DATATYPE은 NUMBER인데 WHERE절에 '30%'이라는 문자형의 조건이 붙으면서 SALARY 역시 문자형으로 가공했기 때문에 기대하던 인덱스의 효과는 나타나지 않았다. 이렇게 INDEX 컬럼을 가공해야 할 때 함수 적용 인덱스 생성 방법을 알아보자.

[함수 사용 INDEX 생성]

```
CREATE INDEX INSA_SAL_F
ON INSA(TO_CHAR(SALARY))
```

[함수 사용 INDEX 확인 SQL]

```
SELECT /*+ INDEX_DESC(INSA INSA_SAL_F) */
SABUN, ENG_NAME, JOIN_GBN_CODE, SALARY
FROM INSA
WHERE SALARY LIKE '30%'
AND JOIN_GBN_CODE='RGL'
```

[출력 결과]

| | SABUN | ENG_NAME | JOIN_GBN_CODE | SALARY |
|---|---|---|---|---|
| 1 | 2012010121 | Lim Ji Na | RGL | 3000 |
| 2 | 2012010112 | Lee Jae Min | RGL | 3000 |
| 3 | 2012010105 | Lee Eung Jae | RGL | 3000 |
| 4 | 2013010602 | Kim Hyo-Jung | RGL | 3000 |
| 5 | 2013022602 | LEGEND | RGL | 3000 |

[함수 사용 INDEX 사용 후 실행 계획]

| Operation | Object Name | Rows | Bytes | Cost |
|---|---|---|---|---|
| SELECT STATEMENT Optimizer Mode=CHOOSE | | 2 | 194 | 2 |
|   TABLE ACCESS BY INDEX ROWID | INSA.INSA | 2 | 194 | 2 |
|     INDEX RANGE SCAN DESCENDING | INSA.INSA_SAL_F | 1 | | 1 |

CREATE INDEX 문장을 이용해서 INSA_SAL_F 이름으로 SALARY 컬럼의 DATATYPE을 NUMBER에서 문자형으로 형변환된 INDEX를 만들었다. 그리고 다시 SQL 문장에 적용시켜 실행 계획을 확인해 보니 방금 만든 INSA_SAL_F INDEX를 RANGE SCAN하는 플랜을 확인 할 수 있다.

데이터가 적을 때 인덱스 사용 효과는 사용하지 않을 때와 별다른 차이가 없고 인덱스 생성 자체가 번거롭고 메모리만 차지할 뿐이다. 하지만 대용량 데이터베이스에서 INDEX를 사용하지 않고 데이터를 조회한다면 실행 버튼을 누르고 점심을 먹은 후 커피까지 마시고 나서야 화면에 데이터가 보여질 수도 있다.

# 3. 물리적 구조에 따른 분류

물리적 구조에 따른 분류에 따라 인덱스를 심도 있게 다루어 볼 수 있는 파트이다. 인덱스는 개발 시 수행 속도와 가장 밀접한 관계가 있는 만큼 개발자들이 꼭 알아 두어야 할 사항이며 이전에도 설명했 듯이 PLAN을 보면서 SQL을 작성해야 할 때 모르면 안되는 필수요소 중 하나이다.
중요한 물리적 구조의 인덱스 순으로 기술을 할 것이며 외우지는 못하더라도 개념은 알고 가기를 바란다.

## 3.1. B*TREE INDEX

### 3.1.1. 설명

- 명칭 : 인덱스를 생성할 때 일반적으로 가장 많이 사용하는 인덱스이며 binary search index의 약 자이고 물리적 구조가 좌우 대칭 구조를 이루고 있어 Balance-tree index라고도 한다.
- 구조 : 나무구조(Tree)처럼 Root block, Branch Block, Leaf Block으로 나뉘어져 찾아갈 수 있 는 구조로 생성되며 Leaf Block에서는 서로의 정보를 연결하는 Double Linked list 정보를 가지 고 있다.

[기본형식]

```
CREATE [UNIQUE] INDEX [schema.]인덱스명
ON [schema.]테이블명 (컬럼 [ASC|DESC] [,컬럼 [ASC|DESC]]...)
[TABLESPACE 테이블 스페이스명]
[PCTFREE 값]
[INITRANS 숫자]
[MAXTRANS 숫자]
[storage 절]
[LOGGING | NOLOGGING]
[NOSORT]
[REVERSE];
```

- 찾아가는 Leaf Block의 깊이가 동일하여 검색 시간이 동일하다.
- Leaf Block에는 물리적으로 테이블 레코드의 ROWID를 가지고 레코드를 직접 액세스 할 수 있다.
- Null값의 정보는 인덱스 정보를 만들지 않는다. 결합 인덱스일 때는 구성 컬럼이 모두 Null값일 때 인덱스 정보 로 저장하지 않는다.
- Cardinality(집합원의 개수)가 다시 말해 분포도가 좋은 컬럼에 인덱스를 생성할 때 유리하다.

## 3.1.2. B*TREE INDEX의 구조

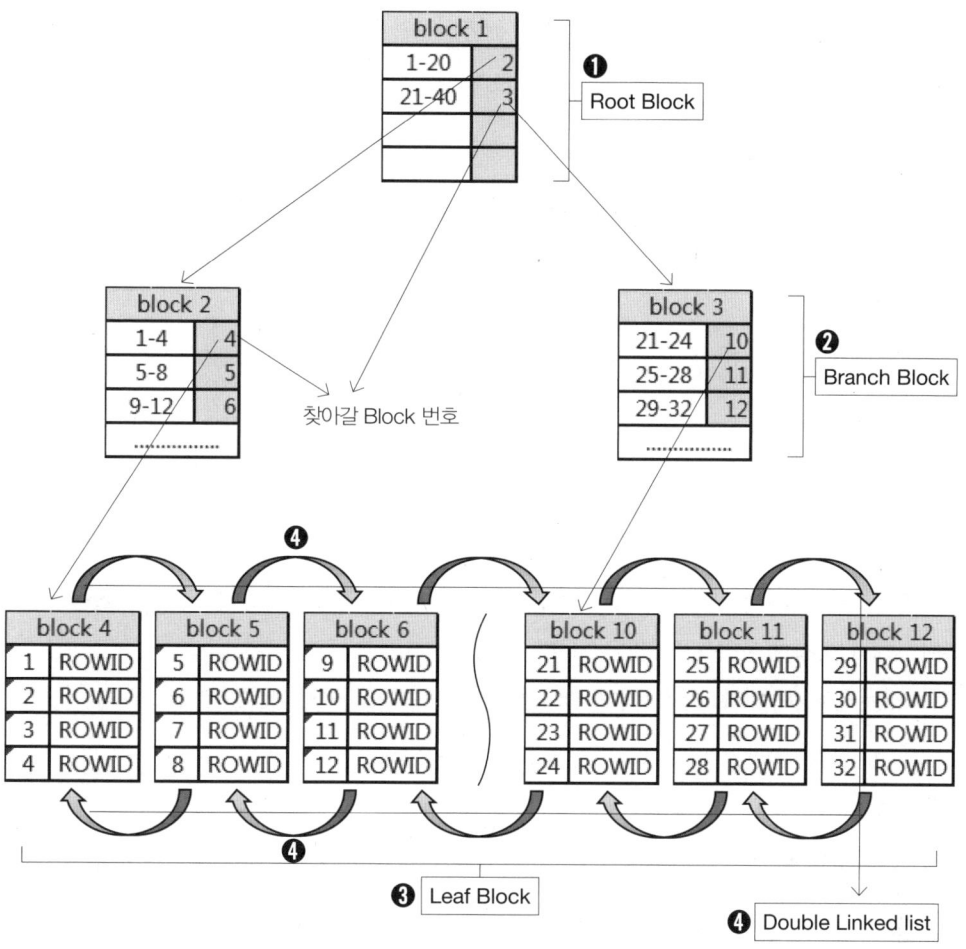

그림 8-5  B*TREE INDEX의 구조

## 3.1.3. B*TREE INDEX의 구조 설명

B*TREE 인덱스는 위에서 보는 바와 같이 나무의 가지같은 구조로 Root, Branch, Leaf Block으로 구성되어 있으며 마지막 Leaf Block에는 인덱스 컬럼의 값과 실제 물리적 테이블을 찾아 갈 수 있는 ROWID로 구성이 되어 있다.

[ROWID의 구성]

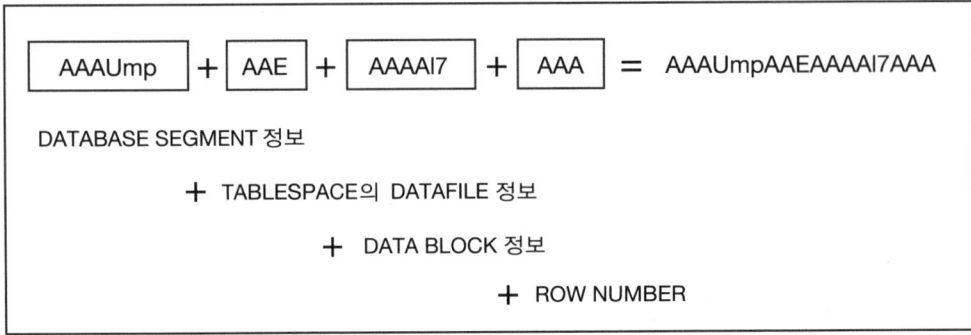

[구조 설명]

**❶ Root Block**
- 블록 헤드와 실제 인덱스값의 범위를 알 수 있는 정보와 Branch Block을 찾아갈 수 있는 블럭 정보를 가지고 있다.
- 인덱스 검색 시 제일 먼저 검색하며 인덱스 대상 상수값을 가지고 블럭에 있는 인덱스값의 범위와 비교하여 해당되는 Branch Block의 물리적 주소값을 찾는다.
- 레코드가 없는 테이블에 인덱스를 생성하면 값이 없는 Root Block이 먼저 생성된다.

**❷ Branch Block**
- 블록 헤드와 실제 인덱스값의 범위를 알 수 있는 정보와 Leaf Block을 찾아갈 수 있는 블록 정보를 가지고 있다.
- 인덱스 검색 시 Root Block을 경유하여 검색되며 Branch Block을 찾은 후 인덱스 대상 상수값을 가지고 블록에 있는 인덱스값의 범위와 비교하여 다음 블록의 물리적 주소를 가지고 다음 블록을 찾아간다.
- 인덱스 검색 시 Leaf Block을 찾을 때까지 위의 과정을 반복하여 수행한다.

**❸ Leaf Block**
- 블록 헤드와 실제 인덱스값을 가지고 있으며 테이블의 레코드를 찾아 갈수 있는 ROWID값을 가지고 있다.
- 인덱스 검색 시 Leaf Block에 도달을 하면 블록을 순차적으로 검색하여 인덱스 대상 상수값과 같으면 찾아갈 ROWID값을 가지고 직접 해당 레코드를 검색하게 된다.

❹ **Double Linked list**
- Leaf Block에는 이전 블록 번호와 다음 블록 번호를 가지고 있어 순차적으로 또는 역방향으로도 검색할 수 있도록 되어 있다.
- Leaf Block은 항상 인덱스 키값으로 정렬되어 있기 때문에 Link 정보를 가지고 블록들을 읽으면서 필요한 데이터를 검색할 수 있다.

### 3.1.4. B*TREE INDEX의 조회 예제

[PK(UNIQUE SCAN)값으로 찾아 가기]

```
SELECT  SABUN, ENG_NAME, JOIN_GBN_CODE, SALARY
FROM INSA
WHERE SABUN = '2013022603'
```

[출력 결과]

| SABUN | ENG_NAME | JOIN_GBN_CODE | SALARY |
|---|---|---|---|
| 1  2013022603 | PARK | RGL | 3100 |

[인덱스 UNIQUE SCAN을 하여 ROWID를 가지고 테이블 ACCESS 실행 계획]

| Operation | Object Name | Rows | Bytes | Cost |
|---|---|---|---|---|
| SELECT STATEMENT Optimizer Mode=ALL_ROWS |  | 1 | 75 | 2 |
|   TABLE ACCESS BY INDEX ROWID | INSA.INSA | 1 | 75 | 2 |
|     INDEX UNIQUE SCAN | INSA.INSA_PK | 1 |  | 1 |

위의 실행 계획을 보면 인덱스 UNIQUE SCAN을 하여 ROWID를 가지고 테이블을 액세스하는 실행 계획을 확인 할 수 있다. 그러면 위의 실행 계획을 B*TREE 인덱스의 구조를 보면서 그림으로 표현해서 설명하겠다.

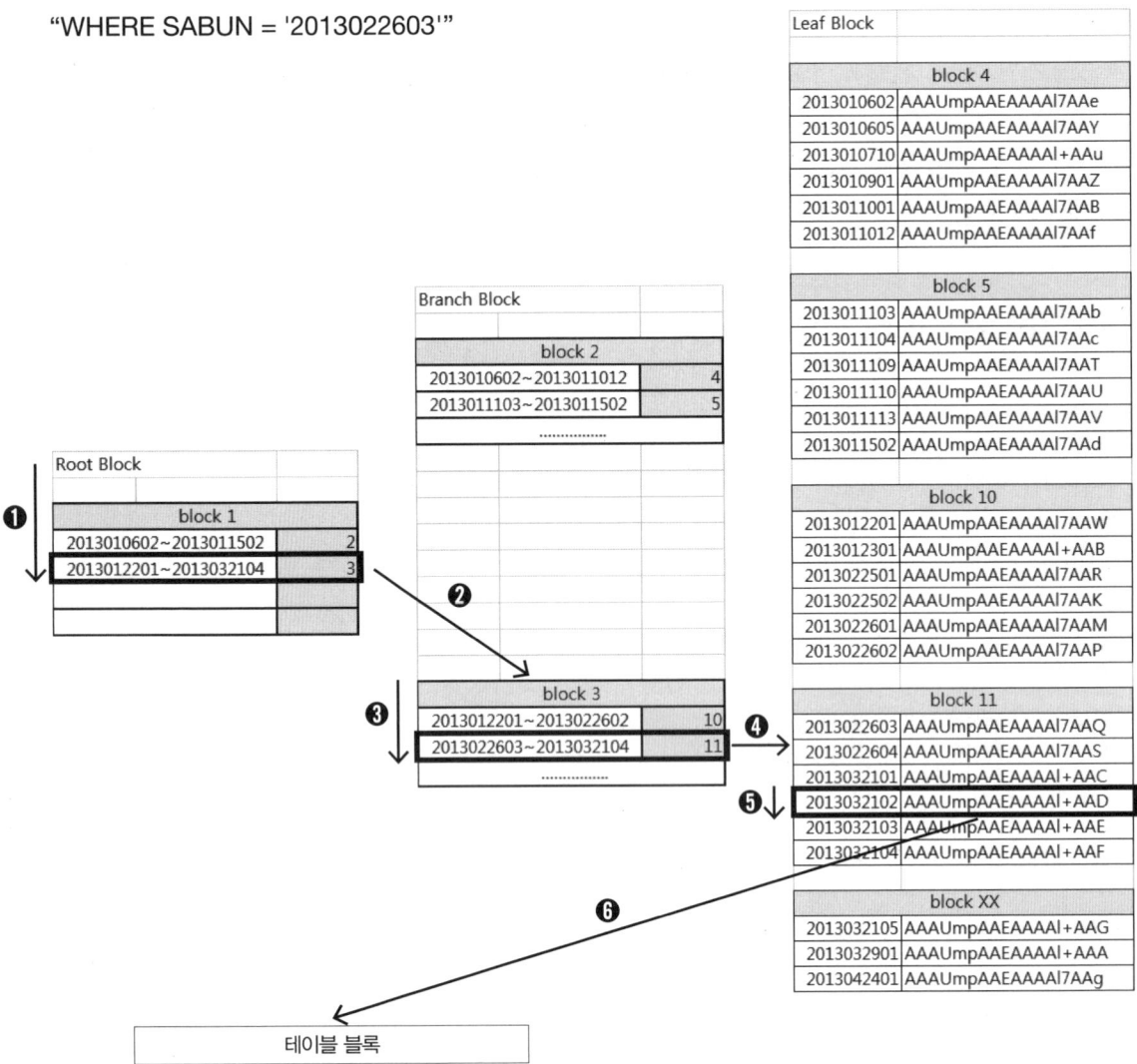

그림 8-6 UNIQUE SCAN의 설명

❶ Root Block 블럭을 읽어서 '2013022603' 값과 비교하여 범위의 값을 찾는다.

❷ 범위의 값을 검색했으면 찾아갈 블록 번호(3)로 Branch Block을 찾는다.

❸ Branch Block 블럭을 읽어서 '2013022603' 값과 비교하여 범위의 값을 찾는다.

❹ 범위의 값을 검색했으면 찾아갈 블럭번호(11)로 Leaf Block을 찾는다.

❺ Leaf Block를 읽어서 '2013022603'값을 찾는다.

❻ ROWID로 물리적 테이블을 찾아가서 레코드를 읽는다.

[PK(RANGE SCAN) 값으로 찾아 가기]

```
SELECT SABUN, ENG_NAME, JOIN_GBN_CODE, SALARY
FROM INSA
WHERE SABUN BETWEEN '2013011501' AND '2013022603'
```

[출력 결과]

| | SABUN | ENG_NAME | JOIN_GBN_CODE | SALARY |
|---|---|---|---|---|
| 1 | 2013011502 | Ki | CNT | 2800 |
| 2 | 2013012201 | Min | RGL | 2222 |
| 3 | 2013012301 | JIN_IL | FRE | 2500 |
| 4 | 2013022501 | HONG | RGL | 3500 |
| 5 | 2013022502 | LEGEND | RGL | 4300 |
| 6 | 2013022601 | HONG | RGL | 3500 |
| 7 | 2013022602 | LEGEND | RGL | 3000 |
| 8 | 2013022603 | PARK | RGL | 3100 |

[RANGE SCAN하여 ROWID를 가지고 테이블 ACCESS 실행 계획]

| Operation | Object Name | Rows | Bytes | Cost |
|---|---|---|---|---|
| SELECT STATEMENT Optimizer Mode=ALL_ROWS | | 1 | 31 | 2 |
|   TABLE ACCESS BY INDEX ROWID | INSA.INSA | 1 | 31 | 2 |
|     INDEX RANGE SCAN | INSA.INSA_PK | 1 | | 1 |

위의 실행 계획을 보면 인덱스 RANGE SCAN을 하여 ROWID를 가지고 테이블을 액세스하는 실행 계획을 확인 할 수 있다. 위의 실행 계획을 B*TREE 인덱스의 구조를 보면서 그림으로 표현하여 설명하면 다음과 같다.

"WHERE SABUN BETWEEN '2013011501' AND '2013022603'"

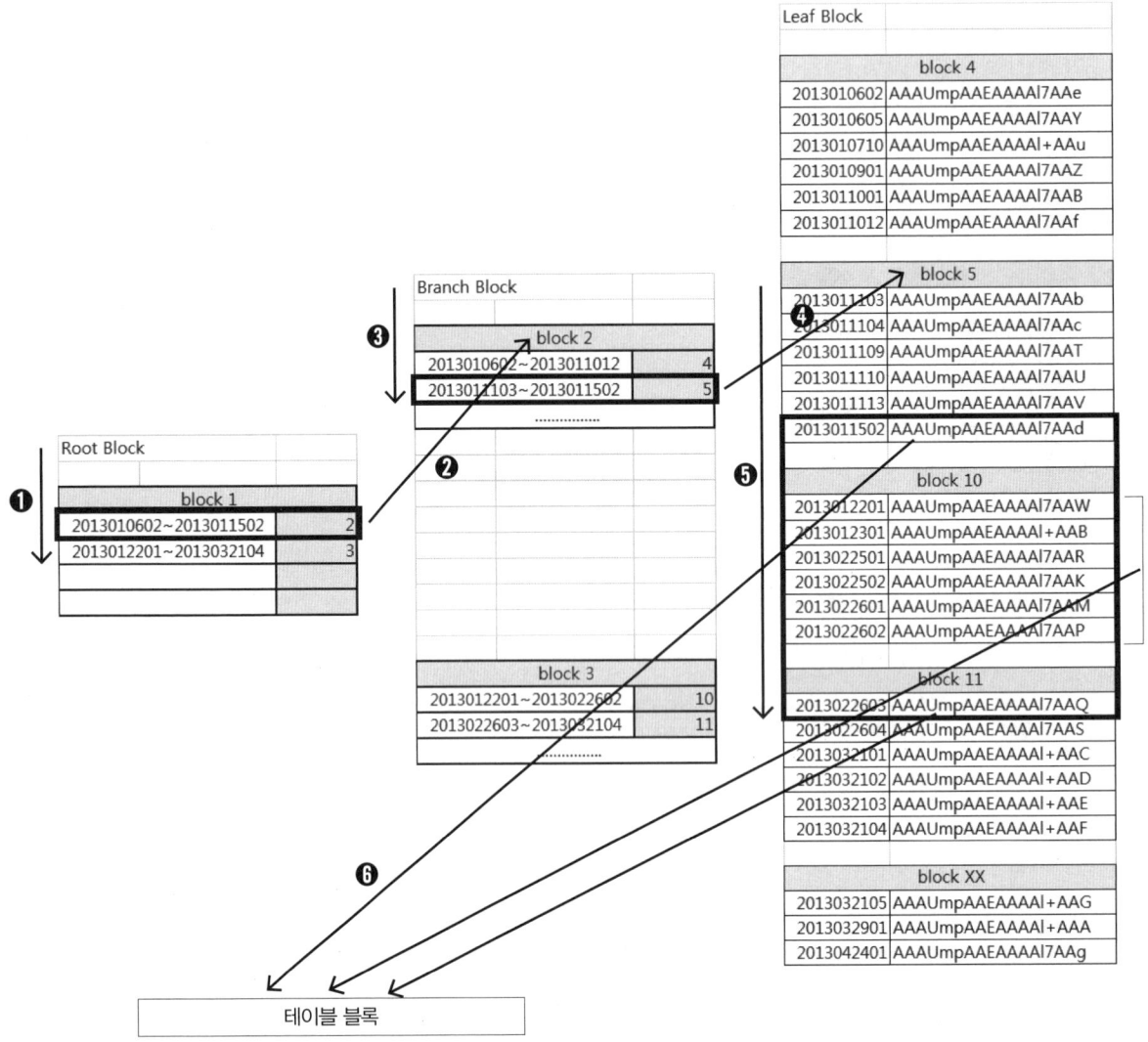

그림 8-7 RANGE SCAN의 설명

❶ Root Block 블럭을 읽어서 '2013011501' 값과 비교하여 범위의 값을 찾는다.

❷ 범위의 값을 검색했으면 찾아갈 블록 번호(2)로 Branch Block을 찾는다.

❸ Branch Block 블럭을 읽어서 '2013011501' 값과 비교하여 범위의 값을 찾는다.

❹ 범위의 값을 검색했으면 찾아갈 블럭번호(5)로 Leaf Block을 찾는다.

❺ Leaf Block를 읽어서 '2013011501'값보다 같거나 큰 값을 찾는다.

❻ Leaf Block '2013011502'에서 순차적으로 '2013022603'까지 읽으면서 ROWID로 물리적 테이블을 찾아가서 레코드를 읽는다.

[INDEX에 있는 컬럼값의 조회]

```
SELECT SABUN
FROM INSA
```

[출력 결과]

| | SABUN |
|---|---|
| 1 | 1999050101 |
| 2 | 2007090101 |
| 3 | 2010030101 |
| 4 | 2010040101 |
| 5 | 2010040502 |
| 6 | 2010050402 |
| 7 | 2010060101 |
| 8 | 2010060302 |
| 9 | 2010070101 |
| 10 | 2010070202 |
| 11 | 2010080102 |
| 12 | 2010090103 |
| 13 | 2010100802 |
| 14 | 2010110102 |
| 15 | 2010120802 |

[인덱스 컬럼이 있는 SCAN 실행 계획]

| Operation | Object Name | Rows | Bytes | Cost |
|---|---|---|---|---|
| SELECT STATEMENT Optimizer Mode=ALL_ROWS | | 128 | 896 | 1 |
|    INDEX FULL SCAN | INSA.INSA_GBN_SABUN | 128 | 896 | 1 |

위의 실행 계획을 보면 인덱스 컬럼에 SABUN이 존재하고 있으니까 INSA_PK 인덱스만 FULL SCAN하고 테이블은 액세스하지 않은 실행 계획임을 확인 할 수 있다. 위의 실행 계획을 B*TREE 인덱스의 구조를 보면서 그림으로 표현하면 다음과 같다.

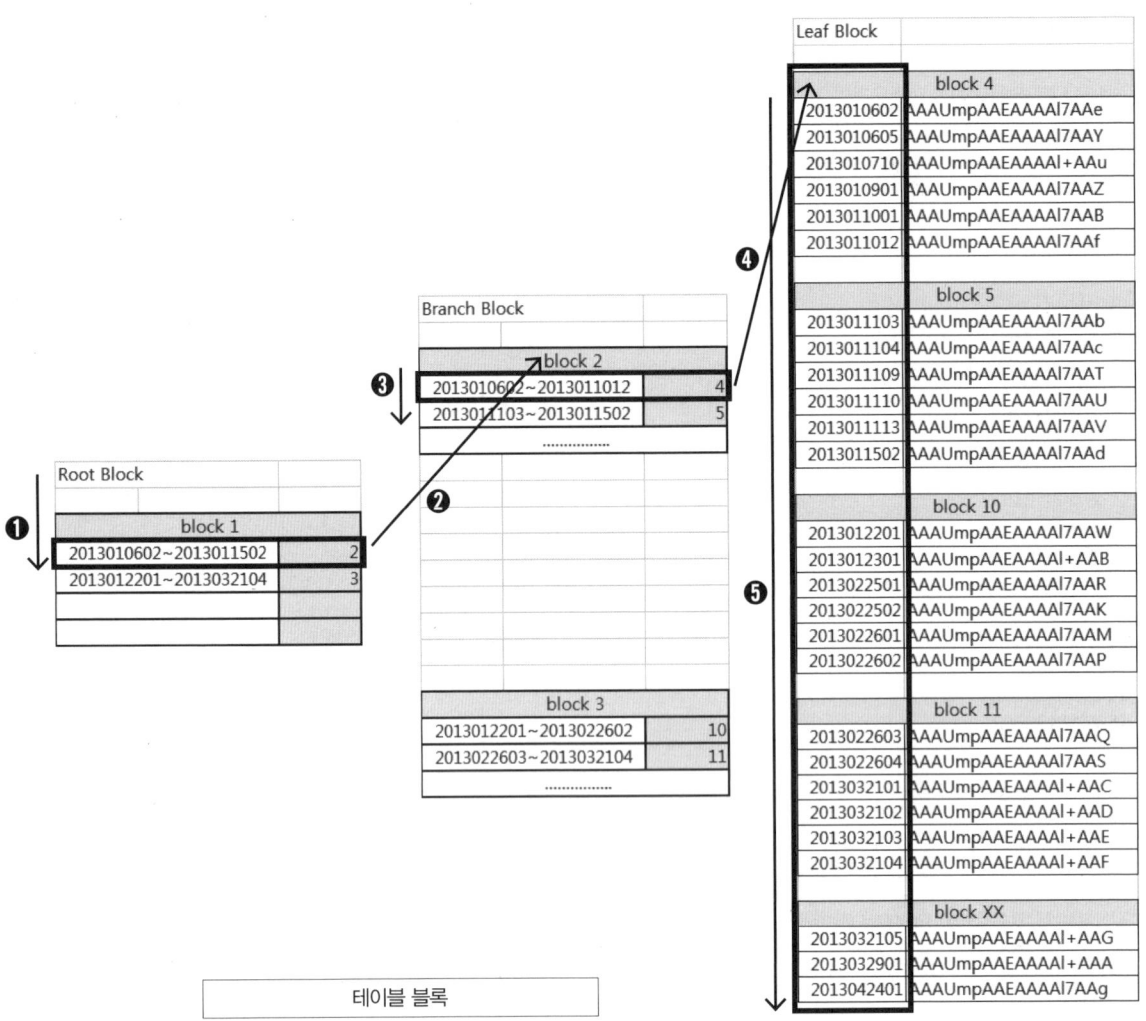

그림 8-8 INDEX 컬럼이 있는 SCAN 설명

❶ Root Block 블럭을 읽어서 최초 값의 블록 번호를 찾는다.

❷ 검색했으면 찾아갈 블록 번호(2)로 Branch Block을 찾는다.

❸ Branch Block 블럭을 읽어서 최초 값의 블록 번호를 찾는다.

❹ 찾아갈 블록 번호(4)로 Leaf Block을 찾는다.

❺ Leaf Block를 처음부터 읽어서 끝날 때까지 SABUN만 읽는다.

❻ 여기서 봐야 될 것은 조회 컬럼이 인덱스에 포함되어 ROWID로 테이블 ACCESS를 하지 않았다는 점이다.

### 3.1.5. 인덱스를 사용할 때 주의해야 될 점

- 조회 조건에 가장 많이 나오는 컬럼들을 기준으로 인덱스를 생성한다.
- 인덱스를 만드는 테이블 스페이스를 별도로 생성해서 인덱스로만 사용하는 것이 일반적이다(I/O의 경합을 줄이기 위함).
- 인덱스의 대상 컬럼의 분포도는 보통 10~15%이내인 것이 효율이 좋다.
- 한 개의 테이블에 인덱스를 너무 많이 만들면 DML 작업 시 느려질 수 있으니 너무 많은 인덱스를 생성하는 것은 좋은 방법이 아니다.
- 기존에 운영을 하고 있는 테이블에 인덱스를 생성할 시는 다른 SQL에 영향이 없는지 확인을 하고 생성하는 것이 바람직하다. 혹시 새로 생성하는 인덱스 때문에 다른 SQL의 실행 속도가 느려질 수 있기 때문이다.
- 결합 인덱스는 조회 조건에 함께 자주 나오는 컬럼들을 기준으로 생성한다.

> **참고**
>
> B*TREE 인덱스는 가장 많이 사용하는 인덱스의 유형으로 개발자들도 필수적으로 알아두어야 할 사항들이다. 위에서 여러 가지 Join 형식과 찾아 가는 과정을 설명하는 것은 인덱스가 성능 개선에 좋은 역할도 하지만 만병통치는 아니라는 것을 물리적으로 알아야 한다는 의미도 된다.
>
> 인덱스를 사용하지 않고 테이블을 FULL SCAN하는 것이 더 빠를 수도 있고 인덱스만으로 원하는 데이터를 뽑아 올 수 있으며 분포도에 따라 어느 한 부분만 인덱스를 사용해야 하는 경우들도 있을 것이다.
>
> 인덱스의 구조와 찾아가는 방법은 개발 스킬에 있어서 아주 중요한 요소 중의 하나인 만큼 확실하게 익히고 넘어가자!

## 3.2. BIT MAP INDEX

### 3.2.1. 설명

- 구조 : Root block, Branch Block, Leaf Block으로 나뉘어져 있으나 Leaf Block이 BITMAP으로 구성되어 있다.

[BIT MAP INDEX 생성 기본 형식]

```
CREATE BITMAP INDEX [schema.]인덱스명
ON [schema.]테이블명 (컬럼 [ASC|DESC] [,컬럼 [ASC|DESC]]...)
[TABLESPACE 테이블 스페이스명]
[PCTFREE 값]
[INITRANS 숫자]
[MAXTRANS 숫자]
[storage 절]
[LOGGING | NOLOGGING]
[NOSORT]
```

■ 특징

- 분포도가 낮은 컬럼을 대상으로 생성하면 효율이 높다.
- 조회 조건 WHERE절에 OR 연산자가 많이 사용될 때 유리하다.
- BIT를 사용하기 때문에 인덱스의 크기가 작고 비트 연산이 가능하다.
- Cardinality(집합원의 개수)가 다시 말해 분포도가 낮은 컬럼에 인덱스를 생성할 때 유리하다.
    - 성별, 회원 구분 등
- NULL값도 저장하기 때문에 NULL 비교에도 인덱스를 사용 할 수 있다.
- DW 등 용량이 큰 데이터의 분석용 인덱스로 사용하면 성능 향상에 도움이 된다.
- Partition 테이블에는 여러 파티션에 걸쳐 있는 인덱스를 생성 할 수 없다.
- Rule base optimizer에는 사용될 수 없다.

### 3.2.2. BITMAP INDEX의 구조

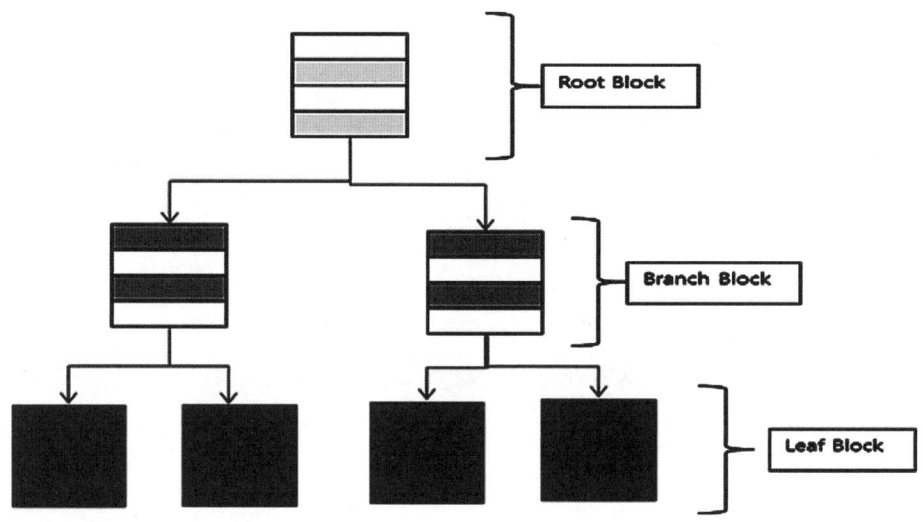

그림 8-9 BITMAP INDEX의 구조

BITMAP INDEX의 구조는 B*TREE INDEX의 구조와 같으나 Leap Block의 구조가 다음과 같은 형식으로 구성되어 있다.

| 키 | 시작 ROWID | 끝 ROWID | 비트맵세그먼트 |
|----|-----------|---------|--------------|
| 남 | 10.0.1. | 13.0.5 | 0000100010001 |
| 여 | 10.0.1. | 13.0.5 | 1100001100010 |
| NULL | 10.0.1 | 13.0.5 | 0011010001100 |

## 3.3. 기타 INDEX

### 3.3.1. Reverse key INDEX

인덱스를 순차적으로 저장을 하게 되면 어느 한쪽의 블럭에만 인덱스가 모여 있게 된다. 이럴때 동시에 INSERT가 발생하면 블록 경합을 일으켜서 성능에 문제가 발생을 하는데 이를 해소하기 위하여 KEY 값을 거꾸로 만들어서 저장을 하게 되면 여러 블록으로 분산이 가능하여 성능이 향상될 수 있다.

```
'2013010101'  =>  '1010103102'
'2013020102'  =>  '2010203102'
```

이렇게 키값을 거꾸로 저장을 하기 때문에 BETWEEN이나 >= 등의 범위 조회 시에는 적당하지 않으며, '=' Join 시에는 좋은 인덱스이다.

### 3.3.2. Cluster INDEX

클러스터는 어떤 값을 기준으로 각각의 동일한 값을 가진 레코드들을 같은 물리적 장소에 모아두어 여러 레코드를 조회할 때 랜덤 액세스를 줄일 수 있는 저장 기법이다. 그러나 어느 특정 값을 기준으로 저장하므로 INSERT, UPDATE, DELETE 작업 부하가 발생을 하며 Cluster key값을 가지는 여러 데이터의 조회는 엄청난 수행 속도를 낼 수 있다. 대량의 SELECT 작업이 많이 발생하고 데이터의 수정이 없는 테이블에 적합한 기법이 클러스터 테이블이라고 할 수 있다.

이런 구조에서 클러스터의 데이터를 인덱싱하고 관리하기 위하여 클러스터 인덱스를 사용하게 된다.

| HEADER | | COLUMNS | | |
|---|---|---|---|---|
| 매출년도 | 매출번호 | 매출처 | 매출금액 | 담당자 |
| 2011 | 0001 | 매출처1 | 50000 | 홍길동 |
| | 0002 | 매출처2 | 150000 | 홍길동 |
| | 0003 | 매출처1 | 200000 | 홍길동 |
| 2012 | 0001 | 매출처1 | 50000 | 홍길동 |
| | 0002 | 매출처1 | 200000 | 홍길동 |
| | 0003 | 매출처3 | 500000 | 홍길동 |
| 2013 | 0001 | 매출치1 | 40000 | 홍길동 |
| | 0002 | 매출처1 | 15000 | 홍길동 |
| | 0003 | 매출처4 | 260000 | 홍길동 |

CLUSTER INDEX

| 년도 |
|---|
| 2011 |
| 2012 |
| 2013 |

그림 8-10  클러스트 INDEX

# Part 3

# 데이터베이스 실전설계

이번 Part는 실전설계에 대하여 중점적으로 설명할 것이다.
보통 서적에서 논하고 있는 설계가 아닌 실전에서 가장 많이 사용되고 있는 설계들을 위주로 기술하였다. 공통코드의 설계, 채번, 첨부 파일, 메뉴, 이력관리 등 개발 시 꼭 필요한 업무의 공통적인 설계뿐 아니라 유사업무의 설계는 어떻게 하는지, 페이징 처리가 발생 될 때 처리방법 등을 기술하였다.

각각의 설계를 설명하면서 설계 시 주의 해야 될 점을 상세히 기술하였으니 혹시 다른 설계 시에도 참조하여 적용하면 될 것이다.

# CHAPTER 09
# 페이징 처리

페이징 처리는 리스트 형식으로 유저에게 보여지는 화면에서 많이 발생되는 이슈다. 리스트의 데이터가 작을 때는 문제가 되지 않으나 많아지면 수행 속도에 문제가 되기 때문에 이럴 경우 처리하는 방법을 알아본다.

## 1. 소량의 건수 처리

이번 장에서는 페이징 처리의 유형별 대처 방법 등을 알아보고자 한다. 대표적으로 게시판처럼 리스트의 글들이 보여지는 화면에는 페이징 처리를 함으로써 사용자의 가독성을 높여 준다. DB에 10여건의 데이터만 존재한다면 하나의 화면에서 모든 데이터를 본다는 것이 부담스럽지 않지만 많은 건들의 데이터가 있는 DB라면 한 화면에 리스트로 출력되는 모든 데이터는 보기도 힘들고 불러오기 위한 시간도 길어진다.

흔히 웹페이지에서 볼 수 있는 페이징 방법은 모든 데이터 건수를 불러와 화면에 보여질 Page Unit 설정을 통해 불러온 나머지 데이터를 Page Size에 맞게 페이징 처리를 한다. 제일 처음 페이지와 마지막 페이지를 Index로 구분하여 한 번에 이동할 수 있도록 처리하였는데 이 방법도 DB에 많은 작업을 시키면서 페이지 카운트가 늘어 날수록 속도 저하가 발생될 수 있다.

```
//게시판 리스트
@RequestMapping(value = "bbsList.do")
public ModelAndView vuewIndex(
        BoardVO boardVO, HttpSession sess) throws Exception{

    ModelAndView mav = new ModelAndView();

    PaginationInfo paginationInfo = new PaginationInfo();

    /** 현재 페이지 번호 */
    paginationInfo.setCurrentPageNo(boardVO.getPageIndex());

    /** 한 페이지에 게시되는 게시물 건수 */
    paginationInfo.setRecordCountPerPage(boardVO.getPageUnit());

    /** 페이징 리스트 사이즈 */
    paginationInfo.setPageSize(boardVO.getPageSize());
    int totCnt = boardService.getBoardTotCnt(boardVO);

    /** 총 게시물 건수 */
    paginationInfo.setTotalRecordCount(totCnt);

    /** 첫 페이지 설정 */
    boardVO.setFirstIndex(paginationInfo.getFirstRecordIndex());

    /** 막 페이지 설정 */
    boardVO.setLastIndex(paginationInfo.getLastRecordIndex());

    /** 총 페이지 크기 설정 */
    boardVO.setRecordCountPerPage(paginationInfo.getRecordCountPerPage());

    String bbsCode = boardVO.getBbsCode();

    mav.setViewName("plate.jsp");
```

그림 9-1 페이징 처리 기본 사용

그림 9-1의 JAVA단은 페이징 처리를 하기 위한 설정 내용이다. 화면에 페이징 처리될 내용들을 준비하기 위해 보여질 글의 개수나 페이지 블록 등을 설정할 수 있는데 각각의 프로퍼티들은 Controller에서 직접 해당 값이 입력되고 DB에 등록되어 있는 Total 건수를 읽어와야 한다.

```
public int getBoardTotCnt(BoardVO vo) throws Exception{
    return (Integer) getSqlMapClientTemplate().queryForObject(
            "board.getBoardTotCnt",vo);
}
```

그림 9-2 Total count를 Integer로 return

게시판 분류 코드를 입력 받아 데이터의 건수를 카운트하고 결과값을 반환한다.

[Total 레코드 수 SELECT]

```
SELECT
COUNT(*) totcnt
FROM
        INSA_BBS
WHERE BBS_CODE = #bbsCode#
```

해당 게시판의 데이터 건수를 불러오면 $totalPageCount = ((totalRecordCount-1)/recordCountPerPage) + 1$로 계산하여 총 페이지 개수를 구하고 recordCountPerPage를 통해 한 화면에 게시되는 건수를 입력 받는다.

[게시판 시작 페이지와 CountperPage 입력]

```
SELECT A.BBS_CODE bbsCode ,
        A.BBS_SEQ bbsSeq ,
        A.TITLE title ,
        A.CONTENT content ,
        A.ID id ,
        A.PW pw ,
        A.BBS_DATE bbsDate ,
        A.HIT_CNT hitCnt ,
        A.NAME name
FROM INSA_BBS A
 WHERE 1=1
AND A.BBS_CODE = #bbsCode#
 ORDER BY BBS_SEQ DESC
 LIMIT #firstIndex#, #pageUnit#
```

해당 게시판 화면에 보여주기 위해 FirstIndex(시작 페이지) 값과 화면에 보여줄 건수를 SQL을 통해 값을 가져와 화면에 보여주게 된다.

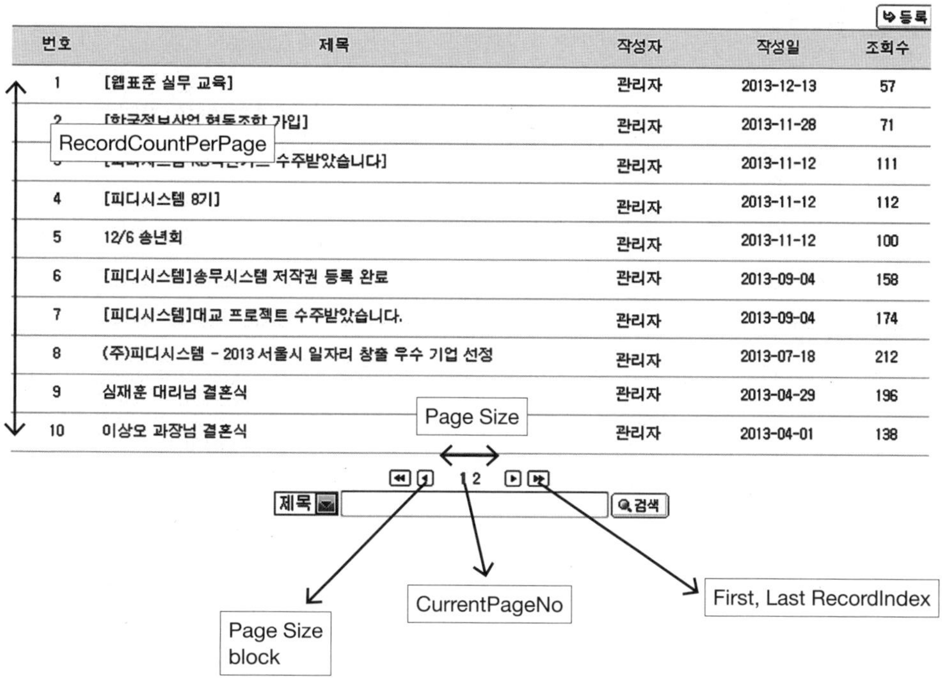

| 번호 | 제목 | 작성자 | 작성일 | 조회수 |
|---|---|---|---|---|
| 1 | [웹표준 실무 교육] | 관리자 | 2013-12-13 | 57 |
| 2 | [한국정보산업 협동조합 가입] | 관리자 | 2013-11-28 | 71 |
| 3 | [피디시스템]KB국민카드 수주받았습니다] | 관리자 | 2013-11-12 | 111 |
| 4 | [피디시스템 8기] | 관리자 | 2013-11-12 | 112 |
| 5 | 12/6 송년회 | 관리자 | 2013-11-12 | 100 |
| 6 | [피디시스템]송무시스템 저작권 등록 완료 | 관리자 | 2013-09-04 | 158 |
| 7 | [피디시스템]대교 프로젝트 수주받았습니다. | 관리자 | 2013-09-04 | 174 |
| 8 | (주)피디시스템 - 2013 서울시 일자리 창출 우수 기업 선정 | 관리자 | 2013-07-18 | 212 |
| 9 | 심재훈 대리님 결혼식 | 관리자 | 2013-04-29 | 196 |
| 10 | 이상오 과장님 결혼식 | 관리자 | 2013-04-01 | 138 |

그림 9-3 소량의 건수 페이징 처리

- CurrentPageNo : 현재 페이지 번호
- RecordCountPerPage : 한 페이지당 게시되는 게시물 건수
- Page Size : 페이지 리스트에 게시되는 페이지 건수
- First, Last RecordIndex : 페이징 SQL의 조건절에 사용되는 시작, 마지막 rownum

이렇게 DB에 있는 데이터의 건수를 불러와 화면에 나타내고 다음 페이지 호출 시 PageIndex값을 받아 다시 실행하는 과정들은 페이지 수가 늘어날수록 화면 로딩되는 시간이 길어질 수 밖에 없다. 그렇기 때문에 데이터 건수가 많은 대용량 DB에서 사용하기를 권장하지 않는다.

## 2. 대량의 건수처리

이번 파트에서는 대용량 DB의 데이터를 화면에 보여주기 위한 페이징 처리 방법을 알아보도록 하겠다. 만약 대량의 데이터가 있는데 소량의 건수 처리로 프로그램을 작성했다가는 아무리 기다려도 화면이 나오지 않으니 이번 파트를 주의 깊게 보자.

### 2.1. 페이지별 조회

[대용량 DB의 페이징 처리_1]

```
SELECT BBS_SEQ, TITLE, NAME, WRITE_DATE, HIT_CNT
FROM  BOARD
WHERE BBS_SEQ > :T_BBS_SEQ
AND ROWNUM <= 10
AND :SW  = 'D'
UNION
SELECT /*+ INDEX_DESC(BOARDBOARD _PK) */
BBS_SEQ, TITLE, NAME, WRITE_DATE, HIT_CNT
FROM BOARD
WHERE BBS_SEQ < :F_BBS_SEQ
AND ROWNUM <= 10
AND :SW  = 'U'
```

위의 예제는 페이지 카운트를 하지 않고 화면에서 PREVIEW, NEXT 버튼을 클릭할 때 DB에서 데이터를 가져와 화면에 보여주는 페이징 처리 방식이다.

화면에서의 페이징 처리는 Preview와 Next 버튼으로 분리되어 있고 게시판 테이블인 BOARD 테이블은 BBS_SEQ 컬럼을 SEQUENCE 사용으로 UNIQUE한 값을 가지고 있는 PK 컬럼이다. 화면에서 이전 페이지를 보기 위해 Preview 버튼을 누르게 되면 SQL문에는 파라미터로 실행중인 페이지의 처음 글 BBS_SEQ값과 'D'라는 스위치 값을 입력 받는다. 입력된 BBS_SEQ값을 기준으로 BBS_SEQ값이 큰 10건의 데이터를 리턴하고 화면에서는 최신글 10건이 리스트로 화면에 보여지게 된다.

반대로 화면에서 다음 페이지를 보기 위해 NEXT 버튼을 누르면 실행 중인 페이지의 마지막 글 BBS_SEQ값과 스위치 값 'U'가 입력된다. SQL문에 'U'의 값이 입력되면 INDEX로 역정렬하여 입력된 BBS_SEQ값보다 낮은 데이터 10건을 찾아 화면에서는 예전 글 10건이 보여지게 된다. UNION 사용으로 BBS_SEQ 컬럼값이 SORT되기 때문에 중복되는 BBS_SEQ를 제외하고 10건씩의 데이터가 화면에 보여지게 된다.

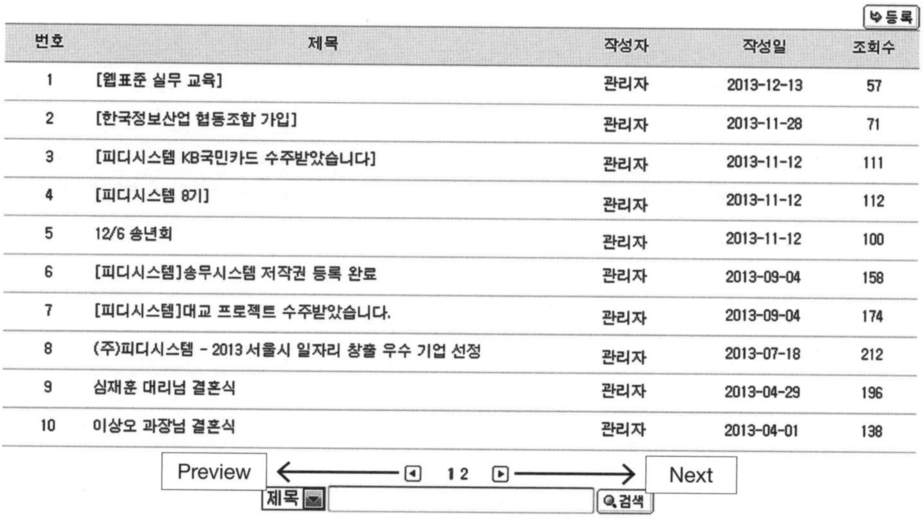

| 번호 | 제목 | 작성자 | 작성일 | 조회수 |
|---|---|---|---|---|
| 1 | [웹표준 실무 교육] | 관리자 | 2013-12-13 | 57 |
| 2 | [한국정보산업 협동조합 가입] | 관리자 | 2013-11-28 | 71 |
| 3 | [피디시스템 KB국민카드 수주받았습니다] | 관리자 | 2013-11-12 | 111 |
| 4 | [피디시스템 8기] | 관리자 | 2013-11-12 | 112 |
| 5 | 12/6 송년회 | 관리자 | 2013-11-12 | 100 |
| 6 | [피디시스템]송무시스템 저작권 등록 완료 | 관리자 | 2013-09-04 | 158 |
| 7 | [피디시스템]대교 프로젝트 수주받았습니다. | 관리자 | 2013-09-04 | 174 |
| 8 | (주)피디시스템 - 2013 서울시 일자리 창출 우수 기업 선정 | 관리자 | 2013-07-18 | 212 |
| 9 | 심재훈 대리님 결혼식 | 관리자 | 2013-04-29 | 196 |
| 10 | 이상오 과장님 결혼식 | 관리자 | 2013-04-01 | 138 |

**그림 9-4** 페이지별 조회 페이징 처리 화면

화면에서 Preview 버튼 또는 NEXT 버튼을 누르면 지정한 건수의 데이터만 가져와서 화면에 보여주기 때문에 소량의 건수 페이징 처리 방식과 비교해 전체 데이터를 카운트하지 않고 페이지를 나누지 않게 되면서 DB와 프레임워크의 부하를 줄일 수 있는 장점이 있다.

## 2.2. 대상 자료 APPEND 방식

관리자 화면이나 스마트 기기에서 주로 사용하는 페이징 처리 기법으로 Append 방식의 페이징 처리 방법은 화면에 보여지는 데이터를 스크롤 바 또는 터치 화면을 드래그하여 마지막 데이터에 다다랐을 때 페이징 이벤트를 발생시켜 다음 데이터를 호출하는 방식이다.
주로 페이스북, 카카오톡, 트위터 등과 같은 SNS 모바일앱에서 쉽게 경험하는 페이징 처리 방식으로 아래의 SQL을 통해 처리 방법을 알아보자.

**[대용량 DB의 페이징 처리_2]**

```
SELECT SABUN, NAME, HP, YEARS, SEX, CARRIER, POS_GBN_CODE, ADDR1||ADDR2, PUT_YN
FROM  INSA
WHERE SABUN > :T_SABUN
AND ROWNUM <100
```

위의 예제는 화면에서 스크롤이 내려갈 때 마지막 사번을 입력 받아 입력된 사번보다 큰 사번 중에 100개의 데이터를 추출하여 화면에서 이전 마지막 데이터에 추가되는 방식이다.

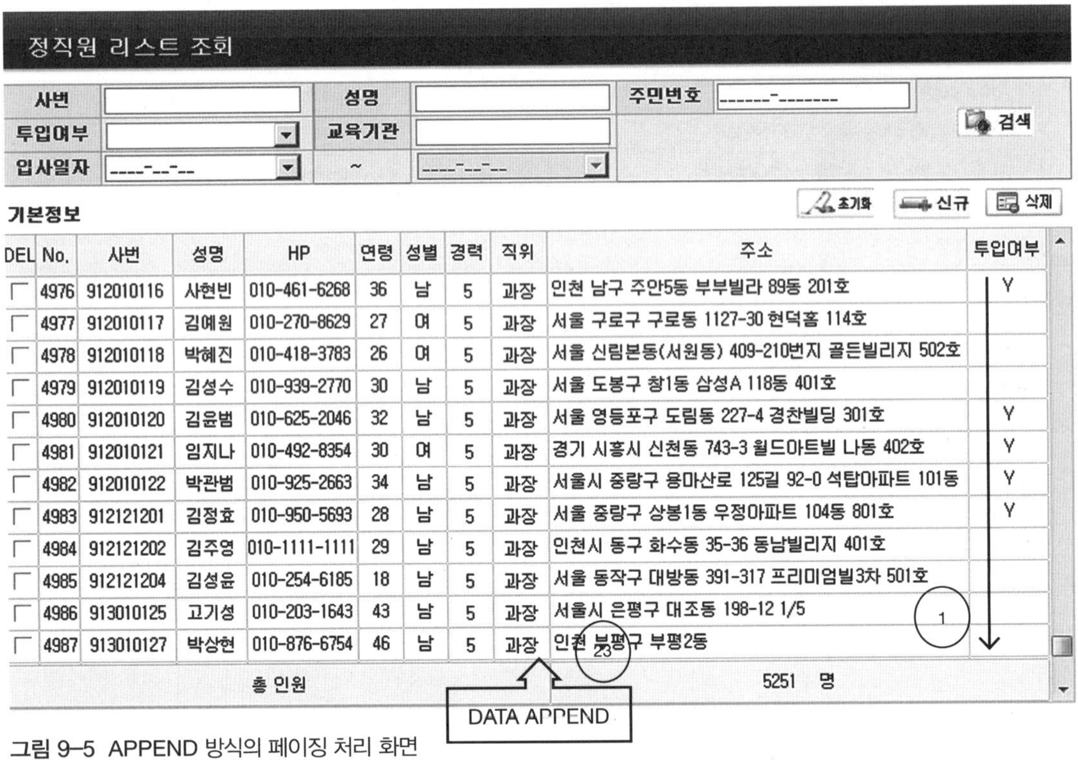

그림 9-5 APPEND 방식의 페이징 처리 화면

그림 9-5에서 보듯이 처음 데이터를 불러와 화면에 출력된 후 100건의 모든 데이터가 조회되면 이때 마지막 SABUN을 SQL 조건절에 대입시켜 입력된 SABUN보다 높은 SABUN의 새로운 데이터 100건을 화면에 APPEND한다.

업무 화면을 조회 할 때 데이터를 100건 이상 확인해 보는 경우는 많지 않지만 대용량 DB에서 TOTAL 건수를 계산하거나 페이지 SIZE로 나누는 등의 작업을 하지 않아 DB의 부하가 줄어 들고 처리 속도가 빨라지는 장점을 기대 할 수 있다.

# CHAPTER 10
# 공통 코드의 설계

공통 코드의 설계에서는 공통 코드 설계의 기본을 알고 설계된 공통 코드를 어떻게 사용하는지를 알 수 있는 장이다.

## 1. 코드의 분리

### 1.1. 공통 코드로 분리

공통 코드는 분석 단계부터 코딩이 끝날 때까지 정의되고 수정되는 아주 어려운 정의 중 하나이다. 코드의 설계가 잘못되면 유지보수 할 때나 개발 중에도 코드들이 변경될 때마다 늘 데이터를 수정해야 되는 일들이 발생 할 수 있으므로 한 번 설계 할 때 정확히 해야 된다. 코드로 분리 할 것인지 아니면 그냥 독립 테이블로 분리를 하여 관리 할 것인지는 오로지 분석, 설계자의 경험과 판단력에 의존하므로 신중히 생각하여 결정하여야 한다.

코드로 분리해야 될 것은 프로젝트 과정 중 산출물을 정의하면서 하는 것이 일반적이다.

## 1.1.1. 화면 설계서 설명

1) 인사관리

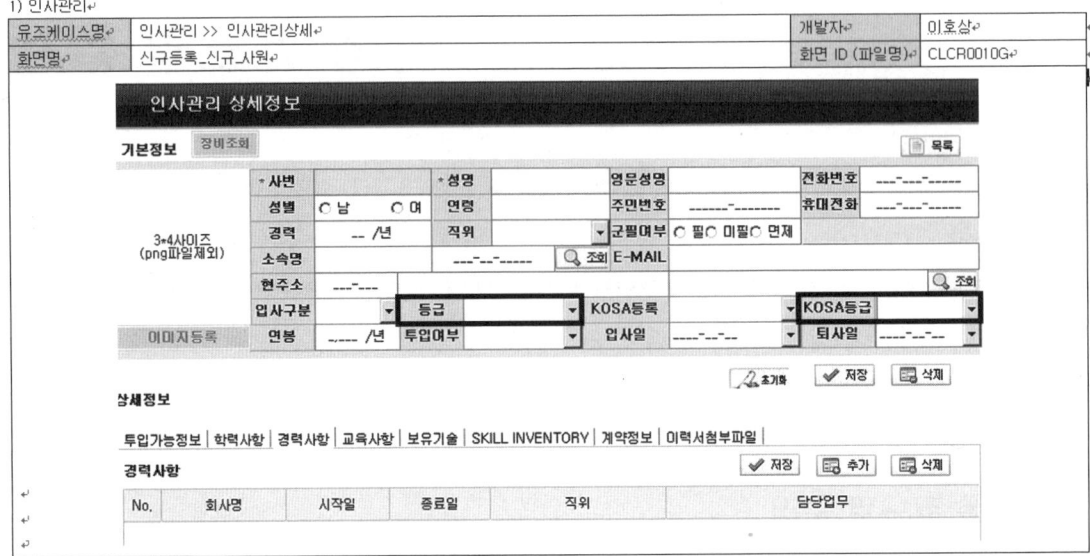

그림 10-1 화면정의서 1

화면 정의서를 작성할 때도 코드로 분리되는 것은 그림 10-1과 같이 표시된 리스트 박스로 표현이 된다. 연결되는 화면정의서를 계속 확인해 보자.

| | | | | | | | 화면 개요 | |
|---|---|---|---|---|---|---|---|---|
| 신규 등록되는 사원의 기본 정보를 입력하고 사번, 성명, 연락처를 필수 입력사항으로 제한하며 등록된 사원의 기본 정보 및 상세 정보를 입력, 수정, 삭제할 수 있는 화면 | | | | | | | | |
| | | | | | | 항목 설명 | | |
| 번호 | 항목명 | Type | Len | I/O구분 | 참조코드 | 필수구분 | 비고 | |
| 1 | 사번 | 코드 | 10 | I | - | M | INSA 테이블 | |
| 2 | 성명 | 한글 | 100 | I | - | M | INSA 테이블 | |
| 3 | 영문성명 | 영문 | 100 | I | | O | INSA 테이블 | |
| 3 | 전화번호 | 숫자 | 100 | I | - | M | INSA 테이블 | |
| 4 | 성별 | 한글 | 1 | I/O | - | O | INSA 테이블 | |
| 5 | 연령 | 숫자 | 11 | I/O | | O | INSA 테이블 | |
| 6 | 주민번호 | 숫자 | 13 | I | - | O | INSA 테이블 | |
| 7 | 휴대전화번호 | 숫자 | 100 | I | - | O | INSA 테이블 | |
| 8 | 경력 | 숫자 | 500 | O | - | O | INSA 테이블 | |
| 9 | 직위 | 코드 | 3 | O | | O | INSA 테이블 | |
| 10 | 군필여부 | 코드 | 1 | O | - | O | INSA 테이블 | |
| 11 | 소속명 | 한글 | 100 | | | O | INSA_COMPANY 테이블 | |
| 12 | e-MAIL | 영문 | 100 | I | | O | INSA 테이블 | |
| 13 | 현주소 | 한글 | 250 | O | - | O | INSA 테이블 | |
| 14 | 입사구분 | 코드 | 3 | O | - | O | INSA 테이블 | |
| 15 | 등급 | 코드 | 3 | O | - | O | INSA 테이블 | |

⋮

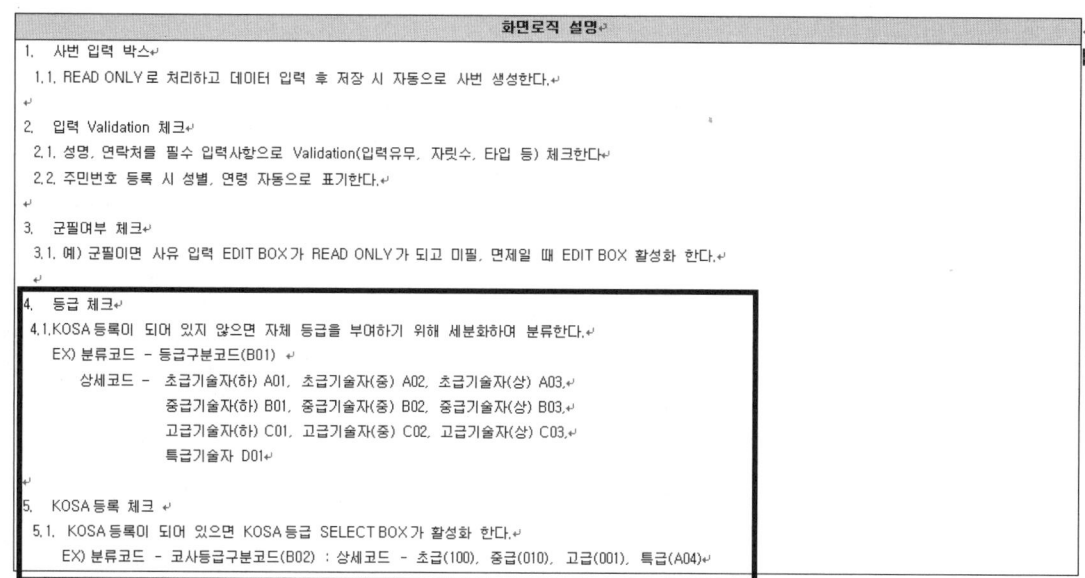

그림 10-2 화면정의서 2

화면정의서를 작성할 때 코드에 관계되는 항목들은 업무 담당자와 협의를 하여 코드를 정의하고 명시해 가는 것이 좋은 방법이다.

## 1.1.2. 인사관리_ERD

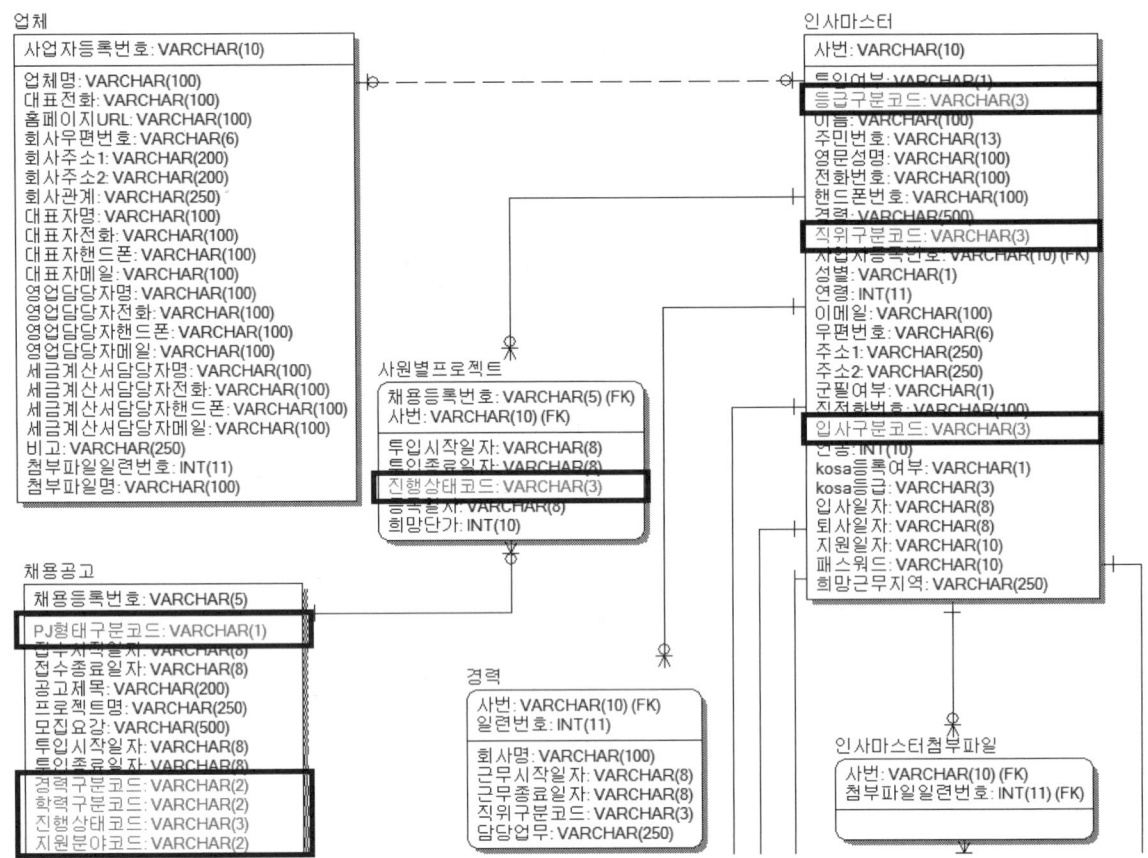

그림 10-3 인사관리 ERD

위와 같은 ERD을 작성할 때도 코드의 정의는 이루어져야 되며 박스로 처리된 부분은 코드 일반(Master)으로 분류될 항목들이 된다. 그림 10-4와 10-5에 나오는 엑셀 장표 등을 이용하여 코드 일반(Master)과 코드 상세(Detail) 자료는 코드를 분리해 가면서 코드를 정의해 가면 된다.

| 분류코드 | 분류코드명칭 | 분류코드길이 | 사용여부 | 주사용테이블 | 사용컬럼명칭 | 분류코드설명 |
|---|---|---|---|---|---|---|
| CLASS_CODE | CLASS_NAME | CLASS_LEN | USE_YN | MAIN_TABLE | MAIN_COLUMN | CLASS_DESC |
| R01 | PJ형태구분코드1 | 3 | Y | INSA | | PJ형태구분코드 |
| C03 | 직위구분코드_일반 | 3 | Y | INSA | | 직위구분코드_일반 |
| O01 | 지원분야코드 | 2 | Y | INSA | | 지원분야코드 |
| P01 | 근무가능지역코드 | 3 | Y | INSA | | 근무가능지역코드 |
| A01 | 입사구분코드 | 2 | Y | INSA | | 입사구분코드 |
| B02 | 코사등급구분코드 | 3 | Y | INSA | | 코사등급구분코드 |
| B01 | 등급구분코드 | 3 | Y | INSA | | 등급구분코드 |
| C01 | 직위구분코드 | 3 | Y | INSA | | 직위구분코드 |
| D01 | 장비분류코드 | 3 | Y | INSA | | 장비분류코드 |
| E01 | 전공구분코드 | 1 | N | INSA | | 전공구분코드 |
| F01 | 경력구분코드 | 2 | Y | INSA | | 경력구분코드 |
| G01 | 학력구분코드 | 2 | Y | INSA | | 학력구분코드 |
| H01 | 진행상태코드 | 3 | Y | INSA | | 진행상태코드 |
| I01 | 기술구분코드 | 3 | Y | INSA | | 기술구분코드 |
| J01 | 숙련도구분코드 | 11 | Y | INSA | | 숙련도구분코드 |
| K01 | PJ진행상태구분코드 | 1 | Y | INSA | | 진행방법구분코드 |
| L01 | 접수방법구분코드 | 11 | Y | INSA | | 접수방법구분코드 |
| M01 | 제출서류구분코드 | 2 | Y | INSA | | 제출서류구분코드 |
| Q01 | 게시판분류코드 | 1 | Y | INSA | | 게시판분류코드 |
| M02 | 첨부파일구분코드 | 99 | Y | | | |

그림 10-4 코드 일반(Master)

| 분류코드 | 상세코드 | 상세코드명 | 상세코드명2 | 코드영문명 | 상세코드설명 | 사용여부 | 소팅순서 | 상위분류코드 | 상위상세코드 |
|---|---|---|---|---|---|---|---|---|---|
| CLASS_CODE | CODE_NO | CODE_NAME | CODE_ | CODE_ENG | CODE_DESC | USE_YN | SORT_SEQ | HIGHER_CLASS_CODE | HIGHER_CODE_NO |
| R01 | R01 | SI설계 | | | SI설계 | N | 1 | | |
| R01 | R03 | SM업무 | | | SM업무 | Y | 2 | | |
| R01 | R02 | SI개발 | | | SI개발 | Y | 3 | | |
| R01 | R05 | 설계,SM업무 | | | 설계,SM업무 | Y | 4 | | |
| R01 | R04 | 설계,SI개발 | | | 설계,SI개발 | Y | 5 | | |
| R01 | R06 | 설계,SI개발,SM업무 | | | 설계,SI개발,SM업무 | Y | 6 | | |
| P01 | 001 | 부산광역시 | | | 부산광역시 | Y | 1 | | |
| P01 | 002 | 대구광역시 | | | 대구광역시 | Y | 2 | | |
| P01 | 003 | 인천광역시 | | | 인천광역시 | Y | 3 | | |
| P01 | 004 | 광주광역시 | | | 광주광역시 | Y | 4 | | |
| P01 | 005 | 대전광역시 | | | 대전광역시 | Y | 5 | | |
| P01 | 006 | 울산광역시 | | | 울산광역시 | Y | 6 | | |
| P01 | 007 | 경기도 | | | 경기도 | Y | 7 | | |
| P01 | 008 | 강원도 | | | 강원도 | Y | 8 | | |
| P01 | 009 | 충청북도 | | | 충청북도 | Y | 9 | | |

그림 10-5 코드 상세(Detail)

## 1.2. 단일 코드 테이블로 분리

코드성 데이터를 단일 엔티티로 분리하여 설계하고 다른 테이블에서는 이 테이블을 Join하여 참조한다.

### 1.2.1. 제품마스터

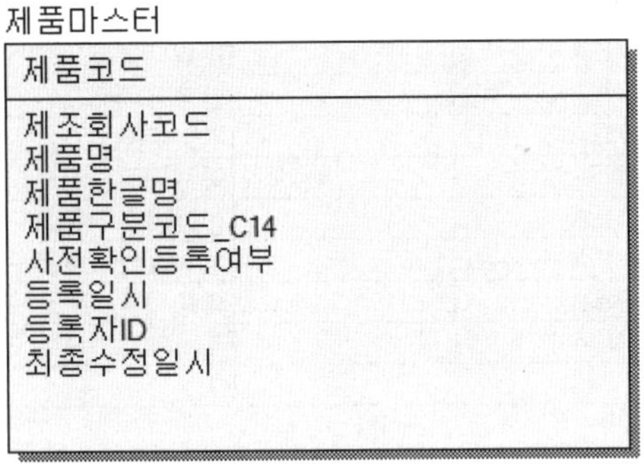

```
제품마스터
─────────────
제품코드
─────────────
제조회사코드
제품명
제품한글명
제품구분코드_C14
사전확인등록여부
등록일시
등록자ID
최종수정일시
```

그림 10-6 제품마스터

위에서 보듯이 공통 속성으로 분리하기 힘든 테이블은 단일 테이블로 구성하고 관련 속성들을 정의하여 사용할 수 있다. 공통 코드나 단일 테이블로 코드를 관리할 때 앞에 나왔던 엑셀 장표같은 문서를 작성하여 DB의 데이터와는 무관하게 계속 관리를 하여야 현업과의 의사소통이 원활해진다.

## 2. 엔티티의 설계

공통 코드는 코드로 분류하여 관리 할 수 있는 대상을 체계적으로 분류하여 설계해 놓은 것이라 말할 수 있다. 일반적으로 코드 일반과 코드 상세 테이블로 설계된다.

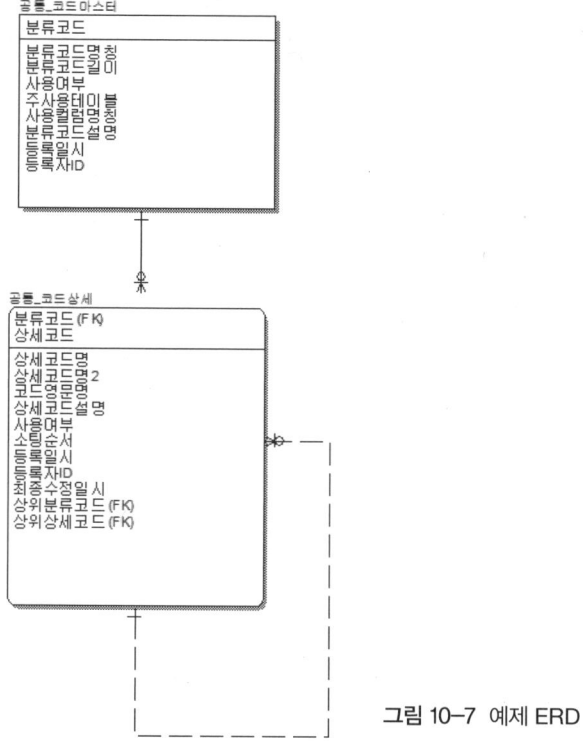

그림 10-7 예제 ERD

## 2.1. 코드 일반(Master)

분류될 코드의 명칭 등의 정보를 관리한다.

■ 사용 목적
- 상세 코드로 나누기 전 코드의 종류 및 정보를 알 수 있다.

■ 항목 설명
- 분류 코드 : 코드 일반의 Primary Key값(분류 대상 코드)
  분류 코드를 분리하여 의미를 줄 수 있다.
  예 A01 : A => 업무 분류(인사) + 01 => 순번
  　　B01 : B => 업무 분류(채권) + 01 => 순번
- 분류 코드 명칭 : 분류될 코드의 명칭을 넣는다.
- 분류 코드의 길이 : 상세 분류 코드의 Primary Key값의 최대 길이를 넣는다.

> **예** 상세 분류 코드가 99개를 넘지 않으면 2자리를 줌

- 사용 여부 : 현재 사용하고 있는지의 여부를 마킹한다.

  보통 대문자로 기술한다('Y' or 'N').

- 주사용 테이블 : 주로 사용하는 테이블의 명을 넣어둔다.
- 사용 컬럼 명칭 : 주로 사용하는 테이블에 사용되는 컬럼 명칭을 넣어둔다.
- 분류 코드 설명 : 분류 코드의 상세 설명을 적어둔다.

테이블의 설계와 병행하여 그림 10-8에 보여주는 형식 등으로 코드를 정의하고 수정해 나가야 한다. 현업과의 업무 파악을 하면 할수록 코드의 변화는 변화무쌍하게 변할 수 있으므로 꼭 테이블의 데이터가 아닌 문서로도 작성하여 관리하여야 한다. 차세대와 같은 큰 규모의 업무에서는 현업이 코드를 정리할 수 있도록 분석/설계자들은 협업 담당자를 이해시켜야 한다.

| 분류코드<br>CLASS_CODE | 분류코드명칭<br>CLASS_NAME | 분류코드길이<br>CLASS_LEN | 사용여부<br>USE_YN | 주사용테이블<br>MAIN_TABLE | 사용컬럼명칭<br>MAIN_COLUMN | 분류코드설명<br>CLASS_DESC |
|---|---|---|---|---|---|---|
| R01 | PJ형태구분코드1 | 3 | Y | INSA | | PJ형태구분코드 |
| C03 | 직위구분코드_일반 | 3 | Y | INSA | | 직위구분코드_일반 |
| O01 | 지원분야코드 | 2 | Y | INSA | | 지원분야코드 |
| P01 | 근무가능지역코드 | 3 | Y | INSA | | 근무가능지역코드 |
| A01 | 입사구분코드 | 2 | Y | INSA | | 입사구분코드 |
| B02 | 코사등급구분코드 | 3 | Y | INSA | | 코사등급구분코드 |
| B01 | 등급구분코드 | 3 | Y | INSA | | 등급구분코드 |
| C01 | 직위구분코드 | 3 | Y | INSA | | 직위구분코드 |
| D01 | 장비분류코드 | 3 | Y | INSA | | 장비분류코드 |
| E01 | 전공구분코드 | 1 | N | INSA | | 전공구분코드 |
| F01 | 경력구분코드 | 2 | Y | INSA | | 경력구분코드 |
| G01 | 학력구분코드 | 2 | Y | INSA | | 학력구분코드 |
| H01 | 진행상태코드 | 3 | Y | INSA | | 진행상태코드 |
| I01 | 기술구분코드 | 3 | Y | INSA | | 기술구분코드 |
| J01 | 숙련도구분코드 | 11 | Y | INSA | | 숙련도구분코드 |
| K01 | PJ진행상태구분코드 | 1 | Y | INSA | | 진행방법구분코드 |
| L01 | 접수방법구분코드 | 11 | Y | INSA | | 접수방법구분코드 |
| M01 | 제출서류구분코드 | 2 | Y | INSA | | 제출서류구분코드 |
| Q01 | 게시판분류코드 | 1 | Y | INSA | | 게시판분류코드 |
| M02 | 첨부파일구분코드 | 99 | Y | | | |

그림 10-8 엑셀 예제

## 2.2. 코드 상세(Detail)

상세코드의 정보를 가지고 있다. 순환관계형(Recursive) 모델을 주면 하위 코드와 연결고리를 가지고 있다.

- **사용 목적**
  - 코드의 상세 정보를 알 수 있다.

- **항목 설명**
  - 분류 코드 : 코드 일반의 Primary Key값(분류 대상 코드)
  - 상세 코드 : 분류될 상세 코드의 Primary Key값(분류 대상 코드의 상세 코드).
    상세 코드를 분리하여 의미를 줄 수 있다.
    - 예 '010203' : 01(업무 대분류) + 02(업무 중분류) + 03(업무 소분류)
      '001002' : 001(업무 대분류) + 002(업무 소분류)
      상세 코드가 정의될 때는 중요한 순번으로 코드 번호를 발번해 주면 되지만 모든 코드를 정의하기는 힘들다. 정의할 수 있는 코드는 추가 시 다음 코드 번호를 발번시켜주면 되나 분리하기 힘든 것은 코드의 마지막 번호를 주어 기타로 만드는 경우가 많다.
    - 예 01 = 고졸, 02 = 초대졸, 03 = 대졸, 04 = 석사, 99 = 기타
  - 상세 코드명 : 상세 코드의 명칭을 넣는다.
  - 상세 코드명2 : 상세 코드의 명칭을 넣는다(참조용으로 넣어준다).
  - 코드 영문명 : 상세 코드의 영문명을 넣는다.
  - 상세 코드 설명 : 상세 코드의 상세 설명을 넣는다.
  - 사용 여부 : 현재 사용하고 있는지의 여부를 마킹한다. 보통 대문자로 기술한다('Y' or 'N').
    사용을 하지 않는 상세 코드라도 테이블에서 물리적으로 삭제(DELETE)를 하지 않는다. 삭제를 하게 되면 기존에 입력된 테이블에 코드가 들어 있다면 Join에서 제외되므로 삭제는 절대 하지 말아야 한다.

- 소팅 순서 : 화면 등에 보여질 분류 코드에 따른 소팅 순서를 넣어둔다.
  시간의 흐름에 따라 또는 협업 담당자의 의사에 따라 중요 코드의 순서가 변경 될 수 있다.
- 상위 분류 코드/상위 상세 코드 : 상세 코드가 분리되어 있을 시 상위 코드를 찾아 갈수 있도록 리쿼시브로 설계를 해둔다(리쿼시브는 차후에 별도로 설명한다).

| 분류코드<br>CLASS_CODE | 상세코드<br>CODE_NO | 상세코드명<br>CODE_NAME | 상세코드명2<br>CODE_ | 코드영문명<br>CODE_ENG | 상세코드설명<br>CODE_DESC | 사용여부<br>USE_YN | 소팅순서<br>SORT_SEQ | 상위분류코드<br>HIGHER_CLASS_CODE | 상위상세코드<br>HIGHER_CODE_NO |
|---|---|---|---|---|---|---|---|---|---|
| R01 | R01 | SI설계 | | | SI설계 | N | 1 | | |
| R01 | R03 | SM업무 | | | SM업무 | Y | 2 | | |
| R01 | R02 | SI개발 | | | SI개발 | Y | 3 | | |
| R01 | R05 | 설계,SM업무 | | | 설계,SM업무 | Y | 4 | | |
| R01 | R04 | 설계,SI개발 | | | 설계,SI개발 | Y | 5 | | |
| R01 | R06 | 설계,SI개발,SM업무 | | | 설계,SI개발,SM업무 | Y | 6 | | |
| P01 | 001 | 부산광역시 | | | 부산광역시 | Y | 1 | | |
| P01 | 002 | 대구광역시 | | | 대구광역시 | Y | 2 | | |
| P01 | 003 | 인천광역시 | | | 인천광역시 | Y | 3 | | |
| P01 | 004 | 광주광역시 | | | 광주광역시 | Y | 4 | | |
| P01 | 005 | 대전광역시 | | | 대전광역시 | Y | 5 | | |
| P01 | 006 | 울산광역시 | | | 울산광역시 | Y | 6 | | |
| P01 | 007 | 경기도 | | | 경기도 | Y | 7 | | |
| P01 | 008 | 강원도 | | | 강원도 | Y | 8 | | |
| P01 | 009 | 충청북도 | | | 충청북도 | Y | 9 | | |

그림 10-9 엑셀 예제

**참고**

- 남, 여 구분은 코드로 만들 수도 있고 'X' 또는 'Y'로 넣기도 한다.
- 결재 여부 구분, 지원 여부 구분같이 값이 'Y' 또는 'N'로 구분 가능한 것은 그냥 컬럼명을 결재 여부, 지원 여부 등으로 하고 코드를 따로 만들지 않고 대문자 'Y' 또는 'N'를 사용한다고 명시함이 좋다.

# 3. 리쿼시브 모델

이번 파트에서는 공통 코드 상세에 사용된 리쿼시브 형태로 설계하는 방식에 대해 설명한다.
먼저 코드 상세 엔티티를 보면 다음과 같다.

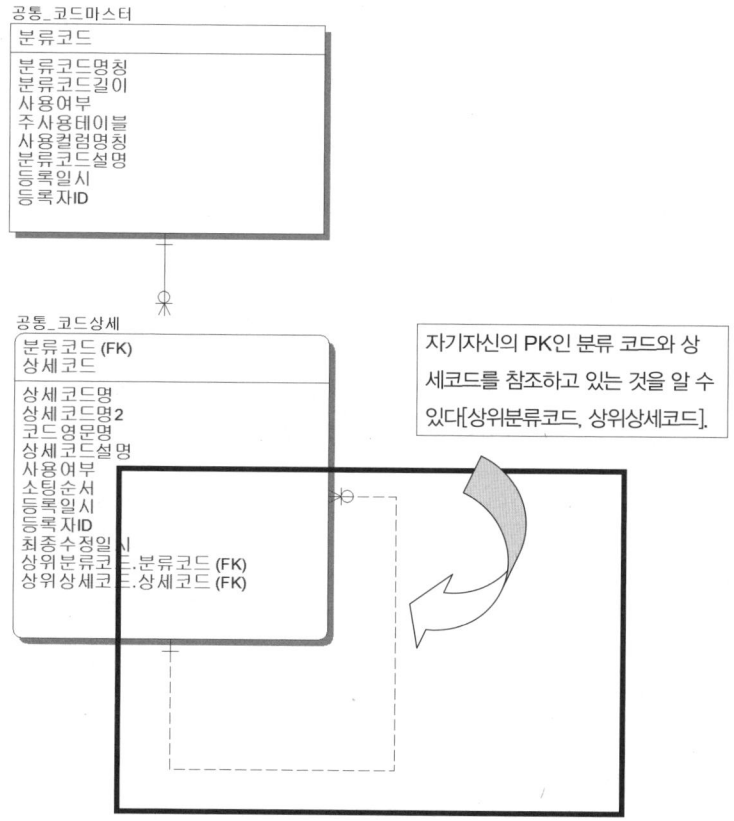

그림 10-10 코드 상세 엔티티

그림 10-10과 같이 자기 참조를 하는 설계를 리쿼시브 모델이라고 한다. 코드에서는 여러 단계의 계층 구조로 코드가 분리될 때(예를 들어 대분류, 중분류, 소분류) 상위 코드와의 연결고리를 가질 수 있도록 설계된다.

■ 리쿼시브(계층 구조 쿼리)

상위 계층과 하위 계층의 관계를 트리 형태로 조회할 수 있는 쿼리이다. 각 메뉴별로 사용자에게 권한을 부여하고 사용자는 권한을 받은 유저 ID의 메뉴를 추출하여 사용할 수 있는 프로그램을 제한한다.

■ START WITH
- 계층 질의의 루트로 사용될 행을 지정한다. SUBQUERY를 사용할 수도 있다.

- **CONNECT BY절**
  - 상위 계층과 하위 계층의 관계를 규정할 수 있다.
  - CONNECT BY PRIOR 하위 컬럼 = 상위 컬럼 : 상위에서 하위로 트리 구성
  - CONNECT BY 하위 컬럼 = PRIOR 상위 컬럼 : 하위에서 상위로 트리 구성
  - CONNECT BY NOCYCLE PRIOR : NOCYCLE 파라미터를 이용해서 무한 루프 방지
  - SUBQUERY를 사용할 수 없다.

- **CONNECT BY 실행 순서**
  - START WITH절, CONNECT BY절, WHERE절 순서로 실행된다.

리커시브 모델은 메뉴, 상품 카테고리, 부서 등에 많이 사용되는 모델링인데 여기서는 메뉴 설계로 예를 들어 보기로 하자.

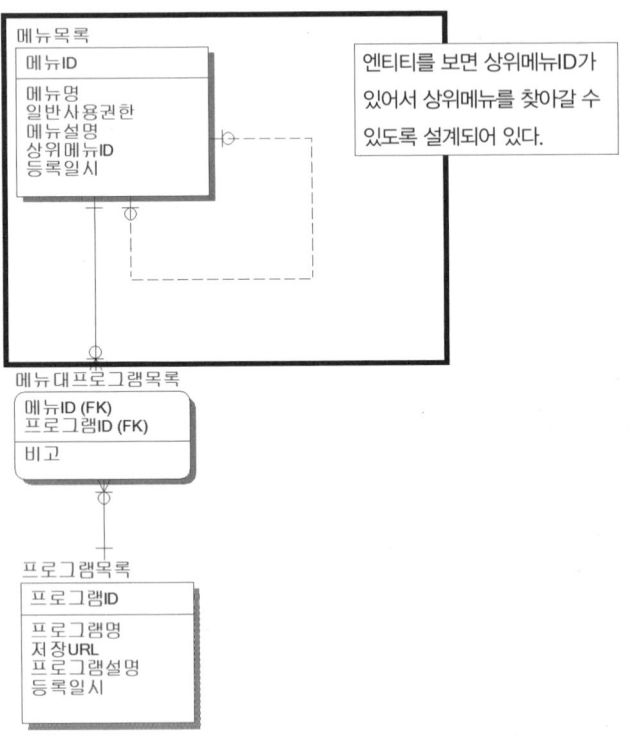

그림 10-11 메뉴 목록

리쿼시브 모델링의 조회는 어떻게 하는지 SQL 예제를 통해 알아보도록 하자. 그림 10-12는 메뉴를 임시로 작성해둔 자료이다. 이 자료를 통하여 리쿼시브 모델일 때 SQL을 어떻게 사용하는지 알아보도록 하자.

| # | MENU_ID | MENU_NAME | GENERIC_USE_GB | MENU_DESCRIPTION | UPPER_MENU_ID | MENU_CREATE_DATE |
|---|---|---|---|---|---|---|
| 1 | toc40000 | 공통업무 | | | | 2006-12-22 오전 12:00:00 |
| 2 | toc40110 | 공지사항 | | 공통업무>공지사항>등록 조회>공지사항 리스트 조회 | toc40000 | 2006-12-22 오전 12:00:00 |
| 3 | toc40210 | Q | | 공통업무>Q>등록 조회>Q 리스트 조회 | toc40000 | 2006-12-22 오전 12:00:00 |
| 4 | toc40300 | 자료실 | | 공통업무>자료실>등록 조회>자료실 리스트 조회 | toc40000 | 2006-12-22 오전 12:00:00 |
| 5 | toc50000 | Admin | | | | 2006-12-22 오전 12:00:00 |
| 6 | toc50100 | 관리자관리 | | Admin>Admin>관리자 관리>관리자 조회 | toc50000 | 2006-12-22 오전 12:00:00 |
| 7 | toc50200 | 담당자관리 | | Admin>Admin>담당자 관리>담당자 조회 | toc50000 | 2006-12-22 오전 12:00:00 |
| 8 | toc10000 | 내부 toc | | | | 2006-12-22 오전 12:00:00 |
| 9 | toc10110 | 등록 | | 내부 toc>등록>등록>등록 | toc10000 | 2006-12-22 오전 12:00:00 |
| 10 | toc10120 | 조회 | | 내부 toc>등록>리스트 조회>등록 리스트 조회 | toc10000 | 2006-12-22 오전 12:00:00 |
| 11 | toc10130 | 담당자통보 | | 내부 toc>담당자 통보>리스트 조회>담당자 통보 리스트 조회 | toc10000 | 2006-12-22 오전 12:00:00 |
| 12 | toc10140 | 처리 | | 내부 toc>처리>리스트 조회>처리 리스트 조회 | toc10000 | 2006-12-22 오전 12:00:00 |
| 13 | toc10150 | 일정검증 | | 내부 toc>처리계획 일정검증>리스트 조회>처리계획 일정검증 리스트 조회 | toc10000 | 2006-12-22 오전 12:00:00 |
| 14 | toc10160 | 장기지연 | | 내부 toc>장기지연>리스트 조회>장기지연 리스트 조회 | toc10000 | 2006-12-22 오전 12:00:00 |
| 15 | toc10170 | 처리검증 | | 내부 toc>검증>리스트 조회>처리결과 검증 리스트 조회 | toc10000 | 2006-12-22 오전 12:00:00 |
| 16 | toc10180 | 설문 | | 내부 toc>설문>리스트 조회>설문 리스트 조회 | toc10000 | 2006-12-22 오전 12:00:00 |
| 17 | toc10190 | 재처리판단 | | 내부 toc>재처리 판단>리스트 조회>재처리 판단 리스트 조회 | toc10000 | 2006-12-22 오전 12:00:00 |
| 18 | toc10210 | 통계 | | 내부 toc>통계>통계 조회>통계 | toc10000 | 2006-12-22 오전 12:00:00 |
| 19 | toc20000 | 전략커뮤니케이션 | | | | 2006-12-22 오전 12:00:00 |
| 20 | toc20110 | 등록 | | 전략커뮤니케이션>등록>등록>등록 | toc20000 | 2006-12-22 오전 12:00:00 |
| 21 | toc20120 | 조회 | | 전략커뮤니케이션>등록>리스트 조회>등록 리스트 조회 | toc20000 | 2006-12-22 오전 12:00:00 |
| 22 | toc20130 | 처리 | | 전략커뮤니케이션>처리>리스트 조회>처리 리스트 조회 | toc20000 | 2006-12-22 오전 12:00:00 |
| 23 | toc20140 | 일정검증 | | 전략커뮤니케이션>처리계획 일정검증>리스트 조회>처리계획 일정검증 리스트 조회 | toc20000 | 2006-12-22 오전 12:00:00 |
| 24 | toc20150 | 장기지연 | | 전략커뮤니케이션>장기지연>리스트 조회>장기지연 리스트 조회 | toc20000 | 2006-12-22 오전 12:00:00 |
| 25 | toc20160 | 처리검증 | | 전략커뮤니케이션>검증>리스트 조회>처리결과 검증 리스트 조회 | toc20000 | 2006-12-22 오전 12:00:00 |
| 26 | toc20170 | 설문 | | 전략커뮤니케이션>설문>리스트 조회>설문 리스트 조회 | toc20000 | 2006-12-22 오전 12:00:00 |
| 27 | toc20180 | 통계 | | 전략커뮤니케이션>통계>통계 조회>통계 | toc20000 | 2006-12-22 오전 12:00:00 |
| 28 | toc30000 | 현장방문현황 | | | | 2006-12-22 오전 12:00:00 |
| 29 | toc30110 | 등록 | | 현장방문현황>등록>등록>등록 | toc30000 | 2006-12-22 오전 12:00:00 |
| 30 | toc30120 | 조회 | | 현장방문현황>등록>등록>등록 리스트 조회 | toc30000 | 2006-12-22 오전 12:00:00 |
| 31 | toc55555 | a | a | a | toc40210 | 2006-12-22 오전 12:00:00 |
| 32 | toc55556 | b | b | b | toc55555 | 2006-12-22 오전 12:00:00 |

그림 10-12 A_MENU_LIST TABLE DATA

**<예제> 메뉴ID 'toc40000'의 하위 메뉴를 찾아서 나열하라!**

[리쿼시브 - 하위 메뉴 검색]

```
SELECT  LEVEL, LPAD(' ',4*LEVEL)|| MENU_ID, MENU_NAME
FROM    A_MENU_LIST
CONNECT BY PRIOR  MENU_ID = UPPER_MENU_ID
START WITH     MENU_ID = 'toc40000'
```

[출력 결과]

| LEVEL | LPAD('',4*LEVEL)\|\|MENU_ID | MENU_NAME |
|---|---|---|
| 1 | toc40000 | 공통업무 |
| 2 | toc40110 | 공지사항 |
| 2 | toc40210 | Q |
| 3 | toc55555 | a |
| 4 | toc55556 | b |
| 2 | toc40300 | 자료실 |

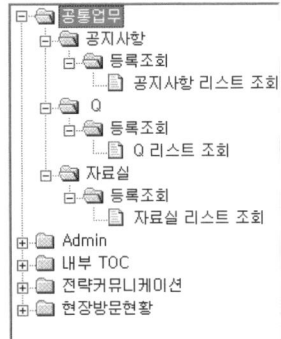

START WITH절에 있는 MENU_ID를 기준으로 순전개하여 나열하는 것을 볼 수 있다. CONNECT BY PRIOR MENU_ID = UPPER_MENU_ID는 연결될 연결고리를 정의한 문장이라고 말할 수 있다.

<예제> 모든 메뉴를 LEVEL별로 정렬하라!

[리퀴시브 - 메뉴를 level별로 정렬]

```
SELECT LEVEL, LPAD(' ',4*LEVEL)||MENU_ID, MENU_NAME
    FROM  A_MENU_LIST
    CONNECT BY PRIOR MENU_ID = UPPER_MENU_ID
    START WITH    MENU_ID IN (  -- 최상위 메뉴를 추출한다.
                    SELECT MENU_ID
                    FROM  A_MENU_LIST
    WHERE  UPPER_MENU_ID IS NULL);
```

[출력 결과]

| | LEVEL | LPAD('',4*LEVEL)\|\|MENU_ID | MENU_NAME |
|---|---|---|---|
| 1 | 1 | toc10000 | 내부 toc |
| 2 | 2 | toc10110 | 등록 |
| 3 | 2 | toc10120 | 조회 |
| 4 | 2 | toc10130 | 담당자통보 |
| 5 | 2 | toc10140 | 처리 |
| 6 | 2 | toc10150 | 일정검증 |
| 7 | 2 | toc10160 | 장기지연 |
| 8 | 2 | toc10170 | 처리검증 |
| 9 | 2 | toc10180 | 설문 |
| 10 | 2 | toc10190 | 재처리판단 |
| 11 | 2 | toc10210 | 통계 |
| 12 | 1 | toc20000 | 전략커뮤니케이션 |
| 13 | 2 | toc20110 | 등록 |
| 14 | 2 | toc20120 | 조회 |
| 15 | 2 | toc20130 | 처리 |
| 16 | 2 | toc20140 | 일정검증 |
| 17 | 2 | toc20150 | 장기지연 |
| 18 | 2 | toc20160 | 처리검증 |
| 19 | 2 | toc20170 | 설문 |
| 20 | 2 | toc20180 | 통계 |
| 21 | 1 | toc30000 | 현장방문현황 |
| 22 | 2 | toc30110 | 등록 |
| 23 | 2 | toc30120 | 조회 |
| 24 | 1 | toc40000 | 공통업무 |
| 25 | 2 | toc40110 | 공지사항 |
| 26 | 2 | toc40210 | Q |
| 27 | 3 | toc55555 | a |
| 28 | 4 | toc55556 | b |
| 29 | 2 | toc40300 | 자료실 |
| 30 | 1 | toc50000 | Admin |
| 31 | 2 | toc50100 | 관리자관리 |
| 32 | 2 | toc50200 | 담당자관리 |

START WITH MENU_ID를 기준으로 인라인뷰를 사용해서 최상위 메뉴를 추출한 후 하위 메뉴들을 추출하여 보여주고 있다. CONNECT BY PRIOR MENU_ID = UPPER_MENU_ID는 연결될 연결고리를 정의하고 있으며 역시 순전개 방식으로 보여주고 있다.

<예제> 메뉴ID 'toc55556'의 상위 메뉴를 찾아서 나열하라!

[리쿼시브 - 상위 메뉴 검색]

```
SELECT  LEVEL, LPAD(' ',4*LEVEL)|| MENU_ID, MENU_NAME
FROM    A_MENU_LIST
CONNECT BY PRIOR UPPER_MENU_ID = MENU_ID
START WITH     MENU_ID = 'toc55556'
```

[출력 결과]

| LEVEL | LPAD('',4*LEVEL)\|\|MENU_ID | MENU_NAME |
|---|---|---|
| 1 | toc40000 | 공통업무 |
| 2 | toc40110 | 공지사항 |
| 2 | toc40210 | Q |
| 3 | toc55555 | a |
| 4 | toc55556 | b |
| 2 | toc40300 | 자료실 |

START WITH절에 있는 MENU_ID를 기준으로 역전개하여 나열하는 것을 볼 수 있다. CONNECT BY PRIOR UPPER_MENU_ID = MENU_ID는 역전개 시 연결될 연결고리를 정의한 문장이라고 말할 수 있다.

[PK가 2개일 때는 AND절로 나열]

```
SELECT LPAD('', 2*LEVEL)||COL1, COL2 .
FROM TABLE_1
CONNECT BY PRIOR ID1 = UPPER_ID1
    AND PRIOR ID2 = UPPER_ID2
START WITH UPPER _ID1 = 'AAA'
    AND UPPER _ID2 = '100000'
```

[리쿼시브 – 특정 경우 제외]

```
SELECT LEVEL, LPAD(' ',4*LEVEL)|| MENU_ID, MENU_NAME
FROM    A_MENU_LIST
WHERE   MENU_ID <> 'toc40110' -- 이 코드만 제외하고
CONNECT BY PRIOR  MENU_ID = UPPER_MENU_ID
START WITH     MENU_ID = 'toc40000'
```

[출력 결과]

| LEVEL | LPAD('',4*LEVEL)\|\|MENU_ID | MENU_NAME |
|---|---|---|
| 1 | toc40000 | 공통업무 |
| 2 | toc40210 | Q |
| 3 | toc55555 | a |
| 4 | toc55556 | b |
| 2 | toc40300 | 자료실 |

지금까지 리쿼시브 모델과 사용하는 방법을 예제를 통하여 알아 봤다. 리쿼시브 모델은 알아 두면 정

말 유용하게 사용할 수 있는 모델이다. 언제 사용할까라고 생각되겠지만 알고 있으면 조만간 사용하거나 접하게 될 것이니 숙지하길 바란다.

## 4. 코드의 조회

이번에는 공통 코드에 대하여 조회하는 방식을 설명하겠다. 왜 이런걸 설명하려고 하는지 궁금하겠지만 예제를 통하여 설명을 들으면 이해가 갈 것이다.

### 4.1. 코드 테이블을 Join으로 조회

인사 마스터 테이블로 예제를 만들어보자.

- 출력할 항목 : 사번, 이름, 직위, 등급, 전화번호, 핸드폰번호, 주소, 입사일자

[Join으로 조회]

```
SELECT T1.SABUN,
       T1.NAME,
       --T1.POS_GBN_CODE, --'C03'
       T2.CODE_NAME, --직위
       --T1.CLASS_GBN_CODE, --'B01'
       T3.CODE_NAME, --등급
       T1.PHONE,
       T1.HP,
       T1.ADDR1,
       T1.JOIN_DAY
  FROM INSA T1,
       CMM_CODE_DETAIL T2,
       CMM_CODE_DETAIL T3
 WHERE T1.POS_GBN_CODE   = T2.CODE_NO(+)
   AND T2.CLASS_CODE(+)  = 'C03' --직위구문코드
   AND T1.CLASS_GBN_CODE = T3.CODE_NO(+)
   AND T3.CLASS_CODE(+)  = 'B01' --등급구분코드
```

[출력 결과]

| # | SABUN | NAME | CODE_NAME | CODE_NAME_1 | PHONE | HP | ADDR1 | JOIN_DAY |
|---|---|---|---|---|---|---|---|---|
| 1 | 2013010122 | 양두식 | 과장 | 고급기술자(하) | 02-1234-4321 | 010-1234-4301 | 서울시 성북구 하월곡 | 20130101 |
| 2 | 2013011001 | 원도우 | 과장 | | 02-1234-4321 | 010-1234-4302 | 서울 강남구 대치동 | 20130110 |
| 3 | 2013010123 | 김은정 | 과장 | 고급기술자(하) | 02-1234-4321 | 010-1234-4303 | 인천시 동구 송현동 | 20130101 |
| 4 | 2013010124 | 이중희 | 과장 | 고급기술자(하) | 02-1234-4321 | 010-1234-4304 | 서울시 관악구 봉천동 | 20130101 |
| 5 | 2013010125 | 고기성 | 과장 | | 02-1234-4321 | 010-1234-4305 | 서울시 은평구 대조동 | 20130101 |
| 6 | 2013010126 | 조영숙 | 과장 | 고급기술자(하) | 02-1234-4321 | 010-1234-4306 | 경기도 광명시 철산3동 | 20130101 |
| 7 | 2013010127 | 박상현 | 과장 | | 02-1234-4321 | 010-1234-4307 | 인천 부평구 부평2동 | 20130101 |
| 8 | 2013010128 | 이승태 | 과장 | 고급기술자(하) | 02-1234-4321 | 010-1234-4308 | 서울시 은평구 응암동 | 20130101 |

위의 예제 중 직위명과 등급명은 코드화되어 있다. 그래서 공통 코드에서 코드명을 가져오기 위하여 FROM절에 각각 직위 코드와 등급 코드를 가져오기 위해 코드 상세 테이블 2개를 두어 Join을 하였다. 그리고

```
WHERE T1.POS_GBN_CODE  = T2.CODE_NO(+)
AND   T2.CLASS_CODE(+)    = 'C03' -- 직위구문코드
AND   T1.CLASS_GBN_CODE = T3.CODE_NO(+)
AND   T3.CLASS_CODE(+)    = 'B01' -- 등급구분코드
```

그리고 위의 절을 보면 두 개의 테이블에 OUT JOIN을 걸어서 코드명이 없더라도 인사 테이블의 값은 나올 수 있도록 하였으며 CLASS_CODE(코드를 구분할 수 있는 대분류)는 이미 알고 있는 상태이다.

코드명을 가져올 때는 꼭 OUT JOIN을 걸어야 한다. 만약에 조회된 값이 위의 예제와 같이 NULL 값이나 이상한 값이 조회되면 코드값을 정비해야 되지 OUT JOIN을 안걸고 INNER JOIN을 걸어 놓고 가면 절대 안된다.

## 4.2. 서브쿼리(SUBQUERY) 조회

[서브쿼리 조회]

```
SELECT T1.SABUN,
     T1.NAME,
     --T1.POS_GBN_CODE, --'C03'
```

```sql
    (SELECT CODE_NAME
       FROM CMM_CODE_DETAIL T2
      WHERE T1.POS_GBN_CODE = T2.CODE_NO
        AND T2.CLASS_CODE = 'C03' --직위구분코드
    ) AS POS_GBN_NAME, --직위명
    --T1.CLASS_GBN_CODE, --'B01'
    (SELECT CODE_NAME
       FROM CMM_CODE_DETAIL T3
      WHERE T1.CLASS_GBN_CODE = T3.CODE_NO
        AND T3.CLASS_CODE = 'B01' --등급구분코드
    ) AS CLASS_GBN_NAME, --등급명
    T1.PHONE,
    T1.HP,
    T1.ADDR1,
    T1.JOIN_DAY
 FROM INSA T1
```

[출력 결과]

| | SABUN | NAME | POS_GBN_NAME | CLASS_GBN_NAME | PHONE | HP | ADDR1 | JOIN_DAY |
|---|---|---|---|---|---|---|---|---|
| 1 | 2013010122 | 양두식 | 과장 | 고급기술자(하) | 02-1234-4321 | 010-1234-4301 | 서울시 성북구 하월곡동 | 20130101 |
| 2 | 2013011001 | 원도우 | 과장 | | 02-1234-4321 | 010-1234-4302 | 서울 강남구 대치동 | 20130110 |
| 3 | 2013010123 | 김은정 | 과장 | 고급기술자(하) | 02-1234-4321 | 010-1234-4303 | 인천시 동구 송현동 동ᄂ | 20130101 |
| 4 | 2013010124 | 이중회 | 과장 | 고급기술자(하) | 02-1234-4321 | 010-1234-4304 | 서울시 관악구 봉천동 1 | 20130101 |
| 5 | 2013010125 | 고기성 | 과장 | | 02-1234-4321 | 010-1234-4305 | 서울시 은평구 대조동 1 | 20130101 |
| 6 | 2013010126 | 조영숙 | 과장 | 고급기술자(하) | 02-1234-4321 | 010-1234-4306 | 경기도 광명시 철산3동 | 20130101 |
| 7 | 2013010127 | 박상현 | 과장 | | 02-1234-4321 | 010-1234-4307 | 인천 부평구 부평2동 | 20130101 |
| 8 | 2013010128 | 이승태 | 과장 | 고급기술자(하) | 02-1234-4321 | 010-1234-4308 | 서울시 은평구 응암동1 | 20130101 |

이미 6장 SQL편에서 설명했듯이 서브쿼리를 사용하여 조회한 예제이다. 여기서 주목해야 될 것은 서브쿼리에 OUT JOIN 기호가 없다는 것이다. 그래도 서브쿼리는 공통 코드에 값이 없으면 NULL값을 리턴해주는 것을 볼 수 있다. OUT JOIN을 걱정할 필요 없고 COPY해서 사용하기도 편해서 필자 개인적으로는 이 방법을 사용하여 코드값을 가져온다.

필자가 대형 프로젝트인 차세대 프로젝트의 업무 개발을 하고 있을 때이다. 회의실에 개발자들이 회의를 하고 있었는데 공통 코드 조회하는 것 때문에 서로 의견을 주고 받으면서 회의를 하고 있었다. 조금은 소란스러워서 공통 코드의 조회에 대해 설명해준 일이 있었는데 여기서 퍼포먼스 이야기가 나온 적이 있었다.

위 예제 중 어느 경우가 더 빠른지 한번 알아보자!

**[조인으로 조회 시 실행 계획]**

| Operation | Object Name | Rows | Bytes | Cost |
|---|---|---|---|---|
| SELECT STATEMENT Optimizer Mode=ALL_ROWS | | 128 | 16 K | 8 |
|   HASH JOIN RIGHT OUTER | | 128 | 16 K | 8 |
|     TABLE ACCESS BY INDEX ROWID | INSA.CMM_CODE_DETAIL | 10 | 180 | 2 |
|       INDEX RANGE SCAN | INSA.CMM_CODE_DETAIL_PK | 10 | | 1 |
|     HASH JOIN RIGHT OUTER | | 128 | 13 K | 6 |
|       TABLE ACCESS BY INDEX ROWID | INSA.CMM_CODE_DETAIL | 8 | 144 | 2 |
|         INDEX RANGE SCAN | INSA.CMM_CODE_DETAIL_PK | 8 | | 1 |
|       TABLE ACCESS FULL | INSA.INSA | 128 | 11 K | 3 |

**[서브쿼리로 조회 시 실행 계획]**

| Operation | Object Name | Rows | Bytes | Cost |
|---|---|---|---|---|
| SELECT STATEMENT Optimizer Mode=ALL_ROWS | | 128 | 28 K | 3 |
|   TABLE ACCESS BY INDEX ROWID | INSA.CMM_CODE_DETAIL | 1 | 110 | 2 |
|     INDEX UNIQUE SCAN | INSA.CMM_CODE_DETAIL_PK | 1 | | 1 |
|   TABLE ACCESS BY INDEX ROWID | INSA.CMM_CODE_DETAIL | 1 | 110 | 2 |
|     INDEX UNIQUE SCAN | INSA.CMM_CODE_DETAIL_PK | 1 | | 1 |
|   TABLE ACCESS FULL | INSA.INSA | 128 | 28 K | 3 |

Join으로 조회하는 실행 계획을 보면 직위관련 코드를 PK INDEX RANGE 스캔을 하여 ROWID로 테이블을 찾아갔으며 등급도 마찬가지로 PK INDEX RANGE 스캔을 하여 ROWID로 테이블을 찾아갔다. 여기서 퍼포먼스에 영향을 주는 것은 INSA 테이블이라고 할 수 있다. INSA 테이블은 FULL 스캔을 한 상태다.

서브쿼리로 조회하는 실행 계획을 보면 INSA 테이블을 FULL 스캔하면서 직위관련 코드를 PK INDEX UNIQUE 스캔해서 ROWID로 테이블명을 찾아갔으며 등급 또한 코드를 PK INDEX UNIQUE스캔을 하여 ROWID로 테이블명을 찾아갔다.

공통 코드는 그렇게 많은 양의 데이터가 아니므로 읽어 들일 때 규모가 크지 않은 프로젝트에서는 두 세 블럭 안에 있는 모든 코드값이 들어올 수 있다. 그래서 PK INDEX RANGE 스캔을 하여 ROWID로 테이블을 찾아가든, PK INDEX UNIQUE 스캔을 하여 ROWID로 테이블을 찾아가든 퍼포먼스에는 영향을 크게 주지 않는다. 그리고 공통 코드같은 테이블은 많이 사용하는 테이블이라서 항상 SGA(System Global Area) 영역에 상주하고 있도록 DBA가 설정을 해두는 것이 일반적이며, 설정을 하지 않았어도 거의 SGA 영역에 올라와 있으므로 메모리에서 조인이 이루어진다고 보면 퍼포먼스(PERFORMANCE)에는 영향을 거의 주지 않는다고 보면 될 것이다. 그래서 두 방법 중 편한 방법으로 하더라도 상관은 없다고 말할 수 있다.

## 4.3. 함수(FUNCTION)를 만들어서 조회

공통 코드를 조회하는 함수를 만들어 보자!

[공통 코드 조회 FUNCTION 작성]

```
CREATE OR REPLACE FUNCTION GET_CMM_CODE_NAME
(V_CLASS_CODE IN CMM_CODE_DETAIL.CLASS_CODE%TYPE,
 V_CODE_NO IN CMM_CODE_DETAIL.CODE_NO%TYPE)
RETURN VARCHAR2
IS
V_CMM_CODE_NAME CMM_CODE_DETAIL.CODE_NAME%TYPE;

BEGIN

SELECT CODE_NAME
    INTO  V_CMM_CODE_NAME
    FROM CMM_CODE_DETAIL
    WHERE CODE_NO = V_CODE_NO
      AND CLASS_CODE = V_CLASS_CODE;

RETURN  V_CMM_CODE_NAME;
EXCEPTION
    WHEN NO_DATA_FOUND THEN
        RETURN  V_CMM_CODE_NAME;
        --DBMS_OUTPUT.PUT_LINE('입력한 코드는 없습니다.');
    WHEN TOO_MANY_ROWS THEN
        DBMS_OUTPUT.PUT_LINE('자료가 2건 이상입니다.');
    WHEN OTHERS THEN
        DBMS_OUTPUT.PUT_LINE('기타 에러입니다.');
END;
/
```

FUNCTION 작성 설명은 7장에서 설명을 하였으니 정확히 모르면 다시 돌아가서 공부하고 오기 바란다. 위의 예제에서 박스로 표시된 부분은 코드값이 없을 시 NULL값을 리턴해주기 위하여 작성되었다.

[FUNCTION 이용한 공통 코드 조회]

```
SELECT T1.SABUN,
       T1.NAME,
       --T1.POS_GBN_CODE, --'C03'
       GET_CMM_CODE_NAME('C03', T1.POS_GBN_CODE) AS POS_GBN_NAME, --직위명
       GET_CMM_CODE_NAME('B01', T1.CLASS_GBN_CODE) AS CLASS_GBN_NAME, --등급명
       T1.PHONE,
       T1.HP,
       T1.ADDR1,
       T1.JOIN_DAY
  FROM INSA T1
```

[출력 결과]

| # | SABUN | NAME | POS_GBN_NAME | CLASS_GBN_NAME | PHONE | HP | ADDR1 | JOIN_DAY |
|---|---|---|---|---|---|---|---|---|
| 1 | 2013010122 | 양두식 | 과장 | 고급기술자(하) | 02-1234-4321 | 010-1234-4301 | 서울시 성북구 하월곡 | 20130101 |
| 2 | 2013011001 | 원도우 | 과장 | | 02-1234-4321 | 010-1234-4302 | 서울 강남구 대치동 | 20130110 |
| 3 | 2013010123 | 김은정 | 과장 | 고급기술자(하) | 02-1234-4321 | 010-1234-4303 | 인천시 동구 송현동 | 20130101 |
| 4 | 2013010124 | 이중희 | 과장 | 고급기술자(하) | 02-1234-4321 | 010-1234-4304 | 서울시 관악구 봉천동 | 20130101 |
| 5 | 2013010125 | 고기성 | 과장 | | 02-1234-4321 | 010-1234-4305 | 서울시 은평구 대조동 | 20130101 |
| 6 | 2013010126 | 조영숙 | 과장 | 고급기술자(하) | 02-1234-4321 | 010-1234-4306 | 경기도 광명시 철산3동 | 20130101 |
| 7 | 2013010127 | 박상현 | 과장 | | 02-1234-4321 | 010-1234-4307 | 인천 부평구 부평2동 | 20130101 |
| 8 | 2013010128 | 이승태 | 과장 | 고급기술자(하) | 02-1234-4321 | 010-1234-4308 | 서울시 은평구 응암동 | 20130101 |

결과값은 Join으로 조회 예제와 서브쿼리로 조회 예제 모두 같다는 것을 볼 수 있다.

[FUNCTION을 이용한 공통 코드 조회 실행 계획]

| Operation | Object Name | Rows | Bytes | Cost |
|---|---|---|---|---|
| SELECT STATEMENT Optimizer Mode=ALL_ROWS | | 128 | 28 K | 3 |
|    TABLE ACCESS FULL | INSA.INSA | 128 | 28 K | 3 |

실행 계획은 앞의 두 예제와 전혀 다르다. INSA 테이블만 TABLE ACCESS FULL하는 것으로 나오는 것을 볼 수 있다. 여기서 중요한 점이 있다면 FUNCTION을 사용함으로써 FUNCTION은 전혀 다른 객체가 되므로 SQL이 따로 실행된다는 것을 알아야 한다.

FUNCTION은 CLASS_CODE와 CODE_NO를 받아서 독자적인 SQL을 수행하고 값만 돌려준다. 그래서 OLTP(online transaction processing) 환경에서는 이동하는 데이터의 양이 크게 많이 있지 않아서 편의상 FUNCTION을 사용하는 경우도 있다. 그러나 BATCH 프로그램에서는 절대 사용하지 말기를 권장한다.

> **참고**
>
> OLTP 환경에서 개발하다 보면 요구 사항에 의해 공통 코드 조회 FUNCTION를 만들어 주는 프로젝트도 있다. 물론 편하니까 DBA나 공통 팀에서 만들어 줄 수도 있다. 그러나 만들어 주었더니 코딩이 편하다고 배치 프로그램 짜는 사람이 이런 유형의 FUNCTION을 넣어서 프로그램을 만들어 버리면 좋지 않은 결과를 나을 수 있다.
>
> FUNCTION은 다른 SQL로 취급을 하니까 그냥 JOIN으로 끝날 일을 건수가 1억 건이면 1억 번의 SQL을 돌려야 하는 골치 아픈 일이 발생을 하게 된다.
>
> 코딩이 조금 많아 지더라도 프로그래머가 가져야 할 마음가짐을 잊어버리지 말자!

CHAPTER 11

# 채번

채번은 순번으로 PK를 생성하거나 특정 컬럼값을 정해줄 때 사용하는데 이번 장에서는 이런 방법을 습득하고 실전에 어떻게 적용하는지를 학습한다.

## 1. DB Sequence

대부분 회사에서는 각 직원에게 사원번호인 사번을 부여하는데 시작점에서부터 최대치까지 정해져 있는 증가값으로 사번을 생성하게 된다. 그렇기 때문에 사번은 UNIQUE해서 다른 직원이 동일한 사번을 가질 수 없다.

오라클 객체 중 한 가지인 Sequence는 문자형이나 데이터 타입의 값이 아닌 숫자로 UNIQUE한, 즉 PK값으로 사용하기 위한 목적으로 만들어지는데 Sequence는 테이블에 종속적이지 않고 별도로 Sequence Object를 만들고 사용자가 요청한 이벤트 발생과 동시에 채번이 발생하고 Sequence 번호가 저장된다.

[Sequence 생성 기본 형식]

```
CREATE SEQUENCE 시퀀스 이름
INCREMENT BY n
START WITH n
MINVALUE | NOMINVALUE
MAXVALUE | NOMAXVALUE
CACHE | NOCACHE
ORDER | NOORDER
CYCLE | NOCYCLE ;
```

- INCREMENT BY : Sequence가 증가되는 값을 정수 n으로 지정
- START WITH : Sequence의 최초 시작값 지정

- MINVALUE : Sequence가 감소할 때 생성 가능한 최솟값 지정
- NOMINVALUE : Sequence가 감소할 때 최솟값을 지정하지 않는다.
  최솟값 = 1
- MAXVALUE : Sequence가 증가할 때 생성 가능한 최댓값 지정
  최댓값 = $10^{27}$
- NOMAXVALUE : Sequence가 증가할 때 끝나는 최댓값을 지정하지 않는다.
- CACHE | NOCACHE : 오라클 서버가 미리 지정하고 메모리에 유지할 값의 수.
  Default = 20

Sequence를 사용하여 TABLE의 행에 대한 Primary Key값을 자동으로 생성할 수 있다. Database 객체인 Sequence를 다른 사용자들과 함께 공유할 수도 있다.

**[SEQUENCE 생성 예]**

```
CREATE SEQUENCE INSA_SEQ
MINVALUE 1
MAXVALUE 33
INCREMENT BY 3
START WITH 28
NOCACHE
NOORDER
NOCYCLE
```

INSA_SEQ 이름으로 시퀀스를 위의 예제처럼 생성했다. 최댓값 33으로 설정하고 시작값은 28부터 시작하면서 3씩 증가될 것이다.
실제로 시퀀스를 이용해 다음과 같이 테이블 INSERT를 해보고 결과값을 확인해 보자.

**[SEQUENCE 사용 예]**

```
INSERT INTO INSA
   (SABUN, NAME, ENG_NAME, HP, JOIN_GBN_CODE)
VALUES
(INSA_SEQ.NEXTVAL, '홍길동', 'HONG', '010-1234-5678', 'RGL');
```

```
INSERT INTO INSA
    (SABUN, NAME, ENG_NAME, HP, JOIN_GBN_CODE)
VALUES
(INSA_SEQ.NEXTVAL, '이순신', 'LEGEND', '010-1234-1234', 'RGL');

SELECT ROWNUM,T1.*
FROM( SELECT SABUN, NAME, ENG_NAME, HP, JOIN_GBN_CODE
      FROM INSA
      WHERE JOIN_GBN_CODE='RGL'
      ORDER BY SABUN DESC)T1
WHERE ROWNUM <= 2
```

[출력 결과]

| ROWNUM | SABUN | NAME | ENG_NAME | HP | JOIN_GBN_CODE |
|---|---|---|---|---|---|
| 1 | 31 | 이순신 | LEGEND | 010-1234-1234 | RGL |
| 2 | 28 | 홍길동 | HONG | 010-1234-5678 | RGL |

'홍길동'과 '이순신' 데이터를 입력한 결과 데이터를 보면 SABUN의 시작값이 28 그리고 증가값 3이 증가하여 31번으로 생성되는 데이터를 확인 할 수 있다. SABUN을 만들 수 있는 최댓값 33까지 3씩 증가하면서 생성될 것인데 최댓값을 넘어가게 되면 CYCLE로 지정한 방법에 의해 초기값에서 다시 시작을 하거나 NOCYCLE로 지정하게 되면 오라클에서 "지정된 Maxvalue값 이상의 값을 사용할 수 없다"는 'ORA-08004' 에러 메시지를 뿌리게 된다.

도입부에서 SEQUENCE는 UNIQUE한 값이기 때문에 PK값으로 사용된다는 설명을 기억하고 있을 것이다. 하지만 CYCLE을 지정하면 무결성 제약 조건에 위배 되기에 오라클에서 에러 메시지를 뿌린다. 그렇기 때문에 SEQUENCE를 생성할 때 사용 빈도에 따른 앞으로의 데이터 발생 건수를 미리 예측하고 MAXVALUE값을 설정해야 한다.

만약 사용하는 테이블에 SEQUENCE를 UNIQUE INDEX로 지정하지 않은 컬럼이 있다면 초기값에서 다시 시작할 때 에러 메시지를 뿌리지 않고 시작값이 중복되어 입력된다.

[SEQUENCE 사용 예]

```
CREATE TABLE INSA_1(
    SEQ_NO NUMBER CONSTRAINT TEST_SEQ_NN NOT NULL,
    SABUN VARCHAR2(10),
    JOIN_DAY DATE,
    CONSTRAINT INSA1_PK PRIMARY KEY(SABUN)
)

CREATE SEQUENCE INSA_SEQ1
MINVALUE 1
MAXVALUE 10
INCREMENT BY 2
START WITH 2
CYCLE

INSERT INTO INSA_1 VALUES(INSA_SEQ1.NEXTVAL,:SABUN, SYSDATE)
```

[출력 결과]

| | SEQ_NO | SABUN | JOIN_DAY |
|---|---|---|---|
| 1 | 6 | 2013032001 | 2014-01-06 오후 2:52:16 |
| 2 | 8 | 2013032002 | 2014-01-06 오후 2:52:29 |
| 3 | 10 | 2013032003 | 2014-01-06 오후 2:52:36 |
| 4 | 1 | 2013032004 | 2014-01-06 오후 2:52:41 |
| 5 | 3 | 2013032005 | 2014-01-06 오후 2:52:47 |
| 6 | 5 | 2013032006 | 2014-01-06 오후 2:52:51 |
| 7 | 7 | 2013032007 | 2014-01-06 오후 2:52:55 |
| 8 | 9 | 2013032008 | 2014-01-06 오후 2:52:59 |
| 9 | 1 | 2013032009 | 2014-01-06 오후 2:53:03 |
| 10 | 3 | 2013032010 | 2014-01-06 오후 2:53:07 |
| 11 | 5 | 2013032011 | 2014-01-06 오후 2:53:11 |

## 1.1. SEQUENCE 수정

이전 경우와 같이 MAXVALUE의 값이 오버되면서 에러가 발생되면 SEQUENCE를 수정해야 하는데 MAXVALUE의 최댓값 입력은 10^26 자리까지 가능하기 때문에 범위 내에서 값을 수정할 수 있다.

[Sequence 수정 기본형식]

```
ALTER SEQUENCE SEQUENCE_NAME
수정값
```

[INSA_SEQ 수정]

```
ALTER SEQUENCE INSA_SEQ
INCREMENT BY 2
MAXVALUE 9999999999
```

[출력 결과]

| 이름 | 값 |
|---|---|
| 1 SEQUENCE_NAME | INSA_SEQ |
| 2 Increment by | 3 |
| 3 Last Value | 28 |
| 4 Min Value | 1 |
| 5 Max Value | 33 |
| 6 Cache? | 0 |
| 7 Cycle | No |
| 8 Order | No |

수정 후

| 이름 | 값 |
|---|---|
| 1 SEQUENCE_NAME | INSA_SEQ |
| 2 Increment by | 2 |
| 3 Last Value | 33 |
| 4 Min Value | 1 |
| 5 Max Value | 9999999999 |
| 6 Cache? | 0 |
| 7 Cycle | No |
| 8 Order | No |

ALTER SEQUENCE를 이용해 MAXVALUE를 기존 33에서 9999999999까지 SEQUENCE가 생성 가능하도록 변경되었고 INCREMENT는 기존 3씩 증가에서 2씩 증가하도록 변경하였다. INSA_SEQ 수정 후 데이터를 입력하고 변경된 내용을 결과를 통해 확인해 보겠다.

[INSA_SEQ 수정 후 적용]

```
INSERT INTO INSA
    (SABUN, NAME, ENG_NAME, HP, JOIN_GBN_CODE)
VALUES
(INSA_SEQ.NEXTVAL, '박준형', 'LIM', '010-1111-2222', 'RGL')
```

[출력 결과]

| ROWNUM | SABUN | NAME | ENG_NAME | HP | JOIN_GBN_CODE |
|---|---|---|---|---|---|
| 1 | 33 | 박준형 | LIM | 010-1111-2222 | RGL |
| 2 | 31 | 이순신 | LEGEND | 010-1234-1234 | RGL |
| 3 | 28 | 홍길동 | HONG | 010-1234-5678 | RGL |

수정된 내용이 적용되면서 33번 사번이 만들어진 데이터를 확인할 수 있다. 시작값은 처음

SEQUENCE 생성 시 지정된 값이 적용되고 ALTER SEQUENCE로 변경하지 못한다. 만약 시작 값을 수정해야 한다면 SEQUENCE를 삭제하고 처음부터 다시 생성하고 적용해야 한다. 그렇기 때문에 처음 설정 때부터 충분히 고려해서 SEQUENCE를 만들어야 하겠다.

지금까지 SEQUENCE를 이용한 채번 생성과 수정을 확인해 보았는데 SQL 문장은 트랜잭션이 끝나면서 COMMIT 또는 ROLLBACK을 실행시키는데 반해 SEQUENCE는 트랜잭션 단위로 움직이지 않아 ROLLBACK이 발생하지 않는다. 그래서 사용자가 SEQUENCE를 이용한 채번 요청을 취소하더라도 한 번 생성된 번호는 지워지지 않아 지정된 증가값대로 화면에 보여지지 않고 비어있는 번호가 발생되는 경우도 있다.

## 1.2. SEQUENCE 삭제

[Sequence 삭제]
```
DROP SEQUENCE SEQUENCE_NAME

DROP SEQUNECE INSA_SEQ
```

SEQUENCE는 테이블에 종속되지 않는 독립적인 객체이기 때문에 SEQUENCE가 삭제되더라도 SEQUENCE가 적용된 컬럼과 데이터는 남아 있는다. 하지만 해당 SEQUENCE를 사용하는 모든 프로그램은 오류가 발생하기 때문에 사용중인 SEQUENCE인지 확인하는 작업이 필요하다.

## 1.3. SEQUENCE 확인

SEQUENCE 확인은 USER_SEQUENCES를 통해 확인할 수 있다. USER_SEQUENCES는 사용자가 생성한 SEQUENCE에 관한 정보를 담고 있다.

[Sequence 확인]
```
SELECT * FROM USER_SEQUENCES
```

[출력 결과]

| SEQUENCE_NAME | MIN_VALUE | MAX_VALUE | INCREMENT_BY | CYCLE_FLAG | ORDER_FLAG | CACHE_SIZE | LAST_NUMBER |
|---|---|---|---|---|---|---|---|
| 1 INSA_SEQ | 1 | 9999999999 | 2 | N | N | 0 | 55 |

> **참고**
>
> ORACLE SEQUENCE를 사용하여 채번을 할 때는 SELECT나, INSERT는 INSA_SEQ.NEXTVAL 명령이 떨어지고 나면 벌써 번호는 증가되어 있으므로 동시 접속자가 엄청나게 많거나 엄청나게 빠른 속도로 채번할 일이 있을 때 사용하면 PK 중복 에러 발생을 하지 않는다.
>
> 알아야 될 사항은 INSERT문에 INSA_SEQ.NEXTVAL문을 사용하였는데 Transaction에서 에러가 발생하였다 해도 순번은 이미 증가되어서 되돌릴 수 없다는 것이다. 이런 사항 때문에 현업이 순서대로 발번을 해야 되고 중간에 건너뛰는 번호가 있으면 안된다고 하면 사용하기 힘든 방법이다.
>
> 또 한 가지는 ORACLE SEQUENCE도 ORACLE OBJECT의 한 종류이기 때문에 혹시나 실수로 개발자나 유지보수자가 DROP을 시키면 이 SEQUENCE를 사용하는 프로그램은 모두 에러가 발생하여 시스템에 막대한 지장을 준다. 실제로 필자는 SEQUENCE 삭제 때문에 심각한 상황을 접해 보았다. SEQUENCE를 사용할 때는 주의를 요한다.

## 2. 채번 테이블 사용

채번 테이블 사용은 해당하는 테이블의 PK값을 숫자 형식으로 증가하여 중복이 발생하지 않고 여러 테이블의 발번을 테이블 하나로 관리하는 방법이다. SEQUENCE와 마찬가지로 DB에 공간을 필요로 하는 물리적인 테이블로 존재한다. 하지만 SEQUENCE와는 1씩 증가되는 개념만 비슷할 뿐 사용방법은 전혀 다르다. 채번 테이블은 채번 대상 테이블의 증가되는 PK 컬럼 MAX값만 담고 있고 채번 요청 시 MAX값에 1을 더하는 방법으로 대상 테이블의 채번을 관리한다.

### 2.1. 채번 테이블의 생성

[채번 테이블 생성]

```
CREATE TABLE NUMSEQ(
```

```
        TAB_NO VARCHAR2(10) PRIMARY KEY,
        SEQ NUMBER
)
```

먼저 채번 테이블을 생성한다. 2개의 컬럼으로 채번 테이블을 구성하는데 TAB_NO 컬럼은 채번 테이블의 PK 컬럼으로서 각각의 채번 대상 테이블을 구분하는 역할을 한다. SEQ 컬럼은 각 테이블의 MAX값을 담아두는 컬럼으로 DATATYPE은 NUMBER로 정의한다.

[채번 대상 테이블 생성]

```
CREATE TABLE TEST_1(
        NO VARCHAR2(10) PRIMARY KEY
)
```

채번 확인을 위해 TEST_1 테이블을 대상 테이블로 생성하였다. NO는 증가되는 값들을 확인하는 컬럼으로 증가값을 입력받게 된다.

[채번 테이블 초기화]

```
INSERT INTO  NUMSEQ VALUES('TEST_1', 0)
```

채번 대상 테이블과 채번 테이블이 만들어지면 채번 테이블을 초기화 해야 하는데 채번 대상 테이블의 구분코드와 시작값을 세팅한다. 테이블 구분코드(TAB_NO)는 PK 컬럼이기에 각 테이블을 코드화 하여 중복되지 않게 구분할 수 있다.

## 2.2. 채번 테이블의 사용

[채번 대상 테이블 INSERT]

```
INSERT INTO  TEST_1(NO)
VALUES ((SELECT  SEQ +1
```

```
FROM NUMSEQ
WHERE TAB_NO='TEST_1'))
```

위의 예제는 대상 테이블 TEST_1에 순번을 입력하는 SQL 문장이다. 채번 테이블로부터 채번 대상 테이블의 SEQ값에 1을 더하여 나온 결과값을 채번 대상 테이블(TEST_1)에 입력하게 된다.

[채번 테이블 UPDATE]

```
UPDATE  NUMSEQ SET  SEQ = SEQ + 1
```

채번 대상 테이블에 순번을 입력하면 입력된 값이 저장되는데 입력 후에 채번 테이블을 UPDATE해 줘야 채번 대상 테이블의 다음 번호를 입력할 수 있다. UPDATE를 해주지 않으면 당연히 PK 컬럼 중복이 발생하고 에러가 발생된다.

이렇게 하나의 테이블 채번 번호가 발급되는 과정을 알아 보았다. 여러 개의 테이블을 채번하기 위한 방법도 동일한 방법으로 적용되는데 다음의 예를 통해 확인해 보자.
위 예에서 사용한 TEST_1 테이블을 포함하여 두 개 테이블을 추가하여 NUMSEQ 채번 테이블로 각 테이블의 채번을 관리하게 된다.

[채번 테이블 UPDATE]

```
CREATE TABLE TAB01_INSA(
    SABUN VARCHAR2(10) PRIMARY KEY,
    NAME VARCHAR2(100),
    JOIN_DAY  VARCHAR2(8),
    JOIN_GBN_CODE VARCHAR2(3)
)
```

TAB01_INSA TABLE

```
CREATE TABLE TAB05_PRODUCT(
    p_NO VARCHAR2(15) PRIMARY KEY,
    p_CODE VARCHAR2(3),
    p_COLOR VARCHAR2(4),
    p_NAME VARCHAR2(10),
    p_PROD_DVARCHAR2(8)
)
```

TAB05_PRODUCT TABLE

[NUMSEQ 채번 테이블 초기화]

```
INSERT INTO NUMSEQ
VALUES('TAB01',(SELECT
TO_CHAR(SYSDATE,'YYYYMMDD')||'00' FROM DUAL))

INSERT INTO NUMSEQ VALUES('TAB05', 0)
```

인사 관리를 위한 TAB01_INSA 테이블과 제품 생산 관리를 하는 TAB05_PRODUCT 테이블을 각각 SABUN과 p_NO 컬럼을 PK 컬럼으로 지정하였고 증가값 관리를 위한 채번 테이블에 초기화 작업을 세팅하였다. TAB01_INSA 테이블의 사번은 '날짜 + 숫자' 조합이기 때문에 등록 날짜를 구분해서 채번이 발생하게 된다.

[두 개 테이블 데이터 입력]

```
INSERT INTO TAB01_INSA(SABUN, NAME, JOIN_DAY, JOIN_GBN_CODE)
  VALUES((SELECT DECODE(SUBSTR(MAX(SEQ), 1,8)
          ,TO_CHAR(SYSDATE, 'YYYYMMDD'), MAX(SEQ) + 1
          ,TO_CHAR(SYSDATE, 'YYYYMMDD')||'01')
      FROM NUMSEQ
      WHERE TAB_NO = 'TAB01'
      AND SEQ < TO_CHAR(SYSDATE,'YYYYMMDD')||'99'),
:NAME, TO_CHAR(SYSDATE,'YYYYMMDD'),:JOIN_GBN_CODE)


INSERT INTO TAB05_PRODUCT(p_NO, p_CODE, p_COLOR, p_NAME, p_PROD_D)
  VALUES((SELECT:CODE|| :COLOR||:p_KIND||(SELECT  SEQ +1
     FROM  NUMSEQ
         WHERE TAB_NO='TAB05')
 FROM DUAL),
:p_CODE,:p_COLOR,:p_NAME, TO_CHAR(SYSDATE,'YYYYMMDD'))
```

인사 테이블 사번은 채번 테이블로부터 SEQ + 1 번호를 부여 받아 입사 날짜 8자리 뒤에 번호를 붙여서 만들어진다. 제품 테이블 p_NO의 채번 방식도 마찬가지로 채번 테이블로부터 SEQ + 1 번호를 부여 받아 제품 코드와 색상, 제품 종류의 문자 조합 뒤에 붙여서 만들어지도록 하였다. 두 테이블의 입력 값들을 직접 입력하면 사번과 p_NO 컬럼의 번호는 자동으로 입력된다.

[채번 대상 테이블의 채번값을 채번 테이블에 갱신]

```
UPDATE NUMSEQ SET SEQ =((SELECT DECODE(SUBSTR(MAX(SEQ), 1,8)
   ,TO_CHAR(SYSDATE, 'YYYYMMDD'), MAX(SEQ) + 1
   ,TO_CHAR(SYSDATE, 'YYYYMMDD')||'01')
        FROM NUMSEQ
        WHERE SEQ < TO_CHAR(SYSDATE,'YYYYMMDD')||'99'))
WHERE TAB_NO = 'TAB01'

UPDATE NUMSEQ SET SEQ = SEQ + 1 WHERE TAB_NO = 'TAB05'
```

인사 테이블과 제품 관리 테이블에 데이터를 입력한 후 PK 컬럼값이 중복되지 않도록 채번 테이블의 해당 컬럼을 꼭 UPDATE 해줘야 채번값이 갱신된다.

채번 테이블 UPDATE 작업이 끝나고 각 테이블의 결과 데이터는 다음과 같다.

[각 테이블 데이터 확인]

```
SELECT * FROM NUMSEQ

SELECT * FROM TAB01_INSA

SELECT * FROM TAB05_PRODUCT
```

[출력 결과]

NUMSEQ TABLE

| TAB_NO | SEQ |
|---|---|
| TEST_1 | 1 |
| TAB01 | 2014010601 |
| TAB05 | 1 |

TAB01_INSA TABLE

| SABUN | NAME | JOIN_DAY | JOIN_GBN_CODE |
|---|---|---|---|
| 2014010601 | 홍길동 | 20140106 | FRE |

TAB05_PRODUCT TABLE

| P_NO | P_CODE | P_COLOR | P_NAME | P_PROD_D |
|---|---|---|---|---|
| ABLAIR1 | C1 | BLUE | AIR_CONDITIONER | 20140106 |

테이블 구분코드 컬럼값이 초기화 작업 때 세팅된 값으로부터 변경되어 인사 테이블과 제품 관리 테이블에 채번 발생 사실을 알 수 있고 인사 테이블의 사번은 등록 날짜 뒤에 번호가 발번되어 제품 관리 테이블의 p_NO 컬럼에 정상적으로 번호가 만들어진 내용을 확인할 수 있다.

**[출력 결과] 여러 건의 데이터 입력 후 채번 확인**

| TAB_NO | SEQ |
|---|---|
| 1 TEST_1 | 1 |
| 2 TAB01 | 2014010605 |
| 3 TAB05 | 5 |

NUMSEQ TABLE

| SABUN | NAME | JOIN_DAY | JOIN_GBN_CODE |
|---|---|---|---|
| 1 2014010601 | 홍길동 | 20140106 | FRE |
| 2 2014010602 | 임지나 | 20140106 | RGL |
| 3 2014010603 | 장진일 | 20140106 | RGL |
| 4 2014010604 | 남지영 | 20140106 | RGL |
| 5 2014010605 | 김윤범 | 20140106 | RGL |

TAB01_INSA TABLE

| P_NO | P_CODE | P_COLOR | P_NAME | P_PROD_D |
|---|---|---|---|---|
| 1 ABLAIR1 | C1 | BLUE | AIR_CONDITIONER | 20140106 |
| 2 ABLAIR2 | C1 | BLUE | AIR_CONDITIONER | 20140106 |
| 3 ABLAIR3 | C1 | BLUE | AIR_CONDITIONER | 20140106 |
| 4 ABLAIR4 | C1 | BLUE | AIR_CONDITIONER | 20140106 |
| 5 ABLAIR5 | C1 | BLUE | AIR_CONDITIONER | 20140106 |

TAB05_PRODUCT TABLE

인사 테이블과 제품 관리 테이블에 일정하게 증가되는 번호를 확인하기 위해 두 테이블에 데이터를 입력하면 입력된 건수대로 번호가 증가되고 채번 테이블의 SEQ값을 통해 모든 테이블의 채번 요청 결과값을 알 수 있다.

## 2.3. 채번 테이블의 사용시 문제점

지금까지 단순히 채번 테이블을 이용해 채번이 발생하는 사실을 알아 보았는데 실제로 다수의 사용자가 동시에 데이터에 접근하는 경우라면 지금과 같은 채번 테이블의 사용은 동시성이 좋지 못하다.
동시성이 좋지 못한 상황을 그림 11-1을 통해 알 수 있다.

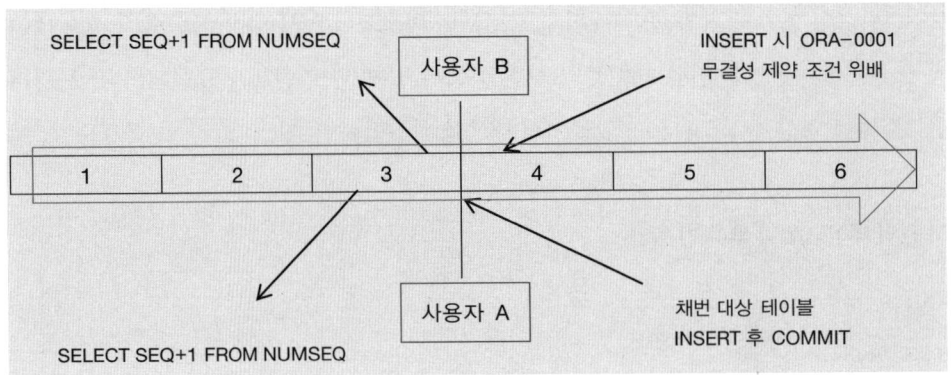

그림 11-1  여러 사용자의 데이터 접근시 에러 발생 상황

A라는 사용자의 요청으로 채번 테이블로부터 발급 받은 SELECT SEQ + 1 값은 LOCK이 걸리지 않는다. LOCK이 걸리지 않기 때문에 사용자 B 역시 같은 시점에 SELECT SEQ + 1 값을 획득할 수 있다. 이 때 사용자 A에게서 INSERT 후 COMMIT이 처리되고 나면 사용자 B가 INSERT를 실행할 때 PK 컬럼값이 중복되면서 에러가 발생된다.

### 2.3.1. 채번 테이블의 중복에러 처리 방안

이런 경우를 대비해서 TRANSACTION을 사용하면 작업 단위로 컨트롤 할 수 있기 때문에 에러 발생 상황을 방지할 수 있다.

[테이블의 중복에러를 방지를 위한 PL-SQL예제]

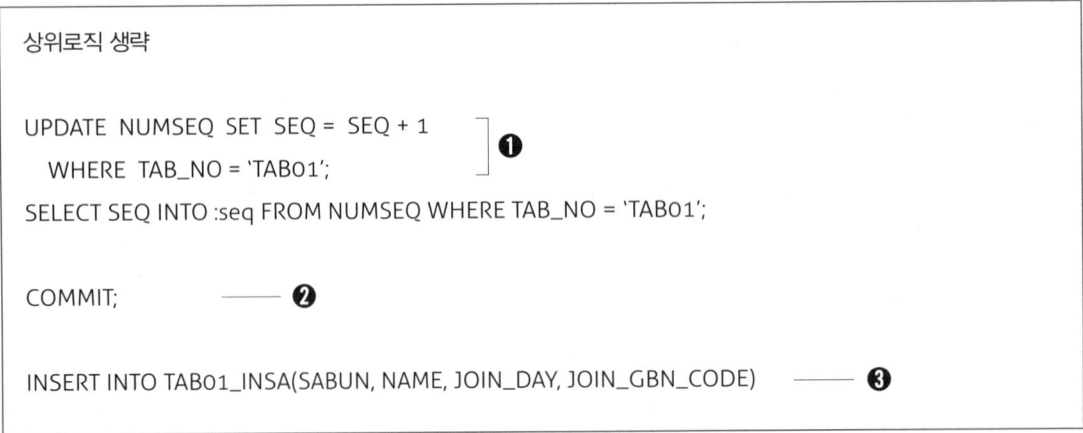

> VALUES(:seq, :NAME, SYSDATE, :JOIN_GBN_CODE);
>
> 하위로직 생략

위의 중요 로직을 살펴보면 다음과 같다.

❶ UPDATE NUMSEQ SET SEQ = SEQ + 1 WHERE TAB_NO = 'TAB01';문을 통하여 채번 테이블에 +1을 해서 먼저 증가를 시킨 다음 UPDATE를 해서 UPDATE LOCK을 발생시키고 바로 SELECT를 하여 증가되어 저장된 값을 :seq 변수에 담아둔다.

❷ COMMIT; 을 하여 강제로 TRANSACTION을 발생시킨다. 이때 다른 사용자가 사용할 수 있도록 UPDATE LOCK은 풀어지게 된다.

❸ INSERT INTO TAB01_INSA ~ ; 문을 통하여 실제 TAB01_INSA 테이블에 증가된 번호로 INSERT를 한다.

위에서는 PL-SQL로 설명을 했지만 PRO-C나 자바같은 언어로도 같은 형식으로 구현을 하면 중복 에러 방지를 할 수 있다.

채번 테이블은 사용을 잘해야지 중복에러를 발생하지 않고 사용 할 수 있다. 그리고 오라클의 SEQUENCE에서 설명했던 것처럼 채번 테이블 또한 OBJECT이기 때문에 채번 테이블이 혹시 실수로 DROP되고 나면 이 테이블을 사용하는 전체 프로그램이 에러가 발생하므로 주의 깊게 사용해야 한다.

그런데 채번 테이블도 사용할 때 이렇게 주의가 필요한데 채번을 파일로 사용하는 프로젝트도 있다고 들었다. 이는 필자 입장에서는 권장하고 싶지 않은 방식 중의 하나다. 오라클 안에 생성되는 채번 테이블도 사용하는데 주의를 요하는데 파일시스템은 관리하기가 더 힘들 것이라는 것이 필자의 생각이다.

## 3. INDEX 사용

7장 DB Object에서 INDEX는 DB에 저장되는 객체이고 INDEX를 생성하게 되면 데이터가 물리적인 저장 영역에 저장된다는 설명을 했었는데 이번 파트에서는 UNIQUE INDEX를 이용한 채번 방법에 대해서 알아보도록 하겠다.

## 3.1. INDEX를 이용한 채번

INDEX를 이용한 채번은 Object를 사용하지 않고 자신의 테이블을 사용한다. INSA 테이블을 조회하면 아래와 같이 테이블 구조를 확인 할 수 있는데 SABUN은 PK 컬럼이기 때문에 NOT NULL과 UNIQUE 제약조건이 걸려있다.
간단하게 TABLE을 생성하고 PK 컬럼을 이용한 채번을 구해보도록 하자.

[채번 테이블 생성]

```
CREATE TABLE COUNT_TAB(
NO_COL VARCHAR2(3) CONSTRAINT COUNT_TAB_PK PRIMARY KEY
)
```

[출력 결과] 테이블 구조

| | COLUMN | NULL? | WIDTH |
|---|---|---|---|
| 1 | NO_COL | NOT NULL | VARCHAR2(3) |

COUNT_TAB TABLE에 NO_COL 컬럼을 PK로 제약조건을 부여했다. 자동으로 UNIQUE INDEX가 만들어지면서 HINT를 이용해 INDEX를 역으로 정렬해서 실행하도록 옵티마이저의 실행 계획을 컨트롤하였다.

[PK를 이용한 채번]

```
INSERT INTO COUNT_TAB( NO_COL) VALUES
 ((SELECT /*+ INDEX_DESC(COUNT_TAB COUNT_TAB_PK) */
DECODE(MAX(NO_COL),NULL,0,MAX(NO_COL)+1)
FROM COUNT_TAB
    WHERE ROWNUM =1))
```

[PK를 이용한 채번 실행 계획]

| Operation | Object Name | Rows | Bytes | Cost |
|---|---|---|---|---|
| SELECT STATEMENT Optimizer Mode=ALL_ROWS | | 1 | 3 | 2 |
|   SORT AGGREGATE | | 1 | 3 | |
|     COUNT STOPKEY | | | | |
|       INDEX FULL SCAN DESCENDING | INSA.COUNT_TAB_PK | 1 | 3 | 2 |

위의 실행 계획을 보면 '/*+ INDEX_DESC(COUNT_TAB COUNT_TAB_PK) */' 힌트문에 의하여 COUNT_TAB 테이블의 COUNT_TAB_PK를 DESCENDING으로 읽어 들이면서 'WHERE ROWNUM =1' 문에 의하여 한 건만 읽어 들이고 중지를 함을 알 수 있다.

그런 후 'DECODE(MAX(NO_COL),NULL,0,MAX(NO_COL)+1)'문에 의해 +1값을 구해내서 바로 INSERT를 함을 알 수 있다.

[출력 결과]

| | NO_COL |
|---|---|
| 1 | 0 |
| 2 | 1 |
| 3 | 2 |
| 4 | 3 |
| 5 | 4 |
| 6 | 5 |

위의 SQL문은 NO_COL 컬럼을 역순으로 정렬하여 DECODE 함수를 이용해 가장 큰 값을 기준으로 처음값이 0에서부터 1씩 증가 되도록 작성된 SQL 문장이라고 설명했다. 새로 만들어진 테이블이니 이벤트가 발생하면 0부터 찍히고 1씩 증가하면서 컬럼의 길이가 3자리이기 때문에 999까지 채번이 된다. 999가 넘어가게 되면 "자리수 초과"라는 오라클 에러 메시지가 뜨면서 오류가 발생된다. 이와 같이 인덱스를 이용한 채번은 독립적으로 물리적인 테이블을 갖지 않고 자신의 테이블 PK 컬럼만을 이용해서 채번을 만들어 사용 할 수 있다. 또 다른 예로 INDEX에 의한 채번 방법을 실제로 사용 가능한 SQL 문장으로 만들어 보자.

[INSA 테이블 SABUN 생성 예]

```
SELECT  /*+ INDEX_DESC(INSA  INSA_PK) */
              DECODE(SUBSTR(MAX(SABUN), 1,8)
    ,TO_CHAR(SYSDATE, 'YYYYMMDD'), MAX(SABUN) + 1
    ,TO_CHAR(SYSDATE, 'YYYYMMDD')||'01') SABUN
FROM INSA
WHERE SABUN < TO_CHAR(SYSDATE, 'YYYYMMDD')||'99'
AND ROWNUM =1
```

**[사번을 생성하는 SQL 실행 계획]**

| Operation | Object Name | Rows | Bytes | Cost |
|---|---|---|---|---|
| SELECT STATEMENT Optimizer Mode=ALL_ROWS | | 1 | 11 | 1 |
|   SORT AGGREGATE | | 1 | 11 | |
|     COUNT STOPKEY | | | | |
|       INDEX RANGE SCAN DESCENDING | INSA.INSA_PK | 128 | 1K | 1 |

위 SQL은 사번(PK)을 생성하는 SQL 문장이다. 사번의 구조는 VARCHAR2(10)로 SYSDATE (YYYYMMDD) + 숫자로 구성되어 있다. 예제의 INSA 테이블에서 WHERE절을 보면 SABUN이 등록날짜||'99' 보다 작은 값을 역순으로 정렬하여 정렬된 데이터의 첫 번째 사번을 추출한다. 이렇게 추출된 사번을 SQL 문장을 통해 새로운 사번을 만들어 내는 과정을 거치는데 지금까지의 과정이 인덱스 채번의 핵심이라 할 수 있다.

실행 계획을 확인해 보면 처음 옵티마이저의 플랜은 INDEX RANGE SCAN DESCENDING을 수행하게 된다. 등록하는 날짜만 SCAN하면 되기 때문에 빠르게 결과값을 추출해 낼 수 있다.

WHERE절에서 추출된 하나의 사번을 가지고 DECODE 함수를 이용해 MAX(SABUN) 1~8자리를 뽑아, 오늘 날짜이면 오늘 등록된 마지막 사번에서 1을 더하거나 신규일 경우 오늘 날짜에 '01'을 붙여 사번을 만든다. 이처럼 날짜를 기준으로 일련 번호를 붙이거나 부서 번호 등을 기준으로 사번이 만들어지면 중복되는 데이터가 발생하지 않아 유일성 제약 조건에 위배되지 않고 UNIQUE한 값을 갖는 채번 생성을 할 수 있다.

인덱스를 사용해서 채번을 만들기 위해서는 꼭 실행 계획을 확인하고 인덱스가 역순으로 조회되는지 확인해야 한다. INSA 테이블 SABUN 생성 예의 SQL 문장으로 사번을 만들어 INSA 테이블에 데이터가 저장되는 과정과 실행 계획 그리고 결과를 확인해 보자.
아래 테이블은 INSA 테이블이 포함하고 있는 컬럼을 담고 있는 테이블 구조이다.

| 열 | 데이터 유형 | NULL? |
|---|---|---|
| SABUN | VARCHAR2(10) | N |
| JOIN_DAY | VARCHAR2(8) | |
| RETIRE_DAY | VARCHAR2(8) | |
| PUT_YN | VARCHAR2(1) | |
| CLASS_GBN_CODE | VARCHAR2(3) | |
| NAME | VARCHAR2(100) | |
| REG_NO | VARCHAR2(13) | |
| ENG_NAME | VARCHAR2(100) | |
| PHONE | VARCHAR2(25) | |
| HP | VARCHAR2(25) | |

그림 11-2 INSA 테이블의 컬럼을 담고 있는 테이블 구조

[인덱스를 이용한 채번 생성]

```
INSERT INTO INSA(SABUN, JOIN_DAY, NAME, ENG_NAME, SEX, HP, JOIN_GBN_CODE)
SELECT  /*+ INDEX_DESC(INSA  INSA_PK) */
               DECODE(SUBSTR(MAX(SABUN), 1,8)
      ,TO_CHAR(SYSDATE, 'YYYYMMDD'), MAX(SABUN) + 1
      ,TO_CHAR(SYSDATE, 'YYYYMMDD')||'01') SABUN
      ,TO_CHAR(SYSDATE,'RRRRMMDD')
      ,:IN_NAME
      ,:IN_ENG_NAME
      ,:IN_SEX
      ,:IN_HP
      ,:IN_JOIN_GBN_CODE
FROM INSA
WHERE SABUN <TO_CHAR(SYSDATE,'YYYYMMDD')||'99'
AND ROWNUM =1
```

위 SQL문은 INSA 테이블에 사번을 생성하고 입력 데이터를 저장하기 위한 SQL 문장으로 입사일, 성명, 영문명, 성별, 전화번호, 직원구분코드는 외부에서 입력 받고 사번만 SQL 문장을 통해 채번한다.

[출력 결과]

| | SABUN | JOIN_DAY | NAME | ENG_NAME | SEX | HP | JOIN_GBN_CODE |
|---|---|---|---|---|---|---|---|
| 1 | 2013010101 | 20130101 | 최민석 | Choi Min Suk | M | 010-1234-4321 | FRE |
| 2 | 2013010102 | 20130101 | 주용성 | Joo Yong Sun | M | 010-1234-4321 | FRE |
| 3 | 2013010103 | 20130101 | 박종선 | Park Jong Sun | M | 010-1234-4321 | FRE |
| 4 | 2013010104 | 20130101 | 양창규 | Yang Chang Kyu | M | 010-1234-4321 | FRE |
| 5 | 2013010105 | 20130101 | 박신유 | Park Sin Yoo | M | 010-1234-4321 | FRE |
| 6 | 2013010106 | 20130101 | 박희경 | Park Hee Kyung | F | 010-1234-4321 | FRE |

[인덱스를 이용한 채번 생성 실행 계획]

| Operation | Object Name | Rows | Bytes | Cost |
|---|---|---|---|---|
| SELECT STATEMENT Optimizer Mode=ALL_ROWS | | 1 | 11 | 1 |
|   SORT AGGREGATE | | 1 | 11 | |
|     COUNT STOPKEY | | | | |
|       INDEX RANGE SCAN DESCENDING | INSA.INSA_PK | 128 | 1K | 1 |

옵티마이저의 실행 계획을 확인해 보면 INDEX_DESC로 RANGE SCAN하는 첫 번째 계획을 확인 할 수 있다. 그리고 SQL문의 실행 결과에서 채번이 정상적으로 실행되었음을 알 수 있다.

인덱스를 이용한 채번은 ROWID값을 조회하고 HINT 사용으로 최댓값 또는 최솟값으로 인덱스의 정렬이 가능하기 때문에 TABLE FULL SCAN보다 데이터 조회 시간을 단축시킬 수 있고 별도로 물리적인 공간의 SEQUENCE나 채번 테이블을 사용하지 않아도 자기 자신의 테이블을 이용해 채번 발번이 가능한 장점이 있다.

**참고**

자기 자신의 PK 인덱스를 이용하여 채번하는 것은 기존에 설명한 오라클 SEQUENCE나 채번 테이블을 이용하는 것보다 안전하다고 말 할 수 있다. 혹시나 SEQUENCE나 채번 테이블이 DROP된다 하더라도 영향을 받지 않으니 말이다.

채번 정책을 결정하는 것도 프로젝트 전체의 측면에서 보면 아주 중요한 일이라고 말할 수 있다. 여러 가지 채번 방식의 장단점을 잘 파악하고 적절히 적용하기를 바란다.

# CHAPTER 12
# 첨부 파일 관리

이번 장에서는 첨부 파일을 어떻게 관리하면 되는지 그리고 설계는 어떻게 해야 체계적인 첨부 파일 관리를 구축할 수 있는지를 기술하였다.

## 1. 일반적인 관리

첨부 파일이라 함은 그림 파일(JPG, BMP, GIF) 등의 파일 종류뿐 아니라 문서 파일(HWP, DOC, XLS, PPT) 등의 모든 파일을 이야기하며 관련되는 파일의 종류는 무궁무진하다고 말할 수 있다.

### 1.1. 일반적인 설계

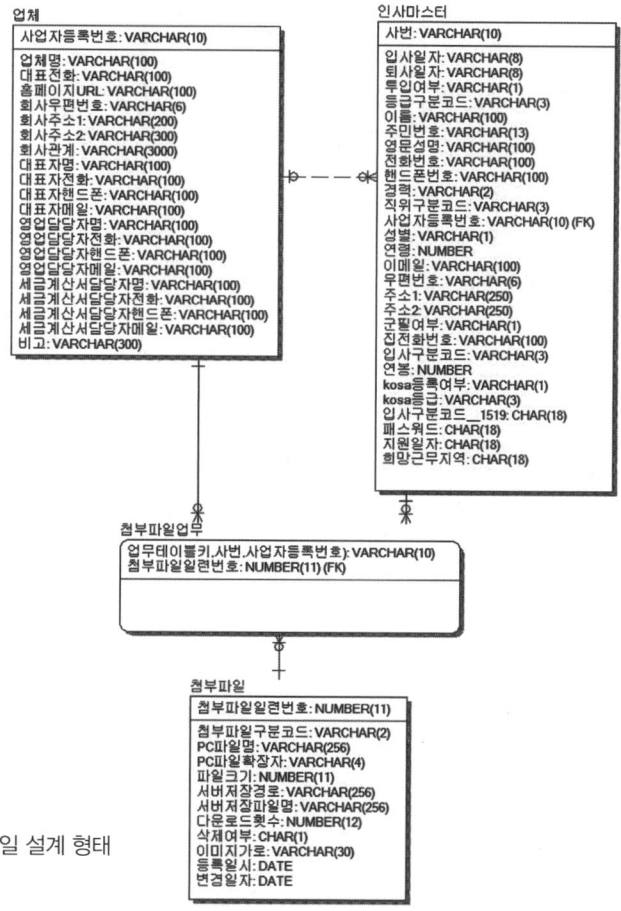

그림 12-1 일반적인 첨부 파일 설계 형태

그림 12-1의 설계에서 보듯이 첨부파일업무 엔티티를 두고 관련되는 업무 테이블에서 첨부 파일을 사용할 수 있도록 설계되어 있다. 첨부파일업무 엔티티가 있으므로 한 개의 업무 테이블에 여러 개의 첨부 파일을 첨부하여 관리가 가능해지는 구조를 가지고 있음을 알 수 있다.

### 1.1.1. 주요 항목 설명

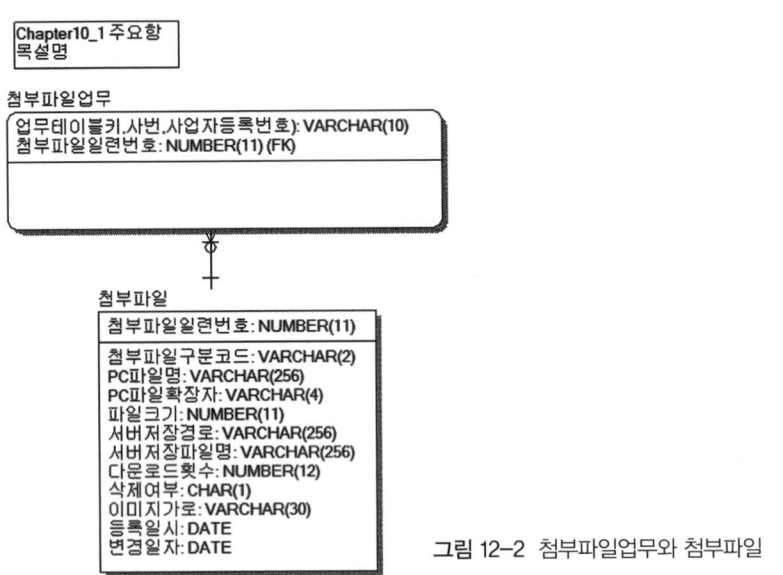

그림 12-2 첨부파일업무와 첨부파일

### 1.1.2. 첨부파일업무

■ 업무 테이블 키

- 업무 테이블의 키값을 넣어서 사용한다. Primary Key
- 만약 업무 테이블의 키값이 두 개 이상 개로 나뉘어져 있다면 결합하여 한 개의 업무 테이블 키에 넣어서 담으면 가능하다.
- 위의 예제 엔티티는 2개의 업무 테이블만 설명했지만 실제로 더 많은 업무 테이블에서 사용할 수 있다.
- 첨부파일같은 경우는 업무 공통으로 사용하는 테이블이므로 보통 릴레이션은 관련 테이블과는 연결하지 않는 것이 ERD의 가독성이 좋다.

- **첨부파일 일련번호**
  - 입력되는 첨부파일의 Primary Key 값, 업무 테이블 키 값과는 1:M의 관계를 가지고 있다.

### 1.1.3. 첨부파일

- **첨부파일일련번호** : 첨부 파일 등록 시 생성되는 Primary Key값
- **첨부파일구분코드** : 업무 테이블 키에 따른 첨부 파일의 구분이 될 때 구분코드를 넣어준다.
  - ⓔ 업체의 첨부 파일이 들어 갈 때는 – 01.사업자등록증 , 02.통장사본
- **PC파일명** : 올리는 PC의 파일명을 적어둔다.
- **PC파일확장자** : 파일의 확장자를 넣어둔다.
- **파일크기** : 파일의 크기를 넣어둔다.
- **서버저장경로** : 서버로 저장 시에 서버의 경로를 넣어둔다.
- **서버저장파일명** : 서버 저장 시 파일명을 넣어둔다.
- **다운로드회수** : 조회하고 다운한 회수를 넣어둔다.
- **삭제여부** : 첨부 파일의 물리적 삭제는 없고 삭제 시 'N'으로 마킹을 해둔다.

> **참고**
>
> 요즘 프로젝트가 진행되는 것을 보면 공통 팀의 역할이 분명하지 않은 프로젝트가 많이 있다. 위와 같이 첨부 파일같은 경우나 공통 코드같은 것은 공통적인 업무이므로 공통 팀에서 관련 프로그램이나 디자인을 해서 제공을 해주어야 한다.
>
> 공통 팀이 먼저 나서서 잡아주지 않으면 업무마다 어떻게 해야 할지 분간을 못하고 각자 개발하는 경우도 있는데 절대 그렇게 하면 안된다. 공통 팀에서 공통 모듈을 만들어주지 않을 시 회의 때 공론화하여 만들어 달라고 해야지 나중에 이중 개발을 방지할 수 있다.

## 1.2. 구현

실제 첨부 파일 등록 화면을 통해 일반적인 관리 방법에 대해 알아 보도록 하겠다. 그림 12-3은 개인의 기본 정보를 입력할 수 있는 화면으로 흔히 볼 수 있는 이력서 등록이나 게시판에 파일 첨부하는 화면과 매우 비슷한 느낌의 화면이다.

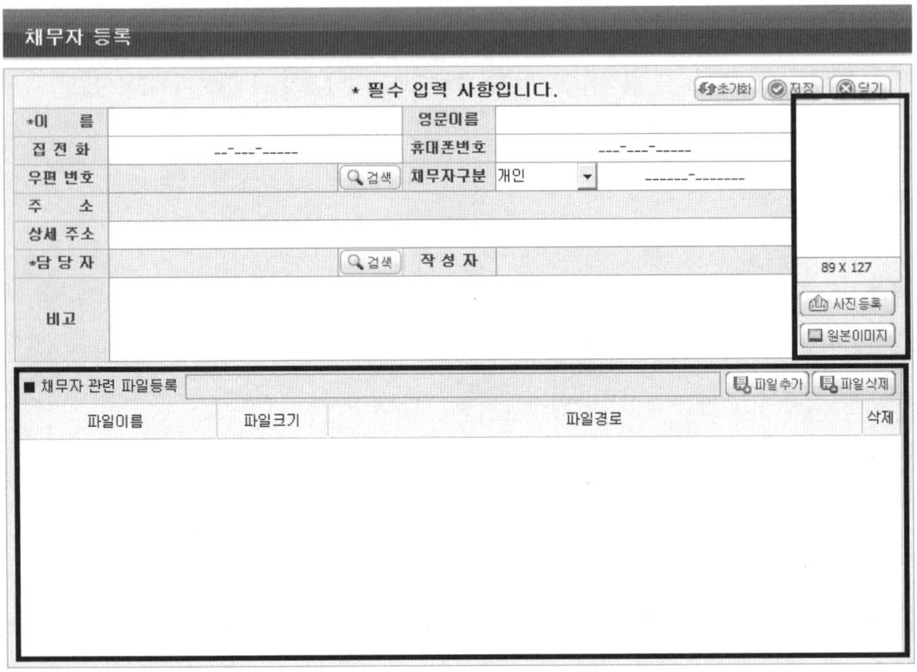

그림 12-3 첨부 파일 등록 화면

개인정보 입력과 증명 사진 첨부 그리고 개인에 관련된 여러 증명 파일들을 등록할 수 있는데 파일 추가 버튼을 눌러 PC에 저장된 파일을 선택해 보겠다.

로컬에 저장되어 있는 파일을 선택하게 되면 그림 12-4처럼 선택된 파일이름, 파일크기, 파일경로 등의 정보를 확인할 수 있다.

그림 12-4 파일 등록 화면

개인 정보 입력 후에 첨부된 파일이 DB에 어떻게 저장되어 관리 되는지 확인해 보기 위해 그림 12-5를 참고해 보자.

| 일련번호 | 채무자번호 | 파일이름 | 파일확장자 | 파일종류 | 파일크기 | 삭제여부 | 수정일시 | 등록일시 |
|---|---|---|---|---|---|---|---|---|
| 20130613242 | 2013061302 | 20130613TEST242 | JPG | 이미지 | 418751 | N | 2013-06-13 14:31:22.0 | 2013-06-13 14 |
| 20130612017 | 2013061251 | 20130612아빠랑~117 | JPG | 이미지 | 32144 | Y | 2013-06-13 14:13:00.0 | 2013-06-12 19 |
| 20130612016 | 2013061250 | 20130612아이바티스 라이크 쓰기16 | JPG | 이미지 | 639126 | Y | 2013-06-13 14:13:34.0 | 2013-06-12 19 |
| 20130612015 | 2013061250 | 20130612아빠랑~115 | JPG | 이미지 | 32144 | Y | 2013-06-13 14:13:34.0 | 2013-06-12 19 |
| 20130612014 | 2013061246 | 20130612아빠랑~114 | JPG | 이미지 | 32144 | N | 2013-06-12 11:23:36.0 | 2013-06-12 11 |
| 20130612013 | 2013061245 | 20130612아빠랑~113 | JPG | 이미지 | 32144 | N | 2013-06-12 11:22:51.0 | 2013-06-12 11 |

그림 12-5 첨부 파일 관리

사용자 화면에서 첨부된 파일이 등록되어 있는 데이터를 확인할 수 있다. 먼저 일련번호를 통해 파일의 시퀀스값을 관리하고 개인 정보의 고유키, 채무자 번호로 개인에 종속되어 관리된다. 확장자 관리로 파일 종류를 구분하는데 jpg, bmp, gif 등의 확장자를 이미지로 분류하고 그 외 문서, 음악, 영상, 압축 파일을 확장자를 통해 파일 종류를 구분한다.

이렇게 첨부 파일의 분류로 첨부 파일 종류별로 관리가 가능하다. 서버에 저장된 파일을 사용자 화면에서 삭제하면 삭제 여부 컬럼의 상태값을 변경시켜 일반 사용자는 접근하지 못하도록 관리한다.

## 2. 체계적인 관리

앞에서 첨부 파일 관리의 일반적인 방법은 설명이 되었을 것이다. 그런데 첨부 파일 관리에 현업업무의 다양한 요구가 발생하면서 더욱 복잡한 문서들을 관리할 수 있는 솔루션인 EDMS[electronic document management system] 솔루션이 등장하게 된다.
그런데 이런 EDMS 솔루션은 예산 문제 때문에 도입은 하지 못하고 요구사항은 들어줘야 되는 경우도 발생을 한다. 그럴 때 체계적으로 관리할 수 있는 방법을 알아보도록 하겠다.

## 2.1. 체계적인 설계

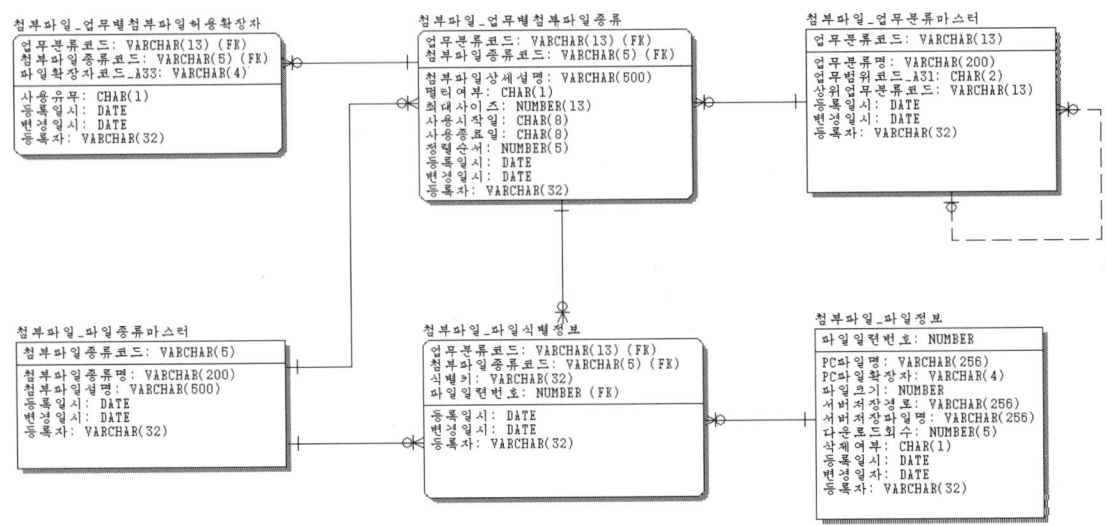

그림 12-6 첨부 파일 관리의 체계적인 설계

위의 설계를 살펴보면 업무 분류가 리쿼시브로 되어 있어 분류 체계를 가질 수 있다. 또한 첨부 파일을 업무별로, 종류별로 관리할 수 있도록 되어 있어 첨부 파일을 사용자가 원하는 대로 분류 또는 선택할 수 있도록 설계되어 있는 것을 볼 수 있다.
첨부파일_파일식별정보와 첨부파일_파일정보 엔티티를 제외한 테이블은 첨부 파일의 체계적인 관리를 위하여 미리 사전등록이 필요한 사항들이고 실제 첨부 파일이 등록이 되면 첨부파일_파일식별정보와 첨부파일_파일정보가 INSERT될 것이다.

## 2.2. 구현

위 설계를 바탕으로 화면 구성과 첨부 파일이 관리되는 과정을 다음의 예를 통해 알아 보도록 하겠다. 독자 여러분들이 개발해야 될 첨부 파일 관리 업무가 지금 설명하고 있는 첨부 파일 관리와 조금씩 다를 수 있으나 독자 여러분이 유사한 업무의 설계를 해야 된다고 생각하고 구현하는 방법과 화면 등을 상세하게 설명하겠다. 차후 개발에 참조하여 적용하기 바란다.

## 2.2.1. 업무 분류 관리

업무별로 첨부 파일을 관리하기 위해 업무를 분류, 관리한다.

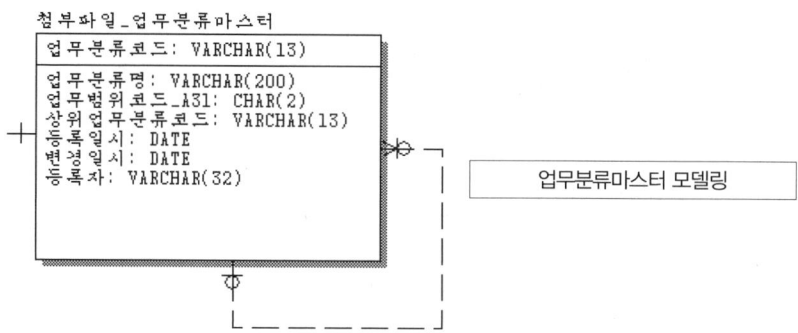

그림 12-7 업무분류마스터 모델링

■ **업무분류마스터**

- 업무분류코드 : 업무를 분류할 수 있도록 분류 코드로 나눌 키값을 넣는다.

  예 A100, A200, B100 등

  코드 값은 일련 번호로 사용할 수 있으며 의미를 부여하여 줄 수도 있다.

- 업무분류명 : 업무를 분류할 수 있는 분류명을 입력한다.

  예 인사관리, 장비관리, 업체관리 등

- 상위업무분류 드 : 상위 업무 분류가 있을 시는 상위 업무 분류 코드를 넣어준다.

  ※ 위와 같은 리쿼시브 모델은 10장에서 설명하였으니 참조하기 바란다.

❶ 업무 분류 코드, 상위 업무 분류 코드, 업무 분류명으로 등록된 업무를 조회한다.

❷ 1번에서 검색한 내용이 리스트로 조회된다.

❸ 2번에서 선택한 리스트 내용이 상세 조회되며 수정할 수 있다.

❹ 신규 버튼을 클릭 시 리스트에 줄이 추가 되고 상세에서 입력하여 등록할 수 있다.

  – 신규 업무분류를 생성한다.

❺ 변경 또는 신규 등록한 내용을 저장한다.

그림 12-8 업무분류마스터 등록

위의 업무분류마스터 화면은 ERD 모델링 후 업무분류마스터 테이블의 항목을 적용시킨 화면이다. 이 화면에서는 상위 업무를 구분하여 상위 업무에 종속되는 하위 업무들을 여백을 주어 분류 하였다. 리쿼시브로 되어있는 각 업무마다 취급하는 첨부 파일 종류가 차이가 있고 업무별로 첨부 파일을 관리 하기 위해 업무 분류 코드와 상위 업무 분류 코드를 이용하여 모든 업무에 대한 첨부 파일 관리를 할 수 있다.

새로운 하위 업무를 등록하기 위해서는 카테고리별 상위 업무 분류 코드를 선택하고 추가되는 업무 분류 코드와 업무 분류명을 입력한 후 저장하면 새로운 업무를 추가시킬 수 있다.

### 2.2.2. 첨부 파일 종류 관리

각 업무별로 사용되는 모든 첨부 파일 종류를 관리한다.

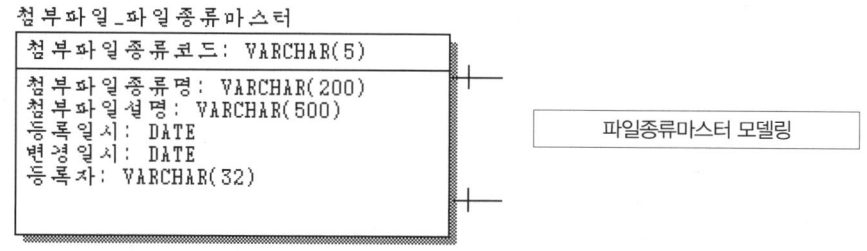

그림 12-9 파일종류마스터 모델링

■ **파일종류마스터**

- 첨부파일종류코드 : 첨부 파일의 종류를 분류할 수 있도록 종류 코드로 나눌 키값을 넣는다.

  예 C100, C200, C100 등

  코드값은 일련번호로 사용할 수 있으며, 의미를 부여하여 줄 수도 있다.

- 첨부파일종류명 : 첨부 파일 종류를 분류할 수 있는 이름을 입력한다.

  예 이력서, 증명서, 통장사본 등

- 첨부파일설명 : 첨부 파일 종류별 상세 설명을 넣는다.

  예 사원의 이력서, 각종 증명서, 담당 업체 사업자등록증 등

❶ 첨부 파일 종류 코드, 첨부 파일 종류명으로 등록된 첨부 파일 종류를 조회한다.

❷ 검색한 내용이 그리드 화면에 리스트로 조회된다.

❸ 리스트 내용 중에 선택된 행의 데이터가 상세 조회된다.

❹ 신규 버튼 클릭 시 리스트에 줄이 추가되고 상세 입력 창에 신규 첨부 파일을 등록한다.

❺ 변경 또는 신규 등록한 내용을 저장한다.

그림 12-10 파일 종류 마스터 등록

파일종류마스터 테이블의 항목들로 구성된 파일종류마스터 화면에서는 각 업무마다 사용되는 모든 첨부 파일의 종류를 미리 지정해 코드로 분류하고 관리 할 수 있는 화면이다.

파일종류마스터 화면을 통해 신규 파일을 생성하기 위해서는 해당 업무에서 사용할 새로운 첨부 파일 종류 코드를 부여하고 파일 종류명과 첨부 파일 설명을 입력, 저장하면 새로운 파일 종류가 생성된다. 이렇게 만들어진 파일 종류는 실제 업무에서 신규 첨부 파일 종류를 선택해서 파일 등록을 할 수 있다. 그리고 사용하지 않는 첨부 파일 종류(코드)일 경우 효과적인 파일 관리를 위해 삭제시킨다.

## 2.2.3. 업무별 첨부 파일 종류 및 허용 확장자 관리

업무별로 파일 종류를 관리하며 각각에 매칭되는 확장자의 종류를 등록, 관리한다.

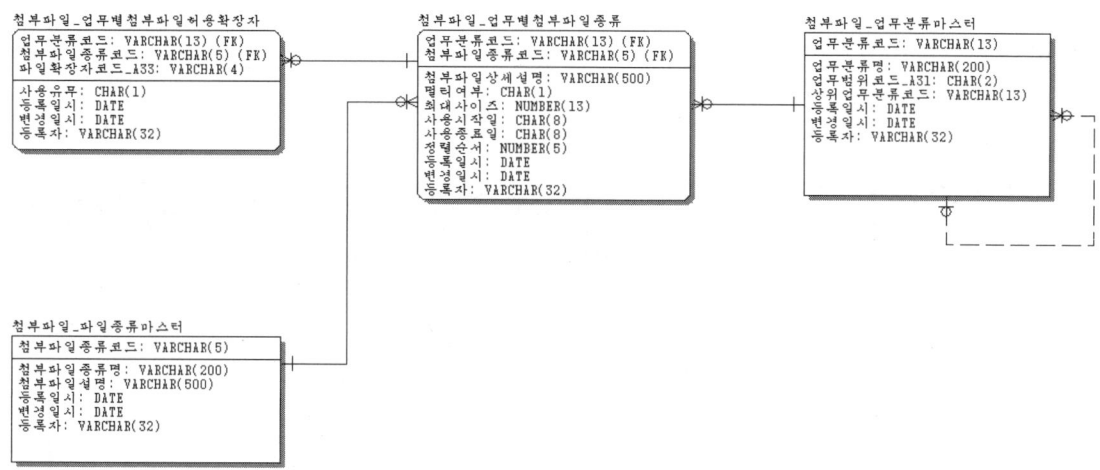

그림 12-11 첨부파일_업무별첨부파일종류, 첨부파일_업무별파일허용확장자

■ **업무별 첨부 파일 종류**

- 업무분류코드 : 업무분류마스터에서 분류해 둔 업무 분류 코드를 선택 입력한다.

    ㉠ 인사관리, 장비관리, 업체관리 등의 코드

    업무분류마스터에 등록된 코드만 입력가능

- 첨부파일종류코드 : 파일종류마스터에서 분류해 둔 종류 코드만 선택 입력한다.

    ㉠ 이력서, 증명서, 통장사본 등의 코드

    파일종류마스터에 등록된 코드만 입력가능

- 첨부파일상세설명 : 업무별 첨부 파일 종류의 상세 설명을 넣는다.

    ㉠ 인사관리에서 등록되는 파일 중 증명서

- 멀티여부 : 업무별 첨부 파일의 종류를 여러 개 등록 가능한가의 여부

    ㉠ 'Y' , 'N'로 관리

- 최대사이즈 : 등록되는 파일의 최대 가능 사이즈를 입력한다.

■ **업무별 첨부 파일 허용 확장자**

- 업무분류코드/첨부파일종류코드 : 업무별 첨부 파일 종류 테이블의 PK값을 등록한다.

업무별 첨부 파일 종류를 등록할 때 받아서 입력

- 파일확장자코드 : 공통 코드에서 등록되어 있는 파일 확장자 코드를 선택하여 입력한다.

    예 bmp, gif, jpg 등

- 사용유무 : 등록된 확장자의 사용여부를 등록

    예 'Y', 'N'로 관리

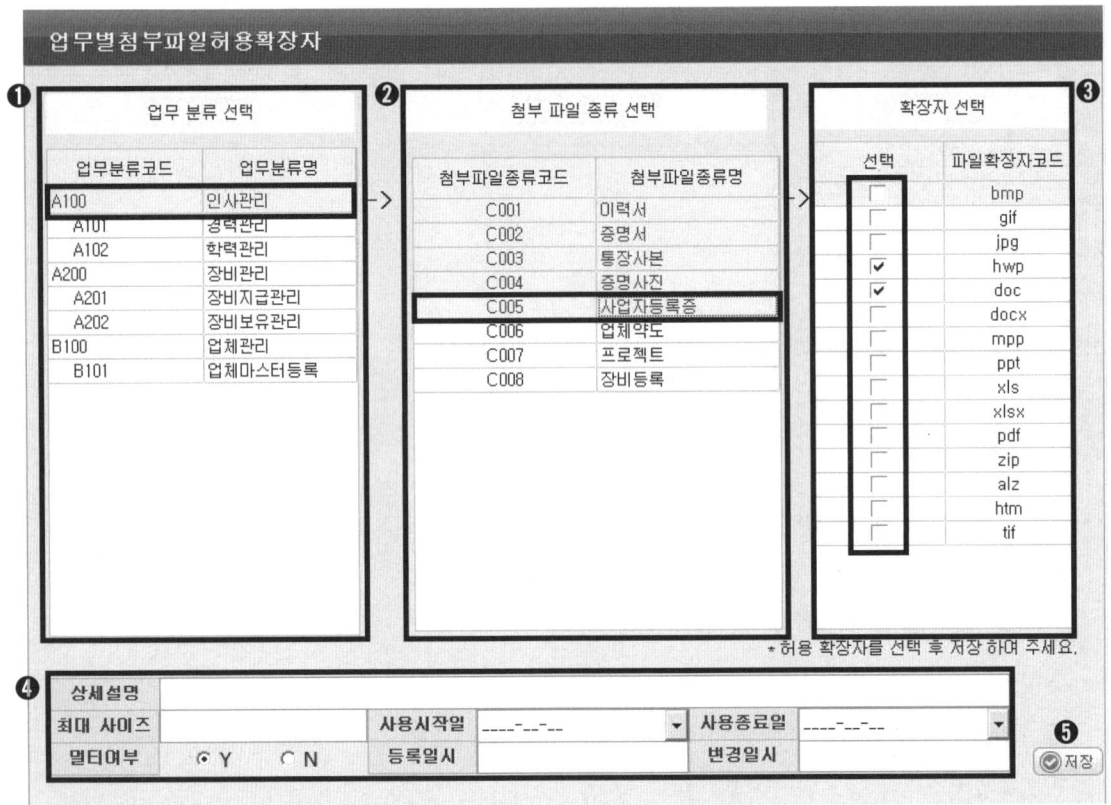

❶ 등록된 모든 업무 분류를 모두표시

❷ 등록된 첨부 파일 종류를 모두 표시하고 선택된 업무에 첨부 파일 종류별로 확장자가 등록되어 있으면 다른 색으로 표시를 해둔다.

❸ 업무와 첨부 파일 종류를 선택한 후 사용할 각각의 첨부 파일 허용 확장자를 선택

❹ 업무별 첨부 파일 종류의 상세 설명과 최대 사이즈 등의 항목을 등록 또는 수정한다.

❺ 저장 버튼을 누르면 해당 업무별 첨부 파일 종류 테이블과 해당 업무별 첨부 파일 허용 확장자 테이블에 등록한다.

그림 12-12 첨부파일허용확장자 등록

업무별첨부파일허용확장자 관리 화면에서는 업무분류마스터 관리 화면에서 등록된 모든 업무와 파일 종류 마스터 관리 화면에서 등록한 파일 종류 목록이 화면에 보여진다. 지금의 관리 화면에서는 업무별로 사용할 수 있는 첨부 파일 종류와 업무별 첨부 파일 종류별로 사용하는 첨부 파일의 허용 확장자를 동시에 관리하게 된다.

리쿼시브로 구분되어 트리 형태인 업무 분류는 상위 업무(상위구분코드)와 하위 업무(업무분류코드)로 관리하기 때문에 각각의 업무에서 사용되는 파일 종류를 불러와 첨부 파일 종류별로 확장자를 지정할 수 있다.

문서 파일인 경우 xls, hwp, ppt 등 여러 종류의 문서 프로그램들이 있고, 이미지 파일도 bmp, jpeg, gif, pdf 등 여러 종류의 확장자가 사용되는데 그림 12-12의 인사관리 업무에서 사업자등록 파일 종류는 hwp, doc 두 가지 확장자만 적용시켰다. 만약 사용자가 .xls 확장자의 문서로 저장시키려 한다면 파일 첨부를 하지 못하게 된다. 이처럼 허용 가능한 확장자를 지정해 두면 첨부 파일 관리가 수월해지는 장점이 있다.

### 2.2.4. 첨부 파일 등록

실제 업무에서 첨부 파일 등록 화면을 사용하여 첨부 파일을 등록한다.

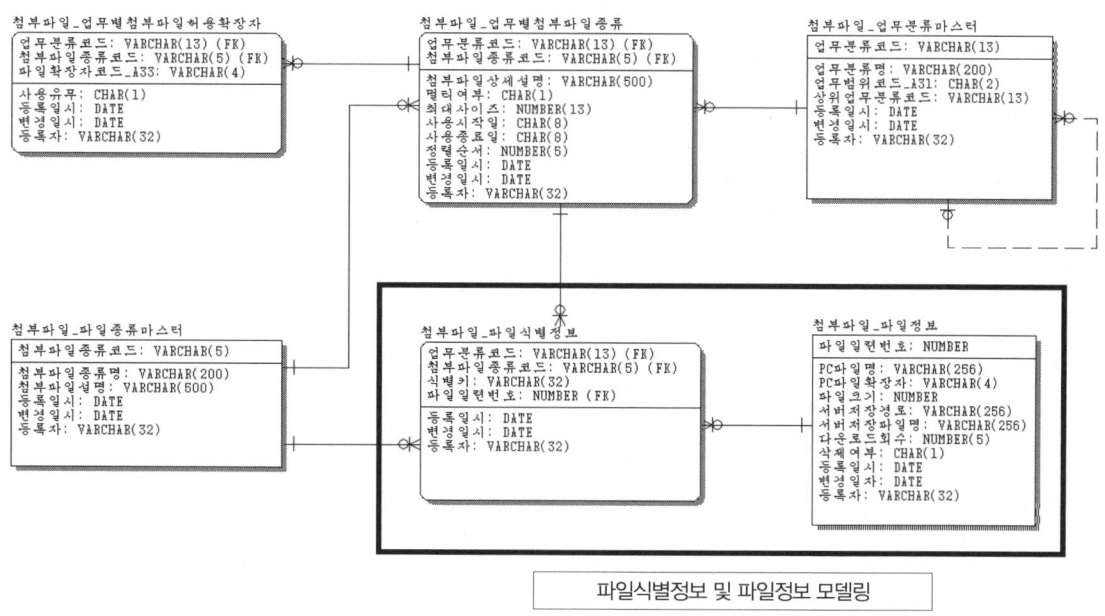

그림 12-13 파일식별정보 및 파일정보 모델링

■ 파일 식별 정보

- 업무분류코드 : 업무 분류 마스터에서 분류해둔 업무 분류 코드가 입력된다.
  등록 시에는 이미 업무 분류를 알고 있어 파라미터를 넘겨줌.
- 첨부파일종류코드 : 파일 종류 마스터에서 분류해둔 종류 코드가 입력된다.
  등록 시에는 이미 파일 종류를 알고 있어 파라미터를 줄 수도 있음.
- 식별키 : 등록되는 파일을 식별할 수 있는 키
  대장번호 등 주 테이블의 PK값 - '어떤 업무의 어떤 대장이고 어떤 종류 파일 이다'는 것을 알 수 있도록 식별 키를 입력한다.
- 파일일련번호 : 입력되는 첨부 파일의 Primary Key값

■ 파일 정보

- 파일일련번호 : 첨부 파일 등록 시 생성되는 Primary Key값
- PC파일명 : 올리는 PC의 파일명을 적어둔다.
- PC파일확장자 : 파일의 확장자를 넣어둔다.
- 파일크기 : 파일의 크기를 넣어둔다.
- 서버저장경로 : 서버로 저장 시에 서버의 경로를 넣어둔다.
- 서버저장파일명 : 서버 저장 시 파일명을 넣어둔다.
- 다운로드회수 : 조회하고 다운한 회수를 넣어둔다.
- 삭제여부 : 첨부 파일의 물리적 삭제는 없고 삭제 시 'N'으로 마킹을 해둔다.

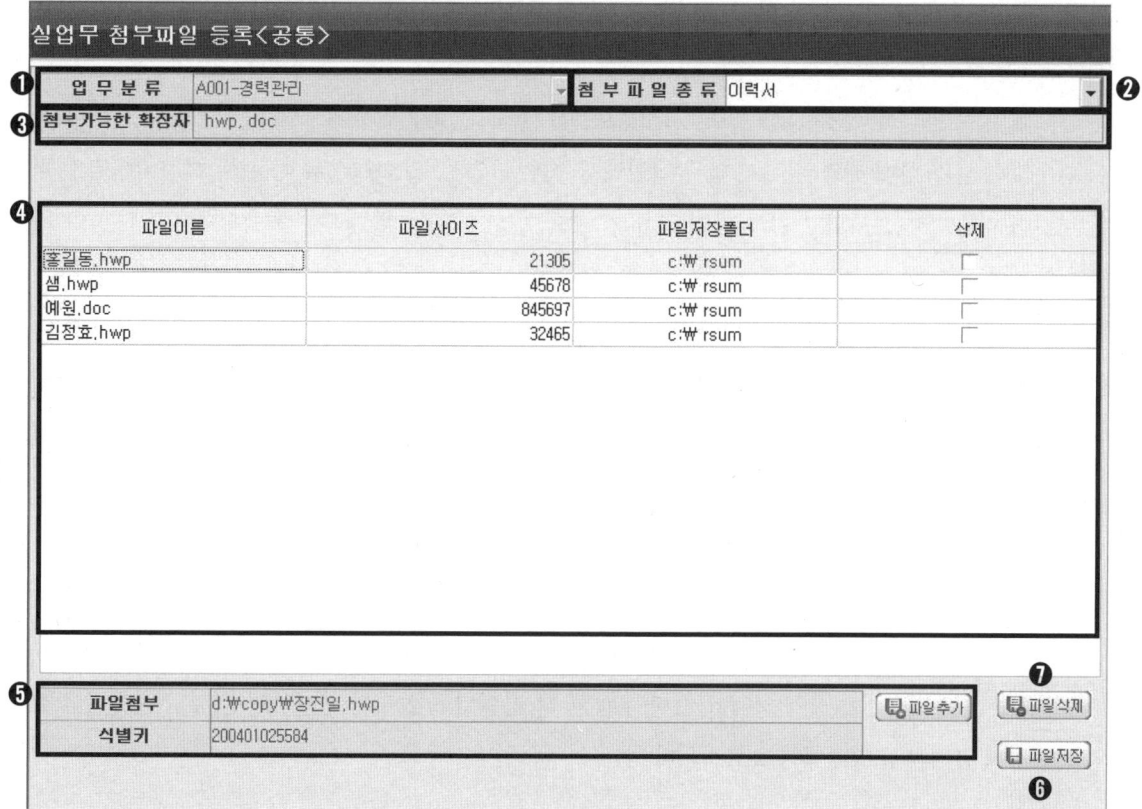

❶ 업무 화면에서 받은 업무 분류 코드와 업무명을 보여준다.

❷ 업무 화면에서 받은 첨부 파일 종류 코드와 종류명을 보여주고 파라미터를 받지 못하였을 때는 첨부 파일 종류 목록 중 등록할 첨부 파일 종류를 선택

❸ 선택된 첨부 파일 종류에 대한 허용 확장자를 알려줌.

❹ 이미 등록되었거나 현재 등록되는 첨부 파일의 정보를 보여준다.

❺ 파일 추가 버튼을 누르면 팝업 창이 뜨면서 첨부 파일 선택, 식별키는 이미 업무화면에서 받아서 보여주는 항목임.

❻ 파일 저장 버튼을 누르면 선택된 파일을 서버로 전송 후 그리드 화면에 표시

❼ 그리드 화면 중에 선택된 파일을 삭제

**그림 12-14 실업무 첨부 파일 등록**

실업무 첨부 파일 등록 화면은 이 화면을 호출할 때 이미 호출한 화면에서 업무분류와 식별키는 알고 있으므로 파라미터로 호출하면서 값을 넘겨줄 수 있으며 더 나아가 첨부 파일 종류도 넘겨줄 수 있다.

지금까지는 정확하고 체계적인 파일 관리를 위한 페이지였다면 이제는 실제 업무에서 첨부 파일을 등록하는 페이지가 된다.

실업무 첨부 파일 등록 화면은 업무 구분 코드로 분류된 모든 실제 업무에서 사용하는 공통 화면이다. 각 업무의 구분과 식별 키값은 실제 업무 화면에서 첨부 파일 등록 화면으로 이동 시 파라미터로 넘겨받는 값이 자동으로 표시되고 첨부 파일 종류는 해당 업무에 종속되는 파일 종류의 코드를 불러와 파일명을 보여주게 된다.

ERD를 통해 확인해 보면 업무별첨부파일종류 테이블에 업무분류코드와 첨부파일종류코드가 입력되기 때문에 SQL 문장 WHERE 조건으로 업무에 해당하는 첨부 파일을 INSERT, SELECT 할 수 있다.

첨부 파일 종류를 선택하면 첨부 가능한 허용 확장자가 표시되기 때문에 등록할 때 그에 맞는 첨부 파일을 등록해야 한다. 경력관리 업무에서 이력서 첨부 파일은 서버의 c:\rsum 경로로 저장되는데 등록된 첨부 파일은 폴더 한 곳에 모아 저장하지 않고 각 파일별로 폴더를 생성하여 지정된 폴더에 저장되도록 해야 관리와 운영면에서 효율적이다.

파일이 추가되면 그리드 화면에 추가된 내역이 표시되고 ERD 관계에서처럼 다건의 파일 등록이 가능하기 때문에 여러 번 파일 첨부가 가능하다. 등록되는 파일에는 파일 일련 번호가 자동으로 부여되면서 같은 업무에서 같은 종류의 파일을 등록하더라도 각각의 첨부 파일을 식별 할 수 있다.

ERD에서 파일식별정보는 교차 엔티티이다. 업무와 첨부 파일의 M:M 관계를 1:M 관계로 해소시키기 위한 엔티티로써 파일 일련 번호를 통해 해당 업무에서 등록되는 첨부 파일의 정확한 지정이 가능하다.

첨부 파일을 삭제하기 위해서는 등록된 첨부 파일을 선택하여 파일 삭제 버튼을 누르면 사용자 화면에 표시되지 않아 더 이상 삭제된 첨부 파일을 조회하지 못하게 된다.

## 2.2.5. 첨부 파일 통합 정보관리

첨부 파일을 체계적으로 관리를 했기 때문에 첨부 파일 통합 정보관리 화면에서 모든 첨부 파일을 조회하고 삭제와 상세한 정보 등을 확인해 볼 수 있다.

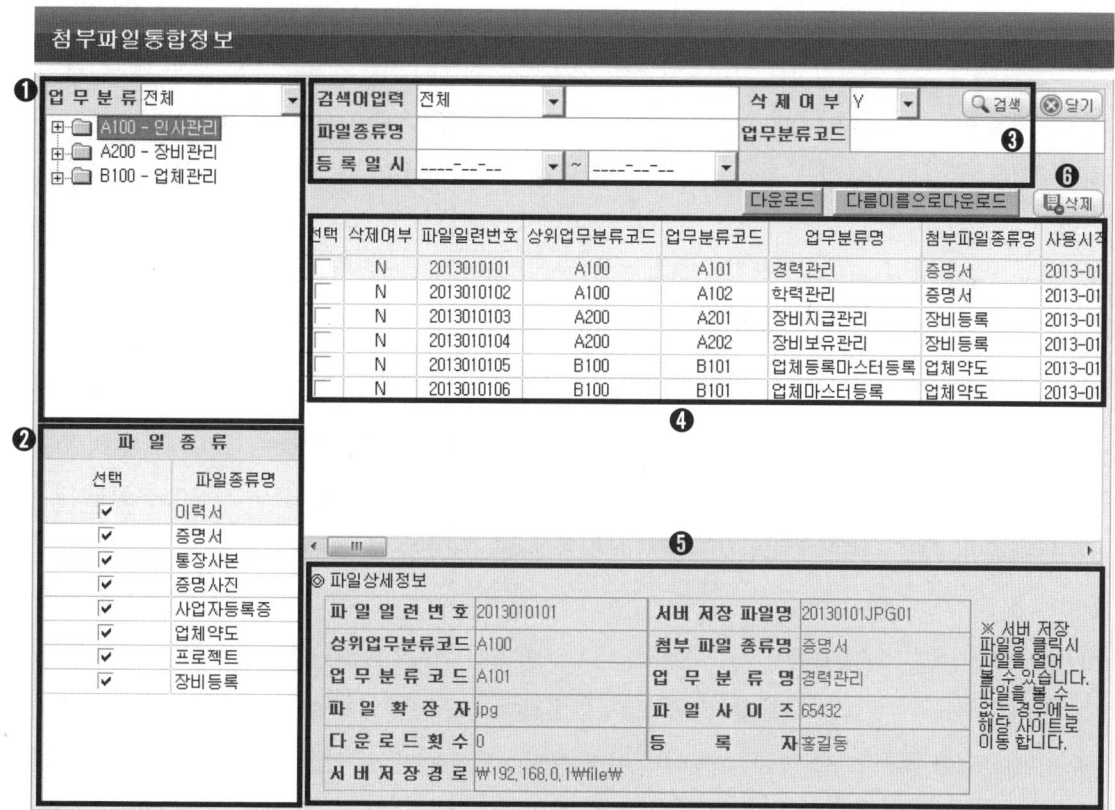

❶ 모든 업무 분류가 트리 형태로 표시되고 업무를 선택하면 해당 업무에 관련된 모든 첨부 파일들이 그리드 화면에 조회된다.
❷ 업무가 선택되면 업무별 등록 가능 파일 종류를 보여주고 체크하면 체크된 파일종류만 그리드 화면에 보여준다.
❸ 업무 단위, 파일명, 등록날짜, 사용여부 등의 검색조건으로 검색 가능하다.
❹ 검색 조건에 해당하는 데이터를 그리드에 출력한다. 선택 체크박스는 삭제 필요성이 있을 시 사용한다.
❺ 그리드에 출력된 데이터 중 선택된 첨부 파일의 상세정보를 표시한다.
❻ 선택된 첨부 파일 삭제

그림 12-15 첨부 파일 통합 정보관리

1, 2, 3번의 영역 범위에 있는 요소들은 조회하기 위한 조건들이라고 생각을 하면 된다. 검색 창을 통해 관리자가 찾고자 하는 파일을 검색하기 위해 업무단위 또는 첨부 파일명 등으로 검색하면 그리드 화면에 데이터가 출력된다. 이 때 조건값이 하나만 입력되더라도 조건값에 해당하는 모든 데이터가 출력된다. 이렇게 접근하고자 하는 타겟 첨부 파일을 정확하게 지정하지 못하더라도 업무 분류 코드 및 파일 일련 번호로 관리되기 때문에 쉽게 검색이 가능하다. 다시 말해 같은 업무에서 중복되는 첨부 파일명이 등록되더라도 파일 일련 번호로 각각의 첨부 파일을 정확하게 식별 할 수 있다.

화면에서 삭제할 첨부 파일을 선택하고 삭제 버튼을 누르면 삭제 처리된 파일을 사용자 화면에서 사용할 수 없게 된다. 데이터파일정보 테이블의 삭제 여부 컬럼을 통해 선택된 첨부 파일 사용을 제어할 수 있는데 삭제 여부 컬럼은 CHAR(1)으로 지정되어 삭제 여부를 'Y', 'N'으로 표현하고 'Y'로 설정하면 해당 첨부 파일을 사용하지 못하게 된다. 이렇게 'Y'로 지정된 첨부 파일은 DB 관리측면에서 데이터를 남기는 것이 중요하기 때문에 다운로드 및 보기 기능을 막아 놓는 것으로 데이터가 삭제되는 것이 아닌 실질적인 사용을 제한하게 되는 것이다.

이와 같이 첨부 파일을 체계적으로 관리를 해두면 이후에 첨부 파일 자체로 분석하거나 조회 해볼 수(EDMS 시스템같은)있는 정보 체계를 구축할 수 있다. 여러 가지 첨부 파일들의 분류 예를 들어 업무 분류, 첨부 파일 종류 등의 관리와 등록 화면 등의 개발은 필요하지만 고객의 요구사항이 복잡할 경우 적용을 해줘야 되므로 위의 예제와 같은 첨부 파일의 관리가 필요할 것이다.

이때 중요한 것은 분류된 체계에 따라 정확한 데이터를 넣어 줘야 나중에 여러 분류별로 첨부 파일만 조회해 볼 수 있는 시스템을 구축 할 수 있다. 이렇게 첨부 파일 통합 관리 화면을 여기서는 한 개만 소개했지만 실제로 업무 요구사항에 따라 여러 가지 형태로 만들어 줄 수 있는 설계가 되어 있으므로 첨부 파일을 체계적으로 관리 할 수 있는 기반이 마련되었다고 볼 수 있다.

**상세공통(A)**

| 분류코드 | 코드 | 코드명 | 영문코드명 | 상세코드명2 | 기타코드 | 소팅번호 | 사용여부 | 설명 |
| --- | --- | --- | --- | --- | --- | --- | --- | --- |
| A33 | 파일확장 | | | | | | | |
| A33 | bmp | 이미지 bmp 파일 | | | | 1 | | |
| A33 | gif | 이미지 gif 파일 | | | | 2 | | |
| A33 | jpg | 이미지 jpg 파일 | | | | 3 | | |
| A34 | hwp | 한글 파일 | | | | 4 | | |
| A33 | doc | office 워드 2003 버전 이하 | | | | 5 | | |
| A33 | docx | office 워드 2007 버전 | | | | 6 | | |
| A33 | mpp | office project 파일 | | | | 7 | | |
| A33 | ppt | office 파워포인트 | | | | 8 | | |
| A33 | xls | office 엑셀 2003 버전 이하 | | | | 9 | | |
| A33 | xlsx | office 엑셀 2007 버전 | | | | 10 | | |
| A33 | pdf | pdf 파일 | | | | 11 | | |
| A33 | zip | 압축 파일 zip | | | | 12 | | |
| A33 | alz | 압축 파일 alz | | | | 13 | | |
| A33 | htm | htm 문서 | | | | 14 | | |
| A33 | tif | 이미지 tif 파일 | | | | 15 | | |

그림 12-16 첨부 파일 관련된 공통 코드 분류 예제

**참고**

이번 장에서 설명한 첨부 파일 관리가 모든 첨부 파일 관리의 답은 아닐 것이다. 이 책에서 설명하고자 한 것은 첨부 파일 관리도 현업의 요구사항이 복잡해서 꼭 체계적인 첨부 파일 관리의 필요성이 있을 시 지금 설명한 관리체계를 응용하여 구축하면 더욱더 완성도 높은 개발을 할 수 있을 것이다.

# CHAPTER 13
# 메뉴 관리

메뉴 관리에서는 메뉴와 프로그램의 관계와 메뉴별 사용자 권한관리에 대하여 학습해 보기로 하자.

## 1. 메뉴 설계

메뉴 관리라 함은 업무에서 사용하는 메뉴들과 그에 대응되는 프로그램 그리고 로그인자가 사용할 수 있는 프로그램별 권한까지 모두 관리해야 하는 경우가 대부분이다. 이번 예제를 통해 위의 요구사항을 처리할 수 있도록 하는 메뉴관리의 전반적인 설계를 설명한다.

### 1.1. 메뉴 설계

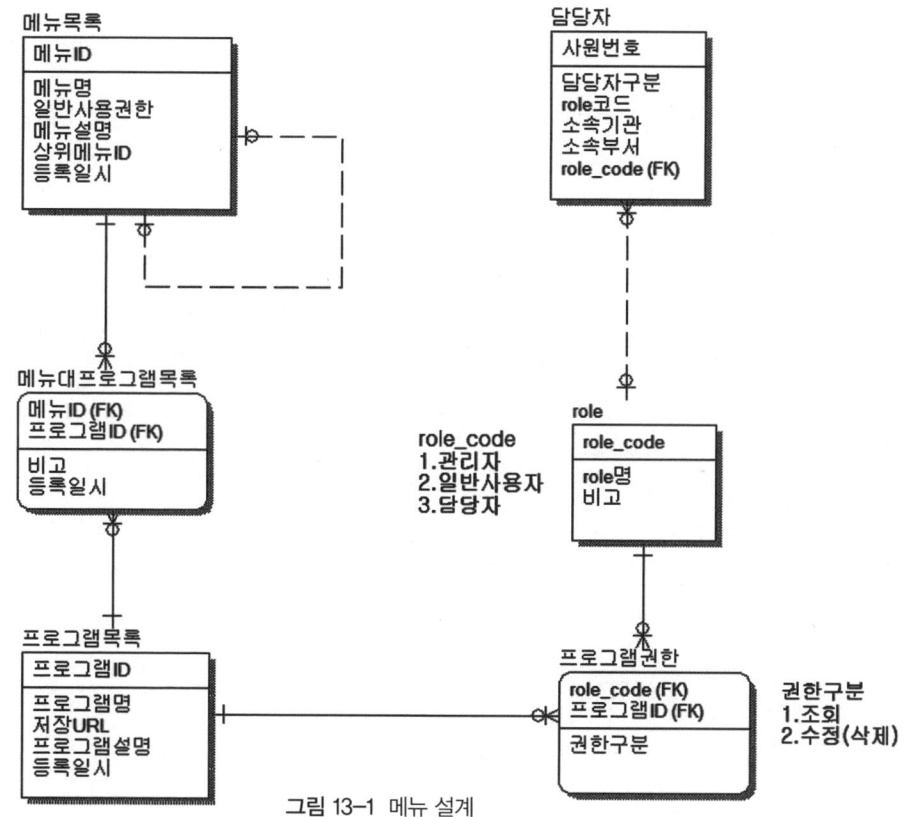

그림 13-1 메뉴 설계

위의 설계에서 보면 ROLE별로 프로그램 권한을 주고 메뉴별로 프로그램을 관리하여 사원번호만 가지고도 메뉴를 구성 할 수 있으며 해당 사원이 사용 할 수 있는 프로그램의 조회, 수정, 삭제 권한까지도 관리 할 수 있도록 설계되어 있다.

### 1.1.1. 주요 항목 설명

- 담당자

    - 사원번호 : 담당자를 구분할 수 있는 유일키. Primary Key
    사원은 전사적으로 따로 관리하는 테이블이 있을 것이다. 여기서는 사원 테이블에서 이 업무를 담당하는 사원을 따로 추출하여 담당자 테이블로 만들어졌다고 생각하면 된다.
    - 담당자구분 : 담당자를 구분하는 구분코드를 가지고 있다.
    예) A : 관리자, B : 지점, C : 본사, S : 사업부서 등
    - ROLE 코드 : ROLE 테이블의 PK값을 선택 받아 입력한다.
    예) 1 : 관리자, 2 : 일반 사용자, 3 : 담당자
    - 소속기관 : 담당자의 소속 기관 코드가 입력된다.
    - 소속부서 : 담당자의 소속 부서 코드가 입력된다.

담당자의 소속 기관 부서 등을 관리하며 담당자 등록 시 ROLE 코드를 주어 담당자에게 ROLE에 대한 권한을 관리 할 수 있도록 한다.

| Table 명 | Table ID | Column 명 | Column ID | Data Type | Size | PK | Null(N) |
|---|---|---|---|---|---|---|---|
| 담당자 | A_ADMIN_RFG | 담당자구분 | CHARGE_GB | VARCHAR2 | 1 | | N |
| | | ROLE 코드 | ROLE_CD | VARCHAR2 | 2 | | N |
| | | 소속기관 | ORGAN | VARCHAR2 | 20 | | N |
| | | 소속부서 | DEPT | VARCHAR2 | 20 | | N |

그림 13-2 담당자 테이블 정의서

| | EMP_NO | CHARGE_GB | ROLE_CD | ORGAN | DEPT |
|---|---|---|---|---|---|
| 1 | 200000118 | A | 01 | 208844 | 208844 |
| 2 | 913081795 | A | 01 | 258745 | 258745 |
| 3 | 940090066 | A | 01 | 256501 | 256501 |
| 4 | 892624230 | B | 03 | 259144 | 259144 |
| 5 | 951200101 | B | 03 | 252718 | 252718 |
| 6 | 952030675 | B | 03 | 253367 | 253367 |

그림 13-3 담당자 데이터 예시

- **ROLE**

  - ROLE코드 : ROLE을 구별할 수 있는 유일키. Primary Key
    ROLE로 프로그램 권한을 할당하기 위하여 분리해 둔다.
    예) 1 : 관리자, 2 : 일반사용자, 3 : 담당자
  - ROLE명 : ROLE에 따른 명칭을 등록한다.

프로그램을 관리 할 수 있는 ROLE을 만들어 두어 ROLE별로 프로그램을 관리 할 수 있다.

| Table 명 | Table ID | Column 명 | Column ID | Data Type | Size | PK | Null(N) |
|---|---|---|---|---|---|---|---|
| ROLE | A_ROLE | ROLE 코드 | MENU_ID | VARCHAR2 | 2 | | N |
| | | ROLE 명 | PGM_ID | VARCHAR2 | 100 | | N |
| | | 비고 | DESCRIPTION | VARCHAR2 | 200 | | Y |

그림 13-4 ROLE 테이블 정의서

| | ROLE_CD | ROLE_NAME | DESCRIPTION |
|---|---|---|---|
| 1 | 01 | 관리자 | |
| 2 | 02 | 일반사용자 | |
| 3 | 03 | 담당자 | |

그림 13-5 ROLE 데이터 예시

- **프로그램 권한**

  - ROLE코드 : ROLE을 구별 할 수 있는 유일키. Primary Key
    프로그램 권한을 등록 할 때 ROLE 코드를 선택받는다.
  - 프로그램ID : 프로그램 목록의 프로그램 ID. Primary Key
    프로그램 권한을 등록 할 때 프로그램 ID를 선택받는다.
  - 권한구분 : ROLE별, 프로그램 권한을 등록한다.
    예) 1 : 조회, 2 : 수정, 3 : 삭제

ROLE별로 프로그램을 매칭시키고 매칭된 ROLE별 프로그램의 권한(조회, 수정, 삭제)을 부여 할 수 있도록 구성되었다.

| Table 명 | Table ID | Column 명 | Column ID | Data Type | Size | PK | Null(N) |
|---|---|---|---|---|---|---|---|
| 프로그램권한 | A_PGM_AUTH | ROLE 코드 | ROLE_CD | VARCHAR2 | 2 | PK | N |
| | | 프로그램 ID | PGM_ID | VARCHAR2 | 20 | PK | N |
| | | 권한구분 | AUTHORITY_GB | VARCHAR2 | 1 | | N |

그림 13-6 프로그램 권한 테이블 정의서

| ROLE_CD | PGM_ID | AUTHORITY_GB |
|---|---|---|
| 1 | 01 | toc40100q | A |
| 2 | 01 | toc40150q | A |
| 3 | 01 | toc40240q | A |
| 4 | 01 | toc50010q | A |
| 5 | 01 | toc50040q | A |
| 6 | 01 | toc10010i | A |

그림 13-7 프로그램 권한 데이터 예시

■ **프로그램 목록**

- 프로그램 ID : 사용하는 모든 프로그램별로 ID를 부여한다. Primary Key
- 프로그램명 : 프로그램별로 명을 부여한다.
- 저장 URL : 프로그램을 실행시킬 수 있는 경로를 등록한다.

    예) '/work1/bsc_app/bschtml_dev/new_voc/adm/'

    저장 URL 경로를 찾아가서 프로그램 ID로 프로그램을 실행시킬 수 있다.
- 프로그램설명 : 프로그램의 상세 설명을 등록한다.

업무에 사용되는 프로그램을 나열하고 관련 URL 등의 정보를 저장하고 있어 프로그램 ID로 서버에서 수행될 수 있는 정보들을 보관한다.

| Table 명 | Table ID | Column 명 | Column ID | Data Type | Size | PK | Null(N) |
|---|---|---|---|---|---|---|---|
| 프로그램목록 | A_PGM_LIST | 프로그램 ID | PGM_ID | VARCHAR2 | 20 | PK | N |
| | | 프로그램명 | PGM_NAME | VARCHAR2 | 100 | | N |
| | | 저장URL | PGM_URL | VARCHAR2 | 100 | | N |
| | | 프로그램 설명 | PGM_DESCRIPTION | VARCHAR2 | 100 | | Y |
| | | 등록일시 | PGM_CREATE_DATE | DATE | | | N |

그림 13-8 프로그램 목록 테이블 정의서

| PGM_ID | PGM_NAME | PGM_URL | PGM_DESCRIPTION | PGM_CREATE_DATE |
|---|---|---|---|---|
| 1 toc10170q | | new_toc/toc/ | 1.담당자 통보 조회 (History 포함) | 2007-01-09 오전 12:00:00 |
| 2 toc10170e | | new_toc/toc/ | 2.담당자 통보 | 2007-01-09 오전 12:00:00 |
| 3 toc10190q | 처리 | new_toc/toc/ | 1.처리 리스트 조회 | 2007-01-09 오전 12:00:00 |
| 4 toc20300q | | new_toc/str/ | 전략커뮤니게이션>처리계획 일정 | 2006-12-12 오전 12:00:00 |
| 5 toc20310e | | new_toc/str/ | 전략커뮤니게이션>처리계획 일정 | 2006-12-12 오전 12:00:00 |
| 6 toc20330q | 장기지연 | new_toc/str/ | 전략커뮤니게이션>장기지연>리스 | 2006-12-12 오전 12:00:00 |

그림 13-9 프로그램 목록 데이터 예시

■ 메뉴 목록

- 메뉴ID : 사용하는 메뉴별로 ID를 부여한다. Primary Key
- 메뉴명 : 메뉴별로 명을 부여한다.
- 일반사용권한 : 메뉴별로 로그인자의 ROLE로 사용 권한을 분리하기 위한 컬럼
- 메뉴설명 : 메뉴의 경로를 작성하여 등록함

  예) '공통업무>공지사항>등록>공지사항등록'

- 상위메뉴ID : 메뉴가 하위 메뉴일 때 상위 메뉴 ID를 등록한다.

  리쿼시브 모델로 메뉴의 계층 구조를 만들어 두어 하위 메뉴를 관리 할 수 있다.

화면에서 보여지는 모든 메뉴의 리스트를 등록하고 관련 정보를 가지고 있다.

| Table 명 | Table ID | Column 명 | Column ID | Data Type | Size | PK | Null(N) |
|---|---|---|---|---|---|---|---|
| 메뉴목록 | A_MENU_LIST | 메뉴ID | MENU_ID | VARCHAR2 | 20 | PK | N |
| | | 메뉴명 | MENU_NAME | VARCHAR2 | 100 | | N |
| | | 일반사용권한 | GENERIC_USE_GB | VARCHAR2 | 1 | | N |
| | | 메뉴설명 | MENU_DESCRIPTION | VARCHAR2 | 200 | | Y |
| | | 상위메뉴ID | UPPER_MENU_ID | VARCHAR2 | 20 | | Y |
| | | 등록일시 | MENU_CREATE_DATE | DATE | | | N |

그림 13-10 메뉴 목록 테이블 정의서

| # | MENU_ID | MENU_NAME | GENERIC_USE_GB | MENU_DESCRIPTION | UPPER_MENU_ID | MENU_CREATE_DATE |
|---|---|---|---|---|---|---|
| 1 | toc40000 | 공통업무 | | | | 2006-12-22 오전 12:00:00 |
| 2 | toc40110 | 공지사항 | | 공통업무>공지사항>등록 조회>공지사항 리스트 | toc40000 | 2006-12-22 오전 12:00:00 |
| 3 | toc40210 | Q | | 공통업무>Q >등록 조회>Q 리스트 조회 | toc40000 | 2006-12-22 오전 12:00:00 |
| 4 | toc40300 | 자료실 | | 공통업무>자료실>등록 조회>자료실 리스트 조회 | toc40000 | 2006-12-22 오전 12:00:00 |
| 5 | toc50000 | Admin | | | | 2006-12-22 오전 12:00:00 |
| 6 | toc50100 | 관리자관리 | | Admin>Admin>관리자 관리>관리자 조회 | toc50000 | 2006-12-22 오전 12:00:00 |

그림 13-11 메뉴 목록 데이터 예시

■ 메뉴 대 프로그램 목록

- 메뉴ID : 메뉴 목록의 메뉴 ID를 등록한다.
- 프로그램ID : 프로그램 목록의 프로그램 ID를 등록한다.

여러 개의 메뉴에 한 개의 프로그램이 사용될 수도 있고 한 개의 메뉴에 여러 개의 프로그램이 연결될 수도 있으므로 관계를 설정하여둔 교차 엔티티이다.

| Table 명 | Table ID | Column 명 | Column ID | Data Type | Size | PK | Null(N) |
|---|---|---|---|---|---|---|---|
| 메뉴대<br>프로그램목록 | A_MENU_PGM | 메뉴ID | MENU_ID | VARCHAR2 | 20 | PK | N |
| | | 프로그램ID | PGM_ID | VARCHAR2 | 20 | PK | N |
| | | 비고 | DESCRIPTION | VARCHAR2 | 200 | | Y |

그림 13-12 메뉴 대 프로그램 목록 테이블 정의서

| | MENU_ID | PGM_ID | DESCRIPTION |
|---|---|---|---|
| 1 | toc10220 | toc10560q | 내부 toc>통계>통계 조회>담당별 등록 Vs. 처리 현황 |
| 2 | toc20190 | toc20500q | 전략커뮤니게이션>통계>통계 조회>담당별 등록 Vs. 처리 현황 |
| 3 | toc40110 | toc40100q | 공통업무>공지사항>등록 조회>공지사항 리스트 조회 |
| 4 | toc40210 | toc40150q | 공통업무>Q >등록 조회>Q 리스트 조회 |
| 5 | toc40300 | toc40240q | 공통업무>자료실>등록 조회>자료실 리스트 조회 |
| 6 | toc50100 | toc50010q | Admin>Admin>관리자 관리>관리자 조회 |

그림 13-13 메뉴 대 프로그램 목록 데이터 예시

## 2. 메뉴의 조회

이번에는 앞에서 기술한 메뉴를 설계한 자료를 가지고 실제 SQL을 어떻게 사용하여 응용하는가를 설명하겠다. 사원 번호만을 받아서 메뉴를 구성해보도록 하자.

[사원 번호로 메뉴 구성]

```
SELECT LEV, MENU_ID, MENU_NAME, PGM_URL||A.PGM_ID PGM_URL , DESCRIPTION
FROM    (--담당자의 ROLE과 관련된 프로그램을 가져온다
         SELECT PGM_ID
         FROM A_PGM_AUTH
         WHERE  ROLE_CD = (SELECT ROLE_CD
                           FROM
                           (  SELECT ROLE_CD
                              FROM A_ADMIN_REG
                              WHERE  EMP_NO = '200000118' --로그인 사번
                              UNION ALL
                              SELECT '02' ROLE_CD
                              FROM DUAL )
                           WHERE ROWNUM = 1 )
         UNION
         SELECT  'X' PGM_ID FROM DUAL         ) A,
```

```sql
(--메뉴에 달린 전체를 가져온다
SELECT A.LEV, A.MENU_ID, A.MENU_NAME, DECODE(B.PGM_ID,NULL,'X',B.PGM_ID) PGM_ID,
       B.DESCRIPTION, B.PGM_URL
    FROM (SELECT  LEVEL LEV, MENU_ID, MENU_NAME
            FROM   A_MENU_LIST
            CONNECT BY PRIOR MENU_ID = UPPER_MENU_ID
            START WITH  MENU_ID IN ( SELECT  MENU_ID
            FROM   A_MENU_LIST
              WHERE   UPPER_MENU_ID IS NULL )
            ORDER BY MENU_ID   ) A,
              (SELECT A.MENU_ID, A.PGM_ID, A.DESCRIPTION, '/'||B.PGM_URL PGM_URL
                FROM   A_MENU_PGM A,
                A_PGM_LIST B
                WHERE  A.PGM_ID = B.PGM_ID(+) )B
        WHERE A.MENU_ID = B.MENU_ID(+) ) B
WHERE A.PGM_ID = B.PGM_ID(+)
AND   LEV  IS NOT NULL
ORDER BY MENU_ID;
```

[출력 결과]

| | LEV | MENU_ID | MENU_NAME | PGM_URL | DESCRIPTION |
|---|---|---|---|---|---|
| 1 | 1 | toc10000 | 내부 toc | X | |
| 2 | 2 | toc10110 | 등록 | /new_toc/toc/toc10010i | 내부 toc>등록>등록>등록 |
| 3 | 2 | toc10120 | 조회 | /new_toc/toc/toc10010q | 내부 toc>등록>리스트 조회>등록 리스트 조회 |
| 4 | 2 | toc10130 | 담당자통보 | /new_toc/toc/toc10150q | 내부 toc>담당자 통보>리스트 조회>담당자 통보 리스트 조회 |
| 5 | 2 | toc10140 | 처리 | /new_toc/toc/toc10190q | 내부 toc>처리>리스트 조회>처리 리스트 조회 |
| 6 | 2 | toc10150 | 일정검증 | /new_toc/toc/toc10290q | 내부 toc>처리계획 일정검증>리스트 조회>처리계획 일정검증 리스트 조회 |
| 7 | 2 | toc10160 | 장기지연 | /new_toc/toc/toc10330q | 내부 toc>장기지연>리스트 조회>장기지연 리스트 조회 |
| 8 | 2 | toc10170 | 처리검증 | /new_toc/toc/toc10370q | 내부 toc>검증>리스트 조회>처리결과 검증 리스트 조회 |
| 9 | 2 | toc10180 | 설문 | /new_toc/toc/toc10420q | 내부 toc>설문>리스트 조회>설문 리스트 조회 |
| 10 | 2 | toc10190 | 재처리판단 | /new_toc/toc/toc10460q | 내부 toc>재처리 판단>리스트 조회>재처리 판단 리스트 조회 |
| 11 | 2 | toc10210 | 통계 | /new_toc/toc/toc10550q | 내부 toc>통계>통계 조회>관점별 등록 Vs. 처리 현황 |
| 12 | 1 | toc20000 | 전략커뮤니케이션 | X | |
| 13 | 2 | toc20110 | 등록 | /new_toc/str/toc20010i | 전략커뮤니케이션>등록>등록>등록 |
| 14 | 2 | toc20120 | 조회 | /new_toc/str/toc20030q | 전략커뮤니케이션>등록>리스트 조회>등록 리스트 조회 |
| 15 | 2 | toc20130 | 처리 | /new_toc/str/toc20160q | 전략커뮤니케이션>처리>리스트 조회>처리 리스트 조회 |
| 16 | 2 | toc20140 | 일정검증 | /new_toc/str/toc20280q | 전략커뮤니케이션>처리계획 일정검증>리스트 조회>처리계획 일정검증 리스트 조회 |
| 17 | 2 | toc20150 | 장기지연 | /new_toc/str/toc20330q | 전략커뮤니케이션>장기지연>리스트 조회>장기지연 리스트 조회 |
| 18 | 2 | toc20160 | 처리검증 | /new_toc/str/toc20380q | 전략커뮤니케이션>검증>리스트 조회>처리결과 검증 리스트 조회 |
| 19 | 2 | toc20170 | 설문 | /new_toc/str/toc20440q | 전략커뮤니케이션>설문>리스트 조회>설문 리스트 조회 |
| 20 | 2 | toc20180 | 통계 | /new_toc/str/toc20490q | 전략커뮤니케이션>통계>통계 조회>관점별 등록 Vs. 처리 현황 |
| 21 | 1 | toc30000 | 현장방문현황 | X | |
| 22 | 2 | toc30110 | 등록 | /new_toc/spo/toc30010i | 현장방문현황>등록>등록>등록 |
| 23 | 2 | toc30120 | 조회 | /new_toc/spo/toc30030q | 현장방문현황>등록>리스트 조회>등록 리스트 조회 |
| 24 | 1 | toc40000 | 공통업무 | X | |
| 25 | 2 | toc40110 | 공지사항 | /new_toc/bbs/toc40100q | 공통업무>공지사항>등록 조회>공지사항 리스트 조회 |
| 26 | 2 | toc40210 | Q | /new_toc/bbs/toc40150q | 공통업무>Q>등록 조회>Q 리스트 조회 |
| 27 | 2 | toc40300 | 자료실 | /new_toc/bbs/toc40240q | 공통업무>자료실>등록 조회>자료실 리스트 조회 |
| 28 | 1 | toc50000 | Admin | X | |
| 29 | 2 | toc50100 | 관리자관리 | /new_toc/adm/toc50010q | Admin>Admin>관리자 관리>관리자 조회 |
| 30 | 2 | toc50200 | 담당자관리 | /new_toc/adm/toc50040q | Admin>Admin>담당자 관리>담당자 조회 |
| 31 | 3 | toc55555 | a | X | |
| 32 | 4 | toc55556 | b | X | |

위에서 조회된 내용을 보듯이 로그인한 사원이 사용할 수 있는 메뉴 목록을 가져왔고 관련되는 프로그램이 어떤 것인지를 조회하고 화면에 필요한 정보와 프로그램을 호출 할 수 있는 URL을 조회하여 왔음을 볼 수 있다. 그리고 1 레벨의 메뉴들은 관련 프로그램이 없으므로 URL에 'X' 표시를 해주었다.

위의 출력 결과에서 박스 처리된 부분에 있는 데이터는 레벨을 설명하기 위한 것이므로 생각하지 않아도 된다(10 장의 리쿼시브 모델링을 설명할 때 사용).

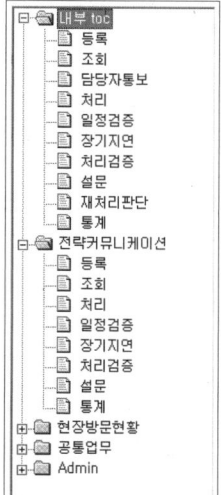

그림 13-14 메뉴 화면

위의 SQL이 이해가 가지 않는 독자들을 위해 중요한 몇 가지만 설명하기로 하자.

[담당자의 롤과 관련된 프로그램 추출]

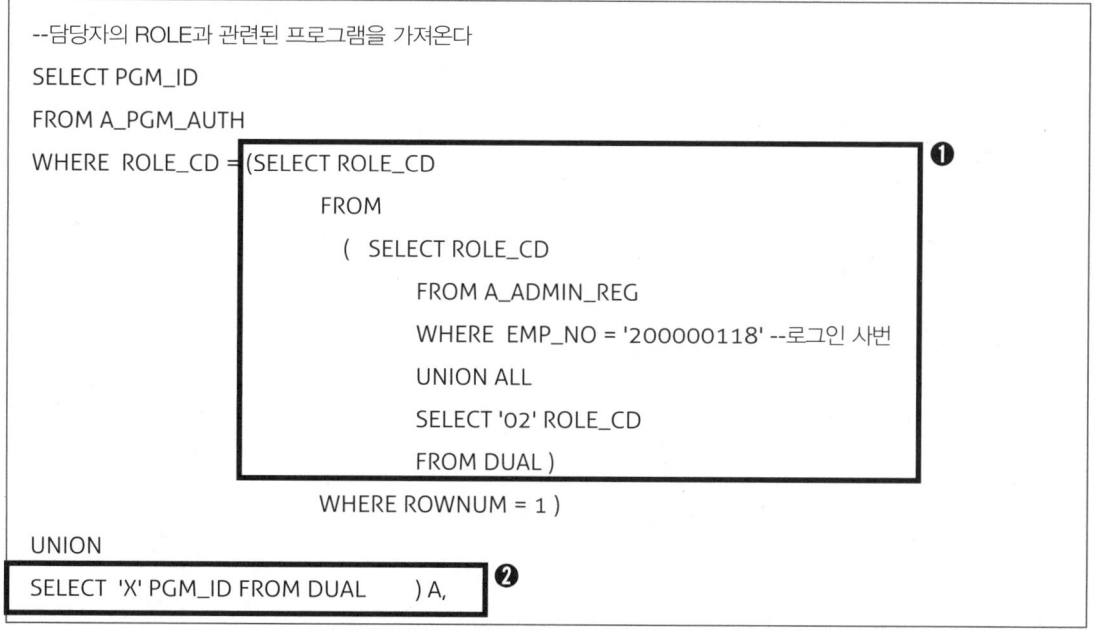

[출력 결과]

| | PGM_ID |
|---|---|
| 1 | X |
| 2 | toc10010i |
| 3 | toc10010q |
| 4 | toc10150q |
| 5 | toc10190q |
| 6 | toc10290q |
| 7 | toc10330q |
| 8 | toc10370q |
| 9 | toc10420q |

위의 예제에서 1 번의 SQL을 보면 로그인 사번에 대한 담당자가 있으면 담당자(A_ADMIN_REG) 테이블에서 ROLE 코드를 가지고 오고 담당자 테이블에 없으면 'SELECT '02' ROLE_CD FROM DUAL'을 사용해서 UNION ALL로 합쳐두었기 때문에 ROLE 코드는 '02'만 추출될 것이다.
다시 말하면 담당자 테이블에 없는 사원들은 '02' = 일반사용자로 보기 위한 SQL이라고 보면 된다. ROWNUM =1을 사용했기 때문에 담당자가 있을 시는 담당자 테이블에서, 없을 시는 '02'가 추출되게 된다.

2번의 'SELECT 'X' PGM_ID FROM DUAL'문은 다음에서 설명할 SQL에서 프로그램 ID가 없는 메뉴와의 Join을 위하여 만들어두는 레코드라고 생각하면 된다.

[모든 메뉴를 조회]

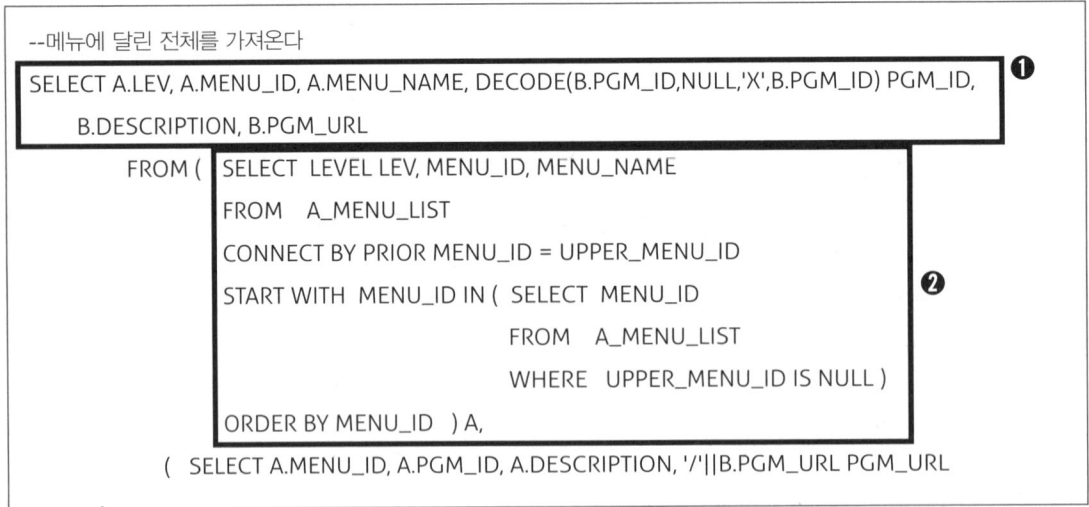

```
            FROM   A_MENU_PGM A,
                   A_PGM_LIST B
            WHERE  A.PGM_ID = B.PGM_ID(+) )B
    WHERE A.MENU_ID = B.MENU_ID(+)
```

[출력 결과]

| | LEV | MENU_ID | MENU_NAME | PGM_ID | DESCRIPTION | PGM_URL |
|---|---|---|---|---|---|---|
| 1 | 2 | toc10140 | 처리 | toc10190q | 내부 toc>처리>리스트 조회>처리 리스트 조회 | /new_toc/toc/ |
| 2 | 2 | toc20150 | 장기지연 | toc20330q | 전략커뮤니게이션>장기지연>리스트 조회>장기 | /new_toc/str/ |
| 3 | 2 | toc20160 | 처리검증 | toc20380q | 전략커뮤니게이션>검증>리스트 조회>처리결과 | /new_toc/str/ |
| 4 | 2 | toc20170 | 설문 | toc20440q | 전략커뮤니게이션>설문>리스트 조회>설문 리스 | /new_toc/str/ |
| 5 | 2 | toc20180 | 통계 | toc20490q | 전략커뮤니게이션>통계>통계 조회>관점별 등록 | /new_toc/str/ |
| 6 | 2 | toc30110 | 등록 | toc30010i | 현장방문현황>등록>등록>등록 | /new_toc/spo/ |
| 7 | 2 | toc30120 | 조회 | toc30030q | 현장방문현황>등록>등록>등록 리스트 조회 | /new_toc/spo/ |
| 8 | 2 | toc20130 | 처리 | toc20160q | 전략커뮤니게이션>처리>리스트 조회>처리 리스 | /new_toc/str/ |
| 9 | 2 | toc20140 | 일정검증 | toc20280q | 전략커뮤니게이션>처리계획 일정검증>리스트 | /new_toc/str/ |
| 10 | 2 | toc10150 | 일정검증 | toc10290q | 내부 toc>처리계획 일정검증>리스트 조회>처리 | /new_toc/toc/ |
| 11 | 2 | toc10160 | 장기지연 | toc10330q | 내부 toc>장기지연>리스트 조회>장기지연 리스 | /new_toc/toc/ |

1번 SQL은 메뉴는 있는데 메뉴에 매칭이 되는 프로그램이 없을 시 'X' 표시를 주어서 위에서 설명한 '담당자의 ROLE과 관련된 프로그램을 가져온다'라는 SQL과 연결고리를 만들어 주었다.

그리고 마지막으로 담당자의 ROLE에 따른 관련 프로그램과 메뉴에 달린 전체 프로그램을 만드는 2개의 인라인뷰를 Join하여 담당자만이 사용할 수 있는 메뉴와 프로그램의 필요 정보를 추출하는 과정을 볼 수 있다.

2번의 SQL을 업무에서 사용하고 있는 모든 메뉴를 가지고 와서 리쿼시브 테이블을 조회하는 문장을 사용하여 레벨을 만들면서 메뉴와 메뉴명을 가지고 왔다.

> **참고**
>
> 메뉴관리 설계를 보았듯이 메뉴 목록, 프로그램 목록, 프로그램 권한같은 테이블의 데이터 입력을 위한 메뉴 관리 화면들이 필요하겠지만 이런 방식으로 관리를 하면 개발자는 메뉴의 권한에 관해서는 신경을 쓰지 않아도 관리 할 수 있다는 편리함이 있다.
>
> 여기서는 언급되지 않았지만 메뉴가 선택되고 프로그램이 구동 할 때 사번과 프로그램 ID를 파라미터값으로 해서 프로그램의 권한 구분을 가지고 와서 화면을 생성 할 때 [조회], [수정], [삭제]같은 권한에 따른 화면 구성을 할 수 있을 것이다.

CHAPTER 14

# 이력 관리

이번 장에서는 변경되는 이력들을 관리하는 여러 가지 방법을 알아보고 장단점을 파악해 보기로 하자.

## 1. 이력 테이블의 분리

보안이 중요한 장소에서 CCTV의 감시나 보안카드 또는 지문인식 등을 거쳐 출입했던 기억들이 한 번쯤은 있을 것이다. 그런 장소뿐만 아니라 어디를 가든 CCTV로 행적이 저장되고 있고 로그인 후 인터넷을 사용할 때도 개인 PC나 서버에서 사용 흔적을 확인 할 수 있는 것처럼 DB에서도 지정된 특정한 이벤트에 대한 히스토리를 기록해 둔다.

### 1.1. 이력관리 대상 테이블과 분리해 이력 테이블 생성(모든 컬럼포함)

이력 대상 테이블과 이력 테이블을 분리하면서 관련 컬럼을 모두 이력 테이블에 포함하여 히스토리를 남겨두는 형태의 이력관리이다. 이런 방식은 변하지 않은 항목들이 중복되어 히스토리로 남아 있게 되므로 데이터 측면에서는 효율적인 관리가 아니라고 말할 수 있다. 그러나 필요에 따라서는 이렇게 관리를 해야 하는 경우가 종종 발생을 하게 된다.

#### 1.1.1. 적용 시 고려사항

- 아주 중요한 데이터 관리 요건이 있으나 변경대상 컬럼을 정하지 못할 때
- 이력 대상 테이블들의 릴레이션이 있을 때 이력 테이블 설계에 신중히 대처
- 변경 시 모든 컬럼을 체크하고 한 개라도 변경된 컬럼이 있으면 모든 컬럼의 이력을 생성
- 이력을 관리해야 될 이력 대상 테이블들이 적을수록 시스템의 부하나 유지보수 측면에서 유리하다.

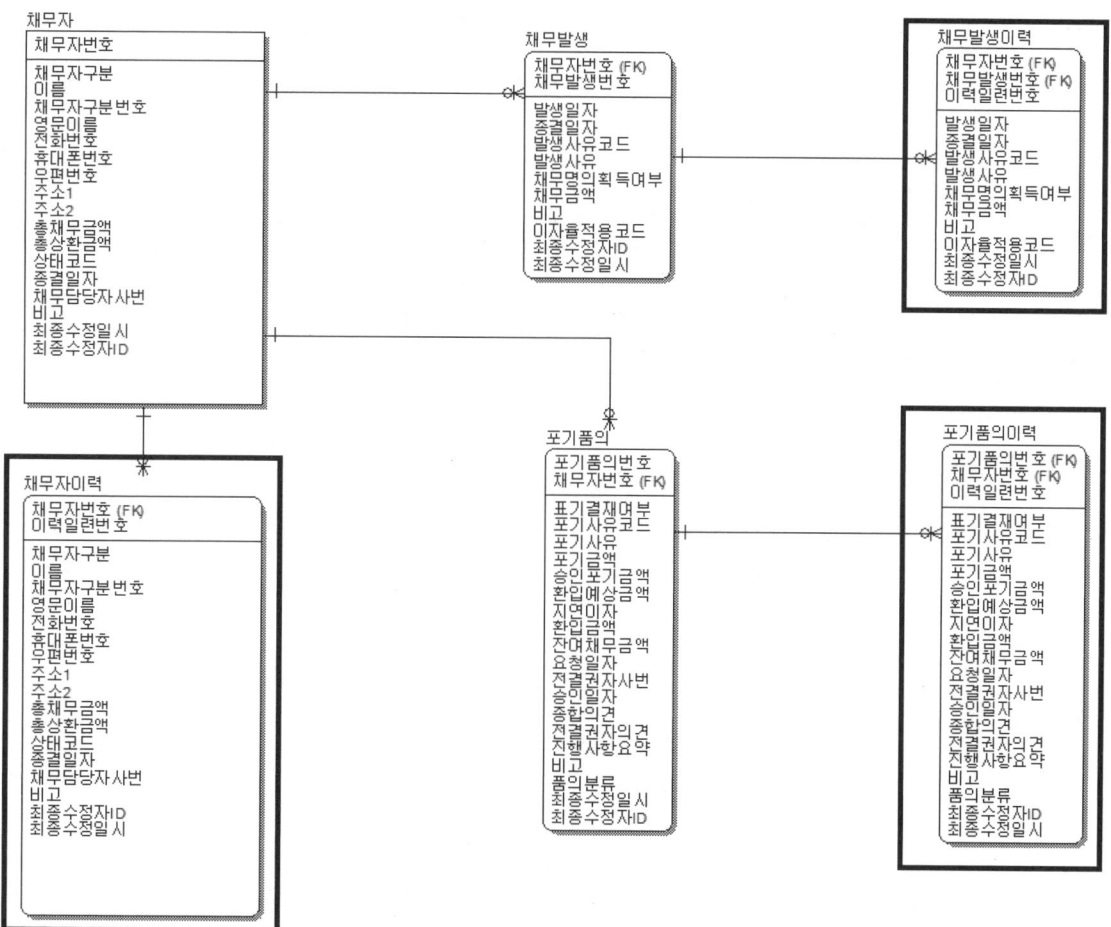

**그림 14-1** 모든 컬럼을 포함한 이력 테이블의 분리

주요 테이블인 채무자, 채무발생, 포기품의 테이블에 각각의 이력 테이블이 모든 항목을 기준으로 생성되어 있음을 볼 수 있다.

테이블 전체를 이력으로 발생을 시키는 경우는 아주 특별한 경우에만 해야 한다. 필자의 경험을 예로 든다면 현업하고 업무 협의를 하던 중 이력관리의 꼭 필요한 사항을 도출하기가 어려운 상황이 발생한 적이 있었다. 전국을 대상으로 한 프로젝트였고 또 공공기관이라서 전국에 걸쳐 일하고 있는 담당자들의 의견을 모두다 수렴하기도 힘들었다. 그래서 5개의 시범 지역을 설정하여 분석, 설계를 진행하였는데 담당자들에게 이력을 꼭 관리해야 될 사항을 문의하면 정확히 정의를 해주지 못했다.

법에 기술된 대로 하면 되는데 법의 문구를 보면 인허가 사항에 대한 변경 사항을 관리를 해야 한다고 하지 항목까지 정의해 두지는 않았기 때문이다. 그래서 마지막으로 정의하고 협의한 내용이 전체 항목에 대하여 변경 사항을 관리한다는 결론을 내렸으며 설계는 위와 같은 설계로 진행을 하라고 지침을 받아 마무리한 적이 있었다.

이력관리를 해야 될 사항이나 항목 등을 정의하기 어려운 경우에만 사용할 것을 권장한다.

### 1.1.2. 이력 발생 개발의 방법 – 트리거 사용

[이력을 생성하는 트리거]

```
CREATE OR REPLACE TRIGGER bond.REC
AFTER INSERT OR UPDATE ON BOND.TAB_DEBTOR_LIST
FOR EACH ROW

BEGIN
INSERT INTO TAB_DEBTOR_HISTORY(DEBTOR_LIST_NO
              ,DEBTOR_HISTORY_SEQ
              ,DEBTOR_HISTORY_TEL
              ,DEBTOR_HISTORY_PHONE
              ,DEBTOR_HISTORY_ZIPCODE
              ,DEBTOR_HISTORY_ADDRESS_1
              ,DEBTOR_HISTORY_REGIST_DATE
              ,DEBTOR_HISTORY_INPUT
              ,DEBTOR_HISTORY_MGR_NUM
              ,DEBTOR_HISTORY_ADDRESS_2
              ,DEBTOR_HISTORY_NAME
              ,DEBTOR_HISTORY_ENGNAME
              ,DEBTOR_HISTORY_GOOBOON
              ,DEBTOR_HISTORY_ETC
              ) VALUES (:NEW.DEBTOR_LIST_NO
                  ,TO_NUMBER(TO_CHAR(SYSDATE,'YYYYMMDD')||
                  TO_CHAR(DEBTOR_HISTORY_SEQ.NEXTVAL))
                  ,:NEW.DEBTOR_LIST_TEL
                  ,:NEW.DEBTOR_LIST_PHONE
                  ,:NEW.DEBTOR_LIST_POSTAL
```

```
                    ,:NEW.DEBTOR_LIST_ADDRESS_1
                    ,:NEW.DEBTOR_LIST_REGIST_DATE
                    ,:NEW.DEBTOR_LIST_INPUT
                    ,:NEW.DEBTOR_LIST_MGR_NUM
                    ,:NEW.DEBTOR_LIST_ADDRESS_2
                    ,:NEW.DEBTOR_LIST_NAME
                    ,:NEW.DEBTOR_LIST_ENGNAME
                    ,:NEW.DEBTOR_LIST_GOOBOON
                    ,:NEW.DEBTOR_LIST_ETC
                );
DBMS_OUTPUT.PUT_LINE('채무자 번호 :' || :NEW.DEBTOR_LIST_NO);
DBMS_OUTPUT.PUT_LINE('전화번호 :' || :NEW.DEBTOR_LIST_TEL);
DBMS_OUTPUT.PUT_LINE('휴대폰번호 :' || :NEW.DEBTOR_LIST_PHONE);
DBMS_OUTPUT.PUT_LINE('우편번호 :' || :NEW.DEBTOR_LIST_POSTAL);
DBMS_OUTPUT.PUT_LINE('주소1 :' || :NEW.DEBTOR_LIST_ADDRESS_1);
DBMS_OUTPUT.PUT_LINE('주소2 :' || :NEW.DEBTOR_LIST_ADDRESS_2);
DBMS_OUTPUT.PUT_LINE('입력날짜 :' || :NEW.DEBTOR_LIST_REGIST_DATE);
DBMS_OUTPUT.PUT_LINE('입력자 사번 :' || :NEW.DEBTOR_LIST_INPUT);
DBMS_OUTPUT.PUT_LINE('담당자 사번 :' || :NEW.DEBTOR_LIST_MGR_NUM);
DBMS_OUTPUT.PUT_LINE('채무자 이름 :' || :NEW.DEBTOR_LIST_NAME);
DBMS_OUTPUT.PUT_LINE('채무자 영문 이름 :' || :NEW.DEBTOR_LIST_ENGNAME);
DBMS_OUTPUT.PUT_LINE('채무자 구분 :' || :NEW.DEBTOR_LIST_GOOBOON);
DBMS_OUTPUT.PUT_LINE('기타 :' || :NEW.DEBTOR_LIST_ETC);
END;
```

앞에서 생성한 트리거는 채무자 테이블의 데이터가 최초 INSERT되거나 UPDATE가 발생 되었을 때 자동으로 채무자 이력 테이블(TAB_DEBTOR_HISTRORY)에 데이터가 행 단위로 INSERT되도록 설정하였다. 그리고 트리거 동작 시 이력 테이블에 입력되는 데이터를 DBMS 출력문을 통해 확인(실제 트리거 생성시는 출력문은 없겠지만) 가능하도록 bond_REC 트리거를 생성하였다.

채무 이력 테이블에는 채무자 테이블 컬럼의 모든 컬럼들이 담겨 있는데 채무자 테이블에 다음과 같이 순서대로 데이터를 입력해 보겠다.

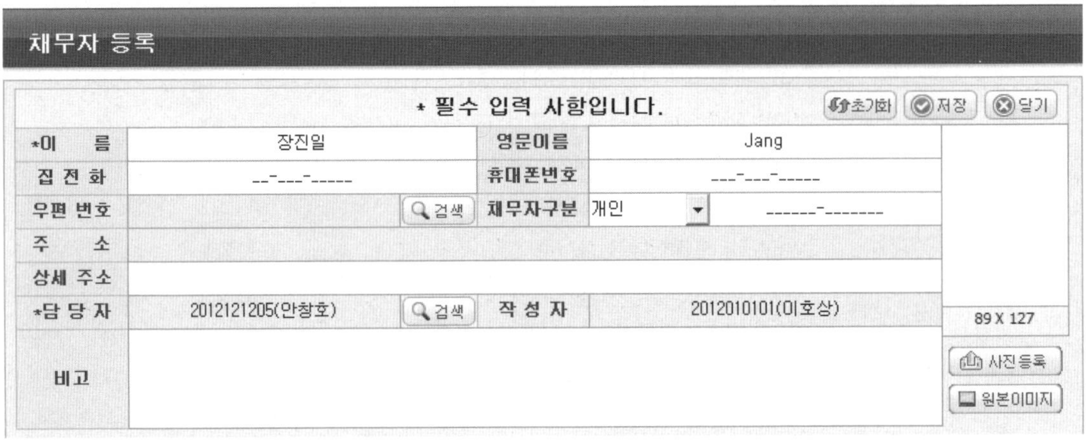

그림 14-2 초기 데이터 등록

저장된 채무자의 기본 정보는 상세 화면을 통해 조회가능하다. 채무자 이력 그리드 화면에는 기본 정보가 INSERT되어 장진일이라는 사람의 이력 데이터가 한 건이 발생하였다.

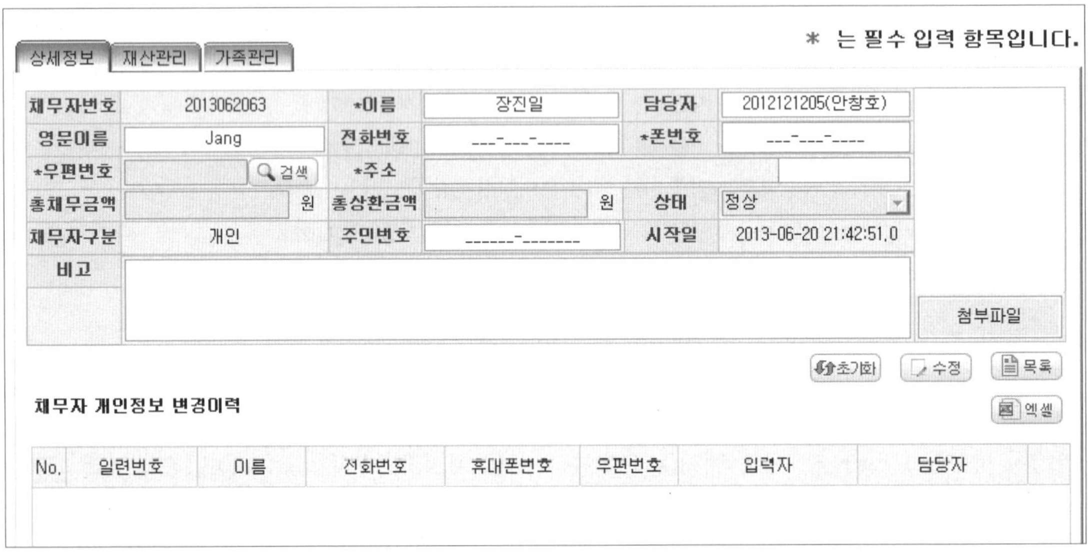

그림 14-3 데이터 수정

기본 정보에서 핸드폰 번호, 주소 등 추가적인 필수 입력사항들을 저장하면 Confirm창이 열리면서 입력된 데이터가 맞는지 확인을 거친다.

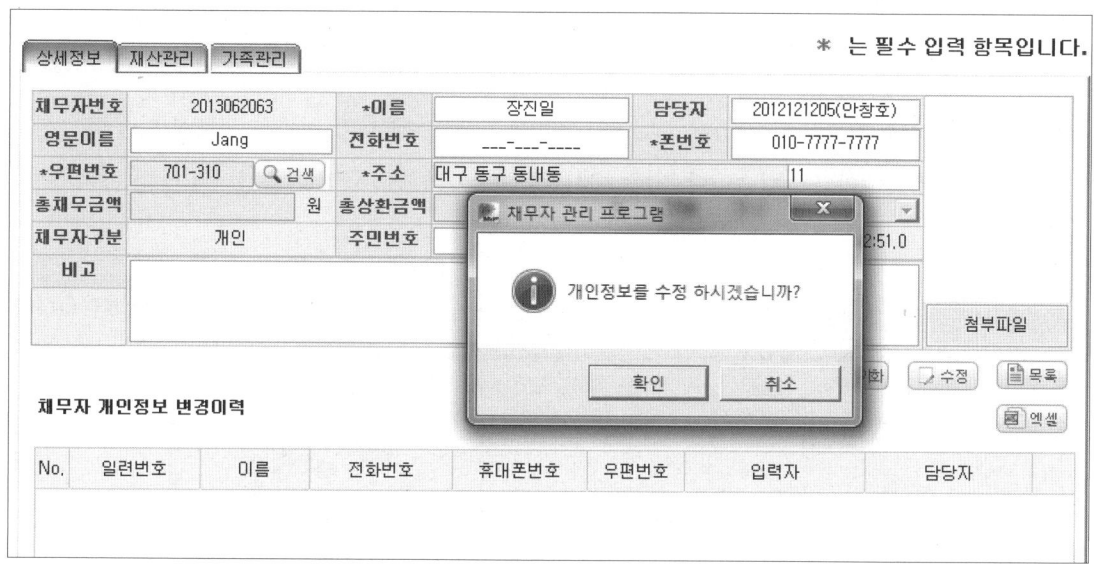

그림 14-4 데이터 입력 및 수정

입력된 데이터의 내용을 UPDATE시키면 다음의 화면처럼 채무자 이력이 그리드 화면에는 추가된 내용이 이력 테이블에 INSERT되어 조회되는 내용을 확인할 수 있다.

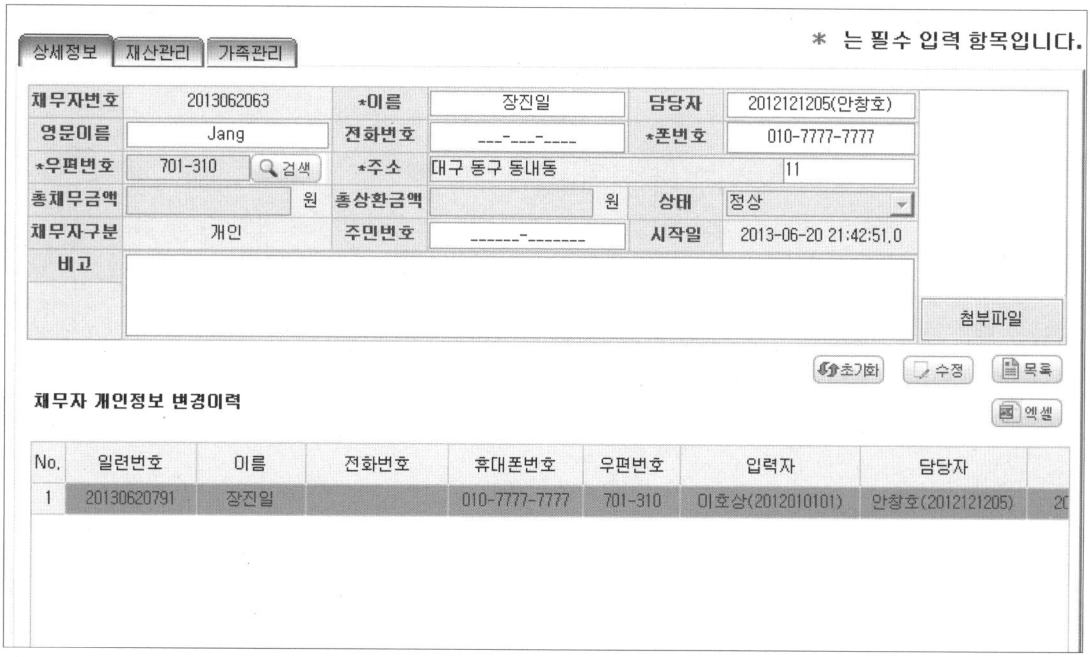

그림 14-5 이력 생성

전 단계에서 추가된 정보가 INSERT된 내용을 채무자 이력 화면의 일련번호와 변경된 내용으로 확인할 수 있다.

여기서 만약 입력된 데이터와 바인딩된 데이터가 변동이 없을 때 수정 버튼을 누르게 되면 유효성 체크를 통해 "변경된 데이터가 없습니다."라는 메시지를 띄우고 UPDATE는 실행되지 않는다.

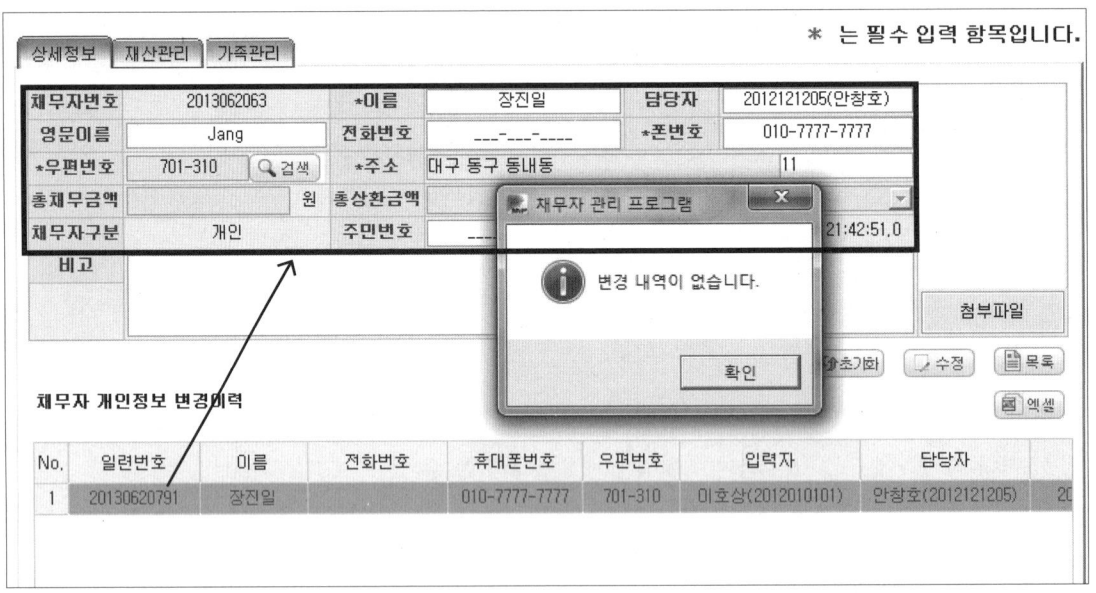

그림 14-6 중복 데이터 시

이처럼 채무자의 대한 정보를 변경하면 변경되는 횟수만큼 이력 테이블에 채무자의 변경되는 데이터 건수가 저장되고 채무자 이력 그리드 화면을 통해 이력 내역과 변경 일자를 확인 할 수 있다.

다음 화면은 채무자 정보를 입력하는 화면으로 수정 버튼을 누르면 OnClick 이벤트가 발생하면서 입력된 데이터가 마이플랫폼 트랜잭션을 타기 전 값들을 비교하는 유효성 체크를 한다.

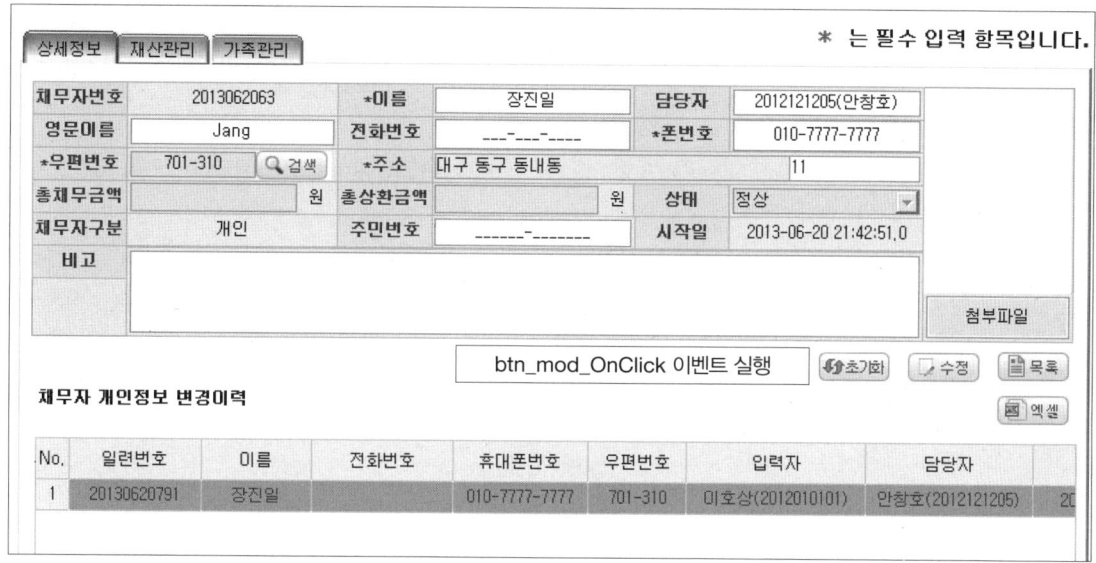

그림 14-7 동일한 데이터 입력 시

화면에서 채무자번호, 이름, 담당자 등 모든 컴포넌트는 각각 ID값을 가지고 있기 때문에 수정 버튼을 눌렀을 때 컴포넌트의 값들을 활용해 유효성 체크를 하거나 마이플랫폼에서 제공하는 함수를 이용해 유효성 체크를 할 수 있는데 다음 예제를 통해 함수를 사용해 유효성 체크를 해보자.

[SCRIPT 유효성 체크 코딩]

```
function btn_mod_OnClick(obj)
{
        if(!ds_debtor.GetUpdate()){
                alert("변경된 데이터가 없습니다.");
        } else {
                if(tab0.tab1.deb_name.text !="" && tab0.tab1.edt_phone.value !="" &&
                  tab0.tab1.edt_post.text !="" && tab0.tab1.edt_add1.text !="")
                {
                var flag = Confirm("개인정보를 수정 하시겠습니까?");
                if(flag == true){
                    var mgrnumber=split(tab0.tab1.mgr_no.value,"(");
                    var mgrrealnumber=mgrnumber[0];
                    ds_debtor.SetColumn(ds_debtor.row,"debtorListMgrNum",mgrrealnumber);
                    ds_debtor.SetColumn(ds_debtor.row,"DEBTORLISTINPUT",inputNo);
                    var strSvcid = "add";
```

CHAPTER 14 이력 관리

```
                        var strUrl = "svc::debtor/DebtorAdd.do";
                        var strInputDs = "ds_input=ds_debtor:u";
                        var strOutputDs = "";
                        var strArgument = "voClass='pdsystem.debtor.model.DebtorVo'";
                        var strFnCallback = "addCallback";
                        transaction(strSvcid
                                , strUrl
                                , strInputDs
                                , strOutputDs
                                , strArgument
                                , strFnCallback);

            }
        }else{
            alert("* 는 필수 입력 사항입니다.");
        }
    }
}
```

수정 버튼을 누르면 마이플랫폼 제공 함수인 GetUpdate 함수를 이용해 ds_debtor DATASET을 체크하는데 변경된 데이터가 없으면 "변경 내역이 없습니다."라는 메시지를 보여주고 UPDATE를 실행시키지 않게 된다. 변경 사항이 한 건이라도 발생되면 다시 한번 확인을 받고 변경된 데이터를 저장하게 된다.

이렇게 대상 테이블의 모든 컬럼들을 이력 테이블에 담아두고 관리하는 방법의 장단점을 다음의 내용들로 정리해 보았다.

### 1.1.3. 대상 테이블의 모든 컬럼들을 이력 테이블에 담아두고 관리하는 방법의 장점

- 이력관리될 테이블의 모든 컬럼을 대상으로 하기 때문에 관리 항목에 신경 쓸 필요성이 없기 때문에 분석, 설계 공수가 단축된다.
- 이력발생 시 모든 컬럼을 대상으로 하므로 코딩 시 에러율이 작아진다.

- 조회
  - 보통 위의 예제와 같이 따로 이력 조회 화면을 개발하지 않고 사용하므로 이력을 조회하는 화면을 따로 두지 않을 수 있다.
  - 이력 조회 화면이 따로 없으면 코딩 시 생산성이 증가됨

### 1.1.4. 대상 테이블의 모든 컬럼들을 이력 테이블에 담아두고 관리하는 방법의 단점

- 한 개의 항목만 수정되어도 전체 항목의 이력을 발생해야 하므로 데이터 측면에서 보면 변경되지 않아야 할 항목까지 여러 레코드에 들어가서 중복이 발생한다.
  - 수정 업무 코딩 시 화면 항목들의 변경 유무 사항을 체크를 해야 하므로 에러율 발생이 높다.
- 수정 후 저장 시 꼭 체크를 해야 함
- 조회
  - 모든 항목을 대상으로 이력을 조회할 시 조회자가 변경된 항목을 구분하기가 힘들다.

> **Tip_ TRIGGER 사용 시 주의사항**
>
> TRIGGER 사용 시 주의해야 될 사항은 테이블의 변경이 발생했을 때 TRIGGER가 Disable된다는 점이다. 그래서 꼭 테이블의 변경 작업이 일어나면 TRIGGER를 수정하거나 수정할 사항이 없더라도 Enable시켜 주어야 한다.

## 1.2. 이력관리 대상 테이블과 분리해 이력 테이블 생성 (변경관리 대상 컬럼만 포함)

- 이력을 관리할 대상 컬럼을 구분할 수 있을 때
- 이력 대상 테이블들의 릴레이션이 있을 때 이력 테이블 설계에 신중히 대처
- 변경 시 이력 관리 대상 컬럼을 체크하고 한 개라도 변경된 컬럼이 있으면 변경 대상 컬럼의 모든 항목의 이력을 생성

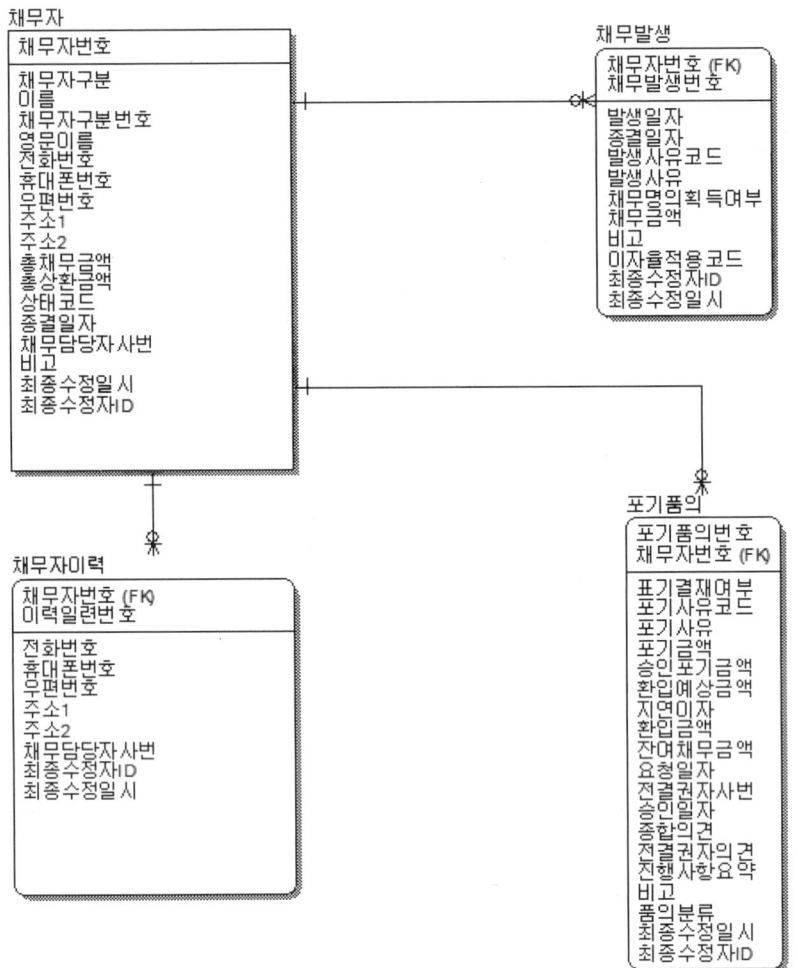

그림 14-8 변경 관리대상 컬럼이력

사용되는 전체 컬럼들이 이력 테이블에 기록되지 않고 이력 관리가 필요한 컬럼만 추출하여 이력 테이블을 만들기 때문에 상대적으로 이력 건수가 많아 질수록 메모리를 차지하는 용량을 줄일 수 있고 필요한 컬럼만 관리되므로 데이터의 중복이나 변경 이력에 대한 가독성이 좋다.

## 1.2.1. 이력 발생 개발의 방법 – 트리거 사용

**[이력을 생성하는 트리거]**

```
CREATE OR REPLACE TRIGGER bond.REC3
AFTER INSERT OR UPDATE ON BOND.TAB_DEBTOR_LIST
FOR EACH ROW
BEGIN
INSERT INTO TAB_DEBTOR_BAK(DEBTOR_LIST_NO
              ,DEBTOR_BAK_SEQ
              ,DEBTOR_BAK_TEL
              ,DEBTOR_BAK_PHONE
              ,DEBTOR_BAK_ZIPCODE
              ,DEBTOR_BAK_ADDRESS_1
              ,DEBTOR_BAK_REGIST_DATE
              ,DEBTOR_BAK_INPUT
              ,DEBTOR_BAK_MGR_NUM
              ,DEBTOR_BAK_ADDRESS_2
              ) VALUES (:NEW.DEBTOR_LIST_NO
                 ,TO_NUMBER(TO_CHAR(SYSDATE,'YYYYMMDD')||TO_CHAR(DEBTOR_
                   HISTORY_SEQ.NEXTVAL))
                 ,:NEW.DEBTOR_LIST_TEL
                 ,:NEW.DEBTOR_LIST_PHONE
                 ,:NEW.DEBTOR_LIST_POSTAL
                 ,:NEW.DEBTOR_LIST_ADDRESS_1
                 ,:NEW.DEBTOR_LIST_REGIST_DATE
                 ,:NEW.DEBTOR_LIST_INPUT
                 ,:NEW.DEBTOR_LIST_MGR_NUM
                 ,:NEW.DEBTOR_LIST_ADDRESS_2
                 );
DBMS_OUTPUT.PUT_LINE('채무자 번호 :' || :new.DEBTOR_LIST_NO);
DBMS_OUTPUT.PUT_LINE('전화번호 :' || :new.DEBTOR_LIST_TEL);
DBMS_OUTPUT.PUT_LINE('휴대폰 번호 :' || :new.DEBTOR_LIST_PHONE);
DBMS_OUTPUT.PUT_LINE('우편번호 :' || :new.DEBTOR_LIST_POSTAL);
DBMS_OUTPUT.PUT_LINE('주소1 :' || :new.DEBTOR_LIST_ADDRESS_1);
DBMS_OUTPUT.PUT_LINE('주소2 :' || :new.DEBTOR_LIST_ADDRESS_2);
DBMS_OUTPUT.PUT_LINE('입력자 사번 :' || :new.DEBTOR_LIST_INPUT);
```

```
DBMS_OUTPUT.PUT_LINE('담당자 사번 :' || :new.DEBTOR_LIST_MGR_NUM);
DBMS_OUTPUT.PUT_LINE('입력시각 :' || :NEW.DEBTOR_LIST_REGIST_DATE);
END;
```

앞에서 생성한 트리거는 채무자 테이블의 데이터가 최초 INSERT되거나 UPDATE가 발생 되었을 때 자동으로 채무자 이력 테이블(TAB_DEBTOR_BAK)에 데이터가 행 단위로 INSERT되도록 설정하였다. 그리고 트리거 동작 시 이력 테이블에 입력되는 데이터를 DBMS 출력문을 통해 확인 가능하도록 bond_REC3 트리거를 생성하였다.

채무 이력 테이블에는 채무자 테이블 컬럼 중에 이력 관리가 필요한 컬럼들만 담아 두고 채무자 테이블에 다음과 같이 데이터를 입력해 보겠다.

**[TAB_DEBTOR_LIST 채무 테이블에 데이터 입력]**

```
INSERT INTO TAB_DEBTOR_LIST(DEBTOR_LIST_NO
            ,DEBTOR_LIST_TEL
            ,DEBTOR_LIST_PHONE
            ,DEBTOR_LIST_POSTAL
            ,DEBTOR_LIST_ADDRESS_1
            ,DEBTOR_LIST_ADDRESS_2
            ,DEBTOR_LIST_REGIST_DATE
            ,DEBTOR_LIST_INPUT
            ,DEBTOR_LIST_MGR_NUM)
      VALUES('2013040901'
            ,'01011111111'
            ,'01011111111'
            ,'135-011'
            ,'서울 강남구 논현1동'
            ,'11'
            ,SYSDATE
            ,'2013032901'
            ,'2013032901');
```

[출력 결과] 트리거에 의한 DBMS 실행

```
채무자 번호 :2013040901
전화번호 :01011111111
휴대폰 번호 :01011111111
우편번호 :135-011
주소1 :서울 강남구 논현1동
주소2 :11
입력자 사번 :2013032901
담당자 사번 :2013032901
입력시각 :08-APR-13
```

채무 테이블에 데이터가 입력 또는 수정이 되면 bond.REC3 트리거가 작동하여 이력을 생성시킨다.

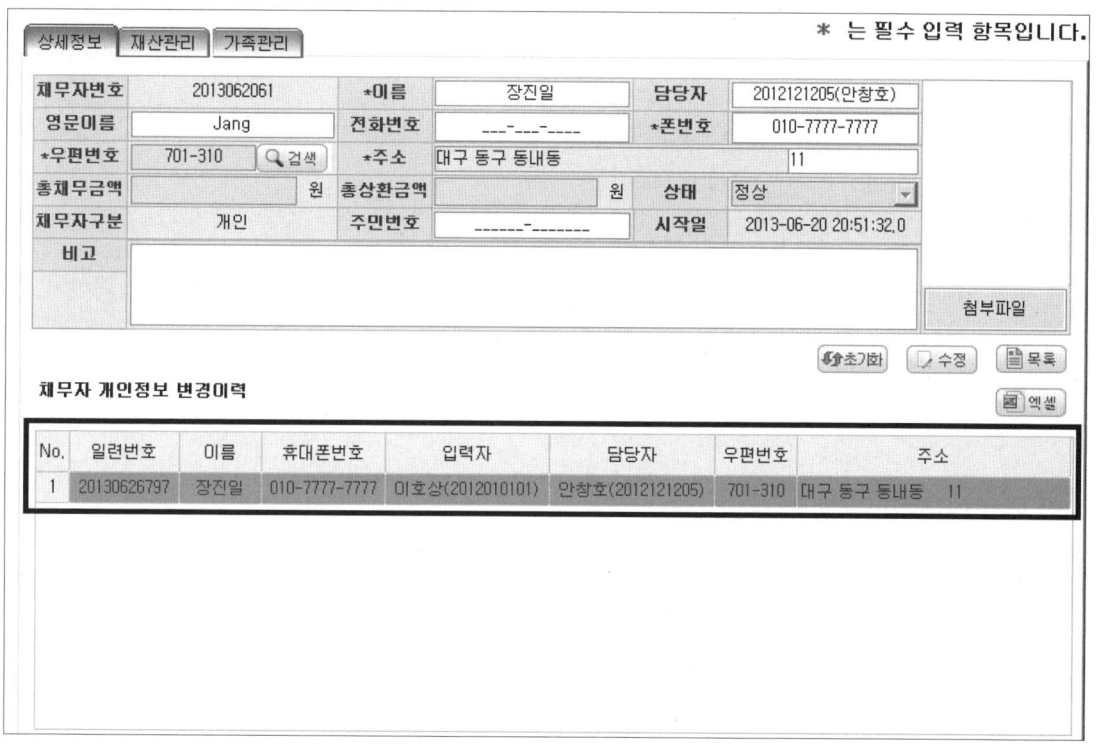

그림 14-9 채무 테이블에 입력되는 이력 데이터를 확인

위와 같이 DBMS 출력으로 채무 테이블에 입력되는 데이터를 확인할 수 있는데 이번에는 실제 SELECT문을 통해 데이터 입력 내용이 이력 테이블에 제대로 저장 되었는지 확인해 보자.

[TAB_DEBTOR_BAK]

```
SELECT DEBTOR_LIST_NO, DEBTOR_BAK_SEQ,
    DEBTOR_BAK_TEL, DEBTOR_BAK_PHONE,
    DEBTOR_BAK_ZIPCODE, DEBTOR_BAK_ADDRESS_1,
    DEBTOR_BAK_ADDRESS_2, DEBTOR_BAK_REGIST_DATE,
    DEBTOR_BAK_INPUT, DEBTOR_BAK_MGR_NUM
 FROM TAB_DEBTOR_BAK;
```

[출력 결과]

| DEBTOR_LIST_NO | DEBTOR_BAK_SEQ | DEBTOR_BAK_TEL | DEBTOR_BAK_PHONE | DEBTOR_BAK_ZIPCODE | DEBTOR_BAK_ADDRESS_1 |
|---|---|---|---|---|---|
| 2013040901 | 20130408663 | 01011111111 | 01011111111 | 135-011 | 서울 강남구 논현1동 |

| DEBTOR_BAK_ADDRESS_2 | DEBTOR_BAK_REGIST_DATE | DEBTOR_BAK_INPUT | DEBTOR_BAK_MGR_NUM |
|---|---|---|---|
| 11 | 2013-04-08 오후 10:54:15 | 2013032901 | 2013032901 |

SELECT 결과를 보듯이 TAB_DEBTOR_LIST 채무 테이블에 입력된 내용들이 이력 테이블에 저장되면서 중요 데이터의 이력을 관리 할 수 있다.

이번에는 트리거의 동작하는 시점이 INSERT 또는 UPDATE가 실행된 후 동작되는 트리거이기 때문에 TAB_DEBTOR_BAK에서 입력한 데이터를 다음과 같이 UPDATE 해보고 이력 테이블을 조회 해보도록 하자.

[TAB_DEBTOR_LIST 데이터 수정]

```
UPDATE TAB_DEBTOR_LIST SET DEBTOR_LIST_TEL='01099999999',
        DEBTOR_LIST_MGR_NUM = '2013032104'
    WHERE DEBTOR_LIST_NO = '2013040901'
```

[출력 결과]

```
채무자 번호  :2013040901
전화번호    :01099999999
휴대폰 번호 :01011111111
우편번호    :135-011
주소1      :서울 강남구 논현1동
주소2      :11
입력자 사번 :2013032901
담당자 사번 :2013032104
입력시각   :08-APR-13
```

TAB_DEBTOR_BAK의 UPDATE 문장을 통해 DEBTOR_LIST_NO가 2013040901인 채무자의 전화번호와 담당자를 변경하였다. DBMS 출력문을 통해 변경된 내용을 확인할 수 있고 변경된 내용이 이력 테이블에 저장되었는지 확인해 보자.

**[수정 데이터 TAB_DEBTOR_BAK 입력 확인]**

```
SELECT DEBTOR_LIST_NO, DEBTOR_BAK_SEQ,
    DEBTOR_BAK_TEL, DEBTOR_BAK_PHONE,
    DEBTOR_BAK_ZIPCODE, DEBTOR_BAK_ADDRESS_1,
    DEBTOR_BAK_ADDRESS_2, DEBTOR_BAK_REGIST_DATE,
    DEBTOR_BAK_INPUT, DEBTOR_BAK_MGR_NUM
FROM TAB_DEBTOR_BAK;
```

**[출력 결과]**

| DEBTOR_LIST_NO | DEBTOR_BAK_SEQ | DEBTOR_BAK_TEL | DEBTOR_BAK_PHONE | DEBTOR_BAK_ZIPCODE | DEBTOR_BAK_ADDRESS_1 |
|---|---|---|---|---|---|
| 2013040901 | 20130408663 | 01011111111 | 01011111111 | 135-011 | 서울 강남구 논현1동 |
| 2013040901 | 20130408664 | 01099999999 | 01011111111 | 135-011 | 서울 강남구 논현1동 |

| DEBTOR_BAK_ADDRESS_2 | DEBTOR_BAK_REGIST_DATE | DEBTOR_BAK_INPUT | DEBTOR_BAK_MGR_NUM |
|---|---|---|---|
| 11 | 2013-04-08 오후 10:54:15 | 2013032901 | 2013032901 |
| 11 | 2013-04-08 오후 10:54:15 | 2013032901 | 2013032104 |

이력 테이블을 조회해보면 TAB_DEBTOR_LIST 테이블에 변경된 내용이 새롭게 저장되었고 이력이 한 건 추가된 내용을 조회할 수 있다.

## 1.2.2. 장점

- 이력 관리될 테이블의 선택된 컬럼을 대상으로 하기 때문에 관리 항목을 선택만하면 되기 때문에 분석, 설계 공수가 단축된다.
- 조회
  - 보통 위의 예제와 같이 사용하므로 별도로 이력 조회 화면을 개발하지 않고 사용하므로 이력을 조회하는 화면을 따로 두지 않을 수 있다.
  - 이력 조회 화면이 따로 없으면 코딩 시 생산성이 증가됨

### 1.2.3. 단점

- 변경 대상인 항목 중 한 개의 항목만 수정되어도 전체 항목의 이력을 발생해야 하므로 데이터 측면에서 보면 변경되지 않은 항목까지 여러 레코드에 들어가서 중복이 발생한다.
- 수정 업무 코딩 시 화면 항목들의 변경 유무 사항을 체크를 해야 하므로 에러율 발생이 높다.
- 수정 후 저장 시 꼭 체크를 해야 함

## 2. 자기 참조 이력

자기 참조 이력은 이력을 자기 자신의 테이블에 가지고 가는 구조로 이력 테이블을 따로 가지고 가지 않는 구조이다.

■ **자신의 테이블에 이력이 발생되면 이력을 같이 저장시키는 구조**

- 이력 일련 번호가 가장 크거나 종료 일시가 가장 클 때 최종 데이터라고 볼 수 있다.
- 이력 대상 테이블들의 릴레이션이 있을 때 이력 테이블 설계에 신중히 대처
- 변경 시 모든 컬럼을 체크하고 한 개라도 변경된 컬럼이 있으면 모든 컬럼의 이력을 생성

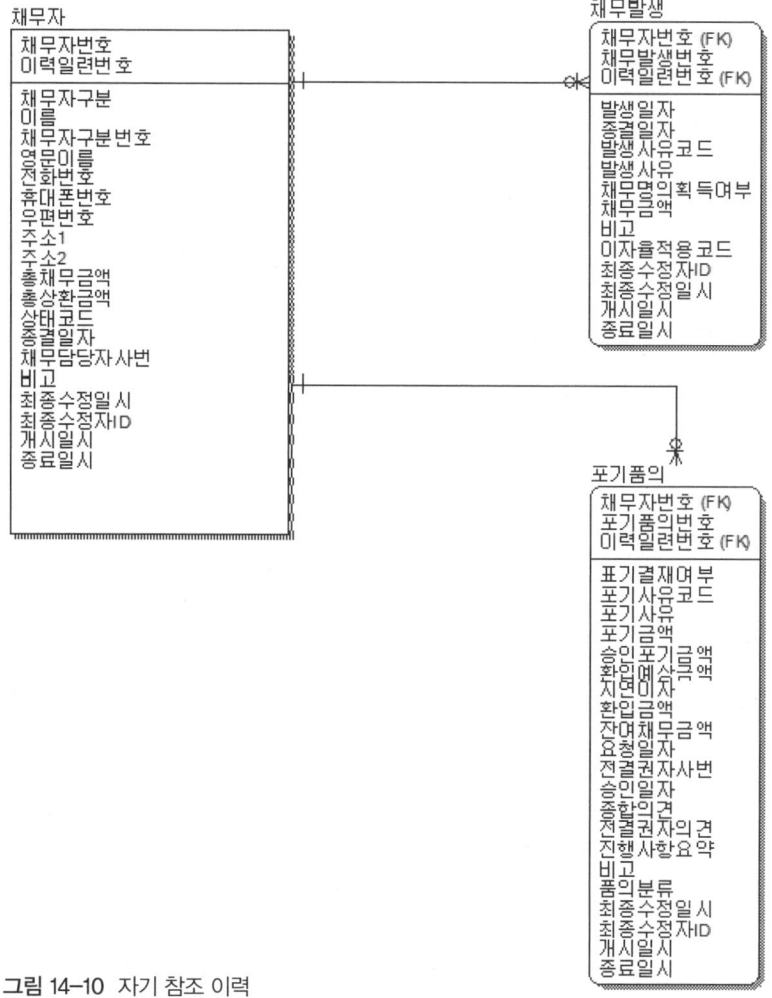

**그림 14-10** 자기 참조 이력

이런 구조의 이력관리는 많은 곳에서 사용을 하고 있으나 필자는 추천하지 않는다. 이상하게 일정 이름이 붙은 회사들이나 그런 설계를 모방해서 사용하는 회사에서 볼 수 있는 형태의 설계 방식이다. 설계를 할 때는 데이터베이스의 특성이나 구조 그리고 개발의 편의성 등 프로젝트에 관련된 모든 사항들을 포함한 설계가 이루어져야 한다. 이력을 발생해야 할지 아니면 이력에서 제외 할지도 고려 대상이며 전체 업무를 모두 똑같이 획일적으로 적용해서도 안된다. 각각의 경우에 따라 장단점이 있어 적절히 적용이 이루어져야 되기 때문이다.

■ **이력 발생 개발**

개발 시 코딩에서 처리해 주어야 한다. 이런 유형의 이력 발생 모델은 전사적으로 적용되는 형태여서 주로 공통팀에서 이력을 발생시키는 모듈을 만들어서 사용할 수 있도록 하는 경우가 많이 있다.

■ 이력 조회

이력 조회가 필요 시 업무별로 화면을 정의하고 자기 자신의 테이블에서 이력을 조회 할 수 있도록 개발을 해야 한다.

■ 장점
- 이력 테이블이 따로 존재하지 않아서 테이블의 개수가 늘어나지 않는다.
- 분석, 설계 시 전체 컬럼을 대상으로 이력을 발생하므로 관리 항목 선정에 대하여 고민 할 필요가 없어 공수가 절약된다.

■ 단점
- 한 개의 테이블에 이력이 같이 존재하여서 현시점의 데이터를 추출 할 때 이력이 들어 있는 저장 장소까지 읽어야 되기 때문에 비효율적이다.

위의 문제점을 정확히 알아봐야 하므로 자료를 읽을 때 어떤 구조로 읽어 들이는지 알아보자.

## 2.1. 오라클 블럭의 구조

먼저 오라클은 논리적인 구조로 Block → Extend → Segment → Tablespace → Database로 확장된다는 것을 알고 있을 것이다.

> **Tip_ TABLESPACE SYSTEM**
>
> Extend : 데이터 블럭의 연속된 형태로 구성되며 세그먼트의 저장 단위로 사용한다.
> 테이블이나 인덱스를 생성할 때 STORAGE OPTION으로 설정할 수 있다.
> Segment : 데이터를 저장하기 위해 할당하는 확장 영역이며 테이블 세그먼트, 인덱스 세그먼트,
> 롤백 세그먼트, 언두 세그먼트, 템프러리먼트 등이 있다.
> 하나 이상의 Extend로 구성된다.
> Tablespace : 물리적 파일이 1개 이상으로 구성되며 시스템 테이블스페이스와 사용자가 생성하는 테이블스페이스가 있다.
> 1개 이상의 세그먼트로 구성됨
> Database : 테이블스페이스의 집합체라고 할 수 있다.

블럭은 오라클에서 데이터를 저장하고 관리되는 논리적인 최소 단위라고 말할 수 있다. 그래서 오라클에서 아무리 작은 데이터를 조회 할 때도 블럭 단위로 조회를 한다는 것을 우리는 알고 있다. 그러면 한 개의 블럭 크기는 얼마일까? 그건 초기 오라클 세팅할 때 정해주는데 보통 4kbyte 또는 8kbyte 또는 16kbyte로 한다.

init.ora(오라클 설정 파일) 확인해 보면 다음과 같다.

[init.ora 확인]

```
# db_file_multiblock_read_count = 8
#SMALL
#db_file_multiblock_read_count = 16
#MEDIUM
#db_file_multiblock_read_count = 32
#LARGE
#Datawarehouse
db_block_size=8192
# Transaction processing
# db_block_size=4096
open_cursors=300
#Transaction processing
```

위와 같이 설정된 8kbyte는 영문자로 8000자 정도 한글로 4000자 정도가 들어가는 구조이다. 어느 정도 업무의 공통코드 정도는 1개 또는 2개의 블럭 안에 들어간다고 봐도 괜찮을 정도로 작지 않은 크기라고 보면 된다.

이력의 설계를 이야기하는데 왜 블럭 이야기를 하냐고 궁금해 할 수 있으나 블럭의 구조를 알아야 데이터들이 어떻게 물리적으로 분산되는지도 알 수 있기 때문이다. 그러면 이번에는 블럭락을 더 상세하게 분석해보자.

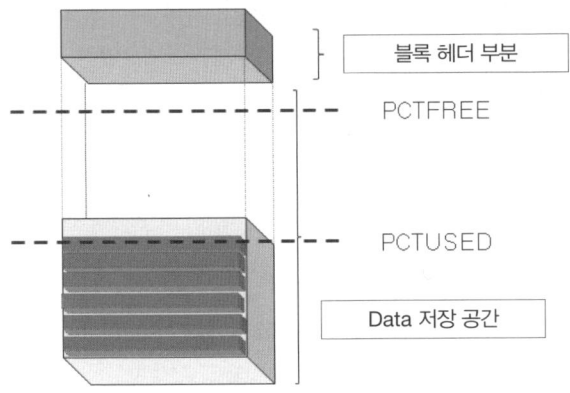

그림 14-11 블럭의 구조

[테이블 생성 예]

```
CREATE TABLE LEEOK.A_MENU_PGM
(
 MENU_ID     VARCHAR2(20 BYTE)        NOT NULL,
 PGM_ID      VARCHAR2(20 BYTE)        NOT NULL,
 DESCRIPTION VARCHAR2(200 BYTE)
)
TABLESPACE SYSTEM
PCTUSED  60
PCTFREE  10
INITRANS  1
MAXTRANS  255
STORAGE  (
        INITIAL      256K
        NEXT         1M
        MINEXTENTS   1
        MAXEXTENTS   UNLIMITED
        PCTINCREASE  0
        FREELISTS    1
        FREELIST GROUPS  1
        BUFFER_POOL  DEFAULT
        )
LOGGING
NOCOMPRESS
```

```
NOCACHE
NOPARALLEL
MONITORING;
```

**Tip_ PCTFREE와 PCTUSED**

PCTFREE : 데이터 저장 공간이 insert에 의해 증가될 때 어느 공간만큼 증가하면 모두 채우지 말고 비워두라는 것이다. Update 시 사용하기 위한 공간

PCTUSED : 블럭 안의 레코드가 삭제되면 점점 빈 공간이 생기는데 PCTUSED 지정선까지 삭제되면 이 블럭에 다시 insert할 수 있게 하라는 설정. 블럭의 재사용

❶ Insert 또는 Update되면서 블럭 안에 데이터가 PCTFREE까지 채워진다
❷ Delete 또는 Update되면서 블럭 안의 데이터가 PCTUSED까지 비워진다.
❸ PCTUSED까지 비워지면 블럭을 재사용한다.

그림 14-12 블럭에 저장되는 데이터 변화

PCTFREE를 두는 이유는 Insert된 데이터 중 Update될 시 길이가 더 큰 값으로 증가 되었다면 증가된 부분을 수용하여 한 개의 레코드가 한 블럭 안에 같이 포함할 수 있도록 함이 목적이다.

그러면 자기 참조 이력 테이블의 블럭의 변화를 도형으로 만들어보자. 초기의 채무자를 등록 했을 시 아마 그림 14-13의 구조로 만들어질 것이다.

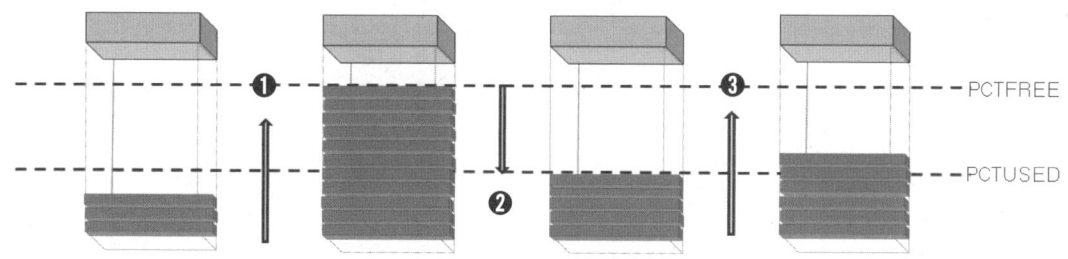

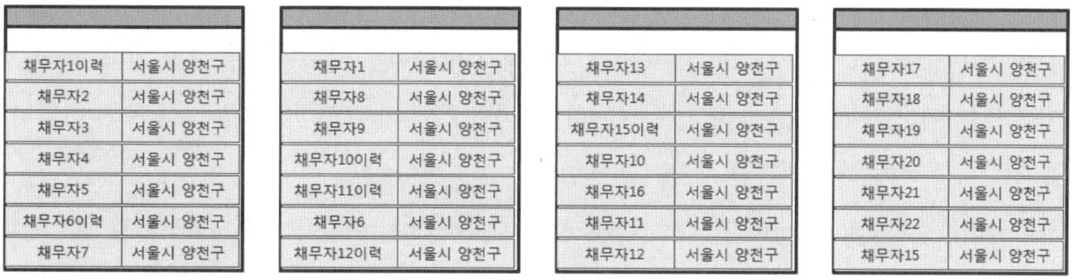

그림 14-13 초기 블럭 구조

이력이 많이 발생하지 않아서 현재의 채무자만 검색을 한다면 4개의 블럭만 퍼 올리면 된다. 그러나 시간이 지날수록 이력은 계속 증가하게 된다. 여기의 예에서 보면 채무자 22명을 등록했으므로 22개의 현시점의 채무자가 있고 6개의 이력이 존재한다.

그러나 시간이 지날수록 22명 기준으로 이력은 계속 증가하게 된다. 각각 10개의 이력을 가질 수 있다고 가정을 하면 22+(22*10) = 242개의 레코드가 생성해야 된다. 그러면 위의 예제를 기준으로 블럭을 만들면 총 35개의 블럭이 생성된다.

그림 14-14 여러 건의 이력 발생 후 블럭 구조 변화

이렇게 블럭이 생성되면서 현시점의 채무자 22명은 각각의 블럭에 나누어져 분산이 된다. 또한 채무자별 이력 또한 여러 블럭으로 나누어져 분산된다. 그러면 22명의 현시점의 채무자를 조회 하려면 35개의 블럭을 퍼 올려야 하는 심각한 상황이 발생한다.

데이터의 클러스트링(Clustering)이 아주 나빠지게 되는 것이다. 이것은 수행 속도에 엄청난 결과를 발생시킨다. 4개의 블럭을 퍼 올리면 될 것을 35개의 블럭을 퍼 올려야 되니 말이다.

## 2.1.1. 단점 1

이력을 제외한 현시점의 채무자(데이터)만을 조회할 시 인덱스를 추가하여 만들어야 한다.

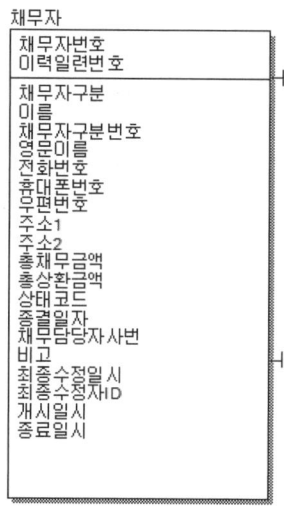

그림 14-15 채무자 테이블

위의 설계에서 현시점의 채무자를 조회하려면 이력 일련 번호의 증가가 일정하지 않으며 채무자별 이력일련번호의 MAX값을 가져와야 한다.

- **이력일련번호에 마지막 번호를 현시점의 채무자로 발생을 시키는 경우**
  인덱스를 생성하여도 소용이 없다. 채무자별 이력일련번호가 가장 큰 레코드를 가져와야 하므로 모든 레코드를 비교하는 방법밖에 없다.

- **현시점의 채무자는 종료 일시에 '99999999' 를 넣어서 처리하였을 경우**
  종료 일시에 인덱스를 만들어야 현시점의 채무자를 가져올 수 있다.

- **이력일련번호에 현시점의 채무자를 최초의 번호로 부여하고 이력은 일련 번호가 증가된다.**
  현시점의 채무자는 이력일련번호 0을 유지하며(이력은 insert, 현시점의 채무자는 update) 이력 일련번호에 인덱스를 만들어서 현시점의 채무자를 가져올 수 있다(PK값인 채무자번호+이력일련 번호로는 채무자를 구분하여 가져오지 못하므로). 이 방법은 모든 채무자를 가져올 때는 좋은 방법이 아닐 수 있다.

## 2.1.2. 단점 2

- **나중에 SQL 튜닝에 대하여 손을 쓸 수 있는 방법이 없다.**

    위에서 설명한 바와 같이 이력과 현시점의 데이터가 같이 존재하고 또 한 개의 테이블이 아니라 모든 테이블이 이런 방식으로 설계되어 있다면 더 심각하다. 테이블의 Join이 이루어지면서 테이블별로 현시점의 데이터만을 추출 해야 하므로 엄청난 자원과 시간이 시스템적으로 소요된다.

    이는 근본적으로 손을 쓸 수 있는 방법을 넘어서 버린다.

실제로 필자는 이런 프로젝트에서 개발을 수행한 적이 있었다. 필자의 경우 해당 업무의 이력 테이블을 최소화하고, 꼭 필요한 업무만 이력을 생성하였다. 그래도 보고성 업무를 조회해 보는 화면에서는 3초 정도 소요될 것이 30초, 40초 걸렸다. 보고성 업무는 개발이 끝나고 몇 개월 후에 가서 새로 튜닝을 하면서 수정하여 주었는데도 데이터 구조가 그러니 방법이 없었다. 개발 프로젝트가 규모가 있어서 튜닝 전문가들도 와 있었지만 그들 또한 필자와 마찬가지로 손쓸 방법이 없었던 것이다.

이런 사례를 보면 개발 컨설팅이 얼마나 중요한지를 알 수 있다. 한 번의 잘못된 컨설팅이 그 시스템의 전산 효율에 엄청난 결과를 낳을 수도 있으니 심사숙고 해야 된다. 그리고 이런 이력 설계는 옛날 COBOL 시대의 ISAM이나 VSAM 파일 구조를 사용할 때는 가능하지만 RDBMS 사상에서는 적용하기 힘든 설계 구조이다.

## 3. 변경된 이력만 관리

모든 테이블의 변경된 컬럼만을 대상으로 하고 있으므로 변경된 자료만 이력으로 생성하며 업무별로 변경 이력 테이블을 따로 두어 사용할 수 있다.

- **변경된 컬럼 데이터만을 관리**
    - 테이블별 컬럼 정보를 가지고 이력을 발생시킨다.
    - 여러 테이블의 변경 자료를 같이 가지고 있는 구조이다.
    - 변경 전후의 데이터를 모두 가지고 있다.

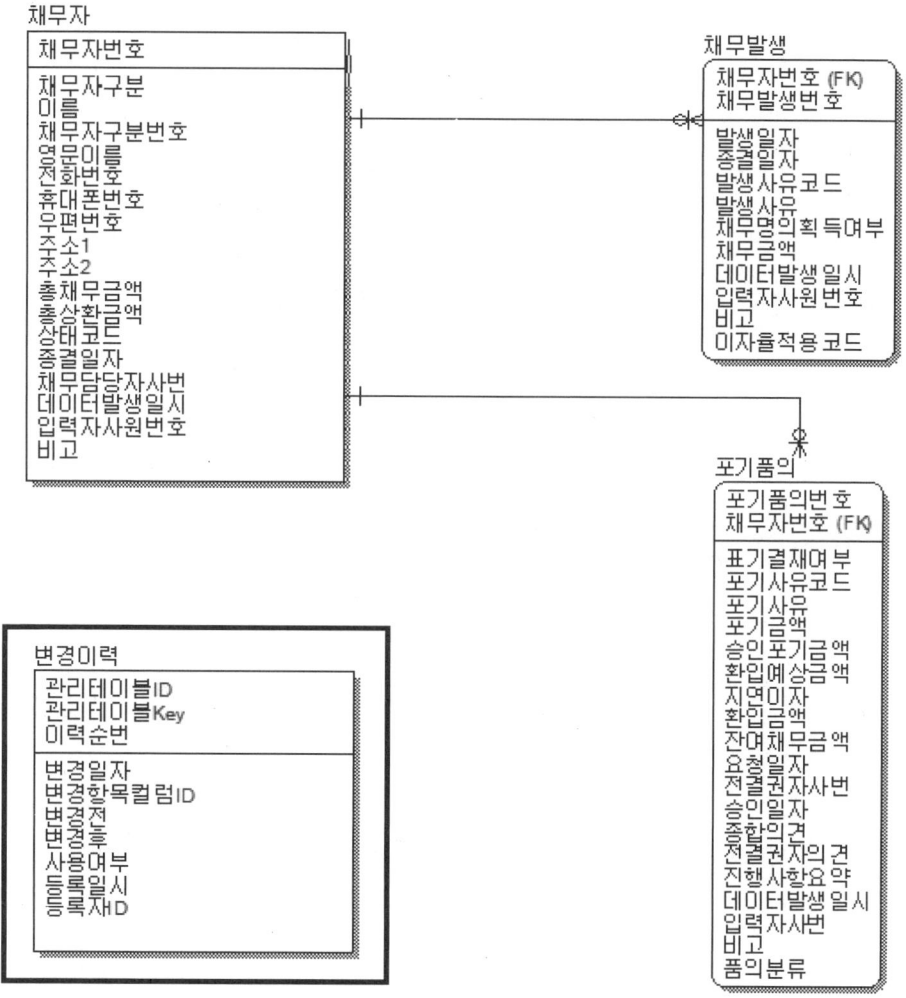

그림 14-16 변경된 컬럼 데이터만을 관리

> **참고**
>
> 개인적으로 필자가 가장 선호하는 형태의 설계이지만 현업과의 이력에 관한 업무 조율이 먼저 이루어져야 한다. 변경된 컬럼 자료만을 저장하기 때문에 공통에서 공통 모듈을 제공해주고 업무 개발자는 호출하여 사용하는 방법이 가장 효율적이다. 프로젝트의 규모가 커서 많은 양의 테이블이 있을 시 업무별로 이력 테이블을 분리하여 관리하는 것이 시스템적으로 안정적이다.

위 설계를 바탕으로 화면을 통해 변경되는 정보로 이력 테이블을 관리하는 내용을 확인해 보겠다.
먼저 ERD를 근거로 이력 테이블을 다음과 같이 생성하였다.

| PK | Column | Data Type | Default | NULL? | Comments |
|---|---|---|---|---|---|
| | TAB_ID | VARCHAR2(10) | | | 관리테이블ID |
| | TAB_PK | VARCHAR2(10) | | N | 관리테이블PK |
| | TAB_SEQ | NUMBER | | N | 이력순번 |
| | TAB_ALT_DATE | DATE | | N | 이전변경일자 |
| | TAB_COL | VARCHAR2(20) | | | 변경항목컬럼ID |
| | OLD_VAL | VARCHAR2(250) | | | 변경전DATA |
| | NEW_VAL | VARCHAR2(250) | | | 변경후DATA |
| | BAK_USE | VARCHAR2(1) | | | 사용여부 |
| | BAK_REGIST_DATE | DATE | | | 등록일시 |
| | BAK_REGISTRANT | VARCHAR2(10) | | | 등록자ID |

그림 14-17 이력 테이블

각 항목의 데이터 타입의 길이는 프로젝트마다 다르므로 넉넉하게 주기 바란다. 위의 예제에서 관련 항목의 컬럼 길이가 생각보다 작다고 보여질 수 있으나 한정적으로 설명하는 것이니 실제 프로젝트 적용 시는 데이터 타입의 길이를 넉넉하게 주기 바란다.

TAB_ID 컬럼은 데이터 변경이 발생하는 테이블명이 입력되므로 검색할 때 이력을 관리하기 위한 테이블을 지정하면 테이블 분류대로 이력을 조회 할 수 있다.

TAB_PK 컬럼은 이력이 발생되는 테이블의 PK값을 저장시키고 이력 테이블로부터 데이터를 추출할 경우 해당하는 PK 컬럼값에서 발생하는 여러 건의 이력을 관리 할 수 있다.

TAB_COL 컬럼은 INSERT 또는 UPDATE되는 컬럼의 ID값이 저장되고 OLD.VAL과 NEW.VAL 컬럼은 변경되는 컬럼의 변경 전 값과 변경 후의 값을 의미하고 변경된 이력만 관리하는 방식의 가장 요점이 되는 부분이라 할 수 있다.

그림 14-18 화면으로 변경된 이력만 관리하는 방식을 확인해 보자.

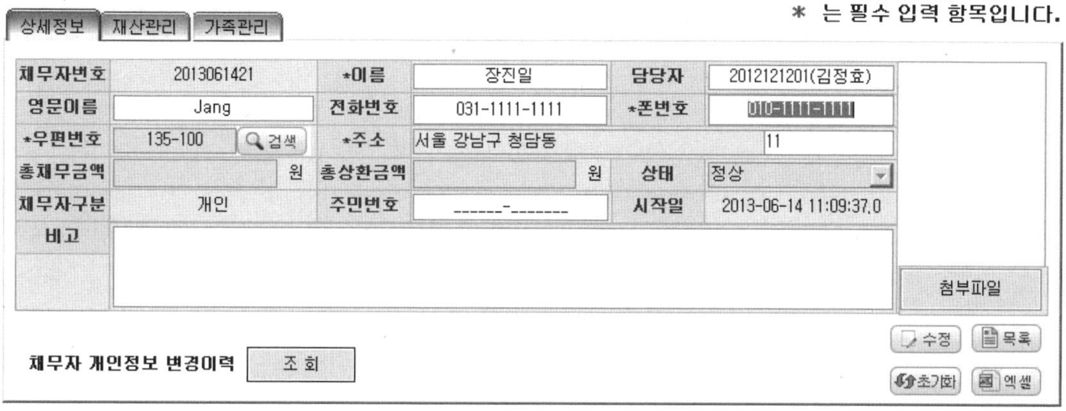

그림 14-18 개인 정보 수정 화면

그림 14-18은 등록된 개인 정보를 열람할 수 있는데 기존에 발생된 이력이나 새롭게 데이터를 변경시켜 수정 버튼을 누르면 데이터 변경이 발생되는 화면이다. 발생된 이력은 조회 버튼을 눌러 팝업 화면을 통해 확인 할 수 있도록 구성되었다.

예를 들어 채무자 번호 '2013061421'의 기본 정보 중 폰 번호를 화면과 같이 변경시켜 발생되는 이력 관리를 살펴 보도록 하자.

[변경된 항목만 추출]

```
function btn_mod_OnClick(obj)
{
        if(!ds_debtor.GetUpdate()){
        trace(ds_result.Savexml());
                alert("변경 내역이 없습니다.");
        } else {
                if(tab0.tab1.deb_name.text !="" && tab0.tab1.edt_phone.value !="" &&
                tab0.tab1.edt_post.text !="" && tab0.tab1.edt_add1.text !="")
                {
                        var flag = Confirm("개인정보를 수정 하시겠습니까?");
                        if(flag == true){
                        // 변경전 데이터와 변경후 데이터를 비교후. 변경된 데이터만 남긴다.
                                for(var i =0;i<ds_debtor.colcount;i++){
                                        if(ds_debtor.GetColumn(0,i) == ds_dummy.GetColumn(0,i)){
```

```
                                        ds_debtor.SetColumn(0,i,"");
                                }
                        }
                        var mgrnumber=split(tab0.tab1.mgr_no.value,"(");
                                var mgrrealnumber=mgrnumber[0];
                                ds_debtor.SetColumn(ds_debtor.row,"debtorListMgrNum",mg
                                rrealnumber);
                                ds_debtor.SetColumn(ds_debtor.
                                row,"DEBTORLISTINPUT",inputNo);

                                trace(ds_debtor.Savexml());

                                var strSvcid = "add";
                                var strUrl = "svc::debtor/DebtorAdd.do";
                                var strInputDs = "ds_input=ds_debtor:u";
                                var strOutputDs = "";
                                var strArgument = "voClass=
                                'pdsystem.debtor.model.DebtorVo'";
                                var strFnCallback = "addCallback";

                                        transaction(strSvcid
                                                , strUrl
                                                , strInputDs
                                                , strOutputDs
                                                , strArgument
                                                , strFnCallback);
                                }
                }else{
                        alert("* 는 필수 입력 사항입니다.");
                }
        }
}
```

수정 버튼을 누르면 먼저 항목 중에 변경된 내용이 있는지 체크하고 변경된 내용이 있으면 PK 컬럼과 같이 수정이 불가능한 항목들을 제외하고 수정이 발생되는 모든 항목들을 체크한다. 처음 화면이 로딩될 때 데이터를 ds_dummy DATASET에 COPY하고 수정된 데이터와 비교해서 동일한 데이터는 NULL값으로 처리하고 변경된 값만 필수 정보와 함께 ds_ debtor DATASET에 저장 후에 SERVICE단으로 데이터를 전달하면 변경된 데이터만 테이블에 저장된다.

## 3.1. 이력 조회

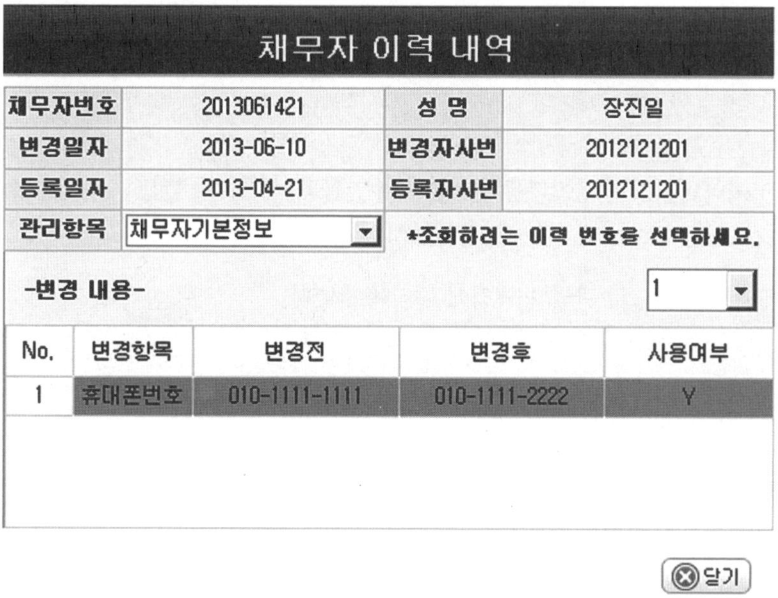

| 채무자 이력 내역 | | | |
|---|---|---|---|
| 채무자번호 | 2013061421 | 성 명 | 장진일 |
| 변경일자 | 2013-06-10 | 변경자사번 | 2012121201 |
| 등록일자 | 2013-04-21 | 등록자사번 | 2012121201 |
| 관리항목 | 채무자기본정보 ▼ | *조회하려는 이력 번호를 선택하세요. | |
| -변경 내용- | | | 1 ▼ |

| No. | 변경항목 | 변경전 | 변경후 | 사용여부 |
|---|---|---|---|---|
| 1 | 휴대폰번호 | 010-1111-1111 | 010-1111-2222 | Y |

⊗ 닫기

그림 14-19  이력 조회

화면에서 팝업 창을 통해 변경된 내역을 확인해 보면 그림 14-19처럼 변경 항목과 변경 전, 후의 값을 확인 할 수 있다. 이처럼 불필요한 항목들까지 조회되지 않기 때문에 가독성을 높일 수 있고 효율적인 DB 관리가 가능하다.

### 3.1.1. 장점

- 변경 이력을 관리해야 될 대상을 시간과 구조에 상관없이 선택 할 수 있다.
  위의 방식으로 설계를 해두면 개발 도중이나 개발 후 유지보수 중에서도 변경 대상 테이블이나 컬럼들이 바뀌어도 설계의 변경없이 처리된다는 것이 가장 큰 장점이라고 말할 수 있다.
- 변경 이력 때문에 분석, 설계자가 이력관리 모델링이나 테이블에 신경쓰지 않아도 되며 단지 이력을 관리해야 될 대상이나 항목만을 정의하면 된다.

- 변경 이력을 업무 공통으로 적용하기 때문에 개발자들이 공통 모듈을 사용하면 되므로 공수가 절약된다.
- 이력관리의 엔티티를 분리해서 데이터베이스 관리가 효율적이다.
- 조회
    - 변경된 시점과 변경된 항목들이 화면으로 조회되므로 업무 효율이 높다.
    - 공통 조회 화면 한 개의 개발만으로도 사용 가능하므로 개발효율성이 높다.

### 3.1.2. 단점

- 한 개의 레코드의 수정이 일어나더라도 변경이력은 변경된 개수만큼의 레코드가 발생하기 때문에 레코드의 수가 늘어난다.
- 이력 테이블을 모든 업무에서 사용하므로 관리나 백업에 주의해야 한다.

# CHAPTER 15
# 유사 업무의 설계

유사 업무의 설계에서는 분석을 어떻게 하고 또 분석한 내용을 바탕으로 설계(ERD)의 통합과 분리 기법을 실전을 통해 공부해 보고 유지보수의 편의성까지 논하기로 한다.

## 1. 유사 업무의 분석

분석, 설계를 하다 보면 유사한 업무가 도출이 되는 경우가 많이 있다. 업무의 유사도가 같은 프로젝트는 분리와 통합을 적절히 잘 사용하면 전산구축에 엄청난 기여를 하는 사항도 발생을 하게 된다.
자! 일단 유사 업무의 분석작업부터 시작을 해보자. 예를 들어서 설명할 업무는 법에 나와있는 유사업무의 관리대장을 기준으로 하겠다.

여기서 설명하는 예제는 국민들이 자유자재로 열람해보고 확인해 볼 수 있는 업무를 예제로 실었고, 공공업무에 관련된 업무이다. 독자들의 전산 업무 개발에 도움을 주려는 행위이므로 오해는 없길 바란다.

■ 축산물위생관리법시행규칙 [별지 제18호서식] <개정 2012.8.20>  (앞 쪽)

# ( )영업허가 관리대장

| 영업허가사항 | | | | | 계 인 | |
|---|---|---|---|---|---|---|
| 업 소 명 | | | | | | |
| 영업허가번호 | 제 호 | | 허가일 | 년 월 일 | | |
| 영업장 소재지 | 본 사 | | | 전화번호 | | |
| | 공 장 | | | 전화번호 | | |
| 대 표 자 | 성명(한글) | | | 성명(한자) | | |
| | 주민등록번호 | | | 법인등록번호 | | |
| | 주 소 | | | | | |
| 영업허가 조건 | | | | 영업허가 시설범위 | | |
| 영업허가의 변경허가(신고) | | | | | | |
| 연월일 | 내 용 | 기재자 직급·성명 | 연월일 | 내 용 | | 기재자 직급·성명 |

482  실전 DB 모델링과 SQL

|  |  |  |  |
|---|---|---|---|
|  |  |  |  |
|  |  |  |  |

210mm×297mm[백상지 80g/㎡]

(뒤 쪽)

업 소 규 모

| 공장규모 | | | | | 종업원수 | |
|---|---|---|---|---|---|---|
| 대지면적 | ㎡ | | | 총원 | | 명 |
| 건물면적 | ㎡ | | | 본사 | | 명 |
| 작업장면적<br>(처리·가공장) | 소계 ㎡ | | 공장 | 사무직 | | 명 |
| | | | | 판매직 | | 명 |
| | | | | 생산직 | | 명 |
| 건물 소유 구분 | [ ] 자가 [ ] 임대 | | | | | |

| 책임수의사 지정승인·해임신고 |||||||||||
|---|---|---|---|---|---|---|---|---|---|---|
| 성명 | 주민등록번호 | 수의사면허번호 | 직책 | 신고내용 || 성명 | 주민등록번호 | 수의사면허번호 | 직책 | 신고내용 ||
| | | | | 구분<br>(지정·해임) | 승인일·수리일 | | | | | 구분<br>(지정·해임) | 승인일·수리일 |
| | | | | | | | | | | | |
| | | | | | | | | | | | |
| 그 밖의 행정조치사항 |||||||||||

CHAPTER 15 유사 업무의 설계 483

| 연월일 | 구분 | 조치내용 | 기재자 직급·성명 | 연월일 | 구분 | 조치내용 | 기재자 직급·성명 |
|---|---|---|---|---|---|---|---|
|  |  |  |  |  |  |  |  |
|  |  |  |  |  |  |  |  |

| 행 정 처 분 사 항 ||||||||
|---|---|---|---|---|---|---|---|
| 처분 연월일 | 문서 번호 | 위반 사항 | 처분내용 및 기간 | 기재자 직급·성명 | 처분 연월일 | 문서 번호 | 위반 사항 | 처분내용 및 기간 | 기재자 직급·성명 |
|  |  |  |  |  |  |  |  |  |  |
|  |  |  |  |  |  |  |  |  |  |

비 고 : 위생관리책임자(위생교육 관련) 지정사항 등

그림 15-1 도축업관리대장

물론 이 대장말고 설계에 반영되는 것은 현재 관리하거나 민원으로 받아야 될 자료, 보고서 등의 여러 분석 대상이 있지만 분석할 수 있는 자료는 위의 대장으로 한정을 지어서 분석, 설계를 한다고 가정을 하고 가겠다.

## 1.1. 분석 데이터군 및 항목

- **영업허가사항**

  업소명, 영업허가번호, 허가일자, 본사주소, 본사전화번호, 공장주소, 공장전화번호, 대표자한글, 대표자한자, 대표자주민등록번호, 법인등록번호, 대표자주소, 영업허가조건, 영업허가시설범위1, 영업허가시설범위2, 영업허가시설범위3

- **공장규모**

  대지면적, 총종업원수, 건물면적, 본사종업원수, 작업장면적, 공장사무직종업원수, 공장판매직종

업원수, 공장생산직종업원수, 건물소유구분

- **영업허가의변경허가사항**

  변경일자, 내용, 기재자직급, 기재자성명

- **책임수의사**

  성명, 주민등록번호, 수의사면허번호, 직책, 승인해임구분, 승인해임일자

- **행정조치사항**

  행정조치일자, 구분, 조치내용, 기재자직급, 기재자성명

- **행정처분사항**

  행정처분일자, 문서번호, 위반사항, 처분내용, 처분기간, 기재자직급, 기재자성명

음영 처리된 부분은 반복되는 부분이므로 다중 건이 발생할 수 있는 대상 데이터군 및 항목들이다. 이미 정규화 부분에서 설명을 하였으므로 상세한 설명은 하지 않겠다. 간단히 말하면 제1정규화에 의하여 자식 엔티티로 분리하여 설계될 것이다. 그리고 영업허가의 변경사항 데이터군은 이전 장에서 설명한 이력관리로 처리를 해야 될 부분 이여서 향후에는 제외하겠다.

■ 축산물위생관리법 시행규칙 [별지 제25호서식] <개정 2012.8.20>

(앞 쪽)

# 영업신고 관리대장

|  |  | 계 장 | 과 장 | 확인 |
|---|---|---|---|---|

| 업종 |  | 영업의 형태 |  | 신고 번호 |  | 신고 연월일 | ... |
|---|---|---|---|---|---|---|---|
| 업소명 | 년 월 일 신규 | 년 월 일 변경신고(인) | 년 월 일 변경신고(인) | 년 월 일 변경신고(인) |
| 소재지 | 주 소 |  |  | 전화번호 |  |
| 영업자 | 성 명 |  |
|  | 주민등록번호 |  |
|  | 주 소 |  |
|  | 연 월 일 |  |
| 종사자 | 남 자 | 명 | 여 자 | 명 | 계 | 명 |
| 행정 처분 사항 | 처 분 일 | 위반사항 | 위반코드 | 처분내용 | 처분코드 | 기재자 직급·성명 |
|  | ... |  |  |  |  |  |

| | | ... | | | | |
|---|---|---|---|---|---|---|
| | | ... | | | | |

297mm×210mm(백상지(2종) 80g/㎡)

(뒤 쪽)

| 건물구조<br>※[ ]표는 해당<br>하는 곳에 ∨표 | [ ] 목 조 [ ] 벽 돌 [ ] 부럭조<br>[ ] 철근콘크리트 총 층 중 건평 ㎡<br>[ ] 지 상 [ ] 지하 층 | | | | 평면도 |
|---|---|---|---|---|---|
| 시설현황 | | 내 용 | | 변 경 사 항 | |
| | 영<br>업<br>장 | 판매장 또는<br>사무실 | ㎡ | 년 월 일 | |
| | | 보관시설 | ㎡ | 년 월 일 | 위치도 |
| | | 진열상자 | ㎡ | 년 월 일 | |
| | 축산물운반용 차량의 수 | | 대 | 년 월 일 | |
| | 세 차 시 설 | | ㎡ | 년 월 일 | |
| | 차 고(창 고) | | ㎡ | 년 월 일 | |
| | 품목추가에 의한 시설 | | ㎡ | 년 월 일 | |

| 화 장 실 | [ ] 업소 내 m² | 재작성 사유 | |
|---|---|---|---|
| | [ ] 공용 m² | 작성 연월일 | ... |
| 급 수(세척시설) | [ ] 상수도전용<br>[ ] 지하수전용<br>[ ] 상수도+지하수겸용 | 작성자 | 직 위<br>(직급) |
| 참고사항 | | | 성명 □ |

그림 15-2 식육판매업관리대장

## 1.2. 분석 데이터군 및 항목

■ 영업신고사항

업종, 영업의형태, 신고번호, 신고일자, 업소명, 신규일자, 업소명2, 업소명변경일자2, 업소명3, 업소명변경일자3, 업소명4, 업소명변경일자4, 소재지주소, 소재지전화번호, 영업자성명, 영업자주민등록번호, 영업자주소, 영업자등록일자, 종사자남인원수, 종사자여인원수, 건물구조, 참고사항

음영 처리된 부분은 이전 장에서 설명한 이력 관리로 처리를 해야 될 부분이어서 설계에는 제외한다.

■ 시설현황

시설구분코드(판매장, 사무실, 보관시설, 진열상자, 운반차량, 세차시설, 차고및창고, 품목추가에 의한시설, 화장실, 급수시설), 단위구분(㎡, 대수....), 수량

■ 행정처분사항

행정처분일자, 위반사항, 위반코드, 처분내용, 처분코드, 기재자직급, 기재자성명

음영 처리된 부분은 자식 엔티티로 분리될 사항들이다.

여기서 분석 대상인 관리 대장을 보여주고 항목 등을 나열한 것은 유사업무의 분석 시에 항목의 군을 보고 설계를 어떻게 해야 하는가를 다음 파트에서 설명해야 하기 때문이니 가급적 정독을 하기 바란다.

위의 데이터군 및 항목들을 보면 유사한 부분이 많이 보일 것이다. 이 유사한 데이터군들의 항목을 어떻게 분리하고 통합하느냐가 이번 장의 논의 사항이다.

> **참고**
>
> 두 종류의 관리 대장의 데이터군 및 항목들을 보면 대장을 조금 수정하면 전산적으로 구현하기가 더욱 편리하지 않을까라고 생각되는 부분이 많이 있다.
>
> 이번 경우는 법에 나온 사항이니 수정하기가 힘들겠지만 일반 사기업에서는 이런 사항이 있으면 현업에 건의하여 수정 요청을 하면 더 나은 방안으로 전산 구축이 될 수 있으므로 이런 경우가 발생하면 주저 없이 의견을 내보는 것도 고객에 대한 예의 그리고 개발자의 의무라고 생각한다.

## 2. 통합과 분리

앞에서 분석한 내용을 바탕으로 이번에는 설계를 어떻게 할 수 있는지 직접 실습으로 설명을 하고자 한다. ERD 설계 시 항목 한 개를 설계하는데도 여러 가지 상황을 수용할 수 있도록 상세히 분리 설계될 것이다.

예를 들어 앞의 항목에서 몇 가지 항목을 상세하게 분리하여 설계해 보면 다음과 같다.

- **주소**
  - 법정동코드
  - 행정동코드
  - 우편번호
  - 도로명주소코드
  - 주소1

- 주소2
- 산, 번지, 호, 동, 반, 특수주소, 특수지동, 특수지호

■ **허가일자 ⇒ 유추할 수 있는 항목군 제외**
- 폐업일자
- 휴업시작일자
- 휴업종료일자

위에서 예를 들은 바와 같이 이렇게 상세하게 분리하여 설계하지는 않겠다. 물론 실제 설계할 때는 업무 협의를 통해서 주소 체계도 위와 같이 상세하게 설계를 해야 하지만 여기서 항목을 상세하게 나누어 설계하지는 않겠다.

그리고 이미 장에서 언급한 바 있는 이력으로 관리되어야 할 항목군도 제외할 것이며 행정조치나 행정처분사항 또한 행정처분 규정에 따라 다르게 설계되어 처리되는 것으로 보고 여기에서는 제외할 것이다.

이렇게 여기서 제외하는 데이터군들은 통합과 분리를 설명하는데 크게 지장이 없고 또 기술을 하면 독자들에게 더 많은 혼선을 주는 것을 방지하기 위함이니 독자들의 양해를 구한다.

## 2.1. 완전히 분리하여 설계

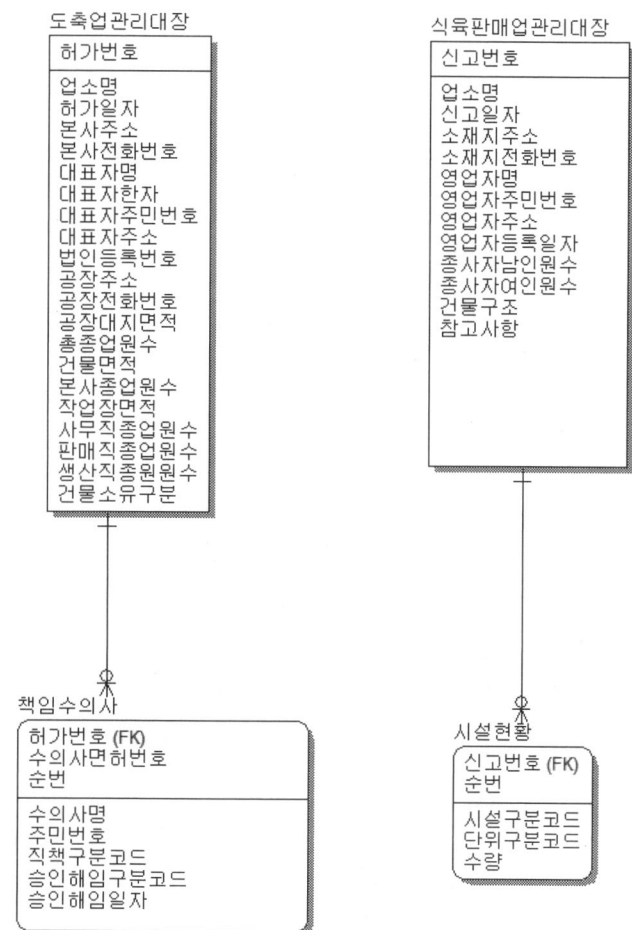

그림 15-3 유사업무를 완전히 분리한 설계

### 2.1.1. ERD 설명

- 업무를 분리하여 항목을 도출한 바와 같이 도축업과 식육판매업을 완전히 분리하여 설계하였다.
- 도축업에만 발생이 되는 책임 수의사를 분리하여 1:M의 관계로 관리할 수 있도록 하였다. 여기서 순번은 책임 수의사를 여러 명을 둘 수 있도록 함에 있다.
- 식육판매업에만 발생되는 시설 현황을 분리하여 1:M의 관계로 관리할 수 있도록 하였으며 관리대장에서의 시설을 구분 코드로 나누어 여러 건 등록할 수 있도록 하였다.
- 시설 현황의 단위구분코드는 시설마다 단위가 다르므로(㎡, 대수....) 구분코드로 나누어 선택할 수 있도록 하였다.

### 2.1.2. 적용 시 고려사항

완전히 분리하여 설계할 시에는 보통 이렇게 업무의 유사성이 있으나 여러 업무로 분리되지 않을 시에는 프로젝트 개발팀이 명확히 인지할 수 있도록 중복되는 항목이 있더라도 분리하여 관리할 수 있다. 예제로 제시한 건은 두 개의 업무로 되어 있고 중복 항목도 많지 않다는 것을 볼 수 있다.

### 2.2. 중복 항목을 통합하여 설계

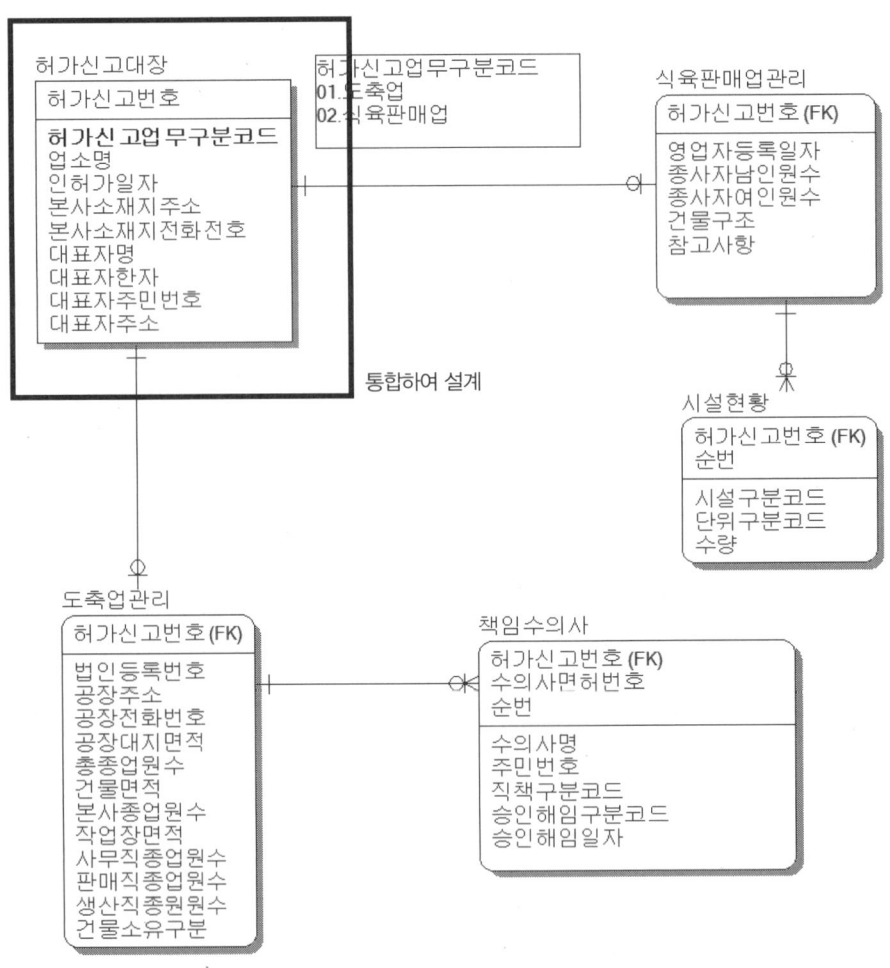

그림 15-4 유사업무 중복 항목을 통합하여 설계

## 2.2.1. ERD 설명

- 허가신고대장을 두어 도축업과 식육판매업의 중복되는 항목을 통합하여 한 개의 엔티티로 두었으며 중복되지 않는 항목들은 도축업관리와 식육판매업관리로 분리하여 처리할 수 있도록 엔티티를 나누어 두었다.
- 허가신고대장에 허가신고 업무 구분코드를 두어 도축업과 식육판매업을 구분할 수 있는 식별자를 추가하였다.
- 허가신고대장과 도축업/식육판매업의 관계는 1:1 건이면서 Optional로 관계를 가지고 있어 허가신고대장보다 도축업이나 식육판매업이 다건으로 발생하지 못한다.
- 도축업에만 발생이 되는 책임 수의사를 분리하여 1:M의 관계로 관리 할 수 있도록 하였다.
- 식육판매업에만 발생되는 시설 현황을 분리하여 1:M의 관계로 관리 할 수 있도록 하였으며 관리대장에서의 시설을 구분코드로 나누어 여러 건 등록할 수 있도록 하였다.

## 2.2.2. 적용 시 고려사항

중복 항목을 통합하여 설계할 시에는 보통 이렇게 업무의 유사성이 있고, 유사성이 있는 업무가 여러 개로 구성이 되어 있을 시 관리의 편의성에 의해서 통합을 한다.
예를 들어 도축업, 식육판매업 두 개의 업무만 아니라 8개 정도의 유사한 인허가가 발생한다고 가정한다면 이렇게 통합 설계를 하면 유리한 점이 많이 있을 수 있다. 허가신고대장 테이블만 조회하여 업무별 인허가 건수라던지, 아니면 전체 인허가 건수 등의 여러 가지 정보를 만들어 낼 수 있으며 통합해 두었기 때문에 데이터의 활용 측면에서 훨씬 많은 효율성을 보장 받을 수 있다.

통합 시에 어떤 항목을 통합할 것인지 또 유사한 항목은 어떤 명으로 통합할 것인지를 잘 고민하여 적용해야 한다. 개발자들이 통합된 항목을 보더라도 각자의 업무에서 적용하는 용어 혼선이 없도록 명칭 적용도 신중해서 결정해야 한다.

## 2.3. 전체 업무를 통합하여 설계

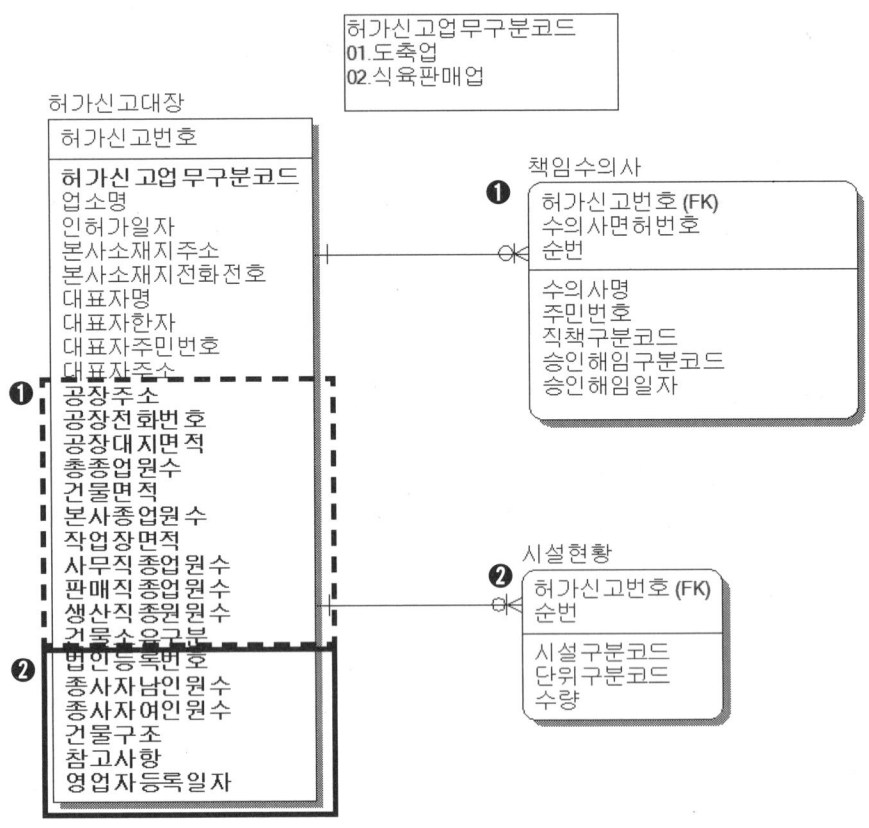

그림 15-5  분리 없이 전체를 통합하며 각 업무의 항목을 모두 포함한 설계

### 2.3.1. ERD 설명

- 허가신고대장을 두어 도축업과 식육판매업 두 업무의 관리항목을 통합해 한 개의 엔티티로 두었으며 중복되지 않는 항목들은 모두 나열하여(도축업에 관한 항목 식육판매업에 관한 항목) 허가신고대장 항목으로 도출하였다.
- 허가신고대장에 허가신고 업무 구분코드를 두어 도축업과 식육판매업을 구분할 수 있는 식별자를 추가하였다.
- 그림 15-5의 ERD의 1번 항목들은 도축업일 때만 발생을 하며, 2번 항목들은 식육판매업일 때만

발생을 할 것이다.
- 도축업에만 발생이 되는 책임 수의사를 분리하여 1:M의 관계로 관리 할 수 있도록 하였다. 책임 수의사는 도축업일 때만 발생될 것이다.
- 식육판매업에만 발생되는 시설 현황을 분리하여 1:M의 관계로 관리 할 수 있도록 하였으며 관리 대장에서의 시설을 구분코드로 나누어 여러 건 등록할 수 있도록 하였다. 시설 현황은 식육판매업일 때만 발생될 것이다.

### 2.3.2. 적용 시 고려사항

모든 항목을 통합하여 설계할 시는 각각의 업무별로 따로 관리되어야 할 항목의 개수가 적을 시 적용하는 것이 유리하다.

지금 예시에서는 도축업에 관한 항목이 11개, 식육판매업에 관한 항목이 6개이고 중복 항목이 9 개인데 이런 경우는 전체를 통합한다는 것은 바람직하지 않다고 볼 수 있다. 위에서 설명했듯이 중복 항목이 많고 각각 관리되어야 할 항목의 개수가 적을 시 적당한 설계라고 말할 수 있다.

모든 항목을 통합할 때는 개발 시 개발자들이 항목의 구분을 잘할 수 있도록 ERD나 테이블 생성시 명시를 해주는 것이 좋다. 예를 들어 '공장주소' 항목은 '도축업에만 발생'같은 주석을 철저히 달아 주어 개발자에게 항목의 의미를 정확히 전달해야 한다.

## 2.4. 전체 업무를 통합하고 같은 항목을 업무별로 각각 다른 의미로 사용

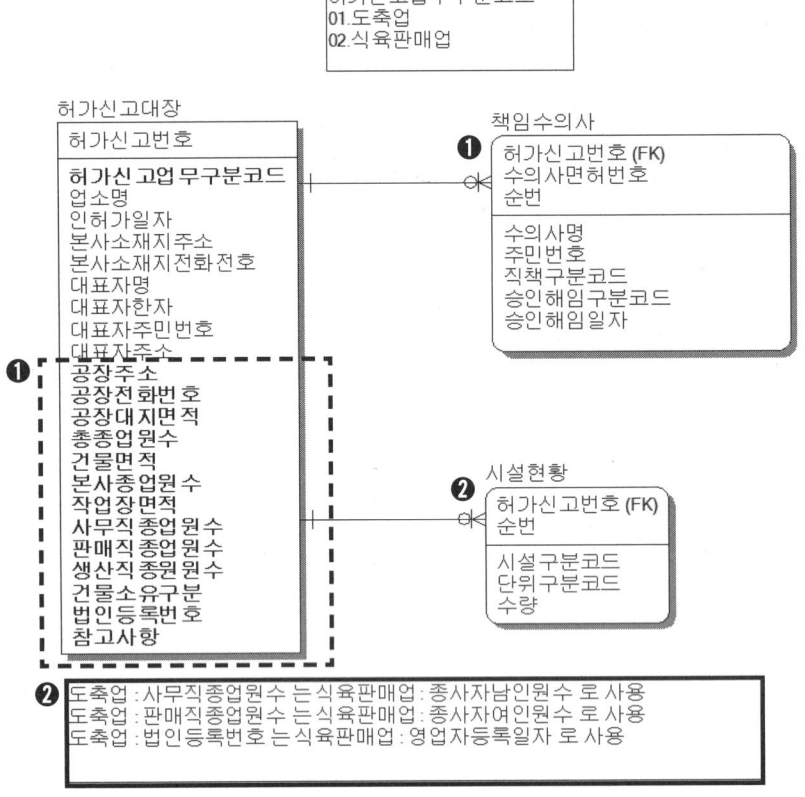

그림 15-6 분리 없이 전체를 통합하며 같은 항목을 업무별로 다른 의미로도 사용을 하는 설계

### 2.4.1. ERD 설명

- 허가신고대장을 두어 도축업과 식육판매업 두 업무의 관리 항목을 통합해 한 개의 엔티티로 두었으며 도축업을 기준으로 항목들을 도출하였고 식육판매업은 도축업의 항목을 같이 사용하도록 하였다.

- 허가신고대장에 허가신고업무구분코드를 두어 도축업과 식육판매업을 구분할 수 있는 식별자를 추가하였다.

- 그림 15-6의 ERD의 1번 항목들은 도축업을 기준으로 항목을 작성하였고, 2번 항목들은 도축업의 항목을 식육판매업 일 때는 같이 사용하도록 정의하였다.

- 도축업에만 발생이 되는 책임 수의사를 분리하여 1:M의 관계로 관리할 수 있도록 하였다. 책임 수의사는 도축업일 때만 발생될 것이다.
- 식육판매업에만 발생되는 시설 현황을 분리하여 1:M의 관계로 관리할 수 있도록 하였으며 관리대장에서의 시설을 구분코드로 나누어 여러 건 등록할 수 있도록 하였다. 시설현황은 식육판매업일 때만 발생될 것이다.

### 2.4.2. 적용 시 고려사항

이번 예시에서도 항목을 통합하여 설계할 시는 각각의 업무별로 따로 관리되어야 할 항목의 개수가 적을 시 적용하는 것이 유리하다.
위의 예시는 개발 시 개발자들이 항목을 오인하여 사용할 수 있는 소지가 너무 많다는 점에서 옳은 설계라고 할 수 없다. 한 개의 항목을 두 개의 의미로 사용할 때는 해석하기에는 무척 어려움이 있으며 오해의 소지를 불러일으킬 확률이 많아진다.

아무리 분석, 설계 시 항목의 의미를 자세하게 기술하고 설명해 두어도 ERD를 볼 때 직관적으로 느껴지지 않기 때문에 관련 개발자들이 해석하기 어려운 것이다.

> **참고**
>
> 분석, 설계자들은 개발 시 개발자의 에러 발생률과 유지보수까지 생각을 하여 설계를 하여야 한다.
>
> 분리 없이 전체를 통합하여 같은 항목을 업무별로 다른 의미로 사용하는 설계는 개발 시에도 개발자가 마음대로 값을 정의하여 사용할 확률이 많고 유지보수 도중에도 임의로 개발자가 값을 지정하여 사용하는 여지를 준다는 점에서 바람직한 설계가 아니다.
>
> 필자는 실제로 이런 설계를 해둔 곳의 데이터를 본적이 있는데 무슨 데이터가 들어있는지 모르는 경우가 허다 했다. 오로지 데이터를 넣은 사람만이 데이터의 의미를 알 수 있고 아니면 이 테이블에 관련되는 모든 소스를 분석하지 않고는 찾아 내기 힘들다.
>
> COBOL 시대 때 레코드를 재정의(REDEFINES)하여 사용하는 생각을 가지고 위와 같은 설계를 한다면 RDBMS 사상에 맞지 않다고 볼 수 있다.

## 3. 유지보수의 편의성

유사업무의 유지보수는 새로운 유사업무가 발생하더라도 설계만 잘되어 있으면 큰 어려움 없이 추가된 유사업무를 개발할 수 있다는 것을 강조하고 싶다.

설계라는 범위는 ERD의 설계뿐 아니라 애플리케이션의 설계도 포함함을 말하는 것이다. 유사업무는 이런 ERD뿐 아니라 프로그램 또한 통합하여 구축해 두면 유사업무가 더 발생되더라도 별 어려움 없이 개발을 앞당길 수가 있다.

여기서의 예제는 앞에서 설명한 '유사항목 중복 항목을 통합하여 설계 방법'으로 설명하겠다. 왜냐하면 유사업무가 추가로 발생되면 가장 효율이 좋은 설계이기 때문이다.

### 3.1. 유사업무의 추가

[별지제21호서식]

(앞쪽)

```
제호

              축산업(부화업)등록증




고유번호:
성 명:
년월일또는사업자등록
```

번호:

사업장명칭:

소재지 :

부화대상가축:

1회입란능력:

「축산법」 제22조제1항, 같은법시행령제14조제3항및같은법시행규칙제27조제4항에따라위와같이부화업의등록을하였음을증명합니다.

년월일

시장
군수           인
자치구구청장

210mm×297mm (보존용지(1종)120g/㎡)

(뒤쪽)

변경사항

| 연월일 | 내 용 | 확인자<br>(서명또는인) |
|---|---|---|
|  |  |  |
|  |  |  |
|  |  |  |
|  |  |  |
|  |  |  |
|  |  |  |

[별지제26호서식]

## 축산업(부화업)등록대장

| 등록<br>년월일 | 등록<br>연번 | 고유번호 | 부화장명칭 | 등록자성명 | 부화<br>대상<br>가축 | 1회<br>입란<br>능력 | 비고 |
|---|---|---|---|---|---|---|---|
|  |  |  | 부화장소재지 | 주민(법인)<br>등록번호 |  |  |  |
|  |  |  |  |  |  |  |  |
|  |  |  |  |  |  |  |  |
|  |  |  |  |  |  |  |  |
|  |  |  |  |  |  |  |  |

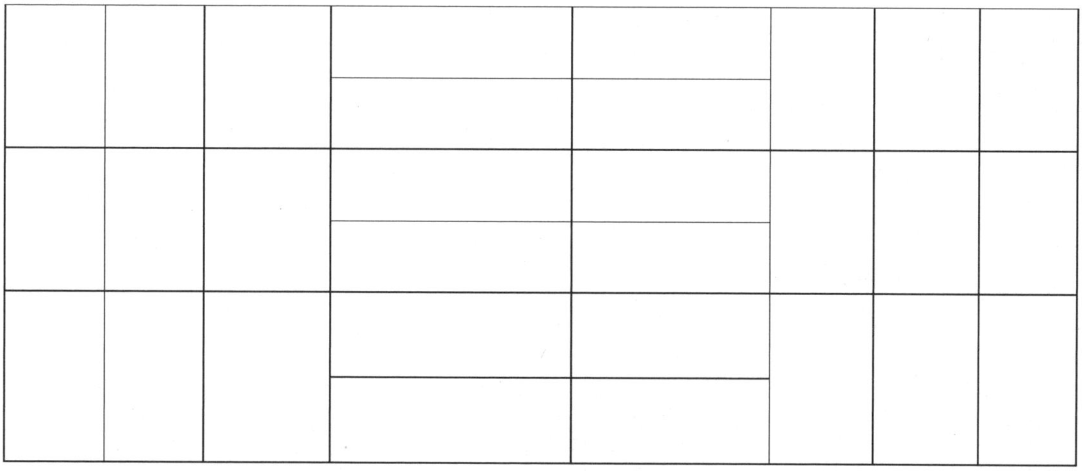

297mm×210mm (보존용지(1종) 70g/㎡)

그림 15-7  부화업 관리대장

유사업무인 부화업 관리가 추가되었다고 가정을 하고 분석 자료는 위의 등록증과 대장이 전부라고 생각을 하자.

### 3.1.1. 분석 데이터군 및 항목

■ 신고등록사항

- 고유번호, 등록자명, 등록자(법인)주민번호, 등록일자, 사업자등록번호, 사업장명칭, 사업장주소
- 부화대상가축, 1회 입란능력, 비고

■ 변경사항

- 변경일자, 내용, 확인자

음영처리 된 부분은 이전 장에서 설명한 이력관리로 처리를 해야 될 부분이여서 설계에는 제외하겠다.

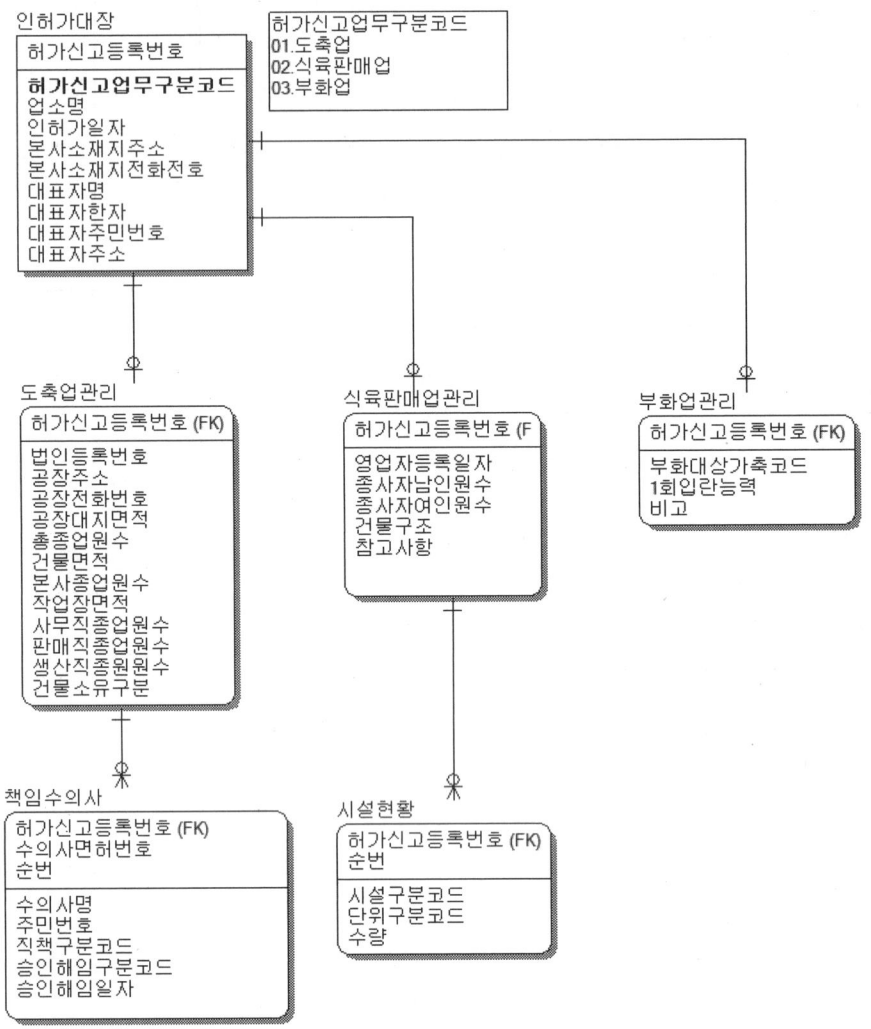

그림 15-8 중복 항목을 통합하여 설계 – 추가설계

### 3.1.2. ERD 설명

- 인허가 대장의 항목 허가신고업무구분코드에 '03. 부화업'을 추가하여 같은 항목을 통합하여 처리할 수 있도록 하였다.
- 부화업에서만 처리하는 항목을 분리하여 부화업 관리 엔티티로 분리하여 관리하였다.
- 유사업무가 늘어나더라도 코드 값 1개와 엔티티(항목 3개) 1개를 추가하여 처리할 수 있다.
- 물론 통합된 엔티티명 또는 통합된 항목명은 나중에 정리하여 명명할 필요가 있다.

ERD 설계를 참조하여 입력과 조회를 다음 화면과 비교해 이해해 보도록 하자.

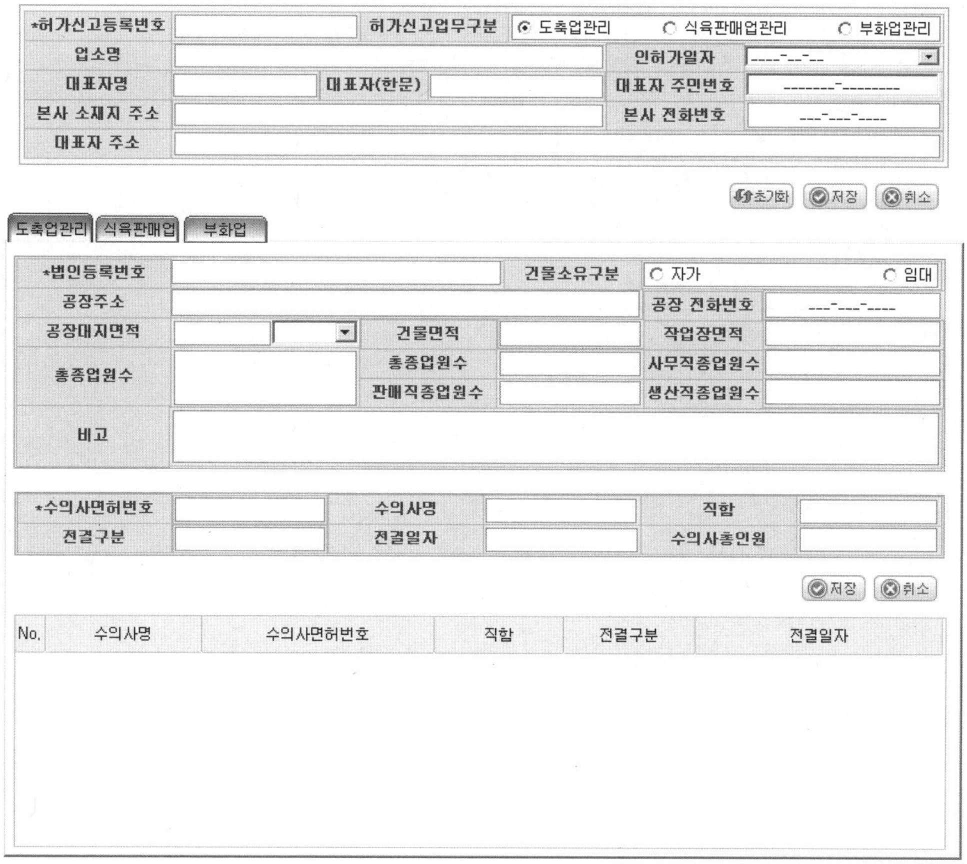

그림 15-9 허가신고 관리 - 도축업

위의 도축관리 화면은 ERD의 인허가대장 테이블에서 허가신고구분코드로 구분된 도축업관리, 책임 수의사 테이블의 내용들이 담겨있다. 릴레이션을 보면 1대1, 1대M의 관계가 화면 내에서 실행된다. 인허가대장 테이블과 도축업관리 테이블은 허가신고등록번호 하나에 등록된 법인등록번호는 한 건이기 때문에 1대1 관계이다. 그리고 회사에 소속되어 있는 수의사는 여러 명이기 때문에 1대M의 관계가 형성된다.

변경된 데이터 관리에 대해서는 이력 테이블에서 설명하였기 때문에 별도로 화면에 포함시키지는 않았지만 실제 환경에서는 어떤 방법으로든 데이터 이력의 관리가 중요한 사실임을 간과하지 말아야 한다.

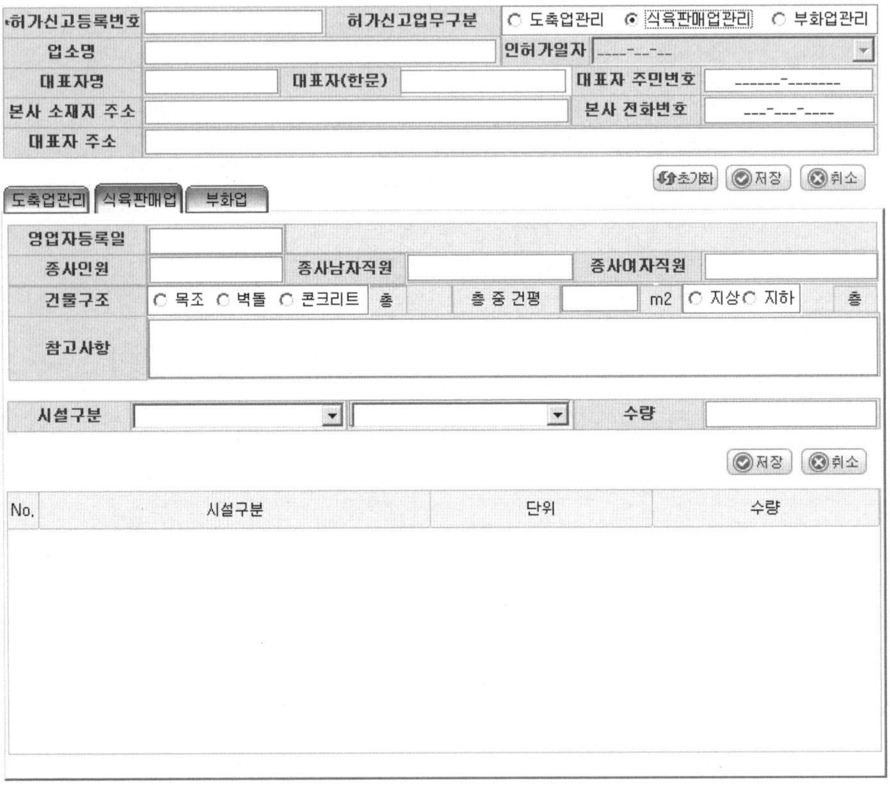

그림 15-10 허가신고 관리 - 식육판매업

인허가대장 테이블에서 허가신고구분코드로 식별된 식육판매업 관리 화면 역시 도축관리 화면과 마찬가지로 ERD의 릴레이션을 근거로 각 테이블의 관계를 확인 할 수 있을 것이다.

여기서 관심 있게 봐야 할 부분은 각 업무의 공통된 업무로 구성된 인허가 대장 테이블에서 허가신고업무구분코드로 각각의 업무를 컨트롤할 수 있기 때문에 다른 업종이 추가되더라도 코드만 추가하고 엔티티만 추가하면 되기 때문에 관리하기 수월하다는 것이다.

이처럼 유사업무의 설계를 할 때 개발이나 관리의 편의성 그리고 데이터 처리 속도의 퍼포먼스 측면을 고려하기 위해서는 유사업무의 분석과 중복되는 항목을 통합하고 중복되지 않는 항목들을 업무 단위로 분리하는 작업이 중요하다.

다음은 앞에서 이야기한 유사업무인 부화업 관리가 추가되었다는 가정을 하고 ERD를 토대로 화면을 구성하였다.

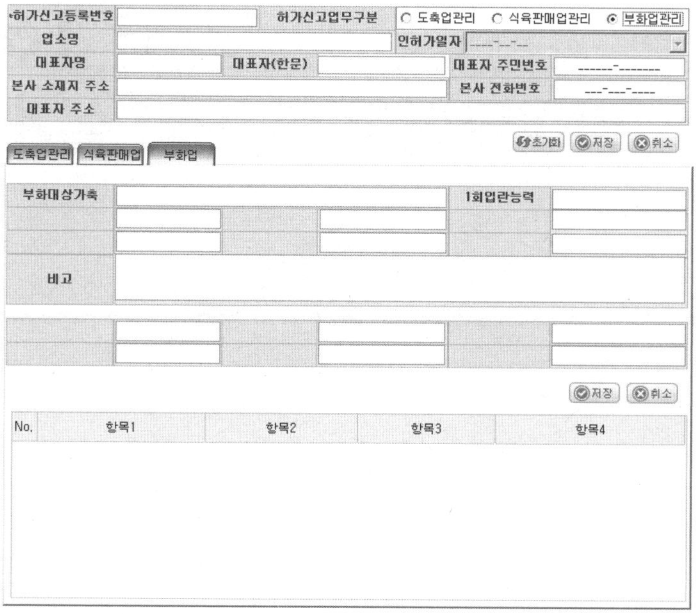

그림 15-11 허가신고 관리 - 부화업

그림 15-8의 ERD에는 '부화대상가축코드', '1회입란능력', '비고' 3개의 엔티티만 추가되었는데 업무 분석과 현업의 요구사항을 토대로 부화업에서 사용하는 새로운 엔티티들이 생긴다. 추가되는 새로운 엔티티와 여러 건의 DATA가 발생하는 항목들을 분류하고 화면에 추가해서 사용할 수 있다. 이처럼 유사 업무가 늘어나더라도 개발과 유지보수 측면에서는 매우 효율적인 관리의 장점을 가지고 있다.

### 참고

유사한 업무의 신규 발생은 아주 흔하게 발생하는 일이다. 필자가 공공 프로젝트에서 일하고 있을 때 업무 PL을 하다가 공통 리더로 자리를 옮겨서 일을 하고 있었다. 한 날은 PM이 불러서 가보았더니 기존에 업무 PL 할 때의 업무에 추가 업무가 발생을 했는데, 업무 주관 기관에서 따로 개발을 진행 중이니 가서 업무에 대하여 협의해보라고 한적이 있었다. 그래서 그 기관에 가서 협의를 한 결과, 기존에 있었던 업무들과 유사 업무가 4개가 더 늘어나서 문제가 되었던 것이었다. 여러 가지 비하인드 스토리가 있으나 각설하고, 그 기관과 회의를 하던 도중 오픈 날짜가 3주밖에 없다는 것을 알게 되었고, 필자는 유사한 시스템은 같은 곳에서 유지보수와 관리를 해야 여러 면에서 바람직한 일이기 때문에 2주정도면 개발 가능하다고 말하고 철수한 적이 있다. 기존의 설계가 앞에서 설명한 '중복 항목을 통합하여 설계' 형식으로 설계되어 있어서 4개의 업무는 추가하기에 그렇게 오랜 시간이 걸리지 않았고(물론 2주만에 개발하지는 못하고 3주 정도 공수가 소요됐으나) 그 당시 프로그램을 담당한 J 과장이 잘해주었고, 유사한 업무를 새로 만드는 개발 업무라서 에러율도 거의 없었다. 통합할 때와 분리할 때를 어떻게 설계하냐에 따라서 시스템의 유지보수와 안정적인 운영에 엄청나게 많은 영향을 준다는 사실을 독자 여러분들이 꼭 알아야 하기 때문이다.

CHAPTER 16

# 알아두어야 할 기타 설계

이번 장에서는 집계 테이블, 마스터(원장) 트랜스(내역) 등의 설계에 대해 알아보도록 하자.

## 1. 년, 월, 일 집계

공공기관이나 기업의 전산 업무를 구축하다 보면 정보계(Data Warehouse) 시스템이 갖추어 지지 않은 전산 시스템이나 정보계성 시스템이 있더라도 집계성 테이블이 없을 시 업무 시스템 내에서 처리해야 하는 경우가 종종 발생을 한다. 이때 집계 테이블을 유용하게 사용 할 수 있다. 이번 파트에서는 이런 집계성 테이블의 설계와 사용 방법에 대하여 알아보자.

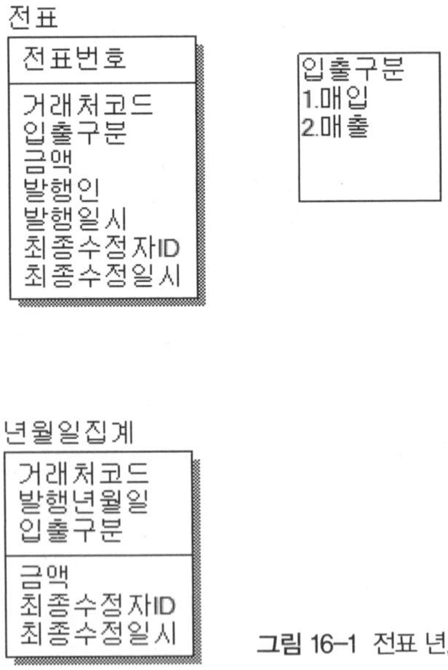

전표
| 전표번호 |
| 거래처코드 |
| 입출구분 |
| 금액 |
| 발행인 |
| 발행일시 |
| 최종수정자ID |
| 최종수정일시 |

입출구분
1.매입
2.매출

년월일집계
| 거래처코드 |
| 발행년월일 |
| 입출구분 |
| 금액 |
| 최종수정자ID |
| 최종수정일시 |

그림 16-1 전표 년, 월, 일 집계

예를 들어 거래처가 10군데이고 전표가 하루에 1만 건씩 거래처별로 발생한다고 가정을 해보자. 그러면 하루 전표 발생 건수는 10 × 10,000 = 100,000 건 발생을 할 것이고 1년이면 100,000 × 365 = 36,500,000 건이 발생을 한다.

이 상황에서 거래처별 매출금액이나 매입금액을 업무에서 기간을 주어 조회를 해 볼 일이 많이 발생하게 된다. 이때 집계 테이블을 만들어 두면 조회 시 퍼포먼스(Perfomance)가 엄청 좋아진다.
위의 모델링처럼 거래처별로 일자로 집계를 내어 두면 1년에 발생할 수 있는 건수는 365건 밖에 안된다. 1년을 기준으로 거래처별 전표 3,650,000 건과 365 건의 차이는 엄청난 차이다.
년, 월, 일 집계 테이블을 생성하는 것은 일과가 끝나고 일 마감을 할 때 실행하여 생성해두면 된다.

**[일자별 전표 년, 월, 일 집계 테이블 INSERT]**

```
DELETE * FROM 년월일집계
WHERE 발행년월일 = :IN_TODAY;

INSERT INTO 년월일집계
    (거래처코드, 발행년월일, 입출구분, 금액)
SELECT 거래처코드, :in_today , 입출구분, SUM(금액)
FROM 전표
WHERE 발행일시 >= TO_DATE(:in_today, 'YYYYMMDD')
AND   발행일시 <  TO_DATE(:in_today, 'YYYYMMDD')+1
GROUP BY 거래처코드, 입출구분
```

위와 같은 형식으로 PRO-C나 자바로 만들든지 하고 BATCH나 화면에 버튼을 주어 이벤트를 일으켜 실행하면 될 것이다. 그러면 2012년 01월 01일 부터 현재 2013년 04월 11일 오후 1시까지의 거래처별 매입, 매출금액을 조회해야 되는 업무가 발생이 되면 어떻게 조회하는지 확인하여 보자.

**[일자별 전표 년, 월, 일 집계 테이블 INSERT]**

```
SELECT 거래처코드, 입출구분, SUM(금액)
FROM
    (--집계 테이블에서 전일자까지 가져온다.
    SELECT 거래처코드, 입출구분, 금액
    FROM 년월일집계
    WHERE 발행년월일 >= :IN_FROM_DATE
    AND   발행년월일 < TO_CHAR(SYSDATE,'YYYYMMDD')
UNION ALL
    --오늘 전표발생 데이터를 가져온다.
    SELECT 거래처코드, 입출구분, 금액
```

```
            FROM 전표
            WHERE 발행일시 >= TO_DATE(TO_CHAR(SYSDATE,'yyyymmdd'))
              AND   발행일시 <=  SYSDATE )
     GROUP BY 거래처코드, 입출구분;
```

위의 형식으로 SELECT하면 전표 테이블에서 엄청나게 많은 데이터를 읽어서 가공하지 않고도 년, 월, 일 집계 테이블을 읽어 합산하여 보여 주기 때문에 퍼포먼스가 좋아진다. 이런 종류의 집계성 테이블은 업무가 종종 발생 할 수 있으니 응용을 잘해야 될 것이다. 위의 예제는 거래처만 있지만 계정과목이 될 수도 있고 거래계좌별 등 여러 가지가 될 수 있다.

## 2. 원장과 내역관계

업무를 하다 보면 원장(MASTER)성과 내역(TRANS) 관계의 설계가 많이 발생을 한다. 여기서 내역이란 이력하고 또 다른 의미라 할 수 있겠다. 이력은 말 그대로 데이터 항목의 변경된 사항들을 이야기 한다면 내역(TRANS)은 내역 자체가 조회되고 업무에 빈번하게 적용되며, 정보 자체가 이력에서 생성하는 항목을 벗어나 내역에서 필요한 고유의 항목들이 존재한다.

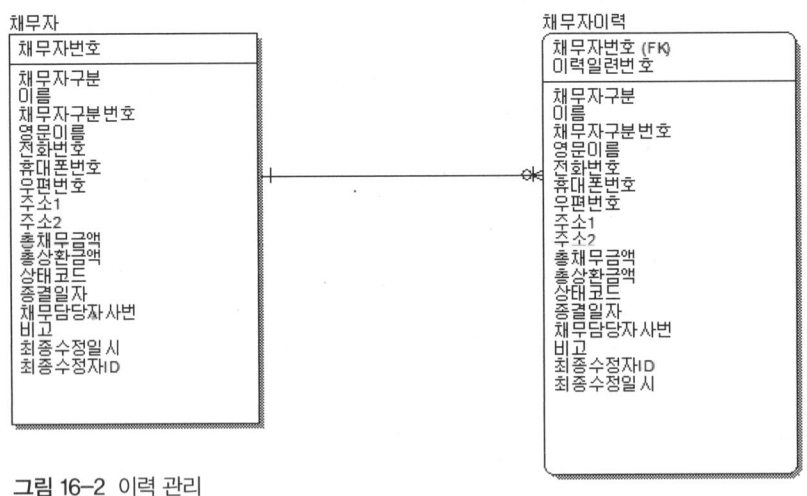

그림 16-2 이력 관리

위에서 보듯이 이력 테이블은 이력 관리 대상의 테이블 항목을 그대로 가져와서 이력 관리 대상 테이블이 변경되면 변경된 데이터를 보관하고 관리하는 기능을 하고 있다. 다시 말해 이력 테이블에는 이력 관리 대상 테이블의 항목 외에 새로 생성되는 항목들이 없다는 것이 특징이라고 말할 수 있다. 그러나 내역 테이블은 내역이 가지는 고유한 항목들을 포함하여 생성하고 발생된다.

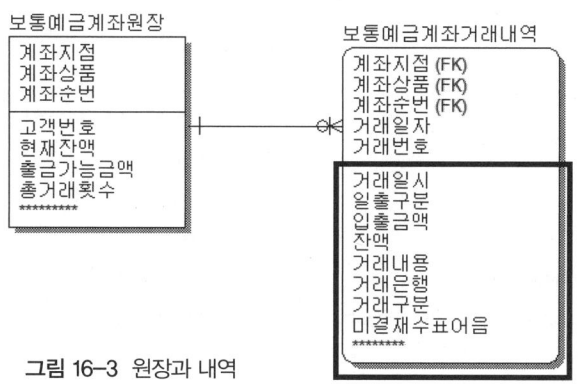

**그림 16-3** 원장과 내역

보통예금 계좌 거래내역 엔티티에서 보듯이 항목들이 거래에 종속되는 항목들로 구성되어 있으며 이런 내역(TRANS)성 엔티티는 원장 엔티티에서 그 성격에 따라 여러 개로 발생을 할 수 있다. 위의 보통예금 계좌원장을 보듯이 원장에는 이 계좌를 가장 잘 알아 볼 수 있는 대표성 속성들 속해 있는 것을 알 수 있다. 그리고 보통예금 계좌 거래내역은 원장과는 다르게 계좌에서 가장 중요한 거래에 관련된 속성이 들어가 있는 것을 볼 수 있다. 원장과 내역관계는 항상 같이 존재해서 서로 보완해주는 것이 일반적이다.

| | | | |
|---|---|---|---|
| 계좌번호 | 12312-1201458-229 | | |
| 예금주명 | (주)기풍전자 | 예금종류 | 보통예금 |
| 현재잔액 | 0원 | 출금가능금액 | 0원 |
| 조회시작일자 | 2013-03-29 | 조회종료일자 | 2013-04-02 |

조회기준일시 : 2013년 04월 05일 　 확인

| No. | 거래일시 | 출금금액 | 입금금액 | 잔액 | 거래내용 | 은행 | 거래구분 | 미결제 |
|---|---|---|---|---|---|---|---|---|
| 1 | 2013-04-02 03:20:21 | 1,251,012 | | 0 | 카드값 | 우리은행 | 인터넷 | 0 |
| 2 | 2013-04-01 19:48:02 | | 215,000 | 1,251,012 | 판매금액 | 우리은행 | 인터넷 | 0 |
| 3 | 2013-04-01 18:03:31 | | 1,000,000 | 1,036,012 | 판매금액 | 우리은행 | 인터넷 | 0 |
| 4 | 2013-03-31 23:27:54 | | 1,012 | 36,012 | 은행이자 | 우리은행 | 인터넷 | 0 |
| 5 | 2013-03-31 10:14:50 | | 35,000 | 35,000 | 판매금액 | 우리은행 | 인터넷 | 0 |
| 6 | 2013-03-29 23:15:10 | 1,341,950 | | 0 | 술집-일시불 | 우리은행 | 카드 | 0 |
| 7 | 2013-03-29 17:58:43 | | 1,040,700 | 1,341,950 | 판매금액 | 우리은행 | 인터넷 | 0 |
| 8 | 2013-03-29 13:41:11 | | 301,250 | 301,250 | 판매금액 | 우리은행 | 인터넷 | 0 |

**그림 16-4** 원장과 거래내역

위의 화면에서 보듯이 원장과 거래내역은 같이 조회되는 경우가 대부분이다. 왜냐하면 원장에 속하는 속성과 거래내역에 속하는 속성들은 서로 고유한 속성값으로 각각의 의미를 지니고 있기 때문에 같이 참조를 하여 보는 업무들이 대부분이기 때문이다.

# INDEX

## A

ABS · 307
ADD_MONTHS · 273, 315
After · 291
Alternative Key · 27
ASCII · 311
Attribute · 24

## B

BEFORE · 291
BFILE · 275
BIT MAP INDEX · 367
BLOB · 275
Branch Block · 360

## C

Candidate Key · 26
Cartesian Join · 54
CASE · 318
CBD(Component Based Development) 방법론 · 77
CHAR · 265
CHR · 309
CLOB · 275
Cluster INDEX · 370
COMMIT · 195
CONCAT · 309
Conceptual Schema · 15
concurrent sharing · 12
content reference · 12
continuous evolution · 12
Control Files · 22
COPY_T 테이블 · 57

COUNT( ) · 174
CUME_DIST · 242
CURSOR · 329

## D

Database · 468
DataBasemanagement system · 18
DATA DICTIONARY VIEW · 325
Data Files · 21
DATASET · 131, 132
DATASET, VO · 138
DATE · 271
DBLINK · 331
DBMS · 18
DBWR 프로세스 · 20
DCL문 · 111
DDL문 · 111
DECODE · 317
DELETE · 195, 220, 291
DENSE_RANK · 237
DML · 194
DML문 · 111
Double Linked list · 361
DUAL 테이블 · 55

## E

EDMS · 425
ERD · 102
EXISTS · 219
EXPLAIN PLAN · 186
Extend · 468
External Schema · 15

## F

FIRST_VALUE & LAST_VALUE 분석 함수 · 246
Foreign Key · 27
FOREIGN KEY · 114
FREELIST · 110
FULL OUT JOIN · 68

## G

GROUP BY · 174
GROUPING SETS · 183

## H

Hash Join · 192
HAVING · 175
HINT · 254

## I

INITCAP · 310
INITIAL · 110
inline view · 238
INSERT · 195, 210, 291
INSTR · 313
Internal Schema · 15

## J

JOB · 335
Join · 54
JOIN · 188

## L

LAG · 250
LAG & LEAD 분석 함수 · 250

Large Pool Area · 20
LAST_DAY · 272, 314
LEAD · 250
Leaf Block · 360
LEFT OUT JOIN · 66
LENGTH · 312
LGWR 프로세스 · 21
Log Buffer Area · 20
LONG · 275
LONG RAW · 275
LOOP-QUERY · 188
LOWER · 309
LPAD · 311
LTRIM · 310

## M

MATERIALIZED VIEW · 337
MAX( ) · 174
MAXEXTENTS 121 · 110
Merge · 231
MERGE · 195
MIN( ) · 174
MINEXTENTS 1 · 110
MOD · 308
MONTHS_BETWEEN · 273, 314

## N

NCLOB · 275
Nested Loop Join · 188
NEXT · 110
NEXT_DAY · 273, 316
NONUNIQUE INDEX · 350
NTILE 함수 · 239
NUMBER · 269
NVL · 316

## O

OPTIMIZER · 186
ORDERED HINT · 261

Out Join · 64

## P

PCTFREE · 110
PCTINCREASE = 0 · 110
PCTUSED · 111
PLAN TABLE · 185
PMON 프로세스 · 21
POWER · 308
Primary Key · 27
Process(프로세스) · 75

## R

RANK 함수 · 235
RAW · 275
real-time accessiblility · 12
REPLACE · 311
Reverse key INDEX · 369
RIGHT OUT JOIN · 67
ROLLBACK · 195
ROLLUP · 179
Root Block · 360
ROUND · 308
ROWID · 163, 167, 218
ROWNUM · 168
RPAD · 311
RTRIM · 310

## S

SAVEPOINT · 195
Segment · 468
SELECT · 195
Sequence · 402
SEQUENCE · 407
Shared Pool Area · 20
SIGN · 307
SMON 프로세스 · 21
SORT MERGE JOIN · 190
SQL · 48, 163

SQRT · 308
Stored Outline · 194
SUBQUERY · 198
SUBSTR · 310
SUM( ) · 174
SYNONYM · 56, 328
SYSDATE · 314

## T

Table · 24, 108
Tablespace · 468
TIMESTAMP · 274
TO_CHAR · 272, 312
TO_DATE · 272, 315
TO_NUMBER · 309
Top-N · 237
TRUNC · 308
Tuple · 25

## U

UNION · 171
UNION ALL · 171
UNIQUE INDEX · 348
UPDATE · 195, 216, 291

## V

VARCHAR · 266
VG( ) · 174
VIEW · 319
VO(Value Object) · 122

## ㄱ

개념 스키마 · 15
개체 무결성(Entity integrity) · 27
결합 인덱스 · 352
계속적인 변화 · 12
고유 인덱스 · 348

**ㄱ**

공유 풀 영역 · 20
공집합 · 46
공통 코드 · 379
관계 데이터 모델 · 44
관계형 데이터베이스 · 22, 44
교집합 · 46
기본키 · 27

**ㄴ**

내부 스키마 · 15
내용에 의한 참조 · 12

**ㄷ**

단일 인덱스 · 351
대체키 · 27
데이터베이스 · 10, 44
데이터베이스 관리자 · 18
데이터베이스 사용자 · 17
데이터베이스 시스템 · 13
데이터베이스 언어 · 15
데이터 정의어 · 15
데이터 제어어 · 17
데이터 조작어 · 16
데이터 파일 · 21, 22
동시 공유 · 12

**ㄹ**

라지 풀 영역 · 20
로그 버퍼 영역 · 20
리쿼시브 · 389
리쿼시브 모델 · 389
릴레이션(Relationship) · 96

**ㅁ**

무결성(Integrity) · 27
무한집합 · 46

**ㅂ**

분석 함수 · 233
블럭 · 469
비고유 인덱스 · 350

**ㅅ**

사용자 함수 · 301
서브쿼리 · 396
속성 · 24
스키마(Schema) · 14
실시간 접근성 · 12

**ㅇ**

엔티티(entity) · 74
여집합 · 47
역(반)정규화 · 92
오라클내장함수 · 266
옵티마이저 · 186
외래키 · 27
외부 스키마 · 15
윈도우 분석 함수 · 244
유한집합 · 45
응용 프로그래머 · 18
이력관리 · 450
인덱스 · 343
일반 사용자 · 18

**ㅈ**

자기 참조 이력 · 466
전체집합 · 47
정규화 · 85
제 1 정규화 · 85
제 2 정규화 · 88
제 3 정규화 · 90
조인 · 44
집계 함수 · 233
집합 · 44

**ㅊ**

차집합 · 48
참조 무결성(Referential integrity) · 28
채번 · 402
채번 테이블 · 408
첨부 파일 · 421
체크포인트(CKPT) · 20

**ㅋ**

카디널리티 · 25
카티젼 조인 · 54
컨트롤 파일 · 22
클러스터 · 370

**ㅌ**

테이블 · 24
테이블 제약 조건 · 113
통제된 중복 · 11
튜플 · 25
트리거(Trigger) · 290

**ㅍ**

페이징 처리 · 372
프로시저 · 275

**ㅎ**

합집합 · 47
후보키 · 26
힌트 · 254